# PAX PENTAGON

# Michael Mandel

# PAX PENTAGON

## Wie die USA der Welt den Krieg als Frieden verkaufen

*Aus dem Englischen von Ulrike Bischoff*

**Zweitausendeins**

Lektorat und Register der deutschen Ausgabe: Ekkehard Kunze (Büro W, Wiesbaden).
Korrektorat: Florian Kohl, Berlin.
Umschlaggestaltung: Sabine Kauf, PubliContor, Hamburg (unter Verwendung
eines Fotos von AP).
Satz und Herstellung: Dieter Kohler GmbH, Nördlingen.
Druck und Einband: Freiburger Graphische Betriebe.
Printed in Germany.

Dieses Buch gibt es nur bei Zweitausendeins im Versand, Postfach,
D-60381 Frankfurt am Main, Telefon 069-420 8000, Fax 069-415 003.
Internet www.Zweitausendeins.de, E-Mail Service@Zweitausendeins.de.
Oder in den Zweitausendeins-Läden in Berlin, Düsseldorf, Essen,
Frankfurt am Main, Freiburg, 2 x in Hamburg, in Hannover, Köln, Mannheim,
München, Nürnberg, Stuttgart.

In der Schweiz über buch 2000, Postfach 89, CH-8910 Affoltern a. A.

ISBN 3-86150-715-3

*Für Karen, Tevi & Orly*

# Inhaltsverzeichnis

# Vorwort zur deutschen Ausgabe

Dieses Buch könnte als Versuch bezeichnet werden, das zu leisten, wozu das internationale Recht offensichtlich nicht in der Lage ist: die USA und ihre Komplizen der Verbrechen anzuklagen, die sie an den Menschen im Irak, in Afghanistan und Jugoslawien begangen haben. Aber ebenso steht hier das internationale Rechtssystem unter Anklage, das sehr wohl in der Lage ist, die Feinde der USA bis ans Ende der Welt zu verfolgen, Amerika aber selbst mit Mord ungeschoren davonkommen lässt. Es ist darüber hinaus ein Versuch, diese »selektive Straffreiheit« als Methode zu entlarven, Amerikas rechtswidrige Kriege zu legitimieren.

In diesem Buch geht es um Recht, aber es ist kein juristisches Fachbuch. Ich bin Jurist und lege dar, was das Gesetz meiner Auffassung nach zu diesen Kriegen zu sagen hat, aber mehr noch interessiert mich die Frage, in welcher Weise geltendes Recht in den alltäglichen politischen Debatten außerhalb und innerhalb der Gerichtssäle benutzt und missbraucht wird und ein »sachlicher« Rechtsstreit zum Politikum verkommt. In den Debatten um den Krieg scheint das Gesetz neuerdings eine ziemlich wichtige Rolle zu spielen. Dieses Buch soll den Friedensbefürwortern eine Grundlage geben, mit deren Hilfe sie sich effektiv an der Debatte beteiligen können. Darum habe ich mich bemüht, die Rechtsfragen auch für Nichtjuristen so verständlich wie möglich darzulegen (ein Unterfangen, das gar nicht so schwierig ist, wie es vielleicht klingt) und für Anwälte wie für Nichtanwälte die moralischen und politischen Grundlagen aufzuzeigen, auf die sich rechtlich relevante Begriffe wie »das naturgegebene Recht auf Selbstverteidigung«, »humanitäre Intervention«, »Kollateralschäden«, »Völkermord« usw. stützen.

Das Buch ist vor etwas mehr als einem Jahr in englischer Sprache erschienen, und wenn ich es jetzt wieder zur Hand nehme, bin ich erschüttert, in welchem Maße alles, was ich darin beschrieben habe, in dieser kurzen Zeit noch schlimmer geworden und noch deutlicher zutage getreten ist. So hat sich die Zahl der zivilen Opfer im Irak vervielfacht. Eine von der Johns-Hopkins-Universität in Baltimore durchgeführte und in der britischen Fachzeitschrift *The Lancet* veröffentlichte Studie kommt zu dem Ergebnis, dass der Krieg und die Besetzung im Irak bis September 2004 »vermutlich um die 100 000, wenn nicht mehr Todesopfer gefordert haben«[1]. Das bewegte sich in dem Rahmen, der vor dem Krieg prognostiziert worden war. Und wie um zu beweisen, dass die Ordnung, die eine 150 000 Mann starke Besatzungsmacht etabliert hat, eine künstliche und aufgesetzte ist, folgten auf jeden Meilenstein, sei es die Wahl im Januar oder die Regierungsbildung im April dieses Jahres, vermehrte und noch abstoßendere Akte der Gewalt. Nach der Bildung der neuen Regierung im April starben in nur drei Wochen 400 Iraker durch Autobomben und Selbstmordattentäter und bei Massenhinrichtungen. 1000 Menschen wurden verletzt.[2] Die »humanitäre Intervention« der Amerikaner hat bisher vor allem Tod, Leiden, Zerstörung und Chaos gebracht.

Tod und Chaos *und Folter*. Im April 2004, während Präsident Bush noch prahlte, dass »Saddam Husseins Vergewaltigungs- und Folterkammern« nun »für immer geschlossen« seien, veröffentlichten die Medien eine Reihe von Amateurfotos, die Folter, sexuelle Erniedrigung und Mord dokumentierten, begangen von US-Soldaten an irakischen Insassen des Gefängnisses Abu Ghraib bei Bagdad.[3] Diese Fotos offenbarten ein solches Maß an Verderbtheit auf Seiten der amerikanischen Besatzungsmacht, dass sogar Vergleiche mit Saddam Husseins Regime gezogen wurden.[4] Bald zeigte sich, dass eine solche Behandlung im gewaltigen Gulag des US-Krieges gegen den Terrorismus durchaus üblich war, sei es im Irak, in Afghanistan, im »rechtlichen Niemandsland« Guantánamo Bay auf Kuba (an sich ja schon eine ungeheuerliche Verletzung der kubanischen Souveränität) oder in den Geheimgefängnissen in aller Welt, die von den USA oder von anderen Staaten unterhalten werden, an die Amerika Gefangene zur Folter »überstellt« hatte.[5]

Auch in Afghanistan nimmt der Krieg offenbar kein Ende: Hier durchstreifen nach wie vor 18 000 US- und 8500 NATO-Soldaten das

Land und liefern sich mit afghanischen »Aufständischen« erbitterte Gefechte, die eben die üblichen »Kollateralschäden« verursachen. Während die Polizei von Dschalalabad im Mai 2005 Demonstranten erschoss, die gegen die von der Presse gemeldeten Koranschändungen durch amerikanische Soldaten protestierten, verkündete Präsident Hamid Karsai der NATO in Brüssel, dass Afghanistan noch »auf viele, viele Jahre hinaus« deren Truppenunterstützung brauchen werde.[6]

Karsai wurde im Oktober 2004 zum Präsidenten gewählt (bei Wahlen, die viele angesichts der massiven ausländischen Truppenpräsenz und eines aktiven Widerstands als reine Farce ansahen[7]). Frauen konnten sich zwar an den Wahlen beteiligen, aber überall zeigte sich unübersehbar, dass es bis zur Emanzipation noch ein sehr langer Weg ist, unter anderem da, wo Frauen in voller Burka und von den Männern strikt getrennt in langen Schlangen vor den Wahllokalen standen.[8] Ende April wurde nach Angaben von Amnesty International eine junge Frau wegen Ehebruchs von einem örtlichen Gericht zum Tode durch Steinigung verurteilt, und das Urteil wurde umgehend vollstreckt.[9] Im Mai wurden drei Frauen vergewaltigt, stranguliert und mit einem Zettel an einer Straße abgelegt, auf dem davor gewarnt wurde, für unabhängige ausländische Hilfsorganisationen zu arbeiten.[10]

Im Kosovo schwelen die ethnischen Spannungen zwischen der albanischen Mehrheit und den wenigen verbliebenen Serben, die in separaten Enklaven leben, auch unter der NATO-Besatzung weiter. Im März 2004 wurde das Gerücht in die Welt gesetzt, drei albanische Jugendliche seien auf der Flucht vor serbischen Verfolgern ertrunken. Bei den nachfolgenden Unruhen starben über 20 Menschen.[11]

Ereignisse wie diese verfehlten offenbar nicht ihre Wirkung auf die Autoren eines UN-Berichts, der Ende 2004 veröffentlicht wurde. Er fordert zwar einerseits tief greifende Reformen, hält aber andererseits uneingeschränkt an den geltenden Regeln zur Gewaltanwendung fest und lehnt erneut im Namen der wahren internationalen Gemeinschaft den einseitigen amerikanischen »militärischen Humanismus« (wie Chomsky sagt, siehe Kapitel 3) ab. In dem Bericht wird der Prävention mit friedlichen Mitteln, angefangen bei der Entwicklungshilfe, oberste Priorität eingeräumt: »Wir beginnen unsere Beschreibung möglicher

Präventivmaßnahmen mit der Entwicklung, da diese die unabdingbare Grundlage für ein System der kollektiven Sicherheit ist, das Prävention ernst nimmt.« Und das Gewaltmonopol des Sicherheitsrats wird verteidigt: »Kapitel VII erteilt dem Sicherheitsrat die umfassende Ermächtigung, sich mit jeder Art von Bedrohung zu befassen, der sich Staaten möglicherweise gegenübersehen. Es geht nicht darum, Alternativen zum Sicherheitsrat als Quelle der Autorität zu finden, sondern vielmehr darum, zu erreichen, dass er besser als bisher funktioniert.« Darüber hinaus weist der UN-Bericht die Forderung der USA zurück, die anerkannten Grenzen des Selbstverteidigungsrechts aufzuheben (siehe Kapitel 2): »Der Anwendungsbereich des Artikels 51 wird seit langem verstanden und braucht weder ausgeweitet noch eingeschränkt zu werden.«[12]

In Bezug auf den Afghanistankrieg wurde das Selbstverteidigungsargument auch von den Enthüllungen Richard A. Clarkes widerlegt, der zurzeit der Terroranschläge am 11. September Chefkoordinator der Terrorismusabwehr der USA war. Clarke wusste aus erster Hand zu berichten, wie die politische Führung den Krieg in Afghanistan in Wirklichkeit sah. Folgendermaßen beschreibt er die Debatte zum Thema Selbstverteidigungsrecht, die sich bei einer Krisensitzung zum 11. September im Bunker des Weißen Hauses entspann.

> Verteidigungsminister Rumsfeld wandte im Laufe dieser Debatte ein, das Völkerrecht billige die Anwendung von Gewalt nur zur Abwehr drohender Angriffe, nicht als Vergeltung. Bush riss ihm fast den Kopf ab: »Nein«, brüllte der Präsident in den engen Besprechungsraum hinein, »mir ist egal, was die Völkerrechtsexperten sagen, wir werden irgendjemand in den Hintern treten.«[13]

Clarkes Aussage bestätigte auch die zahlreichen Hinweise, dass der 11. September für die Bush-Regierung eher eine willkommene Gelegenheit war, den lange geplanten »Regimewechsel« im Irak zu vollziehen (siehe Kapitel 2), als ein Ereignis, das einen Verteidigungskrieg gegen Afghanistan zwingend erforderlich machte, um weiteren Angriffen vorzubeugen, wie es das Argument des Selbstverteidigungsrechts vorausgesetzt hätte. Clarke beschreibt das, was sich am 12. September 2001 abspielte, so:

Ich rechnete mit einer Reihe von Besprechungen, in denen wir prüfen würden, wo und wie die nächsten Angriffe erfolgen könnten, wo unsere Schwachpunkte lagen, was sich kurzfristig verbessern ließe. Stattdessen geriet ich in einen Reigen von Diskussionen über den Irak. Zuerst wollte ich gar nicht glauben, dass wir über etwas anderes sprachen als über die Frage, wie wir Al Qaida erwischen könnten. Dann begriff ich – unter geradezu körperlichem Schmerz –, dass Rumsfeld und Wolfowitz diese nationale Tragödie benutzen wollten, um für ihre Pläne in Sachen Irak zu werben. Die beiden hatten auf einen Krieg gegen den Irak gedrängt, seit diese Regierung im Amt war, genau genommen auch schon lange zuvor. Meine Freunde im Pentagon hatten mir gesagt, hausintern sei die Rede von einer Invasion im Irak irgendwann im Jahr 2002 ... Später, am Abend des 12. September, verließ ich das Videokonferenzzentrum, und dann sah ich den Präsidenten, der ganz allein im Lagezentrum umherging ... Er schnappte sich ein paar von uns und schloss die Tür zum Konferenzraum hinter sich. »Seht mal«, sagte er zu uns, »ich weiß, Sie haben eine Menge zu tun, ... aber ich möchte, dass Sie so bald wie möglich alles, wirklich alles noch einmal durchgehen. Prüfen Sie, ob Saddam das getan hat. Prüfen Sie, ob er irgendwie in die Sache verwickelt ist ...« Wieder war ich verblüfft, und man sah mir das ungläubige Staunen auch an. »Aber Mr. President, das war Al Qaida.« [Bush:] »Ich weiß, ich weiß, aber ... prüfen Sie, ob Saddam beteiligt war. Prüfen Sie das einfach nach. Ich will auch das kleinste Detail wissen ...« [Clarke:] »Natürlich, wir prüfen alles nach ... noch einmal ... Aber Sie wissen, dass wir mehrmals der Frage staatlicher Unterstützung für Al Qaida nachgegangen sind und keine nachweisbaren Verbindungen zum Irak gefunden haben.« ... »Sehen Sie sich den Irak an, Saddam«, sagte der Präsident unwirsch und ließ uns stehen.[14]

Auch das, was das internationale Strafrechtssystem 2004 bis 2005 geleistet hat, entspricht den Erwartungen oder bleibt gar dahinter zurück. Der Milošević-Prozess hat es weiterhin geschafft, mit seinen schon zur Routine gewordenen Verstößen gegen die elementarsten Regeln einer fairen Prozessführung selbst Zyniker (wie mich) immer wieder zu überraschen. Nachdem man Milošević zwei Jahre lang mit schöner Regelmäßigkeit das Mikrofon abgedreht hatte, wann immer er Zeugen der Anklage Fragen zur Rolle der NATO-Länder im Jugoslawienkonflikt stellte (siehe Kapitel 5), kamen die Richter des Tribunals, als er endlich seine Verteidigung eröffnen wollte, zu dem Schluss, dass man ihn nur zum Schweigen bringen konnte, indem man ihm einen Rechtsbeistand durch ausgerechnet jene Amicus-Curiae-Anwälte aufzwang, die er zu Beginn des Prozesses abgelehnt hatte.[15] Die Zeugen der Verteidigung mussten erst in den Streik treten und kollektiv die Aussage verweigern, bevor das Berufungsgericht einen betretenen Rückzieher machte und Milošević das Recht zugestand, seinen eigenen Anwalt zu wählen.[16]

Und dann war da noch die Ernennung des Schotten Lord Iain Bonomy zum Nachfolger des aus Gesundheitsgründen zurückgetretenen und im Juli 2004 verstorbenen Vorsitzenden Richters Richard May, Miloševics Nemesis.[17] Diese Ernennung eines britischen Richters im Verfahren gegen Milošević ließe sich vielleicht noch (wenn auch wenig überzeugend) als zufälliges Resultat der ohnehin einseitigen Besetzung des Gerichts rechtfertigen; dass Tony Blair höchstpersönlich Mays Nachfolger auswählen durfte, war allerdings dreist. Man sollte meinen, dass es Kofi Annan, der ohne weiteres jeden beliebigen Richter aus jedem beliebigen Land zum May-Nachfolger hätte bestellen können, oder dem IStGHJ-Vorsitzenden Theodor Meron, der jedem beliebigen Richter seines Gerichtshofes dieses Amt hätte übertragen können, peinlich hätte sein müssen, die Entscheidung einfach Blair zu überlassen – angesichts der Tatsache, dass es in dem Prozess um einen Krieg ging, den Clinton und Blair begonnen hatten, und dass sich die Verteidigung des Angeklagten vor allem auf das – zweifellos achtbare und starke – Argument stützte, Clinton und Blair seien die eigentlichen Verbrecher und der Prozess diene lediglich dazu, ihr verbrecherisches Handeln zu legitimieren.[18]

Auch für die »Weltgerichtsbarkeit« (siehe Kapitel 7) war es kein sonderlich erfolgreiches Jahr. Ihre spektakulärste Niederlage erlitt die »universale Strafverfolgung«, als Generalbundesanwalt Kay Nehm eine hervorragend begründete Anzeige der New Yorker Menschenrechtsorganisation Center for Constitutional Rights (CCR) abwies, in der schwere Foltervorwürfe gegen Donald Rumsfeld und andere hohe US-Funktionäre erhoben wurden, darunter Alberto Gonzales, der jetzige US-Justizminister, in dessen Augen die Genfer Konvention bekanntlich ein »überflüssiger alter Zopf« ist. Die lange Liste der Anordnungen, auf deren Grundlage Gefangenen ihre im Genfer Abkommen festgeschriebenen Rechte verweigert und in den Gefängnissen

Vorwort zur deutschen Ausgabe

Praktiken angewandt wurden, die de facto auf Folter hinausliefen, reichte bis ins Büro des US-Präsidenten. Die Anwälte der Organisation argumentierten, dass zwar die Täter als Sündenböcke vor Gericht gestellt und möglicherweise auch mit minimalen Strafen belegt werden würden, dass jedoch keine Aussicht darauf bestehe, die eigentlichen Befehlsverantwortlichen in den USA jemals juristisch zu belangen. Generalbundesanwalt Nehm wies diese Auffassung zurück; er übertrug (zumindest für mein Empfinden als Ausländer) ohne nennenswerte Gesetzesgrundlage das Komplementaritätsprinzip des Internationalen Strafgerichtshofs (IStGH) auf die deutsche Rechtspraxis und überließ den Fall den amerikanischen Justizbehörden: »Hier bestehen keine Anhaltspunkte, dass die Behörden und Gerichte der USA wegen der in der Strafanzeige geschilderten Übergriffe von strafrechtlichen Maßnahmen Abstand genommen hätten oder Abstand nehmen würden.«[19] Der CCR-Präsident Michael Ratner bezeichnete das Ganze als eine »rein politische Entscheidung, die darauf abzielt, den Weg für eine Teilnahme Rumsfelds an der Münchner Sicherheitskonferenz zu ebnen«.[20]

Gemessen daran sind die Erfolge der internationalen Strafrechtsbewegung eher dürftig. Zwar wurde ein argentinischer Marinekapitän namens Adolfo Scilingo in Spanien wegen Beteiligung an der Folterung und Ermordung linker Oppositioneller während des schmutzigen Krieges in den 70er und 80er Jahren verurteilt, aber die Art, wie es zu der Verurteilung kam, lässt keine großen Hoffnungen aufkommen: Der Mann hatte sich jahrelang bemüht, seinen Fall vor Gericht zu bringen, und hatte sich schließlich freiwillig nach Spanien begeben und dem Untersuchungsrichter Baltasar Garzón gestellt, bevor auch nur Anklage gegen ihn erhoben worden war.[21] Nicht ganz so effektiv war, wie in Kapital 7 deutlich wird, Richter Garzón, als es um einen weniger kooperativen großen Fisch ging: den chilenischen Exdiktator Augusto Pinochet.

Der Fall wurde in Chile nach einem Interview, in dem Pinochet einen viel klareren Kopf bewies, als er bisher eingestanden hatte, vorübergehend wiederaufgenommen. Der Untersuchungsrichter Juan Guzmán stellte ihn erneut unter Anklage, und diesmal wurde die Anklage vom Obersten Gerichtshof mit knapper Mehrheit (3 zu 2 Stimmen) aufrechterhalten, obwohl Pinochets Anwälte wie üblich auf die Prozessunfähigkeit ihres Mandanten pochten.[22] Bis auf eine Ausnahme war diese Kammer mit denselben Richtern besetzt, die 2002 das Verfahren ausgesetzt hatten. Und auch diesmal sprach alles dafür, dass die Entscheidung kosmetischen Charakter hatte und der inzwischen 89-jährige Pinochet nie vor Gericht stehen wird. Die Mehrheitsvertreter gingen auf die von Pinochets Anwälten vorgebrachten Einwände inhaltlich gar nicht ein, sondern erklärten sich (im Gegensatz zu ihrem Beschluss im Jahr 2002) lediglich für nicht zuständig, in dieser Sache zu entscheiden, und rieten dazu, andere und geeignetere Verfahrenswege zu beschreiten. Die anderen beiden Richter gaben dem Exdiktator volle Rückendeckung. Sollte es allerdings wider alle Erwartung doch noch zu einem Prozess gegen Pinochet kommen, so wird dies sicher nicht dem internationalen Strafrecht und dessen selektiven Vertretern wie Tony Blair zu verdanken sein, der Pinochet in der festen Überzeugung nach Hause schickte, dass der Mann nie vor Gericht stehen würde.

Andererseits müssen sich zwei weitere Hutus wegen der Massaker in Ruanda im Jahr 1994 in Belgien verantworten (siehe Kapitel 4 und 7).[23]

Was das nach der Nürnberger Definition »schwerste Verbrechen« eines Angriffskrieges betrifft, so wird auch hier wie üblich mit zweierlei Maß gemessen. Für George W. Bush scheint es gar nicht zu existieren. Er ließ sich unmittelbar nach seiner Wiederwahl im November 2004 bei diversen Staatsbesuchen feiern, unter anderem im benachbarten Kanada; trotz Massenprotesten und ungeachtet der Gesetze, die Kriegsverbrechern die Einreise ins Land verbieten, machte die dortige Regierung sich offenbar mehr Sorgen darüber, Kanadas mangelnde Beteiligung an dem schweren Verbrechen wettzumachen, als Bush darüber, dass er es begangen hatte. Nicht anders verhielt es sich, als Bush im Februar 2005 in Deutschland war. »Wir wollen gar nicht verschweigen, dass es in der Vergangenheit unterschiedliche Einschätzungen gegeben hat. Aber das ist Vergangenheit«, waren Gerhard Schröders Worte zum Thema Irak bei einer gemeinsamen Pressekonferenz.[24] Interessanterweise finden es die US-Amerikaner offensichtlich aber ganz in Ordnung, wenn Saddam Hussein wegen eines Angriffskrieges vor irakische Richter gestellt wird, die von amerikanischen und britischen Experten auf ihre Aufgabe vorbereitet wurden.[25]

Im Juni 2004 ergriff der Internationale Strafgerichtshof »die Bürde des weißen Mannes« und nahm zum ersten Mal überhaupt Ermittlungen wegen Kriegsverbrechen und Verbrechen gegen die Menschlichkeit im Kongo auf. Ermittlungen in Uganda und in der Zentralafrikanischen Republik folgten auf den Fuß.[26] Ein Jahr zuvor hatte der Chefankläger seine Bereitschaft angekündigt, die »Geldspur« zu den Käufern von »Blutdiamanten« in westlichen Ländern wie den Vereinigten Staaten, Kanada, Großbritannien und Russland zu verfolgen, die sich durch den Kauf möglicherweise der Komplizenschaft an Kriegsverbrechen und Völkermorden schuldig gemacht hatten.[27] Bevor sich aber noch zeigen konnte, ob diese Ankündigung ernst gemeint oder nur leeres Gerede war, präsentierte der UN-Sicherheitsrat dem Gericht einen Fall, mit dem die Ermittlungsrichter erst einmal alle Hände voll zu tun hatten.

Der Fall betraf die »Lage« in der vom Bürgerkrieg verwüsteten Region Darfur im Westen des Sudan. Nach Schätzung der Vereinten Nationen im März 2005 waren in dem blutigen Konflikt in nur 18 Monaten 200 000 Menschen ums Leben gekommen.[28]

Klar ist offensichtlich, dass der Konflikt in Darfur vom Interesse der Großmächte an den gewaltigen Ölvorräten der Region angeheizt wird.[29] China, das seinen rasant wachsenden Ölbedarf bereits jetzt zum großen Teil mit Importen aus dem Sudan deckt, stärkt die Regierung in Khartum mit hohen Investitionen. Die Rebellen genießen zumindest indirekte Unterstützung durch die USA, die seit den 70er Jahren Interesse am sudanesischen Öl zeigen und die muslimische Regierung über ein Jahrzehnt lang massiv unter Druck gesetzt haben (Clinton ließ den Sudan 1998 bombardieren, weil Al Qaida dort angeblich eine »Heimat« gefunden hatte). Klar ist außerdem, dass trotz der enormen Ölreserven des Landes das größte Problem die Armut ist. Hunger und Krankheiten haben im Sudan viermal mehr Todesopfer gefordert als Kriegsverbrechen und Verbrechen gegen die Menschlichkeit.[30] Die USA versuchen jedoch in schönem Einklang mit Organisationen wie Human Rights Watch, die sich für die Bekämpfung der Straflosigkeit einsetzen, die Krise auf die einfachen Begriffe von Verbrechen und Strafe zu reduzieren. Im September 2004 schickte der Sicherheitsrat eine internationale Kommission mit dem genau definierten Auftrag nach Darfur, Berichten über Menschenrechtsverletzungen und Verstößen gegen das Völkerrecht nachzugehen, festzustellen, ob dort ein Völkermord stattfindet, und die Täter mit dem Ziel zu identifizieren, dass die Verantwortlichen vor Gericht gestellt werden. Leiter der Kommission war der italienische Rechtswissenschaftler und ehemalige IStGHJ-Präsident Antonio Cassese (siehe Kapitel 3), der naturgemäß weder Ölinteressen noch imperialistische Machenschaften ins Auge fasste, sondern sich auf Verbrechen wie Folter und Vergewaltigung (nicht Völkermord) konzentrierte, die Täter benannte (eine versiegelte Liste mit 51 Namen) und Vorschläge zu ihrer Bestrafung machte. Die Empfehlung der Kommission lautete, sie dem Internationalen Strafgerichtshof zu überstellen. Die US-Regierung sperrte sich anfangs (aus den in Kapitel 7 genannten Gründen) gegen den Vorschlag. Sie hätte eine von ihr kontrollierte Instanz wie die vielen von ihr ins Leben gerufenen Ad-hoc-Tribunale bevorzugt. Eine massive Medienkampagne, die unter anderem auf absurden Behauptungen wie der von Human Rights Watch aufbaute, von der Wahl des Gerichts hingen Menschenleben ab – »Die Verzögerung, die die Schaffung eines neuen Gerichts mit sich bringt, würde lediglich weitere Menschenleben in Darfur kosten!«[31] –, sorgte dafür, dass die USA schließlich klein beigaben. Sie waren schon ein Jahr früher von ihrer strikten Ablehnung des IStGH abgerückt, die sich im Licht der Ereignisse in Abu Ghraib in der Tat nicht besonders gut gemacht hätte.[32] Am Ende erklärten sie sich mit einem Verfahren vor dem IStGH einverstanden, verlangten im Gegenzug allerdings die Garantie, dass US-Bürger für Verbrechen, die im Rahmen von UN-gebilligten Einsätzen möglicherweise verübt wurden, keinesfalls belangt werden würden.[33] Das brachte die Bush-Regierung in schönen Einklang mit der Vorgängerregierung unter Clinton: Diese hatte den IStGH als eine Art permanentes Ad-hoc-Tribunal befürwortet, das nur vom UN-Sicherheitsrat angerufen werden kann, in dem wiederum die Amerikaner ein Vetorecht besitzen. Auf diese Weise hätte sich der IStGH niemals mit Verbrechen eines der 5 ständigen Mitgliedstaaten des Sicherheitsrates oder ihrer Verbündeten befassen können. Er wäre das Gericht für die

»üblichen Verdächtigen«, würde sich mit Afrika befassen, während die USA vollkommen ungestraft Verbrechen begehen können. Oder ihre Freunde und Verbündeten. Israel beispielsweise wurde vom Internationalen Gerichtshof (die verschiedenen Gerichtshöfe werden in Kapitel 3 erläutert) und vom Obersten Gericht Israels wegen des »Sicherheitszauns« verurteilt, der durch palästinensisches Gebiet verläuft.[34] Ein Gericht aber, das Israel nach der Genfer Konvention von 1949 als »Besatzungsmacht« definiert, erklärt den Staat damit automatisch eines Kriegsverbrechens für schuldig, nämlich eigene Staatsbürger in besetzten Gebieten angesiedelt zu haben, was zur Existenz der israelischen Siedlungen geführt hat, die im Zentrum des israelisch-palästinensischen Konflikts stehen. Doch weil die USA im UN-Sicherheitsrat ein Vetorecht besitzen, ist Israel praktisch dem Arm des internationalen Strafrechts entzogen.

In groben Zügen weist die Situation in Darfur erschreckende Übereinstimmungen mit den (in Kapitel 3 beschriebenen) Ereignissen auf, die zum Kosovokrieg geführt haben.[35] Damals unterstützten die USA die Umsturzpläne einer Rebellengruppe gegen die Regierung, nicht um einen Sieg der Rebellen herbeizuführen, sondern um Vergeltungsaktionen zu provozieren, die dann als Rechtfertigung für die »Out of Area«-Intervention der NATO (der USA) herhalten mussten, obwohl diese ziemlich eindeutig eher von geopolitischen als von humanitären Überlegungen bestimmt war. Wenn man Konflikte wie den in Darfur unter dem alleinigen Gesichtspunkt der Verbrechen gegen die Menschlichkeit definiert und imperialistische Aspekte leugnet, schafft man es, Ursache und Wirkung voneinander zu trennen, wie es im »Krieg gegen den Terrorismus« allgemein üblich ist. Man entbindet die reichen Länder von der Verantwortung für die Folgen, die ihre Außenpolitik für die Armen der Welt hat, kriminalisiert den Widerstand und legitimiert nicht nur Angriffskriege (und die Ermordung unschuldiger Menschen), sondern im Zweifelsfall sogar die Aushebelung der gesamten internationalen Rechtsordnung.

*Michael Mandel,* im Mai 2005

# Erster Teil

## Völkerrechtswidrige Kriege und Kollateralschäden

# 1. Irak 2003

Der Irakkrieg im Jahr 2003 war der dritte völkerrechtswidrige Krieg der USA in nur vier Jahren. Jeder von ihnen war voller blutiger Schrecken, aber der Irakkrieg hob sich dadurch hervor, dass er besonders blutig und eklatant rechtswidrig war. Seine Rechtswidrigkeit wurde ihm praktisch durch eine Niederlage im UN-Sicherheitsrat *bescheinigt,* die sich auch durch geschicktes Medienmanagement so wenig kaschieren ließ, dass Präsident Bush von seinem großspurig angekündigten Vorhaben absehen musste, eine Abstimmung zu erzwingen, in der die Mitglieder des UN-Sicherheitsrates »Farbe bekennen« sollten.[1]

Die Rechtswidrigkeit des Irakkrieges hat durchaus nichts mit juristischen Spitzfindigkeiten zu tun, sondern ist durch die gleichen (in diesem Kapitel erörterten) Gründe gegeben, die zur Niederlage im Sicherheitsrat führten: nämlich durch das Unvermögen der USA, auch nur *eine* stichhaltige moralische Rechtfertigung dafür zu liefern, auf das Mittel des Krieges mit seinem ganzen Ausmaß an Tod und Zerstörung zurückgreifen zu müssen. Die UN-Waffeninspektoren hatten nichts zutage gefördert, und selbst die Amerikaner und die Briten, die vor dem Krieg versuchten, die Inspektionen mit gefälschten Geheimdiensterkenntnissen – oder »*Steigerung* der Risikoeinschätzung«, wie das amerikanische Comic *Doonesbury* es nannte[2] – in Misskredit zu bringen, hatten nach dem Krieg auch nichts gefunden, als sie das Land nach den angeblichen Massenvernichtungswaffen durchsuchten. Da zugegebenermaßen keine Bedrohung bestand, dass der Irak die USA oder einen ihrer Verbündeten angreifen würde, gab es auch keinen plausiblen Anspruch auf Selbstverteidigung. Die wenigen, die glaubten, es ginge bei diesem Krieg um die »Befreiung« der Iraker, wurden sehr bald eines Besseren belehrt, als die Amerikaner nach dem Sturz des Saddam-Hussein-Regimes deutlich machten, dass es den Irakern schwer fallen dürfte, sich jemals von der amerikanischen Militärbesatzung zu befreien. Auch die Sorge um die Menschenrechte ließ sich als Motiv eines Landes kaum ernst nehmen, das die Iraker über zwölf Jahre hinweg mit inhumanen Sanktionen bestraft hatte.

Und wo blieb die Menschlichkeit in einem Krieg, der so viele Menschenleben forderte? Die internationale Forschungsgruppe Iraq Body Count, die sich der wissenschaftlichen Dokumentation der zivilen irakischen Opfer widmet, schätzte die Zahl der während des Krieges und der Besatzungszeit Getöteten (nach dem Stand von August 2003) auf 6100 bis 7800, die der Verwundeten auf 20 000.[3] Davon starben 4100 bis 5200, also die überwiegende Mehrzahl, während der Invasion. Nach einer Untersuchung der *Los Angeles Times,* die sich auf Unterlagen Bagdader Krankenhäuser stützte, starben allein bei der Schlacht um Bagdad 1700 Zivilisten.[4] Wie diese Erhebungen ergaben, wurden 8000 Menschen verwundet. Als »Verwundung« galt der Verlust beider Arme oder schwere Verbrennungen, aber nicht das Trauma des Todes beider Eltern, das der zwölfjährige Ali Ismail Abbas aus Bagdad durchlebte. Die Zahl der Kriegsopfer unter amerikanischen und britischen Soldaten wurde sorgfältig erhoben und mit 164 Toten und 569 Verwundeten angegeben, dagegen wird man über die Zahl der getöteten und verwundeten irakischen Soldaten wohl nie Genaues erfahren.[5] Die Schätzungen rangieren von 2300 bis zu Zehntausenden.[6]

Mit dem Sturz des irakischen Regimes hörte das Töten nicht auf. Sofort begannen die »bitter enders« – die zum Kampf bis zum bitteren Ende Entschlossenen –, wie die Amerikaner sie nannten, einen Guerillakrieg gegen die Militärbesatzung. 2003 griffen sie tagtäglich US-Soldaten und andere Ziele an. Die amerikanischen Opfer dieser Anschläge – etwa 200 Tote von Mai bis Dezember 2003 – erschütterten die USA. Im selben Zeitraum wurden etwa 3000 irakische Zivilisten getötet, sei es bei Anschlägen auf Amerikaner, bei den unweigerlich folgenden Gegenangriffen oder bei anderen Gewalttaten in Verbindung mit der Besatzung. Nervöse amerikanische Soldaten erschossen am 13. Juni 2003 fünf Angehörige einer Familie, am 12. September neun irakische Polizisten und drei zivile Passanten und am 11. November alle fünf Insassen eines Lastwagens, der Hühner transportierte. Bei den Autobombenanschlägen auf das UN-Hauptquartier in

Bagdad und eine schiitische Moschee in Najaf starben neben dem UN-Sonderbeauftragten Sergio Vieira de Mello und dem Geistlichen Ayatollah Mohammed Bakr al-Hakim über 100 Iraker. Als die Angriffe auf die Besatzer im November 2003 mit dem Abschuss von vier amerikanischen Hubschraubern und etwa 70 im Kampfeinsatz getöteten US-Soldaten einen Höhepunkt erreichten, reagierten die USA mit der »Operation Iron Hammer«, die im Grunde eine Wiederaufnahme des Bombenkrieges war. »Das bedeutet Krieg«, erklärte ein US-Generalmajor am 19. November. »Wir werden einen Vorschlaghammer einsetzen, um eine Walnuss zu zerschlagen«.[7] An diesem und am folgenden Tag töteten Amerikaner zehn irakische »Aufständische«, weitere zehn irakische Zivilisten starben durch Bombenexplosionen in drei Städten. Darunter waren drei Kinder, die durch eine Detonation in einer Schule ums Leben kamen; ob dort eine Bombe gelegt wurde oder eins der Kinder mit einem Blindgänger gespielt hatte, wurde nicht geklärt.[8]

Gewaltverschärfend wirkte sich die bald ersichtliche Tatsache aus, dass die USA so gut wie keine Pläne für die praktische Verwaltung des Irak nach seiner Eroberung hatten. Das Land, dessen Produktivität durch die mehr als zehnjährigen Sanktionen nur noch ein Fünftel des Standes vor 1991 betrug, versank in einem Chaos von Plünderungen, Kriminalität und Sabotage. Nicht nur die Kunstschätze aus dem Bagdader Nationalmuseum wurden gestohlen, auch aus Krankenhäusern, Schulen und Elektrizitätswerken wurde alles geplündert, was nicht niet- und nagelfest war. Die Zahl der Tötungsdelikte schnellte in die Höhe, und die Öl-, Wasser- und Stromversorgung lag während des gesamten Jahres 2003 in Trümmern. Bereits im Juni 2003, als die Unzufriedenheit mit den Amerikanern und die Guerillaangriffe stetig zunahmen, kam der Kommandeur der US-Bodentruppen, Generalleutnant David McKiernan, zu dem Schluss: »Irak wird noch für einige Zeit ein Kampfgebiet sein.«[9]

Anfang 2003 waren Millionen Menschen in einer noch nie dagewesenen globalen Antikriegsbewegung auf die Straße gegangen, um zu zeigen, dass die Welt nicht an die Kriegsrechtfertigungen glaubte, die die Amerikaner ihr immer wieder auftischten. Nach Umfrageergebnissen, die das American Pew Research Center einen Tag vor

Kriegsbeginn veröffentlichte, war die Mehrheit der Befragten in allen Ländern bis auf die USA gegen den Krieg, selbst in Großbritannien, dem Hauptverbündeten der USA, wo ihn 51 Prozent ablehnten und 39 Prozent befürworteten. Die Ablehnung war nicht nur in den Ländern groß, deren Regierungen sich gegen den Krieg aussprachen, wie Frankreich (75 Prozent gegen den Krieg, 20 Prozent dafür), Deutschland (69 zu 27 Prozent) und Russland (87 zu 10 Prozent), sondern auch in der »Koalition der Willigen« mit Ländern wie Italien (81 zu 17 Prozent), Spanien (81 zu 13 Prozent), Polen (73 zu 21 Prozent) und der Türkei (86 zu 12 Prozent).[10] Die Welt war überzeugt, dass es bei diesem Krieg nicht um Terrorismus, Massenvernichtungswaffen und schon gar nicht um »Freiheit« ging, sondern um die altbekannten imperialen Motive: um privaten Reichtum und um staatliche strategische Macht. Der Irak besitzt die zweitgrößten Erdölreserven der Welt, eine Quelle sowohl privaten Reichtums wie auch staatlicher Macht, und es lag auf der Hand, dass Amerika nicht nur den Irak, sondern die gesamte, zunehmend instabile Region unter seine Kontrolle bringen wollte.[11] »Wieso hat die Regierung anscheinend kein Interesse an einer Abzugsstrategie aus dem Irak, wenn Saddam erst einmal gestürzt ist? Weil wir nicht abziehen werden. Wenn die USA den Irak erobert haben, werden sie permanente Militärstützpunkte in diesem Land schaffen, um von dort aus den Nahen Osten zu beherrschen.«[12] Der uralte Garant imperialer Macht, die »Glaubwürdigkeit«, stand auf dem Spiel: »Etwa alle zehn Jahre müssen sich die USA irgendein kleines schäbiges Land vorknöpfen und platt machen, nur um der Welt zu zeigen, dass sie es ernst meinen.«[13]

Angespornt von der öffentlichen Meinung auf den Straßen der Welt, unterzogen die Vertreter der Welt bei den Vereinten Nationen und im Sicherheitsrat die erdichteten Behauptungen der USA, es gehe um ein legitimes kollektives Interesse oder Gut der Menschheit, einer genauen Prüfung und verwarfen sie. Trotz des enormen Drucks, den die USA als das reichste und mächtigste Land der Welt auszuüben vermochten, konnten sie für den Krieg nur vier der 15 Stimmen im Sicherheitsrat gewinnen, also in jenem Gremium, dem die 191 Mitgliedsländer der Vereinten Nationen (einschließlich der USA) die Entscheidung über Krieg und Frieden anvertraut haben.

In der Fachsprache handelte es sich um einen »Angriffskrieg« – mit diesem juristischen Begriff bezeichnet man einen Krieg, der nicht in die eng definierten Grenzen des Selbstverteidigungsrechts fällt und vom Sicherheitsrat nicht als unbedingt erforderlich im kollektiven Interesse des internationalen Friedens und der Sicherheit autorisiert wurde. Was bedeutet es, wenn ein Land einen Angriffskrieg führt? Nach den Maßstäben, die das Internationale Militärtribunal nach dem Zweiten Weltkrieg bei den Nürnberger Prozessen gegen die Nazis festlegte, ist es das *größte internationale Verbrechen*. Der erste Anklagepunkt gegen die Nazis nach dem Statut des Militärtribunals waren »Verbrechen gegen den Frieden: nämlich Planung, Vorbereitung, Einleitung oder Führung eines Angriffskrieges oder eines Krieges unter Verletzung internationaler Verträge« – wie eben der UN-Charta. Die Richter des Militärtribunals kamen aus den vier Siegermächten USA, Sowjetunion, Großbritannien und Frankreich. In einer der viel zitierten Passagen des Urteils erklärten sie:

> Der Krieg ist seinem Wesen nach ein Übel. Seine Auswirkungen sind nicht allein auf die kriegführenden Staaten beschränkt, sondern treffen die ganze Welt. Die Entfesselung eines Angriffskrieges ist daher nicht nur ein internationales Verbrechen, sondern das größte internationale Verbrechen, das sich von anderen Kriegsverbrechen nur dadurch unterscheidet, dass es in sich alle Schrecken vereinigt und anhäuft.[14]

Nach diesem für das gesamte internationale Strafrecht grundlegenden Urteil haben sich somit die Amerikaner, das heißt ihre politische Führung – Bush, Rumsfeld, Powell, General Franks, Rice etc. –, sowie ihre Verbündeten Blair, Hoon, Straw und andere im Irak des größten internationalen Verbrechens schuldig gemacht, jenes Verbrechens, das alle Schrecken in sich vereinigt. Mehr noch: Diese Führungskräfte tragen die Schuld an jeder Gewalttat, mit der dieser Krieg geführt wurde. Um es mit den Worten des amerikanischen Hauptanklägers beim Internationalen Militärtribunal in Nürnberg, des geachteten Richters am Obersten Gerichtshof der USA, Robert H. Jackson, auszudrücken:

> Jede Zuflucht zu einem Krieg, zu jeder Art von Krieg, ist eine Zuflucht zu Mitteln, die ihrem Wesen nach verbrecherisch sind. Der Krieg ist unvermeidlich eine Kette von Tötung, Überfall, Freiheitsberaubung und Zerstörung von Eigentum. Ein ehrlicher Verteidigungskrieg verstößt natür-

lich nicht gegen das Gesetz und bewahrt, wenn er in den Schranken des Rechts geführt wird, vor strafbarer Schuld. *Aber es geht nicht an, wenn ein Krieg selbst ungesetzlich ist, Handlungen, die ihrem Wesen nach verbrecherisch sind, mit dem Hinweis zu verteidigen, wer sie begangen habe, sei eben in einen Krieg verwickelt gewesen.* Die allergeringste Folge der Verträge, die den Angriffskrieg für ungesetzlich erklären, ist, jedem, der dennoch einen solchen Krieg anstiftet oder entfesselt, jeglichen Schutz zu nehmen, den das Gesetz je gab, und die Kriegstreiber einem Urteilsspruch nach den allgemein anerkannten Grundregeln des Strafrechts zu überantworten.[15]

Präsident Bush und seine Kollegen haben sich also nach Recht und Gesetz des Mordes an Tausenden Menschen schuldig gemacht, ganz zu schweigen vom schweren Überfall auf Zehntausende weitere Menschen bis hin zu den schwersten Verbrechen im Strafrecht eines jeden Landes der Welt. Würde man auch nur einen Bruchteil dieser Verbrechen in Texas, der Heimat der Familie Bush, begehen, brächte es den Täter dort unwiderruflich in die Todeszelle. Dass der US-Kongress den Krieg gebilligt hat, spielt dabei keine Rolle, auch wenn er nach amerikanischem Recht damit legalisiert wurde, denn für das internationale Recht ist es unerheblich, ob ein Krieg nach den Gesetzen des betreffenden Landes rechtmäßig ist. Der Krieg der Nazis war nach den Nazigesetzen legal. Im Völkerrecht geht es um *internationale* Normen und *internationale* Verträge wie die Charta der UN (denen die USA, allem Anschein zum Trotz, nach wie vor angehören), nach der dieser Krieg zweifelsfrei rechtswidrig war. In Punkt 2 der »Nürnberger Prinzipien« *(Principles of International Law Recognized in the Charter of the Nürnberg Tribunal and in the Judgment of the Tribunal)* heißt es: »Auch wenn das Völkerrecht für ein völkerrechtliches Verbrechen keine Strafe androht, ist der Täter nach dem Völkerrecht strafbar.«[16] In Punkt 3 ist hinzugefügt: »Auch Staatsoberhäupter und Regierungsmitglieder sind für von ihnen begangene völkerrechtliche Verbrechen nach dem Völkerrecht verantwortlich.«

Präsident Bush erwartet aber nicht die Todeszelle, er wird nicht einmal vor Gericht gestellt. Denn trotz allem, was wir über Kriegsverbrechen und internationale Strafgerichtshöfe hören, gibt es kein Gericht, das über solche Schwerverbrecher Recht sprechen dürfte.

Zwar gibt es einen neu geschaffenen Internationalen Strafgerichtshof (IStGH) in Den Haag, der Menschen wegen Kriegsverbrechen verurteilen soll, aber um die Amerikaner – die diesen Gerichtshof nicht anerkennen – nicht gegen sich aufzubringen, bezieht sich die Zuständigkeit dieses Gerichts nicht auf das größte Verbrechen, einen rechtswidrigen Krieg anzufangen, sondern nur auf die minder schweren Verbrechen gegen die so genannten »Gesetze und Gebräuche des Krieges«. Das ist so, als gäbe es kein Gesetz gegen Mord, nur ein Gesetz gegen Mord ohne angemessene Rücksicht auf die Sicherheit Unbeteiligter. Das ist eine Art »Schlupfloch«. Ein Ankläger der Nürnberger Prozesse schrieb damals, da die Gesetze und Gebräuche des Krieges in der Regel von beiden Seiten verletzt werden, seien sie »bestenfalls eine brüchige Barriere zwischen der Kriegsgewalt und ihren Opfern … [Ein] moderner Krieg, so edel er auch sein mag, beinhaltet so viel Elend, dass die Bestrafung von Verstößen gegen die Konventionen ohne Bestrafung der Anstifter eines Angriffskrieges *als höhnische Übung in vornehmer Sinnlosigkeit* erscheint«.[17]

Wegen dieses »Schlupflochs« wurde während des Irakkrieges so viel über die Genfer Konventionen und die »Gesetze und Gebräuche des Krieges« geredet, nicht aber über das Verbrechen, den Krieg anzuzetteln. Als der Angriff begann, ermahnten Human Rights Watch, Amnesty International und weniger prominente Gruppen alle »kriegführenden Parteien« und erinnerten sie an ihre Verpflichtungen nach den Gesetzen und Gebräuchen des Krieges.[18] Doch niemand verlor auch nur ein Wort über die Rechtswidrigkeit des Krieges oder die Verantwortung der Regierenden jener Länder, die ihn angefangen hatten, für ein schweres völkerrechtliches Verbrechen. Auch während des Krieges wurde viel über weitaus weniger schwere Verbrechen geredet. Die USA protestierten lautstark gegen die Misshandlung amerikanischer Kriegsgefangener, da sie ihrer Ansicht nach »demütigenden und verletzenden Umständen« ausgesetzt wurden, »die geeignet sind, sie zum Objekt öffentlicher Neugier zu machen« – was gegen Artikel 14 der Genfer Konvention (vom 12.8.49) verstößt. Amnesty International räumte ein, es sei falsch, amerikanische Gefangene im irakischen Fernsehen zu verhören, wies aber darauf hin, dass die Amerikaner dieselben Regeln verletzten, und zwar nicht nur in Hinblick auf irakische

Gefangene, sondern auch auf den stetigen Strom von Gefangenen, die sie nach Guantánamo Bay gebracht haben und weiterhin dorthin bringen – an einen Ort, den sie einseitig zur Genfer-Konventions-freien Zone erklärt haben.[19]

Das US-Verteidigungsministerium beklagte sich zudem über die angebliche irakische »Perfidie«, dass Soldaten scheinbar kapitulierten oder sich als Zivilisten tarnten, um die Invasoren in Hinterhalte zu locken.[20] Nachdem ein als Taxifahrer getarnter Selbstmordattentäter sich mit vier amerikanischen Soldaten an einem Kontrollpunkt in die Luft gesprengt hatte, verurteilte Human Rights Watch die Tat als »perfide« und unterschied sie von zulässigen »Kriegslisten« und sogar von »Selbstmordangriffen ungetarnter militärischer Kräfte«, da diese »nicht darauf beruhen, die Bereitschaft eines Feindes auszunutzen, die Regeln zum Schutz Unbeteiligter einzuhalten«.[21] Als eine amerikanische Panzerbesatzung an einem Kontrollpunkt bei Karbala das Feuer auf einen voll besetzten Wagen eröffnete und zehn Zivilisten tötete, darunter fünf Kinder, gab es widersprüchliche Berichte, ob ausreichende Vorwarnungen ergangen seien, aber der Militärsprecher, Brigadegeneral Vince Brooks, verwies sogleich auf den Kontext »perfider« Vorfälle.

> General Brooks erklärte, andere Kontrollpunkte seien von mehreren irakischen Fahrzeugen gleichzeitig gestürmt worden; manchmal fahre ein Wagen mit Zivilisten vor anderen voller bewaffneter Kämpfer her. Ob dies auch am Montag der Fall war, sagte er nicht.[22]

Bei seiner Pressekonferenz berief General Brooks sich auf das »natürliche Selbstverteidigungsrecht« der Soldaten und erklärte: »Wir bedauern zwar etwaige zivile Todesopfer, aber sie sind derzeit unvermeidbar, wie sie es während der gesamten Geschichte waren.«[23] Auch Amnesty International kritisierte die »perfiden« Praktiken, weil sie Zivilisten gefährdeten, verurteilte zugleich aber den Einsatz von Streubomben, die sich in ihrer Wirkung zwangsläufig auch gegen Zivilisten richten, und die Bombardierung eines Fernsehsenders durch die Invasionstruppen. Amnesty International stellte in Frage, ob die nötigen Vorkehrungen zum Schutz der Zivilbevölkerung getroffen würden, und forderte Untersuchungen zum Tod von Zivilisten wie am Kontrollpunkt in Karbala und zur Erschießung von Demonstranten in Falluja.[24]

Doch kein einziges Mal erwähnte Amnesty International, von Human Rights Watch ganz zu schweigen, den eigentlichen Grund, weshalb keiner dieser Zwischenfälle überhaupt einer Untersuchung bedurfte: dass nämlich die gesamte rechtliche und moralische Verantwortung für Tod und Zerstörung bei den Invasoren lag, ganz gleich welche Vorkehrungen sie zu treffen behaupteten, weil sie nämlich einen rechtswidrigen Angriffskrieg führten. Jedes Todesopfer war ein Verbrechen, für das die Führer der Angriffskoalition persönlich strafrechtlich verantwortlich waren. Als General Brooks behauptete, die Soldaten am Kontrollpunkt in Karbala machten von ihrem »natürlichen Selbstverteidigungsrecht« Gebrauch, redete er Unsinn: Ein Angreifer hat kein Recht auf Selbstverteidigung. Bricht man in ein Haus ein, bedroht die Bewohner mit der Waffe und erschießt sie, wenn sie ihn zu töten versuchen, so trifft die Bewohner keine Schuld, aber der Einbrecher macht sich des Mordes schuldig.[25] In einem Punkt hatte General Brooks allerdings Recht: Zivile Todesopfer »*sind unvermeidbar, wie sie es während der gesamten Geschichte waren*«. Das heißt: Die Leute, die diesen Krieg angefangen haben, wussten genau, dass so etwas passieren würde. Und aus diesem Grund sind sie des Mordes schuldig (siehe Kapitel 2). *Bestenfalls* können sie für sich in Anspruch nehmen, dass die Tausenden Toten das *absolute Minimum* waren, das in dem von ihnen entfesselten Krieg zu erwarten war.

Trotz alledem und trotz der Belege für schwere Verbrechen gegen Zivilisten durch die Koalitionstruppen, über die unabhängige Journalisten wie Robert Fisk[26] und John Pilger[27] berichteten, war nur von Saddam Hussein und seinen Gefährten die Rede, als es um eine Strafverfolgung ging. Da sich die irakischen Kriegsverbrechen des Jahres 2003 in diesem Kontext vergleichsweise eher geringfügig ausnahmen, richtete sich die Aufmerksamkeit darauf, die Gräber sämtlicher Verbrechen Saddams aus der Zeit des ersten Golfkrieges auszugraben. Es sollten auf jeden Fall Prozesse stattfinden, die Frage war nur, wo: in Den Haag (wo auch gegen Slobodan Milošević verhandelt wird), in den USA oder im amerikanisch verwalteten Irak.[28] Aus bestimmten Gründen (auf die in Kapitel 7 näher eingegangen wird) hatte man sich auf die letztgenannte Möglichkeit geeinigt, bis Saddam im Dezember 2003 festgenommen wurde. Die Regierung Bush hatte die Prozesse allerdings schon wesentlich früher, nämlich einige Tage vor Kriegsbeginn, angekündigt, aber offensichtlich nicht, um sich auf eine strafrechtliche Verfolgung Saddams festzulegen – den sie damals zu *töten* versuchte –, sondern um den rechtswidrigen Krieg zu rechtfertigen.[29] Das Gleiche gilt für die Regelungen zu Kriegsverbrechen in den Nachkriegsresolutionen des Sicherheitsrates und für sämtliche ernsthaften Überlegungen nach Saddams Gefangennahme. Selbstverständlich war an keiner Stelle von der enormen Komplizenschaft der größten Verbrecher an eben diesen Verbrechen die Rede; ihre Strafverfolgung für das Schwerverbrechen, das sie gerade begangen hatten, und nicht einmal für eines der weniger schweren Verbrechen, stand nie zur Debatte. Die USA boykottierten den Internationalen Strafgerichtshof, und als einige Iraker General Tommy Franks aufgrund des bekannten »weltweit geltenden« Haager Gesetzes wegen unterschiedsloser und sogar gezielter Angriffe auf Zivilisten belangen wollten, stellte sich heraus, dass man das Gesetz gerade geändert hatte und die Vorwürfe nun zur »Untersuchung« an die USA weitergeleitet werden sollten.[30]

Das ist das Problem beim internationalen Strafrecht: Es lässt die Amerikaner nicht nur mit Mord durchkommen, sondern auch mit dem schwersten Völkerrechtsverbrechen und bestraft nur die Verbrechen der amerikanischen Feinde – auch wenn diese lediglich die unausweichliche Folge jenes größten Verbrechens sind, das »in sich alle Schrecken vereinigt«. Dies geschieht so regelmäßig, dass man es nicht bloß als geringfügigen Mangel des Systems betrachten kann, den man ausbügeln müsste. Obwohl sich das internationale Strafrecht die Verpflichtung auf die Fahnen geschrieben hat, »Straffreiheit zu beenden«, arbeitet es in Wirklichkeit nach dem Grundsatz einer »*selektiven* Straffreiheit«.

Es stellt sich die Frage, worum es bei dieser Strafverfolgung von Kriegsverbrechen geht, die letztlich immer nur die »üblichen Verdächtigen« bestraft. In dem Bemühen, diese Frage zu beantworten, befasst sich Teil I mit der Strafbarkeit des Irakkrieges und der beiden rechtswidrigen Kriege, die ihm vorausgegangen sind, sowie mit den Begriffen Kollateralschäden, Selbstverteidigung und humanitäre Intervention.

Teil II untersucht die verschiedenen Anwendungen internationalen Strafrechts in der Praxis, insbesondere den Internationalen Strafgerichtshof für Verbrechen im ehemaligen Jugoslawien (IStGHJ), aber auch den neu geschaffenen Internationalen Gerichtshof und andere Formen »universeller Rechtsprechung«.

## Die Rechtslage und der Irakkrieg

Viele Völkerrechtsexperten der ganzen Welt verurteilten den Krieg gegen den Irak als rechtswidrig. Ihre Zahl war weitaus höher als die der wenigen, die ihn als legal verteidigten und die vor allem bei den Protagonisten und ihren Söldnern zu finden waren. Im Einzelnen mag jeder diese Auseinandersetzung selbst anhand der Quellen verfolgen.[31] Hier soll es genügen, die wichtigsten Punkte kurz zu skizzieren.

Das Völkerrecht verbietet den Einsatz militärischer Gewalt eines Staates gegen einen anderen, es sei denn er erfolgt unter einer der beiden folgenden Bedingungen: entweder aufgrund einer gültigen Ermächtigung durch den UN-Sicherheitsrat oder im Rahmen des eng definierten »naturgegebenen Rechts auf Selbstverteidigung«. Die erste Bedingung wurde erstmals 1945 in der UN-Charta festgehalten, die einen für alle Mitglieder bindenden Vertrag und eine der wichtigsten Grundlagen des Völkerrechts ist. Die zweite Bedingung ist älter als die UN-Charta, wird aber von ihr aufgenommen und eingeschränkt. Zusätzlich zu diesen beiden allgemein akzeptierten Fällen gab es Bestrebungen (ohne sonderlichen Erfolg), »humanitäre Intervention« als dritte Voraussetzung für einen Gewalteinsatz geltend zu machen. Die USA versuchten ihren Krieg gegen den Irak unter Verweis auf alle drei Kriterien zu rechtfertigen. Da sich Kapitel 2 und 3 dieses Buches eingehend mit Selbstverteidigung bzw. humanitärer Intervention befassen, werden diese beiden Aspekte hier nur kurz erwähnt. Größere Aufmerksamkeit erfordert die Ermächtigung durch den Sicherheitsrat.

## Ermächtigung durch den UN-Sicherheitsrat

Die UN-Charta ist im Grunde ein Antikriegsdokument. Bereits in den ersten Worten verurteilt sie den Krieg als »Geißel«:

> Wir, die Völker der Vereinten Nationen – fest entschlossen, künftige Geschlechter vor der Geißel des Krieges zu bewahren, die zweimal zu unseren Lebzeiten unsagbares Leid über die Menschheit gebracht hat ...

Zu den Prinzipien, mit deren Hilfe uns die Charta vor Krieg zu bewahren strebt, gehören unter anderem:

> Artikel 2
>
> 3. Alle Mitglieder legen ihre internationalen Streitigkeiten durch friedliche Mittel so bei, dass der Weltfriede, die internationale Sicherheit und die Gerechtigkeit nicht gefährdet werden.
>
> 4. Alle Mitglieder unterlassen in ihren internationalen Beziehungen jede gegen die territoriale Unversehrtheit oder die politische Unabhängigkeit eines Staates gerichtete oder sonst mit den Zielen der Vereinten Nationen unvereinbare Androhung oder Anwendung von Gewalt.

Die Charta verbietet den Einsatz von Waffengewalt zwar nicht vollständig, schafft aber eine hohe Wahrscheinlichkeit, ihn zu vermeiden, indem sie nur dem Sicherheitsrat die Befugnis einräumt, einen legitimen Gewalteinsatz zu genehmigen. Sogar das Selbstverteidigungsrecht gilt nach der UN-Charta nur so lange, bis der Sicherheitsrat intervenieren kann (siehe Kapitel 2). Diese Befugnis wurde dem Sicherheitsrat übertragen, um ein grundlegendes Ziel der Charta umzusetzen, nämlich »Grundsätze anzunehmen und Verfahren einzuführen, die gewährleisten, dass Waffengewalt nur noch im gemeinsamen Interesse angewendet wird«.[32] Die *repräsentative* Zusammensetzung des Sicherheitsrates, dem quasi eine Monopolstellung über den legitimen Gewalteinsatz eingeräumt wird, soll gewährleisten, dass Gewalt nur im »gemeinsamen Interesse« zum Einsatz kommt. Der Sicherheitsrat besteht aus 15 Mitgliedstaaten; zehn von ihnen werden jeweils für die Dauer von zwei Jahren mit Zweidrittelmehrheit von der UN-Generalversammlung gewählt, die mit 191 Mitgliedstaaten praktisch die gesamte Weltbevölkerung repräsentiert. Im März 2003 hatten Angola, Chile, Deutschland, Pakistan, Spanien, Bulgarien, Kamerun, Guinea, Mexiko und Syrien als nichtständige Mitglieder einen Sitz im Sicherheitsrat. Neben diesen zehn gewählten gibt es noch die fünf ständigen Mitglieder (die USA, Russland, China, Frankreich und Großbritannien), die in allen Entscheidungen des Sicherheitsrates ein Vetorecht besitzen. Beschlüsse des Sicherheitsrates bedürfen der Zustimmung von neun Mitgliedern, aber gegen das Nein eines ständigen Mitglieds kommen selbst 14 Jastimmen nicht an. Der Sicherheitsrat ist also nicht handlungsfähig ohne die Unterstützung aller ständigen Mitglieder und eines großen Teils der von allen anderen Mitgliedstaaten der Vereinten Nationen gewählten Mitglieder; jedes einzelne ständige Mitglied kann einen Beschluss des Sicherheitsrates vereiteln. Dieses System ist alles andere als vollkommen demokratisch, aber es leuchtet schnell ein, dass es besser gewährleistet, den Einsatz von Gewalt nur im »gemeinsamen Interesse« zuzulassen, als es der Fall ist, wenn die USA im Alleingang oder mit ihrer selbst ernannten »Koalition der Willigen« handeln.

Nach Artikel 24 der UN-Charta übertragen die Mitgliedstaaten dem Sicherheitsrat »die Hauptverantwortung für die Wahrung des Weltfriedens und der internationalen Sicherheit und erkennen an, dass der Sicherheitsrat bei der Wahrnehmung der sich aus dieser Verantwortung ergebenden Pflichten in ihrem Namen handelt«. Doch selbst die Macht des Sicherheitsrates hat ihre Grenzen, die Artikel 24 Absatz 2 umreißt: »Bei der Erfüllung dieser Pflichten handelt der Sicherheitsrat im Einklang mit den Zielen und Grundsätzen der Vereinten Nationen. Die ihm hierfür eingeräumten besonderen Befugnisse sind in den Kapiteln VI, VII, VIII und XII aufgeführt.« Wie sehen diese »besonderen Befugnisse« aus? Kapitel VI regelt die »friedliche Beilegung von Streitigkeiten« und verlangt: Parteien einer Streitigkeit »bemühen sich zunächst um eine Beilegung durch Verhandlung, Untersuchung, Vermittlung, Vergleich, Schiedsspruch, gerichtliche Entscheidung, Inanspruchnahme regionaler Einrichtungen oder Abmachungen oder durch andere friedliche Mittel eigener Wahl« (Artikel 33). Gelingt es ihnen nicht, die Streitigkeiten aus eigener Kraft beizulegen, »so legen sie die Streitigkeit dem Sicherheitsrat vor«, wie Artikel 37 unabdingbar verlangt. Kapitel 7 der Charta – »Maßnahmen bei Bedrohung oder Bruch des Friedens oder bei Angriffshandlungen« – räumt dem Sicherheitsrat die Befugnis ein, Zwangsmaßnahmen einschließlich Waffengewalt zu verhängen, allerdings darf er nur »die zur Wahrung oder Wiederherstellung des Weltfriedens und der internationalen Sicherheit erforderlichen Maßnahmen« ergreifen. Der Sicherheitsrat »gibt Empfehlungen« (Artikel 39) oder beschließt »Maßnahmen – unter Ausschluss von Waffengewalt«, wie »die vollständige oder teilweise Unterbrechung der Wirtschaftsbeziehungen, des Eisenbahn-, See- und Luftverkehrs, der Post-, Telegrafen- und Funkverbindungen sowie sonstiger Verkehrsmöglichkeiten, und den Abbruch der diplomatischen Beziehungen«. Artikel 42 regelt schließlich den Einsatz von Streitkräften:

> Ist der Sicherheitsrat der Auffassung, dass die in Artikel 41 vorgesehenen Maßnahmen unzulänglich sein würden oder sich als unzulänglich erwiesen haben, so kann er mit Luft-, See- oder Landstreitkräften die zur Wahrung oder Wiederherstellung des Weltfriedens und der internationalen Sicherheit erforderlichen Maßnahmen durchführen. Sie können Demonstrationen, Blockaden oder sonstige Einsätze der Luft-, See- oder Landstreitkräfte von Mitgliedern der Vereinten Nationen einschließen.

Anfang 2003 bemühten sich die amerikanischen Massenmedien nach Kräften, den Sicherheitsrat als dubioses Gremium darzustellen, das den USA seine Einmischung von außen aufzuzwingen versuche; die oben angeführten Passagen aus der UN-Charta zeigen jedoch, dass nichts weiter von der Wahrheit entfernt liegt. Hier geht es nicht um den Internationalen Strafgerichtshof, den die USA nie anerkannt haben, sondern um den Sicherheitsrat, den die USA ebenso wie jeder der 191 Mitgliedstaaten der Vereinten Nationen in einem von ihnen mit aufgesetzten, unterzeichneten und bisher immer noch freiwillig eingehaltenen feierlichen Vertrag zur obersten internationalen Autorität über Krieg und Frieden gemacht haben. Dieser Vertrag ist für sämtliche Mitglieder bindende Voraussetzung ihrer Mitgliedschaft: »Alle Mitglieder erfüllen, um ihnen allen die aus der Mitgliedschaft erwachsenden Rechte und Vorteile zu sichern, nach Treu und Glauben die Verpflichtungen, die sie mit dieser Charta übernehmen.«[33]

Aus diesem Grund war es den USA so wichtig zu demonstrieren, dass der Sicherheitsrat einen etwaigen Einsatz von Gewalt genehmigt habe. Vor dem Irakkrieg machte Präsident Bush »Massenvernichtungswaffen« zum zentralen Thema seiner Reden vom 6. und 17. März 2003. Laut Bush war der irakische Besitz solcher Waffen nicht nur eine Bedrohung für die USA, sondern auch ein Verstoß gegen Resolutionen des Sicherheitsrats, und diese ermächtigten die USA zum Krieg:

Nach den immer noch gültigen Resolutionen 678 und 687 sind die Vereinigten Staaten und ihre Verbündeten autorisiert, den Irak unter Gewalteinsatz von Massenvernichtungswaffen zu säubern. Das ist keine Frage der Autorität, es ist eine Frage des Willens. Im vergangenen September trat ich vor die UN-Generalversammlung und drängte die Nationen der Welt, sich zusammenzuschließen und dieser Gefahr ein Ende zu setzen. Am 8. November verabschiedete der Sicherheitsrat einstimmig die Resolution 1441, die einen schwerwiegenden Bruch seiner Verpflichtungen durch den Irak feststellte und ernste Konsequenzen für den Fall androhte, dass der Irak keine sofortige, vollständige Entwaffnung durchführte. Heute kann keine Nation ernsthaft behaupten, der Irak habe sich entwaffnet. Und er wird sich nicht entwaffnen, solange Saddam Hussein an der Macht ist.[34]

Tatsächlich lässt sich aus keiner dieser beiden Resolutionen einzeln oder zusammengenommen herauslesen, sie ermächtige die USA zu militärischem Vorgehen – und zwar weder im Alleingang noch mit Verbündeten, gleich wie viele, weder unter allen erdenklichen Umständen des Jahres 2003 noch zu irgendeiner Zeit nach 1991. Um das zu erkennen, braucht man sie nur zu lesen.

Resolution 678 vom 29. November 1990 ermächtigte zwar explizit, wenn auch euphemistisch, zum einseitigen Gewalteinsatz, allerdings mit ganz spezifischen Zielsetzungen, von denen keine für den Krieg 2003 relevant war. Sie enthielt die Ermächtigung zum ersten Golfkrieg. Ihr waren elf Resolutionen zu der Krise vorausgegangen, die mit der irakischen Invasion Kuwaits am 2. August 1990 begonnen hatte. In knappen Worten hieß es dort, der Sicherheitsrat

1. *verlangt,* dass Irak die Resolution 660 (1990) und alle danach verabschiedeten einschlägigen Resolutionen uneingeschränkt befolgt, und beschließt bei Aufrechterhaltung aller seiner Beschlüsse, Irak unter Einschaltung einer Pause als Geste des Entgegenkommens eine letztmalige Gelegenheit zu geben, dies zu tun;

2. *ermächtigt* die Mitgliedstaaten, die mit der Regierung Kuwaits kooperieren, für den Fall, dass Irak die oben genannten Resolutionen bis zum 15. Januar 1991 nicht entsprechend Ziffer 1 vollständig durchführt, alle erforderlichen Mittel einzusetzen, um der Resolution 660 (1990) und allen danach verabschiedeten einschlägigen Resolutionen Geltung zu verschaffen und sie durchzuführen und den Weltfrieden und die internationale Sicherheit in dem Gebiet wiederherzustellen.

Resolution 660, die mit »allen erforderlichen Mitteln« durchgeführt werden sollte, war ebenfalls relativ kurz und enthielt im Wesentlichen zwei operative Punkte. Dort hieß es, der Sicherheitsrat

1. *verurteilt* die irakische Invasion Kuwaits;
2. *verlangt*, dass Irak alle seine Streitkräfte unverzüglich und bedingungslos auf die Stellungen zurückzieht, in denen sie sich am 1. August 1990 befanden …

Die in Resolution 678 enthaltene Ermächtigung, »alle erforderlichen Mittel einzusetzen, um der Resolution 660 (1990) und allen danach verabschiedeten einschlägigen Resolutionen Geltung zu verschaffen«, hätte den USA im Jahr 2003 nur genützt, wenn sie sich auf alle *zukünftigen* Resolutionen bezogen hätte (einen solchen Blankoscheck auszustellen wäre vom Sicherheitsrat allerdings tollkühn). Tatsächlich bezieht sich dieser Passus aber ausdrücklich auf die zwischen dem 2. August und dem 28. November 1990 verabschiedeten zehn Resolutionen, die in der Präambel der Resolution 678 aufgelistet und als die »oben genannten, später dazu verabschiedeten Resolutionen« spezifiziert sind. Diese Resolutionen hatten alle nur ein Ziel: die Invasion Kuwaits und alles, was damit einherging, zu beenden. Selbst die Wiederherstellung des Friedens und der Sicherheit in dem Gebiet wurde in der Präambel der Resolution 660 ausdrücklich eingeschränkt durch den Passus: »*feststellend*, dass *mit der irakischen Invasion Kuwaits* ein Bruch des Weltfriedens und der internationalen Sicherheit vorliegt«.[35] Sie ermächtigten keinen Staat, einseitig den Frieden im Nahen Osten mit Militärgewalt durchzusetzen (was für Israel möglicherweise eine schlechte Nachricht wäre).

Zu Resolution 678 ist vor allem festzustellen, dass sie ausdrücklich einzelne Mitgliedstaaten (wie die USA) ermächtigte, einseitig »alle erforderlichen Mittel« einzusetzen. Viele protestierten 1990–91, ein Krieg sei unter den gegebenen Umständen nicht notwendig, weil entweder ein Gewalteinsatz aufgrund der Resolution unzulässig oder die Resolution selbst ein Bruch der dem Sicherheitsrat von der Charta auferlegten Verpflichtung sei, alle friedlichen Mittel auszuschöpfen. Aber es ließ sich nicht bezweifeln – und niemand bezweifelte –, dass »alle erforderlichen Mittel« auch Militärgewalt einschließen *konnten*.

Des Weiteren ist zu Resolution 678 festzustellen, dass die Ermächtigung zum Einsatz aller erforderlichen Mittel ausdrücklich dem spezifischen Zweck galt, den irakischen Abzug aus Kuwait zu erzwingen. Und da der Irak am 27. Februar 1991 Kuwait definitiv geräumt hatte (und Präsident Bush sen. das Land für »befreit« erklärt hatte), war die Resolution 678 offenkundig für die Rechtfertigung des Krieges von 2003 nicht im Geringsten relevant.

Drittens ist festzuhalten, dass weder in Resolution 678 noch in einer der vorangegangenen Resolutionen »Massenvernichtungswaffen« auch nur mit einem Wort erwähnt wurden. Das blieb der Resolution 687 vom 3. April 1991 vorbehalten, der zweiten Resolution, die Präsident Bush in seiner Rede am 17. März 2003 anführte. Tatsächlich erlegte die Resolution 687 dem Irak erhebliche Abrüstungsverpflichtungen auf, aber sie deutete nicht einmal an, dass ein Mitgliedstaat sie unter Einsatz von Gewalt durchsetzen könnte. Es war keine Rede von »allen erforderlichen Mitteln« oder überhaupt irgendwelchen Mitteln. Ganz im Gegenteil, in Ziffer 33 hieß es, der Sicherheitsrat »erklärt, dass, sobald *Irak dem Generalsekretär und dem Sicherheitsrat offiziell die Annahme der vorstehenden Bestimmungen notifiziert,* eine formelle Waffenruhe zwischen Irak und Kuwait und den mit Kuwait gemäß Resolution 678 (1990) kooperierenden Mitgliedstaaten in Kraft tritt«.[36] Diese offizielle Notifizierung gab der Irak prompt in einem Schreiben seines ständigen Vertreters bei den Vereinten Nationen vom 6. April 1991 an den Vorsitzenden des Sicherheitsrats und den UN-Generalsekretär. Das Schreiben führte die (recht begründeten) Einwände des Irak gegen die Resolution aus, schloss aber mit dem eindeutigen Satz: »Irak ... hat keine andere Wahl, als diese Resolution zu akzeptieren.«[37] Daraufhin trat die Waffenruhe in Kraft. Unter Ziffer 34 der Resolution 687 beschloss der Sicherheitsrat, »mit dieser Angelegenheit befasst zu bleiben und alle weiteren für die Durchführung dieser Resolution und für die Gewährleistung des Friedens und der Sicherheit in diesem Gebiet erforderlichen Schritte zu unternehmen«. Daraus gingen die Inspektionen und die zahlreichen anderen Maßnahmen der nachfolgenden Resolutionen hervor, die jedoch keinerlei Hinweis enthalten, dass ein Mitgliedstaat im Fall einer Nichtbefolgung durch den Irak Militärgewalt einsetzen könne.

Weder Resolution 678 noch Resolution 687 lassen sich so auslegen, dass sie den Gewalteinsatz der USA und Großbritanniens im Jahr 2003 autorisiert hätten. Bleibt Resolution 1441 vom 8. November 2002. Sie stellte an den Irak zahlreiche Forderungen, von denen viele völlig unzumutbar waren, wenn man bedenkt, dass die USA und ihr Verbündeter Israel weitaus mehr Massenvernichtungswaffen gleich welcher Definition besitzen als der Irak und dass Israel wesentlich mehr Resolutionen des Sicherheitsrats missachtet hat als der Irak. Resolution 1441 besagte jedoch weder explizit noch implizit, dass ein Staat oder eine Staatengruppe den Irak angreifen könne, wenn er eine dieser Forderungen nicht erfülle.

In Resolution 1441 hieß es, der Sicherheitsrat »*beschließt,* dass Irak seine Verpflichtungen nach den einschlägigen Resolutionen, namentlich der Resolution 687 (1991), erheblich verletzt hat und nach wie vor erheblich verletzt«, und »*beschließt,* … Irak mit dieser Resolution eine letzte Chance einzuräumen, seinen Abrüstungsverpflichtungen nach den einschlägigen Resolutionen des Rates nachzukommen; und beschließt demgemäß, ein verstärktes Inspektionsregime einzurichten …« Weiter enthielt sie den Beschluss, dass Versäumnisse, die Resolution zu befolgen, »dem Rat gemeldet werden, damit er … eine Bewertung trifft«, und dass der Rat »sofort nach Eingang eines Berichts« der Waffeninspekteure zusammentreten solle, »um über die Situation und die Notwendigkeit der vollinhaltlichen Befolgung aller einschlägigen Ratsresolutionen zu beraten«. Resolution 1441 »*erinnert* in diesem Zusammenhang daran, dass der Rat Irak wiederholt vor ernsthaften Konsequenzen gewarnt hat, wenn Irak weiter gegen seine Verpflichtungen verstößt«. (Die Resolution selbst *warnte* nicht vor diesen Konsequenzen, wie Präsident Bush und die Presse die Öffentlichkeit wiederholt falsch informierten.) Diese Formulierungen waren alle sorgfältig gewählt, nachdem man zwischen dem 2. Oktober 2002, als die USA ihren ersten Entwurf vorlegten, und dem 8. November, als der stark veränderte letzte Entwurf angenommen wurde, über alternative Versionen verhandelt hatte. Die Bedeutung der Resolution ist eindeutig: Der Sicherheitsrat meinte es ernst mit der irakischen Befolgung seiner Abrüstungsverpflichtungen, aber die Entscheidung, ob und in welchem Maß der Irak seinen Verpflichtungen nachgekommen war und was weiter dazu unternommen werden sollte, lag beim *Sicherheitsrat als Institution,* also bei allen 15 Mitgliedern, die nach den in der UN-Charta festgelegten Regeln über jedes Vorgehen mit einer Mehrheit von neun Stimmen ohne Veto eines der fünf ständigen Mitglieder abstimmen mussten.

Mit anderen Worten, in Resolution 1441 fehlte jeglicher Hinweis auf eine Ermächtigung zu einseitigem militärischem Handeln, ganz zu schweigen von der expliziten Formulierung: »ermächtigt die Mitgliedstaaten ..., alle erforderlichen Mittel einzusetzen«, die in Resolution 678 zu finden war. Das war kein Versehen. Eben diese Formulierung stand in dem Entwurf, den die USA den Ratsmitgliedern am 2. Oktober 2002 vorgelegt hatten:

> 10. beschließt, dass falsche Angaben oder Auslassungen in den von Irak nach dieser Resolution vorgelegten Erklärungen und jegliches Versäumnis Iraks, die Bestimmungen dieser Resolution zu befolgen und bei ihrer Durchführung uneingeschränkt zu kooperieren, eine weitere erhebliche Verletzung der Verpflichtungen Iraks darstellen und dass eine solche Verletzung *Mitgliedstaaten ermächtigt, alle erforderlichen Mittel einzusetzen,* um den Weltfrieden und die internationale Sicherheit in diesem Gebiet wiederherzustellen.[38]

Dieser Entwurf wurde jedoch abgelehnt, und in der Resolution 1441 war die oben kursiv gedruckte Formulierung nicht zu finden.[39] Am 25. Oktober legten die USA einen Entwurf vor, in dem die strittige Formulierung fehlte, und der betreffende Satz endete mit: »eine weitere erhebliche Verletzung der Verpflichtungen Iraks darstellen«.[40] Auch diesen Entwurf lehnten die anderen Ratsmitglieder ab und bestanden darauf, den Zusatz aufzunehmen: »und dem Rat gemeldet werden, damit er nach den Ziffern 11 und 12 eine Bewertung trifft«, um deutlich zu machen, dass der Sicherheitsrat selbst über die Konsequenzen einer »erheblichen Verletzung« entscheiden würde.

Es gab Versuche, eine Ermächtigung aus der erheblichen Verletzung der Verpflichtungen abzuleiten, die in einem Passus weiter oben in Resolution 1441 festgestellt wird: »[Der Sicherheitsrat] *beschließt,* dass Irak seine Verpflichtungen nach den einschlägigen Resolutionen, namentlich der Resolution 687 (1991), erheblich verletzt hat und nach wie vor erheblich verletzt«. Da Resolution 687 die Erklärung der

Waffenruhe beinhaltete, argumentierten manche Juristen, die in Resolution 1441 getroffene Feststellung, dass der Irak seine Verpflichtungen »erheblich verletzt« habe, entbinde die USA von ihren Waffenstillstandsverpflichtungen gemäß Resolution 687, als ob es sich hierbei um einen Vertrag handele. Ein großes Problem dieser Argumentation ist, dass die Aussetzung eines *multilateralen* Vertrags durch eine erhebliche Verletzung die »einstimmige Zustimmung« aller Parteien erfordert. Die Waffenruhe von 1991 wurde aber nicht nur zwischen dem Irak und den USA geschlossen, sondern zwischen dem Irak und *allen* Kuwait unterstützenden Kräften, also von einer Koalition aus 34 Staaten, zu denen viele ausgesprochene Gegner des Krieges 2003 gehörten wie Frankreich, Deutschland, Saudi-Arabien und Syrien. Von keinem von ihnen war zu hören, dass sie die Waffenruhe aufheben wollten.[41]

Ein noch größeres Problem dieser Theorie ist, dass sie auf einer offensichtlich willkürlichen Missdeutung der Resolutionen 1441 und 687 beruht. In Resolution 1441 heißt es nicht, der Irak habe die in Resolution 687 genannten *Bedingungen der Waffenruhe* erheblich verletzt, sondern seine *Abrüstungsverpflichtungen*. Die Bedingungen der Waffenruhe waren völlig andere als die Abrüstungsverpflichtungen. Sie bestanden lediglich aus der *Notifizierung,* dass der Irak die Abrüstungsverpflichtungen anerkennt. Eine fortdauernde Befolgung der eigentlichen Abrüstungsverpflichtungen wurde nicht zur Bedingung der Waffenruhe gemacht. Das mag nach Haarspalterei klingen, ist aber tatsächlich überaus wichtig. Die Argumentation der USA beruht auf einer Auslegung der Resolution 687, nach der es auf Dauer im Ermessen einer Waffenstillstandspartei läge, die Kampfhandlungen wiederaufzunehmen, wenn sie der Ansicht wäre, dass der Irak seinen Abrüstungsverpflichtungen nicht nachkäme. Resolution 687 besagt jedoch, dass die Waffenruhe in Kraft tritt, sobald der Irak die Annahme der Bedingungen erklärt, und dass dem Sicherheitsrat als Organ die Aufgabe zufällt, deren Umsetzung zu überwachen. Die Argumentation der »erheblichen Verletzung« will uns glauben machen, der Sicherheitsrat habe das, was er eigentlich wollte, falsch ausgedrückt, nämlich einer Partei das einseitige Recht zur jederzeitigen Wiederaufnahme des Krieges einzuräumen und somit auf die Kontrolle des Sicherheitsrates über Krieg und Frieden zu verzichten. Der Sicherheitsrat wird jedoch durch Resolutionen tätig, und wie wichtig es ist, seinen Worten »Bedeutung und Gewicht« zu verleihen, bekräftigt kein Geringerer als George W. Bush selbst:

> Das ist nicht nur für die Sicherheit unserer Nation ein wichtiger Moment; ich glaube, es ist auch ein wichtiger Moment für den Sicherheitsrat selbst … Und die grundlegende Frage, der sich der Sicherheitsrat gegenübersieht, ist: Werden seine Worte noch etwas gelten? Wenn der Sicherheitsrat spricht, werden – werden die Worte Bedeutung und Gewicht haben?[42]

Gut gesprochen, Mr. President, aber den Worten des Sicherheitsrates »Bedeutung und Gewicht« zu verleihen heißt, zu dem Schluss zu kommen, dass sich aus den Resolutionen 678, 687 und 1441 auf keinen Fall eine Ermächtigung für den Irakkrieg der USA herauslesen lässt.

Nicht einmal aus dem letzten, gescheiterten Resolutionsentwurf, den die USA, Großbritannien und Spanien im Februar 2003 vorlegten, ließ sich eine Ermächtigung zum Einsatz von Waffengewalt herauslesen, da er lediglich auf Resolution 1441 verwies und recht melodramatisch erklärte, dass der »Irak es verabsäumt hat, die ihm mit Resolution 1441 (2002) eingeräumte letzte Chance zu nutzen«.[43] Allen war jedoch klar, wie die Amerikaner diese Formulierung auslegen wollten, wenn die Resolution verabschiedet würde, und da die Inspektoren mehr Zeit für die Aufgabe verlangten, die der Sicherheitsrat ihnen übertragen hatte, kündigten Frankreich und Russland ein Veto an, falls die Resolution zur Abstimmung kommen sollte. Daraufhin bemühten sich die Urheber der Resolution verzweifelt, eine Mehrheit des Sicherheitsrats zur Zustimmung zu bewegen, und taten so, als habe das Veto keinerlei Bedeutung. Dabei machen die USA häufiger von ihrem Vetorecht Gebrauch als alle anderen Mitglieder des Sicherheitsrats zusammen: 76 von insgesamt 138 Vetos seit 1966 kamen von ihnen.[44] Ohne das Veto der USA hätte der Sicherheitsrat schon lange Sanktionen gegen Israel verhängt, das im Laufe der 36-jährigen Besatzung der palästinensischen Gebiete Dutzende Resolutionen verletzt hat. Ohne das amerikanische Veto wäre UN-Generalsekretär Boutros Boutros-Ghali nicht durch den amerikafreundlicheren Kofi Annan abgelöst worden.[45] Aber es gelang den Amerikanern nicht annähernd, im Sicherheitsrat eine *Mehrheit* für ihre Resolution zu gewinnen; als sie den »Farbe bekennen«-Wettbewerb schließlich aufgaben, hatten die drei Befürworter lediglich Bulgarien auf ihre Seite bringen können und damit insgesamt nur *vier* von 15 Stimmen, darunter nur zwei der fünf ständigen Mitglieder mit Vetorecht.[46]

Völkerrechtlern ist durchaus bekannt, dass die Amerikaner versuchen, »Resolutionstexte zu verzerren … um zu behaupten, sie handelten im Namen der internationalen Gemeinschaft«.[47] Bereits vor dem Krieg 2003 hatten sie und Großbritannien über ein Jahrzehnt hinweg den Irak bombardiert und Iraker getötet, um angeblich mit Ermächtigung durch Resolution 688 vom 5. April 1991 auf irakischem Territorium von ihnen selbst erklärte »Flugverbotszonen« durchzusetzen. Diese Resolution »appellierte« jedoch nur harmlos an alle Mitgliedstaaten und alle humanitären Organisationen, »humanitäre Hilfseinsätze« des Generalsekretärs zu unterstützen. Amerikaner und Briten leiteten daraus das Recht ab, alle Einrichtungen zu bombardieren, die ihre Militärflüge über irakischem Territorium hätten bedrohen können. Nach weithin geltender Auffassung bot die Resolution keine Grundlage für diese Angriffe, und die europäischen NATO-Mitglieder protestierten Anfang 2001 gegen die Bombardierungen durch die Regierung Bush.[48] Im Vorfeld des Krieges 2003 wurde jeglicher humanitäre Vorwand fallen gelassen, als die Bombardierungen während der laufenden Inspektionen eindeutig darauf abzielten, die irakischen Verteidigungsstellungen für den bevorstehenden Krieg »aufzuweichen«, noch bevor die USA ihre »diplomatischen Bemühungen« für ausgeschöpft erklärt hatten.[49] Bereits 2001 in Afghanistan (siehe Kapitel 2) und zuvor 1999 im Kosovo (siehe Kapitel 3) hatten die Amerikaner Resolutionen ähnlich verzerrt ausgelegt. Nachdem sie 1998 eine Resolution zum Irak durchgebracht hatten, die eindeutig vor einer Ermächtigung zu einseitigem Gewalteinsatz Halt machte, um die Waffeninspektionen zu unterstützen, erklärten sie einfach: »Wir denken, sie ermächtigt dazu« und bombten weiter.[50] Wenn es um Recht geht, spielt es jedoch keine Rolle, was sie »denken«, wichtig ist, was tatsächlich in der Resolution steht.

Alles dreht sich um den grundlegenden Unterschied zwischen Mittel und Zweck. Die Charta gibt dem Sicherheitsrat außer militärischer Gewalt eine Reihe von Möglichkeiten an die Hand, seine Resolutionen durchzusetzen. In seinen Beschlüssen umreißt der Sicherheitsrat (immer mit der Stimme der USA, die ein Vetorecht besitzen) sorgfältig nicht nur die Ziele, sondern auch die Mittel. Dann kommen die Amerikaner und behaupten, es stünde ihnen frei, Militärgewalt einzusetzen, ganz gleich, welche Mittel der Sicherheitsrat beschlossen habe. Dies schreiben sie sogar in ihrem Landesrecht fest, obwohl sie selbst sorgfältig darauf achten, die Mittel zu spezifizieren. »Der Präsident ist ermächtigt, die Streitkräfte der USA einzusetzen, soweit er es für notwendig und angemessen erachtet, um … alle relevanten Resolutionen des UN-Sicherheitsrats zu Irak durchzusetzen«.[51] Und dabei schützen sie Sorge um die »Glaubwürdigkeit« des Sicherheitsrats vor.[52] Wäre dies tatsächlich geltendes Recht, könnte selbstverständlich jedes andere Land Militärgewalt ebenso einsetzen wie die USA, allerdings nur so weit, wie sie darüber verfügen. Vermutlich gefällt den Amerikanern diese Theorie deshalb wesentlich besser als allen anderen. Die gleichen Reize besitzt die neue amerikanische Doktrin der Selbstverteidigung.

## Selbstverteidigung

Mangels Ermächtigung durch den Sicherheitsrat mussten die USA versuchen, ihren Krieg mit dem »naturgegebenen Recht auf Selbstverteidigung« zu rechtfertigen, ein Recht, das nach Artikel 51 der UN-Charta den Einsatz von Militärgewalt ohne Genehmigung des Sicherheitsrats erlaubt. Bush legte es in seiner Pressekonferenz am 6. März schlicht dar:

> Zweitens bin ich überzeugt, dass das amerikanische Volk verstehen wird, dass wir, wenn es um unsere Sicherheit geht, wenn wir handeln müssen, auch handeln werden, und dazu brauchen wir wirklich keine Erlaubnis der Vereinten Nationen … wenn es um unsere Sicherheit geht, brauchen wir wirklich von niemandem eine Erlaubnis.[53]

Das Recht auf Selbstverteidigung spielte eine zentrale Rolle in der amerikanischen Rechtfertigung des Afghanistankrieges (s. Kapitel 2). Sich im Irakkrieg darauf zu berufen birgt das Problem, dass der Begriff der Selbstverteidigung im Völkerrecht wie auch im Strafrecht eines jeden Landes einen tatsächlich oder nachweislich bevorstehenden »bewaffneten Angriff« voraussetzt, der keine andere Alternative lässt, als mit Gewalt zu reagieren. Zudem hält die UN-Charta zwar am Recht auf Selbstverteidigung fest, schränkt es aber auf Fälle ein, in denen der Sicherheitsrat noch nicht interveniert und noch keine Maßnahmen zur Wiederherstellung des Weltfriedens und der internationalen Sicherheit ergriffen hat. Dahinter steht der Gedanke, dass internationale Streitigkeiten, wenn möglich, friedlich beizulegen sind und es Aufgabe des Sicherheitsrats ist, solche friedlichen Alternativen zu suchen. Diese Einschränkungen haben moralische Gründe: Selbstverteidigung kann es nur dort rechtfertigen, Leben zu nehmen, wo sie nachweislich notwendig ist, um Leben zu retten. Wenn es eine gewaltlose Alternative gibt, muss sie genutzt werden. Daraus erwächst die Rolle des Sicherheitsrats. Das Völkerrecht erlaubt Selbstverteidigung nur, wenn keine Zeit bleibt, eine kollektive friedliche Lösung anzustreben.

Den Amerikanern war klar, dass die anerkannte Doktrin der Selbstverteidigung nach dem Völkerrecht ein Problem für sie darstellte, wenn sie den Irak erobern wollten. Daher entwickelten sie im Zuge ihrer Kriegsvorbereitungen eine neue Doktrin, die sie »antizipatorisch« oder »präemptiv« nannten, die aber in Wirklichkeit, wie Noam Chomsky korrekt anmerkte, *präventiv* ist.[54] Erstmals legte Präsident Bush sie öffentlich in einer Rede dar, die er im Juni 2002 vor Absolventen der West Point Military Academy hielt. In dieser Rede beanspruchte Bush das Recht, militärisch auf Bedrohungen zu reagieren, bevor sie sich »vollständig materialisieren«:

> Wenn wir warten, bis Bedrohungen sich vollständig materialisieren, werden wir zu lange gewartet haben … Und unsere Sicherheit erfordert, dass alle Amerikaner nach vorne sehen und entschlossen sind, bereit zu präemptivem Handeln, wenn es notwendig ist, um unsere Freiheit und unser Leben zu verteidigen.[55]

Es geht also nicht um Angriffe, nicht einmal um bloße Angriffsdrohungen, sondern um Drohungen, die sich noch nicht vollständig materialisiert haben: um *potenzielle* Drohungen.

Im September 2002, als Bush die Kriegstrommel ernsthaft zu rühren begann, wurde diese Doktrin in der so genannten »National Security

Völkerrechtswidrige Kriege und Kollateralschäden

Strategy of the United States«, der Nationalen Sicherheitsstrategie der USA, weiter ausgeführt:

> Unsere Feinde haben offen erklärt, dass sie nach Massenvernichtungswaffen streben, und Belege zeigen, dass sie dies mit Entschlossenheit tun … Aus gesundem Menschenverstand und Selbstverteidigung wird Amerika gegen solche entstehenden Bedrohungen vorgehen, bevor sie voll ausgeprägt sind. Die Vereinigten Staaten haben sich seit langem die Option zu präemptivem Handeln vorbehalten, um einer hinreichenden Bedrohung unserer nationalen Sicherheit zu begegnen. Je größer die Bedrohung, umso größer das Risiko der Untätigkeit – und umso zwingender die Gründe für ein antizipatorisches Handeln, um uns zu verteidigen, selbst wenn Zeit und Ort des feindlichen Angriffs ungewiss sind.[56]

In seiner Kriegsrede vom 17. März 2003 erklärte Bush:

> Die Gefahr ist eindeutig: Mit dem Einsatz chemischer, biologischer und eines Tages atomarer Waffen, die sie mit Hilfe des Irak erlangt haben, könnten die Terroristen ihre erklärten Bestrebungen umsetzen und Tausende oder Hunderttausende Unschuldiger in unserem oder jedem anderen Land töten … In einem Jahr oder in fünf Jahren wäre die Macht des Irak, allen freien Nationen Schaden zuzufügen, um ein Vielfaches größer. Mit diesen Möglichkeiten könnten Saddam Hussein und seine terroristischen Verbündeten den Zeitpunkt einer tödlichen Auseinandersetzung wählen, wenn sie am stärksten sind. Wir haben beschlossen, dieser Bedrohung jetzt zu begegnen, wo sie entsteht, bevor sie plötzlich an unserem Himmel und in unseren Städten auftauchen kann. Die Sache des Friedens verlangt von allen freien Nationen, neue und unbestreitbare Realitäten anzuerkennen … Terroristen und Schurkenstaaten kündigen diese Drohungen nicht mit gehöriger Frist in förmlichen Erklärungen an. Und auf solche Feinde erst zu reagieren, nachdem sie zuerst angegriffen haben, ist keine Selbstverteidigung. Es ist Selbstmord.[57]

Bush legte nicht nur keine Beweise vor, dass der Irak Vorbereitungen für einen Angriff auf die USA traf, anderen dabei half oder entsprechende Pläne entwickelte, er behauptete nicht einmal, dass dies der Fall sei. Er behauptete lediglich, die Tatsache, dass der Irak solche Waffen besäße, mache ihn zu einer potenziellen Bedrohung: »eines Tages …, mit Hilfe des Irak …, könnten die Terroristen ihre Bestrebungen umsetzen« – »in einem Jahr oder in fünf Jahren« – »diese Möglichkeiten« – »könnten den Zeitpunkt wählen«. Natürlich gab es auch keine Beweise für die Existenz der Waffen; die Inspektoren und die US-Armee förderten *nichts* zutage. Doch selbst das war unerheblich, weil das Völkerrecht die von Bush dargelegte rechtlich und moralisch unsinnige Doktrin nie akzeptiert hat und niemals akzeptieren kann.

Dafür gibt es zwei entscheidende Gründe: Erstens würde diese Doktrin es rechtfertigen, dass ein Volk einem anderen bewusst in großem Maßstab Tod und Zerstörung zufügt, ohne beweisen zu müssen, dass dies notwendig sei, um eine vergleichbar große Tragödie von sich abzuwenden. Das hieße, das Leben der Menschen des angegriffenen Landes als weniger schützenswert zu behandeln als das Leben der Menschen des angreifenden Landes, weil es ihnen sämtliche Risiken aufbürden würde: Um einer unbewiesenen Gefahr für das Volk des angreifenden Landes (hier der USA) zu begegnen, würde das Volk des angegriffenen Landes zu Tod und Zerstörung verurteilt. Es versteht sich von selbst, dass das Völkerrecht von dieser Annahme nicht ausgehen kann, selbst wenn der unbewiesenen Gefahr so kostbare Menschenleben wie die amerikanischen ausgesetzt sind. Zweitens ist die Bush-Doktrin ein so dünnes Deckmäntelchen für das Recht des Stärkeren, dass selbst ein Kind es zu durchschauen vermag, denn sie würde theoretisch jedem Land das Recht, aber nicht die Mittel geben, die USA anzugreifen. Die USA bedrohen seit mittlerweile 60 Jahren die Welt mit Massenvernichtungswaffen, seit sie die Atombomben auf die Zivilbevölkerung von Hiroshima und Nagasaki abgeworfen haben. Sie besitzen weltweit die größten geheimen Vorräte an Massenvernichtungswaffen, wie immer man sie auch definieren mag. Selbst in den wildesten Wahnvorstellungen der amerikanischen Regierung waren die Möglichkeiten des Irak, andere zu bedrohen, verschwindend gering im Vergleich zu der Bedrohung, die die USA tagtäglich darstellen. Es gibt kein Recht und keine Moral ohne Anspruch auf »Allgemeingültigkeit«, und das heißt, die USA müssten das Recht eines jeden Landes anerkennen, präventiv gegen die USA vorzugehen, doch das wird man in Präsident Bushs Reden nicht finden. Das Recht auf Selbstverteidigung konnte hier also nicht in Anspruch genommen werden.

## Humanitäre Intervention

Die »Operation« trug zwar den Namen »Iraqi Freedom«, aber das Ziel, die Iraker zu befreien, war in Präsident Bushs Argumenten für die Invasion drittrangig. In seiner vorletzten Kriegsrede erklärte Bush am 6. März 2003: »Er muss der Welt eine einzige Frage beantworten: Hat das irakische Regime vollständig und bedingungslos abgerüstet, wie es Resolution 1441 verlangt, oder nicht?«[58] Bush sagte *nicht:* »Hat das irakische Regime aufgehört, sein Volk zu unterdrücken?« Andererseits versprach er, im Fall eines Krieges das Leben Unschuldiger zu schützen, Nahrungsmittel und Medikamente zu bringen und schließlich »der Nation nach Jahrzehnten brutaler Diktatur beim Aufbau einer gerechten Regierung zu helfen. Es ist Sache des irakischen Volkes, Form und Führung dieser Regierung zu wählen. Was sie auch wählen, es wird besser sein als Elend, Folter und Mord, die sie unter Saddam Hussein erlebt haben... Wir werden das Regime des Irak zum Wohle des irakischen Volkes ändern.« In seiner Rede vom 17. März versprach Bush den Irakern:

> Wir werden den Terrorapparat einreißen und Ihnen helfen, einen neuen Irak aufzubauen, der blühend und frei ist. In einem freien Irak wird es keine Aggressionskriege gegen Ihre Nachbarn, keine Giftfabriken, keine Hinrichtungen von Dissidenten, keine Folter- und Vergewaltigungskammern mehr geben. Der Tyrann wird bald fort sein. Der Tag Ihrer Befreiung ist nah.[59]

In den Rechtfertigungen des Krieges vor der Invasion spielte die »Befreiung« des Irak nur eine untergeordnete Rolle, aber im Nachhinein wurde sie zum Hauptargument für den Krieg, als die Besatzer keine Beweise für Massenvernichtungswaffen fanden. Als man Massengräber aus der Zeit des ersten Golfskrieges entdeckte, schrieb Thomas Friedman in der *New York Times:*

> Was mich betrifft, so brauchen wir keine Massenvernichtungswaffen zu finden, um diesen Krieg zu rechtfertigen. Dieser Schädel und die Tausenden weiteren, die man ausgraben wird, genügen mir. Mr. Bush schuldet der Welt keinerlei Erklärung für fehlende chemische Waffen (selbst wenn sich herausstellen sollte, dass das Weiße Haus diesen Punkt aufgebauscht hat). Es ist klar, dass mit der Beendigung von Saddams Tyrannei eine ge-

waltige menschliche Massenvernichtungsmaschinerie zerschlagen wurde. Das Schlimme an Saddams Herrschaft ist, wenn man sich diesen Schädel ansieht, weiß man nicht einmal, aus welcher Zeit er stammt – aus seiner Unterdrückung der Kurden oder der Schiiten, aus seinen wahnsinnigen Kriegen mit Iran und Kuwait oder nur aus seiner alltäglichen Brutalität.[60]

Als Tony Blair in England wegen Irreführung der britischen Öffentlichkeit in der Frage der Massenvernichtungswaffen unter Beschuss geriet und nach Washington reiste, um sich vom US-Kongress würdigen zu lassen, verfolgte er die gleiche Rückzugsstrategie:

> Können wir sicher sein, dass Terrorismus und Massenvernichtungswaffen zusammenkommen? Lassen Sie uns eines sagen: Sollten wir uns irren, werden wir eine Bedrohung beseitigt haben, die mindestens für unmenschliches Gemetzel und Leid verantwortlich ist. Das ist etwas, was die Geschichte uns verzeihen wird, davon bin ich überzeugt.[61]

»Humanitäre Intervention« durch Militärgewalt war ein wichtiges Thema im Kosovokrieg 1999 (siehe Kapitel 3), aber der Irakkrieg konnte schon allein deshalb nicht als humanitäre Intervention gelten, weil die Amerikaner, wie üblich, ein *unilaterales* Recht auf humanitäre Intervention für sich beanspruchten, während es, sofern es im Völkerrecht überhaupt existiert, nur als *kollektives* Recht besteht, also als Recht, das ausschließlich durch den Sicherheitsrat autorisiert werden kann, und wie wir gesehen haben, gab der Sicherheitsrat keine Ermächtigung zu diesem Krieg. Militärische Interventionen aus humanitären Gründen auf Fälle zu beschränken, die durch den Sicherheitsrat autorisiert sind, soll offenkundig eine gewisse Gewähr bieten, sie nicht als Vorwand für einen Angriffskrieg zu missbrauchen, wie die Nazis es taten, um den Einmarsch in Polen zu rechtfertigen, mit dem der Zweite Weltkrieg begann. Die Väter der UN-Charta hatten dieses und viele andere Beispiele vor Augen, als sie dem Sicherheitsrat die ausschließliche Verantwortung für die Ermächtigung zu Kriegen übertrugen, die nicht der Verteidigung dienen.

Es gibt freilich Verfechter eines unilateralen Rechts auf militärische Intervention aus humanitären Gründen, doch das sind nur wenige und (wie die Erörterung in Kapitel 3 zeigen wird) sie bewegen sich auf einer praktisch nicht vorhandenen rechtlichen Grundlage. Aber selbst

Völkerrechtswidrige Kriege und Kollateralschäden

diese Befürworter verlangen Voraussetzungen, die die Amerikaner im Fall des Irak niemals hätten erfüllen können. Als Erstes stellt sich die Frage der Motivation. Die USA machten unmissverständlich klar, dass sie den Irak niemals erobert hätten, nur um die Menschenrechte des irakischen Volkes zu verteidigen. Das erklärte George W. Bush ausdrücklich in seinen Reden und noch deutlicher sagte es Verteidigungsminister Donald Rumsfeld während seiner Siegestour durch den Irak: »Unsere Koalition kam zu einem bestimmten Zweck in den Irak – um ein Regime zu beseitigen, das Ihr Volk unterdrückte und unseres bedrohte.«[62] Mit anderen Worten: Was die Bush-Regierung betrifft, hätte Saddam Hussein sein eigenes Volk ewig unterdrücken können, solange sie ihn nicht als Bedrohung für das amerikanische Volk oder, unverhohlener, ihrer Interessen ansah. Nach Ansicht der Befürworter unilateraler humanitärer Interventionen sind unterschiedliche Motive durchaus akzeptabel, solange die nichthumanitären Gründe die humanitären nicht beeinträchtigen: »Kollaterale nichthumanitäre Motive … sollten der Art sein, dass sie nicht auf Kosten der übergeordneten Menschenrechtsziele der Intervention gehen.«[63] Vieles zeigt jedoch, dass die nichthumanitären Motive für diesen Krieg alle eventuellen humanitären Gründe weit überwogen. Vor allen Dingen hatten die USA und Großbritannien offensichtlich keinerlei Pläne erstellt, um sich nach der Eroberung des Landes tatsächlich um die Bedürfnisse der Iraker zu kümmern. Sie sorgten zwar dafür, dass alles gesichert wurde, was mit der Ölindustrie und den geheimen Machenschaften des Regimes zu tun hatte, scherten sich aber nicht um die Plünderungen der Infrastruktur und des Kulturerbes, die sich »vor ihrer Nase« ereigneten. Robert Fisk berichtete aus Bagdad:

Nach Tagen der Brandstiftung und Plünderung, hier nun ein kurzer, aber erhellender Überblick. US-Truppen haben tatenlos zugesehen und zugelassen, dass der Mob das Planungsministerium, das Bildungsministerium, das Bewässerungsministerium, das Handelsministerium, das Wirtschaftsministerium, das Außenministerium, das Kultusministerium und das Informationsministerium verwüsteten und in Brand steckten. Sie taten nichts, um die Plünderer zu hindern, als sie unbezahlbare Schätze der irakischen Geschichte im Archäologischen Museum in Bagdad und im Museum im Norden von Mosul zerstörten oder drei Krankenhäuser plünderten. Allerdings brachten die Amerikaner Hunderte Soldaten in zwei irakischen Ministerien in Stellung, die unangetastet und unantastbar blieben, weil in und vor beiden Institutionen Panzer, gepanzerte Mannschaftstransportwagen und Humvees postiert waren. Und welche Ministerien erwiesen sich als so wichtig für die Amerikaner? Natürlich das Innenministerium – mit seiner Fülle an Geheimdienstinformationen über den Irak – und das Erdölministerium.[64]

Einen Monat nachdem der Krieg für gewonnen erklärt war, schloss sich die Presse den Menschenrechtsgruppen an und berichtete über ein »Versinken in Anarchie« und »Chaos« und über die »Plünderung von Staatseigentum, häufig vor den Augen amerikanischer Soldaten ... die meisten Ministerien wurden ausgeweidet«.[65] Nach Ansicht der Verfechter unilateraler humanitärer Militärintervention besteht »der letztendliche Beweis darin, ob infolge der Intervention Menschenrechte effektiv wiederhergestellt wurden«.[66] Im Laufe der Besatzung entstand jedoch zunehmend der Eindruck, dass sich die Menschenrechtssituation durch die Invasion tatsächlich *verschlechtert* hatte – trotz Beseitigung des Saddam-Regimes. Nach UNICEF-Berichten kam es im Vergleich zur Vorkriegszeit unmittelbar nach dem Krieg in Bagdad fast zu einer Verdoppelung der Mangelernährung bei Kindern.[67] Irakische Ärzte meldeten eine Zunahme der Kindersterblichkeit, weil es durch die noch nicht wiederhergestellte Stromversorgung an sauberem Trinkwasser fehlte.[68] Zu einem folgenschweren Zwischenfall kam es, als durstende Dorfbewohner ein Atomkraftwerk plünderten; sie kippten Fässer mit radioaktiven Abfällen aus und benutzten sie, um Trinkwasser zu transportieren.[69] Im September 2003 erklärte der irakische Regierungsrat, es werde noch zwei Jahre dauern, bis die Stromversorgung wieder auf ihrem Vorkriegsstand sei – *sofern* jemand 8 Milliarden Dollar dafür aufbringe.[70] Allerdings ging diese Schätzung nicht von den Sabotageakten aus, die noch im November das Land in Dunkelheit hüllten. »Strom bedeutet Sicherheit. Er ist lebenswichtig«, erklärte ein Kaufmann aus Bagdad.[71] In Bagdad erreichte die Zahl der Tötungsdelikte – und zwar schon bevor die Autobombenanschläge anfingen – das *Zehnfache* des Vorkriegsstands.[72] Nach einer Gallup-Umfrage von September 2003 hielten 94 Prozent der Einwohner Bagdads die Stadt für »gefährlicher als vor der Invasion«.[73]

Völkerrechtswidrige Kriege und Kollateralschäden

Ein weiterer Grund, weshalb der Irakkrieg nicht als humanitäre Intervention angesehen werden kann, ist das große Gewicht, das die Theorie (so tendenziös sie auch sein mag) auf das Selbstverwaltungsrecht legt (»War der Intervenierende bestrebt, den betreffenden Staat in einer Weise zu dominieren, die nichts mit humanitären Belangen zu tun hatte?«).[74] Präsident Bush hatte versprochen: »Es ist Sache des irakischen Volkes, Form und Führung dieser Regierung zu wählen. Was sie auch wählen, es wird besser sein als Elend, Folter und Mord, die sie unter Saddam Hussein erlebt haben.« Dieses Versprechen wurde schnell gebrochen. Sobald das Ausmaß der Opposition gegen die Besatzung deutlich wurde, traten anstelle der geplanten Wahl einer Übergangsregierung »Konsultationen« für einen ernannten »Regierungsrat«, »gewählt« vom »Stab« des amerikanischen »Zivilverwalters«, L. Paul Bremer III, den die Presse auch als »Vizekönig« bezeichnete und der bei allen wichtigen Entscheidungen ein Vetorecht haben sollte.[75] Als Bremer sogar Wahlen auf lokaler Ebene unterband, erklärte er, er sei nicht gegen Selbstverwaltung: »Ich will sie lediglich auf eine Weise regeln, die unsere Interessen wahrt.«[76] Die Frage, wie lange die Koalitionstruppen im Irak bleiben sollten, hänge nur »*zum Teil* davon ab, wie schnell das irakische Volk eine Verfassung schreiben und verabschieden kann«.[77] Als sich der Regierungsrat schon bald als Farce erwies und vor allem der Besatzung keinerlei Legitimität zu verleihen vermochte, beschlossen die Amerikaner, ihn fallen zu lassen und den Verfassungsprozess auf eine »Übergangsverfassung« zu reduzieren. Stattdessen sollte im Juni 2004 nach afghanischem Muster eine Versammlung zusammentreten und eine Übergangsregierung »wählen«, aber es waren keine allgemeinen Wahlen geplant und via Regierungsrat behielten sich die Amerikaner ein Vetorecht über die Auswahl der Delegierten für diese Versammlung vor. Der Plan, den die Schiiten sofort ablehnten, war ausdrücklich Teil einer *langfristigen,* nicht kurzfristigen, Abzugsstrategie, und von jeder neuen Regierung wurde erwartet, dass sie die US-Truppen »bäte«, im Land zu bleiben.[78]

Ein weiterer relevanter Aspekt für die Beurteilung, ob es sich bei diesem Krieg um eine humanitäre Intervention handelte, war die *Komplizenschaft* Amerikas mit dem Unterdrückungsapparat des irakischen Regimes.[79] Eine Komplizenschaft spricht aus verschiedenen

Gründen gegen ein Recht auf humanitäre Intervention; sie besagt etwas über die Ernsthaftigkeit der Motive und vor allem über die entscheidende Frage, ob die Intervention notwendig war. Wenn die Amerikaner Teil des Problems waren, hatten sie es selbst in der Hand, die Lage der Iraker mit nichtmilitärischen Mitteln zu verbessern. Daher waren die zahlreichen Mahnungen in der Vorbereitungsphase des Krieges durchaus relevant, nämlich dass die USA viel damit zu tun hatten, was aus dem Irak geworden war, angefangen bei ihrer Unterstützung des katastrophalen Iran-Irak-Krieges (1980–1988). Die Amerikaner spielten in diesem Krieg in gewissem Maße beide Seiten gegeneinander aus, hielten ihn aber vor allem als äußerst hilfreiche Verbündete des Regimes von Saddam Hussein in Gang, dem sie entscheidende wirtschaftliche, militärische und diplomatische Unterstützung leisteten. Von beiden Seiten forderte der Krieg einen hohen Tribut; nach konservativen Schätzungen lag die Zahl der Todesopfer bei etwa 800 000.[80] Die Gräueltaten, die man seither Saddam Hussein zur Last legte – Giftgasangriffe gegen den Iran während des Krieges und die Anfal-Offensive gegen die Kurden – und die die Regierungschefs und Journalisten nun ins Feld führten, um den Krieg von 2003 zu rechtfertigen, wurden begangen, als die USA noch die Freunde und Wohltäter Saddams waren und Donald Rumsfeld als US-Sonderbotschafter für den Nahen Osten tätig war.[81] Damals lautete die amerikanische Haltung: »Das war nur eine andere Art, Menschen zu töten – ob mit einer Kugel oder mit Phosgen machte keinen Unterschied.«[82] Dem Iran-Irak-Krieg folgte der vermutlich unter vorgeschobenen Gründen und sicher stark überzogen geführte Golfkrieg.[83] Er forderte schätzungsweise 80 000 bis 85 000 irakische Todesopfer, darunter 3000 Zivilisten.[84] Lebenswichtige zivile Versorgungssysteme (Wasser, Strom, Abwasser, Landwirtschaft, Industrie und Verkehr) wurden zerstört. Dann kam es zu separatistischen Aufständen von Kurden und Schiiten, die von den Amerikanern ermuntert, aber nicht unterstützt wurden, was zu ihrer brutalen Niederschlagung führte; die Folgen grub man 2003 als Rechtfertigung für den jüngsten Krieg aus. Es folgten die pseudohumanitären Bombardierungen durch Amerikaner und Briten, die regelmäßig zivile Todesopfer forderten und unter drei amerikanischen Präsidenten fortgesetzt wurden.[85]

Vor allem aber gab es die Sanktionen. Im Gegensatz zu den Bombardierungen waren die Sanktionen mit ausdrücklicher Ermächtigung durch den Sicherheitsrat verhängt worden, bevor der militärische Angriff den Irak aus Kuwait zurückdrängte, und sie blieben zwölf Jahre lang bestehen aufgrund des Vetorechts der USA sowie ihrer militärischen und wirtschaftlichen Macht. Auch wenn es den Anschein hatte, als habe der gesamte Sicherheitsrat die Sanktionen in regelmäßigen Abständen erneuert, wurden in Wirklichkeit nur die zeitlich befristeten Ausnahmen verlängert, die dem Irak den Verkauf gewisser Erdölmengen für Nahrungsmittel und andere humanitäre Güter erlaubten. Ohne diese Verlängerungen wären die flächendeckenden Sanktionen, die 1990 verhängt wurden, wieder in Kraft getreten. Für die Aufrechterhaltung der Sanktionen waren allein die USA verantwortlich.[86] Bereits 1991 hatte der damalige UN-Generalsekretär Pérez de Cuéllar in einer häufig zitierten Rede über »humanitäre Intervention« gewarnt, die »primären Opfer« von Wirtschaftssanktionen in Entwicklungsländern »sind die anfälligsten Teile der betroffenen Bevölkerung – Frauen und Kinder, Arme und Gebrechliche«.[87] Im Irak waren die Kinder am stärksten betroffen. UNICEF berichtete 1996, dass im Irak monatlich 4500 Kinder unter fünf Jahren durch Unterernährung, unsauberes Wasser und fehlende Medikamente starben; diese Ursachen ließen sich alle auf die Kriegszerstörungen und die Sanktionen zurückführen, die einen Wiederaufbau des Sanitär- und Gesundheitswesens unmöglich machten.[88] Der UNICEF-Bericht setzte die USA unter Druck, die Sanktionen etwas zu lockern und ein begrenztes »Öl für Nahrungsmittel«-Programm zuzulassen, das es dem Irak erlaubte, geringe Mengen seines Erdöls zu verkaufen. Doch selbst mit diesen Lockerungen hatten die Sanktionen immer noch derart verheerende Auswirkungen auf die irakische Wirtschaft, dass die Kindersterblichkeit 1999 nach UNICEF-Berichten doppelt so hoch war wie vor dem Krieg. Bei Kindern unter fünf Jahren war die Sterberate von 56 pro 1000 vor den Wirtschaftssanktionen auf 131 pro 1000 gestiegen, bei Kindern unter einem Jahr von 47 pro 1000 auf 108 pro 1000.[89] Im Jahr 2001 äußerten sich Amerikas NATO-Partner öffentlich entrüstet über die Sanktionen.[90] Tariq Ali schrieb im Herbst 2000: »Clinton und Blair sind persönlich verantwortlich für den Tod Hunderttausender

Kleinkinder, die kaltherzig geopfert wurden, um ihre gemeinsame ›Glaubwürdigkeit‹ zu retten … Da ohne Amerika und Großbritannien die Blockade schon lange aufgehoben worden wäre, braucht man die Rolle der anderen westlichen Regierungschefs, so feige sie auch ist, hier nicht aufzurechnen.«[91] Die USA und Großbritannien versuchten, die Auswirkungen der Sanktionen der Verschwendung der irakischen Regierung anzulasten – »Saddams Paläste« –, doch selbst jene, die glaubten, dass die »primäre Verantwortung für diese Katastrophe bei Saddam liegt«, mussten einräumen, dass »die UN, eine zunehmend gespaltene UN sollten wir hinzufügen, ein Sekundärtäter geworden ist«.[92] »Gespalten« hieß in diesem Fall, dass die USA und Großbritannien sich gegen den Rest der Mitgliedstaaten stellten. Es ist eine schlichte Tatsache, dass diese Kinder ohne die Sanktionen nicht gestorben wären. Das Embargo unter amerikanischer Führung, schrieb John Pilger in Opposition gegen Amerikas humanitären Krieg von 2003, sei »genauso barbarisch wie die Diktatur, über die die Iraker keine Kontrolle haben«.[93]

Als erste Amtshandlung erklärte der »von Bremers Stab gewählte« irakische Regierungsrat den Sturz des Saddam-Regimes durch die Amerikaner zum Nationalfeiertag.[94] Auch jene, die gegen die Besatzung waren – und es scheint so, dass dies die überwiegende Mehrheit der Iraker war –, und selbst ihre gewaltbereiten Gegner waren froh, dass Saddam fort war; und wenn schon nicht dieser, dann zumindest die Sanktionen.[95] Aber angesichts der amerikanischen Mitschuld an der Brutalität dieses Regimes die Invasion des Irak mit dem Sturz Saddam Husseins zu rechtfertigen hieße, sich mit einem Hammer auf den Kopf zu schlagen, weil es so ein gutes Gefühl ist, wenn man damit aufhört. Wäre es den USA tatsächlich um die Menschenrechte der Iraker gegangen und nicht darum, wie John Pilger behauptete, dass »ein willfährigerer Verbrecher die zweitgrößte Erdölquelle der Welt betreibt«, hätten sie sich völlig anders verhalten. Sie hätten durch, nicht gegen die Vereinten Nationen gearbeitet, und als Erstes hätte auf ihrer Tagesordnung gestanden, die Sanktionen aufzuheben und die Isolation des Irak zu beenden. Sie hätten nach friedlichen Mitteln gesucht, den Wohlstand und die Menschenrechte im Irak auf der Grundlage der enormen natürlichen Reichtümer und des fortgeschrittenen

Entwicklungsstandes dieses Landes wiederherzustellen; das nennt man »Engagement«, wenn es keine eigennützigen Motive für einen Krieg gibt. Es ist schwer vorstellbar, wie ein militärisches Vorgehen jemals ernsthaft als nützlich für das irakische Volk angesehen werden konnte, wenn man die horrenden Kosten und das Dilemma bedenkt, das der plötzliche Umsturz einer fest in der traditionellen Herrscherschicht des Landes (die arabischen Sunniten stellen etwa ein Viertel der Gesamtbevölkerung) verwurzelten Regierung durch ausländische Armeen nach sich ziehen musste – auch wenn diese Regierung beim Rest der Bevölkerung verhasst war. Die italienische Journalistin Rossana Rossanda schrieb einen Tag nach dem Angriff auf das Hauptquartier der italienischen Truppen, bei dem 19 Italiener und 13 Iraker getötet wurden:

> Kein Problem der politischen und gesellschaftlichen Struktur lässt sich durch einen Krieg lösen, weder im Nahen Osten noch sonst wo in der Welt. Im Gegenteil. Er kann die Lage nur verschlimmern.[96]

Dieser Grundsatz ist so weithin bekannt, dass die USA nicht die geringste Chance gehabt hätten, ihr eigenes Volk, geschweige denn die Vereinten Nationen, für diesen Krieg zu gewinnen, wenn sie *vorher* ausschließlich humanitäre Gründe angeführt hätten. Doch selbst wenn so etwas wie ein ernstlich »humanitärer Krieg« überhaupt denkbar wäre, sollte man meinen, dass man ihn wesentlich sorgfältiger hätte vorbereiten müssen, um zu gewährleisten, dass der Nachkriegsirak den überlebenden Irakern bessere Lebensbedingungen böte. Die Planung hätte *erheblich* besser sein müssen, um diesen Preis zu rechtfertigen. Selbst die Befürworter humanitärer Militärintervention sagen, dass ein solcher Krieg nur zulässig ist, »wenn er systematische Massenschlächtereien beenden – oder unmittelbar bevorstehende verhindern – kann«, aber niemand hat behauptet, dies sei im Irak der Fall gewesen.[97] Anders ausgedrückt: Ein humanitärer Krieg hätte nicht Zehntausende Menschenleben vergeudet, um ein Regime für weit zurückliegende Gräueltaten zu bestrafen oder sich in Wunschdenken für die Zukunft zu üben. Der Irak ist ein gutes Beispiel, warum das Völkerrecht eine einseitige humanitäre Intervention unter keinen Umständen akzeptiert (siehe Kapitel 3).

Dass Amerikas Krieg gegen den Irak eine eklatante Verletzung der UN-Charta ist, wurde implizit von den Experten bestätigt, die es für geboten hielten, daraus den Schluss zu ziehen, dass das grundlegende Kriegsverbot der Charta keine Gültigkeit mehr besitzt: »Man kommt nicht mehr um die Erkenntnis umhin, dass die Regelungen der Charta zum Einsatz von Gewalt einfach nicht mehr als bindendes Völkerrecht angesehen werden.«[98] Doch was bliebe dann von einem Vertrag übrig, dessen oberste Verpflichtung es ist, »künftige Geschlechter vor der Geißel des Krieges zu bewahren«? Andere haben daraus den Schluss gezogen, die UN-Charta insgesamt besäße keine Gültigkeit mehr und habe das gleiche Schicksal erfahren wie die Völkerbundsatzung.[99] Jedenfalls zu diesem Schluss kam der Pentagon-Berater Richard Perle und »dankte Gott« dafür.[100]

Das alles mag zwar voreilig und seitens der Kriegstreiber sogar Wunschdenken sein; aber selbst wenn es stimmen sollte, würde es nichts daran ändern, dass der Irakkrieg und andere Angriffskriege der USA Verbrechen sind. Das Urteil von Nürnberg basiert nicht auf der UN-Charta (diese datiert ja nach den Naziverbrechen), sondern es stützte sich auf eine moralische Logik jenseits des Rechts, die sich nicht durch die bloße Tatsache widerlegen lässt, dass Schwerverbrecher ungestraft davonkommen. Mord bleibt Mord, auch wenn es Amerika immer wieder gelingt, sich damit irgendwie durchzumogeln. Welchen Sinn aber ein internationales Strafrecht hat, das die USA systematisch damit durchkommen lässt, ist eine ganz andere Frage.

# 2. Afghanistan 2001

Am 4. Februar 2002 töteten amerikanische Streitkräfte in Afghanistan Daraz Khan, weil er groß war. Sie töteten ihn und zwei weitere afghanische Dorfbewohner, die mit ihm zusammen Schrott sammelten, mit einer »Hellfire«-Rakete, abgeschossen von einer »Predator«-Drohne. Sie töteten ihn, weil er von seiner Körpergröße her Osama Bin Laden hätte sein können. Daraz Khan und seine Freunde hinterließen zusammen zwölf trauernde Frauen und Kinder.[1] Anfang Mai wurde die sechsjährige Zargunah getötet, als sie sich zu verstecken versuchte, während amerikanische und kanadische Streitkräfte ihr Dorf bei Kandahar aufgrund der Fehlinformation angriffen, dass sich dort führende Taliban- und Al-Qaida-Mitglieder aufhielten. Dennoch werteten die Amerikaner den Angriff als Erfolg, weil es ihnen gelungen war, einen 70-jährigen »Anhänger« des Taliban-Führers Mullah Omar zu töten.[2] Im vorangegangenen Herbst, am 18. Oktober 2001, hatte eine 250 Kilo schwere »Präzisionsbombe« das Dorf Bibi Mahru bei Kabul getroffen und den 40-jährigen Teppichweber Gul Ahmad, seine 35-jährige zweite Frau Sima, ihre fünf Töchter und seinen Sohn aus erster Ehe sowie zwei Nachbarskinder getötet. »Wir begruben sie zusammen auf dem Friedhof. Wir stellten zwar getrennte Grabsteine auf, aber ihre Körper waren völlig zerfetzt«, sagte Ahmads erste Frau, die zur Zeit des Bombenangriffs in einem anderen Dorf lebte.[3] Keiner dieser Zwischenfälle schaffte es in die Übersicht der *New York Times* über die »Hauptorte«, an denen amerikanische Bomben afghanische Zivilisten töteten: Gardez (23 Tote), Khost und Zani Khel (»mindestens« 85 Tote), Madoo und Khan-i-Merjahuddin (103 Tote), Asmani und Pokharai (»etwa« 50 Tote), Niazi Qala (52 Tote) und Kakrak (54 Tote).[4]

Im Oktober 2001 begannen die USA einen grausamen Krieg gegen Afghanistan, der nach konservativen Schätzungen in den ersten sechs Monaten 20 000 Todesopfer forderte, davon etwa die Hälfte nicht kampfbeteiligte Männer, Frauen und Kinder. Bis März 2002 hatten die USA bereits 22 000 »intelligente« und »dumme« Bomben und Raketen eingesetzt. Darunter auch Streubomben, gefüllt mit kleinen gelben Sprengkörpern, die beim Abwurf oft nicht detonierten, herumlagen und Zivilisten töteten oder verstümmelten, weil diese sie mit den ebenfalls gelben Lebensmittelpaketen verwechselten, die die Amerikaner zur gleichen Zeit abwarfen. In diesem Krieg gab es auch »wichtige militärische Innovationen«, vom erstmaligen Einsatz unbemannter Flugzeuge des Typs »Predator« mit ihren »Hellfire«-Raketen bis hin zu den »Bunker Busters« (Bunkerbrecher), die durch das Erdreich dringen und in Höhlen versteckte oder schlafende Soldaten töten können, und »Daisy Cutters« (Gänseblümchenmäher), 7500 Kilo schwere Bomben, die von Transportflugzeugen abgeworfen werden, an Fallschirmen zu Boden gleiten und in einem Umkreis von 500 Metern rund um die Detonationsstelle alles in Brand setzen. Diese Waffen ließen die Amerikaner auf Städte, Dörfer und alle Ort niederregnen, wo sich Taliban vermutlich oder nach Angaben rivalisierender Warlords aufhielten, auf Elektrizitätswerke und auch auf Lebensmitteldepots, weil die Taliban sich diese Nahrungsmittel sonst holen könnten.[5]

Bis Ende Juli 2002 wurden in Afghanistan zwischen 3125 und 3620 Zivilisten unmittelbar durch amerikanische Bombardierungen getötet. Diese Zahlen ermittelte Marc Herold, Wirtschaftsprofessor an der University of New Hampshire, in einer der bislang am besten dokumentierten und fundierten Studien.[6] Das American Project on Defense Alternatives kam nach konservativerer Schätzung auf 1000 bis 1300 Tote,[7] fügte aber hinzu, dass mindestens 3000 Zivilisten durch Krankheit, Kälte und das Ausbleiben von Hilfsgütern starben. Diese Zahl war sicher zu niedrig angesetzt. Die *New York Times* berichtete von der kleinen Region Abulgan, die durch die Kämpfe von der Außenwelt abgeschnitten wurde; allein dort gab es in drei Dörfern 600 Todesfälle durch Unterernährung und fehlende medizinische Versorgung: »Dies sind lediglich drei von 55 Dörfern. Die Gesamtzahl der Toten in den letzten Monaten geht in die Tausende.«[8] Nach vorsichtigen Schätzungen des britischen *Guardian* lag die Zahl der zivilen Todesopfer, die nicht allein durch Bombardierungen, sondern durch indirekte Kriegsfolgen wie Hunger, Krankheit und Kälte verursacht wurden, bei 10 000 bis 20 000, denn »Afghanistan hing bereits am Tropf, und den haben wir für drei Monate abgeschnitten«.[9]

Mit dem Sturz der Taliban und der Einsetzung einer neuen afghanischen Regierung hörte das Töten nicht auf, da die US-Truppen weiterhin auf bewaffneten Widerstand stießen. Im Juli 2002 nahm ein amerikanisches Kampfflugzeug vom Typ AC-130 »Spectre« ein paschtunisches Dorf unter Beschuss; mindestens 54 Menschen, überwiegend Frauen und Kinder, wurden getötet und mehr als 120 verwundet. Eine Hochzeitsgesellschaft mit 25 Menschen wurde ausgelöscht.[10] Ab April 2003 kam es in Afghanistan und gleichzeitig im Irak zu »Kollateralschäden«; amerikanische Truppen töteten elf Angehörige einer afghanischen Familie bei Feuergefechten an der pakistanischen Grenze, und bei der Eroberung Bagdads kamen ebenfalls Zivilisten ums Leben.[11] Solche Zwischenfälle ereigneten sich im Laufe des Jahres immer wieder.[12]

Auch wenn von diesen Toten keine Lebensläufe in der *New York Times* erschienen, so war ihr Leben doch für jeden Einzelnen und für deren Angehörige ebenso kostbar wie das Leben für die über 3000 Menschen, die am 11. September 2001 in New York, Washington und Pennsylvania ermordet wurden; und das gilt auch für die etwa 10 000 Taliban-Kämpfer, die im Kampf oder als Gefangene getötet wurden, und für die 600 Gefallenen auf Seiten der afghanischen Verbündeten der USA.[13] Die Taliban und die Kämpfer der Nordallianz töteten bei ihren Angriffen ebenfalls Hunderte Zivilisten. Plünderungen, Vergewaltigungen und Tötungen durch die siegreiche Nordallianz sorgten für Zehntausende paschtunischer Flüchtlinge und setzten sich bis weit in das Jahr 2002 fort.[14] Die amerikanischen Verluste beliefen sich auf etwa 30 Tote, davon verloren 12 ihr Leben im Kampfeinsatz.

Michael E. O'Hanlon von der American Brookings Institution (der darauf hinweist, dass »auf jeden Getöteten mindestens zwei Verwundete« gekommen sein dürften) bezeichnete den Krieg als ein »Meisterwerk militärischer Kreativität und Finesse«, das »relativ begrenzten

Schaden für Unschuldige« verursachte, und stufte die 1000 zivilen Todesopfer als »gnädig geringe Zahl« ein. Einzige Mängel dieses Krieges waren seiner Ansicht nach, dass Osama Bin Laden nicht gefangen oder getötet wurde und dass die Verstöße gegen die Genfer Konvention über die Behandlung von Kriegsgefangenen ein »Imageproblem« waren.[15]

Man mag sich über die Art der Amerikaner wundern, über 3000 Tote eines einzigen Anschlags zu wüten und zu weinen, aber den Tod von 1000 Menschen durch ihre eigenen unablässigen Bombardierungen für einen »relativ begrenzten Schaden« zu halten – ein Punkt, der ihnen schon häufig vorgehalten wurde –, ich dagegen möchte hier auf einen ganz anderen Aspekt eingehen, nämlich dass dieses Vorgehen – ebenso wie ähnliche Maßnahmen vorher in Jugoslawien und nachher im Irak – nicht lediglich tragische Ereignisse sind, sondern Verbrechen, äußerst schwerwiegende Verbrechen, sogar *schwerste Völkerrechtsverbrechen* und *Massenmord,* begangen von den Führungskräften der USA und ihren Verbündeten. Sie wurden von denselben Personen begangen, die diese Verbrechen später im Irak wiederholen sollten (Bush, Rumsfeld, Powell, Rice, Blair und andere), sowie von einigen, die im Irak nicht mitziehen wollten (beispielsweise der kanadische Premierminister Jean Chrétien), und von all denen, die die Militärstrategie entwickelten und umsetzten wie General Tommy Franks und so weiter. Dass den USA nicht aus diesem Massenmord an Zivilisten ein »Imageproblem« erwuchs, sondern aus der vergleichsweise geringfügigen, wenn auch eklatanten Verletzung der Genfer Konventionen, weil sie den gefangen genommenen feindlichen Kämpfern nicht den Status von Kriegsgefangenen zubilligten, zeugt lediglich von der Loyalität der amerikanischen Massenmedien.

Es hat allerdings keinen Sinn zu fordern, die Bushs und Rumsfelds dieser Welt vor einen internationalen Strafgerichtshof zu stellen wie Slobodan Milošević, weil dies nach allem, was wir über internationales Recht wissen, nicht geschehen wird – weder wegen Afghanistan noch wegen Irak. Die Amerikaner vertreten die simple Erklärung, zwischen dem, was sie tun, und dem, was Verbrecher tun, bestünde ein himmelweiter moralischer und rechtlicher Unterschied. In der Rechtsprechung gehe es eben nicht nur darum, gleiche Fälle gleich,

Völkerrechtswidrige Kriege und Kollateralschäden

sondern auch unterschiedliche Fälle unterschiedlich zu behandeln. Sie behaupten, den Krieg in Afghanistan ebenso wie die anderen Kriege zur »Selbstverteidigung« und unter voller Einhaltung des Völkerrechts geführt zu haben (George W. Bush erklärte sogar, ein Ziel des Krieges sei, der »Herrschaft des Rechts« Geltung zu verschaffen).[16] Sie argumentieren, im Gegensatz zu ihren Feinden bemühten sie sich durchweg, menschliches Leid zu verhindern und zu minimieren, und »Kollateralschäden« seien zwar »bedauerlich«, aber nicht kriminell. Sie behaupten auch, der Krieg in Afghanistan sei wie die Kriege im Irak und in Jugoslawien teilweise eine »humanitäre Intervention«, in diesem Fall, um das abscheuliche Taliban-Regime fundamentalistischer Frauenhasser zu stürzen.[17]

Die Frauen von RAWA (Revolutionary Association of the Women of Afghanistan), die ihr Leben aufs Spiel setzten, um die Verbrechen der Taliban öffentlich zu machen, und dafür von den amerikanischen Medien gefeiert wurden,[18] erklärten am 14. September 2001 zum humanitären Engagement Amerikas:[19]

> Am 11. September 2001 war die Welt erschüttert über die abscheulichen Terroranschläge auf die Vereinigten Staaten. RAWA bringt mit dem Rest der Welt ihre Trauer und Verurteilung dieses barbarischen Akts der Gewalt und des Terrors zum Ausdruck ... Leider müssen wir aber sagen, dass es die Regierung der Vereinigten Staaten war, die den pakistanischen Diktator, General Zia ul-Haq, darin unterstützte, Tausende Religionsschulen aufzubauen, aus denen die Keimzellen der Taliban hervorgingen. ... Wenn sich herausstellt, dass die Tatverdächtigen der Terroranschläge außerhalb der USA zu suchen sind, bestätigt sich erneut unsere ständige Warnung, dass fundamentalistische Terroristen ihre Schöpfer verschlingen werden ... Die USA sollten ein für alle Mal aufhören, afghanische Terroristen und ihre Helfer zu unterstützen. Da nach den verbrecherischen Anschlägen nun die Taliban und Osama die Hauptverdächtigen der US-Behörden sind, werden sie Afghanistan einem ähnlichen Militärangriff aussetzen wie 1998 und Tausende unschuldiger Afghanen für die Verbrechen töten, die die Taliban und Osama begangen haben?

Am 11. Oktober 2002 (vier Tage nach Beginn des US-Angriffs auf Afghanistan) erklärten sie:

> Amerika hat eine internationale Koalition gegen Osama und seine Taliban-Kollaborateure gebildet und zur Vergeltung für die Terroranschläge

vom 11. September einen umfangreichen Angriff auf unser Land gestartet. Trotz der Behauptung der USA, es würden ausschließlich militärische und terroristische Stützpunkte von Taliban und Al Qaida angegriffen und sie gingen präzise, gezielt und angemessen vor, lässt das, was wir in den letzten sieben Tagen erlebt haben, keinerlei Zweifel daran, dass diese Invasion das Blut zahlreicher Frauen, Männer, Kinder, Junger und Alter in unserem Land fordern wird.

Am 10. Dezember 2001 (nachdem die USA und die UN auf dem Petersberg bei Königswinter eine neue Regierung Afghanistans eingesetzt hatten, an der die Verbündeten Amerikas in der afghanischen Nordallianz erheblich beteiligt waren) gab die RAWA folgende Erklärung ab:

> Die Menschen der Welt müssen die Verbrecher der »Nordallianz« kennen ... Es sind dieselben Leute, die unmittelbar nach der Machtergreifung ... – neben anderen niederträchtigen Einschränkungen – den Schleierzwang für alle Frauen einführten. Die Menschen der Welt müssen wissen, dass die Taliban es in der Zahl der Vergewaltigungen von Frauen und Mädchen zwischen sieben und siebzig Jahren nicht annähernd mit ebendiesen Verbündeten der »Nordallianz« aufnehmen können ... Wenn die Vereinten Nationen ernsthaft an Unabhängigkeit, Einheit und Demokratisierung Afghanistans interessiert sind, dürfen sie unter keinem Vorwand und keinem Namen die »Nordallianz« weiterhin unterstützen und müssen schnell und unmissverständlich jedes Land verurteilen und bestrafen, das diese Mörder mit Geld und Waffen zu beliefern versucht.

Nach Auffassung dieser afghanischen Frauen war es eigene Schuld der Amerikaner, dass es zum »11. September« gekommen war, der Krieg der USA gegen Afghanistan war ein Angriffskrieg, kein Verteidigungskrieg, mit zivilen Todesopfern war zu rechnen und die nach den Taliban eingesetzte Regierung war ebenso schlimm, wenn nicht schlimmer als ihre Vorgänger. Soweit es sich feststellen lässt, lehnten weltweit die meisten Menschen den Krieg ebenso ab wie die RAWA. Nach einer Ipsos-Reid-Umfrage vom 21. Dezember 2001 befürworteten nur die reichen G-7-Staaten den Krieg (so viel Unterstützung sollten die Amerikaner im Irak nicht bekommen), während der Rest der Welt dagegen war.[20]

Dass die Welt den Krieg in Afghanistan für falsch hielt, besagt jedoch ebenso wie die öffentliche Meinung über den Jugoslawien- und

Irakkrieg wenig darüber, ob er ein strafbares Verbrechen darstellte. Dazu musste er rechtswidrig sein. War er das?

Die Gründe für einen rechtmäßigen Einsatz von Militärgewalt eines Staates gegen einen anderen sind in Kapitel 1 umrissen. Der Krieg muss entweder vom UN-Sicherheitsrat rechtskräftig autorisiert sein oder in die eng gefassten Grenzen des »naturgegebenen Rechts auf Selbstverteidigung« fallen. (Das zweifelhafte Recht auf »humanitäre Intervention«, das im Kosovokrieg eine wichtige Rolle spielte und im folgenden Kapitel behandelt wird, wurde zur Rechtfertigung des Angriffs auf Afghanistan kaum in Anspruch genommen.)

War der Angriff auf Afghanistan durch den Sicherheitsrat autorisiert? Zwischen dem 11. September 2001 und Amerikas Angriff auf Afghanistan am 7. Oktober des Jahres verabschiedete der Sicherheitsrat einstimmig zwei Resolutionen zum Terrorismus, SCR 1368 vom 12. September und SCR 1373 vom 28. September. Das Argument, diese Resolutionen ermächtigten die Amerikaner zu einem Angriff auf Afghanistan, kann man noch nicht einmal zwischen den Zeilen finden. Die Resolutionen verurteilten die Anschläge vom 11. September und beschlossen eine Fülle von Maßnahmen gegen Terrorismus. SCR 1373 enthält zwei Dutzend operative Absätze mit legislativen, administrativen und gerichtlichen Maßnahmen zur Bekämpfung des Terrorismus und seiner Finanzierung sowie zur Zusammenarbeit zwischen den Staaten auf dem Gebiet von Sicherheit, Beschaffung und Austausch von Informationen und Strafverfolgung. Darüber hinaus wurde ein Ausschuss aus allen Ratsmitgliedern geschaffen, der die Durchführung der in der Resolution beschlossenen Maßnahmen überwachen und dem alle Staaten ihre diesbezüglichen Fortschritte innerhalb von 90 Tagen melden sollten. Aber Militärgewalt? An keiner Stelle ist in diesen beiden Resolutionen die Rede von Militärgewalt oder Ähnlichem. Afghanistan ist nicht einmal namentlich genannt. Sie erwähnen auch nicht den folgenschweren Euphemismus »alle erforderlichen Mittel«, der in der ersten Golfkriegsresolution 678 vom 29. November 1990 enthalten war (siehe Kapitel 1).

Befürworter des Krieges versuchten den Wortlaut dieser Resolutionen zu zerstückeln und so wieder zusammenzusetzen, dass sie einen Gewalteinsatz zu autorisieren schienen – wie sie es 2003 beim Irakkrieg erneut versuchen sollten –; aber ihre Bemühungen kann man allenfalls als arglistig bezeichnen. Beispielsweise hoben sie die Formulierungen heraus: »die durch terroristische Handlungen verursachten Bedrohungen des Weltfriedens und der internationalen Sicherheit mit allen Mitteln zu bekämpfen« und »alle erforderlichen Schritte zu unternehmen, um auf die Terroranschläge vom 11. September 2001 zu antworten«. Diese Formulierungen kommen tatsächlich in Resolution 1368 vor, aber der Sicherheitsrat bekundete damit lediglich *seine* Entschlossenheit und Bereitschaft, dies mit den in der Resolution umrissenen nichtmilitärischen Mitteln zu tun (und nicht etwa die USA oder andere Mitgliedstaaten dazu zu ermächtigen), und in Zukunft vielleicht weitere Maßnahmen zu spezifizieren.

> *Der Sicherheitsrat ... entschlossen,* die durch terroristische Handlungen verursachten Bedrohungen des Weltfriedens und der internationalen Sicherheit mit allen Mitteln zu bekämpfen ... 1. *verurteilt unmissverständlich ...* [etc.] 5. *bekundet seine Bereitschaft,* alle erforderlichen Schritte zu unternehmen, um auf die Terroranschläge vom 11. September 2001 zu antworten ...; 6. *beschließt,* mit der Angelegenheit befasst zu bleiben.

Ähnlich verwiesen die Kriegsbefürworter auf die Passage in Resolution 1373, in der es heißt: Der Sicherheitsrat »*beschließt außerdem, dass alle Staaten ... b) die erforderlichen Maßnahmen ergreifen werden, um die Begehung terroristischer Handlungen zu verhüten*«, ließen aber die Fortsetzung dieses Satzes aus: »namentlich durch die frühzeitige Warnung anderer Staaten auf dem Wege des Informationsaustauschs«. Unter einer »frühzeitigen Warnung« versteht man im Allgemeinen keine Invasion. Die übrigen Teile der Resolution führen alle erdenklichen »erforderlichen Schritte« *außer Militärgewalt* auf. Wurde sie schlicht vergessen?

Dies war ein weiterer Fall, in dem die Amerikaner wie beim Irakkrieg versuchten, »Resolutionstexte zu verzerren ... um zu behaupten, sie handelten im Namen der internationalen Gemeinschaft«.[21] Offenbar rechnen sie damit, dass niemand die Resolutionstexte tatsächlich liest.

In Afghanistan lag der Fall allerdings anders als im Irak. Die Resolutionen des Sicherheitsrats wurden unmittelbar nach den schockie-

Völkerrechtswidrige Kriege und Kollateralschäden

renden Anschlägen auf New York und Washington verabschiedet, und der Krieg begann kaum einen Monat später. Der Anspruch auf »Selbstverteidigung« besaß damit zumindest eine oberflächliche Plausibilität, die dem Irakkrieg mangelte. Dies spiegelte sich in den Resolutionen von September 2001 wider, besonders in einem viel diskutierten Absatz, der in den Präambeln auftauchte:

> *In Bekräftigung* des naturgegebenen Rechts zur individuellen oder kollektiven Selbstverteidigung, das in der Charta der Vereinten Nationen anerkannt ... wird ...

Das ist in der Tat vieldeutig. Es deutet Unterstützung für ein militärisches Vorgehen der USA zu einem Zeitpunkt an, als Afghanistan ein offensichtliches Ziel darstellte. Aber eine bloße Andeutung von Unterstützung ist weit von einer »Ermächtigung« entfernt. Eine Ermächtigung ist ein juristischer Akt, und der Sicherheitsrat weiß, wie er sie erteilen muss, wenn er es will – und er weiß, wie er es unterlassen kann. Ein Beispiel für eine solche Ermächtigung ist die irakische Invasion Kuwaits. Hier bekräftigte der Sicherheitsrat das Selbstverteidigungsrecht des besetzten Kuwait auf völlig unzweideutige Weise:

> *In Bekräftigung* des naturgegebenen Rechts zur individuellen oder kollektiven Selbstverteidigung nach Artikel 51 der Charta gegen den bewaffneten Angriff Iraks auf Kuwait ...[22]

Das war im August 1990, vier Tage nach der Invasion. Es war die zweite von zwölf Resolutionen, die ausdrücklich die Ermächtigung zu allen Maßnahmen von diplomatischen Schritten über Sanktionen bis hin zur Androhung einer Strafverfolgung von Kriegsverbrechen, aber nicht zu Militärgewalt enthielten. Zumindest nicht bis zu der letzten Resolution vom 29. November 1990, die kurz und bündig abgefasst war. Resolution 678 bestand lediglich aus fünf operativen Punkten, deren wichtigster lautete: »*ermächtigt* die Mitgliedstaaten ... alle erforderlichen Mittel einzusetzen, um der Resolution 660 (1990) und allen danach verabschiedeten einschlägigen Resolutionen Geltung zu verschaffen und sie durchzuführen und den Weltfrieden und die internationale Sicherheit in dem Gebiet wiederherzustellen« (bereits in Kapitel 1 vollständig zitiert). Dies war eine Resolution, die nichts anderes tat, als die Ermächtigung zum Einsatz von Gewalt zu erteilen, während die Resolutionen von September 2001 mit ihrer unverbindlichen Berufung auf das Selbstverteidigungsrecht in der Präambel *alles andere* als den Gewalteinsatz autorisierten.

Wer lesen kann, sieht also, dass die Passagen in der Präambel der Resolutionen von September 2001 eindeutig eine unverbindliche Anerkennung eines Rechts darstellen, das ohnehin besteht. Nach der Aussage dieser Passagen hätte auch Afghanistan das Recht gehabt, die USA anzugreifen. Die Rechtmäßigkeit des Krieges basierte nicht auf diesen Resolutionen, sondern ausschließlich auf der einzigen anderen Möglichkeit, den Einsatz von Militärgewalt zu rechtfertigen, nämlich auf dem naturgegebenen Selbstverteidigungsrecht – mit anderen Worten, auf der Frage, ob der Angriff von diesem Recht gedeckt war, wozu die genannten Resolutionen allerdings keinerlei Stellung beziehen.

Dank des Vetorechts kann keine Formulierung ohne Zustimmung der USA in eine Resolution des Sicherheitsrats gelangen, sie muss aber auch die Mehrheit der anderen Mitglieder zufrieden stellen, darunter die vier übrigen Staaten mit Vetorecht. Diese Angelegenheit als einen Fall von Selbstverteidigung zu behandeln und nicht auf eine Ermächtigung durch den Sicherheitsrat abzuzielen, dürfte für die USA den ausgesprochenen Vorteil gehabt haben, ihr Vorgehen jeder Aufsicht oder Kontrolle durch die Vereinten Nationen zu entziehen. Denn das »naturgegebene« Recht auf Selbstverteidigung ist das einzige *unilaterale* Recht. Das Ziel der Selbstverteidigung nicht eindeutig zu benennen dürfte ebenfalls in die von Präsident Bush klar umrissenen Pläne der USA gepasst haben, diesen Krieg weit über Afghanistan hinauszutragen. Vor dem Irakfiasko 2003 nahm man allgemein an, die USA könnten mit ihren eindrucksvollen Mitteln der Überzeugung im Allgemeinen bei den anderen Mitgliedern des Sicherheitsrats ihren Willen durchsetzen. Mahajan argumentierte, wir müssten davon ausgehen, dass die USA unter den ungewöhnlichen Umständen nach dem 11. September vom Sicherheitsrat eine Ermächtigung zum Krieg hätten erhalten können, wenn sie gewollt hätten.[23] Seit März 2003 müssen solche Spekulationen revidiert werden. Die Ermächtigung zu einem Angriff auf Afghanistan zu erteilen wäre selbst unter den Bedingungen von September 2001 ein schwerer Bruch der Verpflichtung des Sicher-

Völkerrechtswidrige Kriege und Kollateralschäden

heitsrates gewesen, in erster Linie eine friedliche Regelung für Bedrohungen des Friedens zu suchen. Es ist in der Tat unwahrscheinlich, dass der Sicherheitsrat bereit gewesen wäre, weiter zu gehen, als er es in dieser unverbindlichen Präambel getan hat, denn den USA eine *carte blanche* auszustellen, wie sie sie seitdem für sich in Anspruch genommen haben, hätte für ihre traditionellen Rivalen Russland und China und sogar für den traditionellen (oder damals noch als solcher geltenden) Verbündeten Frankreich einen erheblichen Schritt ins Ungewisse bedeutet. Die Präambel passte daher nicht nur den USA, sondern auch den anderen Mitgliedern des Sicherheitsrates, weil sie alles dem naturgegebenen Selbstverteidigungsrecht überließ, als sei die Resolution nie verabschiedet worden.

Für das naturgegebene Recht auf Selbstverteidigung gelten allerdings strenge Bedingungen, und danach war der Angriff auf Afghanistan absolut rechtswidrig. Diese Bedingungen beruhen allesamt auf der Tatsache, dass der Einsatz von Militärgewalt mit seinen schrecklichen, irreversiblen Folgen nachweislich *notwendig* sein muss. Es genügt nicht, dass die Sicherheit eines Staates bedroht ist: Darüber hinaus muss gegeben sein, dass es keine plausible, effektive nichtmilitärische Lösung für diese Bedrohung gibt oder eine militärische Antwort zumindest so dringlich ist, dass für nichtmilitärische Alternativen keine Zeit bleibt. Der Militäreinsatz muss zudem in seinem Ausmaß angemessen sein, darf also das unter den gegebenen Umständen Notwendige, um der Bedrohung zu begegnen, nicht überschreiten. Moralisch ist das durchaus sinnvoll. Eine andere Regelung, die mit dem Gebot der Menschlichkeit vereinbar wäre, ist gar nicht vorstellbar. Angesichts der unvermeidlichen Todesopfer und Verwundeten, ganz zu schweigen von den zivilen Opfern, sind unnötige Kriege ein Gräuel. Und dies alles muss bei Lichte besehen nachweisbar sein; es darf nicht nur behauptet werden – eben darauf beruht der Unterschied zwischen Rechtmäßigkeit und bloßer Rhetorik.

Diese Rechtsprechung zum naturgegebenen Recht auf Selbstverteidigung gilt seit über 150 Jahren. Sie wurde von der amerikanischen Regierung 1841 im Fall *Caroline* formuliert, um von amerikanischer Seite einen britischen Anspruch auf Selbstverteidigung bei einem Angriff auf ein amerikanisches Kriegsschiff zurückzuweisen. Die Briten bemühten sich um die Freilassung eines britischen Staatsangehörigen, der wegen Mordes an US-Bürgern bei diesem Angriff angeklagt war – wohlgemerkt wegen *Mordes,* nicht wegen einer Verletzung der »Regeln und Gebräuche des Krieges«. Der damalige US-Außenminister Daniel Webster legte in seinem Schreiben an die britische Regierung vom 24. April 1841 dar, was die Briten nach seiner Auffassung nachweisen müssten, um den Selbstverteidigungsfall zu beweisen:

> … eine unaufschiebbare und unabwendbare Notwendigkeit der Selbstverteidigung, die keine Wahl der Mittel, keinen Augenblick Zeit zur Überlegung lässt … dass [sie] nichts Unbegründetes oder Übertriebenes taten; denn der durch die Notwendigkeit zur Selbstverteidigung gerechtfertigte Akt muss seine Grenzen in dieser Notwendigkeit finden und innerhalb dieser Grenzen gehalten werden. Es ist nachzuweisen, dass Warnungen oder Proteste … praktisch unmöglich waren oder ohne Erfolg geblieben wären…, dass der Versuch, zwischen Schuldigen und Unschuldigen zu unterscheiden, unzumutbar war; … dass eine unmittelbare und unausweichliche Notwendigkeit bestand, [das Schiff] in der Dunkelheit der Nacht anzugreifen … während unbewaffnete Männer an Bord schliefen, dabei einige zu töten und andere zu verwunden … es in Brand zu setzen und es ungeachtet der Tatsache, dass mit den Schuldigen auch Unschuldige an Bord sein könnten, sie mitsamt Lebenden und Toten einem Schicksal auszusetzen, das auszumalen jeden mit Entsetzen erfüllt. Die Regierung der Vereinigten Staaten kann nicht glauben, dass eine Notwendigkeit für all dies bestand.[24]

Dieses Urteil wurde nie in Frage gestellt. Es fand sogar 1946 bei den Nürnberger Prozessen Anwendung, um die Behauptung der Nazis zurückzuweisen, sie hätten Norwegen zur Selbstverteidigung angegriffen:

> Die Verteidigung, die in diesem Falle vorgebracht wurde, lautet dahin, dass Deutschland gezwungen war, Norwegen anzugreifen, um einer Invasion durch die Alliierten zuvorzukommen, und dass deshalb Deutschlands Handlung Präventivcharakter hatte. Es muss daran erinnert werden, dass Präventivhandlungen auf fremdem Gebiet nur im Falle einer »unaufschiebbaren und unabwendbaren Notwendigkeit der Selbstverteidigung, die keine Wahl der Mittel und keinen Augenblick Zeit zur Überlegung lässt« (The Caroline Case, Moore's Digest of International Law, II, 412) gerechtfertigt sind … Aus alledem geht klar hervor, dass, als die Pläne für einen Angriff auf Norwegen entworfen wurden, sie nicht gemacht wurden, um einer bevorstehenden Landung

der Alliierten zuvorzukommen, sondern höchstens, um vielleicht eine alliierte Besetzung in der Zukunft zu verhindern ... Es wurde weiter behauptet, dass ... Deutschland allein entscheiden konnte, ob Vorbeugungsmaßnahmen notwendig waren, und dass seine Auffassung bei der Fällung dieser Entscheidung maßgebend wäre. Ob jedoch die Maßnahmen, die unter dem Vorwand der Selbstverteidigung unternommen wurden, tatsächlich Angriffs- oder Verteidigungsmaßnahmen waren, muss letzten Endes einer Nachprüfung und einem Urteilsspruch unterliegen, wenn das Völkerrecht überhaupt je zur Geltung gebracht werden soll.[25]

Aus den gleichen Gründen wies der Internationale Gerichtshof 1986 den amerikanischen Anspruch auf Selbstverteidigung zurück, als die USA versuchten, damit ihre Terrorkampagne gegen das sandinistische Nicaragua zu rechtfertigen, bei der sie das Land bombardiert, die Häfen vermint und die konterrevolutionären Contras in einem Bürgerkrieg unterstützt hatten, der Zehntausende Todesopfer forderte. Die USA behaupteten, ihre Militäraktionen gegen Nicaragua seien in Ausübung »kollektiver Selbstverteidigung« erfolgt. Nach Auffassung des Internationalen Gerichtshofs fehlte dem amerikanischen Vorgehen allerdings der Nachweis der »Notwendigkeit«:

Es war also möglich, die Hauptgefahr für die salvadorianische Regierung zu beseitigen, ohne dass die Vereinigten Staaten Maßnahmen in und gegen Nicaragua ergriffen. Demnach lässt sich nicht vertreten, diese Maßnahmen seien im Zuge der Notwendigkeit erfolgt ... Das Gericht kann in dem Vorgehen der Vereinigten Staaten ... das heißt in den Maßnahmen in Bezug auf die Verminung der nicaraguanischen Häfen und die Angriffe auf Häfen, Erdöleinrichtungen usw., dieses Kriterium nicht erfüllt sehen.[26]

Diese Prozessunterlagen nach dem Angriff auf Afghanistan zu lesen ist wie ein Déjà-vu-Erlebnis, denn die USA führten als Argument für ihren Militäreinsatz an, die Regierung von Nicaragua lasse Aufständische aus El Salvador, denen sie »Zuflucht« gewährte, von ihrem Territorium aus operieren. Das Gericht vertrat jedoch die Ansicht, ein Angriff auf einen Staat sei nur dann als Selbstverteidigung gerechtfertigt, wenn dieser Staat selbst an Angriffen beteiligt sei und den Angreifern nicht nur Zuflucht gewähre. Im Sinne des Rechts auf Selbstverteidigung gelte für einen bewaffneten Angriff als Voraussetzung entweder »die Entsendung bewaffneter Banden, Gruppen, Freischärler oder Söldner, die Akte bewaffneter Gewalt gegen einen anderen Staat verüben, *durch oder im Namen eines Staates ... oder seine erhebliche Beteiligung daran ...* Das Gericht ist aber nicht der Auffassung, dass der Begriff ›bewaffneter Angriff‹ ... die Unterstützung von Rebellen in Form einer Bereitstellung von Waffen oder logistischer und sonstiger Hilfe beinhaltet«.[27] Der entscheidende Punkt ist schlicht folgender: Wenn der Angriff nicht von staatlicher Seite erfolgte, könnte es eine Alternative geben, weitere Angriffe zu verhindern, ohne gegen diesen Staat einen Krieg mit seinen unausweichlichen blutigen Folgen für Zivilisten und Soldaten zu führen. Im Völkerrecht ist es ebenso wie im nationalen Selbstverteidigungsrecht, das nicht zulässt, dass jemand, der angegriffen wurde, den Angreifer, wild um sich schießend, in das bewohnte Haus eines anderen verfolgt oder es mitsamt seinen Bewohnern niederbrennt, weil die Besitzer dem Angreifer möglicherweise Zuflucht gewähren.

Diese Bedingungen für das »naturgegebene« Recht auf Selbstverteidigung galten schon vor der UN-Charta. Die Charta bekräftigt sie und fügt ihnen noch weitere hinzu. So verlangt Artikel 33: »Die Parteien einer Streitigkeit ... bemühen sich zunächst um eine Beilegung durch Verhandlung, Untersuchung, Vermittlung, Vergleich, Schiedsspruch, gerichtliche Entscheidung, Inanspruchnahme regionaler Einrichtungen oder Abmachungen oder durch andere friedliche Mittel.« Artikel 51 definiert Selbstverteidigung als *temporäres* Recht, das nur so lange gilt, bis der Sicherheitsrat interveniert:

> Diese Charta beeinträchtigt im Falle eines bewaffneten Angriffs gegen ein Mitglied der Vereinten Nationen keineswegs das naturgegebene Recht zur individuellen oder kollektiven Selbstverteidigung, *bis der Sicherheitsrat die zur Wahrung des Weltfriedens und der internationalen Sicherheit erforderlichen Maßnahmen getroffen hat.* (Hervorhebung hinzugefügt)

Weiter heißt es in diesem Artikel: Maßnahmen, die ein Mitglied in Ausübung dieses Selbstverteidigungsrechts trifft, »berühren in keiner Weise ... die Befugnis und Pflicht [des Sicherheitsrates], jederzeit die Maßnahmen zu treffen, die er zur Wahrung oder Wiederherstellung des Weltfriedens und der internationalen Sicherheit für erforderlich hält«.

Sinn dieses Artikels ist eindeutig, das Recht eines angegriffenen Staates auf Abwehr des Angriffs anzuerkennen, aber alles, was über unmittelbare Lösungen hinausgeht, dem Sicherheitsrat zu überlassen. Er unterstreicht den strengen rechtlichen Unterschied zwischen Selbstverteidigung und Vergeltung.[28] Wie das nationale Recht erlaubt das Völkerrecht, sich notfalls selbst zu verteidigen, aber es lässt nicht zu, dass man das Recht in die eigenen Hände nimmt.

Nun kam das Argument, nach diesem Artikel müsse das Selbstverteidigungsrecht gelten, bis die vom Sicherheitsrat getroffenen Maßnahmen den Weltfrieden und die internationale Sicherheit wiederhergestellt hätten. Andernfalls entstünde die absurde Situation, dass ein Staat einem Angreifer auf Gedeih und Verderb ausgeliefert sei, weil der Sicherheitsrat zwar einige Maßnahmen ergriffen habe, die aber eindeutig unzureichend seien oder Zeit brauchten, um Wirkung zu entfalten.[29] Allerdings ist nicht erkennbar, wie die USA dieses Argument im Fall des 11. September hätten geltend machen sollen. Selbst wenn man von einem fortgesetzten Angriff ausging, war er vorerst beendet. Die USA brauchten einen Monat, bis ihre Streitkräfte einsatzbereit waren. Sie bemühten sich sofort, die enormen Sicherheitslücken zu schließen, die den 11. September erst möglich gemacht hatten. Der Sicherheitsrat beschloss mit der erforderlichen Stimme der USA eine Fülle nichtmilitärischer Maßnahmen mit dem Ziel, den internationalen Terrorismus effektiv zu bekämpfen. Es liegt auf der Hand, dass es den USA nicht an Zeit fehlte, sich an den Sicherheitsrat zu wenden. Niemand behauptet, die USA seien im Sicherheitsrat auf Hindernisse gestoßen, die sie wehrlos gemacht hätten, wenn sie den Weg über die üblichen Kanäle gewählt hätten. Es behauptet auch niemand, die USA hätten wirkungsvollere kollektive Maßnahmen vorgeschlagen, die der Sicherheitsrat abgelehnt hätte. Der einzig sinnvolle Schluss, der sich aus dem Geschehen ziehen lässt, ist, dass die USA freie Hand für einen Alleingang haben und nicht gezwungen sein wollten, nichtmilitärische Alternativen zu suchen – und das steht in krassem Gegensatz zum Völkerrecht und zur UN-Charta. Würde man Artikel 51 so auslegen, dass der Sicherheitsrat jede potenzielle Bedrohung für die Sicherheit eines Landes erst ausgeräumt haben müsste, bevor das Selbstverteidigungsrecht aufgehoben wird, gäbe es keine vorstellbare Anwendung mehr für diesen Artikel, zumal in Hinblick auf ein ständiges Mitglied des Sicherheitsrates, das Maßnahmen jederzeit blockieren und dies anschließend als Vorwand nutzen kann. Rechtlich gesehen ist das Grund genug zu folgern, dass es falsch wäre, Artikel 51 in dieser Weise auszulegen.

Doch selbst abgesehen von Artikel 51 der UN-Charta war nicht zu erkennen, dass im Fall des Angriffs auf Afghanistan die übrigen Voraussetzungen für das naturgegebene Recht auf Selbstverteidigung gegeben waren. Das Selbstverteidigungsrecht verlangt einen Nachweis, dass keine nichtmilitärische Lösung zu erreichen ist. Dies wie auch Artikel 33 der UN-Charta verpflichtet einen Staat, eine Verhandlungslösung anzustreben, bevor er einen Krieg beginnt. Im Fall Afghanistans bot Mullah Omar, der oberste Führer der Taliban, bereits am 19. September 2001, nachdem er eine afghanische Beteiligung an den Anschlägen vom 11. September wiederholt abgestritten hatte, öffentlich Verhandlungen mit den USA über eine Regelung an, die sogar eine Auslieferung Bin Ladens einschließen könne.

> Wir haben Amerika erklärt, dass wir Osamas Beteiligung an den jüngsten Vorfällen in Amerika bestreiten … Allerdings haben wir wiederholt Möglichkeiten vorgeschlagen, den Fall Osama Bin Laden zu lösen. Wir haben Amerika erklärt, wenn sie Beweise für Osama Bin Ladens Schuld haben, sollen sie diese dem Obersten Gerichtshof von Afghanistan übergeben, damit wir in diesem Lichte tätig werden können. Amerika hat all dies abgelehnt. Wir haben Amerika vorgeschlagen, Vertreter der Islamischen Konferenzorganisation nach Afghanistan kommen zu lassen, damit sie Osama Bin Ladens Aktivitäten zu ihrer Zufriedenheit prüfen. Auch das hat Amerika abgelehnt … Wenn die amerikanische Regierung Probleme mit dem Islamischen Emirat Afghanistan hat, sollte sie sie auf dem Verhandlungsweg zu lösen versuchen.[30]

Am 20. September 2001 empfahl der Große Rat afghanischer Geistlicher, dem die Taliban das Problem vorgelegt hatten, die Vereinten Nationen sollten »die jüngsten Ereignisse unabhängig und genau prüfen, um die Realität zu klären und Schikanen gegen Unschuldige zu verhindern«.[31]

In seiner Rede vom 20. September erklärte Präsident Bush jedoch, es werde weder Verhandlungen noch Gespräche geben:

Und heute Abend fordern die Vereinigten Staaten von Amerika Folgendes von den Taliban: Liefern Sie den Vereinigten Staaten alle führenden Mitglieder der Al Qaida aus, die sich in Ihrem Land verstecken. ... Schließen Sie sofort und dauerhaft jedes terroristische Trainingslager in Afghanistan und liefern Sie jeden Terroristen sowie jede Person, die dem Unterbau der Terrorgruppen angehört, an die zuständigen Behörden aus. Ermöglichen Sie den Vereinigten Staaten uneingeschränkten Zugang zu den Trainingslagern der Terroristen, so dass wir sicherstellen können, dass sie nicht weiter operieren. *Über diese Forderung kann nicht verhandelt oder diskutiert werden.* Die Taliban müssen handeln, und sie müssen sofort handeln. Sie werden die Terroristen aushändigen, oder sie wird das gleiche Schicksal wie die Terroristen ereilen.[32]

Diese Forderungen waren für jeden souveränen Staat, der dies bleiben wollte, offensichtlich völlig unannehmbar.[33] Nach Ansicht von Rahul Mahajan und John Pilger strebten die USA *bewusst* einen Krieg an, als sie diese Forderungen an Afghanistan richteten. Sie behaupten, die USA hätten es den Taliban mit Absicht unmöglich gemacht, Bin Laden auszuliefern, indem sie sich weigerten, ihnen Beweise für dessen Beteiligung an den Anschlägen vorzulegen – eine Minimalforderung, die jedes Land, selbst ein befreundetes, für den Auslieferungsantrag eines Straftäters stellt.[34] Nach Pilgers Ansicht wollten die USA Bin Laden nicht haben, bevor sie eine Chance hatten, Krieg zu führen, weil sie mit der Invasion Afghanistans Ziele verfolgten, die schon lange vor dem 11. September existierten und weit über Bin Laden hinausreichten.[35]

Der Wunsch, Bin Ladens habhaft zu werden, hätte allerdings den verheerenden Angriff auf Afghanistan – schließlich wurden dabei Tausende Menschen getötet – und noch weniger ein Vorgehen ohne den Sicherheitsrat weder rechtlich noch moralisch rechtfertigen können. Zum einen hatte Bin Laden bei dem Angriff der Amerikaner genügend Zeit, sich einer Gefangennahme zu entziehen, was ihm offenbar selbst nach zwei Jahren Krieg und Besatzung (zur Zeit der Entstehung dieses Buches) auch gelungen ist. Zum anderen, und dieser Punkt ist viel wichtiger, ist die Invasion eines Landes, um eine Verhaftung vorzunehmen, unzulässig. Als die Israelis Adolf Eichmann aus Argentinien entführten – und Eichmann war ein Nazi, an dessen Händen das Blut von Millionen Menschen klebte –, verurteilte der Sicherheitsrat ihr Vorgehen einstimmig, obwohl sie weder ihm noch einem anderen auch nur ein Haar gekrümmt hatten.[36] Auch haben die USA keineswegs nachgewiesen, dass »eine unaufschiebbare und unabwendbare Notwendigkeit der Selbstverteidigung, die keine Wahl der Mittel, keinen Augenblick Zeit zur Überlegung lässt«, bestand. Denn eines ist klar: Selbst wenn der Sturz der Taliban ein notwendiges und legitimes Selbstverteidigungsziel abgegeben hätte, wäre den USA ausreichend Zeit geblieben, über effektivere kollektive Maßnahmen nachzudenken und so die vielen Opfer an Menschenleben zu vermeiden, die das eigenmächtige Vorgehen der Amerikaner gekostet hat. Im Dezember 2001 veröffentlichte das American Project on Defense Alternatives eine Studie über die rechtmäßigen Alternativen, die den USA unzweifelhaft zur Verfügung standen und die Tausende unschuldiger Menschenleben verschont hätten. Sie zeigte, dass die »negativen Nebenwirkungen« des Krieges wenig mit dem Kampf gegen die Bedrohung durch Al Qaida zu tun hatten, sondern aus der Entscheidung resultierten, den Sturz der Taliban-Regierung durch Bombardements aus der Luft zu erzwingen. »Es waren weniger verlustreiche und weniger destabilisierende Vorgehensweisen möglich«, begrenzte selektive Luftangriffe eingeschlossen, die allerdings größere Wirkung entfaltet hätten, wenn man sich auf die eigentliche Gefahr terroristischer Operationen konzentriert hätte, die von *außerhalb* Afghanistans kam. Die »umfassenderen Probleme Afghanistans« zu lösen hätte vielleicht eine massive Militäroperation erfordert, die aber effektiver und mit geringerem Schaden für Unbeteiligte abgelaufen wäre, wenn man sie sorgfältiger geplant hätte, etwa durch »6–8 Monate intensiver diplomatischer, geheimdienstlicher und militärischer Vorbereitungen«. Vor allem aber hätte diese ein Vorgehen durch den UN-Sicherheitsrat erfordert, um »die Bildung einer effektiveren und repräsentativeren Regierung zu erleichtern und die Nutzung afghanischen Territoriums als Basis für terroristische und umstürzlerische Aktivitäten an anderen Orten zu beenden«. Man hätte »das gesamte Spektrum an Überzeugungsmitteln ins Spiel bringen müssen – unter anderem Handelsabkommen, Wirtschaftshilfe, Lockerung von Sanktionen, Zusagen zur Kooperation in Sicherheitsfragen und Schuldenerlass«.[37] Ähnliches dürfte auch für die Irakinvasion im Jahr 2003 gelten.

Wie die Ereignisse zeigen, war das unilaterale militärische Vorgehen der Amerikaner gegen den Terrorismus wie auch gegen die »umfassenderen Probleme Afghanistans« erfolglos. Zwei Jahre nach ihrem Angriff auf Afghanistan (als dieses Buch geschrieben wurde) ist das Land immer noch von fundamentalistischen Warlords beherrscht, Frauen werden nach wie vor gezwungen, die Burka zu tragen, und sie werden weiterhin rechtlich wie auch sozial marginalisiert; durch die Vertreibung der Taliban hat sich daran nichts geändert.[38] »Nach den Taliban ist es genau wie vorher. Es sind dieselben Leute mit denselben Waffen. Wozu waren die amerikanischen Bombardierungen gut?«[39] Auch wenn man die *Loya Jirga* (traditionelle Ratsversammlung), die im Juni 2002 unter den Auspizien der Vereinten Nationen stattfand, als Übung in Demokratie und Selbstbestimmung etikettierte, so beruhte doch die Wahl der Regierung, die die Taliban ablöste und den Afghanen aufgezwungen wurde, im Grunde auf Absprachen zwischen den USA und ihren Verbündeten unter den Warlords der Nordallianz. Der Chef der Interimsregierung, Hamid Karsai, machte eher den Eindruck eines Repräsentanten der USA als der Afghanen. Amerikanische Geheimdienste und Erdölgesellschaften hatten mit ihm seit Mitte der 80er Jahre zusammengearbeitet, und Mitte der 90er Jahre war er sogar als Berater des amerikanischen Erdölunternehmens Unocal an dem Pipelineprojekt am Kaspischen Meer tätig, das nach Karsais Amtsantritt von Erfolg gekrönt schien.[40]

Um den Krieg zu rechtfertigen, hatten jubelnde Journalisten den Anschein erweckt, als würde der Sturz der Taliban alle Probleme lösen. »Wenn die Taliban endlich fallen – und das werden sie –, werden Milliarden Dollar an Wiederaufbauhilfe ins Land fließen ... Dieser Krieg könnte für die Afghanen alles andere als eine Katastrophe werden und sich als das Beste erweisen, was sie seit zwei Jahrzehnten erlebt haben.«[41] Doch aus dem Anreiz, während der Bombardierung der Taliban große Versprechungen zu machen, erwuchs kein Anreiz, sie nach ihrem Sturz auch einzuhalten. Die wenigen zugesagten Milliarden waren ein Tropfen auf den heißen Stein, gemessen am Bedarf Afghanistans, und von den Geldern, die ins Land flossen, verblieb ein Großteil in den Taschen der Warlords.[42] Einziges Ergebnis des Regimewechsels war anscheinend eine Regierung, die den USA freundlicher gesinnt war. Nachdem die USA bereits durch die Besetzung des Irak gebunden waren, kämpften sie in Afghanistan immer noch mit 11 000 Soldaten gegen »aufständische« Al-Qaida- und Taliban-Kämpfer, deren Widerstand nicht nur durch die Opposition des Volkes gegen die Warlords, sondern auch durch den irakischen Widerstand wiederaufgelebt war.[43] Karsai regierte lediglich in Kabul mit einigen Hundert US-Soldaten zu seinem persönlichen Schutz und 5000 NATO-Soldaten als Garanten der Regierung.[44]

Selbst als Übung im »Ausmerzen des Terrorismus« war der Angriff auf Afghanistan offenbar ein Fehlschlag. Nach einem Artikel, der am 16. Juni 2002 auf der ersten Seite der *New York Times* erschien, bestätigten US-Behörden, was Kriegsgegner von Anfang an gesagt hatten: »Geheime Untersuchungen, die FBI und CIA derzeit zur Bedrohung durch Al Qaida durchführen, kommen zu dem Schluss, dass der Krieg in Afghanistan die Bedrohung für die USA nicht verringert hat...«[45] Es gelang also durch den Krieg nicht einmal, die Bedrohung zu *verringern*. Dieses Eingeständnis passte natürlich in die Pläne der Amerikaner, den Krieg gegen den Terrorismus auszuweiten. Und so kam es zur Doktrin der präventiven Selbstverteidigung, die just zu diesem Zeitpunkt verkündet wurde, um sie 2003 ohne Rücksicht auf das Völkerrecht im Irak anzuwenden[46] – als habe bei den Nürnberger Prozessen das Urteil über die Invasion der Nazis in Norwegen genau umgekehrt gelautet.

Das offenkundige Scheitern der Amerikaner, mit ihrem Krieg gegen Afghanistan den Terrorismus oder die »umfassenderen Probleme« Afghanistans auch nur ansatzweise zu bekämpfen, war relevant für die entscheidende rechtliche wie auch moralische Frage nach Alternativen zu dem unilateralen militärischen Vorgehen der USA. Als Hauptpunkt brachte die Antikriegsbewegung auch hier die *Komplizenschaft* der USA vor. Die gewaltbereiten Fundamentalisten Afghanistans waren – so die RAWA – Amerikas »Frankensteinmonster«: Die USA unterstützten sie mit Milliarden und Hightechwaffen, nur um ihren sowjetischen Feinden zu schaden, für die der zehnjährige Krieg in Afghanistan das Ende der UdSSR bedeutete.[47] Da die Sowjets sich hinter die Reformer stellten (deren Reformen beträchtliche Fortschritte für die Stellung der Frauen beinhalteten), unterstützten die Amerika-

Völkerrechtswidrige Kriege und Kollateralschäden

ner die Fundamentalisten (mit ihrer bekanntermaßen gegenteiligen Einstellung zu Frauen). Nach dem Zusammenbruch der Sowjetunion konzentrierte sich das amerikanische Interesse an Afghanistan bis weit in das Jahr 2001 auf den Zugang zum Erdöl im Kaspischen Meer, und die Vereinigten Staaten unterstützten jede Regierung – mal die Nordallianz, mal die Taliban –, die in der Lage schien, das Land zu kontrollieren.[48]

Gegner des Afghanistankrieges verwiesen immer wieder auf den Zusammenhang zwischen dem Phänomen des Terrorismus und dem Verhalten der Amerikaner in der Welt. Lewis Lapham bezeichnete den 11. September als »einen Angriff auf die amerikanische Außenpolitik, die sich in den vergangenen dreißig Jahren im In- und Ausland mit Diktatur und Waffenhandel verbündet hat, eine Politik, die von und für einen relativ begrenzten Rahmen selbstsüchtiger Interessen geleitet wurde«.[49] Naomi Klein bezeichnete die Anschläge als Teil »eines Krieges weniger gegen US-Imperialismus als gegen eine wahrgenommene Unzugänglichkeit der USA, [die] in vielen Teilen der Welt blinde Wut produziert hat, Wut über die anhaltende Asymmetrie des Leids.«[50] In den Tagen nach dem 11. September 2001 lautete die am häufigsten gestellte Frage in Amerika: »Warum hassen sie uns so?« – worauf ein Kommentator geistreich antwortete: »Sie hassen uns, weil wir nicht einmal wissen, warum sie uns hassen.«[51]

Diese »Asymmetrie des Leids« beruht auf einer strukturellen Ungleichheit, wie die Welt sie noch nie zuvor erlebt hat, mit Amerika als reichstem Land der Welt und Afghanistan als einem der ärmsten.[52] Ein Maß der Ungleichheit ist das Erdöl, das die arabische Welt produziert und der Westen, vor allem die USA, verbraucht.[53] Trotz des märchenhaften Reichtums der Elite in den Erdölstaaten muss der Durchschnittsaraber mit etwa einem Siebtel des Einkommens eines Durchschnittsamerikaners auskommen.[54] Der amerikanische Musiker Quincy Jones hatte eine bodenständige Einschätzung des Afghanistankrieges: »Genau darum gibt es diesen Scheißkrieg, genau darum, weil die Kluft zwischen Reich und Arm zu groß ist.«[55] Das Gleiche sagten, wenn auch vornehmer ausgedrückt, 100 Nobelpreisträger: »Die größte Gefahr für den Weltfrieden wird in den nächsten Jahren … von den legitimen Ansprüchen der Besitzlosen der Welt« auf »das größere

Maß an sozialer Gerechtigkeit ausgehen, das allein Hoffnung auf Frieden gibt.«[56]

Allen war offenbar klar, dass jede Legitimation für einen Vergeltungsschlag sich in nichts auflöste, wenn die Anschläge auf die USA sich durch ihre eigenen Vergehen erklären ließen, weil sie selbst dafür verantwortlich waren, die ganze Geschichte angefangen zu haben. Dies gab Donald Rumsfeld indirekt zu, als er über die durch amerikanische Bomben getöteten afghanischen Zivilisten sagte: »Wir haben diesen Krieg nicht angefangen. Verstehen Sie also, die Verantwortung für jedes einzelne Opfer dieses Krieges, seien es unschuldige Afghanen oder unschuldige Amerikaner, liegt bei Al Qaida und den Taliban.«[57] Es gab fruchtlose Bestrebungen, die Ereignisse des 11. September und Amerikas »Außenpolitik« zu entkoppeln. Amerikanische Medien und Politiker bemühten sich nach Kräften, den 11. September als Auswuchs des »Bösen«, des schieren Neids oder als Attacke gegen die Dinge zu erklären, die an Amerika *gut* seien. In einem Cartoon von Tom Tomorrow gilt als ein Kriterium für einen »waschechten Amerikaner«, dass er die Frage: »Sind Sie aufrichtig davon überzeugt, dass die Terroristen keine tiefer gehenden Motive für ihr Handeln haben als blinden, unreflektierten Hass auf die Freiheit?« mit Ja beantwortet.[58] Bush erklärte, Amerika sei angegriffen worden, »weil wir das strahlendste Fanal der Freiheit ... in der Welt sind«.[59] Was für ein Fanal der Freiheit mit zwei Millionen Erwachsenen, die hinter Gittern sitzen – das sind im Verhältnis zur Bevölkerung mehr Menschen als in jedem anderen Land der Welt.[60] Wenn die Anschläge Schweden gegolten hätten, hätte man vielleicht sagen können, sie gälten einem Fanal der Freiheit, aber die USA?

Die Terrorismusdebatte begann nicht erst mit dem 11. September, sie ist schon alt und verläuft nach altbekannten Mustern. Auf der einen Seite steht eine Minderheit von Völkern und Staaten, die über die mächtigsten Militärapparate verfügen und ständig formelhaft erklären, dass das Problem nicht staatlicher, sondern der Terrorismus Einzelner sei und dass der Zweck niemals die Mittel rechtfertige, zumindest nicht, wenn diese Mittel terroristisch (nicht staatsterroristisch) sind, und daher könne man die Mittel verurteilen, ohne auch nur über den Zweck zu reden, geschweige denn etwas in dieser Rich-

Völkerrechtswidrige Kriege und Kollateralschäden

tung zu unternehmen.[61] Auf der anderen Seite steht die Mehrheit der Völker und Staaten der Welt, denen es unmöglich ist, Terrorismus von Fragen der sozialen Gerechtigkeit zu trennen. Dies fasste die UN-Generalversammlung in einer Resolution nach dem Massaker bei den Olympischen Spielen in München 1972 zusammen, in der sie »tiefe Sorge über zunehmende Gewaltakte« zum Ausdruck brachte, »die unschuldige Menschenleben fordern oder in Gefahr bringen und grundlegende Freiheiten gefährden«; die Resolution forderte die Staaten auf, »ihre unmittelbare Aufmerksamkeit darauf zu richten, gerechte und friedliche Lösungen für die zugrunde liegenden Ursachen zu suchen, die solche Gewaltakte hervorbringen«.[62] Selbst die Amerikaner scheinen diese Position zu unterschreiben, wenn es ihnen passt. Der Sicherheitsrat brandmarkte die Befreiungsarmee des Kosovo, die für Unabhängigkeit von den Serben kämpfte, *offiziell* als Terroristen. Als aber die Serben (letztlich Opfer der Amerikaner) argumentierten, die Bekämpfung der Terroristen erfordere repressive Maßnahmen, erklärte der Sicherheitsrat in einer Resolution, die mit Zustimmung der Amerikaner verabschiedet wurde: Der Sicherheitsrat »*unterstreicht,* dass der Weg zur Beendigung der Gewalt und des Terrorismus im Kosovo darin besteht, dass die Behörden in Belgrad der Volksgruppe der Kosovo-Albaner einen echten politischen Prozess anbieten«.[63]

Die meisten Völker und Staaten halten zudem »Staatsterrorismus« offenbar für »die schädlichste und tödlichste Form von Terrorismus«.[64] Darin scheinen sie sich einig mit Chomsky und Herman, die ihn mit dem klassischen Begriff des »Großterrorismus« belegten und in Gegensatz stellten zum »Einzelterrorismus«, der die Großmächte und ihre Vasallenstaaten beschäftigt.[65] Und wie soll man den Angriff auf Afghanistan anders einstufen denn als Terrorakt? George W. Bush erklärte selbst, er ziele nicht bloß auf die Terroristen, sondern auf jeden, der sich seinem »Kreuzzug« nicht anschließe. Man erinnere sich nur an seine Worte:

> Jede Nation in jeder Region muss nun eine Entscheidung treffen. Entweder sind sie auf unserer Seite oder auf der Seite der Terroristen. (20. September 2001)
>
> …

Es gibt allerdings nichts Derartiges wie einen guten Terroristen. Kein nationales Ziel, kein erinnertes Unrecht kann jemals den vorsätzlichen Mord an Unschuldigen rechtfertigen. Jede Regierung, die diesen Grundsatz zurückweist und versucht, sich ihre terroristischen Freunde auszusuchen, wird die Konsequenzen tragen. (10. November 2001)

Das lässt sich nur als Einschüchterungsversuch auffassen, gerichtet nicht gegen die Terroristen, sondern gegen jeden, der sich der amerikanischen Militärmacht bei der Verfolgung der Terroristen in den Weg stellt. Man kann nicht umhin, die Mittel, mit denen der Afghanistankrieg geführt wurde, als »terroristisch« zu bezeichnen. Zehntausende Zivilisten und Soldaten wurden mit der effektivsten konventionellen Todestechnologie aller Zeiten getötet: Hellfire-Raketen, abgeschossen von Predator-Drohnen, Bunker Busters, Daisy Cutters und Apache-Helikopter, jene fliegenden Panzer mit Raketenwerfern und Maschinengewehren, die 600 Schuss Munition pro Minute abfeuern. »Wie man sich vorstellen kann, ist es eine erschreckende Maschine für Bodentruppen.«[66] Oder man denke an die Atomwaffen, mit denen die USA ihre Feinde »abzuschrecken« versuchen. Sehen eigentlich nur Strafrechtsexperten, dass in »Abschreckung« das Wort »Schrecken«, Terror, steckt? Wie Noam Chomsky darlegte, ist es wesentlich vernünftiger, den Afghanistankrieg keineswegs als Krieg gegen Terrorismus zu sehen, sondern zu erkennen, dass er von einem der führenden terroristischen Staaten der Welt geführt wird.[67]

## Kollateralschäden

Ein Kriterium, durch das die USA ihre wesentlich erschreckendere Gewalt von der echter Terroristen abzugrenzen versuchen, ein Kriterium, das sogar einige angesehene Intellektuelle zu überzeugen vermochte, ist die *Einstellung zum Töten von Zivilisten*. George W. Bush fasste es in seiner Rede vor den Vereinten Nationen am 10. November 2001 so zusammen: »Anders als der Feind versuchen wir, die Verluste an unschuldigen Leben möglichst gering – nicht möglichst hoch – zu halten.« Dahinter steht die Vorstellung, es bestünde ein alles überragender Unterschied zwischen »Terroranschlägen« im herkömmlichen Sinne und den »Kollateralschäden«, die das amerikanische Militär regelmäßig verursacht, und genau das mache den Unterschied zwischen »vorsätzlichem Mord« und »unbeabsichtigtem Töten« aus, wie der amerikanische Journalist Michael Walzer in der Zeitschrift *Dissent* schrieb:

> Einige linke Akademiker haben herauszufinden versucht, wie viele Zivilisten tatsächlich in Afghanistan gestorben sind, und dabei auf eine möglichst hohe Zahl abgezielt, vermutlich aufgrund der Annahme, wenn die Zahl größer sei als die der bei den Anschlägen auf die Twin Towers getöteten Menschen, sei der Krieg ungerecht ... Aber die Behauptung, die Zahlen spielten eine entscheidende Rolle – der 3120.Tote entscheide über die Ungerechtigkeit des Krieges –, ist falsch. Sie leugnet einen der grundlegendsten und allgemein anerkannten Unterschiede: zwischen vorsätzlichem Mord und unbeabsichtigtem Töten.[68]

Die Leute, die die Anschläge auf die Twin Towers in New York verübten, *wollten* Zivilisten töten. Das war zumindest ein Zweck der Anschläge. Selbstmordattentäter streben die höchstmögliche Zahl ziviler Todesopfer an; dagegen behaupten die Amerikaner, sie wollten lediglich »Kombattanten« töten und bemühten sich, den Schaden für Zivilisten so gering wie möglich zu halten; angesichts ihrer Operationsziele ist diese Behauptung tatsächlich in vielen Fällen plausibel.[69] Daher geschieht das Töten nach ihrer Auffassung »unbeabsichtigt« und »versehentlich«.

Diese Art von Töten, die man als »Kollateralschaden« bezeichnet, ist im amerikanischen Militär offiziell definiert als »unbeabsichtigte oder versehentliche Verletzung oder Schädigung von Personen und Gegenständen, die unter den gegebenen Umständen keine rechtmäßigen militärischen Ziele wären«. Nach Ansicht der Militärs »sind solche militärischen Schäden nicht rechtswidrig, solange sie in Hinblick auf den durch den Angriff erwarteten militärischen Nutzen nicht unverhältnismäßig groß sind«.[70] Dieser Begriff gehörte offenbar in den 50er und 60er Jahren zum Atomkriegsjargon. Thomas Schelling von der Harvard University verwendete ihn 1960 in einem Artikel, in dem er dafür eintrat, Atomwaffenstellungen der USA abseits der Städte zu stationieren, um »Kollateralschäden« durch sowjetische Angriffe auf sie zu minimieren.[71] Erst während des Golfkrieges 1991 wurde er allgemein üblich; als NATO-Sprecher ihn allerdings 1999 im

Kosovokrieg großzügig und ohne jede Scham auf Zivilisten, darunter auch Kinder, anwendeten, die durch NATO-Bomben getötet wurden, war die Entrüstung so groß, dass sie letztlich gezwungen waren, davon Abstand zu nehmen. Über fast den ganzen Krieg war diese Formulierung bei NATO-Pressekonferenzen regelmäßig von Jamie Shea, Wesley Clark und allen anderen zu hören. So sagte Jamie Shea: »Ziele werden sorgfältig ausgewählt und laufend überprüft, um Kollateralschäden zu vermeiden« (26. März 1999);[72] Generalmajor Jertz erklärte: »In dem Bemühen, Kollateralschäden zu vermeiden, setzen wir keine Waffensysteme ein, die wir einsetzen könnten, wenn wir so brutal und grausam wären wie Milošević« (10. Mai 1999);[73] und der Oberkommandierende General Wesley Clark sagte am 13. April, einen Tag nachdem ein amerikanischer Pilot einen Personenzug, der über eine Brücke fuhr – nicht ein-, sondern gleich *zweimal* –, bombardiert und 16 Zivilisten getötet hatte: »Es ist eines der bedauerlichen Dinge, die bei einer solchen Kampagne passieren, und es tut uns allen sehr Leid, aber wir tun, was wir können, um Kollateralschäden zu vermeiden, das kann ich Ihnen versichern.«[74]

Andererseits war gegen Ende des Krieges festzustellen, dass zumindest der im Umgang mit den Medien geschickte Pressesprecher Jamie Shea versuchte, sich von der psychopathischen Kälte »dieses schrecklichen Begriffs« zu distanzieren.[75] Lord Robertson benutzte ihn in seiner offiziellen Verteidigung des Krieges am ersten Jahrestag nur in Anführungszeichen.[76] Das Schicksal dieses Wortes schien besiegelt, als der Golfkriegsveteran Timothy McVeigh es auf die Kinder anwandte, die 1995 bei seinem Bombenanschlag auf ein Bundesgebäude in Oklahoma getötet wurden, den er als kriegerischen Akt gegen die USA sah.[77] Während des Afghanistankrieges fand es sich allerdings bei dem einen oder anderen alten Soldaten immer noch in Gebrauch.[78] Im Irakkrieg wurde der Begriff überwiegend von Journalisten benutzt, häufig als Verurteilung. So schilderte Robert Fisk die folgende Szene aus Bagdad:

> Es war ein Frevel, eine Obszönität. Die abgetrennte Hand an der Metalltür, der Schlammbrei aus Blut und Dreck, der über die Straße lief, menschliche Gehirnmassen in einer Garage; in einem noch rauchenden Auto die verkohlten Skelette einer irakischen Mutter und ihrer drei klei-

nen Kinder. Zwei Raketen, abgefeuert durch einen amerikanischen Jet, haben diese irakischen Zivilisten getötet – ich schätze, es sind mehr als 20 Tote: in Stücke gerissen vor ihrer »Befreiung« durch jene Nation, die sie jetzt de facto ums Leben gebracht hat. Wer könnte sich erdreisten, dies als »Kollateralschaden« zu bezeichnen?[79]

Nur selten und auf unterster Ebene war dieser Begriff in offiziellen Militäräußerungen zu finden.[80] Präsident Bushs Redenschreiber verbannten ihn vollständig aus ihren Texten zugunsten feierlicher Versprechungen, »das Leben Unschuldiger auf jede nur mögliche Weise zu schützen«.[81]

Dagegen waren Intellektuelle eifrig bemüht, den moralischen Unterschied zu rechtfertigen. Während des Irakkrieges argumentierte der Juraprofessor Kenneth Anderson:[82]

> Raketenirrläufern, die mit der besten verfügbaren Technologie guten Glaubens abgefeuert wurden, kann man nicht moralisch auf die gleiche Stufe stellen mit vorsätzlichen Verstößen gegen kategorische Kriegsregeln wie dem Einsatz menschlicher Schutzschilde, dem Granatbeschuss von Zivilisten, um sie an der Flucht aus Basra zu hindern, und der Vergewaltigung oder Massenexekution von Gefangenen.

Allerdings musste er einräumen, dass nicht viele es so sehen:

> … Millionen Menschen weltweit haben indes den Eindruck, dass es moralisch keinen Unterschied macht zwischen den Taktiken der Amerikaner – Ziele aus der Luft zu bombardieren und zu ihrer Verteidigung Kollateralschäden anzuführen – und den Taktiken der Iraker, die in Ermangelung anderer Angriffsmittel ihre eigene Zivilbevölkerung als Material und moralisches Mittel benutzen, ungeachtet der Kriegsregeln, die sie damit verletzen. Diese Einstellung, muss man sagen, vertrat Churchill, der beabsichtigte, Großbritannien mit einer Politik der verbrannten Erde (einschließlich dem Einsatz von Giftgas) zu verteidigen, ohne sonderlich Rücksicht auf das Leben britischer Zivilisten zu nehmen, falls die Invasoren je kommen sollten.

Anderson versuchte die Unterscheidung auf die einzige Weise zu retten, die ihm einfiel:

> Ich glaube, es gibt nur eine Möglichkeit, hier abzuwägen … Den Unterschied zu leugnen heißt, dass man entweder praktische Gewaltlosigkeit als einzig haltbare Position akzeptiert oder dass man dem Leben von

Zivilisten gleichgültig gegenübersteht, da man an allem, was ohnehin geschieht, schuldig ist – und in diesem Fall wird alles zum Angriffsziel. Die Rechtfertigung für dieses Prinzip … ist, dass es die einzige prinzipiengerechte Möglichkeit für die Gratwanderung zwischen einem Pazifismus ist, den in Wirklichkeit nur wenige von uns akzeptieren würden, und einem brutalen Realismus, der die moralische Notwendigkeit leugnet, auch nur den Versuch einer Unterscheidung zwischen Kombattanten und Nichtkombattanten zu machen.

Diese krasse Gegenüberstellung von unrealistischem Pazifismus einerseits und dem Verzicht auf jegliche Beschränkungen der Kriegsregeln andererseits ist falsch, da sie die fundamentale Frage nach der *Rechtmäßigkeit und Moralität des Krieges* außer Acht lässt. Es zeigt lediglich, wie weit sich das internationale Strafrecht in die falsche Richtung entwickelt hat, dass jemand diese Frage nicht für relevant halten kann. Diese Frage ist für internationale Strafrechtsexperten nur deshalb schwer zu beantworten, weil sie die große klaffende Lücke in der modernen Praxis des internationalen Strafrechts als selbstverständlich hinnehmen: die Weigerung, zwischen rechtmäßigem und unrechtmäßigem Krieg, zwischen Selbstverteidigung und Angriff zu unterscheiden. Das gesamte Gedankengebäude baut auf der Annahme auf, sämtliche Kriege seien von allen Seiten legal. Aber Churchills Pläne wurden erst durch die Tatsache moralisch vertretbar, dass die Nazis die Angreifer waren und die Briten sich mit allen ihnen zu Gebote stehenden Mitteln gegen sie wehren mussten. Die Schuld hätte bei den Nazis gelegen, nicht bei Churchill. Die Moralität von Kollateralschäden lässt sich unmöglich beurteilen, ohne die Berechtigung des Krieges zu berücksichtigen, sosehr es Aggressoren mit »der besten verfügbaren Technologie« auch entgegenkommen mag. Die Immoralität und Unrechtmäßigkeit eines Krieges macht Kollateralschäden zu einem Verbrechen. Die wahren Alternativen sind, nur dann Krieg zu führen, wenn es notwendig, moralisch und rechtmäßig ist, und ihn andernfalls nicht zu führen. Wenn man sich in diesem Fall so weit wie möglich bemüht, Verletzungen von Nichtkombattanten zu vermeiden, wird niemand das Recht zur Kritik haben, wenn sie zu Schaden kommen, weil die Verantwortung für diesen Schaden bei jenen liegt, die den Krieg angefangen haben, genau wie Rumsfeld erklärt hat.

Um auf das Argument Michael Walzers zurückzukommen: Es besteht tatsächlich ein moralischer und rechtlicher Unterschied zwischen vorsätzlicher Tötung und Tötung ohne Absicht, aber erstens ist er nicht so grundlegend, wie Walzer es gern hätte; und zweitens hilft er den Verursachern von Kollateralschäden wenig. Auch hier gelten dieselben Prinzipien im nationalen wie im internationalen Strafrecht, rechtlich wie moralisch. Jemanden vorsätzlich zu töten (*ohne* einen Rechtfertigungsgrund wie Selbstverteidigung) bedeutet Mord. Manche Arten unbeabsichtigter oder sogar beabsichtigter Tötung sind weniger schwere Verbrechen (Totschlag, fahrlässige Tötung usw.) oder werden gar nicht als Straftat eingestuft, wenn nachgewiesen wird, dass alle gebotene Vorsorge getroffen wurde, um Schaden abzuwenden. Man nehme beispielsweise eine gefährliche Fahrweise: Wenn man jemanden vorsätzlich überfährt, ist es Mord; überfährt man jemanden, weil man nicht vorsichtig genug gefahren ist, so ist es Totschlag; überfährt man jemanden, obwohl man sehr vorsichtig gefahren ist, so ist es gar keine Straftat. Es liegt kein *schuldhaftes* Verhalten vor.

Manche Umstände versehentlicher Tötung werden jedoch als sehr schwerwiegende Straftaten behandelt, sogar ebenso schwerwiegend wie Mord. Versucht man einen Menschen zu überfahren, den man irrtümlich für einen anderen hält, so ist es Mord – das ist die zu Beginn dieses Kapitels beschriebene Situation bei Daraz Khan. Es bestand der Vorsatz, diesen Menschen zu töten, man hat sich lediglich in seiner Identität geirrt. Aber die Identität des Opfers ist irrelevant, *wenn man gar nicht das Recht zu töten hatte.* Angenommen, die Amerikaner hätten das Recht gehabt, Osama Bin Laden zu töten – was nicht der Fall ist –, so stellt sich die völlig andere Frage, ob sie sich mit ausreichender Sorgfalt vergewissert haben, dass es sich bei dem Mann, den sie töteten, tatsächlich um Bin Laden handelte. In diesem Fall könnte es sein, dass der »Kollateralschaden« gar kein Verbrechen ist. Walzers Argumentation geht ebenso wie die von Anderson an der Kernfrage vorbei, nämlich dass es auf die Rechtmäßigkeit des Krieges ankommt, die wiederum im Allgemeinen von seiner moralischen Berechtigung abhängt.

Was ist nun mit dem klassischeren Fall von Kollateralschaden, wenn beispielsweise jemand einen anderen in einer Fußgängerzone zu überfahren versucht, ohne böse Absichten gegen andere Fußgänger zu hegen, dabei sogar den Schaden für sie zu minimieren sucht, *aber weiß, dass einige unweigerlich getötet werden?* Richter C. G. Weeramantry vom Internationalen Gerichtshof fand die Antwort darauf so offensichtlich, dass er sie in seine Begründung für die Rechtswidrigkeit von Atomwaffen einbezog:

> Es tut nichts zur Sache, dass solche Folgen nicht unmittelbar beabsichtigt, sondern »Nebenwirkungen« oder »Kollateralschäden« sind, die durch Atomwaffen verursacht werden. Es ist bekannt, dass solche Folgen die zwangsläufigen Konsequenzen aus dem Einsatz der Waffe sind. Der Urheber der Tat, die diese Konsequenzen zur Folge hat, kann in keinem kohärenten Rechtssystem die rechtliche Verantwortung für ihre Verursachung umgehen, ebenso wenig wie ein Mann, der mit einem Kraftfahrzeug bei einer Geschwindigkeit von 150 Stundenkilometern durch eine belebte Einkaufsstraße rast, die Verantwortung für die daraus resultierenden Toten mit der Begründung von sich weisen kann, er habe nicht die Absicht gehabt, die betreffenden Personen, die starben, zu töten.[83]

Kollateralschäden sind eine ganz spezielle Form »versehentlichen«, »unbeabsichtigten« oder »nicht vorsätzlichen« Tötens. Der Kolumnist der *New York Times*, William Safire, hatte nur zum Teil Recht, als er sie als »unbeabsichtigt, versehentlich« definierte.[84] Sie sind nicht in dem buchstäblichen Sinne »versehentlich«, als niemand daran gedacht hätte. Tatsächlich werden sie als *unvermeidlich* vorhergesehen. Als die Amerikaner den Afghanistankrieg planten, wussten sie, dass viele, vermutlich Tausende, Zivilisten sterben würden. In einer Umfrage, die CBS und *New York Times* in der Woche nach den Anschlägen auf das World Trade Center durchführten, lautete eine der Fragen: »Sollten die USA militärisch gegen die Verantwortlichen für die Anschläge vorgehen, wer immer es auch sein mag ... auch wenn das bedeutet, dass möglicherweise viele Tausende unschuldiger Zivilisten getötet werden?« Nicht Tausende, sondern *viele Tausende!* Von den für die amerikanische Bevölkerung repräsentativen Befragten antworteten 85 Prozent mit »Ja«.[85] US-Verteidigungsminister Donald Rumsfeld erklärte im Oktober 2001:

> Immer wenn das Verteidigungsministerium Einsätze aus der Luft oder am Boden anordnet, müssen wir wissen, dass Menschen verletzt werden.

In der überwiegenden Mehrzahl werden es Menschen sein, die wir verletzen wollen. Gelegentlich werden Menschen verletzt, bei denen man wünschte, es wäre nicht so. Ich glaube nicht, dass es eine Möglichkeit auf der Welt gibt, das zu vermeiden und die Vereinigten Staaten gegen terroristische Anschläge in der Art, wie wir sie erlebt haben, zu verteidigen.[86]

Im Dezember sagte er:

> Einer der unangenehmen Aspekte des Krieges ist die Tatsache, dass unschuldige Unbeteiligte zuweilen ins Kreuzfeuer geraten, und wir werden häufig gebeten, auf Vorwürfe der Taliban wegen ziviler Opfer zu antworten ... So viel wissen wir mit Sicherheit: Die Vereinigten Staaten haben außerordentliche Maßnahmen ergriffen, um zivile Opfer in dieser Kampagne zu vermeiden. Das gilt für Taliban- und Al-Qaida-Truppen nicht ...[87]

Und im Juli 2002 (nach dem Massaker an der Hochzeitsgesellschaft) erklärte er:

> Es kann keinen Einsatz dieser Art von Feuerkraft geben, ohne dass es Fehler und Irrläufer gibt. Das passiert. Es ist immer passiert, und ich fürchte, es wird immer wieder passieren.[88]

Das ist kein »versehentliches« Töten. Es ist *vorsätzliches* Töten – »vorsätzliches ›versehentliches‹ Töten«, wie ein palästinensischer Journalist es nannte.[89] Es ist *vorsätzliches* Töten in dem Sinne, als es eindeutig vorhergesehen und geplant ist und wiederholt behauptet wird, die Getöteten seien das *absolute Minimum,* das zu erwarten sei. Wie sonst könnte ein Experte wie Michael O'Hanlon von der Brookings Institution die eintausend getöteten Zivilisten als »gnädig geringe Zahl« bezeichnen?[90] Nicht: »Mein Gott, wir haben unschuldige Menschen getötet!«, sondern: »Wieso, wir haben doch nur 1000 getötet.«

Wir sollen also unterscheiden zwischen vorsätzlichem und wissentlichem Töten – beides, versteht sich, *ohne rechtmäßigen Rechtfertigungsgrund.* Trifft das Recht diese Unterscheidung? Schon seit Moses ist dies offenkundig nicht der Fall:

> Wenn ein Rind einen Mann oder eine Frau so stößt, dass der Tod eintritt, ist das Rind zu steinigen; sein Fleisch darf nicht gegessen werden. Der Eigentümer des Rindes bleibt jedoch straffrei. *War aber das Rind schon früher stößig und hat es sein Besitzer trotz Verwarnung nicht gehütet, so soll das Rind, das einen Mann oder eine Frau getötet hat, gesteinigt werden; auch sein Besitzer soll mit dem Tod bestraft werden.*[91]

Im März 2002 ging es bei einem Prozess in Los Angeles nicht um ein Rind, sondern um einen Hund. Die Geschworenen sprachen eine Frau des Totschlags schuldig, weil der Hund, den sie spazieren geführt hatte, einen Nachbarn angefallen und getötet hatte. Ihr Mann, der nicht dabei war, wurde wegen Körperverletzung mit Todesfolge verurteilt. Niemand unterstellte, die Frau habe gewollt, dass ihr Hund den Nachbarn tötete, oder sie habe ihren Hund auf ihn angesetzt oder Ähnliches. Es reichte, dass sie und ihr Mann »*wussten*, dass ihre Hunde ›tickende Bomben‹ waren, die jemanden töten konnten, sich aber nicht darum kümmerten«.[92] Als der Richter später ein neues Verfahren im Fall der Frau anordnete (während er ihren Mann zur Höchststrafe von vier Jahren Gefängnis verurteilte), tat er dies nicht, weil sie nicht die *Absicht* gehabt hatte, jemanden zu töten, sondern, wie er sagte: »Ich kann in rechtlicher Hinsicht nicht sagen, sie habe subjektiv *gewusst*, dass ihr Verhalten einen Tod verursachen würde.«[93] Dennoch fügte er hinzu: »Es steht nach Auffassung des Gerichts außer Frage, dass beide Angeklagte in den Augen der Bevölkerung des Mordes schuldig sind. In den Augen des Gesetzes sind sie es nicht.«[94]

Wie die meisten Menschen hält das angelsächsische Strafrecht es nicht für notwendig, zwischen wissentlicher Tötung (Kollateralschäden) und vorsätzlicher Tötung zu unterscheiden, zumindest nicht, wenn es keine rechtmäßige Rechtfertigung dafür gibt. Beides ist Mord. Das Strafrecht bestraft Kollateralschäden nach zwei verschiedenen Ansätzen. Der erste ist der universell anerkannte Gedanke des *transferred intent,* »übertragenen Vorsatzes«:

> Angenommen, Smith schießt auf Black mit dem Vorsatz, ihn zu töten. Aber er zielt schlecht und Smiths Kugel trifft und tötet White, einen deutlich sichtbaren Passanten. Seit den Anfängen des Gewohnheitsrechts hält jede angloamerikanische Rechtsprechung Smith nach dem Grundsatz des übertragenen Vorsatzes des Mordes für schuldig.[95]

Dieser Grundsatz findet durchgängig seit Hunderten Jahren Anwendung. So sprach ein englisches Gericht in dem Fall *The Queen versus Saunders and Archer* (1573) einen Mann des Mordes schuldig, der seine Frau hatte vergiften wollen, aber versehentlich seine Tochter vergiftete.[96] Vor nicht ganz so langer Zeit erkannte ein kalifornisches Gericht in dem Fall *People v. Sanchez* (2001) auf Mord durch über-

Völkerrechtswidrige Kriege und Kollateralschäden

tragenen Vorsatz, als bei einer Schießerei ein unbeteiligter Passant getötet wurde.[97] Was das Strafgesetzbuch angeht, so sieht der *New York Penal Code* vor, dass es ebenfalls Mord ist, wenn man »in der Absicht, den Tod eines anderen herbeizuführen, den Tod dieser *oder einer dritten Person* herbeiführt«.[98] Das kanadische Strafgesetzbuch enthält die gleiche Regelung.[99] Manche Juristen empfinden diese Doktrin in ihrer Logik insofern als problematisch, als sie künstlich den Vorsatz, einen Menschen zu töten, auf ein Opfer »überträgt«, gegen das der Angeklagte möglicherweise gar keine böse Absicht hegte. Doch selbst jene, die dem Verfahren nach nicht mit diesem Grundsatz einverstanden sind, stimmen mit ihrem Inhalt überein; nämlich dass solche Fälle ebenso hart zu bestrafen sind wie Mord.[100]

Die zweite strafrechtliche Herangehensweise an Kollateralschäden ist nahezu universell verbreitet und besteht darin, Wissen im rechtlichen Sinne als äquivalent zum Vorsatz zu behandeln. Die Herangehensweise der Bibel und des kalifornischen Gerichtshofs in dem oben angeführten Hundefall ist der Rechtsprechung vieler Länder gemeinsam. Diese Einstellung teilt auch das englische Gewohnheitsrecht. Ein Beispiel ist die Entscheidung des House of Lords in dem Fall *Hyam v. DPP* (1974), die ein Urteil wegen Mordes an zwei Kindern bestätigte, die bei dem Brand eines Hauses umgekommen waren, das der Angeklagte lediglich in der Absicht angezündet hatte, ihrer Mutter Angst einzujagen. Das Gericht entschied, Mord sei nicht auf »die Tötungsabsicht« beschränkt, sondern beziehe auch Fälle ein, »in denen der Angeklagte weiß, dass eine ernsthafte Gefahr besteht, dass seine Taten den Tod oder schweren körperlichen Schaden nach sich ziehen können«.[101] Englands anerkannte Autorität auf dem Gebiet des Strafrechts, Glanville Williams, legte den Fall folgendermaßen dar: »Wo der Angeklagte Resultat x will und jeder allein durch Betrachtung von x absehen kann, dass ein anderes (rechtswidriges) Resultat y ebenfalls als unmittelbare Folge und nahezu Bestandteil von x eintreten wird, nimmt man an, dass der Angeklagte sowohl x als auch y beabsichtigt.« Er fügte hinzu: »Gewissheit in menschlichen Angelegenheiten bedeutet Gewissheit als Frage des gesunden Menschenverstandes – Gewissheit abgesehen von unvorhergesehenen Ereignissen oder vagen Möglichkeiten.«[102]

In England bezeichnet man dies als »oblique intention«, mittelbaren Vorsatz, der von Autoren, Organen der Rechtspflege und Gesetzbüchern in vielen Ländern der Welt anerkannt wird. Die einzigen Einwendungen, die dagegen vorgebracht werden, sind die gleichen wie gegen den Grundsatz des »transferred intent«, des übertragenen Vorsatzes, nämlich Vorbehalte, die sich auf die Bedeutung im allgemeinen Sprachgebrauch und die treffende Wortwahl beziehen, aber nicht auf die strafrechtliche Angemessenheit. Mit anderen Worten: Es mag heikel oder gar falsch sein zu *sagen,* jemand, der lediglich gewusst habe, dass durch seine Handlungen ein Mensch zu Tode kommen würde, habe töten »wollen«, aber es gibt keine Einwände, ihn ebenso schwer zu bestrafen wie einen Menschen, der diesen Vorsatz hatte. Professor Wayne LaFave, Autor eines führenden amerikanischen Kommentars, vertritt die Ansicht:

> Vorsatz wird traditionell so definiert, dass er Wissen einschließt, und daher wird in der Regel gesagt, dass jemand bestimmte Konsequenzen beabsichtigt, wenn er will, dass seine Handlungen diese Konsequenzen bewirken, oder weiß, dass diese Konsequenzen mit erheblicher Gewissheit aus seinen Handlungen folgen … Diese mangelnde Unterscheidung zwischen (streng definiertem) Vorsatz und Wissen bleibt wahrscheinlich in vielen Rechtsbereichen ohne sonderliche Folgen, da es häufig guten Grund gibt, dem Angeklagten die Verantwortung aufzubürden, ob er nun die Folgen gewollt oder lediglich mit praktischer Gewissheit um sie gewusst hat.[103]

Zu Mord schreibt LaFave:

> Abgesehen von der Frage, wann die Todesstrafe zulässig sein sollte, gibt es im Prinzip keine Grundlage, zwischen vorsätzlichen und wissentlichen Tötungsdelikten zu unterscheiden. Viele moderne Gesetzeswerke treffen hier keine Unterscheidung, obwohl eine Mehrheit eher vorsätzliches als wissentliches Handeln zu verlangen scheint oder zumindest vorsätzliches und wissentliches Töten unterschiedlich einstuft.[104]

Zu den zahlreichen Ländern, in denen die Rechtsprechung in dieser Hinsicht überall gleich ist, zählt interessanterweise auch Texas, die Heimat von George Bush sen. und jr.

Nach texanischem Recht begeht eine Person einen Mord, wenn sie oder er:

(1) vorsätzlich oder *wissentlich* den Tod eines Menschen verursacht; [oder]

(2) *schwere Körperverletzung beabsichtigt und eine Tat begeht, die eindeutig Menschenleben gefährdet und den Tod eines Menschen verursacht;* ...[105]

Da zu den Kollateralschäden, die der ehemalige Gouverneur von Texas in Afghanistan und im Irak verursacht hat, so viele durchaus vorhersehbare Fälle der Tötung von Erwachsenen und Kindern gehören, ist es einer Erwähnung wert, dass nach texanischem Recht für Mord die Todesstrafe verhängt werden kann, wenn:

(7) die Person mehr als eine Person ermordet:
   (A) im Laufe derselben kriminellen Handlung; oder
   (B) im Laufe verschiedener krimineller Handlungen, aber die Morde nach dem gleichen Schema oder Verhaltensmuster begangen werden; oder

(8) die Person einen Menschen unter sechs Jahren ermordet.[106]

Diese Rechtslage ist keineswegs eine texanische Besonderheit. Nach dem *Model Penal Code* des American Law Institute von 1980 handelt es sich bei einem Tötungsdelikt um Mord, »wenn es vorsätzlich oder wissentlich begangen wird« [Artikel 210.2(1)]. Artikel 2.02 definiert, dass »wissentlich« handelt, wer sich »bewusst ist, dass sein Handeln praktisch mit Sicherheit ... ein Ergebnis zeitigt«.[107] In Illinois geht die Rechtslage noch weiter und sieht vor, dass eine »Person, die einen Menschen ohne Unrechtsausschließungsgrund tötet, einen Mord begeht, wenn sie bei Verübung der Taten, die den Tod herbeiführen ... weiß, dass solche Taten eine *hohe Wahrscheinlichkeit* des Todes oder schwerer Körperverletzung für diesen oder einen anderen Menschen schaffen«.[108] Der *New York Penal Code* gehört zu den Gesetzbüchern, die Mord auf Fälle beschränken, in denen es »bewusstes Ziel ist, den Tod herbeizuführen«. Allerdings behandelt es Kollateralschäden dennoch als Mord, indem es den oben angeführten universellen Grundsatz des »transferred intent«, übertragenen Vorsatzes, anwendet.[109]

Rechtlich wird wissentliches und vorsätzliches Handeln fast immer gleichgesetzt, weil der Unterschied für die meisten Strafzwecke, die die Definitionskriterien des Strafrechts bilden, irrelevant ist. Ein Mensch, der eine strafbare Handlung in der Gewissheit begeht, dass sie den Tod anderer herbeiführt, gefährdet Menschenleben ebenso, wenn nicht gar mehr, wie ein Mensch, der in der (begründeten oder unbegründeten) Hoffnung handelt, dass sein Tun den Tod anderer herbeiführt. Im erstgenannten Fall ist zum Zweck der »Abschreckung« oder zum Schutz der Öffentlichkeit eine ebenso schwere Strafe angebracht wie im zweiten, und Schutz ist das, was die meisten Menschen vom Strafrecht erwarten. Darüber hinaus *verdient* der Täter, der im vollen Bewusstsein handelt, dass seine Tat den Tod anderer herbeiführt, eine Strafe ebenso wie derjenige, der diesen Tod tatsächlich beabsichtigt, weil beide mit offenen Augen, aus freiem Willen und unter Missachtung von Menschenleben handeln, die beide gleichermaßen ihren eigenen unrechtmäßigen Zwecken opfern. Allerdings ist nicht zu leugnen, dass manche das vorsätzliche Töten (ohne Unrechtsausschließungsgrund) offenkundig für abscheulicher halten als das bloß wissentliche Töten (ohne Unrechtsausschließungsgrund), daraus erklärt sich die Tatsache, dass sie nach geltendem Recht mancher Staaten als weniger schweres, aber immer noch als Schwerverbrechen geahndet werden. Der Grund ist indes schwer einzusehen. Gewiss gibt es viele bekannte Fälle, bei denen der Unterschied als nicht sonderlich erheblich eingestuft wird. Als Timothy McVeigh die Kinder, die er in Oklahoma City getötet hatte, als »Kollateralschaden« bezeichnete, behauptete er nicht, es sei akzeptabel gewesen, sie wissentlich zu töten. Zu seiner Verteidigung brachte er sogar vor, er habe nicht gewusst, dass sich dort eine Kindertagesstätte befand, und wenn er es gewusst hätte, hätte er vielleicht von diesem Angriffsziel Abstand genommen:

> Mir war klar, dass vielleicht jemand sein Kind mit zur Arbeit bringen könnte. Wenn ich allerdings gewusst hätte, dass dort eine Kindertagesstätte war, hätte es mich vielleicht dazu gebracht, ein anderes Ziel zu nehmen. Das ist ein ziemlich großer Kollateralschaden.[110]

McVeigh argumentierte also nicht mit dem Unterschied zwischen vorsätzlichem und wissentlichem Handeln, sondern mit dem Unterschied zwischen Wissen und Nichtwissen wie das kalifornische Gericht in dem Hundefall. Das FBI entgegnete auf McVeighs Behauptung nicht etwa, er habe die bewusste Absicht gehabt, Kinder zu töten, sondern er müsse anhand der bunten Kinderbilder in den Fenstern *gewusst* haben, dass in dem Gebäude eine Kindertagesstätte sei. Er müsse also

Völkerrechtswidrige Kriege und Kollateralschäden

hingerichtet werden, weil er *gewusst* habe, dass viele Kinder sterben würden.

Genau um diesen Punkt geht es auch in dem Spielfilm *Collateral Damage,* der, mit Arnold Schwarzenegger in der Hauptrolle, kurz vor den Anschlägen vom 11. September 2001 entstand. Der Film besteht aus einer Fülle von Klischees, wie man sie sich abgedroschener nicht vorstellen kann, deren Nutzen aber darin liegt, der Öffentlichkeit zu bestätigen, was sie ohnehin weiß. »Kollateralschaden« in diesem Film sind die Ehefrau und der Sohn des Filmhelden, die getötet werden, als kolumbianische Terroristen anlässlich eines Besuchs kolumbianischer Militärs einen Bombenanschlag auf ein Bürogebäude in Los Angeles verüben. Schwarzenegger geht auf einen Rachefeldzug, als im Fernsehen eine Rechtfertigung des Terroristen mit der gleichen Formulierung gesendet wird, die auch General Wesley Clark hätte verwenden können: »Der Tod der Mutter und des kleinen Jungen sind bedauerlich; das nennt man Kollateralschaden.« Die Filmpremiere wurde nach den Anschlägen auf das World Trade Center und das Pentagon verschoben, vermutlich weil darin Terroranschläge auf Bürogebäude vorkamen. Es gibt in dem Film allerdings noch einige andere Dinge, die die US-Behörden an empfindlichen Stellen hätten treffen können: So zeigt er die Bereitschaft des amerikanischen Staates, Zivilisten zu töten, beispielsweise als Kampfhubschrauber unter dem ausgesprochen fadenscheinigen Vorwand, einen Amerikaner zu retten, gegen ein »Terroristenlager« voller Zivilisten eingesetzt werden. Zudem berufen sich die Bösen zynisch auf das Selbstverteidigungsrecht: Der Terrorist erklärt, der Anschlag in Los Angeles, bei dem Frau und Sohn des Filmhelden getötet wurden, sei ein Akt der kolumbianischen »Selbstverteidigung«.

In Kanada schlugen die Wogen zynischer Entrüstung über die amerikanische Vorstellung von Selbstverteidigung hoch, als die Cockpit-Aufzeichnungen des amerikanischen F-16-Piloten freigegeben wurden, der am 18. April 2002 irrtümlich vier kanadische Soldaten bei Kandahar mit einer 500-Pfund-Bombe getötet hatte. Ganz Kanada trauerte um diese vier Soldaten. Dagegen ist nichts einzuwenden, aber man stelle sich vor, Afghanistan besäße die Massenmedien, um die mehr als 20000 Afghanen zu betrauern, die Amerika mit Kanadas Hilfe im

Kampf gegen den Terrorismus getötet hat. Die Kanadier nahmen an einem Nachtmanöver teil, als der Pilot Feuer am Boden bemerkte. Offenbar glaubte er zu keiner Zeit ernsthaft, dass auf ihn geschossen würde, und schon gar nicht, dass er in seiner Flughöhe in Gefahr sei, daher ist seine routinemäßige Berufung auf »Selbstverteidigung« und ihre Genehmigung durch die Einsatzleitung ein Beleg für eine völlige Verkehrung des Begriffs in sein Gegenteil – nämlich als Bezeichnung für jede einigermaßen sichere Gelegenheit, mit weit überlegener Feuerkraft zu töten.

> Pilot: Ich habe da ein paar Männer auf einer Straße, es sieht aus, als ob ein Artilleriegeschütz auf uns feuert. Ich geh zur Selbstverteidigung rein.

Nachdem er die Bombe abgeworfen hatte, fragte er:

> Pilot: Können Sie bestätigen, dass sie uns beschossen haben?
> Einsatzleiter: Alles klar. Selbstverteidigung.[111]

*Aus Selbstverteidigung reingehen* ohne eine Spur von zwingender Notwendigkeit könnte das Motto des gesamten Afghanistankrieges lauten.

Einer der größten Affronts für die amerikanischen Gefühle in dem Schwarzenegger-Film hatte sicher nichts mit den Anschlägen vom 11. September zu tun, sondern mit dem Beginn des Afghanistankrieges am 7. Oktober – nämlich die Verwendung des Begriffs »Kollateralschaden« als schmutziges Wort gleichbedeutend mit Mord zu einer Zeit, als die US-Truppen dergleichen in Afghanistan anrichteten. Wie der von Schwarzenegger dargestellte Filmheld erklärt, verdient der kolumbianische Terrorist den Tod, weil er *wusste,* dass unschuldige Menschen wie die Ehefrau und das Kind des Helden bei dem Versuch, die kolumbianischen Militärs in die Luft zu jagen, getötet würden, nicht etwa, weil er die Absicht hatte, sie zu töten. Der einzige Unterschied, den der Filmheld zwischen sich und dem Terroristen sieht, liegt in der Bereitschaft, *jeden* Kollateralschaden in Kauf zu nehmen. Er nennt den Terroristen einen »Feigling, der Frauen und Kinder tötet« und erhält von diesem zur Antwort: »Wir sind doch offenbar beide bereit, für eine Sache zu töten, wo ist der Unterschied zwischen Ihnen und mir?« Schwarzeneggers Erwiderung ist zugleich Quintessenz des Films: »Der Unterschied ist, dass ich nur Sie töten werde.« Im Verlauf des Films gibt der Held seinen Plan auf, den Terroristen zu töten, und lässt sich gefangen nehmen, um keine Unbeteiligten zu gefährden. Soweit das überhaupt etwas besagt, zeigt es, dass Kollateralschäden nach dem Empfinden der Öffentlichkeit wie nach der Rechtsprechung genauso verabscheuungswürdig sind wie andere Arten von Mord.

Recht und Moral verurteilen also den Angriff auf Afghanistan wie den auf den Irak ebenso streng wie die Anschläge vom 11. September – in Anbetracht der unverhältnismäßig hohen Zahl von Toten und Verletzten sogar strenger. Doch obwohl die Amerikaner viele Menschen selbstgerecht getötet haben, um gegen die Täter der Verbrechen vom 11. September »Gerechtigkeit zu üben«, wie George W. Bush es formulierte, lässt sich jede Wette eingehen, dass kein Amerikaner für das, was sie getan haben, auch nur vor Gericht kommen wird.

# 3. Kosovo 1999

Während es in den Dörfern und Bergen Afghanistans immer häufiger zu Kollateralschäden kam, stand in der niederländischen Stadt Den Haag der Expräsident Jugoslawiens, Slobodan Milošević, wegen Kriegsverbrechen und Verbrechen gegen die Menschlichkeit vor Gericht. Das Verfahren fand vor dem Internationalen Strafgerichtshof für das ehemalige Jugoslawien (IStGHJ) statt, dem ersten dieser Art seit den Prozessen von Nürnberg und Tokio nach dem Zweiten Weltkrieg.

Die Bewegung für eine internationale Strafgerichtsbarkeit hatte ein Etappenziel erreicht. Im Februar 2002 begann der Prozess gegen Milošević. Im April fand die Bewegung ihren krönenden Abschluss, als die erforderliche 60. Ratifizierungsurkunde hinterlegt wurde und das Statut des Internationalen Strafgerichtshofs (IStGH) am 1. Juli in Kraft trat. Aber die Bewegung stieß auch auf starken Widerstand. Einige Tage nach Beginn des Milošević-Prozesses stellte die Entscheidung eines dritten internationalen Gerichts in Den Haag, des Internationalen Gerichtshofs (zu den Zuständigkeiten dieser verschiedenen Gerichtshöfe kommen wir später), eine belgische Anklage gegen den israelischen Premierminister Ariel Sharon wegen Verbrechen während des Libanonkrieges 1982 in Frage. Im Juni wurde die belgische Klage, die sich auf eine »Weltgerichtsbarkeit« stützte, fallen gelassen; bis zum Beginn des amerikanischen Krieges gegen den Irak 2003 entschärfte man die entsprechende Gesetzesgrundlage vollständig. In Chile beendete der ehemalige Diktator Augusto Pinochet erfolgreich eine langwierige Auseinandersetzung mit dem internationalen Strafrecht, die 1998 mit seiner Verhaftung in London wegen Folter und Ermordung Tausender Chilenen während und nach dem Staatsstreich begonnen hatte, mit dem er 1973 an die Macht gekommen war.

Den schwersten Rückschlag erlitt die Bewegung, als die USA im Mai 2002 dem Internationalen Strafgerichtshof offiziell ihre Unterstützung entzogen und mit Macht begannen, Ausnahmeregelungen für sich durchzudrücken. Die Opposition der USA hatte sich während des Kosovokrieges verstärkt, als die Chefanklägerin des IStGHJ für kurze Zeit ernsthaft in Erwägung zu ziehen schien, Anklage gegen führende NATO-Vertreter wegen Verbrechen während der Bombardierungen zu erheben, und Präsident Bill Clinton ganz oben auf der Liste stand. Carla del Ponte sah allerdings rasch von einer Anklage ab, woraus verschiedene Leute unterschiedliche Lehren zogen. Für die zahlreichen Anhänger der Bewegung zeigte die Bereitschaft des Gerichtshofs, Anklagen gegen amerikanische Führungskräfte auch nur in Erwägung zu ziehen, wie ausgewogen er war: Vielleicht würde eines Tages ja sogar ein führender Amerikaner vor Gericht gestellt, wenn ein Fall es verlangte. Für die Amerikaner war dagegen die Tatsache, dass ein internationaler Gerichtshof auch nur den Anschein erwecken konnte, er erwäge, Amerikanern den Prozess zu machen, schon ein ausreichender Grund, dass man dieser Bewegung entgegentreten müsse. Für jene, die diese Vorwürfe beim IStGH erhoben hatten, bewies del Pontes Entscheidung, dass mächtige Länder wie die USA vom internationalen Strafrecht nichts zu befürchten hatten und die Prozesse gegen Amerikas Feinde ein Akt der Heuchelei waren.

Diesen Standpunkt vertrat Milošević nachdrücklich an jedem Verhandlungstag seines Prozesses. Wie könne man ihn wegen Kriegsverbrechen anklagen, wo doch die Amerikaner genau die gleichen Verbrechen an Zivilisten in Jugoslawien verübt hatten? Milošević ging so weit, dem Gericht vorzuwerfen, es sei nur geschaffen worden, um die Kriegsverbrechen der NATO an den Serben zu rechtfertigen. Er fügte hinzu, im Kosovo bekämpfe er islamische Terroristen, wie die Amerikaner es gerade in Afghanistan täten.

Ein Zusammenhang zwischen diesen Ereignissen bestand nicht nur im zeitlichen Zusammentreffen oder in der verzweifelten Verteidigungsstrategie eines wegen Kriegsverbrechen angeklagten Expräsidenten. Völkerrechtlich betrachtet hatten die Kriege in Afghanistan und Jugoslawien vieles gemeinsam. Zum einen waren beide Kriege schwere Verbrechen. Aber weder die NATO noch Osama Bin Laden standen vor Gericht. Der Prozess vor einem internationalen Strafgerichtshof gegen die mutmaßlichen Mittäter der Anschläge vom 11. September war die Hauptalternative, die Gegner eines Angriffs auf Afghanistan – also die überwiegende Mehrheit der Menschheit –, ganz zu schweigen von den Taliban, vorbrachten; dies lehnten die Amerikaner aber von vornherein als irrelevant ab. Bei dem NATO-Einsatz im Kosovo spielten dagegen die Verhaftung und der Prozess gegen Milošević und andere serbische Führungskräfte vor einem internationalen Tribunal eine zentrale Rolle. Die Behauptung, dass Serbien unter der Führung von Milošević für Kriegsverbrechen in Jugoslawien verantwortlich war, war von Anfang an ausschlaggebend für die Herangehensweise der NATO an den Konflikt. Louise Arbour, die damalige Hauptanklägerin des IStGH, arbeitete nicht nur Hand in Hand mit den Regierungen der NATO-Staaten, sondern auch mit dem NATO-Oberbefehlshaber Wesley Clark und seinen Kollegen, und eine der Schlüsselforderungen, die die NATO in den Ultimaten vor der Bombardierung stellten, war, dass Arbour im Kosovo Ermittlungen wegen mutmaßlicher Verbrechen gegen die Menschlichkeit führen dürfe.

Darüber hinaus schuf der Kosovokrieg einen überaus wichtigen Präzedenzfall für Amerikas rechtswidrige Kriege in Afghanistan und im Irak, denn mit ihm durchbrach man eine grundlegende rechtliche und psychologische Barriere. Als der Pentagon-Berater Richard Perle »Gott für den Tod der UN« dankte, konnte er den Kosovo als ersten Präzedenzfall heranziehen, um das Scheitern der Vereinten Nationen als höchster rechtlicher Autorität in Fragen von Krieg und Frieden zu belegen: »Angesichts der vielfachen Aggressionen Miloševićs vermochten die Vereinten Nationen die Balkankriege nicht zu beenden oder auch nur die Opfer zu schützen … Die Rettung von Muslimen im Kosovo war keine UN-Maßnahme: Ihre Sache erlangte nie die Billigung des Sicherheitsrates.«[1] Der Kosovo bildete aber auch den Testfall für die gesamte internationale Strafrechtsbewegung, weil hier zum ersten Mal in der Geschichte ein internationaler Strafgerichtshof *vor dem Krieg geschaffen wurde, dessen Verbrechen er ahnden sollte,* und er somit eine Rolle in diesem Krieg zu spielen vermochte; überdies verfügte das Gericht über Waffengewalt (der NATO), um seine Maßnahmen durchzusetzen. Das Vorgehen dieses Gerichtshofs – seine

Völkerrechtswidrige Kriege und Kollateralschäden

unermüdliche Verfolgung und letztlich der Prozess gegen einen der Protagonisten des Krieges (der »Besiegten«) und die Absolution aller anderen (der »Sieger«) – bot eine beispiellose Gelegenheit, die Arbeit der neuen internationalen Strafjustiz zu beurteilen.

Dem Kosovokrieg fehlte nicht nur die »Billigung« des Sicherheitsrates, sondern auch die Zustimmung durch die Völker der Vereinten Nationen. Entgegen den wiederholten Behauptungen der NATO, die Bombardierung erfolge im Namen der »internationalen Gemeinschaft«, waren die Menschen in der Welt zur Frage dieses Krieges zutiefst gespalten, wobei die meisten offenbar dagegen waren. Eine Meinungsumfrage, die die Zeitschrift *Economist* Mitte April 1999 durchführte, ergab, dass es selbst in den NATO-Staaten erhebliche Opposition gegen diesen Krieg gab, wenngleich die Fragestellung irreführend lautete: »Sind Sie für oder gegen die NATO-Entscheidung, *militärische Einrichtungen* Serbiens zu bombardieren?« Nach den Umfrageergebnissen war über ein Drittel der Bevölkerung in Kanada, Polen, Deutschland, Frankreich (alles NATO-Mitglieder) und Finnland dagegen, fast die Hälfte war es in Ungarn (NATO), genau die Hälfte in Italien (NATO), und in Tschechien (NATO) überwog die Ablehnung mit einem Verhältnis von drei zu zwei. In Russland lag die Ablehnung bei 94 Prozent, in der Ukraine bei 89 Prozent und in der Slowakei bei 75 Prozent.[2] Die beiden bevölkerungsreichsten Länder der Welt, China und Indien, waren offiziell gegen diesen Krieg, und man kann annehmen, dass weite Teile der Bevölkerung diese Ablehnung teilten.[3] Bei einer Umfrage in Griechenland (NATO) sprachen sich 99,5 Prozent der Befragten gegen den Krieg aus, 85 Prozent glaubten, dass die NATO nicht humanitäre, sondern strategische Ziele verfolgte. Kriegsverbrecher? Von den Befragten waren 69 Prozent dafür, Bill Clinton wegen Kriegsverbrechen anzuklagen, 35,2 Prozent Tony Blair und nur 14 Prozent Slobodan Milošević; kaum weniger wollten NATO-General Wesley Clark (13 Prozent) und NATO-Generalsekretär Javier Solana (9,6 Prozent) vor Gericht sehen.[4] In den USA war die öffentliche Meinung zunächst für den Militäreinsatz, bis zu seinem Ende sank die Zustimmung allerdings unter 50 Prozent, obwohl die Medien durchgängig positiv über die Bombardierungen berichteten.[5] Ein Jahr nach dem Krieg sprachen sich 133 Entwicklungsländer bei einem Gipfeltreffen in Havanna gegen die eigentliche Prämisse dieses Krieges aus, nämlich gegen das so genannte Recht auf humanitäre Intervention.[6] Auch Intellektuelle und Künstler waren geteilter Meinung. Zu den Befürwortern gehörten Susan Sontag, Salman Rushdie und der tschechische Präsident Václav Havel (Tariq Ali bezeichnete diese kriegsbefürwortenden Schriftsteller später als »belligerati«). Aber die Kriegsgegner waren ebenfalls keine Unbekannten, darunter Alexander Solschenizyn, Harold Pinter, Mikis Theodorakis und Nelson Mandela.

Geteilter Meinung war man nicht etwa über den unmittelbaren Schaden, den der Krieg anrichtete. Auf keiner Seite bestanden Zweifel, dass die Bombardierungen viel Leid und Zerstörung verursachten. Während des 78-tägigen Militäreinsatzes wurden etwa 25 000 der verheerendsten nichtatomaren Bomben und Raketen der Welt auf das ehemalige Jugoslawien abgefeuert. Allein durch NATO-Bomben wurden 500 bis 1800 Zivilisten – Kinder, Frauen und Männer aller Volksgruppen – getötet. Die niedrigere Zahl entspricht konservativen Schätzungen von Human Rights Watch,[7] die von der NATO verdächtig gleichmütig akzeptiert wurden. Die höhere Zahl von 1800 Toten entspricht den offiziellen Angaben der Bundesrepublik Jugoslawien.[8] Diese Zahl kommt der Wahrheit vermutlich näher.[9] Nach einer Faustregel der Experten, nach der auf jeden Getöteten zwei Verwundete kommen, wurden also viele weitere Zivilisten schwer verletzt.[10] Auch wenn die Amerikaner hier sicher weniger Schäden anrichteten als in Afghanistan oder im Irak, ist die Zahl der getöteten und versehrten Kinder und Erwachsenen noch sehr hoch, ganz zu schweigen von der traumatisierten Bevölkerung, die durch endlose Angriffe auf sämtliche Städte terrorisiert wurde. Hinzu kommt eine unbekannte Zahl getöteter und verwundeter Soldaten, die nach Angaben der Bundesrepublik Jugoslawien unter 600, nach Angaben der NATO zwischen 5000 und 10 000 Toten liegt.[11] Und schließlich gibt es noch die am heftigsten umstrittene Zahl von 2100 bis 10 500 Menschen, die im Kosovo nicht durch Bomben, sondern durch serbisch-albanische Gewalt nach Beginn der Bombardierungen getötet wurden.

Die Bomben richteten auch erhebliche Schäden an Wohnhäusern und der Infrastruktur an. Es gab beträchtliche Zerstörungen an Brü-

Völkerrechtswidrige Kriege und Kollateralschäden

cken, Krankenhäusern, Schulen, Fabriken, Vieh, Feldern, Elektrizitäts-
leitungen, Sendeeinrichtungen, Sakralbauten, darunter frühchristliche
und mittelalterliche Kirchen, archäologischen Stätten und Museen.
Die Auswirkungen des Krieges auf die Umwelt waren katastrophal.
Die wiederholte Bombardierung von Raffinerien, Chemiefabriken (vor
allem in dem Belgrader Vorort Pancevo), Stromversorgungseinrich-
tungen und Kunstdüngerfabriken setzte große Mengen von Giftstoffen
(Chloride, Ammonium, Quecksilber und so fort) frei, die in die Luft,
den Boden und das Trinkwasser aus der Donau gelangten.[12] Auch
in Hinblick auf »die tödlichen Überreste des modernen Krieges«, zu
denen nicht detonierte Streubomben und krebserregende Rückstände
von Sprengstoffen mit abgereichertem Uran gehören, bildete dieser
Krieg keine Ausnahme.[13] Der »wirtschaftliche« Schaden wurde auf
60 bis 100 Milliarden US-Dollar beziffert.[14] Das ist viel Geld für ein
Land, das nach acht Jahren Wirtschaftssanktionen und zehn Jahren
Depression ohnehin schon arm war. Stand Jugoslawien 1998 auf
der Liste der ärmsten Länder Europas noch zwischen Rumänien und
Albanien, so nahm es 1999, nach dem Krieg, den Spitzenplatz ein.[15]

Durch die Bombardierungen wurden über eine Million Menschen
aus dem Kosovo zu Flüchtlingen. Die Organisation für Sicherheit
und Zusammenarbeit in Europa (OSZE) sprach von etwa 860 000
albanischen und 100 000 serbischen Kosovoflüchtlingen. Eine weitere
Million Menschen waren vermutlich innerhalb des Kosovo auf der
Flucht.[16] Umstritten ist, ob die Flüchtlinge durch die Bombardierungen oder durch organisierten Terror vertrieben wurden, aber es steht
außer Zweifel, dass zumindest ein Teil der Kosovo-Albaner, ganz zu
schweigen von den Serben, vor den Bomben flohen. Nicht zu fliehen
wäre Wahnsinn gewesen, denn sie wären in dem Bombenhagel umgekommen, wie die beiden weithin publizierten Konvoi-Zwischenfälle
belegen (siehe Kapitel 6).[17] Das Entscheidende ist jedoch, dass die
Flüchtlingskrise erst *nach* Beginn der Bombardierungen einsetzte. In
den vorangegangenen fünf Monaten, in denen OSZE-Beobachter vor
Ort waren, gab es keine Flüchtlinge, und laut Bericht des UN-Generalsekretärs vom 24. Dezember 1998 war sogar eine beträchtliche
Anzahl von Flüchtlingen zurückgekehrt, die das Land im Jahr zuvor
angesichts des verschärften Konflikts verlassen hatten.[18] Nach drei-

tägigen Bombardierungen im März 1999 lag die Zahl der Flüchtlinge bei lediglich 4 000; eine Woche später waren es 350 000. Wenn »ethnische Säuberungen« die Ursache für die Flucht vieler Kosovo-Albaner waren, so kam es erst *nach* Beginn der NATO-Bombardierungen dazu. »Bevor die NATO angriff, rührten die Serben uns nicht an.«[19] Das räumen sogar offizielle Berichte des US-Außenministeriums ein.[20]

Die NATO erklärte, die Serben hätten die ethnischen Säuberungen ohnehin geplant, ob nun gebombt worden sei oder nicht, aber ohne die Bombardierungen wären sie noch schlimmer geworden. Mit dieser Behauptung rechtfertigte die NATO ihre Bombenangriffe und sie hält nach wie vor daran fest, auch wenn sie lediglich die angebliche »Operation Hufeisen« (siehe unten) als Beleg für die geplante ethnische Vertreibung anführen kann. Außerhalb der NATO räumen selbst Befürworter der Bombardierungen ein, dass dadurch solche Pläne, die sie Milošević jeweils unterstellen, zumindest *unterstützt* worden seien. So stellte Michael Ignatieff ohne jeden Beleg die kaum nachvollziehbare Behauptung auf: »Die Luftangriffe waren nicht die *Ursache* der ethnischen Säuberungen; ziemlich sicher aber rechnete Milošević mit Militärschlägen aus der Luft und setzte darauf, dass er sie als Deckmantel – und als Rechtfertigung – für Angriffe gegen schutzlose Zivilisten nutzen konnte.«[21] Nun, »Ursache« ist ein komplexer philosophischer Begriff, aber Recht und Moral haben keine Schwierigkeiten damit, jene zur Verantwortung zu ziehen, die sehenden Auges einen wesentlichen Beitrag zu einem Verbrechen leisten, selbst wenn es noch andere Mittäter gibt. Dies zu leugnen wäre, als würde man sagen: Wir tragen »keine Verantwortung, wenn wir berüchtigte Mörder erst mit Waffen versorgen, sie dann brutal zusammenschlagen, ihnen noch Schlimmeres androhen und sie so dazu provozieren, genau wie erwartet Mord und Totschlag zu begehen«.[22] Hier geht es nicht darum, ob Milošević verantwortlich ist, sondern darum, ob die NATO *mitverantwortlich* ist; es geht um die *Komplizenschaft* der NATO. Es geht auch nicht darum, dass Milošević wegen Gräueltaten im Kosovo angeklagt wurde, sondern darum, dass *Clinton nicht ebenfalls angeklagt wurde*. Man kann natürlich nur für *rechtswidriges* Verhalten verantwortlich gemacht werden, und die Verantwortung der NATO bezieht sich – wie die Amerikas in Afghanistan und im Irak –

auf die Rechtswidrigkeit und Illegalität des Kosovokrieges (dazu später mehr). Und was die Frage angeht, ob dies »sehenden Auges« geschah, so hielt die NATO einen Flüchtlingsstrom von Hunderttausenden als Folge der Bombardierungen für »völlig vorhersehbar« und behauptete wenig überzeugend, sie habe das Ausmaß unterschätzt.[23]

Peter Gowan argumentiert dagegen überzeugend (siehe weiter unten), die Bombardierung sei eine »Einladung zum Genozid« gewesen, die wider Erwarten nicht angenommen worden sei. Die frühzeitigen Behauptungen der NATO, es fände ein Völkermord statt, lassen sich somit wohl eher als überzeugte Vorhersage erklären denn als bloße Lüge mit der Absicht, die Holocaust-Metapher auszuspielen. Bereits am 28. April 1999 behauptete George Robertson, die Bundesrepublik Jugoslawien sei »ein zum Völkermord entschlossenes Regime« und mit den Bombardierungen sollten »völkermörderische Gewalt« und »ethnische Ausrottung« gestoppt werden.[24] In einem häufig zitierten Interview des Fernsehsenders CBS mutmaßte der damalige US-Verteidigungsminister William Cohen, dass 100 000 Männer im wehrfähigen Alter »möglicherweise ermordet wurden«.[25] Reporter, die während des Krieges Flüchtlingslager besuchten, konnten jedoch keine Augenzeugen finden, die diese Behauptungen bestätigt hätten. Audrey Gillan vom britischen *Guardian* berichtete aus Mazedonien, weder sie noch andere Journalisten hätten auch nur *einen* Zeugen auftreiben können, der die von der NATO angeführten Massenmorde, systematischen Vergewaltigungen oder auch nur Plünderungen bestätigt hätte.[26]

Als die NATO nach dem Krieg ungehinderten Zugang zum Kosovo hatte, begann eine fieberhafte Suche nach Hinweisen auf Gräueltaten. Das ganze frühere Gerede über »Völkermord« und »Holocaust« verstummte allerdings angesichts eines ernsthaften Mangels an Beweisen. Cohens Angabe von 100 000 Ermordeten wurde nie wieder erwähnt, und die offiziellen Schätzungen sanken rapide. Im September lagen sie bei 11 000. Selbst diese Zahl schien nach Berichten aus dem Kosovo noch übertrieben; so wies beispielsweise ein spanisches Forensikteam mit Ruanda-Erfahrung sämtliche Völkermordbehauptungen kategorisch zurück.[27] In den Trepča-Bergwerken, nach Ansicht der britischen Presse ein zweites »Auschwitz«, fanden sich *keine Leichen*.[28] Der Bericht eines kanadischen Fernsehsenders über den Mord an einem fünfjährigen kosovo-albanischen Mädchen musste nach dem Krieg dementiert werden, als ihre Schwester dem Reporter gestand, dass sie ihn angelogen hatte, um Mitgefühl zu erregen.[29] Erhärtet wurde die Angabe von 11000 Ermordeten lediglich durch einen Bericht der American Bar Association – »zufällig« gefördert vom US-Außenministerium –, die aufgrund von Interviews mit Flüchtlingen statistische Projektionen aufstellte und mit ihren Ergebnissen den Behauptungen der Geldgeber auffallend nahe kam.[30]

Als der Prozess gegen Milošević in Den Haag begann, ging die Anklage auf Nummer sicher. Nun hieß es: »Mindestens viereinhalbtausend Menschen starben, aber Schätzungen reichen bis zehntausend.« Auch die Zahl der Flüchtlinge aufgrund von Terror hatte man reduziert auf »über eine Dreiviertelmillion Menschen … , die zwangsweise aus dem Kosovo vertrieben oder *zwangsweise innerhalb des Landes vertrieben wurden«*.[31] Da die Gesamtzahl von 1,5 Millionen Kriegsflüchtlingen, die der Volksgruppe der Kosovo-Albaner angehören (860000 externe und 665000 interne), allgemein akzeptiert wird, scheint dies ein Zugeständnis zu sein, dass etwa die Hälfte der Flüchtlinge schlicht vor dem Krieg floh, den die NATO begonnen hatte.[32]

Wesentlich ist, dass es zu diesen Todesopfern und Flüchtlingsströmen erst *nach* Beginn der Bombardierungen kam. Von den 385 Morden, die in der ursprünglichen Anklageschrift des IStGHJ gegen Milošević genannt waren, sollten 340 angeblich nach Beginn der Bombardierungen verübt worden sein (die übrigen während des umstrittenen Račak-Zwischenfalls, siehe unten). Mit diesen Toten ließ sich die Bombardierung also nicht rechtfertigen, denn sie gehören zu deren *Kosten,* die zu den unmittelbaren Todesopfern und Zerstörungen durch NATO-Bomben hinzuzuzählen sind. Selbst in Ignatieffs Szenario (wonach Milošević die Bombardierungen für seine Pläne nutzte) leisteten die Bombardierungen einen entscheidenden Beitrag zu diesen Todesopfern. Eine Rechtfertigung all dieser »Kosten« müsste beweisen, dass diese Menschen ohnehin gestorben wären oder dass sogar noch mehr ihr Leben gelassen hätten, wenn die NATO keine Bombenangriffe geflogen hätte. Ohne diese Rechtfertigung wären diese Tode nicht nur »Kosten«, sondern Verbrechen, an denen die NATO-Führung moralisch beteiligt und für die sie strafrechtlich ebenso verantwortlich wäre wie für die unmittelbaren Schäden, die ihre Bomben angerichtet haben.

Zu diesen »Kosten« gehört auch die ungesunde Lage im Kosovo unter NATO-Besatzung. Mit dem Abzug der Truppen der Bundesrepublik Jugoslawien blieb der Kosovo der UÇK überlassen, der von der NATO nur minimal in Schach gehaltenen Kosovo-Befreiungsarmee, die ein Terrorregime gegen Nichtalbaner errichtete.[33] In dieser Zeit hatte der Kosovo die höchste Mordrate der Welt, 20-mal höher als in Westeuropa und Kanada und 5-mal höher als in den USA.[34] Offenbar ging es dabei nicht um bloße Rache, sondern um »ein präzises politisches Programm, das auf die Vertreibung von Minderheiten und letztlich auf die Homogenisierung des Kosovo nach einem einzigen ethnischen Profil zielte«, also um eine »umgekehrte ethnische Säuberung«, die die angestrebte Unabhängigkeit des Kosovo fördern sollte.[35] Nachdem bereits während des Krieges 100 000 Serben aus dem Kosovo geflohen waren, verließen bis Ende 1999 weitere 100 000 das Gebiet, wodurch sich der serbische Bevölkerungsanteil auf ein Drittel des Vorkriegsstandes reduzierte.[36] Ebenso schlecht erging es den Roma: Bis September 1999 wurden etwa 70 Prozent der Vorkriegsbevölkerung vertrieben, die 100 000 bis 150 000 Roma umfasst hatte. Wenn die Fälle von Menschenrechtsverletzungen anschließend zurückzugehen schienen, so »lag dies hauptsächlich an der effektiven Reduktion der Bevölkerungsanteile, die Minderheiten angehörten« – also eben am Erfolg der »umgekehrten ethnischen Säuberungen«.[37] Die Serben, die im Kosovo blieben, lebten in Enklaven unter NATO-Bewachung und wurden weiterhin Opfer »ethnisch motivierter« Morde, während Amerika in Afghanistan und Irak Krieg führte.[38]

»Der Westen führte 1999 gegen Milošević und seine Truppen einen Krieg um den Kosovo und ermöglichte Kosovo-Albanern ein erheblich besseres Leben«, schrieb der Korrespondent der New York Times Steven Erlanger.[39] Angesicht all der ausgelöschten oder ruinierten Menschenleben und der verheerenden Auswirkungen für jede ethnische Gruppe ist das eine schwache Bilanz. Doch ob das Leben der Kosovo-Albaner sich tatsächlich »erheblich« besserte, ist durchaus umstritten. Albanische Flüchtlinge kehrten in eine extrem instabile Lage zurück, die von heftigen Kämpfen innerhalb der albanischen Gesellschaft um die Vorherrschaft im neuen Kosovo geprägt war. In diesen Kämpfen kam es häufig zu Gewalt gegen »Dissidenten« bis hin zum Mord an zwei kosovo-albanischen Richtern im Dezember 1999 und Terrorakten mit »eindeutigem Mafia-Hintergrund«, da das organisierte Verbrechen die offene Grenze zu Albanien zu nutzen versuchte, um einer Strafverfolgung zu entgehen und illegalen Handel mit Waffen, Drogen, Öl und Ähnlichem zu treiben.[40] Die Wirtschaft des Kosovo litt unter den üblichen Verwerfungen durch Krieg und Besatzung: Es wurden Serben aus den Fabriken vertrieben, zahlreiche Fabriken demontiert, geplündert und die Einrichtung in Einzelteilen von kriminellen Banden nach Albanien gebracht.[41] Ein auf Zwang beruhendes Sexgewerbe blühte »in Zonen mit dem dichtesten Aufkommen an Ausländern, Militärs wie Zivilisten, die Dienste in Anspruch nehmen, die sich nur mit viel Heuchelei als ›freiwillig‹ oder ›käuflich‹ bezeichnen lassen«.[42]

Die NATO war bestrebt, ihren Krieg als »richtiges und notwendiges Vorgehen« zu rechtfertigen, als reine Rettungsaktion für die Kosovo-Albaner, die einem völkermörderischen Regime auf Gedeih und Verderb ausgeliefert waren.[43] Der größte Teil der Welt stand den Motiven der NATO allerdings zutiefst misstrauisch gegenüber, vor allem den Motiven der USA, denn von Anfang an war klar, dass diese Operation in erster Linie von den Amerikanern geplant und durchgeführt wurde. Die USA flogen 80 Prozent aller Bombeneinsätze, 90 Prozent aller Aufklärungseinsätze und schossen 95 Prozent der Cruisemissiles ab. Die übrigen 18 NATO-Mitglieder, die »die internationale Gemeinschaft« repräsentierten, sorgten lediglich für politischen Flankenschutz und sogar für eine gewisse Zurückhaltung. Tatsächlich waren sie von allen Entscheidungen über die Zielauswahl und von Informationen über amerikanische Raketen oder Flugzeuge ausgeschlossen, also von 80 Prozent der Vorgänge.[44] Angesichts der langen, durchgängigen Praxis der USA, Militärgewalt aus reinem Eigeninteresse einzusetzen, nicht einzugreifen, wenn es nicht um eigene Interessen geht, Regime zu unterstützen, die gegen die Menschenrechte verstoßen, und die Menschenrechte der eigenen Bürger zu verletzen, fiel es den Menschen schwer zu glauben, dass die USA ihre Militärmacht aus rein humanitären Gründen einsetzten.[45] Michael

Ignatieff meint: »Die Forderung ›wer unter euch ohne Sünde ist, der werfe den ersten Stein‹ zwingt zum Nichthandeln. Dass der Westen seinen Idealen nicht gerecht wird, heißt aber nicht, dass diese Ideale nicht hochgehalten oder verteidigt werden sollten.«[46] Der Punkt war allerdings nicht, ob die Amerikaner Heuchler waren, sondern ob man angesichts ihrer ungebrochenen Vergangenheit ihre Behauptung glauben durfte, der Schaden an Menschenleben, den sie im Kosovo und später in Afghanistan und Irak anrichteten, sei zum Wohle der Menschen, die sie bombardierten.

Ein weiterer gewichtiger Grund, die Intervention der NATO abzulehnen, bestand in der Tatsache, dass die an der Bombardierung beteiligten Staaten ein hohes Maß an Verantwortung für die Balkankrise trugen, die sie durch die Bombardierung nun angeblich lösen wollten. Das sprach gegen die »humanitäre Absicht« der Intervenierenden – weshalb sollten wir annehmen, dass ihnen nun an den Menschen lag, wo ihnen vorher nicht an ihnen lag? –, und vor allem sprach es gegen die *Notwendigkeit* des Krieges, da es die friedlichen Alternativen aufzeigte, die ihnen immer schon zur Verfügung gestanden hatten. Die NATO versuchte, wie es für sie typisch ist, die ganze Schuld einem einzigen Bösen zuzuschreiben: »Die Anfänge der Tragödie lassen sich auf den Aufstieg Slobodan Miloševićs zur Macht zurückverfolgen.«[47] Aber die Kritiker des Krieges bestanden nachdrücklich auf dem weithin anerkannten Beitrag, den die USA und die reichen Länder Europas selbst zum Zerfall des ehemaligen Jugoslawiens und seinem Untergang in Gewalt geleistet hatten.

Die Geschichte des westlichen Beitrags zur »Balkantragödie« ist hinlänglich beschrieben worden und muss hier nicht wiederholt werden.[48] In groben Zügen geht es darum, dass die reichen Länder Europas und Amerikas die traurige Verfassung der postsowjetischen Volkswirtschaften nutzten, um ihnen über mächtige Kreditinstitute wie den Internationalen Währungsfonds und die Weltbank Lösungen aufzuzwingen (die zuweilen als »Schocktherapie« bezeichnet werden). Diese Lösungen waren für die westlichen Investoren überaus vorteilhaft, aber verheerend für die Bevölkerung der betroffenen Staaten und führten in ganz Osteuropa zu erheblichen Wirtschafts- und Staatshaushaltskrisen. Die Zielsetzung bestand zum Teil darin, die Zerschlagung des ehemaligen Ostblocks zu fördern und an seiner Stelle ein auf den Westen ausgerichtetes und von ihm abhängiges Gefüge zu schaffen. Zu den wirtschaftlichen Vorteilen kamen die strategischen hinzu, die nichts Ausgeklügelteres beinhalteten als die alte Strategie des »Teile und herrsche« und die uralte Regel, dass Verschuldung und Abhängigkeit Hand in Hand gehen (»... so dass du vielen Völkern borgen kannst, du selber aber nicht zu borgen brauchst und so über viele Völker herrschest, sie aber nicht über dich herrschen werden«[49]). Jugoslawien war eines der frühen Opfer dieser Schocktherapie. Als es in den 90er Jahren zu der Krise kam, die zum Zerfall Jugoslawiens führte, lag die Wirtschaft des Landes am Boden und die Bundesregierung war bankrott. Das würde den inneren Frieden eines jeden Landes auf eine harte Probe stellen, wie Jeffrey Sachs, der Architekt der Schocktherapie, erklärt:

> Bankrotte Regierungen ... sind zum Scheitern verurteilt. Selten bedeutet dieses Scheitern eine schlichte Rückkehr zu alten Praktiken; häufig bedeutet es einen gefährlicheren Zustand mit Kriminalität, politischem Extremismus, Unruhen, Hyperinflation, Kapitalflucht und schlimmstenfalls Bürgerkrieg.[50]

Wirtschaftskrisen führen nicht zwangsläufig zum Bürgerkrieg, aber in Jugoslawien waren auch die übrigen Voraussetzungen zur Genüge gegeben. Die Bevölkerung setzte sich aus verschiedenen ethnischen Gruppen zusammen, die wirtschaftlich ungleich gestellt und historisch erst seit kurzer Zeit in einer Föderation vereint waren. Unmittelbar vor der Zerfallskrise stellten die Serben die dominante Volksgruppe (mit etwa 40 Prozent der jugoslawischen Gesamtbevölkerung), gefolgt von Kroaten (22 Prozent), Slowenen (8 Prozent) und Albanern (6 Prozent). Die Serben konzentrierten sich allerdings hauptsächlich auf Serbien, während in den reichsten Bundesländern im Norden, Slowenien und Kroatien, die Slowenen bzw. Kroaten dominierten. Die ärmste Region des Landes war die serbische Provinz Kosovo, wo die albanischen Muslime die Mehrheit stellten. Die zweitärmste Region war Bosnien-Herzegowina, das ethnisch zwischen Muslimen, Serben und Kroaten aufgeteilt war. Die Wirtschaftskrise machte es der Bundesregierung unmöglich, die notwendigen materiellen Anreize zu bieten, um die Ansprüche der verschiedenen Landesteile zu befriedigen. Die reicheren Bundesländer, Slowenien und Kroatien, hatten wenig Grund, auf einem sinkenden Schiff zu bleiben, das ihnen Ausgleichsabgaben für die bedürftigeren Gebiete abverlangte, während die ärmeren Regionen wie Bosnien und der Kosovo keine Veranlassung sahen, an dem festzuhalten, was übrig blieb.

Der Beitrag der westlichen Länder zum Bürgerkrieg in Jugoslawien beschränkte sich nicht darauf, den Sturz in eine schwere Wirtschaftskrise zu beschleunigen, auch ihr Krisenmanagement war von eigennütziger Fahrlässigkeit geprägt. Nach dem Ende des Kalten Krieges besaß ein vereinigtes Jugoslawien als Folie für die Sowjetunion keinen Wert mehr für die westlichen Länder. Ein Zerfall der Föderation lag nun in ihrem geopolitischen und ökonomischen Interesse, und sie überließen das keineswegs dem Zufall, sondern förderten den Prozess trotz der offensichtlichen Gefahr eines ethnischen Bürgerkrieges. Sloweniens Unabhängigkeit erfolgte noch relativ schmerzlos, da es dort nur eine kleine serbische Minderheit gab; im Fall Kroatiens unterstützte Europa jedoch die Unabhängigkeit gegen den tief verwurzelten Widerstand einer serbischen Minderheit, die mit 600 000 Menschen etwa 15 Prozent der Bevölkerung stellte und natürlich mit ihren klar umrissenen Enklaven lieber mit Jugoslawien und ihren serbischen Landsleuten vereint geblieben wäre. Das Ergebnis war ein durchaus vorhersehbarer Bürgerkrieg, der zwar nur kurz dauerte, aber auf beiden Seiten Tausende Todesopfer forderte und mit »ethnischen Säuberungen« Hunderttausende gewaltsam zur Flucht trieb, um »vor Ort Fakten« für zukünftige Gebietsansprüche zu schaffen.

Die Unabhängigkeit Kroatiens und Sloweniens und der praktische Zusammenbruch der Föderation erhöhten den separatistischen Druck in Bosnien mit seinem heiklen Gleichgewicht zwischen den verschiedenen Volksgruppen – 43 Prozent Muslime, 31 Prozent Serben und 17 Prozent Kroaten. Während den bosnischen Muslimen die Vorstellung der Unabhängigkeit gefiel, empfanden die serbische und die kroatische Minderheit sie als Bedrohung und strebten natürlich eine stärkere Anbindung an ihre Mutterrepubliken an. Als die bosnischen Muslime im April 1992 die Unabhängigkcit erklärten, brach ein Bürgerkrieg aus, der drei Jahre dauerte und Zehntausende Todesopfer forderte.[51]

Im Falle Bosniens ließen die Europäer mehr Vorsicht walten als bei Slowenien oder Kroatien. Sie bemühten sich ernstlich um eine Lösung, die eine Aufteilung in ethnische Kantone mit einem hohen Maß an Autonomie für jede Volksgruppe vorsah. Auf dieser Grundlage kam es im Februar 1992 in Lissabon, dann erneut im März vor Kriegsausbruch und mehrmals während des ersten Kriegsjahres beinah zu einer Einigung zwischen den verschiedenen Parteien. Diese letzten Friedensverhandlungen fanden unter den Auspizien der Vereinten Nationen und der Europäischen Union statt, vertreten durch den ehemaligen amerikanischen Außenminister unter Präsident Carter, Cyrus Vance, und den ehemaligen britischen Außenminister der Labour-Regierung unter James Callaghan, David Owen. Laut Owen, der die Vance-Owen-Friedenspläne in einem detaillierten Bericht schilderte,[52] und nach Angaben anderer vertrauenswürdiger Quellen war die amerikanische Intervention ein wesentliches Hindernis für das Zustandekommen einer Friedensregelung. Sowohl die Regierung Bush als auch die Regierung Clinton unterstützten die bosnischen Muslime und ermutigten sie, keine Kompromisse einzugehen, indem sie ihnen Hilfe bis hin zu einer militärischen Intervention der NATO in Aussicht stellten.

Zu den Lissabonner Verhandlungen im Februar 1992 schrieb beispielsweise der damalige kanadische Botschafter in Jugoslawien, James Bissett: »Das gesamte diplomatische Corps war sehr froh, dass der Bürgerkrieg vermieden wurde – bis auf die Amerikaner. Der amerikanische Botschafter Warren Zimmermann reiste sofort nach Sarajevo, um [den bosnisch-muslimischen Führer] Izetbegović zu überreden, das Abkommen nicht zu unterzeichnen.«[53] Zimmermann bestätigte dies später, behauptete wenig plausibel, er habe Izetbegović lediglich aus einer Vereinbarung heraushelfen wollen, die diesem nicht gepasst habe.[54] Allerdings zitierte die *New York Times* »einen hochrangigen Mitarbeiter des Außenministeriums, der nicht genannt werden wollte«, mit den Worten: »Die Politik war, Izetbegović zum Bruch des Teilungsplans zu ermutigen. Das wurde nicht schriftlich festgehalten.«[55] Das war in der Amtszeit von Bush senior.

Unter Clinton gab David Owen im Februar 1993 folgende Erklärung ab:

Entgegen allen Aussichten, ja, sogar entgegen meinen eigenen Erwartungen, haben wir mehr oder weniger eine Einigung erzielt. Doch ein Problem besteht noch. Wir können die Muslime nicht an Bord holen. Schuld daran sind vor allem die Amerikaner. Solange sich die Muslime noch Chancen darauf ausrechnen, dass Washington ihnen zu Hilfe eilt, werden sie keine Handbreit nachgeben … Einen besseren Vertrag werden wir nicht bekommen, und es ist eine bittere Ironie, dass die Clinton-Mannschaft ihn blockiert.[56]

Die USA ließen sich daraufhin auf ein langwieriges Tauziehen mit den Vereinten Nationen um die Ermächtigung zu NATO-Luftangriffen ein und brachten letztlich erfolgreich mehrere Resolutionen durch, die ausdrücklich den Einsatz »aller erforderlichen Maßnahmen« vorsahen, allerdings unter der Kontrolle des Sicherheitsrates (»vorbehaltlich enger Koordinierung mit dem Generalsekretär«).[57] Die USA nutzten diese Genehmigung im Mai 1995, um serbische Stellungen zu bombardieren. Die Serben reagierten, indem sie »UN-Sicherheitszonen« bombardierten und UN-Blauhelmsoldaten als Geiseln nahmen. Im August flog die NATO erneut Luftangriffe, dieses Mal massiv. Nun trugen die Amerikaner das fehlende Element bei – nicht Bomben, sondern Druck auf die Muslime: »In Sarajevo und New York übten die Amerikaner zum ersten Mal wirklichen Druck auf die bosnischen Muslime aus, einem umfassenden Friedenspaket zuzustimmen.«[58] Kurze Zeit später, im November, wurde in Dayton, Ohio, eine Friedensvereinbarung für Bosnien-Herzegowina getroffen, die sich von den Vereinbarungen in Lissabon 1992 oder Genf 1993 hauptsächlich dadurch unterschied, dass das Gebiet als Protektorat dauerhaft der NATO unterstellt werden sollte und die Regelung durch militärischen Druck der Amerikaner zustande gekommen war.[59] Boutros Boutros-Ghali, UN-Generalsekretär von 1992 bis 1996, bewertete den amerikanischen Beitrag zum Frieden in Bosnien folgendermaßen:

In ihren ersten Wochen im Amt hatte im Jahr 1992 die Clinton-Administration dem Vance-Owen-Plan, nach dem die Serben 43 Prozent des Gebiets eines einigen Staates erhalten sollten, den Todesstoß versetzt. 1995 war die amerikanische Regierung stolz auf ein Abkommen, das den Serben nach fast drei weiteren Jahren voller Gräueltaten und Morde 49 Prozent in einem Land zusprach, das nun zweigeteilt wurde.[60]

## Kosovo

Die militärische Unterstützung der NATO für die (überwiegend muslimische) bosnische Unabhängigkeitsbewegung förderte die separatistischen Bestrebungen der albanischen Muslime im Kosovo erheblich. Um diese südlichste Provinz der Republik Serbien waren seit dem 14. Jahrhundert immer wieder Kämpfe zwischen Serben und Albanern entbrannt, obwohl die Albaner eine überwiegende Bevölkerungsmehrheit (von nahezu 90 Prozent) stellten. Die Albaner hatten erhebliche Autonomierechte gefordert und in der jugoslawischen Verfassung von 1974 auch erhalten. Mit der schweren Wirtschaftskrise der 80er Jahre verschärften sich die Spannungen. Ein Artikel der *New York Times* vom 1. November 1987 schilderte einen weitgehend autonomen Kosovo, der zunehmend feindselig gegen die Serben eingestellt war:

> Schon jetzt kontrollieren die ethnischen Albaner nahezu jeden Lebensbereich in der autonomen Provinz Kosovo, darunter Polizei, Justiz, öffentlichen Dienst, Schulen und Fabriken … In dem Maße, wie Slawen vor der anhaltenden Gewalt fliehen, wird der Kosovo zu dem, was kosovo-albanische Nationalisten seit Jahren fordern … eine »ethnisch rein albanische« Region.[61]

Der Kosovo war nicht nur die Heimat mehrerer Hunderttausend Serben, sondern besaß für alle Serben große kulturelle und religiöse Bedeutung, da es dort unzählige christlich-orthodoxe Klöster und Denkmäler aus dem Mittelalter gab. US-Botschafter Warren Zimmermann räumte ein: »Der Kosovo ist für die Serben, was Jerusalem für die Juden ist – ein heiliges Land ihrer Vorfahren«.[62] Zudem war die Region reich an Bodenschätzen. Die Trepča-Bergwerke waren nicht nur der Schauplatz angeblicher Gräueltaten, sondern »produzierten 25 Prozent des gesamten industriellen Ausstoßes der Region und waren eine der Hauptexportquellen für das gesamte ehemalige Jugoslawien.«[63]

In dem Jahr, als der oben zitierte Artikel in der *New York Times* erschien, hielt Slobodan Milošević seine »berüchtigte« Rede, mit der nach offizieller Darstellung der NATO alle Probleme anfingen.[64] In dieser Rede versprach Milošević der serbischen Minderheit: »Niemand hat das Recht, euch zu schlagen! Niemand wird euch je wieder schlagen.« Es ist schwer nachzuvollziehen, wieso diese Äußerung als unmäßig gewertet wurde, wenn man die allgemein anerkannten Vorgänge bedenkt, einschließlich der Tatsache, dass Serben verprügelt wurden. Im Mai 1989 wurde Milošević zum Präsidenten gewählt. Anfang des Jahres hatte eine Änderung der Verfassung von 1974 die Autonomie des Kosovo eingeschränkt. Dies war teilweise eine Reaktion auf separatistische albanische Bestrebungen, stand aber auch in unmittelbarem Zusammenhang mit der wirtschaftlichen Strangulierung Jugoslawiens durch den Westen. Der Internationale Währungsfonds (IWF) und die Weltbank hatten dem zahlungsunfähigen Land 1988 Finanzmittel in Höhe von 750 Millionen US-Dollar bereitgestellt und an die Bedingung geknüpft, die Wirtschaft zentral zu steuern. Laut Susan Woodward war »der Druck seitens des IWF und des vom US-Außenministerium organisierten Bankenkonsortiums, die monetäre Kontrolle wieder zu zentralisieren und eine effizientere Wirtschaftsverwaltung zu schaffen«, ein »Hauptgrund für die serbische Verfassungsänderung, die die Autonomie der Provinzen einschränkte«.[65]

Von 1989 bis 1996 betrieben die Kosovo-Albaner unter Ibrahim Rugovas Führung eine überwiegend gewaltlose Form der Opposition gegen die serbische Herrschaft. Unweigerlich gerieten auch sie in den Zerfallsprozess Jugoslawiens; im September 1991, kurz nach den Unabhängigkeitserklärungen Sloweniens und Kroatiens, stimmten sie insgeheim für die Unabhängigkeit und wählten Rugova zum Präsidenten der »Republik Kosova«. Die Kosovo-Albaner boykottierten serbische Institutionen und schufen eigene Parallelgremien. Erst 1997 vollzog sich eine Hinwendung zur Gewalt, die offenbar nichts mit serbischen Repressionen zu tun hatte. Ein Teil der albanischen Unabhängigkeitsbewegung verlor die Geduld mit den gewaltlosen Methoden – ein Stimmungswandel, der offensichtlich in Zusammenhang stand mit dem wirtschaftlichen und politischen Zusammenbruch Albaniens 1997, der Auflösung der albanischen Armee, der Plünderung ihrer Arsenale und der daraus resultierenden Schwemme billiger Waffen am Markt, die in die Hände kosovarischer Separatisten gelangten. So entstand Ende 1997 die Kosovo-Befreiungsarmee UÇK, deren Vorgehen sich erheblich von dem gewaltlosen Weg Rugovas unterschied: »Die ersten Aktionen der UÇK sind die gezielte Ermordung von Albanern, die der ›Kollaboration‹ mit den Serben beschuldigt werden. Als Nächstes greifen sie Polizeistreifen und -posten an.«[66] Im Februar 1998 organisierte die UÇK einen »massiven Aufstand«, in dessen Verlauf sie für kurze Zeit etwa 40 Prozent des Kosovo kontrollierte.[67]

### Der Weg nach Rambouillet

In dem Jahr vor den NATO-Bombenangriffen nahm die Gewalt im Kosovo drastisch zu, obwohl die Zahl der Opfer mit insgesamt 2000 Toten auf beiden Seiten nicht höher war als in vielen anderen Konflikten dieser Zeit, bei denen die USA sich nicht zu einer Intervention entschlossen.[68] Über die Ereignisse dieses Jahres gibt es erhebliche Kontroversen, die unstrittigen Fakten zeigen allerdings, dass die NATO alles andere als bemüht war, einen Kampf zu vermeiden, dass sie ihn vielmehr sogar provozierte. Die UÇK trug bewusst erheblich zur Eskalation der Gewalt bei, um die NATO nach bosnischem Vorbild zu einer Intervention zu ihren Gunsten zu bewegen. Die NATO wusste dies und förderte es. Somit tragen also UÇK und NATO selbst einen großen Teil der Verantwortung für die Gewalt im Kosovo und die militärische Intervention war keine humanitäre Notwendigkeit, sondern durchaus vermeidbar.

Bei den Vereinten Nationen war man sich darüber im Klaren, dass die UÇK nicht unerheblich an der Spirale der Gewalt beteiligt war; der Sicherheitsrat verurteilte gleichermaßen die »Anwendung übermäßiger Gewalt durch die serbischen Polizeikräfte gegen Zivilpersonen und friedliche Demonstranten im Kosovo« wie auch alle »Terrorakte der Kosovo-Befreiungsarmee«.[69] Da »Terror« schon damals im amerikanischen Sprachgebrauch zu einem der denkbar schlechtesten Etiketten gehörte, das für alles Verabscheuungswürdige stand und die extremsten Reaktionen rechtfertigte, ist es erstaunlich, diesen Begriff in Verbindung mit der UÇK in einer Resolution des Sicherheitsrates zu finden, die wie sämtliche Resolutionen die Zustimmung der USA benötigte. Denn als diese Resolution verabschiedet wurde, hatte die NATO bereits mit der Vorbereitung militärischer Maßnahmen gegen die Serben begonnen. Wie Lord Robertson schilderte, beschränkte sich die amerikanische Diplomatie weitgehend auf NATO-Drohun-

Völkerrechtswidrige Kriege und Kollateralschäden

gen, militärisch gegen die Serben vorzugehen: »Die Erfahrung hatte gelehrt, dass Diplomatie ohne Gewaltandrohung bei Milošević sinnlos war.«[70] Doch selbst die NATO musste einräumen: »Jede sachliche Analyse der Lage im Kosovo … würde bestätigen, dass von Kosovo-Albanern und vor allem von der UÇK schwere Gewaltakte und Provokationen gegen die serbische Bevölkerung verübt wurden.« Nach Ansicht der NATO verblassten sie jedoch »im Vergleich zu der geplanten, gut organisierten und brutal durchgeführten Kampagne der Gewalt und Zerstörung, die die Streitkräfte des jugoslawischen Regimes gegen die kosovo-albanische Bevölkerung führte«.[71] Dies bezog sich auf das harte militärische Vorgehen der Serben gegen die Dörfer, die von der UÇK kontrolliert wurden und die im Sommer 1998 annähernd 40 Prozent des Kosovo ausmachten; dabei handelte es sich eigentlich nur um die klassische Reaktion überlegener Streitkräfte auf Guerillaaktivitäten aus der Bevölkerung, wie Israel sie regelmäßig gegen die Palästinenser in anerkanntermaßen »besetzten« Gebieten einsetzte. In Vietnam hatten die Amerikaner darauf mit einer Brutalität reagiert, wie man sie im Nahen Osten und auf dem Balkan nie erlebt hatte, und zwar ohne die Rechtfertigung, ihr eigenes Land gegen eine separatistische Gruppe zu verteidigen. Kaum ein Jahr nach Verabschiedung der oben zitierten Resolution gingen sie im Kampf um den Kosovo ebenso vor, als sie Serbien angriffen, um die Moral der Bevölkerung zu brechen und Milošević zur Kapitulation zu zwingen.

Was bedeutete die Androhung militärischer Intervention durch die NATO für die UÇK? Musste die Kosovo-Befreiungsarmee sie nicht als klares Signal verstehen, dass die NATO ihre Provokationen zwar »durchschauen« würde, dass sie aber trotzdem auf Vergeltungsmaßnahmen der Bundesrepublik Jugoslawien mit scharfen Drohungen und letzten Endes mit militärischer Intervention reagieren würde, und sei es auch nur um der »Glaubwürdigkeit« willen? Laut Michael Ignatieff, der die Intervention in seinem Buch unterstützt, wurde diese Frage zwischen der UÇK und »Balkan-Prokonsul« Holbrooke ausdrücklich erörtert, als Ignatieff Holbrooke im Dezember 1998 auf einer Kosovoreise begleitete:

> Die Bereitschaft der Kosovaren zu Kompromissen schmilzt rasch dahin. Schon heißt es, ihre geheime Strategie ziele darauf ab, die Serben zu

Massakern und Vergeltungsschlägen zu provozieren, die wiederum die NATO-Truppen zu einer Intervention zwingen würden. Der erste Schritt auf dem Weg zu einer solchen provozierten NATO-Intervention wäre es, die unbewaffneten Beobachter zu vertreiben. Bewaffnete NATO-Truppen würden dann an ihre Stelle treten und Milošević zwingen, der Unabhängigkeit oder zumindest einer Teilung zuzustimmen. So jedenfalls sieht der verzweifelte Traum aus. Vielleicht befürwortet Holbrooke selbst eine massive bewaffnete Truppenstationierung, doch er weiß, wie ablehnend die NATO einer solchen Stationierung gegenübersteht, und so tut er sein Bestes, um der Vorstellung entgegenzutreten, die NATO warte in den Kulissen darauf, helfend einzugreifen.[72]

Von wegen »verzweifelter Traum«: Innerhalb nur eines halben Jahres sollte er wahr werden. Und die NATO »ablehnend«? Im Dezember 1998? Bereits im September hatte die NATO Jugoslawien Luftangriffe angedroht. Obwohl der Sicherheitsrat beide Seiten verurteilt hatte, richteten sich die Drohungen der NATO ausschließlich gegen die Bundesrepublik Jugoslawien.[73] So wurde diese »überzeugt«, Truppen aus dem Kosovo abzuziehen und eine »Kosovo-Verifikationsmission« unter OSZE-Auspizien ins Land zu lassen. Die Vereinbarung wurde am 24. Oktober 1998 durch Resolution 1203 des Sicherheitsrates besiegelt. Auch diese Resolution verurteilte Gewalt auf beiden Seiten, betonte allerdings ausdrücklich, »dass dem Sicherheitsrat nach der UN-Charta die Hauptverantwortung für die Wahrung des Weltfriedens und der internationalen Sicherheit obliegt«, was angesichts der Tatsache besonders bemerkenswert ist, dass die NATO sich bereits auf Kriegsfuß mit Jugoslawien gestellt hatte und später behaupten sollte, der Sicherheitsrat habe den Krieg »implizit« genehmigt. Dabei bekräftigte die Resolution erneut das Eintreten »aller Mitgliedstaaten für die Souveränität und territoriale Unversehrtheit der Bundesrepublik Jugoslawien«.

Als die Kosovo-Verifikationsmission ihre Arbeit aufnahm, kehrte vorübergehend wieder Ruhe ein. Laut Bericht des UN-Generalsekretärs vom 24. Dezember 1998 waren 100 000 Flüchtlinge in ihre Heimat zurückgekehrt. Als Holbrooke sich im Dezember mit den verzweifelten Träumern der UÇK traf, war es allerdings wieder zu Gewaltakten gekommen. Erstaunlich ist, wie gut man in UN-Kreisen begriff, dass hier die bekannte Strategie von Provokationen durch paramilitärische

Völkerrechtswidrige Kriege und Kollateralschäden

UÇK-Kräfte und Reaktionen von offizieller serbischer Seite am Werk war. Dies belegt ein Auszug aus dem Bericht des UN-Generalsekretärs unter der Überschrift »Rückkehrhindernisse/Sicherheit«.[74]

> Am 20. November wurden bei einem mutmaßlichen Hinterhalt kosovo-albanischer paramilitärischer Kräfte in Prilep zwei Polizisten getötet und drei verletzt ... Am 14. Dezember ... wurden bei Kämpfen zwischen jugoslawischen Grenzschützern und einer Gruppe bewaffneter Albaner in der Nähe der Grenzposten Gorozup und Liken dreißig Albaner getötet und zwölf verwundet. Am selben Tag drangen zwei maskierte Männer in ein Café in Pec ein, griffen die Wirtsleute an und töteten sechs Serben. Am 18. Dezember wurde der stellvertretende Bürgermeister von Kosovo Polje entführt und ermordet ... Nach der Vereinbarung vom 13. Oktober ... nutzten kosovo-albanische paramilitärische Einheiten das Nachlassen der Kämpfe, um zahlreiche Dörfer im Kosovo sowie einige Gebiete in der Umgebung von Städten und Landstraßen wieder unter ihre Kontrolle zu bringen. Diese Aktionen kosovo-albanischer paramilitärischer Einheiten dienten lediglich dazu, die serbischen Behörden zu provozieren, und führten zu Erklärungen, wenn die Kosovo-Verifikationsmission diese Einheiten nicht kontrollieren könne, werde die Regierung es tun.

## Račak

Die Entscheidung über den Kosovokrieg fiel am 15. Januar 1999 in dem Dörfchen Račak, unmittelbar südlich von Priština. In der Anklage gegen Milošević vor dem IStGHJ, die nur vier Monate später erhoben wurde, hieß es: »... am 15. Januar 1999 wurden in dem Dorf Račak 45 unbewaffnete Kosovo-Albaner ermordet.« Dieser Vorfall ist eingehender Betrachtung wert, wenn man begreifen will, wie sich das internationale Strafrecht manipulieren lässt, um einen rechtswidrigen Krieg zu legitimieren. Die Welt erfuhr von den Ereignissen, als der Leiter der OSZE-Mission, William Walker, am folgenden Nachmittag (16. Januar) bei einer Pressekonferenz die Tötungen als »Massaker« und »Verbrechen gegen die Menschlichkeit« verurteilte und »ohne Zögern die Verantwortung den staatlichen Sicherheitskräften« anlastete. Zwei Tage später (am 18. Januar) traf die IStGHJ-Chefanklägerin Louise Arbour an der Grenze zum Kosovo ein und verlangte die Einreise, um das Verbrechen zu untersuchen, was die Bundesrepublik

Jugoslawien ihr verweigerte. Wie der Zufall es wollte, war sie in Begleitung von Fernsehteams, und die Szene wurde weltweit gesendet, zusammen mit Einzelheiten über »verstümmelte Leichen von 45 Kosovo-Albanern in einem Graben … kaltblütig ermordete Männer, Frauen und Kinder«.[75] Schon bald wurde Račak zum Symbolfall für den Kosovo. Bill Clinton spielte ihn nach Kräften aus. Am 19. März 1999 erklärte der amerikanische Präsident der Weltpresse zur Rechtfertigung des Krieges, den er gerade anfangen wollte: »Wir sollten daran denken, was in dem Dorf Račak geschah, wo unschuldige Männer, Frauen und Kinder aus ihren Häusern in einen Graben getrieben und gezwungen wurden, im Dreck zu knien, und niedergemäht wurden – nicht für etwas, was sie getan hatten, sondern dafür, wer sie waren.«[76]

Die Serben schilderten aber eine andere Version der Ereignisse, die von unabhängiger Seite in vielen Punkten bestätigt wurde. So ist unstrittig, dass es sich um eine vorher angekündigte Polizeiaktion gegen Račak und drei weitere Dörfer handelte, um eine UÇK-Gruppe aufzuspüren, die eine Woche zuvor eine Polizeistreife angegriffen und vier Polizisten getötet hatte. Ebenso unstrittig ist, dass es zu heftigen Kämpfen kam, wonach die Serben sich zurückzogen und UÇK-Kämpfer das Dorf wieder besetzten. Unstrittig ist auch, dass bei diesen Kämpfen UÇK-Kämpfer getötet wurden.[77] Nach serbischer Darstellung handelte es sich bei diesen Toten *ausnahmslos* um UÇK-Kämpfer oder Zivilisten, die ins Kreuzfeuer geraten waren. Es gab kein Massaker an Zivilpersonen, vielmehr blieb der UÇK ausreichend Zeit, ihren getöteten Kämpfern Zivilkleidung anzuziehen (oder sie fortzuschaffen und nur Zivilisten dort zu lassen), die Leichen in dem »Graben« zu arrangieren und Walker und die Presse zu rufen. Selbst die umstrittenen Teile der serbischen Version wurden teilweise erhärtet.[78]

Die Europäische Union entsandte ein finnisches Forensikteam, um Autopsien vorzunehmen. Gemeinsam mit Pathologen aus der Bundesrepublik Jugoslawien und Weißrussland wurden 40 Autopsien an den in Račak gefundenen Leichen durchgeführt. Das jugoslawische Team bestätigte die serbische Version in den meisten Punkten, schloss aber die Hypothese des Kleiderwechsels aus. Einer der serbischen Ermittler, Dr. Dusan Dunjic, erklärte:

Völkerrechtswidrige Kriege und Kollateralschäden

Kriminaltechniker bestätigten bei 37 der 40 untersuchten Leichen die Existenz von Schmauchspuren an den Händen. Die Entdeckung von Schmauchspuren deutet darauf hin, dass diese Menschen unmittelbar vor ihrem Tod Schusswaffen benutzten; ... all diese Fakten veranlassten die Ermittlungsgremien zu der Schlussfolgerung, dass es sich bei diesem konkreten Fall nicht um ein »Massaker« in dem Dorf Račak handelte, sondern um einen legitimen Kampf der Behörden gegen Terroristen.[79]

Die forensische Mission der EU machte ihre Untersuchungsergebnisse der Öffentlichkeit nicht zugänglich, aber am 17. März 1999 – also einen Tag vor dem Abbruch der Gespräche in Rambouillet (siehe unten) – bat die EU-Präsidentschaft (Deutschland) die Leiterin der EU-Mission, Dr. Helena Ranta von der Universität Helsinki, in Priština eine Pressekonferenz über Račak zu geben; es handelte sich dabei also keineswegs um das glückliche »zufällige Zusammentreffen« für die NATO, das ein »westlicher Diplomat« darin sah: »Die Veröffentlichung des Berichts während der Gespräche mag ein zufälliges Zusammentreffen sein, aber wenn er die Serben verurteilt, so wird das sicher den Druck erhöhen und Teil der Rechtfertigung für ein etwaiges Vorgehen der NATO bilden.«[80] Der OSZE-Missionschef, William Walker, überließ es keineswegs dem Zufall, was Ranta sagen würde. Kurz vor der Pressekonferenz fand ein eingehendes Gespräch statt, das Ranta später als »eine wirklich äußerst unangenehme Erfahrung« bezeichnete.[81] Anscheinend bemühte sich Ranta bei der Pressekonferenz, ihre professionellen Pflichten nicht hartnäckigem politischen Druck unterzuordnen, was ihr aber nur teilweise gelang. Sie betonte, ihre Erklärung gebe lediglich ihre »persönliche Sicht« wieder und dürfe »in keiner Weise als autorisierte Äußerung im Namen ... des forensischen EU-Expertenteams aufgefasst werden«.[82] In ihren Ausführungen ging sie jedoch weit über das hinaus, was sie oder ihr Team festgestellt hatten; das Ergebnis sprach stark für die NATO-Version der Ereignisse. In verschiedenen Punkten stützte sie sich schlicht auf das, was Walker oder seine Mitarbeiter ihr gesagt hatten. So erklärte sie zu der überaus wichtigen Frage, ob die 22 Männer – nicht 45 Männer, Frauen und Kinder, wie berichtet – in dem Graben erschossen wurden, in dem man sie gefunden hatte: »Nach den Informationen der KVM- und KDOM-Beobachter [Kosovo-Verifikationsmission und

Kosovo-Diplomatische-Beobachtermission] wurden alle 22 Männer in einem Graben in der Nähe des Dorfes Racak gefunden. *Höchstwahrscheinlich wurden sie an der Stelle erschossen, an der man sie fand.*«[83] Diese ausschließlich auf Hörensagen beruhende Äußerung machte sie trotz ihrer früheren Einschränkung, die Ermittlungen ihres Teams seien durch die Tatsache erschwert worden, dass sie erst eine Woche nach dem Todeszeitpunkt eingetroffen waren und daher »schwer … mit absoluter Sicherheit festzustellen ist, was während dieser Zeit mit den Leichen geschehen oder nicht geschehen ist«.[84] Doch selbst das genügte Bill Clinton nicht, der in seiner Pressekonferenz vor Beginn der Bombardierungen Frauen und Kinder unter den Toten im Graben hinzuerfand und sie sogar im Dreck knien ließ: »… *wo unschuldige Männer, Frauen und Kinder aus ihren Häusern in einen Graben getrieben und gezwungen wurden, im Dreck zu knien, und niedergemäht wurden…*« Bei dieser Pressekonferenz wurde Bill Clinton in Bezug auf die Lewinsky-Affäre gefragt: »Was wird Ihrer Ansicht nach Ihr Vermächtnis in Hinblick auf das Lügen sein?«[85]

In einigen Punkten stimmte Ranta bei ihrer Pressekonferenz in Priština mit den jugoslawischen Pathologen überein (keine Verstümmelungen, kein Kleiderwechsel), in anderen ging sie über die reine Beobachtung hinaus und schlussfolgerte, abweichend von den jugoslawischen Kollegen: »Es gab keinerlei Anzeichen, dass es sich bei diesen Menschen um etwas anderes als unbewaffnete Zivilisten handelte.«[86] Vorsichtig fügte sie allerdings hinzu: »Rechtsmedizinische Untersuchungen können keine abschließende Antwort auf die Frage geben, ob es einen Kampf gab oder ob die Opfer unter anderen Umständen starben.«[87] Zumindest in ihrer vorbereiteten Erklärung ließ sie Vorsicht walten. Zu ihren freien Antworten auf Fragen aus dem Publikum (in dem auch der unangenehme Mr. Walker saß) gehörte Pressemeldungen zufolge auch eine Äußerung, die ihre professionelle Kompetenz überstieg und kaum, wenn überhaupt, auf persönlicher Beobachtung beruhte: »Es ist ein Verbrechen gegen die Menschlichkeit, ja.« Diese Aussage machte natürlich am nächsten Tag Schlagzeilen.[88] Dr. Rantas Presseerklärung enthielt noch ein weiteres Element von so subtil irreführender Wirkung, dass es allein beim Lesen gar nicht auffällt. Als wolle Dr. Ranta ihre Äußerung über die unbewaffneten Zivilisten belegen, erklärte sie, die Paraffintests, die die jugoslawischen und weißrussischen Pathologen für den Nachweis von Schmauchspuren verwendet hatten, seien wissenschaftlich durch ein Verfahren der Rasterelektronenmikroskopie überholt, das man als »SEM/EDX« bezeichnet. Sie gab an: »Es wurden Testproben für SEM/EDX genommen, und sie erwiesen sich als negativ.«[89] Wie sollte man diese Äußerung in ihrer Presseerklärung anders verstehen, als dass die späteren Tests an den Leichen von Račak durchgeführt worden und negativ ausgefallen seien? Das entscheidende Wort ist jedoch »Tests«, wie Dr. Ranta mir im Juli 2001 erklärte, denn diese Tests wurden keineswegs an den in Račak gefunden Leichen durchgeführt, da sie sinnlos sind, wenn man sie nicht innerhalb von zwei bis drei Stunden nach Eintritt des Todes macht. »Ich gab Anweisung, Proben von bestimmten anderen Fundorten zu nehmen.«[90] *Nicht aus Račak, sondern von anderen Fundorten,* wo *andere Menschen* getötet wurden. Als Dr. Ranta 2003 als Zeugin bei dem Prozess gegen Milošević aussagte, ließ die Verwirrung der Ankläger erkennen, dass sie auch ihnen dieses Detail nicht mitgeteilt hatte. Sie nutzte auch nicht die Gelegenheit, dies während ihrer Zeugenaussage nachzuholen, wies allerdings darauf hin, dass SEM/EDX-Tests zu dem Zeitpunkt, als ihr Team vor Ort eintraf, völlig nutzlos gewesen seien – ein Hinweis, der in ihrer entscheidenden Presseerklärung am 17. März 1999 fehlte. Dr. Ranta vertrat die Auffassung, nach den Munitionsfragmenten zu urteilen, die wesentlich später (nach der Besetzung durch die NATO) am Fundort entdeckt wurden, seien zumindest einige der Opfer an Ort und Stelle getötet worden und daher sei der Vorfall nicht »inszeniert« worden, zumindest nicht vollständig. Sie sah sich allerdings außerstande zu sagen, ob Opfer »exekutiert« wurden, und hatte keine Antwort auf den Hinweis im Kreuzverhör, die vielen Kleidungsschichten, UÇK-Abzeichen und Patronengurte, die bei einigen der autopsierten Leichen gefunden wurden, ließen recht eindeutig erkennen, dass es sich um Kämpfer handelte.[91]

Im Februar 2001 veröffentlichten mehrere Mitglieder aus Dr. Rantas Expertenteam einen Bericht über die 40 Autopsien, der allem Anschein nach die serbische Position erhärtete.[92] Er zeigte, dass alle Opfer bis auf eins männlich, alle bis auf eins über 15 Jahre alt waren und nur eines aus der Nähe erschossen worden war. Im Gegensatz zu Dunjic und Ranta bestritten diese Teammitglieder, dass es möglich sei, die Todesumstände der Opfer zu beurteilen: »Die Gründe für Ereignisse, ihre politische und moralische Bedeutung oder eine Verbindung von Opfern zu politischen oder sonstigen Organisationen festzustellen sind Fragen, die jenseits der Reichweite der Forensik liegen.«[93] Und schließlich traten sie für die Professionalität ihrer jugoslawischen und weißrussischen Kollegen ein: »Einige Differenzen in praktischen Fragen zwischen verschiedenen Schulen vervollständigten das Endergebnis. Die Autopsieergebnisse wurden in völligem professionellem Konsens diskutiert.«[94]

Die NATO-Darstellung der Ereignisse von Račak wurde also widerlegt, während die Beweislage offenbar die serbische Version wesentlich besser, wenn auch nicht vollständig erhärtete. Zwei Dinge sind indes absolut klar und von entscheidender Bedeutung für das Verständnis dieses und nachfolgender Ereignisse. Erstens: Soweit es ein Massaker gab, wurde es von der Kosovo-Befreiungsarmee im Rahmen eines durchgängigen, bewussten Verhaltensmusters provoziert, das darauf abzielte, eine militärische Intervention der NATO herbeizuführen. Zweitens: Soweit es die NATO betraf, war Račak kein Grund, sondern eher ein Vorwand für die Bombardierungen.

Selbst Befürworter der NATO-Bombardierungen mussten einräumen, dass die Taktik der UÇK darauf abzielte, die Serben zu einer Überreaktion zu provozieren, um die Bombardierungen herbeizuführen. Michael Ignatieff schrieb bereits im Dezember 1998:

> Die Überraschungsangriffe auf Ziele des serbischen Militärs und der serbischen Polizei führten zu Vergeltungsmaßnahmen gegen Zivilisten. Dann versuchten sie [die UÇK], Dörfer und Städte zu befreien, obwohl sie zu wenige Männer und Waffen hatten, um sie zu halten. Sobald sie aus diesen Orten vertrieben waren, massakrierten oder vertrieben die Serben die Einwohner. Es ist natürlich auch durchaus möglich, dass die Taktik der UÇK keine Fehlkalkulation war, sondern eine gezielte Strategie, mit der die Serben dazu gebracht werden sollten, Massaker zu begehen, damit die NATO schließlich zu einer Intervention gezwungen war.[95]

»Durchaus möglich« ist eine interessante Beschreibung für Vorgänge, die ansonsten völlig unbegreiflich sind. Wie der UN-Generalsekretär berichtete, hatte die UÇK massive Vergeltungsschläge dieser Art bereits das ganze Jahr über provoziert, eigentlich schon seit ihrer Gründung.[96] Machte es ihr Spaß, ihre eigenen Leute sterben zu sehen? Aus unerfindlichen Gründen scheint Ignatieff zu glauben, Račak sei eine Ausnahme gewesen, andere Kommentatoren dachten indes logischer: »Das entsprach durchaus dem Verhaltensmuster der UÇK, antialbanische Gräueltaten der Serben zu provozieren oder zuzulassen, um die internationale Opposition gegen Milošević zu schüren, wie das Massaker von Račak es tat.«[97]

Wenn es sich um ein Massaker handelte, so war es ein nützliches Massaker, für das die UÇK ein hohes Maß an Mitverantwortung übernehmen muss. Vor allem aber war es ein vermeidbares Massaker. Es hätte sich ganz einfach vermeiden lassen, indem die NATO sich standhaft geweigert hätte, auf Seiten der UÇK einzugreifen. Aber die NATO präsentierte Račak als *Grund* für ihre militärische Intervention. Und das ist der zweite wichtige Aspekt dieser Ereignisse: Sie konnten auf keinen Fall einen Grund zur Intervention liefern, denn ganz gleich, was die Amerikaner über die Vorfälle in Račak für wahr hielten, war doch allzu offensichtlich, dass die UÇK zumindest insofern eine Mitverantwortung daran trug, als sie die Ereignisse provoziert hatte. Oder sollen wir etwa glauben, die Amerikaner hätten als Einzige nicht gewusst, worauf die UÇK aus war?

Hier geht es nicht nur um logische Schlussfolgerungen; es gibt auch einen »rauchenden Colt« in Gestalt William Walkers, jenes Mannes, der den Vorfall öffentlich machte und als Massaker brandmarkte. Aus der Tatsache, dass er der Leiter der durch UN-Resolution legitimierten OSZE-Verifikationsmission war, könnte man schließen, er habe als europäischer Technokrat die »internationale Gemeinschaft« repräsentiert. In Wahrheit war Walker genau das Gegenteil. Er war – vor, während und nach den Ereignissen von Račak – amerikanischer Berufsdiplomat im Dienst des US-Außenministeriums. Seine Vorgesetzte war Madeleine Albright, und er hatte sein gesamtes Berufsleben lang amerikanische Interessen vertreten. Auf dem Balkan war er ein völliger Neuling, denn sein Spezialgebiet war Mittelamerika, wo er für einige sensible und unappetitliche Missionen verantwortlich war. Unter der Reagan-Regierung stieg er zum Stellvertretenden Staatssekretär des

Außenministeriums für ganz Mittelamerika auf. Das war zu der Zeit, als Reagan seinen gewaltsamen Kreuzzug gegen die Sandinisten in Nicaragua führte, der vom Internationalen Gerichtshof verurteilt wurde. In Zusammenhang mit der Iran-Contra-Affäre wurde offiziell gegen Walker wegen Beteiligung an Aktivitäten ermittelt, die zu einer Anklage gegen Oliver North wegen illegaler Waffen-, Munitions- und Versorgungslieferungen an die Contra-Rebellen führte, die damals eine Version der gestürzten Somoza-Diktatur wieder einzuführen versuchten.[98] Ab 1988 war Walker Botschafter in El Salvador, also in einem Land, das sich damals noch fest im Griff eines von den USA unterstützten Staatsterrors befand. Dort rückte er in Zusammenhang mit einem anderen Massaker ins Rampenlicht, als salvadorianische Soldaten Ende 1989 sechs Jesuitenpriester, ihre Haushälterin und deren 15-jährige Tochter hinrichteten. Damals warf Walker niemandem Verbrechen gegen die Menschlichkeit vor: »Ich will es nicht entschuldigen, aber in diesen Zeiten starker Emotionen und großer Wut passieren solche Dinge nun einmal.« Die *Los Angeles Times* schrieb am 14. April 1999: »Diese Reputation als Kreuzritter für Menschenrechte ist für Walker eine beträchtliche Veränderung.«[99]

Wie kam es dazu, dass Walker Leiter der OSZE-Verifikationsmission wurde? Die OSZE ist nur dem Namen nach eine rein europäische Organisation; in Wirklichkeit ist sie eher so etwas wie eine um Russland erweiterte NATO. Zur Zeit der Verifikationsmission hatten drei Länder die Präsidentschaft inne: Deutschland, Italien und Norwegen. Walker wurde von Madeleine Albright auf diesen Posten gehievt, wie er später bei seiner Zeugenaussage während des Milošević-Prozesses widerstrebend zugab.[100] Nur eine Woche vor den Ereignissen von Račak ließ er bei einer Pressekonferenz keinerlei Zweifel daran, für wen er arbeitete und worin er seine Aufgabe sah:[101]

> Botschafter Walker: *Lassen Sie mich zu Beginn alle hier im Saal daran erinnern, dass ich zwar als Leiter der OSZE vorgestellt wurde, aber Beamter im Dienst des Außenministeriums bin; aber ich vermute, in meiner gegenwärtigen Eigenschaft spreche ich wohl im Namen der OSZE in Wien und der Kosovo-Verifikationsmission in Priština.*

Im Laufe dieser Pressekonferenz wurde Walker rundheraus gefragt, ob er für Washington »spioniere« wie Richard Butler, der Leiter der

UNSCOM, von dem man damals bereits wusste, dass er im Irak spioniert hatte (Walkers Kritiker nannten ihn »den Richard Butler des Kosovo«).[102] Dies stritt Walker ab, gab aber zu, dass er sowohl nach Washington als auch an »alle Hauptstädte« Bericht erstattete. Michael Ignatieff räumte in seiner Verteidigung der NATO-Bombenangriffe ein, mit Walkers Verurteilung der Vorfälle von Račak »schien sich die Verifikationsmission eindeutig auf die Seite der UÇK zu schlagen, und dies zu einem Zeitpunkt, zu dem es auf beiden Seiten Verletzungen der Menschenrechte gab«.[103] Er behauptet jedoch, Walker habe die Pressekonferenz über Račak auf eigene Faust einberufen:

> Als Augenzeuge sprach Walker seine nächsten Schritte nicht mit Washington ab [*wohlgemerkt: nicht mit Wien, dem Hauptsitz der OSZE, sondern mit Washington*]. Auf einer unmittelbar sich anschließenden Pressekonferenz bezeichnete er das Massaker von Račak als Verbrechen gegen die Menschlichkeit und ließ keinen Zweifel daran, wer dafür verantwortlich war.[104]

Sicher. Er war zeit seines Lebens Diplomat und Beamter des US-Außenministeriums, bekannt dafür, dass er in seinem ganzen Leben noch nie etwas öffentlich gesagt hatte, was das Außenministerium nicht hören wollte. »Der Frühling ist früh gekommen«, soll Madeleine Albright der Sicherheitsberaterin Sandy Berger gesagt haben, als sie von den Dingen in Račak erfuhr.[105] In Washington hatten manche Kreise sogar schon im August zuvor unverhohlen davon gesprochen, dass Clinton nur auf einen Zwischenfall in der Art einer Gräueltat als Auslöser wartete.[106]

Walker sprach seine anprangernde Presseerklärung nicht nur mit Washington, sondern auch mit dem NATO-Kommando ab. Als er bei den Leichen in Račak stand, zog er sein Handy heraus und rief den Alliierten Oberbefehlshaber Wesley Clark an. Dies gab Clark bekannt, nicht Walker.

Drei Jahre später behauptete Walker in seiner Zeugenaussage während des Milošević-Prozesses in Den Haag, er könne sich nicht erinnern, mit Clark gesprochen zu haben, müsse aber die Darstellung Clarks ebenso akzeptieren wie die Richard Holbrookes, Albrights zuständiger Mann für Jugoslawien. Im selben Atemzug, wie Walker schwor, sich nicht zu erinnern, Clark und Holbrooke angerufen zu haben – aber einräumte, dass er es wohl tat –, sagte er aus, er erinnere sich, dass er Madeleine Albright *nicht* angerufen habe:

> Frage [Milošević]: *In Ihrer Aussage geben Sie an, dass Sie sich nicht erinnern, vor der Pressekonferenz in Račak mit Clark, Holbrooke, Albright oder der OSZE gesprochen zu haben. Sie sagen: »Ich kann nicht ausschließen, dass meine Erinnerung mich in dieser Hinsicht im Stich lässt.« Lassen Sie mich Ihrer Erinnerung nachhelfen. Können wir einen Film sehen? Können wir bitte das Video abspielen?*
> *[Video wird abgespielt]* HOLBROOKE: »Walker, der Leiter der Kosovo-Verifikationsmission, rief mich über Handy aus Račak an.« GENERAL CLARK: »Ich bekam einen Anruf von Bill Walker. Er sagte: ›Es gibt ein Massaker. Ich stehe hier. Ich kann die Leichen sehen.‹«
> Frage [Milošević]: *Müssen Sie dazu überhaupt noch etwas sagen? Ich überlasse es Ihnen, das zu entscheiden.*
> Antwort [Walker]: *Ich bleibe bei meiner Aussage. Als ich dem BBC das Interview gab, hatte ich keinerlei Erinnerung daran, mit einem der beiden Herren gesprochen zu haben. Wie ich gestern sagte, gab es erhebliche – gab es erhebliche Aufregung und Trubel unmittelbar nach meinem Besuch in Račak und bevor ich die Pressekonferenz gab. Habe ich mit diesen Leuten gesprochen? Sagen sie die Wahrheit, wenn sie sagen, sie hätten mit mir gesprochen? Ich habe keine Veranlassung, daran zu zweifeln. Ich halte sie beide für äußerst ehrenwerte und aufrichtige Menschen. Also muss ich mich wohl auf eine Erinnerungslücke berufen, als ich mit dem BBC sprach. Aber ich bin mir ganz sicher, dass ich nicht mit Madeleine Albright gesprochen habe, allerdings habe ich keinen Zweifel, dass Mitarbeiter meines Stabes in den verschiedenen Hauptstädten der OSZE-Mitgliedstaaten angerufen haben, um ihnen mitzuteilen, was an diesem Tag in Račak festgestellt wurde. Ob ich einige dieser Anrufe erledigte oder ob es damals Mitarbeiter meines Stabes taten, daran erinnere ich mich absolut nicht.*[107]

Nachdem Walker mit Clark und Holbrooke gesprochen (aber nach Ignatieffs Darstellung sein Vorgehen nicht mit ihnen »abgesprochen«) hatte, ging er in sein Büro und berief die Pressekonferenz ein, bei der er eine schriftliche Erklärung mit der Überschrift »Massaker an Zivilisten in Račak« abgab, die folgende Passage enthielt:

> Ich bin zwar kein Anwalt, aber nach dem, was ich persönlich gesehen habe, zögere ich nicht, den Vorfall als Massaker zu bezeichnen, als Verbrechen gegen die Menschlichkeit, und ich zögere auch nicht, den staat-

lichen Sicherheitskräften die Verantwortung anzulasten. Die Regierung der Bundesrepublik Jugoslawien muss die Namen aller Beteiligten an Polizei- und Volksarmeeoperationen in der Umgebung von Stimlje nennen, wer die Befehle gab, wer diese Befehle ausführte. Der Internationale Strafgerichtshof für das ehemalige Jugoslawien muss mit oder ohne Einladung der Regierung der Bundesrepublik Jugoslawien mit Visa herkommen, um diese Gräueltat zu untersuchen, und das muss innerhalb der nächsten 24 Stunden geschehen.[108]

Es waren kämpferische Worte, die ein Berufsdiplomat wie Walker gewiss nicht geäußert hätte, wäre er sich der Billigung seiner Vorgesetzten nicht vollkommen sicher gewesen. Der Hinweis auf den IStGHJ mit der merkwürdigen Betonung der Visa deutet auf eine weitere bequeme Erinnerungslücke hin. Die Presseerklärung erfolgte am 16. Januar 1999, in seiner Aussage während des Milošević-Prozesses gab Walker allerdings an, er habe erst »am nächsten Tag« – also am 17. Januar – mit Louise Arbour, der Anklägerin des IStGHJ, gesprochen:

> Antwort [Walker]: *Ich glaube, es war am nächsten Tag, als Richterin Arbour mich anrief, und wir sprachen darüber, was ich kürzlich gesehen hatte und was ich kürzlich gesagt hatte, und ich sagte ihr, ich fände es überaus wichtig, dass sie oder Angehörige dieses Gerichtshofes, Ermittler, Kriminalermittler, nach Kosovo kämen und eine gründliche Untersuchung durchführten. Richterin Arbour erinnerte mich daran, dass es ihr nicht gelungen war, ein Einreisevisum für das ehemalige Jugoslawien zu bekommen. Sie fragte mich, ob ich es für ratsam hielte, wenn sie einzureisen versuche. Ich erklärte ihr, das hielte ich für das Beste. Ich sagte ihr, wenn man ihr die Einreise verweigere oder ihren Leuten die Einreise verweigere, würde das zeigen, dass es der Regierung nicht sonderlich ernst damit sei herauszufinden, was in Račak passiert sei. Sie sagte, sie werde persönlich am nächsten Tag, ich glaube, es war der 18., in ein Flugzeug steigen und versuchen, über Skopje, Mazedonien, also über die Südgrenze, einzureisen. Ich sagte ihr, ich würde Leute hinschicken.*[109]

Versuchen wir, diese Aussage zu entwirren. Walker behauptete beim Milošević-Prozess, Arbour habe ihn nach der Pressekonferenz in Ausübung ihres Amtes von sich aus angerufen, da sie die Verbrechen untersuchen wollte, die er der Weltöffentlichkeit bekannt gemacht hatte, und habe ihn »erinnert«, dass sie Visa brauche. Tatsächlich verlangte Walker aber bereits *bei der Pressekonferenz*, dass man ihr die Einreise »mit Visa« erlaube, was bedeutet, dass Arbour schon *vor* der Pressekonferenz informiert gewesen sein muss. Bei dieser Gelegenheit muss sie ihn an die erforderlichen Visa »erinnert« haben, denn da er sie bei der Pressekonferenz bereits in ihrem Namen eingefordert hatte, bestand nachher dazu keine Notwendigkeit mehr. Sie wurde ebenso wie das US-Außenministerium und die NATO vor der Pressekonferenz informiert, und die Presseerklärung wurde zumindest teilweise unter ihrer Mitwirkung erstellt. Sie hinzuzuziehen sollte die Regierung der Bundesrepublik Jugoslawien in Verlegenheit bringen, und auch das wurde bereits vor der Pressekonferenz mit ihr besprochen. Zu den Leuten, die Walker ihr an die Grenze schickte, gehörte auch die internationale Presse. Der ganze Fototermin mit Arbour, die an der Grenze zum Kosovo die Einreise verlangte, war also eine ausgekochte PR-Masche, um gegen die Serben zu punkten. Ein Mitarbeiter des US-Außenministeriums traf nach Rücksprache mit der NATO und Washington die bewusste Entscheidung, die Anklägerin des IStGHJ in dieses Vorhaben einzubinden, und sie ließ sich offenbar bereitwillig einspannen (diesen Faden greifen wir später wieder auf). Liegt nicht klar auf der Hand, dass es für die Amerikaner nicht die geringste Rolle spielte, ob es sich in Račak um ein echtes oder ein vorgetäuschtes Massaker handelte? Dass es ihnen lediglich den Vorwand lieferte, auf den sie gewartet hatten und den sie nutzten, um die längst getroffene Entscheidung zu rechtfertigen, gewaltsam gegen die Serben vorzugehen? Dass es genau die Art von Zwischenfall war, den zu provozieren (oder ganz oder teilweise zu inszenieren) die Amerikaner die UÇK ermutigt hatten? Und wenn das alles der Wahrheit entspricht, wie konnte überhaupt jemand die Behauptung der NATO akzeptieren, es handele sich bei diesem Krieg um ein humanitär notwendiges Eingreifen, zu dem sie wider Willen gezwungen worden sei?

## Rambouillet

Am 30. Januar 1999 schickte Javier Solana Präsident Milošević »eine letzte Warnung«, wie er es nannte, und »zitierte« die Serben unter besonderer Berufung auf Račak nach Rambouillet.[110] Mittlerweile wird weithin anerkannt, dass es sich in Rambouillet nicht um eine Friedenskonferenz, sondern um eine Kriegskonferenz handelte, die eine bereits getroffene Kriegsentscheidung rechtfertigen, nicht aber den Krieg verhindern sollte. Zu diesem Schluss kommen viele unabhängige Beobachter, zu denen auch David Owen (vom Vance-Owen-Plan) gehört: »Rambouillet war vor allem von den Amerikanern darauf angelegt, die Dinge zuzuspitzen und das politische Klima zu schaffen, in dem die NATO ihre Drohung, die Serben zu bombardieren, wahr machen konnte.«[111] Das gaben Amerikaner in Schlüsselpositionen auch durchaus zu. So erklärte James Rubin nach dem Krieg: »Öffentlich mussten wir deutlich machen, dass wir eine Einigung anstreben … insgeheim wussten wir, dass die Chancen für eine Zustimmung der Serben äußerst gering waren«:

> Das andere akzeptable Ergebnis war, Klarheit zu schaffen, wo vorher Unklarheit geherrscht hatte … Das hieß, dass die Kosovo-Albaner dem Paket zustimmten und die Serben dem Paket nicht zustimmten.[112]

Die Fakten belegen vollkommen klar, dass es sich bei Rambouillet um ein Täuschungsmanöver handelte. Für das Scheitern von Rambouillet wurden letztlich die Serben bombardiert, aber im Gegensatz zu den Albanern hatten sie auf Anhieb die vorher von der NATO verkündeten »nicht verhandelbaren Prinzipien« akzeptiert, nämlich:

> Eine sofortige Beendigung der Feindseligkeiten, weitgehende Autonomie für den Kosovo, eine gesetzgebende Versammlung unter der Leitung eines Präsidenten, eine kosovarische Gerichtsbarkeit, ein demokratisches System, Wahlen unter den Auspizien der OSZE innerhalb von neun Monaten nach Unterzeichnung des Abkommens, Wahrung der Rechte aller Personen und ethnischen Gruppen und territoriale Integrität der Bundesrepublik Jugoslawien unter Verbleib des Kosovo.[113]

Die Serben hatten keine Probleme, diesen Prinzipien von Anfang an zuzustimmen und durchgängig bei dieser Position zu bleiben. Einwände kamen dagegen von den Kosovo-Albanern: Zum einen ging ihnen die Unabhängigkeit des Kosovo nicht weit genug, zum anderen erforderten diese Prinzipien nicht die Präsenz der NATO, für die die UÇK so hart gearbeitet hatte. Da die Serben der Vereinbarung zustimmten, die Albaner sie aber ablehnten, musste sich etwas ändern. So legten die USA zum Ende der ersten Sitzungsrunde einen Vertrags-

entwurf vor, der als erhebliche Neuerung eine »internationale Frie-
denstruppe unter Führung der NATO« vorsah. Man machte der albanischen Seite ein weiteres Zugeständnis und versprach ihnen nach
drei Jahren »einen Mechanismus für eine endgültige Lösung für den
Kosovo … auf der Grundlage des Volkswillens«.[114] Offenbar verstanden alle darunter ein Referendum über die Unabhängigkeit, das angesichts der Bevölkerungsstruktur des Kosovo nur einen Ausgang
haben konnte.

Die wichtigsten Vereinbarungen standen unter der Überschrift »Implementierung II«, einer späteren Ergänzung des ursprünglichen Ent-
wurfs (wie die Überschrift zeigt), die den Kosovo der Kontrolle der
NATO unterstellen sollte: »Die Parteien bitten die NATO, eine militärische Streitmacht zu bilden und anzuführen, die helfen soll, die
Einhaltung der Bestimmungen dieses Kapitels sicherzustellen« (Artikel I.1.a). »Der jeweilige NATO-Kommandierende soll die alleinige
Befugnis haben, Vorschriften und Verfahrensweisen zur Regelung
und Kontrolle des Luftraums über dem Kosovo sowie innerhalb einer
25 Kilometer breiten gemeinsamen Sicherheitszone *(Mutual Safety
Zone/MSZ)* … im Luftraum der Bundesrepublik Jugoslawien innerhalb von 25 Kilometern ab der Grenze zum Kosovo aufzustellen …«
(Artikel X). Darüber hinaus gab es einen verblüffenden »Anhang B«,
der der NATO nicht nur die völlige Kontrolle über den Kosovo, sondern auch über die Bundesrepublik Jugoslawien einräumte. So sah
Artikel 8 vor:

> Das NATO-Personal wird, zusammen mit seinen Fahrzeugen, Schiffen,
> Flugzeugen und Ausrüstungsgegenständen, in der gesamten Bundesrepu-
> blik Jugoslawien freien und ungehinderten Zugang genießen, unter Ein-
> schluss ihres Luftraums und ihrer Territorialgewässer. Dies schließt das
> Recht ein, beschränkt sich aber nicht darauf, Zeltlager zu errichten, zu
> manövrieren, sich einzuquartieren und alle Gebiete und Einrichtungen zu
> nutzen, die erforderlich sind für Unterstützung, Übung und Operationen.

Diese Klauseln spielten in den Debatten über den Krieg eine wichtige
Rolle. Es wurde der NATO sogar nachgesagt, sie habe sie eigens aufgenommen, damit Jugoslawien das Abkommen nicht unterzeichne;
während der Verhandlungen in Rambouillet gab es Indiskretionen in
dieser Richtung.[115] Laut Lord Robertson enthielt Anhang B lediglich

die »Standardklauseln«, die mit Vereinbarungen über Friedensmissionen üblicherweise verbunden sind, und stieß damals auf keine besonderen Einwände.[116] Das stimmt zwar, ist aber nur die halbe Wahrheit, denn die Einwände der Bundesrepublik Jugoslawien richteten sich gegen den gesamten Implementierungsteil des Abkommens, der die NATO »bat«, einen Großteil des jugoslawischen Territoriums zu übernehmen. Dass die in Anhang B eingeräumten Rechte über das *gesamte* Territorium zu den Standardregeln einer solchen Besatzung gehörten, bewies lediglich, wie unmöglich es für jeden Staat mit einer gewissen Selbstachtung war, die »Militärpräsenz unter Führung der NATO« zu akzeptieren.

Die Bundesrepublik Jugoslawien erhob keinerlei Einwände gegen den Rest des Abkommens, das eine vollständige Übergangsverfassung für den Kosovo mit einem hohen Maß an Autonomie innerhalb des jugoslawischen Bundes enthielt (sowie einen Passus, an dem amerikanischen Investoren besonders lag, dass nämlich »die Wirtschaft des Kosovo nach den Prinzipien der freien Marktwirtschaft« funktionieren solle).[117] Die *New York Times* meldete damals: »Milošević zeigte sich hinsichtlich einer politischen Regelung für den Kosovo mindestens ebenso vernünftig wie die Kosovo-Albaner.«[118] Als die Konferenz an dem Tag unterbrochen wurde, an dem der Abkommensentwurf auf den Tisch kam, räumten die Vermittler in ihrer offiziellen Erklärung denn auch ein, dass über die »politischen Elemente« ein »Konsens« bestehe (nämlich über alles bis auf die Rolle der NATO und das Referendum) und dass lediglich die Implementierungskapitel »mit den Modalitäten der erbetenen internationalen Zivil- und Militärpräsenz im Kosovo« endgültig zu klären blieben. Für die Vermittler waren diese Punkte jedoch plötzlich ebenso wichtig wie der Rest: »Es ist entscheidend, dass die Vereinbarung über das Interimsabkommen als Ganzes abgeschlossen und unterzeichnet wird.«[119]

In der Zeit zwischen den Verhandlungen in Rambouillet und der Fortsetzung der Gespräche in Paris wurden die um nichts als Frieden bemühten Amerikaner und Briten im Sicherheitsrat wegen ihrer humanitären Bombardierungen des Irak verurteilt, die allein während der Konferenz in Rambouillet mindestens elf Todesopfer unter der irakischen Zivilbevölkerung forderten (sechs am 10. Februar und fünf am 15. Februar 1999).[120] Unterdessen arbeiteten die Serben eifrig an einem Gegenvorschlag für eine »internationale Präsenz«, alternativ zur NATO. Als die Gespräche am 15. März in Paris fortgesetzt wurden, lag klar auf der Hand, dass die Verhandlungen vorbei waren und es nur noch um eine Formalität ging, da die Amerikaner die Unterschrift der Albaner bekommen hatten und sich nicht im Geringsten dafür interessierten, was die Serben zu sagen hatten. Die einseitige Unterzeichnungszeremonie fand am 18. März 1999 in Anwesenheit von zwei NATO-Vermittlern statt, allerdings ausdrücklich ohne den Russen Boris Mayorsky, der die Einwände der Bundesrepublik Jugoslawien gegen die NATO-Klauseln teilte.[121] Bereits am nächsten Tag wies die OSZE ihre Beobachter unter Protest der Bundesrepublik Jugoslawien an, das Land zu verlassen. Die NATO erklärte der Bundesrepublik Jugoslawien, sie solle das Abkommen unterzeichnen, das die Kosovo-Albaner unterschrieben hatten, oder sie würden bombardiert. Fünf Tage später begannen die Bombardierungen.

Warum diese Eile? Wenn die Amerikaner den Krieg wollten, bestand durchaus Grund zur Eile, ebenso wie später in Afghanistan und im Irak. Alles war vorbereitet, einschließlich eines gigantischen, mehrere Milliarden Dollar teuren Militäreinsatzes. Die Erinnerung an Račak war noch frisch, die Dokumente waren von den Kosovo-Albanern unterzeichnet, und niemand hatte Zeit, die Zwischenfälle genauer zu untersuchen. Aber gab es tatsächlich keine Alternative, wenn ein echter Friedenswille bestand? Nach Ansicht unabhängiger Beobachter erzielte die OSZE-Verifikationsmission bis unmittelbar vor der Anweisung zum Rückzug beträchtliche Fortschritte: keine internationalen Flüchtlinge in den fünf Monaten vor den Bombardierungen, nur wenige Tausend Inlandsvertriebene in den Wochen vor Beginn der Luftangriffe, und Erfolge in den Vermittlungsprogrammen zwischen den verschiedenen ethnischen Gruppen. Haupthindernis waren die üblichen Provokationen der UÇK.[122] Zwischen der Vertagung der Gespräche von Rambouillet und ihrer Wiederaufnahme in Paris am 15. März setzte die UÇK ihre Provokationen unvermindert fort, obwohl das gegen die von den Vermittlern in der Erklärung vom 23. Februar gestellten Bedingungen verstieß (»die Waffenruhe umfassend und mit sofortiger Wirkung einzuhalten ... von allen provokativen Aktionen abzusehen«).[123] Während des gesamten Krieges hielt die Bundesrepublik Jugoslawien an ihrer Position fest, ihre Opposition gegen die NATO-Besatzung richte sich nicht gegen eine »internationale Präsenz« zur Implementierung eines Selbstverwaltungsabkommens. Das tatsächliche Friedensabkommen, das die Bundesrepublik Jugoslawien am 3. Juni 1999 unterzeichnete und der Sicherheitsrat am 10. Juni ratifizierte, bestätigte diese Position sogar; es sah vor: »Unter der Schirmherrschaft der Vereinten Nationen erfolgende Stationierung von internationalen zivilen und Sicherheitspräsenzen im Kosovo, die tätig werden, wie nach Kapitel VII der Charta beschlossen wird«, diese Präsenz »unter substanzieller Beteiligung der Nordatlantikvertrags-Organisationen muss unter gemeinsamer Führung disloziert werden«.[124] Die NATO hatte auf der alleinigen Führung bestanden, allerdings nur, bis sie die Bundesrepublik Jugoslawien durch Bombardierungen unterworfen hatte.[125]

Die NATO behauptet, die Verhandlungen von Rambouillet wären eine ernsthafte Bemühung um eine friedliche Lösung gewesen und seien an Miloševićs mangelnder Verhandlungsbereitschaft gescheitert: »Es ist klar, dass die jugoslawische Regierung in Rambouillet niemals ernsthaft einen Frieden auf dem Verhandlungsweg angestrebt hat.«[126] Wie klar ist das wirklich angesichts der Tatsache, dass die jugoslawische Regierung sämtliche so genannten nicht verhandelbaren Prinzipien akzeptierte, die Kosovo-Albaner dagegen nicht, und dass die albanische Seite das Abkommen erst unterzeichnete, nachdem sie und die NATO die von ihnen gewünschten zusätzlichen Klauseln durchgesetzt hatten? Selbst die Goldstone-Kommission, die für die Intervention war, schrieb ein Jahr nach dem Krieg:

> Albright und andere bestanden so nachdrücklich auf der Vorrangstellung der NATO gegenüber jeder anderen Institution in diesem Kontext..., dass es für Serbien kaum einen Grund gab, von der NATO Flexibilität zu erwarten.[127]

Allein die Tatsache, dass die NATO und nicht die Bundesrepublik Jugoslawien die Gespräche abbrach, dürfte darauf hindeuten, dass die NATO und nicht die Bundesrepublik Jugoslawien das Friedenshindernis war. Die NATO antwortete darauf, Milošević habe ohnehin geplant, die Kosovo-Albaner zu vertreiben, ob mit oder ohne Bombardierungen. Der Plan hatte sogar einen Codenamen: »Hufeisenplan«.[128] Die Serben hätten in Rambouillet Verhandlungsbereitschaft nur vorgetäuscht, um mehr Zeit für ihre Vorbereitungen zu gewinnen; die NATO habe mit dem Abbruch der Gespräche und der Kriegsentscheidung Menschenleben gerettet; sie sei keineswegs für das verantwortlich, was während der Bombardierungen vor Ort geschehen sei, sondern lediglich dafür, diese Vorgänge beendet zu haben. Am 11. April 1999 zitierte die *New York Times* Verteidigungsminister Rudolf Scharping mit der Erklärung, die Analysen des Hufeisenplans hätten leider bestätigt, was man während der Verhandlungen bereits vermutet habe, dass nämlich Milošević Zeit habe gewinnen wollen, um eine systematische Vertreibung vorzubereiten.[129] Doch weder die deutsche Bundesregierung noch sonst ein NATO-Mitglied legte je Beweise für die Existenz des »Hufeisenplans« vor, abgesehen von einigen Landkarten, die die deutschen Behörden selbst anfertigen ließen. In der Anklage des IStGHJ gegen Milošević wird der Plan jedenfalls nicht erwähnt. Nach dem Krieg bezeichnete ein deutscher General i. R. den Hufeisenplan als reine »Fälschung«. Die Landkarten stammten aus einem bulgarischen Geheimdienstbericht über jugoslawische Taktiken gegen die UÇK, die nichts mit einer Vertreibung der Zivilbevölkerung zu tun hatten; den Codenamen hatte das deutsche Verteidigungsministerium einfach erfunden.[130] Ohne Zweifel besaß die Bundesrepublik Jugoslawien einen Einsatzplan zur Besetzung des Kosovo und die Vertreibung der UÇK für den Fall einer Invasion, wie die NATO sie seit Juni geplant und seit September des Vorjahres angedroht hatte: »Selbst die USA, deren Frieden und Sicherheit in keiner Weise bedroht sind, haben unzählige Notstandspläne, die ein Vorgehen vorsehen, das von nuklearer Zerstörung … bis zu weniger gravierenden Aktionen reicht.«[131] Während des Krieges erwiesen sich die UÇK-Operationen tatsächlich als tödlich für die serbischen Streitkräfte, da die UÇK das NATO-Kommando über serbische Stellungen informierte und die Serben aus der Reserve lockte, damit die NATO-Bomben sie zu Hunderten vernichten konnten.[132]

Die Behauptung der NATO, sie habe eingegriffen, um einen Völkermord zu verhindern, wird allein schon durch die Art und Weise ihrer Kriegführung widerlegt: Sie rief sämtliche Beobachter zurück, gab den Serben fünf Tage Vorwarnung, gefolgt von planlosen Bombardierungen, die sie eine weitere Woche lang vom Schauplatz des erwarteten Völkermordes fern hielten. Eine wirkliche Rettungsaktion wäre massiv und ohne Vorwarnung mit Bodentruppen vorgedrungen. Peter Gowan behauptet, es habe ein »akuter, bizarrer« Widerspruch bestanden zwischen dem »angeblichen Zweck – die Kosovo-Albaner zu schützen« – und den eingesetzten Mitteln, »eine Bombardierung…, die die serbischen Sicherheitskräfte am Boden mit den Kosovo-Albanern ungehindert tun ließ, was sie wollten«.[133] Die absehbaren Folgen eines solchen Krieges, der mindestens ein Jahr lang sorgfältig geplant wurde, waren »große Flüchtlingsströme« und »heftige Kämpfe zwischen serbischen Sicherheitskräften und mutmaßlichen UÇK-Aktivisten im Kosovo«. »Alle solchen Kriege produzieren Gräueltaten, Vergewaltigungen, Plünderungen und Brandstiftungen: Selbst gut ausgebildete Soldaten können sich unter Kriegsbedingungen an abscheulichen Gräueltaten beteiligen. Das belegen die Folterungen und anderen Gräueltaten, die NATO-Soldaten bei der ›Friedenssicherung‹ in Somalia begangen haben…«[134] Wie lässt sich erklären, dass die NATO den Krieg auf diese Weise anging?

> Es gibt nur eine mögliche Erklärung: Die Clinton-Administration gab der serbischen Obrigkeit Gelegenheit, dem NATO-Angriff eine *nachträgliche* Legitimation zu verschaffen. Die Vereinigten Staaten hofften, dass die fünf Tage vor Beginn der Bombardierungen und die erste Kriegswoche verschiedenen Kräften in Serbien Gelegenheit zu Gräueltaten geben würden, die sie dann als Legitimation für den Luftkrieg nutzen könnten… Sie konnten auch absehen, dass es zu Flüchtlingsströmen über die Grenzen nach Mazedonien und Albanien kommen würde. Und die Einschätzungen der US-Planer erwiesen sich als richtig … Was die Erwartung anging, dass die serbische Regierung einen Völkermord organisieren würde, so traf sie nicht ein. Die Clinton-Administration organisierte den Krieg als Einladung an die serbische Führung, einen Völkermord zu begehen, aber die Regierung Milošević schlug diese Einladung aus.[135]

Einen Krieg mit beabsichtigten antihumanitären Konsequenzen provozieren? Weshalb sollte die NATO so etwas tun? Beim Kosovo springt der materielle und strategische Wert für den Westen nicht so ins Auge wie beim Irak. Manche argumentierten, hinter diesem Konflikt stünden im Grunde dieselben Ölreserven am Kaspischen

Meer, die auch Afghanistan strategisch so wichtig machten, nämlich für eine sichere Pipeline, nur dieses Mal nicht zum Indischen Ozean, sondern zum Mittelmeer.[136] Diana Johnstone führt als weiteres Ziel an, eine strategische Allianz mit den muslimischen Ländern dieser Region zu festigen und sogar gewisse Verpflichtungen gegenüber arabischen Verbündeten einzulösen, die wegen Israel verärgert waren.[137] Chomsky sieht dagegen in Ölpipelines die Interessen einer Supermacht zu eng gefasst und hält den Begriff der »Glaubwürdigkeit« für ein erheblich brauchbareres Erklärungsinstrument. Tatsächlich verwies die NATO-Führung immer wieder auf die »Glaubwürdigkeit«, wenn sie sich gedrängt sah, die Gründe für ihren Krieg gegen die Bundesrepublik Jugoslawien zu erklären. So sagte Clinton in seiner Kriegsrede:

> Wir müssen auch unser Interesse an einem Frieden auf dem Balkan und im Kosovo begreifen. Dies ist eine humanitäre Krise, aber es ist noch weit mehr. Dies ist ein Konflikt ohne natürliche Grenzen. Er bedroht unsere nationalen Interessen. Wenn er weitergeht, wird er Flüchtlinge über die Grenzen treiben und Nachbarländer hineinziehen. Er wird die Glaubwürdigkeit der NATO untergraben, von der die Stabilität in Europa und unsere eigene Glaubwürdigkeit abhängen.[138]

Wie Johnstone feststellt, hat Glaubwürdigkeit in diesem Kontext »nichts mit Aufrichtigkeit, sondern mit der Bereitschaft zur Gewaltanwendung zu tun«,[139] also mit der Bereitschaft und Fähigkeit, selbst ein bloßes »Ärgernis« wie Serbien zu zerschlagen.[140] Glaubwürdigkeit ist zudem die andere Seite der »Ressourcenkontrolle«, wie Thomas L. Friedman am Vorabend des Kosovokrieges in der *New York Times* schrieb: »Die unsichtbare Hand des Marktes wird nie ohne die versteckte Faust funktionieren ...«[141] Der Glaubwürdigkeit lassen sich noch die profaneren Erklärungen hinzufügen, die immer dafür sprechen, dass eine Supermacht in den Krieg zieht, wenn sie nur einen passenden Vorwand findet. Die Kassen der Rüstungsindustrie klingelten jedes Mal, wenn eine Bombe über Jugoslawien abgeworfen wurde.[142] Die am Wiederaufbau des Kosovo und später auch Serbiens beteiligten Firmen dürften sich eine goldene Nase verdienen. Die Milliarden Dollar an Hilfsgeldern, mit denen die Geberländer später die »Auslieferung« Miloševićs erpressen sollten, flossen natürlich in die Kassen

Völkerrechtswidrige Kriege und Kollateralschäden

von Firmen aus ebendiesen Geberländern, wie zum Beispiel an Vizepräsident Dick Cheneys Unternehmen Halliburton, dessen Tochter-
gesellschaft Brown & Root 1999 den Vertrag für den Bau der amerikanischen Militärbasis Camp Bondsteel im Kosovo erhielt.[143] Die im-
mensen Wiederaufbaukosten hatten zudem den Vorteil, Jugoslawien
den westlichen Kreditgebern auf Gedeih und Verderb auszuliefern.[144]
Das Militär betrachtete den Kosovo als ein großes Kriegsspiel, das
Klarheit über ein paar Fragen schaffte: War ein Krieg zu gewinnen,
ohne Bodentruppen ins Land zu schicken? Ohne auch nur das Leben
eines Soldaten zu verlieren? Konnte man mit Verstößen gegen die
Genfer Konvention und einem Krieg durchkommen, der in erster Linie
die Moral der Zivilbevölkerung brechen sollte?[145] Nicht zu vergessen
die politischen Gedankenspielchen à la *Wag the Dog – Wenn der
Schwanz mit dem Hund wedelt.* In dem gleichnamigen Spielfilm aus
dieser Zeit ist ein amerikanischer Präsident in einen Sexskandal (der
»Schwanz«) verwickelt und braucht ein Ablenkungsmanöver; Washington beauftragt daher Hollywood mit einem fiktionalen Krieg
(der »Hund«) in Albanien. Im Fall des Kosovo wurde der echte Präsident Bill Clinton von einigen Frauen in die Enge getrieben, die er
sexuell belästigt oder ausgenutzt hatte, was der Demokratischen
Partei enorm schadete. Die Kosovokrise fiel zeitlich zusammen mit der
Klage von Paula Jones gegen Clinton wegen sexueller Belästigung und
der öffentlichen Untersuchung, dem drohenden Absetzungsverfahren
und der Demütigung wegen seiner Eskapaden mit der Praktikantin
Monica Lewinsky im Oval Office. Bei seiner Pressekonferenz am
19. März 1999 widmete der Präsident seine *gesamte* Anfangserklärung
dem Thema, warum die NATO wegen des Kosovo Krieg führen
müsse, und beantwortete neun Fragen der anwesenden Journalisten.
Nur drei davon bezogen sich auf den Kosovo, ebenso viele auf seine
persönliche Moral. Die erste Frage begann: »Herr Präsident, als Jua-
nita Broaddrick in einem bundesweit ausgestrahlten Fernsehinterview
ihre Vergewaltigungsanschuldigungen gegen Sie erhob ...«[146] Monica
Lewinskys Kleid ließ freilich ebenso wenig tausend Kriegsschiffe in See
stechen wie Helenas Gesicht in Troja, aber sie beschäftigte Bill Clinton
gedanklich weitaus mehr als der Kosovo.[147] Clinton hätte schon sehr
stark und sehr engagiert sein müssen, um all den Kräften zu wider-

stehen, die zum Krieg drängten, von der »Glaubwürdigkeit« über das Militär bis hin zur Rüstungsindustrie. Der friedliche Weg war eindeutig der kompliziertere und schwierigere. Nicht, dass Clinton ohne Monica Lewinsky den friedlichen Weg gewählt hätte, aber diese Affäre dürfte für ihn ein starkes Argument für die Kriegsoption gewesen sein.

Es gab also viele Motive, die diesen Krieg allesamt besser erklären als die abwegigen humanitären Gründe. Ganz abgesehen einmal davon, was man mit den zig Milliarden Dollar, die diese Bombardierungen und der anschließende Wiederaufbau kosteten, hätte erreichen können, wenn man sie in eine »Präventivdiplomatie« investiert hätte, beispielsweise in eine »echte Unterstützung der gewaltlosen kosovarischen Bewegung« und in ein »Vorgehen gegen die massive Polarisierung des Wohlstands in Europa, da der Kosovo die ärmste Region ganz Europas ist«.[148] Ganz zu schweigen von drängenderen humanitären Krisen wie der Aidsepidemie, durch die alljährlich zwei Millionen Afrikaner sterben: Mit den 80 Milliarden US-Dollar, die Amerika für ein Jahr Krieg im Irak ausgibt, hätte man jeden infizierten Afrikaner zeit seines Lebens mit allen notwendigen Medikamenten versorgen können.[149]

Peter Gowans Theorie über den Kosovokrieg ist insbesondere für die Frage interessant, wie die USA es schaffen, mit Mord durchzukommen. Gowan behauptet, der Kosovokrieg habe sich im Grunde gegen die *Rechtsordnung der Vereinten Nationen* gerichtet. Er leitet seine These zum einen aus der Tatsache her, dass die humanitäre Begründung nachweislich unglaubwürdig war, und zum anderen aus der Schwierigkeit, Interessen auf dem Balkan auszumachen, die allen NATO-Ländern gemeinsam waren und die Bombardierungen gelohnt hätten. Er folgert daraus, dass es bei den Balkankriegen in erster Linie um »politische Ziele außerhalb des Balkans« ging – nicht um Ziele der NATO-Länder, sondern um solche der USA: »Der Konflikt zwischen dem serbischen Staat und den Kosovo-Albanern sollte als Mittel genutzt werden, strategische Ziele der USA auf internationaler Ebene außerhalb des Balkans zu erreichen.«[150] Diese strategischen Ziele hatten mit der ständigen politischen und wirtschaftlichen Rivalität der USA zu Russland und den westeuropäischen Ländern um die Vorherrschaft in Europa zu tun. Während des Kalten Krieges wurde Russland

Völkerrechtswidrige Kriege und Kollateralschäden

isoliert, und die Konfrontationssituation in Verbindung mit der amerikanischen Militärmacht bedeutete, dass Europa die Führungsrolle der USA akzeptieren musste. Nach dem Zusammenbruch der Sowjetunion stellten Deutschland und Frankreich die Führungsrolle der USA auf dem Weg über die zunehmend mächtigere Europäische Union in Frage. Die USA versuchten dieser Herausforderung über die NATO zu begegnen. Sie wurde nach Osten um Polen erweitert, was für die Russen zugleich eine Marginalisierung und eine Herausforderung bedeutete. Vor allem aber strebten sie für die NATO neue Aufgaben an, »out of area«-Einsätze, die es den USA ermöglichen sollten, ihren Militärapparat einzusetzen und Europa wieder politisch zu unterwerfen. Der Balkan war für die USA als Schauplatz besonders wichtig, weil Europa hier Anfang der 90er Jahre die Führung übernommen, die Unabhängigkeit Kroatiens und Sloweniens unterstützt und ein Friedensabkommen in Bosnien vermittelt hatte. Gowan sieht in dem entschlossenen Widerstand der Amerikaner gegen die diversen bosnischen Friedenspläne und letztlich ihrer Vereitelung eine ganz bewusste Strategie mit dem Ziel, militärische Lösungen zu erzwingen, bei denen die USA zwangsläufig eine dominante Rolle spielen und die NATO als Vehikel nutzen würden.[151]

Ein zentrales Ziel des Kosovokrieges war, die Autorität der Vereinten Nationen zu untergraben: »Statt zu glauben, die USA seien bereit gewesen, die Autorität des UN-Sicherheitsrates um der Kosovo-Albaner willen zu untergraben, nehmen wir genau das Gegenteil an: Die USA wollten über die NATO die Autorität der Vereinten Nationen untergraben und benutzten die Kosovokrise als Instrument dazu.«[152] Die Begeisterung Frankreichs und Großbritanniens, trotz ihres Vetorechts die Vereinten Nationen zu umgehen, hing zweifellos mit der Tatsache zusammen, dass diese Länder auch in der NATO ein effektives Vetorecht besaßen, dort aber nicht der Gefahr eines antiwestlichen Vetos von Russland und China ausgesetzt waren. Damit wurde die institutionelle Macht Westeuropas tatsächlich gestärkt. Die Legitimation eines Gewalteinsatzes außerhalb des von der UN-Charta vorgegebenen Rahmens sollte die USA in eine rechtliche Position bringen, die ihrer effektiven Stellung in der Welt entsprach, und die Grundlagen der internationalen Rechtsordnung verlagern, weg von einer »multilateralen Ordnung, die Ende des Zweiten Weltkrieges begründet und durch die Rivalität der Großmächte bis zum Zusammenbruch des Ostblocks aufrechterhalten wurde«,[153] hin zu einer unipolaren Welt des globalen Kapitalismus unter Onkel Sams Führung.[154] Michael Ignatieff schilderte ein Gespräch, das er vor dem Kosovokrieg mit Richard Holbrooke geführt hatte – dem »Balkan-Prokonsul«, wie Ignatieff ihn mit dem römischen Titel charakterisiert:[155]

> Holbrooke will zeigen, dass sein Erfolg in Dayton nicht nur in dieser Region, sondern in der ganzen Welt ein Wendepunkt für den Einsatz amerikanischer Machtausübung war. Er hat den erschöpften Europäern und den entmutigten Vereinten Nationen demonstriert…, was Amerika erreichen kann, wenn es skrupellos alle Mittel einsetzt – Luftschläge oder die Androhung von Luftschlägen, Verhandlungen rund um die Uhr und die ungeheure Macht der Autorität des Präsidenten –, um Frieden zu schaffen.

»Ein merkwürdiger Aspekt an dieser Vision«, kommentierte Ignatieff diese Äußerung, »ist die geringe Bedeutung, die den Vereinten Nationen zugestanden wird.«[156]

## Humanitäre Intervention

Unabhängig davon, ob die USA den Kosovokrieg tatsächlich in der Absicht führten, die Rechtsordnung der Vereinten Nationen radikal zu ändern – um aufgrund der »geringen Bedeutung« der UN »skrupellos alle Mittel« einsetzen zu können –, zeigte sich zur Zeit des Irakkrieges 2003 deutlich, dass sie ihn unter anderem zu diesem Zweck auszuschlachten versuchten. Daher behauptete Richard Perle (wie oben zitiert), der »Tod« der Vereinten Nationen datiere aus der Zeit der Kosovokrise. Allein aus dieser Vorstellung spricht implizit die weithin anerkannte Sicht, dass der Kosovokrieg selbst rechtswidrig war, und zwar in höchstem Maße; nur aus diesem Grund ließ er sich als derart massiver Bruch mit der bis dahin geltenden Rechtsordnung sehen. Beim Kosovokrieg war die Zahl derer, die seine Rechtmäßigkeit vertraten, zwar höher als beim Irakkrieg, aber immer noch erheblich geringer als die Zahl derjenigen, die ihn für rechtswidrig hielten. Zu ihnen gehörten bedeutende Autoritäten wie der italienische Juraprofessor Antonio Cassese, der erste IStGHJ-Präsident und somit ein Kollege von Louise Arbour. Während des Krieges veröffentlichte Cassese, damals noch IStGHJ-Richter, einen Artikel, der die allgemeine Expertenmeinung wiedergab:

> Der Verstoß gegen die Charta der Vereinten Nationen, zu dem es in diesem Fall gekommen ist, lässt sich nicht als geringfügig bezeichnen. Das Vorgehen der NATO-Länder weicht radikal von dem System der kollektiven Sicherheit nach der Charta ab, dessen Dreh- und Angelpunkt eine Regel (vom Sicherheitsrat ermächtigte kollektive Zwangsmaßnahmen) und eine Ausnahme (Selbstverteidigung) bilden. Es lässt sich nicht leugnen, dass gegen die Charta verstoßen wurde, indem eine Gruppe von Staaten bewusst ohne Ermächtigung durch den Sicherheitsrat gegen einen souveränen Staat mit Waffengewalt vorgegangen ist.[157]

Selbstverständlich versuchte die NATO, ihr Vorgehen rechtlich wie auch moralisch zu rechtfertigen. Laut Lord Robertsons nichts sagenden Ausführungen in eigener Sache waren die NATO-Staaten »sensibel für die Rechtsgrundlage ihres Vorgehens«.[158] Sie kamen zu dem Schluss, dass mit folgenden »Faktoren« eine »ausreichende Rechtsgrundlage« gegeben sei:

> – die Nichtbefolgung früherer Resolutionen des UN-Sicherheitsrates durch die jugoslawische Regierung, – die Warnungen des UN-Generalsekretärs vor den Gefahren einer humanitären Katastrophe im Kosovo, – das Risiko einer solchen Katastrophe angesichts der mangelnden Bereitschaft Jugoslawiens, eine friedliche Lösung der Krise anzustreben, – die Unwahrscheinlichkeit, dass eine weitere Resolution des UN-Sicherheitsrates in naher Zukunft verabschiedet würde, und – die Bedrohung für Frieden und Sicherheit in der Region.

Diese Faktoren lassen sich drei Kategorien zuordnen: 1) Resolutionen des Sicherheitsrates, 2) drohende humanitäre Katastrophe und 3) Bedrohung für Frieden und Sicherheit. Das Problem aber dabei ist: Die Rechtsgrundlage der Vereinten Nationen erlaubt zwar dem Sicherheitsrat, nicht aber einem einzelnen Staat oder einer Staatengruppe, aufgrund einer dieser Kategorien tätig zu werden. Mit anderen Worten: Es handelte sich auch hier um einen Fall, in dem die USA versuchten, sich die Stellung des Sicherheitsrates anzumaßen, dieses Mal auf dem Weg über die NATO. Nichts könnte in dieser Hinsicht aufschlussreicher sein als die Berufung auf eine »Bedrohung für Frieden und Sicherheit«, eine Situation, für die nach der UN-Charta ausdrücklich der Sicherheitsrat zuständig ist. Ebenso aufschlussreich ist die Berufung auf Resolutionen des Sicherheitsrates, die nicht einmal andeutungsweise eine *Ermächtigung* zum Gewalteinsatz beinhalten. Wie im Fall des Irak stellten die Resolutionen des Sicherheitsrates Forderungen (dieses Mal an beide Seiten), verknüpften sie aber nicht mit Gewaltandrohungen. Selbst Befürworter der Bombardierungen mussten einräumen, dass sich aus diesen Resolutionen keineswegs eine Ermächtigung zur Gewaltanwendung gegen Jugoslawien im Fall der Nichtbefolgung herauslesen ließ, weder explizit noch implizit.[159] Die Berufung der NATO auf die Autorität des Sicherheitsrates kam der Behauptung gleich, jede Nichtbefolgung einer Resolution des Sicherheitsrates rechtfertige eine militärische Intervention, unabhängig davon, wie begrenzt die Mittel waren, die eine Resolution zu ihrer Durchsetzung vorsah. Eben dies behaupteten die Amerikaner seit Jahren, um die Bombardierungen des Irak und im Jahr 2003 den Krieg gegen ihn zu rechtfertigen. Die britische Juristin Christine Gray bringt es auf den Punkt:

> Hier geht es doch nicht darum, dass Euphemismen wie »alle erforderlichen Mittel« als Ermächtigung zum Gewalteinsatz ausgelegt werden, wenn aus der vorausgegangenen Debatte eindeutig hervorgeht, dass der Einsatz von Gewalt geplant ist; die USA, Großbritannien und andere sind weit darüber hinausgegangen, haben den Wortlaut von Resolutionen verzerrt und die vorhergehenden Debatten ignoriert, um behaupten zu können, sie handelten im Namen der internationalen Gemeinschaft.[160]

Wie man sich vorstellen kann, sind solche orwellschen Sprachverdrehungen für die überwiegende Mehrheit der Rechtsgelehrten inakzeptabel, ganz zu schweigen von den Problemen, die eine selektive gewaltsame Durchsetzung mit sich bringt: Die USA sahen keine Notwendigkeit, Israel zu bombardieren, das seit 37 Jahren UN-Resolutionen zu den 1967 von Israel besetzten palästinensischen Gebieten missachtet. Außerdem würde ein solches Vorgehen den Sicherheitsrat praktisch ausschalten, da er keine Resolution und keinen Beschluss zu einer internationalen Streitfrage verabschieden könnte, ohne damit die USA oder ein anderes mächtiges Land implizit zu ermächtigen, eine Lösung

Völkerrechtswidrige Kriege und Kollateralschäden

durch Invasion oder Bomben zu erzwingen. Aus diesem Grund störte der Begriff »implizite Ermächtigung« selbst Befürworter der Bombardierungen.[161] Die vorrangige Verantwortung des Sicherheitsrates für die Erhaltung von Frieden und Sicherheit bestünde ja sonst nur auf dem Papier, eine Option, die den USA offenbar lieber ist als jede andere, vielleicht sogar lieber, als dieses Papier zu zerreißen.

Nicht einmal die NATO behauptete, der Angriff auf Jugoslawien erfolge in Ausübung des Selbstverteidigungsrechts eines Mitgliedstaates, weil eben kein NATO-Staat bedroht oder angegriffen wurde und weder die NATO noch die Vereinten Nationen den Kosovo als unabhängigen Staat anerkannten. Die NATO behauptete auch nicht, sie käme dem Kosovo in seinem Recht auf Selbstbestimmung zu Hilfe.[162] Dies schlossen nämlich dieselben Resolutionen des Sicherheitsrates aus, die jene »Rechtsgrundlage« bildeten, für die die NATO »sensibel« war, denn dort wurde die »territoriale Integrität« der Bundesrepublik Jugoslawien bestätigt. Die einzige Rechtsgrundlage, die eine gewisse Stimmigkeit besaß, wenn man einmal von der Plausibilität absieht, war das so genannte Recht zur »humanitären Intervention«, genauer gesagt, ein Recht zur *unilateralen* humanitären Intervention, die *jeder* Staat oder jede Staatengruppe auf eigene Faust, das heißt ohne Ermächtigung durch den Sicherheitsrat, unternehmen könne. Casseses Feststellung, dass der Krieg rechtswidrig war, bezog sich genau auf die weithin anerkannte Meinung, dass ein solches Recht nicht gegeben war, was nichts anderes heißt, als dass der Kosovokrieg einen Präzedenzfall für eine solche Intervention geschaffen hat, eben weil er rechtswidrig war (siehe unten).

»Humanitäre Intervention« mittels militärischer Gewalt kommt in der UN-Charta nicht vor, denn für die Generation, die diese Charta schuf, war ein Krieg *zwischen* Staaten die Geißel schlechthin, mit anderen Worten: die Verletzung der nationalen Souveränität, die nach Ansicht der Nürnberger Prozesse das »größte internationale Verbrechen« darstellt (das Nazideutschland begangen und das 50 Millionen Todesopfer gefordert hatte). Die UN-Charta ächtet grundsätzlich jede Verletzung der nationalen Souveränität, unabhängig von den Motiven. Die Selbstverteidigung gegen einen bewaffneten Angriff ist danach die Ausnahme, die diese Regel bestätigt. Die Charta lehnt den Gewalteinsatz zwischen Staaten absolut ab und verpflichtet sie, ihre Streitig-keiten »durch friedliche Mittel« beizulegen und »in ihren internatio-nalen Beziehungen jede gegen die territoriale Unversehrtheit oder die politische Unabhängigkeit eines Staates gerichtete … Androhung oder Anwendung von Gewalt« zu unterlassen (Artikel 2.3 und 2.4). Dem Sicherheitsrat sollte das alleinige Recht über den Einsatz von Gewalt eingeräumt werden (ausgenommen die Selbstverteidigung). In Artikel 2.7 verbietet sie selbst den Vereinten Nationen, geschweige denn ein-zelnen Mitgliedstaaten, eine Intervention in allen Fällen bis auf die Ausnahmen, die in Kapitel VII für die Bedrohung des Weltfriedens und der internationalen Sicherheit sowie für die Selbstverteidigung festgelegt sind.

Der Begriff eines »humanitären Krieges« hätte die Väter der UN-Charta geradezu *hitlerisch* angemutet, hatte doch Hitler sechs Jahre zuvor genau diese Rechtfertigung für den Einmarsch Deutschlands in Polen vorgebracht. Seine Rede vor dem Reichstag am 1. September 1939 argumentiert ähnlich wie die NATO-Begründung, als folgten sie einer bestimmten Logik zur Rechtfertigung von Aggression:

> … Danzig wurde von uns getrennt … Die dort lebenden deutschen Min-derheiten in der qualvollsten Weise misshandelt. Über eine Million Men-schen deutschen Blutes mussten schon in den Jahren 1919 auf 1920 ihre Heimat verlassen. Wie immer, so habe ich auch hier versucht, auf dem Wege friedlichster Revisionsvorschläge eine Änderung des unerträglichen Zustandes herbeizuführen … Man hat versucht, das Vorgehen gegen die Volksdeutschen damit zu entschuldigen, dass man erklärte, sie hätten Provokationen begangen. Ich weiß nicht, worin die »Provokationen« der Kinder oder Frauen bestehen sollen, die man misshandelt und ver-schleppt, oder die »Provokationen« derer, die man … getötet hat … Ich habe mich daher nun entschlossen, mit Polen in der gleichen Sprache zu reden, die Polen seit Monaten uns gegenüber anwendet.[163]

Als Vorwand für die Besetzung der Tschechoslowakei brachte Hitler ebenfalls eine humanitäre Intervention zum Schutz deutscher Minder-heiten vor, die angeblich »misshandelt, gequält, wirtschaftlich vernich-tet und vor allem an der Verwirklichung des Selbstbestimmungs-rechtes der Völker auch für sich verhindert« würden.[164] Hitler hielt seine Ansicht für einen völkerrechtlichen Durchbruch und verkündete

Völkerrechtswidrige Kriege und Kollateralschäden

am 20. Februar 1938 vor dem Reichstag, die rechtliche Trennung vom Deutschen Reich könne völkerrechtlich nicht über dem »universellen Selbstbestimmungsrecht« stehen. Der tschechische Präsident Václav Havel, Befürworter des Kosovokrieges, vergaß die Geschichte seines eigenen Landes, als er bei den Feiern zum fünfzigjährigen Bestehen der NATO erklärte, der Kosovokrieg sei »wahrscheinlich der erste Krieg, der nicht im Namen von Interessen, sondern im Namen gewisser Prinzipien und Werte geführt« werde.[165] Aber es ist verabscheuungswürdig, wenn man bedenkt, wie oft Staaten *behaupten*, für höhere Werte Krieg zu führen, und wie selten das der Wahrheit entspricht.

Das Ziel der UN-Charta, Kriege, die nicht der eigenen Verteidigung dienen, als rechtswidrig zu ächten, war durchaus kein Novum im Völkerrecht. Bereits nach dem Ersten Weltkrieg fand dieser Grundsatz breite Zustimmung. Er bildete den Kern des *Allgemeinen Vertrages über den Verzicht auf Krieg* (Briand-Kellogg-Pakt), den die USA und Frankreich 1928 schlossen und dem 13 weitere Staaten beitraten, darunter auch Deutschland und Großbritannien. Er wurde schließlich von 62 Ländern ratifiziert. Im Vertragstext heißt es:

Artikel I
*Die Hohen Vertragschließenden Parteien erklären feierlich im Namen ihrer Völker, dass sie den Krieg als Mittel für die Lösung internationaler Streitfälle verurteilen und auf ihn als Werkzeug nationaler Politik in ihren gegenseitigen Beziehungen verzichten.*

Artikel II
*Die Hohen Vertragschließenden Parteien vereinbaren, dass die Regelung oder Entscheidung aller Streitigkeiten und Konflikte, die zwischen ihnen entstehen könnten, welcher Art oder welchen Ursprungs sie auch mögen, niemals anders als durch friedliche Mittel angestrebt werden soll.*

Dieser Gedanke prägte die UN-Charta, die am 26. Juni 1945 in San Francisco nach einem weiteren, noch verheerenderen Krieg unterzeichnet wurde; ein Krieg, der mit dem Debüt einer Waffe endete, die die gesamte Menschheit auszurotten vermochte. Diese Grundidee prägte auch die Nürnberger Prozesse, die später im selben Jahr begannen. Das Gericht war der Ansicht, der Hinweis auf den Briand-Kellogg-Pakt belege hinreichend, dass der »Angriffskrieg«, den die Nazis führten, rechtswidrig und kriminell gewesen sei:

*Die Nationen, die den Pakt unterschrieben oder ihn befolgten, ächteten den Krieg bedingungslos als Werkzeug zukünftiger Politik und verzichteten ausdrücklich auf ihn. Nach der Unterzeichnung des Paktes machte sich jede Nation, die sich des Krieges als Werkzeug der nationalen Politik bediente, des Vertragsbruchs schuldig. Der Gerichtshof ist der Ansicht, dass der feierliche Verzicht auf den Krieg als Werkzeug nationaler Politik notwendigerweise bedeutet, dass solch ein Krieg völkerrechtswidrig ist und dass diejenigen, die einen solchen Krieg mit all seinen unvermeidbaren und schrecklichen Folgen planen und führen, dadurch ein Verbrechen begehen. Ein Krieg, der als Werkzeug nationaler Politik zur Lösung internationaler Meinungsverschiedenheiten unternommen wird, bedeutet auch zweifellos einen Angriffskrieg, und darum ist solch ein Krieg durch den Pakt geächtet worden.*[166]

Die Frage, was rechtswidrige Kriege und was Angriffskriege sind, ist wichtig, um Amerikas verbrecherisches Vorgehen nicht nur im Kosovo, sondern auch in Afghanistan und im Irak richtig einschätzen zu können. Zu diesem Zweck scheint hier ein kurzer Exkurs angebracht. Wie die oben zitierte Passage zeigt, entschied das Nürnberger Tribunal nicht, ob jeder rechtswidrige Krieg ein Angriffskrieg ist, auch wenn das einzige von ihm erwähnte Beispiel eines Nichtangriffskrieges in den engen Rahmen des Selbstverteidigungsrechts fiel, was ebenso wie im allgemeinen Sprachgebrauch den Schluss impliziert, dass jeder Krieg, der nicht zur eigenen Verteidigung geführt wird, als »Angriff« gilt. Ursprünglich wollten die Amerikaner, vertreten durch Robert Jackson, im Statut des Tribunals den Begriff Aggression nach ebendiesen Grundsätzen definieren, nämlich als jede Gewaltanwendung außer im Fall der Selbstverteidigung:

Ein Aggressor im Sinne dieses Artikels ist der Staat, der als Erster eine der folgenden Taten begeht: »Kriegserklärung ... Invasion seiner Streitkräfte ... auf das Territorium eines anderen Staates ... Angriff ... auf das Territorium, Schiffe oder Flugzeuge eines anderen Staates ... Keine politischen, militärischen, wirtschaftlichen oder sonstigen Erwägungen sollen als Entschuldigung oder Rechtfertigung für solche Handlungen gelten; aber die Ausübung des legitimen Selbstverteidigungsrechts, das heißt Widerstand gegen einen Akt der Aggression oder die Unterstützung eines Staates, der Opfer einer Aggression wurde, sollen keinen Angriffskrieg darstellen.[167]

Völkerrechtswidrige Kriege und Kollateralschäden

Die anderen Alliierten wollten jedoch auf eine explizite Definition von Aggression verzichten, und die Amerikaner gaben in diesem Punkt nach.[168] Andererseits enthielt die endgültige Fassung des Londoner Abkommens, das die Grundlage der Prozesse bildete, als »Verbrechen gegen den Frieden« (neben einem Angriffskrieg) jeden Krieg »unter Verletzung internationaler Verträge« – beispielsweise den Briand-Kellogg-Pakt (bzw. die heutige UN-Charta).

Die Ankläger bei den Nürnberger Prozessen brauchten sich nicht damit zu befassen, was die Unterscheidungskriterien für einen rechtswidrigen Krieg und für einen Angriffskrieg sind, da sie es mit dem ungeheuerlichsten Beispiel für beides zu tun hatten: mit dem Krieg, den die Nazis geführt hatten, um ganz Europa und große Teile der übrigen Welt zu unterwerfen. Abgesehen von diesem »größten« Verbrechen waren aber auch die anderen Verbrechen, zum Beispiel der Holocaust an den europäischen Juden, von ebenso unvorstellbarer Ungeheuerlichkeit. Das Tribunal betonte aber, dass das schwerste Verbrechen der Nazis der Angriffskrieg war. Insbesondere für polnische Juden wie mich ist diese Wertung logisch: Denn hätte Deutschland nicht Polen überfallen, hätten polnische Juden nicht in den Gaskammern sterben müssen. Das sollten wir immer bedenken, wenn wir Versuche, eine »humanitäre Intervention« unter Verletzung des Völkerrechts und der staatlichen Souveränität mit dem Holocaust zu rechtfertigen, richtig einschätzen wollen. Tatsächlich beweist ja der Holocaust das Gegenteil: Denn hätten die Westmächte Nazideutschland am Überschreiten ihrer Grenzen gehindert – wären sie also für das Völkerrecht und die staatliche Souveränität eingetreten –, wozu sie 1938 durchaus in der Lage waren, so hätte der Holocaust gar nicht stattgefunden. Etwa 97 Prozent der von den Nazis ermordeten Juden lebten in den Ländern, die Deutschland widerrechtlich besetzt hatte, darunter drei Millionen polnische Juden, die über 90 Prozent der jüdischen Vorkriegsbevölkerung ausmachten. Die überwiegende Mehrheit der getöteten deutschen Juden wurde ebenfalls während des Krieges ermordet, nachdem sie in die Vernichtungslager in Polen gebracht worden waren.[169]

Nicht alle rechtswidrigen Kriege sind mit dem Zweiten Weltkrieg vergleichbar, wie auch nicht alle Verbrechen gegen die Menschlichkeit mit dem Holocaust gleichzusetzen sind. Aber die von den Nürnberger Prozessen aufgestellte logische Gewichtung scheint auch für das Unrecht angebracht zu sein, um das es im Kosovo (wie auch in Afghanistan und im Irak) geht. Auch hier erwuchsen die Kriegsverbrechen aus den Verbrechen gegen den Frieden, und somit machte eine Unterscheidung zwischen Aggression und Unrechtmäßigkeit keinen Sinn. Noch einmal: Es geht hier nicht um eine Formsache, sondern um Grundsätzliches, nämlich um das Unrecht, entgegen den grundlegenden Friedensprinzipien der UN-Charta aus ideologischen, geopolitischen oder Profitinteressen einen Krieg anzuzetteln, mit all seinen absehbaren Folgen an Tod und Zerstörung.

Nach den Nürnberger Prozessen folgte die Rechtsentwicklung dem Beispiel des Londoner Abkommens und setzte »Angriffskrieg« mit »rechtswidrigem Krieg« gleich. Wichtigster Schritt war die ohne Gegenstimme angenommene Resolution der UN-Generalversammlung von 1974, deren Definition von Aggression im Wesentlichen der von Jackson für die Nürnberger Prozesse vorgeschlagenen Definition entsprach. Demnach ist Aggression *jede* »Anwendung von Waffengewalt durch einen Staat, die gegen die Souveränität, die territoriale Unversehrtheit oder die politische Unabhängigkeit eines anderen Staates gerichtet oder sonst mit der UN-Charta unvereinbar ist«. Artikel 5 schließt auch eine »humanitäre Intervention« ausdrücklich aus, und zwar praktisch mit denselben Worten, die Jackson vorgeschlagen hatte: »Keine Überlegung irgendwelcher Art, sei sie politischer, wirtschaftlicher, militärischer oder sonstiger Natur, kann als Rechtfertigung für eine Aggression dienen.«[170] Der Artikel stellt weiter fest: »Ein Angriffskrieg ist ein Verbrechen gegen den Weltfrieden. Eine Aggression führt zu völkerrechtlicher Verantwortlichkeit.« Artikel 2 enthält eine entscheidende Passage: »Wenn ein Staat als Erster Waffengewalt unter Verletzung der Charta anwendet, so stellt dies einen Beweis des ersten Anscheins für eine Angriffshandlung dar« – mit nur einer einzigen Ausnahme: Der Sicherheitsrat kann »in Einklang mit der Charta zu dem Schluss gelangen ..., dass die Feststellung, es sei eine Angriffshandlung begangen worden, angesichts anderer erheblicher Umstände nicht gerechtfertigt wäre, wie unter anderem in dem Fall, dass die betreffenden Handlungen oder ihre Folgen nicht schwerwiegend genug sind«. Die Formulierung ist insofern von großer Bedeutung, als sie gewährleistet, dass die rechtliche Einstufung eines Krieges (der keinen Verteidigungscharakter hat) als Aggression nicht am Veto eines ständigen Mitglieds des Sicherheitsrates scheitern kann. Er gilt als Aggression, bis der Sicherheitsrat feststellt, dass es sich *nicht* um eine Aggression handelt, und einem solchen Beschluss müssten *alle* ständigen Mitglieder sowie mindestens vier der übrigen zehn Mitglieder zustimmen. Im Fall des Kosovo wie auch des Irak dürfte es den USA unmöglich gewesen sein, ein solches Abstimmungsergebnis zu bewirken; und in Anbetracht der Unverbindlichkeit der im September 2001 angenommenen Resolutionen ist durchaus fraglich, was passiert wäre, wenn der Fall Afghanistan jemals zur Abstimmung gekommen wäre, zumal aus einem gewissen Abstand, aus dem man die ganze Grausamkeit und fehlende Befreiungswirkung besser hätte einschätzen können.

Im Fall Nicaragua erkannte der Internationale Gerichtshof 1986 die durch die Resolution der UN-Generalversammlung festgelegte Definition der Aggression als bindendes Völkerrecht an, als er Amerikas Anspruch zurückwies, in Selbstverteidigung gehandelt zu haben.[171] Dieses Urteil bestätigte zudem eindeutig die Ächtung »humanitärer Kriege«.[172] Die Amerikaner hatten behauptet, ihre Intervention sei nicht nur in Ausübung ihres Selbstverteidigungsrechts erfolgt, sondern habe auch dem Schutz der Menschenrechte von Nicaraguanern dienen sollen (die durch eine Volksrevolution bedroht gewesen seien, die das Land aus der von den USA garantierten repressiven Rückständigkeit holen wollte). Auch dies lehnte der Internationale Gerichtshof ab, der mit zwölf zu drei Stimmen klar gegen die USA entschied.[173] Die offizielle Entscheidung lautete:

Indem die Vereinigten Staaten von Amerika die Contra-Streitkräfte ausbildeten, bewaffneten, ausrüsteten, finanzierten und versorgten oder auf sonstige Weise militärische und paramilitärische Aktivitäten in und gegen Nicaragua ermutigten, unterstützten und förderten ... durch bestimmte Angriffe auf nicaraguanisches Territorium in den Jahren 1983–1984 ... und durch Verminung internationaler oder territorialer Gewässer der Republik Nicaragua in den ersten Monaten des Jahres 1984 ... haben sie gegen die Republik Nicaragua gehandelt unter Verletzung ihrer Verpflichtung nach internationalem Gewohnheitsrecht, sich nicht in die Angelegenheiten eines anderen Staates einzumischen … keine Gewalt gegen einen anderen Staat anzuwenden … seine Souveränität nicht zu verletzen und den friedlichen Seehandel nicht zu stören.[174]

Diese Entscheidung markierte das Ende der amerikanischen Kooperation mit dem Internationalen Gerichtshof. Ohne Erfolg versuchten die USA, sich im Fall Nicaragua der Gerichtsbarkeit des Gerichtshofes zu entziehen, indem sie vor der Urteilsverkündung ihre Unterwerfungserklärung zurückzogen. Das Gericht machte die USA allerdings darauf aufmerksam, dass sie sich zu einer sechsmonatigen Kündigungsfrist verpflichtet hatten, und setzte den Prozess fort.[175] Von nun an verweigerten die USA jede weitere Mitwirkung an dem Verfahren und entzogen dem Gerichtshof für alle künftigen Verfahren ihre Einwilligung, sich seiner Gerichtsbarkeit zu unterwerfen, sofern sie nicht im Voraus in spezifischen Fällen einem Verfahren zustimmen sollten. Dass der Internationale Gerichtshof seit Nicaragua kein Urteil über Rechtsverstöße der USA gefällt hat, bedeutet keineswegs, dass Amerika auf dem rechten Weg geblieben wäre; es zeigt nur, dass der Arm des Gesetzes nicht lang genug ist.[176]

Der Internationale Gerichtshof sprach den USA das von ihnen reklamierte Recht auf humanitäre Intervention kurz und bündig ab:

Die Vereinigten Staaten mochten zwar ihre eigene Einschätzung zur Lage der Menschenrechtswahrung in Nicaragua haben, aber in jedem Fall konnte die Anwendung von Gewalt nicht die angemessene Methode darstellen, diese Wahrung zu beaufsichtigen oder zu gewährleisten. Was die tatsächlich erfolgten Maßnahmen betrifft, so kann der Schutz der Menschenrechte, ein strikt humanitäres Ziel, nicht mit der Verminung von Häfen, der Zerstörung von Erdöleinrichtungen oder auch mit der Ausbildung, Bewaffnung und Ausrüstung der Contras vereinbar sein.[177]

Da der Internationale Gerichtshof die höchste Instanz in Völkerrechtsfragen ist, waren Verfechter einer unilateralen humanitären Intervention über dieses Urteil sehr enttäuscht. Manche versuchten noch etwas zu retten, indem sie den Präzedenzwert des Urteils auf die besonderen Umstände des Falles einengten und behaupteten, es ließen sich daraus immer noch Rechtsgrundlagen für eine echte humanitäre Intervention ableiten, wenn die Menschenrechtsverletzungen nur schwer genug und gewisse andere Bedingungen erfüllt seien.[178] So vertritt Fernando Teson die Ansicht, unter strengen Bedingungen hätten Staaten ein moralisches Recht, mit Waffengewalt einzugreifen, um schwerwiegende Menschenrechtsverletzungen in anderen Staaten zu verhindern oder zu beenden. Er argumentiert, die UN-Charta müsse trotz ihres Wortlauts dahin gehend »interpretiert« werden, dass aus diesem moralischen Recht ein juristisches Recht erwachse.[179] Die Intervention müsse selbstverständlich »wirklich humanitär« sein und dazu eine Reihe strenger Bedingungen erfüllen, sonst verliere die Intervention ihre Rechtmäßigkeit. Es liegt auf der Hand, dass der Kosovokrieg, wenn überhaupt, nur wenige dieser Bedingungen erfüllte:

> Erstens: Der intervenierende Staat muss seine Militäraktion darauf richten, staatliche Menschenrechtsverstöße zu beenden...[180]

Die NATO-Bombardierungen im Kosovo hatten offenbar alles andere als die Beendigung von Menschenrechtsverletzungen zum Ziel; vor allem in den ersten Wochen *förderten* sie diese wohl eher. Niemand bezweifelt, dass sich die Lage nach Beginn der Bombardierungen erwartungsgemäß verschlechterte. Selbst Befürworter der Bombardierungen mussten einräumen, dass die NATO-Strategie »zuweilen eher darauf kalkuliert schien, das Milošević-Regime für seine früheren Gräueltaten zu bestrafen und ihm die Krallen zu ziehen als den gegenwärtigen Menschenrechtsverletzungen Einhalt zu gebieten.«[181]

> Zweitens: Nichthumanitäre Motive (wie der Wunsch nach Grenzsicherheit oder Stärkung von Allianzen) sollten so beschaffen sein, dass sie das erste und oberste Menschenrechtsziel der Intervention nicht behindern oder reduzieren.[180]

Im Fall des Kosovo lässt sich die *anti*-humanitäre Art, wie die NATO ihre »Intervention« durchführte, eigentlich nur aus der Fülle der »nichthumanitären Motive« erklären, die oben ausgeführt sind.

> Drittens: Die eingesetzten Mittel müssen immer vom Recht getragen sein.

Ein Bombenangriff, der eindeutig darauf abzielt, die Moral der Zivilbevölkerung zu brechen, und ein flagranter Verstoß gegen die Genfer Konvention ist (siehe Kapitel 6), erfüllt jedenfalls dieses Kriterium nicht.

*... die Authentizität des humanitären Zwecks muss durch Überprüfung*
*der konkreten Maßnahmen des Intervenierenden sichergestellt werden*
*... Haben Truppen das Territorium länger als nötig besetzt?*

Die UÇK ist eine separatistische Bewegung. In Rambouillet bestand
sie auf einer Sicherheitspräsenz im Kosovo unter Führung der NATO
zur Gewährleistung ihrer zukünftigen Unabhängigkeit. Vier Jahre
nach Kriegsende ist der Kosovo immer noch ein NATO-Protektorat
und wird es auf absehbare Zeit bleiben.

*Hat der Intervenierende von den neuen Regierungen Vergünstigungen*
*oder Vorteile verlangt?*

Was ist mit der Absetzung der Regierung und der Auslieferung ihres
Präsidenten an den Internationalen Gerichtshof als Bedingung für die
Aufhebung von Sanktionen? Der NATO genügte es nicht, die angebliche Unterdrückung des Kosovo durch Serbien zu beenden; die Serben
mussten selbst eine willfährige (»prowestliche«) Regierung einsetzen
und dann ihre eigenen Gesetze missachten, um dem Begehren der
NATO zu entsprechen, Milošević in Handschellen nach Den Haag zu
überstellen (siehe Kapitel 5).

*Und der endgültige Test wird sein, ob die Menschenrechte infolge der*
*Intervention tatsächlich wiederhergestellt wurden.*

Die Albaner sind zwar nicht länger Opfer ethnischer Gewalt, aber der
weitgehend von Serben und Roma »gesäuberte« Kosovo zeugt wohl
kaum von der Wiederherstellung der Menschenrechte. Eine Einschätzung zur Rechtslage im Kosovo ein Jahr nach dem Krieg stellte fest:

Allgemein anerkannte bürgerliche und politische Rechte wurden versagt,
darunter das Recht auf Leben, das Recht auf körperliche und seelische
Unversehrtheit, das Recht auf persönliche Freiheit und Sicherheit, das
Recht auf humane Haftbedingungen ohne Folter und grausame und er-
niedrigende Behandlung oder Strafen und das Recht auf Freizügigkeit.
Ferner sind an die Stelle des verbreiteten Terrors nun andere Rechts-
verletzungen getreten, etwa auf dem Gebiet der Vereins- und Versamm-
lungsfreiheit, der freien Meinungsäußerung, der Gedanken-, Gewissens-
und Religionsfreiheit sowie des Rechts auf Benutzung der eigenen
Sprache ... und des Rechts auf politische Partizipation. Außerdem ...
kam es zu wiederholten Aufhebungen wirtschaftlicher, sozialer und kul-

tureller Rechte: unter anderem des Rechts auf Bildung, des Rechts auf Teilnahme am kulturellen Leben, des Rechts auf Gesundheit und des Rechts auf soziale Sicherheit.[182]

Schließlich ist die für den Kosovokrieg wichtigste Frage zu stellen, ob es eine gewaltlose Möglichkeit gibt, das humanitäre Ziel zu erreichen:

> *Militärische Intervention sollte als Mittel gegen Menschenrechtsverletzungen erst dann eingesetzt werden, wenn alle friedlichen Mittel fehlgeschlagen sind oder aller Wahrscheinlichkeit nach fehlschlagen werden. Dafür gibt es einen einfachen Grund: Krieg ist verheerend; unschuldige Menschen sterben, Länder werden geplündert und verwüstet.*[180]

Vieles spricht dafür, dass die NATO darauf aus war, die zahlreichen Chancen einer friedlichen Lösung, die sich bis zum Augenblick des Angriffs boten, zu vereiteln.

Das militärische Vorgehen der NATO hätte also einer rechtlichen / moralischen Prüfung für eine unilaterale humanitäre Intervention nicht standgehalten (wenn es sie denn je gegeben hätte, was aber nicht der Fall war). Befürworter der Bombardierungen ignorieren entweder die Fakten oder Wortlaut und Sinn der UN-Charta oder beides. Manche beriefen sich auf die Punkte der Charta, die ihrer Sicht entsprachen, und übergingen die Passagen, die klarstellen, dass die Durchsetzung ebendieser Punkte Aufgabe der UN-Organe und nicht einzelner Mitgliedstaaten ist.[183] Andere versuchten es mit kreativer Auslegung wie die amerikanischen Rechtswissenschaftler Paul Williams und Michael P. Scharf, ehemals Berater des US-Außenministeriums und NATO-Anhänger, die argumentierten:

> ... da [die NATO] ausdrücklich die Unabhängigkeitsbestrebungen des Kosovo ablehnte und öffentlich die territoriale Unversehrtheit und politische Unabhängigkeit Jugoslawiens bekräftigte, konnte man in den Luftangriffen weder eine Verletzung der territorialen Unversehrtheit Jugoslawiens noch eine Infragestellung seiner politischen Unabhängigkeit sehen.[184]

Nach ihrer Auslegung würden »territoriale Unversehrtheit« und »politische Unabhängigkeit« (durch Artikel 2.4 der UN-Charta garantiert) also nicht verletzt, wenn ein Land ein anderes bombardiert, um es zu unterwerfen, es aber nicht förmlich annektiert. Das weicht von dem, was gesunder Menschenverstand unter dem Artikel versteht, doch recht stark ab. Und selbst die Theorie unilateraler humanitärer Intervention verlangt, dass bei den Angreifern »Taten, nicht Worte zählen müssen«.[185] Tatsächlich wurde der Kosovo dauerhaft von Jugoslawien abgekoppelt und ist derzeit und für die nahe Zukunft von NATO-Truppen besetzt: »Mit jedem Monat, der vergeht, und mit jeder neu asphaltierten Straße wird Camp Bondsteel zu einem permanenteren Bestandteil der kosovarischen Landschaft … ein mittel- bis langfristig angelegter amerikanischer Stützpunkt«.[186] Das war das einzig mögliche Ergebnis eines NATO-Sieges, und genau diesen Zustand beabsichtigte das Rambouillet-Abkommen, das den Vorwand für die Bombardierungen lieferte.

Williams und Scharf argumentieren, die Luftangriffe gegen Jugoslawien seien rechtlich durch die Konvention über die Verhütung und Bestrafung des Völkermordes abgedeckt, d.h. durch die Verpflichtung der ratifizierenden Länder »zu seiner Verhütung und Bestrafung«.[187] Demnach könnte man also den *Angriff selbst* als eine Verhütung und/oder Bestrafung des Völkermordes ansehen. Bloß gab es keinen Beweis für einen Völkermord, wie die Anklage gegen Milošević belegte, nachdem man ihn nach Den Haag gebracht hatte (siehe Kapitel 5). Doch selbst keine eklatante Verletzung der Völkermordkonvention rechtfertigt eine bewaffnete Intervention: Liest man die Bestimmungen dieser Konvention richtig, erfährt man, dass die ratifizierenden Staaten vereinbaren, Völkermord auf alle möglichen Arten zu verhindern und zu bestrafen, nur nicht durch eine bewaffnete Invasion. Die Staaten verpflichten sich, Gesetze gegen Völkermord zu schaffen und diejenigen, die Völkermord begehen, vor ein nationales oder internationales Gericht zu stellen und auszuliefern. Vor allem aber vereinbaren sie: »Eine vertragschließende Partei kann die *zuständigen Organe der Vereinten Nationen* damit befassen, gemäß der UN-Charta die Maßnahmen zu ergreifen, die sie für Verhütung und Bekämpfung von Völkermordhandlungen … für geeignet erachtet.«[188] Die NATO oder die USA sind an keiner Stelle »als zuständige Organe der Vereinten Nationen« genannt; und nirgendwo ist die Rede davon, ein Land, das diese Konvention mutmaßlich verletzt, in Grund und Boden zu bombardieren. In bester Tradition des »humanitären« oder wie auch

Völkerrechtswidrige Kriege und Kollateralschäden

immer genannten amerikanischen Interventionismus ignorieren Williams und Scharf geflissentlich die Frage der Mittel, die hier allein interessiert. Wenn die Verhütung von Völkermord ein erstrebenswertes Ziel ist – und es dürfte kaum jemand dem nicht zustimmen –, folgt dann daraus, dass *jedes* Mittel zu seiner Erreichung akzeptabel ist? Es kann daher auch nicht überraschen, dass das Völkerrecht und internationale Abkommen sich mit den Mitteln ebenso befassen wie mit dem Zweck. Diesen Punkt hob auch der Internationale Gerichtshof im Fall Nicaragua hervor:

> Nicaragua wird durch Feststellung des Kongresses der Vereinigten Staaten von 1985 die Verletzung von Menschenrechten vorgeworfen ... Wo allerdings Menschenrechte durch internationale Konventionen geschützt werden, erfolgt dieser Schutz in Form von Vereinbarungen über die Überwachung und Wahrung von Menschenrechten, die in den Konventionen selbst niedergelegt sind.[189]

Man kann also eine Konvention, die sowohl Mittel als auch Zweck spezifiziert, nicht dazu benutzen, *jedes* Mittel zu rechtfertigen, ob es nun in dieser Konvention aufgeführt ist oder nicht. Wenn es nicht Juristen gäbe, die dazu die nötige Kaltschnäuzigkeit besitzen, müsste man das nicht erst eigens erwähnen.

Und was die »zuständigen Organe der Vereinten Nationen« angeht, so hatte die NATO jede Gelegenheit, alle diese Argumente vor dem Internationalen Gerichtshof vorzubringen, als Jugoslawien nach einmonatigen Bombardierungen dort Klage gegen die USA und neun weitere Staaten erhob.[190] Doch statt ihre Sache zu vertreten, zog die NATO es vor, dem Gerichtshof die Zuständigkeit abzusprechen. Gleichzeitig aber unterstützten die USA den IStGHJ darin, *seine* Zuständigkeit gegen die Führung der Bundesrepublik Jugoslawien zu bekräftigen. Es ist durchaus kein Zufall, dass sowohl der Internationale Gerichtshof, eine ehrwürdige Institution, die offiziell 1945 (zusammen mit den Vereinten Nationen) geschaffen wurde, effektiv aber bereits seit 1922 (zusammen mit dem Völkerbund) bestand, als auch der Internationale Strafgerichtshof für das ehemalige Jugoslawien (IStGHJ, geschaffen 1993) ihren Sitz in Den Haag haben, dem Ort der wichtigen Friedenskonferenzen von 1899 und 1907. Offensichtlich wollten die USA, dass etwas vom Glanz des Internationalen Gerichtshofes auf den IStGHJ abstrahlt und beide von der Öffentlichkeit sogar verwechselt werden, was häufig geschieht, obwohl es sich um zwei völlig verschiedene Institutionen handelt. Vor dem Internationalen Gerichtshof können nur Staaten, nicht Einzelpersonen erscheinen. Seine Gerichtsbarkeit beruht ausschließlich auf dem Konsens aller Parteien, und er kann keine Strafen gegen Einzelpersonen verhängen. Zudem ist er ein wesentlich demokratischeres und repräsentativeres Gremium als der IStGHJ, denn seine Richter unterliegen nicht dem Vetorecht der fünf ständigen Mitglieder des Sicherheitsrates. Die 15 Richter des Internationalen Gerichtshofes werden mit absoluter Mehrheit der Generalversammlung und des Sicherheitsrates gewählt, wobei das Vetorecht nicht zur Anwendung kommt.

Im Rahmen seiner Klage beantragte Jugoslawien eine einstweilige Verfügung, über die verhandelt wurde. Im Grunde ging es dabei um den Antrag, durch das Gericht eine vorübergehende Einstellung der Bombardierungen bis zur Hauptverhandlung anzuordnen. Am 2. Juni 1999 gab das Gericht seine Entscheidung bekannt, Jugoslawiens Antrag abzulehnen, ohne in der Sache zu entscheiden (die ihren Gang im gewohnten Schneckentempo nehmen sollte).[191] Diese Entscheidung trug allerdings nicht dazu bei, die Rechtmäßigkeit der NATO-Luftangriffe zu bestätigen, eher im Gegenteil. Obwohl die NATO-Länder (mit fünf Richtern) im Gericht stark vertreten waren, war die Entscheidung eine unmissverständliche Rüge für den fragwürdigen humanitären Charakter und die Rechtmäßigkeit der NATO-Bombardierungen:

> 16. Obwohl das Gericht zutiefst besorgt ist über den Gewalteinsatz in Jugoslawien; obwohl ein solcher Einsatz unter den gegenwärtigen Umständen schwerwiegende völkerrechtliche Fragen aufwirft; …
>
> 18. Obwohl das Gericht es für notwendig hält zu betonen, dass alle Parteien, die vor ihm erscheinen, gemäß ihren Verpflichtungen nach der Charta der Vereinten Nationen und anderen Völkerrechtsbestimmungen, einschließlich humanitärer Regeln, zu handeln haben; …
>
> 31. Obwohl Staaten in jedem Fall für ihnen zuzuschreibende Handlungen, die das Völkerrecht verletzen, verantwortlich bleiben, ob sie sich der Gerichtsbarkeit des Gerichtshofes unterwerfen oder nicht;

obwohl alle Streitigkeiten hinsichtlich der Rechtmäßigkeit solcher Handlungen mit friedlichen Mitteln zu lösen sind, deren Wahl nach Artikel 33 der Charta den Parteien überlassen ist;
...

33. Obwohl der Sicherheitsrat nach Kapitel VII der Charta besondere Verpflichtungen besitzt, wenn aus solch einer Streitigkeit eine Bedrohung für den Frieden, ein Bruch des Friedens oder ein Akt der Aggression erwächst ...

Die Hervorhebung des Sicherheitsrates war in der Tat die eigentliche Krux der ganzen Sache. Die Alternative zu einer »humanitären Intervention« bestand zu keiner Zeit darin, »tatenlos zuzusehen«; es ging vielmehr um die Frage, ob man friedliche Mittel oder Gewalt anwenden sollte, und vor allem darum, *wer* darüber zu entscheiden habe. In der Zeit seit dem Nicaragua-Verfahren, und besonders seit dem offiziellen Ende des Kalten Krieges, hatte der Sicherheitsrat vorsichtig mit einer so genannten »kollektiven« humanitären Intervention experimentiert – also mit einer *vom Sicherheitsrat genehmigten* Intervention. Darum ging es, als Generalsekretär Pérez de Cuéllar 1991 in einer viel zitierten Äußerung sagte, »die Verteidigung der Bedrängten im Namen der Moral sollte über Grenzen und Gesetzestexten stehen«. Er sprach über die Rolle der Vereinten Nationen nach dem Kalten Krieg, nachdem der Sicherheitsrat »nun in die zentrale Stellung gerückt ist, in der er die Autorität geltend machen kann, die die Charta ihm übertragen hat«. In Bezug auf den kurz zuvor geführten Golfkrieg bestand der Generalsekretär darauf, »alle Durchsetzungsmaßnahmen müssen aus einem kollektiven Engagement erwachsen, das eine eigene Disziplin verlangt«.[192] Die Unterscheidung zwischen kollektiv und unilateral ist grundlegend für das System der Vereinten Nationen, das nach der Charta darauf abzielt, »wirksame *Kollektivmaßnahmen* zu treffen, um Bedrohungen des Friedens zu verhüten und zu beseitigen« und »Grundsätze anzunehmen und *Verfahren einzuführen*, die gewährleisten, dass Waffengewalt nur noch *im gemeinsamen Interesse* angewendet wird«.[193]

In der ersten Hälfte der 90er Jahre gab es vier Fälle kollektiver humanitärer Intervention. In diesen Fällen ermächtigte der Sicherheitsrat den Einsatz »aller erforderlichen Mittel« unter einheitlichem Kommando, allerdings immer unter strenger Aufsicht des Generalsekretärs. Vor den hier schon erwähnten Resolutionen zu Bosnien gab es ähnliche Resolutionen zu Somalia, Haiti und Ruanda.[194] Zur Zeit der Kosovokrise war die Autorität des Sicherheitsrates, bei einem Konflikt innerhalb der Grenzen eines souveränen Staates die Ermächtigung zu einer bewaffneten Intervention zu erteilen, bereits etabliert. Warum wurde davon im Kosovo kein Gebrauch gemacht?

Die übliche Erklärung, die die Befürworter der Bombardierungen als Hauptargument für eine unilaterale humanitäre Intervention geben, lautet, eine kollektive Intervention sei wegen einer »Lähmung« des Sicherheitsrates nicht möglich gewesen. Williams und Scharf beispielsweise behaupten salbungsvoll, eine US-Intervention sei »wegen der erneut auftretenden Lähmung des Sicherheitsrats angesichts massenhafter Gräueltaten« das Risiko wert gewesen, einen Präzedenzfall zu schaffen, »wonach andere Länder unter weniger altruistischen Umständen intervenieren« könnten.[195] Die Lähmung des Sicherheitsrates spielte eine entscheidende Rolle in dem Präzedenzfall, den die Befürworter der Bombardierungen aus dem Kosovokrieg zu konstruieren suchten. So war die unmissverständliche Äußerung von Antonio Cassese, dass der Krieg rechtswidrig sei, keineswegs als Kritik gemeint, vielmehr wollte der Richter am IStGHJ damit klarstellen, dass es infolge des Kosovokonflikts zu einem Bruch mit bislang gültigen Rechtsnormen gekommen sei, der möglicherweise zu einem neuen Rechtsprinzip führe.[196] Cassese trat für eine neue Regelung ein, die der gescheiterten Doktrin humanitärer Intervention eine weitere Bedingung hinzufügte, nämlich dass »der Sicherheitsrat unfähig ist, Zwangsmaßnahmen zur Beendigung der Massaker zu ergreifen, weil Unstimmigkeiten zwischen den ständigen Mitgliedern bestehen oder weil eines von seinem Vetorecht Gebrauch macht«.[197]

Es ist schon erstaunlich, dass man überhaupt die Chuzpe besitzt, bei einer Intervention der NATO oder der USA das »Lähmungs«-Argument vorzubringen, da alle Lähmung doch von ihnen selbst ausging. In den ersten 20 Jahren nach Verabschiedung der UN-Charta machten zwar die Sowjets am häufigsten von ihrem Vetorecht Gebrauch, aber von 1966 bis 1997 – einer Periode, die, wie man annehmen sollte, für den Kosovo und die »erneut auftretende« Lähmung, von der Williams und Scharf sprechen, wesentlich relevanter ist – kam das Veto im Sicherheitsrat in 86 Prozent der Fälle von NATO-Ländern. Von 1966 bis 1997 kamen von insgesamt 132 Vetos 72 von den USA, 19 von Großbritannien und 14 von Frankreich, während die Sowjetunion nur 15-mal und China nur 3-mal ein Veto einlegten. In dem Maße, wie die USA sich in entscheidenden Fragen zunehmend in der Minderheit sahen, stieg ihr Anteil an den insgesamt eingelegten Vetostimmen stetig von 39 Prozent zwischen 1966 und 1975 auf 57 Prozent zwischen 1976 und 1985 und 63 Prozent zwischen 1986 und 1997.[198] Nachdem die USA den Nicaragua-Prozess verloren hatten, blockierten sie mit ihrem Veto Resolutionen, die eine Befolgung von Urteilen des Internationalen Gerichtshofes forderten,[199] und nach dem Jahrtausendwechsel nutzten die USA ihr Vetorecht, um eine kollektive humanitäre Intervention gegen Israels brutale Besatzung der palästinensischen Gebiete und sogar den Einsatz internationaler Beobachter in einer Phase intensiven Blutvergießens zu verhindern.[200] Wenn es denn eine Lähmung des Sicherheitsrates gibt, so sind dafür vor allem die USA verantwortlich. Und da es hier um eine »Lähmung angesichts massenhafter Gräueltaten« geht, verdient das berüchtigtste Beispiel durchaus Erwähnung, nämlich der Bürgerkrieg 1994 in Ruanda. Es ist weithin anerkannt, dass in diesem Fall die USA unter Bill Clinton die Vereinten Nationen »lähmten«. Daher ist die Ignoranz eines Michael Ignatieff völlig unverständlich, der Ruanda und Bosnien als *Hauptgründe* anführt, die Intervention im Kosovo trotz fehlender Ermächtigung durch den Sicherheitsrat zu befürworten:

> Wenn man sich nur an die jüngsten und relevantesten Vorfälle hält, so hat das Scheitern des UN-Sicherheitsrates, in Ruanda wie auch in Bosnien einen Völkermord zu verhindern, es wichtig gemacht, dass Koalitionen von Mitgliedstaaten im Alleingang handeln können sollten, wenn ein Veto die internationale Gemeinschaft zum Komplizen des Bösen zu machen droht.[201]

*Ruanda und Bosnien?* Es stimmt zwar, dass nicht jeder die erdrückenden Belege für Amerikas Torpedierung der Friedensbemühungen in Bosnien akzeptiert – die Ignatieff allerdings anzuerkennen scheint –,[202] aber was Ruanda angeht, so ist kaum jemand zu finden, der nicht der Ansicht wäre, dass die USA selbst das Problem waren. Die Beurteilung, zu der die Untersuchungskommission der Organisation für Afrikanische Einheit (Organisation of African Unity, OAU) in ihrem Bericht *Rwanda: The Preventable Genocide* kam, ist charakteristisch:

> … während des gesamten Völkermordes untergruben amerikanische Machenschaften im Sicherheitsrat wiederholt alle Versuche, die UN-Militärpräsenz in Ruanda zu verstärken; letzten Endes erreichte kein einziger zusätzlicher Soldat und kein Stück militärischer Ausrüstung das Land vor Ende des Völkermordes.[203]

Auch für Ruanda wurde ein internationaler Strafgerichtshof eingerichtet (siehe Kapitel 4). Auch hier handelte es sich um einen Fall, in dem westliche (vorwiegend US-amerikanische) Gier und strenge, vom IWF auferlegte Sparmaßnahmen Öl ins Feuer eines seit langem schwelenden, äußerst wechselhaften ethnischen Konflikts gossen, der noch aus Kolonialzeiten herrührte. Die Hutu stellten 85 Prozent der Landesbevölkerung, die Tutsi nur 14 Prozent, waren aber unter belgischer Kolonialherrschaft die begünstigte Elite. Als die belgische Treuhandverwaltung 1959 endete, schafften die Hutu in einer Revolution die Monarchie und die Vorherrschaft der Tutsi ab. In den 80er Jahren hatte das Land besonders unter sinkenden internationalen Rohstoffpreisen und strengen, von den internationalen Finanzinstitutionen auferlegten Sparprogrammen zu leiden. Die sinkenden Kaffeepreise waren ebenso wenig ein Naturereignis wie die rigiden Sparprogramme. Ende der 80er Jahre gaben die Kaffeeimporteure der reichen Länder wegen des Preisdrucks am Markt die Quoten und Preiskontrollen auf, die sie Mitte der 70er Jahre als eine Maßnahme gegen Angebotsknappheit eingeführt hatten. Die Deregulierung zog einen Sturz der Großhandelspreise für Kaffee um 50 Prozent nach sich, der für die produzierenden afrikanischen Länder verheerende Folgen hatte. Im Laufe der Wirtschaftskrise gründeten Tutsi-Flüchtlinge in Uganda die Patriotische Front Ruandas (FPR) mit dem Ziel, die Hutu-Regierung in Ruanda zu stürzen. Anfang der 90er Jahre wütete ein Bürgerkrieg.[204] Im April 1994 wurde der Hutu-Präsident ermordet, die Patriotische Front Ruandas startete eine letztlich erfolgreiche Invasion, und es kam zu einem grauenhaften Ausbruch ethnischer Gewalt.[205] Bis zum 31. Mai 1994 teilte der UN-Generalsekretär dem Sicherheitsrat mit,

Völkerrechtswidrige Kriege und Kollateralschäden

dass ein »Völkermord« an der Tutsi-Minderheit stattfände, der bis dahin bereits 250 000 bis 500 000 Todesopfer gefordert habe.

Nun kamen die USA ins Spiel. Am 2. Mai 1994, während die Massaker im Gang waren, erließ Präsident Clinton die Presidential Decision Directive 25 (PDD 25), die nicht nur die Bedingungen für eine US-Beteiligung an UN-Friedensmissionen, sondern auch für deren Unterstützung festlegte. Nach der veröffentlichten Zusammenfassung der Direktive war das erste Kriterium für eine US-Unterstützung, dass ein »UN-Engagement US-Interessen dient«.[206] Die USA mussten nicht von ihrem Vetorecht Gebrauch machen, um eine Intervention in Ruanda zu verhindern, aber ihr entschlossener Widerstand war der entscheidende Faktor. Der damalige UN-Generalsekretär Boutros Boutros-Ghali schrieb:

> Es war eine Sache, wenn die Vereinigten Staaten Bedingungen für ihre eigene Teilnahme an der UN-Friedenssicherung stellten … Es war jedoch etwas ganz anderes, wenn die USA versuchten, ihre Bedingungen anderen Ländern aufzuerlegen. Doch genau das tat Madeleine Albright … Albright verwendete die Bedingungen von PDD 25, um Druck auf die anderen Mitglieder des Sicherheitsrates auszuüben, damit die Entsendung eines Kontingents von 5500 Mann nach Ruanda verschoben wurde, bis ich sie überzeugen konnte, dass sämtliche der zahlreichen amerikanischen Bedingungen erfüllt worden waren … Die Bemühungen der Vereinigten Staaten, die Entsendung einer schlagkräftigen UN-Truppe nach Ruanda zu verhindern, hatte dank der Unterstützung Großbritanniens Erfolg. Die internationale Gemeinschaft unternahm nichts oder nur wenig, während das Morden in Ruanda unvermindert anhielt.[207]

Gemeinhin wird die US-Opposition gegen eine Intervention in Ruanda mit dem Hinweis auf die Empörung erklärt, mit der die amerikanische Öffentlichkeit im Oktober zuvor auf die Ermordung von 18 US-Soldaten in Somalia reagiert hatte, die dort im Rahmen der UN-Friedensmission eingesetzt waren. Dies kann allerdings nicht erklären, warum die USA Maßnahmen der UN vereitelten, die praktisch keine Beteiligung von US-Truppen erfordert hätten. Zudem verabschiedete der Sicherheitsrat während der Gewalttaten in Ruanda eine Resolution (mit der erforderlichen Jastimme der USA) zu Bosnien, mit der die dortige UN-Truppenpräsenz um 6500 Mann verstärkt wurde.[208] Die einzige Erklärung ist, dass die USA ein UN-Engagement in Ruanda den US-Interessen nicht für dienlich hielten, um es mit PDD 25 zu sagen, und zwar deswegen, weil sie am Ausgang des Konflikts nicht interessiert waren oder weil sie die angreifenden Tutsi-Truppen unterstützten und eine Intervention nicht nur die Morde, sondern auch die Machtübernahme durch die Tutsi verhindert hätte. Vor der Invasion unterhielten die USA zwar normale Beziehungen zum Regime der Hutu-Mehrheit, aber das Verhältnis, das sie nachher zum Regime der Tutsi-Minderheit aufbauten, war wesentlich enger. Seit dem Kongokrieg 1996, der nordamerikanischen Rohstoffinteressen in vielfältiger Hinsicht diente und Millionen Menschenleben forderte, stellte Amerika der ruandischen Regierung für ihre Kriegsbeteiligung Militärhilfe bereit.[209] Als der Untersuchungsbericht *Rwanda: The Preventable Genocide* veröffentlicht wurde, empörten sich westliche Kommentatoren über jede Erklärung der Tragödie, die darin etwas anderes sah als einen schieren »Blutrausch« oder »etwas zwischen kollektivem Wahnsinn und Bosheit«. Den USA einen Vorwurf zu machen hieße, ihrer Ansicht nach, »Unbeteiligten die Schuld zu geben«.[210] Von wegen Unbeteiligte.

Das Beispiel Ruanda zeigt, wie selektiv die USA bei humanitären Interventionen vorgehen und wie widersinnig es ist, wenn sie ihre unilaterale Intervention im Kosovo mit der »Lähmung« des Sicherheitsrates legitimieren. Die USA waren das Problem. So etwas wie eine allgemeine Lähmung des Sicherheitsrates existiert nicht. Ganz im Gegenteil: Vor dem Kosovokrieg hatte die Zahl der im Sicherheitsrat verabschiedeten Resolutionen sich von 185 in den 80er Jahren drastisch auf 638 in den 90er Jahren erhöht und 1993, also im Jahr vor PDD 25, einen Höchststand von 93 erreicht. Diesen 93 Resolutionen des Jahres 1993 sollte man die 20 von 1989 gegenüberstellen, die im letzten Jahr des Kalten Krieges verabschiedet wurden. Die Zahl der Resolutionen, die sich auf Kapitel VII der UN-Charta bezogen (Friedenssicherung), stieg von 22 in den 44 Jahren des Kalten Krieges (1946 bis 1989) auf 107 in den sieben Jahren nach dem Fall der Berliner Mauer (1990 bis 1996).[211] Von Lähmung keine Spur, denn vor dem Kosovokrieg hatten die friedenssichernden und humanitären Maßnahmen des Sicherheitsrates *zugenommen*. Es lässt sich belegen, dass die USA den Sicherheitsrat lahm legten, weil die Wiederbelebung der Vereinten Nationen den amerikanischen Anspruch auf Vertretung der »internationalen Gemeinschaft« in Frage stellte.

Ähnliches lässt sich aus den Äußerungen des ehemaligen UN-Generalsekretärs Boutros Boutros-Ghali herauslesen, der seinen 1999 erschienenen Memoiren den Titel gab *Unvanquished: a U.S.-U.N. Saga.* Boutros-Ghali hatte allen Grund zum Groll auf die Regierung Clinton, die entschlossen war, ihm die traditionell übliche zweite Amtszeit als Generalsekretär zu verwehren, und eine üble Desinformationskampagne gegen ihn führte. Letztlich stimmten die USA 1996 als Einzige im Sicherheitsrat gegen Boutros-Ghali (und bauten damit ihre Führung im häufigsten Gebrauch des Vetorechts aus). Im selben Jahr hatte der Generalsekretär den USA öffentlich vorgeworfen, sie versuchten die UN gefügig zu machen, indem sie ihren Zahlungsverpflichtungen nicht nachkämen.[212] Madeleine Albright erklärte Boutros-Ghali jedoch, er werde gefeuert, weil er sich 1993 geweigert habe, die Amerikaner zum einseitigen Einsatz von Gewalt in Bosnien zu ermächtigen.[213] Die USA waren also schon lange vor einem drohenden »Holocaust« im Kosovo zu einer Militärintervention ohne Ermächtigung durch die Vereinten Nation entschlossen und brannten darauf.[214] Zu der Konfrontation über Sarajevo kam es im August 1993, also gut zwei Monate vor den Zwischenfällen in Mogadischu, die den Anlass für PDD 25 boten. War Boutros-Ghali sich anfangs noch über die Motive der USA im Unklaren (»außerhalb der USA ergab die Herangehensweise der Clinton-Administration [an Bosnien] im Grunde keinen Sinn, es sei denn als Produkt eines undurchschaubaren Kalküls im Stile Machiavellis«),[215] so zeichnete sich noch vor dem Kosovokrieg ab, dass sie mit Bestrebungen zu tun hatten, Bodentruppen durch Luftüberlegenheit und die Vereinten Nationen durch die USA zu ersetzen: »Ich hatte die Aufgabe, den Multilateralismus zu vertreten, die amerikanische Politik neigte dagegen zum Unilateralismus, der Multilateralismus diente bei Bedarf nur als Feigenblatt.«[216]

Boutros-Ghali wurde durch Kofi Annan abgelöst, der sich während des Kosovokrieges durch ohrenbetäubendes Schweigen zur Verletzung der UN-Charta durch die NATO auszeichnete. Das war kein Zufall. Boutros-Ghali schreibt: »Die Clinton-Administration nannte niemanden mit Namen, weil sie offensichtlich fürchtete, dass ihr Kandidat als Marionette Amerikas betrachtet würde. Innerhalb der Vereinten Nationen wussten jedoch alle, dass der Wunschkandidat der USA Kofi Annan aus Ghana war«.[217] Auch wenn es in Annans offizieller UN-Biografie nicht zu finden ist: Er war während des Bosnienkrieges als UN-Sonderbotschafter bei der NATO tätig, und in Wirklichkeit verhielt es sich ganz anders, da er entgegen der zurückhaltenden Position des Generalsekretärs NATO-Bombardierungen unterstützte. Laut Holbrooke trug ihm diese Haltung »den Job« als Generalsekretär ein.[218]

Mit Kofin Annan hatte die Regierung Clinton eine gute Wahl getroffen. Von dem Moment an, als die NATO ihre Militärintervention im Kosovo zu planen begann, arbeitete Annan an der diplomatischen Rückendeckung. Im Juni 1998 hielt er einen Vortrag, in dem er den unilateralen Interventionismus nachdrücklich und emotional verteidigte, den Kosovo unter Verweis auf die Nazizeit als Beispiel für die nächste Intervention anführte und der NATO ausdrücklich zu ihren jüngsten Drohungen gegen die Bundesrepublik Jugoslawien gratulierte.[219] Im Januar 1999, am Vorabend von Rambouillet, gab Annan der NATO effektiv grünes Licht für ihre unilateralen Militärpläne. Am 28. Januar 1999, zwei Tage bevor die NATO die Bundesrepublik Jugoslawien offiziell nach Rambouillet »zitierte«, fand der erste Besuch eines UN-Generalsekretärs im NATO-Hauptquartier in Brüssel statt – aber keineswegs Annans erster Besuch. Annan sprach in geschlossener Sitzung vor dem NATO-Rat; was er dort sagte, lässt sich allerdings unschwer ahnen, da er selbst in seinen öffentlichen Äußerungen das Gewaltmonopol des Sicherheitsrates mit keinem Wort erwähnte.[220] Vor der Presse stufte Annan die Ermächtigung durch den Sicherheitsrat zu etwas herab, was nur »normalerweise« erforderlich sei:

> Auf die Frage, ob die NATO ohne ausdrückliche Genehmigung des UN-Sicherheitsrates im Kosovo intervenieren könne, erklärte Annan: »Normalerweise ist die Genehmigung des Sicherheitsrates für den Einsatz von Gewalt erforderlich. Das habe ich immer gesagt.« In einem anscheinend gezielten Signal an die NATO-Partner, nicht zurückzuweichen, erklärte er jedoch NATO-Gesandten: »Erlauben Sie mir nur die Bitte, dass wir alle – besonders jene mit der Fähigkeit zu handeln – uns an die Lehren von Bosnien erinnern.«[221]

Völkerrechtswidrige Kriege und Kollateralschäden

NATO-Generalsekretär Javier Solana nutzte diesen Besuch mit Recht zu der Erklärung: »Sie haben an dem heutigen Besuch des UN-Generalsekretärs bei der NATO gesehen, dass die Vereinten Nationen unsere Entschlossenheit und Ziele teilen.«[222] Während des Krieges unternahm Annan nichts, um diesen Eindruck zu korrigieren. Kurz nach dem Krieg unterschrieb er einen Bericht, der den USA zu ihrem Vorgehen unverhohlen gratulierte, die Politik seines Vorgängers als »Appeasement« angriff und Kosovo mit Bosnien sowie Bosnien mit dem Holocaust verglich (siehe Kapitel 4).

Unabhängig davon, ob die NATO-Anhänger tatsächlich mit der Absicht in den Krieg zogen, einen Präzedenzfall zu schaffen, bemühten sie sich doch nach Kräften, daraus einen solchen abzuleiten. Am Vorabend des NATO-Gipfeltreffens – also während Bombenangriffe geführt wurden, die nicht durch die UN-Charta gedeckt waren – hielt Tony Blair in Chicago eine weithin beachtete Rede, in der er behauptete, die »neue Welt« des »neuen Milleniums« brauche »neue Regeln«, »neue Vorgehensweisen« und einen »neuen Rahmen«:

> Unsere Existenz als Staaten ist nicht länger bedroht *[wenn man nicht zufällig Jugoslawien ist]* ... Nichteinmischung galt lange als wichtiges Prinzip internationaler Ordnung. Und es ist keines, das wir allzu bereitwillig über Bord werfen würden ... Aber das Prinzip der Nichteinmischung muss in wesentlichen Hinsichten eingeschränkt werden. Völkermord kann niemals eine rein interne Angelegenheit sein.[223]

Der Eckpfeiler der UN-Charta wird hier auf etwas reduziert, das wir nicht »allzu bereitwillig über Bord werfen« möchten. Nicht etwa, dass wir es gar nicht über Bord werfen wollten, wir wollen es nur nicht *allzu bereitwillig* über Bord werfen. Verfechter der Bombardierungen griffen diese Rede begierig auf und lasen aus ihr heraus: »Die in der UN-Charta verankerte Annahme, dass Staaten außer zur Selbstverteidigung nicht zum Mittel des Krieges greifen und vor Intervention durch andere souveräne Staaten geschützt sein sollten, musste nun revidiert werden.«[224] Nach dem Krieg beteten NATO-Politiker die gleiche Leier herunter.[225] Kofi Annan begann das neue Millenium mit einer entsprechend positiven Einschätzung, die unter der Überschrift »The Legitimacy to intervene« (Die Legitimität zu intervenieren) in der *Financial Times* erschien.[226]

Lässt sich etwas für diesen »neuen Präzedenzfall« ins Feld führen? Schauen wir uns den Kosovo an. Der Sicherheitsrat befasste sich eingehend mit dem Konflikt und verabschiedete im Laufe des Jahres vor dem NATO-Angriff sogar mehrere wichtige Resolutionen zu diesem Thema.[227] Resolution 1244 vom 10. Juni 1999 enthielt die Friedensvereinbarungen zwischen der Bundesrepublik Jugoslawien und der NATO, die durch Vermittlung der G-8-Länder zustande gekommen waren. Keine dieser Resolutionen ermächtigte zu einer bewaffneten Intervention, allerdings nicht, weil der Sicherheitsrat dazu unfähig gewesen wäre, wie die Resolutionen von Anfang der 90er Jahre zeigen. Die NATO *versuchte* nicht einmal, eine Ermächtigung des Sicherheitsrates für eine bewaffnete Intervention im Kosovo zu bekommen. Die Interventionisten behaupten, ein solcher Versuch sei sinnlos gewesen, weil China und Russland sicher von ihrem Vetorecht Gebrauch gemacht hätten. Aber was ist damit bewiesen? Das ist genauso, als würde die Polizei auf der Straße Selbstjustiz üben wollen, weil sie nicht auf das Urteil der Gerichte vertraut. Es geht nicht nur darum, dass die meisten von uns den Gerichten mehr vertrauen als der Polizei; es geht auch darum, dass wir uns besser fühlen, wenn der staatliche Einsatz von Gewalt gewissen ernsthaften Kontrollen unterliegt.[228]

Die Praxis bestätigt dieses Prinzip. Hätte im Fall des Kosovo ein Veto Chinas oder Russlands im Sicherheitsrat die NATO effektiv aufgehalten, wäre das Leben Tausender junger bis alter Menschen verschont geblieben, weil es die Welt gezwungen hätte, dem Frieden die zahlreichen oben ausgeführten Chancen einzuräumen. Denn die »humanitäre Katastrophe im Kosovo entwickelte sich erst, *nachdem* die NATO den Vereinten Nationen den Entscheidungsprozess entriss«, wie es der ehemalige Leiter der Friedensmission in Bosnien ausdrückte.[229] Hätten Russland und China diese Initiative der NATO verhindert, hätten sie zudem die wohlüberlegte Meinung des größten Teils der Welt und ihrer Regierungen repräsentiert. Hätte die NATO dies bestreiten wollen, hätte sie ihre Sache vor die UN-Generalversammlung bringen können. Als die USA in den 50er Jahren im Fall Koreas das Veto der Sowjetunion umgehen wollten, wandten sie sich an die Generalversammlung und brachten die Resolution »Vereint für den Frieden« durch, die es der Generalversammlung ermöglichte,

militärisches Eingreifen zu empfehlen, wenn zwei Drittel der abgege-
benen Stimmen sich dafür aussprachen.[230] Seither fand diese Resolution allerdings keine Anwendung mehr, weil der Westen die Kontrolle
über das Abstimmungsverhalten der Generalversammlung verloren
hatte. Aus diesem Grund versuchten die USA wohl auch im Fall des
Kosovo nicht, von ihr Gebrauch zu machen: Sie hätten eine solche
Abstimmung gegen eine überwältigende Mehrheit verloren, weil die
wahre internationale Gemeinschaft gegen den Krieg war.[231]

Hier geht es nicht um eine Frage der Inhalte, sondern des Verfahrens, nicht um Ziele, sondern um Mittel – nicht darum, ob »die
internationale Gemeinschaft« eingreifen sollte, wenn es im Interesse
der Menschheit unbedingt erforderlich ist, sondern darum, *wer* für die
internationale Gemeinschaft sprechen darf. Es geht nicht nur darum,
dass die Befürworter unilateraler Intervention die von ihnen beklagten
Mängel des Sicherheitsrates selbst verschuldet hatten, sondern vielmehr darum, dass die unilaterale Alternative nicht einmal einen äqui-
valenten Ausdruck der »internationalen Gemeinschaft« darstellt, geschweige denn einen besseren. Die Frage ist nicht, wie wir zulassen
können, dass einer oder zwei Staaten die Wünsche der internationalen
Gemeinschaft mit ihrem Vetorecht vereiteln; die Frage lautet vielmehr,
woher wir wissen, ob etwas dem Willen der internationalen Gemeinschaft entspricht, wenn es weder die Zustimmung des Sicherheitsrates
noch die der Generalversammlung hat. Die unilaterale Alternative
zum Sicherheitsrat stellt auch keinen effektiveren Weg dar zu entscheiden, ob eine Intervention mit Waffengewalt notwendig ist. Auch das
hat der Kosovo für die meisten Menschen gezeigt. Die unilaterale Alternative zum Sicherheitsrat bedeutet nicht etwa die Herrschaft der
Besten, Humanitärsten oder Repräsentativsten, sondern die Herrschaft der Mächtigsten. Nur in einem sind sich alle in Bezug auf den
Kosovo einig: dass die Amerikaner ihren Willen durchgesetzt haben.

Nach der neuen Rechtsordnung, die der »Präzedenzfall« Kosovo
etablieren soll, würde dieses Vorgehen sogar *institutionalisiert*. Und
für die Meinung der Welt wäre es noch schwieriger, gegen die enormen Propagandaressourcen anzukommen, die Amerika in seiner eigenen Öffentlichkeit mobilisieren kann. Als reichstes Land der Welt-
geschichte verfügt Amerika über die mächtigsten Massenmedien der

Welt, die durchaus keine harmlosen Zuschauer sind, sondern ganz im Gegenteil vollwertige Mitglieder der amerikanischen Unternehmenswelt, die in heiliger Ehe mit Staat und Regierung verbandelt sind und die gleichen geopolitischen Interessen teilen. Auch von dem glücklichen Zufall abgesehen, dass der Pressesprecher des US-Außenministeriums mit der führenden CNN-Korrespondentin im Kosovo verheiratet ist,[232] gibt es nichts, was die Amerikaner ihrem eigenen Volk nicht zumindest kurzfristig plausibel machen könnten, wie der Irakkrieg zweifelsfrei belegt hat. Aber auch beim Kosovo war dies zu erleben.[233] Selbst Cassese, der seinen Artikel in den Anfangsstadien des Krieges schrieb, meinte anscheinend, die US-Position ungeprüft glauben zu müssen. Wenn sich schon ein bedeutender Völkerrechtsexperte so leicht an der Nase herumführen lässt, wie schwer wird es dann bei unvorbelasteten Beobachtern sein?

Aber was macht man mit Casseses neuer Rechtsordnung, wenn sich herausstellt, dass die selbst ernannten Menschenfreunde gelogen haben? Wie setzt man den Teil des neuen Rechts durch, der besagt, dass Intervention nur zulässig ist, wenn sie im humanitären Interesse notwendig ist, sich anschließend aber zeigt, dass sie gar nicht notwendig war? Wendet man sich an den Internationalen Gerichtshof? Das kann man vergessen, da die Amerikaner ihn nicht anerkennen. An den Internationalen Strafgerichtshof? Desgleichen. Für die amerikanischen Medien war es entscheidend, den Sicherheitsrat während des Irakkrieges in Misskredit zu bringen, weil er als einzige Institution noch die legale Autorität besaß, von den USA vor der Welt Beweise für ihre Behauptungen zu verlangen. Gibt man das auf, können parteiische Experten nach Belieben wilde Behauptungen über das Recht und die Fakten aufstellen, ohne fürchten zu müssen, dass sie jemals von einem Gericht oder Organ mit der entsprechenden Autorität zur Rede gestellt werden.

Die UN-Charta war der Versuch, nach einem unvorstellbar verheerenden Krieg dem Einsatz militärischer Gewalt enge Grenzen zu setzen. Dabei stützte sie sich auf die staatliche Souveränität und eine nahezu vollständige rechtliche Gleichstellung der Staaten, in der das Vetorecht der fünf ständigen Mitglieder des Sicherheitsrates die einzige Ausnahme bildet. Die neuen Interventionisten versuchten, das

Völkerrechtswidrige Kriege und Kollateralschäden

geltende Recht zu ändern, indem sie auf die Idee der staatlichen Souveränität eindroschen. »Internationales Handeln zur Aufrechterhaltung der Menschenrechte erfordert ein neues Verständnis des Staates und der individuellen Souveränität«, erklärte Kofi Annan.[234] Aber diese Dichotomie ist falsch, zum einen, weil an die Stelle staatlicher Souveränität nicht individuelle Souveränität treten soll, sondern die Souveränität der Großmächte, was individuelle Unterordnung unter sie und ihre Verbündeten bedeutet. In Bosnien, Kosovo, Afghanistan und Irak haben zurzeit die USA das Sagen; alle Übrigen kommen mit weitem Abstand an zweiter Stelle. In seiner Rede vor dem kanadischen Parlament sagte Václav Havel während des Kosovokrieges, er sehe den Kosovo »als wichtigen Präzedenzfall für die Zukunft. Es ist nun eindeutig festgestellt, dass es unzulässig ist, Menschen zu morden, sie aus ihrer Heimat zu vertreiben, zu misshandeln und ihres Eigentums zu berauben.«[235] Darauf antwortete Stephen Shalom:

> Was glauben wir, welche Lehren türkische Politiker aus dem Angriff auf den Kosovo ziehen? Sicher nicht: »Das zeigt, was allen passiert, die Gräueltaten gegen ethnische Minderheiten begehen.« Werden sie nicht wahrscheinlicher schlussfolgern – wie jeder, der sich Fälle wie die Türkei, Timor, Palästina und Irak vor 1990 (als Saddam Hussein ein US-Verbündeter war und Kurden ermordete) einerseits und Fälle wie den Irak nach 1990 und den Kosovo andererseits ansehen –, dass man mit seinen ethnischen Minderheiten machen kann, was man will, solange man US-Interessen dient, und dass man, ungeachtet der Menschenrechtssituation, angegriffen wird, wenn man sich einer US-Intervention widersetzt?[236]

Zum anderen erfolgt diese »Evolution« der Souveränität nur partiell und gilt seltsamerweise nicht für die »fortgeschrittensten« Länder, weil die staatliche Souveränität nur für die schwächeren Länder abgeschafft wird: »Eine Welt mit einer einzigen Supermacht ist eine Welt, in der nur diese Supermacht einen gesicherten Anspruch auf ›nationale Souveränität‹ besitzt – für den Rest ein überkommener Begriff.«[237] Es kann also keine Rede davon sein, dass jemand in den USA intervenieren würde, die für die Menschenrechtsverletzungen ihres eigenen Volkes berüchtigt sind, ein Land, in dem Rassentrennung, Armut inmitten üppigsten Reichtums, Brutalität der Polizei, überfüllte Gefängnisse und die Todesstrafe an der Tagesordnung sind.[238] Als die USA im Kosovo

»intervenierten«, teilten sie sich mit Japan die zweifelhafte Auszeichnung, als einzige Staaten der entwickelten Welt die Todesstrafe zu vollstrecken, wobei in den USA die Hinrichtungsrate bezogen auf die Gesamtbevölkerung fünfmal höher lag als in Japan. Mit 98 Hinrichtungen im Jahr 1999 lagen die USA in der Häufigkeit, mit der sie die Todesstrafe vollstreckten, an fünfter Stelle aller Staaten der Welt nach ihrem Handelspartner China, den Ländern der »Achse des Bösen«, Iran und Irak, und ihrem Vasallenstaat Saudi-Arabien.[239] Zudem besaßen die USA mit annähernd zwei Millionen erwachsenen Häftlingen an jedem beliebigen Tag die größte Zahl von Gefängnisinsassen in der Welt, und zwar sowohl in absoluten Zahlen als auch relativ zur Gesamtbevölkerung.[240] Im Jahr 1999 gab es nach offiziellen Angaben 15 530 Todesopfer durch Mord und Totschlag – ein regelrechter bosnischer Bürgerkrieg. Im selben Jahr wurden 89 110 Vergewaltigungsfälle aktenkundig.[241] Die meisten seriösen Kriminologen stellen dies in einen Zusammenhang mit der massiven sozialen, rassischen und geschlechtsspezifischen Ungleichheit, die den American Way of Life ausmacht. Die Theoretiker der humanitären Intervention definieren diese Art von Unterdrückung allerdings bequemerweise so, dass sie aus dem Rahmen ihrer Doktrin fällt. Als »Test« gilt, »ob Menschenrechtsverletzungen ausreichend weit verbreitet und vorherrschend sind, um die Einstufung dieser Gesellschaft als repressiven Staat zu rechtfertigen«, aber der Begriff »repressiver Staat« wird willkürlich so definiert, dass er die spezifische Repressivität der USA ausklammert. Zum Glück für sie zählen extrem hohe Raten von Gewaltverbrechen und Haftstrafen nicht, ganz zu schweigen von massiver wirtschaftlicher Ungleichheit und käuflichen Wahlergebnissen.[242] Selbst wenn die Theoretiker nicht so clever wären, hätte niemand eine Chance, gegen die USA oder ihre Vasallenstaaten zu intervenieren. Humanitäre Intervention ist auf ewig dazu verurteilt, ein »asymmetrisches Recht« zu bleiben, »das Recht des Stärkeren, sich in die Angelegenheiten der Schwachen einzumischen, und nicht umgekehrt«.[243] Darauf wies der Internationale Gerichtshof bereits 1949 hin, als er den Briten das Recht absprach, vorübergehend in albanischen Hoheitsgewässern zu intervenieren, um Beweise für Völkerrechtsverletzungen zu suchen: »Das Gericht kann das beanspruchte Recht auf Intervention lediglich als Ausdruck einer Gewaltpolitik erachten, wie sie in der Vergangenheit zu den schwerwiegendsten Missbräuchen geführt hat ... da es der Natur der Sache nach den mächtigsten Staaten vorbehalten bliebe.«[244]

Die Krux der vorgeschlagenen neuen Ausnahme vom geltenden Recht ist also, dass sie das Ziel der humanitären Intervention von den institutionellen Mitteln des Sicherheitsrates und sogar der Generalversammlung abkoppelt. Damit befreit sie die NATO – genauer: die USA – von den in der UN-Charta festgelegten Rechtsvorschriften und somit von jeglichen Rechtsvorschriften. Dies war die rechtspolitische Zielsetzung des Kosovokrieges, auch wenn es nicht sein hauptsächliches oder einziges politisches Ziel war: »aus falsch richtig zu machen«, um Casseses Formulierung zu übernehmen, und das komplexe, annähernd demokratische Verfahren der UN-Charta durch das wesentlich einfachere Gesetz des Dschungels zu ersetzen.

Wird dieser Präzedenzfall Anerkennung finden? Selbst Cassese, der die Reaktion der internationalen Gemeinschaft extrem optimistisch darstellte, hatte den Eindruck, es sei nach diesem einen Beispiel im Kosovo »zu früh zu behaupten, dass ein Gewohnheitsrecht entstanden sei«.[245] Cassese war allerdings optimistisch, da »nur sehr wenige Staaten behaupteten, das Vorgehen der NATO-Länder habe gegen die UN-Charta verstoßen«. Dass zu diesen Ländern Russland, China und Indien mit einer Bevölkerung von zusammen mehr als 2 Milliarden Menschen gehören, ließ ihn kalt. Seine Äußerung, dass »die überwältigende Mehrheit der Staaten die NATO-Intervention nicht als rechtswidrig verurteilte«, wurde bereits im folgenden Frühjahr widerlegt. Beim Südgipfel der Entwicklungsländer im April 2000 gaben 133 Staaten folgende Erklärung ab:

> Wir lehnen das so genannte »Recht« auf humanitäre Intervention ab, das keine Rechtsgrundlage in der Charta der Vereinten Nationen oder in den allgemeinen Völkerrechtsprinzipien besitzt.[246]

Nach gängiger Völkerrechtslehre bedeutet eine derart überwältigende Ablehnung, dass eine unilaterale humanitäre Intervention gegenwärtig ebenso rechtswidrig ist wie vor dem Kosovokrieg, eine Ansicht, die von der überwiegenden Mehrheit der Völkerrechtsexperten geteilt wird.[247] Zwei »unabhängige Kommissionen«, die sich mit dieser Frage beschäftigten, mussten ebenfalls einen mangelnden Konsens zu diesem Präzedenzfall einräumen. Eine war die vom kanadischen Außenministerium eingesetzte *International Commission on Intervention and State Sovereignty*, die andere stand unter der Leitung des südafrikanischen Richters Richard Goldstone, dessen Amtsführung als erster Ankläger des IStGHJ sich nicht unbedingt durch seine Unabhängigkeit auszeichnete (siehe Kapitel 4). Beiden Kommissionen standen die recht spärlichen Talente Michael Ignatieffs zur Verfügung. Beide räumten ein, dass sich aus dem Kosovo kein vollgültiger juristischer Präzedenzfall ableiten ließe, weil der größte Teil der Welt eine unilaterale humanitäre Intervention nach wie vor als Trojanisches Pferd des Westens ablehne. Beide Kommissionen hielten es aber offenbar für in Ordnung, es dennoch »einfach zu tun«.[248]

Wenn der Kosovokrieg ein neues Element einführte, so handelte es sich dabei nicht um einen echten juristischen Präzedenzfall, sondern um den Beginn eines unverhohlenen Abgehens von der Legalität als grundlegendem Bezugspunkt internationaler Beziehungen. Dies wurde erst in der Debatte um den Irakkrieg deutlich, als Amerikas Politik- und Rechtstheoretiker den Abgesang auf die UN-Charta anstimmten (siehe Kapitel 1). Zu diesem Zeitpunkt stellten sich allerdings auch bei den anderen reichen Länder Bedenken über diese Entwicklung ein. Solange die NATO das bevorzugte Vehikel amerikanischer Militärpolitik war, hatten die kleineren Partner anscheinend nichts dagegen einzuwenden, die Autorität der Vereinten Nationen durch die der NATO zu ersetzen. Bis 2003 hatte sich jedoch gezeigt, dass die NATO für die USA nur ein kurzer Zwischenstopp auf ihrem Weg darstellte. Die neue Doktrin unilateraler, präventiver Selbstverteidigung, die nach dem 11. September 2001 aufkam und nach der die USA unter Präsident Bush für sich das Recht beanspruchten, gegen jeden Krieg zu führen, der auch nur die Nase über sie rümpfte, ermöglichte es ihnen, sich den, wenn auch geringen, politischen Beschränkungen zu entziehen, die die 18 übrigen NATO-Staaten der amerikanischen Kriegsstrategie im Kosovo auferlegt hatten. Afghanistan war eine rein amerikanische Operation. Obwohl die NATO zum ersten Mal von ihrer in Artikel 5 festgelegten »Solidaritätsklausel« Gebrauch machte, blieben die NATO-Länder in einer klar untergeordneten Position, halfen nur

Völkerrechtswidrige Kriege und Kollateralschäden

dort, wo man sie ließ, und waren vollständig dem amerikanischen Kommando unterstellt. Selbst nach der NATO-Erweiterung um einige ehemalige Ostblockstaaten veranlasste ihre zunehmende militärische Bedeutungslosigkeit Kommentatoren zu der Frage, ob wir das Ende der NATO erlebten[249] – obwohl dieselben Zeitungen sie erst sechs Monate zuvor zur »Schlüsselinstitution des heutigen geopolitischen Westens« erklärt hatten.[250] Und dann kam der Irakkrieg, der wegen unverhohlener Opposition innerhalb der NATO, angeführt von Frankreich und Deutschland, sogar ohne ihre »Solidarität« geführt werden musste. Das politische Feigenblatt lieferte nun die jämmerliche, ad hoc aufgestellte »Koalition der Willigen«. Als Richard Perle unmittelbar vor Amerikas Irakkrieg Gott für den Tod der Vereinten Nationen dankte, erwähnte er die NATO mit keinem Wort und benannte sie rückwirkend sogar um: »Es bedurfte einer *Koalition der Willigen*, Bosnien vor der Ausrottung zu bewahren.«[251] Nach dem Irakkrieg versuchte Tony Blair bei einem »Gipfeltreffen Modernes Regieren« 13 andere »Mitte-links«-Regierungschefs aus NATO-Staaten und Nicht-NATO-Ländern zu bewegen, eine gemeinsame Erklärung für unilaterale Intervention abzugeben, aber sie wiesen ihn ab und bekräftigten in einem einstimmig beschlossenen Kommuniqué: »Wir machen deutlich, dass der UN-Sicherheitsrat das einzige Organ bleibt, das zu globalem Vorgehen im Umgang mit humanitären Krisen dieser Art ermächtigen kann.«[252]

Aber die Frage, ob der Kosovokrieg einen neuen Präzedenzfall geschaffen hat oder sogar ein vollständiges Abgehen von der Rechtmäßigkeit bedeutet, ändert nichts an den Tatsachen des amerikanischen Vorgehens im Kosovo, in Afghanistan und im Irak und an ihrer Bedeutung für unsere Sicht der internationalen Strafrechtspraxis. Denn die unbestreitbaren Fakten des Kosovokrieges (wie auch des Afghanistankrieges und, wie zum Entstehungszeitpunkt dieses Buches bereit verifiziert wurde, des Irakkrieges) sind, dass er entsetzliche Zerstörungen an Menschenleben, Gesundheit und Existenzgrundlagen bewirkt hat, ohne jeden sittlichen Wert zu besitzen, wie man es früher über Pornografie sagte, und dass er rechtswidrig war. Und bei dieser Rechtswidrigkeit handelte es sich keineswegs um einen bloßen »Formfehler«, den man übergehen oder übersehen sollte, sondern um einen flagranten Verstoß gegen die geltenden grundlegenden Antikriegs-prinzipien der UN-Charta. Diese überaus wichtige Tatsache sollten wir im Kopf behalten, wenn wir uns mit der Arbeit des IStGHJ be-schäftigen, denn er bezieht seine *gesamte* Autorität aus der UN-Charta. Und da der Internationale Strafgerichtshof sich gerne in der Nachfolge der Nürnberger Prozesse sieht, ist es von größter Wichtig-keit, dass die NATO mit der Verletzung der UN-Charta das nach Ansicht des Nürnberger Tribunals »größte Verbrechen« gegen den Frieden begangen hat, aus dem alle anderen erwuchsen. Der IStGHJ zog es vor, über die Verbrechen der NATO hinwegzusehen, und ließ sich auf diese und andere Weise, die im Folgenden untersucht wird, in sie verwickeln, und zwar nicht nur in der offenkundigen Hinsicht, in der dies für die anderen NATO-Verbündeten gilt. Denn das Recht verabscheut ein Vakuum mindestens ebenso sehr wie die Natur, und die Aushebelung des Völkerrechts und der grundlegenden Prinzipien der UN-Charta war etwas zu Gewaltiges, als dass man es ohne eine Art von *Ersatzlegalität* hätte bewerkstelligen können, und auch diese lieferte der IStGHJ bereitwillig.

**Zweiter Teil**

**Verbrechen
gegen die Menschlichkeit**

# 4. Das Kriegsverbrechertribunal

Als Slobodan Milošević im Juli 2001 vor den Richtern des IStGHJ erschien, sagte er als Erstes auf Englisch: »Ich halte dieses Tribunal für falsch und die Anklage für falsch.«[1] Bevor der Vorsitzende das Mikrofon des Angeklagten abschaltete, konnte Milošević noch in seiner Muttersprache hinzufügen:

> Ziel dieses Prozesses ist es, eine falsche Rechtfertigung für die Kriegsverbrechen der NATO in Jugoslawien zu schaffen. Wie gesagt, das Ziel dieses Tribunals ist es, die in Jugoslawien begangenen Verbrechen zu rechtfertigen. Deshalb ist es ein falsches Tribunal.[2]

Damals werteten Strafverteidiger diese Äußerungen als Verteidigung nach dem Muster »Ich Ärmster, aber ihr habt auch Schuld« und wiesen ihn darauf hin, dass er sich damit beim Gericht keine Sympathien schaffen werde. Tatsächlich richtete Milošević sich mit diesen Worten an alle, nur nicht an das Gericht, und die meisten Zuhörer empfanden das, was er sagte, als zutreffend. Zudem war es nicht allzu weit von der Meinung Michael Scharfs entfernt, eines Rechtsberaters des US-Außenministeriums, der sich selbst als »Insider« bezeichnete und aktiv an der Formulierung der US-Politik gegen Kriegsverbrechen und am Entwurf der Rechtsgrundlagen für das Tribunal beteiligt war.[3] Kurz nach dem Kosovokrieg schrieb Scharf einen Artikel für die *Washington Post*, in dem er die siegreiche amerikanische Regierung kritisierte, sie meine es nicht ernst mit der Strafverfolgung von Kriegsverbrechern, sondern sehe das lediglich als Publicrelations-Masche, um den Gewalteinsatz gegen die Serben zu legitimieren:

> Innerhalb der Regierung sahen viele in dem Tribunal kaum mehr als eine Publicrelations-Masche und ein potenziell nützliches politisches Instru-

ment … Anklagen würden zudem dazu dienen, widerspenstige politische Führer diplomatisch zu isolieren, ihre Rivalen im eigenen Land zu stärken und den internationalen politischen Willen zur Verhängung von Wirtschaftssanktionen oder zum Einsatz von Gewalt zu festigen.[4]

Davon abgesehen, dass Scharf nicht das Tribunal selbst, sondern lediglich dessen Förderer in der amerikanischen Regierung kritisieren wollte, fragt sich jedoch, wo denn der Unterschied zu Miloševićs Äußerungen liegt?

Es war nicht zu übersehen, dass der IStGHJ im Kosovokrieg eine zentrale Rolle spielte, indem er die einseitige Aggression der NATO als »humanitäre Intervention« im Namen der »internationalen Gemeinschaft« darstellte. Wie Louise Arbour der NATO half, den Zwischenfall in Račak als Gräueltat hochzuspielen, die einen Krieg wert sei, wurde hier schon geschildert. Mitten im Krieg übertraf sie dieses Vorgehen noch mit der dramatischen Bekanntgabe der Anklageerhebung gegen führende serbische Politiker, darunter auch Milošević. Es gab zahlreiche Pressekonferenzen, bei denen verschiedene NATO-Vertreter Arbour theatralisch »Dossiers« über serbische Kriegsverbrechen übergaben und ihrer Sache ewige Treue schworen. Nach dem Krieg räumte Arbour den NATO-Ländern eine Monopolstellung bei der Beweissuche ein, obwohl aus der ganzen Welt gut dokumentierte Beschuldigungen über Kriegsverbrechen der NATO bei ihr eingingen. Später gab ihre Nachfolgerin Carla del Ponte einen Bericht heraus, in dem sie die NATO ohne vorherige Ermittlungen amateurhaft von allen Vorwürfen reinwusch. Anschließend machte sie sich zur führenden Vertreterin der Forderung, Serbien mit wirtschaftlichem Ruin zu bestrafen, wenn das Land Milošević nicht – unter Verstoß gegen eigenes nationales Recht – an das Gericht in Den Haag ausliefere. In diesem und folgendem Kapitel werden wir uns mit diesen Ereignissen eingehender befassen.

Es ist unschwer zu erkennen, wie dies alles helfen konnte, den rechtswidrigen Gewalteinsatz der NATO zu legitimieren. Wenn die NATO Verbrecher jagte, die vor dem Tribunal angeklagt waren, konnte sie ihren Rechtsbruch als *Rechtsdurchsetzung* darstellen. Zudem versucht jeder Aggressor seine Feinde zu dämonisieren. Der IStGHJ brandmarke sie offiziell als internationale Verbrecher – und

Verbrechen gegen die Menschlichkeit

nicht nur als beliebige Verbrecher, sondern als *Nazikriegsverbrecher.* Wenn der IStGHJ der NATO einen Dienst erwies, so bestand er vor allem darin, den haarsträubenden Vergleich der Vorgänge im Kosovo mit dem Holocaust zu bestätigen.

## Der Holocaust-Vergleich

»Holocaust« war die alles übertönende Metapher dieses Krieges. Untätigkeit angesichts der serbischen Gräueltaten sollte als die gleiche »Appeasementpolitik« wie vor jenem »anderen« Holocaust dargestellt werden. Am 23. März 1999, einen Tag vor dem Beginn der Bombardierungen, schwor Bill Clinton sein Fernsehpublikum geschickt darauf ein:

> Was wäre, wenn jemand auf Winston Churchill gehört und Adolf Hitler früher entgegengetreten wäre? Wie viele Menschenleben hätten gerettet werden können? Und das Leben wie vieler Amerikaner hätte verschont werden können?[5]

Einige Tage später repetierte der britische Verteidigungsminister George Robertson diese Parteilinie für sein Publikum:

> Wir konnten nicht einfach tatenlos zusehen. Wir müssen die Lehren aus der Anfangszeit Hitlers ziehen ... Das britische Volk weiß besser als die meisten anderen, dass die Appeasementpolitik in den 30er Jahren nicht funktioniert hat. Sie wird auch in den 90er Jahren nicht funktionieren.[6]

Und mitten im Krieg traten dann die Deutschen mit dem gefälschten »Hufeisenplan« an die Öffentlichkeit. Als Holocaust-Experten konnten sie behaupten, sie hätten »ernst zu nehmende Hinweise« auf »Konzentrationslager« und (wie Rudof Scharping beteuerte) »systematische Ausrottung, die an das erinnert, was zu Beginn des Zweiten Weltkrieges im deutschen Namen angerichtet worden ist«.[7] Der britischen Presse genügte allein der Anblick der Flüchtlingsströme, um schon in der ersten Woche der Bombardierungen den »Holocaust« heraufzubeschwören: »1939 oder 1999? ... Terror im Stil der Nazis kam gestern über den Kosovo als entsetzlicher Widerhall des Kriegsholocaust.«[8] Clinton hielt seine Churchill-Rede einen Tag nach der Verleihung der Academy Awards – wie es heißt, die meistgesehene

Fernsehsendung der Welt. An diesem Abend hatte Hollywood den Film *Das Leben ist schön* (1997) von Roberto Benigni mit Oscars überhäuft, einen Film, der den Holocaust in einer Light-Version hauptsächlich anhand von Eisenbahnzügen und Flüchtlingen darstellt und in dem nur ein Toter im Off vorkommt.

Züge und Flüchtlinge machen aber noch keinen Holocaust. Der schlimmste Fall »ethnischer Säuberung« im Kosovo und selbst in Bosnien reichte nicht im Entferntesten an das Vernichtungsprogramm der Nazis heran. Man verharmlost keineswegs das entsetzliche Leid der zu Tausenden während der Balkankriege getöteten, terrorisierten und vertriebenen Menschen, wenn man es von der Tatsache unterscheidet, dass wir Juden nach einem systematischen Plan, ein ganzes Volk auszulöschen, einer nach dem anderen gejagt wurden, wo immer wir auch lebten. Die Nazis ermordeten sechs Millionen Juden, zwei Drittel aller Juden Europas, 90 Prozent aller polnischen Juden. Von den 8000 Juden in der Kleinstadt Apt (Opatow), der Heimat meines Vaters, überlebten nur 300 den Krieg.[9] Im Holocaust bedeutete »Deportation« ja nicht, dass Juden in Zügen nach Israel geschafft wurden, sondern dass man sie nach Auschwitz brachte, um sie zu vergasen.[10] Und die europäischen Juden hatten auch keine separatistische Armee wie die UÇK, die Terroranschläge auf deutsche Polizisten verübt und den Deutschen einen Teil ihres Landes wegzunehmen versucht hätte. Die USA planten auch keine Bombenangriffe, um ihnen dabei zu helfen. Im Übrigen schaute der Westen während des Holocaust keineswegs »tatenlos« zu. Er verschloss vielmehr jüdischen Einwanderern die Tore und schickte die Menschen zurück in die Vernichtung.

Auch das »Idol staatlicher Souveränität«, das die NATO im Kosovo »auflösen« wollte, war kein Hindernis.[11] Diese Barriere durchbrach Hitler selbst, als er 1936 das Rheinland besetzte und seine Kampfflugzeuge im Spanischen Bürgerkrieg gegen die Republik in den Einsatz schickte und als er 1938 Österreich und die tschechischen Sudeten gewaltsam annektierte, ganz zu schweigen von seiner Eroberung der restlichen Tschechoslowakei Anfang 1939. Wäre die Welt für nationale Souveränität und Völkerrecht eingetreten, hätte es keinen Holocaust gegeben. Und als die Alliierten in Polen völlig zu Recht Krieg gegen Deutschland führten und jüdische Vertreter sie ersuchten,

Verbrechen gegen die Menschlichkeit

nur fünf Kilometer von ihrer Route abzuweichen und Auschwitz zu bombardieren, ließen sie sich damit nicht behelligen, weil es nicht in ihre strategischen Pläne passte.[12] Wenn es denn eine Analogie zwischen dem Kosovo und dem Holocaust gab, so allenfalls insofern, als der Westen sich um die Albaner keinen Deut mehr scherte als um die Juden.

Das offizielle Eingeständnis, dass es sich im Kosovo weder um Holocaust noch um versuchten Holocaust gehandelt hatte, erfolgte bei der Verlesung der Anklageschrift gegen Milošević in Den Haag: Zu den Anklagepunkten gehörte weder Völkermord noch versuchter Völkermord – zumindest nicht in Bezug auf den Kosovo –, und das nicht einmal gemäß der absurd schwachen Definition von »Völkermord«, die der IStGHJ zugrunde legte. Die Völkermordvorwürfe bezogen sich allesamt auf Bosnien. Dass die Medien den Holocaust-Köder der NATO beim Kosovo so schnell schluckten, lässt sich nur anhand des Kapitals erklären, das sich durch den Bürgerkrieg in Bosnien aufgebaut hatte.

## Bosnien und die Einrichtung des IStGHJ

Beim bosnischen Bürgerkrieg war der Holocaust-Vergleich etwas plausibler als beim Kosovo. Im Bosnienkrieg ging es um Territorium, und da eine Teilung nach ethnischen Kriterien abzusehen war, versuchten alle Parteien, »Fakten am Boden« zu schaffen. So kam es zu den »ethnischen Säuberungen«, die im Wesentlichen eine, meist mit Terror einhergehende, zwangsweise Vertreibung der Bevölkerung bedeuteten. Die ethnischen Säuberungen waren etwas völlig anderes als die Deportationen der Juden durch die Nazis, auch wenn manche Umstände, die brutalen Transporte und Gefangenenlager zum Beispiel, ähnlich waren. Aber ein Unterschied ist hervorzuheben: Die Nazis wollten die *Welt* von Juden befreien, nicht nur ein bestimmtes umkämpftes Gebiet; daher führten ihre Transporte in Vernichtungslager. Der Begriff »Konzentrationslager« war ein Euphemismus der Nazis, er steht aber seither für das, was sie dahinter zu verbergen suchten.

Die bosnische Regierung stützte ihre internationale Publicrelations-Kampagne gänzlich auf die Holocaust-Analogie. Sie stieß bei den Meinungsmachern ihrer amerikanischen Verbündeten auf offene Ohren und wurde von der amerikanischen PR-Firma Ruder Finn, die im Juni 1992 von Bosnien engagiert wurde, regelrecht gemanagt.[13] Am 29. Juli 1992 legte Bosnien dem Sicherheitsrat eine Liste vor mit 94 »Konzentrationslagern und Gefängnissen« unter der Kontrolle »des Belgrader Regimes und ihrer Stellvertreter«, wo »Zehntausende unschuldiger Zivilisten« gefangen gehalten würden, »meist Frauen, Kinder und alte Menschen«.[14] Am 31. Juli erklärte der bosnisch-muslimische Präsident Izetbegović dem britischen Fernsehen, der bosnische Serben-Führer Karadžić sei »genauso schlimm wie Hitler«, und fragte: »Wissen die europäischen Regierungschefs von den serbischen Konzentrationslagern, von den Massenmorden?«[15] Sofort tauchten in der westlichen Presse grausige Artikel auf. In einem beschrieb Roy Gutman das »Konzentrationslager Brčko«, wo »nach Angaben eines Überlebenden« innerhalb von sechs Wochen »mindestens 3000« Muslime, Gefangene wie Einwohner der Stadt, »ermordet« wurden, neun Zehntel der Gefangenen sofort nach ihrem Eintreffen; »die bevorzugte Methode war, ihnen die Kehle durchzuschneiden«.[16] Als dem selbst ernannten »serbischen Adolf« von Brčko einige Jahre später in Den Haag der Prozess gemacht wurde, verurteilte man ihn wegen Mordes in nur zwölf Fällen, alle durch Pistolenschüsse, und die Zahl der angeblichen Toten in dieser Gegend sank auf die vage Angabe: »in die Hunderte«, nachdem man insgesamt 66 Leichen aus den Massengräbern exhumiert hatte.[17] Es waren abscheuliche Brutalitäten, wie sie in allen Kriegen vorkommen, aber eine Ausrottung im Stil der Nazis war es nicht. Dennoch wimmelte es in der amerikanischen Presse Anfang August 1992 nur so vor Holocaust-Vergleichen. Am 3. August schrieb der liberale Kolumnist Anthony Lewis in der *New York Times*:

> Nazis, die 1942 Juden deportieren? Nein, Serben, die 1992 bosnische Muslime deportieren: Eine Momentaufnahme der schlimmsten rassischen und religiösen Bestialität, die Europa seit dem Zweiten Weltkrieg erlebt hat ... Präsident Bush hat sich als veritabler Neville Chamberlain erwiesen, indem er sich weigerte, sich der Herausforderung Jugoslawien zu stellen.[18]

Lewis unterstützte offensichtlich den Präsidentschaftskandidaten der Demokraten, Bill Clinton, der damals ebenso wenig Zurückhaltung

Verbrechen gegen die Menschlichkeit

übte wie später als Präsident: »Wenn die Gräuel des Holocaust uns etwas gelehrt haben, dann ist es der hohe Preis, den Schweigen und Stillhalten angesichts von Völkermord fordern.«[19] So auch Lewis: »Wir können es uns nicht leisten, eine offensichtlich gezielte und systematische Ausrottung von Menschen aufgrund ihrer ethnischen Abstammung zu ignorieren.«[20] Der American Jewish Congress warf seine Autorität in die Waagschale und schaltete eine Anzeige mit der Überschrift »Stoppt die Todeslager«, in der es unter anderem hieß: »... zu Auschwitz, Treblinka und anderen Nazi-Todeslagern, deren Namen einem das Blut in den Adern gefrieren lässt, sind nun anscheinend die Namen Omarska und Brčko hinzugekommen.«[21] Die *New York Times* brachte am 4. August 1992 einen Leitartikel unter der Überschrift »Milošević ist nicht Hitler, aber ...«. Den einzigen Unterschied zwischen Milošević und Hitler sah die *New York Times* in der Tatsache, dass Miloševics mangelnde militärische Macht die geografische Reichweite seiner »Endlösung« einschränkte.[22] Für die Kalte-Kriegerin Margaret Thatcher war nicht einmal Hitler schlimm genug, sie musste noch Stalin bemühen: »Die ethnische Säuberungspolitik der Serben ... verbindet die barbarischen Gräueltaten Hitlers mit Stalins Politik gegen andere Völker.«[23]

Bilder standen der Presse anfangs nur aus den Nazi-Todeslagern des Zweiten Weltkrieges zur Verfügung.[24] Sehr bald traten an ihre Stelle Aufnahmen, die ein wagemutiges britisches Fernsehteam in serbischen Gefangenenlagern gemacht hatte und die den Eindruck erweckten, als wiederhole sich die Geschichte – sieht man einmal davon ab, dass von den Nazis nicht bekannt ist, dass sie Reporter der Alliierten nach Auschwitz gelassen hätten. Am 7. August 1992 brachten amerikanische und britische Tageszeitungen auf der Titelseite das Foto eines ausgemergelten bosnischen Muslims hinter Stacheldraht aus dem Gefangenenlager Trnopolje im Norden Bosniens,[25] das zum Poster des bosnischen Bürgerkrieges wurde. Einige Jahre später entspann sich eine Kontroverse[26] darüber, wer sich eigentlich *hinter* dem Stacheldrahtzaun befunden habe, das Kamerateam oder die Gefangenen – aber nicht wegen der Position zum Stacheldraht war der Nazi-Vergleich abwegig. In diesen Lagern geschahen grauenvolle Dinge, aber Vernichtungslager waren es nicht. In dem ersten Prozess vor dem

IStGHJ ging es um Misshandlungen, Folter, sexuelle Übergriffe und Mord an bosnischen Muslimen, die im Juni und Juli 1992 im Lager Omarska interniert waren. Der bosnische Serbe Duško Tadić wurde zu einer Haftstrafe von 20 Jahren verurteilt, aber von allen Mordvorwürfen freigesprochen.[27] Doch darum geht es hier nicht; entscheidend ist vielmehr, dass Tadić nur *neun* Morde zur Last gelegt wurden. Und selbst hundert Morde durch einen sadistischen Lagerwärter würden dieses Lager noch nicht zu einem »Konzentrationslager« machen. Zu einem Nazikonzentrationslager gehören Gaskammern und Krematorien. Und hat man je von jüdischen Konzentrationslagern gehört, in denen Nazis von Juden gefoltert, vergewaltigt und ermordet worden wären? Denn zur gleichen Zeit, als die Serben für die Muslime die »Nazis« waren, waren die Muslime und Kroaten für die Serben die »Nazis«. Zu diesem Ergebnis kam zumindest dasselbe Gericht, das über Tadić richtete. Im November 1998 verurteilte der IStGHJ einen bosnischen Kroaten und drei bosnische Muslime wegen Misshandlungen, Folter, sexuellen Übergriffen und Mord, begangen im Mai, Juni und Juli 1992 an bosnischen Serben im Lager Čelebići.[28] Wie im Fall Tadić verhängte es Haftstrafen bis zu 20 Jahren.

Im Sommer 1992 gab es genügend Informationen, die klar machten, dass die Serben nicht nur Täter, sondern auch Opfer waren: »Die Säuberungspolitik ist auch keine ausschließlich serbische Praxis. Kroatische Streitkräfte haben sich in den Kampf gestürzt … Muslime und Serben vertrieben … Und auch muslimische Slawen … haben versucht, Serben und Kroaten zu vertreiben«, hieß es im August in einem Artikel der Zeitschrift *Time*. »In diesem schrecklichen Krieg hat keiner saubere Hände«, sagte ein UN-Mitarbeiter, »alle haben Schreckliches getan.«[29] Der kanadische General Lewis Mackenzie, dem die UN-Truppen in Bosnien unterstanden, erklärte: »Hier gibt es rundherum eine Menge Schuld, und wenn dieser Krieg einmal endet, trifft beide Seiten ein erhebliches Maß an Verantwortung.«[30] Allem Anschein nach waren die Serben 1991 die ersten Opfer ethnischer Säuberungen durch die Kroaten.[31] Die Herkunft dieses Begriffs wurde einem kroatischen Gouverneur Westbosniens in Hitlers Vasallenstaat zugeschrieben, der darauf gedrängt haben soll, sein Gebiet »gründlich von serbischem Schmutz zu säubern«.[32]

Verbrechen gegen die Menschlichkeit

Die plumpe Propagandakampagne zur Nazifizierung der Serben hatte im August 1992 großen Erfolg; und genau hierin liegt der Grundstein des Internationalen Gerichtshofs für das ehemalige Jugoslawien und seiner gesamten modernen Nachkommenschaft auf dem Gebiet der Strafverfolgung von Kriegsverbrechen. »Als ich am Morgen des 7. August 1992 zur Arbeit kam, war das Außenministerium in heller Aufregung wegen der ITN-Sendung über die Verhältnisse im Konzentrationslager Omarska«, schreibt Michael Scharf.[33] Er bekam den Auftrag, den Entwurf für Resolution 771 des Sicherheitsrats vom 13. August 1992 zu erarbeiten, die alle Staaten und internationalen humanitären Organisationen aufforderte, »in ihrem Besitz befindliche oder ihnen vorgelegte nachgewiesene Informationen im Zusammenhang mit den im Hoheitsgebiet des ehemaligen Jugoslawien begangenen Verstößen gegen das humanitäre Recht, einschließlich schwerer Verletzungen der Genfer Abkommen, zusammenzustellen und dem Rat diese Informationen zur Verfügung zu stellen«. Bereits einige Wochen zuvor hatte der Sicherheitsrat angesichts der sich verschlechternden Lage in Sarajevo gewarnt, dass »Personen, die schwere Verletzungen dieser Abkommen begehen oder anordnen, dafür individuell verantwortlich sind«.[34]

Scharf brauchte sich diese Resolutionen nicht aus den Fingern zu saugen; er »entlehnte« die Formulierung zu Kriegsverbrechen aus einer Resolution des Sicherheitsrates gegen keinen anderen als Saddam Hussein.[35] Die Golfkriegsresolution 674 vom 29. Oktober 1990 war das Ergebnis einer öffentlichen Kampagne, die die britische Premierministerin Margaret Thatcher innerhalb eines Monats nach der Besetzung des Kuwait durch den Irak initiiert hatte.

Im britischen Fernsehen erklärte sie über die Verhaftung von Ausländern im Irak:

> Falls diesen Geiseln etwas zustoßen sollte, dann könnten wir früher oder später, wenn etwaige Feindseligkeiten vorbei sind, das tun, was wir in Nürnberg getan haben, und die entsprechenden Leute für ihr völlig unzivilisiertes und brutales Verhalten strafrechtlich zur Verantwortung ziehen. Heutzutage kommen sie nicht davon, indem sie einfach behaupten: »Wir haben auf Befehl gehandelt.« Das war die Botschaft von Nürnberg.[36]

Präsident Bush sen. übernahm die Fackel im Oktober, als Berichte über irakische Gräueltaten die Runde machten (»Neugeborene aus Brutkästen geworfen«), die sich später als reine Erfindungen erwiesen.[37] »Wiederkehr Hitlers«, erklärte Bush. »Aber vergessen wir nicht, als Hitlers Krieg endete, gab es die Nürnberger Prozesse. Amerika wird nicht tatenlos dabeistehen. Die Welt wird nicht zulassen, dass die Starken die Schwachen vernichten.«[38]

Die ganze Kriegsverbrecherinitiative war also zunächst Bestandteil des Instrumentariums, mit dem Saddam Hussein als neuer Hitler abgestempelt und der Boden für einen Krieg gegen den Irak bereitet werden sollte. Dies wird noch deutlicher, wenn man bedenkt, dass die Idee (laut der offiziellen Geschichte des IStGHJ) anscheinend aus der *US-Armee* stammte. Und um die Ironie auf die Spitze zu treiben: Die Leute, die sich das ausgedacht hatten, kamen wiederum durch die Strafverfolgung von Kriegsverbrechen *amerikanischer Soldaten* auf diesen Gedanken. »Der für das Kuwait-Dossier zuständige Beamte hatte in Vietnam gedient, wo er erfolgreich die Anklage gegen 28 Marines vertrat, nachdem sie Morde begangen hatten, die sich als Kriegsverbrechen einstufen ließen.«[39] Der Gedanke, den irakischen Staatschef wegen (erdichteter) Kriegsverbrechen anzuklagen, entsprang also der Erfahrung mit (realen) Kriegsverbrechen, die von Amerikanern begangen worden waren. Tatsächlich erwärmten sich die Amerikaner offenbar für die Idee eines internationalen Tribunals, weil sie eine so schlechte Presse bekommen hatten, als sie dem panamesischen Präsidenten General Manuel Noriega nach der US-Invasion in Panama in den USA wegen Drogenvorwürfen den Prozess machten. Dieses »größte Verbrechen« kostete Hunderte Zivilisten das Leben und wurde von der UN-Generalversammlung als »eine flagrante Verletzung des Völkerrechts sowie der Unabhängigkeit, Souveränität und territorialen Integrität der Staaten« verurteilt.[40] Dieses Mal (1990) zogen die USA ein internationales Tribunal für Saddam Hussein vor, um »dem Eindruck westlicher Siegerjustiz« entgegenzuwirken.[41]

Als die Amerikaner beschlossen, den Golfkrieg ohne den Sturz Saddams zu beenden, verloren sie auch das Interesse daran, ihn wegen Kriegsverbrechen anzuklagen – ein weiterer Beleg dafür, was in diesem Fall Karren und was Pferd war. Allerdings kam der Präzedenzfall

Verbrechen gegen die Menschlichkeit

durchaus gelegen für den Militärkonflikt auf dem Balkan. Die Europäer – besonders die Deutschen, die mit ihrer voreiligen Unterstützung des kroatischen Separatismus die ganze Sache ins Rollen gebracht hatten – nutzten die Medienkampagne nur allzu gern, um den Serben die Schuld in die Schuhe zu schieben. Außenminister Klaus Kinkel hielt noch im selben Monat, als die Bilder mit dem Stacheldrahtzaun im Fernsehen gesendet wurden, eine flammende Rede auf der Londoner Jugoslawienkonferenz. Er sprach von den schrecklichen Bildern, die täglich auf den Fernsehschirmen der Welt zu sehen seien, und erklärte: »Politisch jedoch ist entscheidend, wo die Hauptursache des Übels zu suchen ist. Die Antwort ist offenkundig: in Belgrad!« Abschließend forderte er: »Die Verantwortlichen für alle Verbrechen und Menschenrechtsverletzungen, sowohl innerhalb als auch außerhalb der Lager, müssen zur Rechenschaft gezogen werden. Es muss ein internationaler Strafgerichtshof geschaffen werden.«[42] Der französische Außenminister Roland Dumas sorgte für die Verknüpfung der aktuellen Vorgänge mit den Nazis, indem er Elie Wiesel (»der einen Nobelpreis für seine Arbeit zum lebendigen Andenken an den Holocaust erhalten hat«) für die Aufgabe vorschlug, die Gefangenenlager zu besuchen.[43]

Wiesel hatte sich bereits an der antiserbischen Kampagne beteiligt, hatte allerdings genügend Skrupel besessen, um vor der Holocaust-Analogie zurückzuschrecken (»Omarska ist nicht Auschwitz«).[44] Im Spätsommer bat man ihn, die serbischen Gefangenenlager zu besuchen, was er allerdings erst im November tat. Als er vier Jahre später seine Erfahrungen schilderte, zeigte sich, dass die Lager nicht nur »nicht Auschwitz«, sondern nicht einmal annähernd so schlimm waren wie ein durchschnittliches Hochsicherheitsgefängnis in den USA.

Über das »finstere Lager von Manjaca«, wie er es nannte, schrieb Wiesel:

> Die Gefangenen erzählen uns, dass die Ernährung nicht schlecht und die Haftbedingungen nicht allzu schlimm seien ... Worüber haben sie zu klagen? Dass sie keinen Kontakt zu ihren Angehörigen haben dürfen und von der Außenwelt abgeschnitten sind. Dass sie im Abseits, am Rande der Ereignisse leben, sich überflüssig fühlen ... Unter ihnen befindet sich auch ein junger Deutscher. Warum haben ihn die Serben eingesperrt? ... Was hat er mit diesem Krieg zu tun? »Oh, ich bin nicht gekommen, um

zu kämpfen«, antwortet er mit einem Schulterzucken, »sondern um ein Buch zu schreiben.« ... Und deshalb haben ihn die Serben festgenommen? »Nein. Sie haben mich mit einer Kalaschnikow in der Hand erwischt.« Verwundert rufe ich: »Wollten Sie Ihr Buch mit der Kalaschnikow schreiben? Die Feder ist wohl außer Mode gekommen?«[45]

Wiesel wurde später zu einem entschiedenen Anhänger Bill Clintons und zu einem prominenten Verfechter des Kosovokrieges. Er nahm für sich in Anspruch, gemeinsam mit dem amerikanischen Außenminister Lawrence Eagleburger die Idee für ein Kriegsverbrechertribunal entwickelt zu haben:

> Im Dezember [1992] hatte ich ein langes Gespräch mit meinem Freund Larry Eagleburger, Außenminister unter George Bush, über die verfügbaren Mittel, um dem Morden im ehemaligen Jugoslawien ein Ende zu bereiten ... Damals kamen wir auf die Idee für ein internationales Tribunal. Wir waren uns einig, dass es einer Vergebung ihrer Verbrechen gleichkäme, die Täter nicht zu verfolgen. In extremen Situationen besteht eine moralische Pflicht, die Stimme zu erheben. Eine anfängliche Namensliste entstand. Eagleburger legte sie seinen europäischen Kollegen vor.[46]

Wiesels Erinnerung trügt ihn offenbar. Eagleburger und Präsidentschaftskandidat Clinton hatten die Idee eines Kriegsverbrechertribunals bereits Anfang August, also vier Monate früher, öffentlich vertreten.[47] Klaus Kinkel brachte sie, wie gerade zitiert, bei der Londoner Jugoslawienkonferenz vor. Allerdings endete die Konferenz, ohne dass man seinen Vorschlag aufgriff. Ihr Hauptanliegen war Frieden, und ihre wichtigste Entscheidung bestand in der Einrichtung der ständigen Friedenskonferenz in Genf unter dem Vorsitz von Vance und Owen. Der einzige Hinweis auf eine strafrechtliche Verfolgung bestand in einem recht unverbindlichen Auftrag an die Vizevorsitzenden, »eine Studie zur Einrichtung eines internationalen Strafgerichtshofs durchzuführen«.[48] Wesentlich wichtiger als ein Strafgerichtshof war für Vance und Owen der Friedensprozess, der im Herbst 1992 Fortschritte machte. Ein großes Friedenshemmnis waren hingegen die Amerikaner, die bereits im Februar 1992, vor Ausbruch des Bosnienkrieges, ein mögliches Friedensabkommen hatten scheitern lassen und dies im Laufe der nächsten drei Jahre wiederholt tun sollten.

Verbrechen gegen die Menschlichkeit

Entscheidend bei alledem ist, dass die Amerikaner sogar die Idee eines Strafgerichtshofes nutzten, um den Friedensprozess zu behindern und die von ihnen bevorzugte militärische Lösung zu rechtfertigen. Und hier kommt Wiesels Freund Larry Eagleburger ins Spiel. Wiesels »langes Gespräch« mit Eagleburger fand in einem besonders heiklen Stadium der Genfer Friedensverhandlungen statt. Die Namensliste wurde nicht nur Eagleburgers »europäischen Kollegen« vorgelegt, sondern als scharfer Angriff gegen die gesamte serbische Führung der Presse bekannt gegeben – was einer Erklärung gleichkam, sie alle als Kriegsverbrecher vor einem zweiten Nürnberger Tribunal anzuklagen. Dies geschah wiederum im Rahmen einer Ankündigung, dass die Amerikaner mit Bombardierungen beginnen würden und dass das serbische Volk es sich selbst zuzuschreiben habe, wenn es »das Schicksal seiner Führer teile«, wie George W. Bush es 2001 ausdrücken sollte. Der entscheidende Teil in Eagleburgers Rede bei der internationalen Jugoslawienkonferenz in Genf lautete:

> Es ist klar, dass die internationale Gemeinschaft nun anfangen muss, darüber nachzudenken, über die Londoner [Friedens-]Vereinbarungen hinauszugehen und aggressivere Maßnahmen ins Auge zu fassen. Unter anderem deshalb empfiehlt meine Regierung nun, dass der UN-Sicherheitsrat die Durchsetzung der Flugverbotszone in Bosnien genehmigt, und deshalb sind wir auch bereit, das Waffenembargo für die Regierung von Bosnien-Herzegowina vom Rat überprüfen zu lassen. Und schließlich hält meine Regierung es für an der Zeit, dass die internationale Gemeinschaft anfängt, Personen zu benennen, die sich möglicherweise für Verbrechen gegen die Menschlichkeit zu verantworten haben. Wir haben einerseits eine moralische und historische Pflicht, nicht ein zweites Mal in diesem Jahrhundert tatenlos dabeizustehen, während ein Volk sich der Vernichtung gegenübersieht. Aber ich glaube, wir haben auch eine politische Pflicht, dem serbischen Volk klar zu signalisieren, welches Risiko es gegenwärtig eingeht, das unausweichliche Schicksal derer zu teilen, die in seinem Namen ethnische Säuberungen betreiben.[49]

Anschließend benannte Eagleburger zehn Personen, die seiner Ansicht nach wegen Kriegsverbrechen angeklagt werden sollten. Sieben von ihnen gehörten unteren Chargen an (vier Serben, zwei Kroaten und ein Muslim), aber es waren auch drei prominente Namen darunter, alles Serben: Milošević, Karadžić und Mladić. *Die Amerikaner benutzten also den Vorschlag, ein Kriegsverbrechertribunal einzurichten, um ihre ins Visier genommenen Gegner als Nazis zu brandmarken und damit ihren beabsichtigten Krieg zu rechtfertigen. Zudem war es ein offensichtlicher Versuch, den Friedensprozess zum Scheitern zu bringen.* Der britische Parlamentsabgeordnete John Major war angeblich »wütend«, Owen bezeichnete die Vorwürfe dagegen lediglich als »nicht hilfreich«, was diplomatisch ausgedrückt war, wenn man bedenkt, dass der Vance-Owen-Plan von der Beteiligung politischer Führer abhing, die Eagleburger als Kriegsverbrecher benannte. Nun stellte sich die Frage, ob man ihnen überhaupt die Einreise in die USA erlauben sollte, um an den Friedensverhandlungen teilzunehmen.[50]

Den Anhängern der Bewegung für eine internationale Strafgerichtsbarkeit war das nur recht. Sie hatten nie verstanden, wie jemand die untergeordnete Frage des Friedens wichtiger finden konnte als die Bestrafung von Kriegsverbrechern. Louise Arbour brachte diese Ansicht in ihrer Anklage gegen Milošević zum Ausdruck. Ihr Vorgänger Richard Goldstone hatte sich 1994 besorgt geäußert, dass ein Tauschhandel, den die USA und die Vereinten Nationen mit den Militärführern in Haiti um Amnestie gegen Frieden ausgehandelt hatten, einen Präzedenzfall schaffen könnte. »Das ist ein Beispiel für den falschen Weg, mit diesen Verbrechen umzugehen«, erklärte er damals der Presse. »Es dient nicht der Gerechtigkeit und ignoriert die Opfer.« Sein stellvertretender Ankläger, Graham Blewitt, fügte hinzu: »Wenn Menschen darin einen Weg zum Frieden sehen, behindert das unsere Arbeit.«[51] Michael Scharf bezeichnete den Ansatz der Vereinten Nationen, Amnestie gegen Frieden einzutauschen, als »schändlich«.[52] Die Journalistin Carol Off begrüßte Goldstones Haltung: »Er hatte Recht. Kriegsverbrechen sind kein bewegliches Eigentum, das sich gegen Frieden eintauschen ließe.«[53] Off reagierte unverhohlen zornig auf Boutros-Ghalis Widerstand gegen Vorstöße wie die von Eagleburger: »Es war kein Geheimnis, dass der Generalsekretär den Friedensprozess nicht durch die Kriegsverbrecherfrage unterminieren lassen wollte. Wenn es für den Frieden notwendig war, mit Massenmördern zu verhandeln, war es wichtig, in öffentlichen Äußerungen andere Bezeichnungen für diese Massenmörder zu finden.«[54] Als Eagleburger seine Rede hielt, stand in Bosnien der Tod Zehntausender Opfer erst

Verbrechen gegen die Menschlichkeit

noch bevor. Hätte es sich nicht gelohnt, auf ein paar Prozesse in Den Haag zu verzichten, um diese Toten zu verhindern?

Aber die Vorstellung, Eagleburger habe seine Lasst-Gerechtigkeit-walten-auch-wenn-der-Himmel-einstürzt-Rede gehalten, weil er ein prinzipienfester Mann sei, der einfach nicht »tatenlos« habe zusehen können, gehört in das Reich der Fantasie eines William Walker. Auch wenn Eagleburger und Wiesel behaupten, die Rede sei das spontane Ergebnis ihrer zufälligen Begegnung und ihrer moralischen Entrüstung gewesen, so war sie doch nicht minder kalkuliert als Walkers Ausbruch in Račak. Michael Scharf, der intime Kenner des amerikanischen Außenministeriums, schreibt:

> Allgemein nahm man an, die Rede sei weitgehend spontan gehalten worden, und manche Presseberichte unterstellten sogar, sie sei nicht mit dem Weißen Haus abgestimmt gewesen. Nichts könnte von der Wahrheit weiter entfernt sein. Die »Namensnennungsrede« war in Wirklichkeit im Voraus mit der gesamten Regierung abgesprochen, und ich nahm persönlich einige Überarbeitungen vor, um sicherzustellen, dass die Erklärung die notwendigen rechtlichen Einschränkungen und Vorbehalte enthielt.[55]

Zu glauben, dass es einer amerikanischen Regierung unmöglich sei, angesichts von Verbrechen gegen die Menschlichkeit tatenlos zuzusehen, ist einfach absurd. Denn während die Ruander sich gegenseitig abschlachteten, haben die USA alles darangesetzt, dass *alle* tatenlos zusahen – wie denn ihre ganze Geschichte begleitet ist von Gemetzel, wofür Vietnam ein schlagendes Beispiel ist, das hier Erwähnung verdient, sei es auch nur, um Eagleburgers Glaubwürdigkeit als moralisch Getriebenen etwas näher zu beleuchten.

Wer es richtig findet, wenn der Journalist Christopher Hitchens Henry Kissinger Hunderttausende Tote in Südostasien zur Last legt, den wird es vielleicht auch interessieren, dass eben dieser moralisch entrüstete Larry Eagleburger von 1968 bis 1984 Kissingers rechte Hand im Außenministerium war. In diese Zeit fielen Barbareien wie der Vietnamkrieg, die Machtübernahme des Diktators Augusto Pinochet in Chile und der Terrorkrieg gegen Nicaragua. Während der Iran-Contra-Affäre bekleidete Eagleburger das dritthöchste Amt im amerikanischen Außenministerium, war also William Walkers Vorgesetzter.

Hitchens weist in seinem Buch darauf hin, dass die von den USA unter Außenminister Henry Kissinger unterstützte indonesische Invasion Osttimors 50 000 bis 80 000 Menschenleben forderte, und zitiert ein freigegebenes Sitzungsprotokoll vom 18. Dezember 1975 als Beleg für Kissingers Schuldbewusstsein. Lawrence Eagleburger, der ebenfalls an dieser Sitzung teilnahm, zeigte keinerlei moralische Skrupel, sondern erging sich lediglich in Ausreden. Nachdem Kissinger aus dem Amt geschieden war, profitierte er über seine Beraterfirma Kissinger and Associates erheblich von seinen Beziehungen zu dem brutalen indonesischen Regime. Eagleburger war von 1984 bis 1989 Präsident der Firma Kissinger and Associates, bevor er unter George Bush sen. ins Außenministerium zurückkehrte, um an der Invasion von Grenada und Panama sowie beim Golfkrieg mitzuwirken und dann seine moralische Entrüstung über die Serben zum Ausdruck zu bringen.[56]

Eagleburgers Rede war so terminiert, dass sie zeitlich mit der Sitzung einer vom UN-Sicherheitsrat bestellten »Expertenkommission« zusammenfiel, die Kriegsverbrechen auf dem Balkan untersuchen sollte. Als amerikanisches Kommissionsmitglied gehörte ihr der Jurist Sherif Bassiouni an, ein Amerikaner ägyptisch-muslimischer Herkunft, der zu den Kein-Frieden-ohne-Gerechtigkeit-Visionären gehörte und sich für eine Strafverfolgung von Serben stark machte. Seiner Ansicht nach beruhte der Widerstand der Vereinten Nationen gegen die auf Gewalt setzende Vorgehensweise der Amerikaner auf der dummen Vorstellung, »dass es oberste Priorität des Sicherheitsrates ist, eine politische Regelung zu erzielen, und dass alles, was dieses Ziel behindert, eigentlich in Schach gehalten werden sollte«, sowie auf der »großen Befürchtung, dass die Kommission ein Hindernis für eine politische Beilegung darstellen könnte«.[57] *Und das zu einem Zeitpunkt, als der bosnische Bürgerkrieg die vielen Tausende Todesopfer ja erst noch fordern sollte.* Die Amerikaner stellten der Kommission Gelder in Höhe von 500 000 US-Dollar bereit, obwohl die UN-Abteilung »Bereich Rechtsangelegenheiten« dies für rechtswidrig hielt (doch wann hätte das die USA je gestört?). Als Bassiouni den Vorsitz der Kommission übernahm, sammelte er 800 000 Dollar an Privatspenden von Geldgebern wie dem antikommunistischen Milliardär George Soros. Anschließend richtete Bassiouni mit Protektion des FBI

Verbrechen gegen die Menschlichkeit

an seiner De Paul University ein Dokumentationszentrum ein. Es folgten weitere Geldzuwendungen und Unterstützungen der USA. Bis 1994 hatte Bassiounis Kommission ein 65 000 Seiten starkes Dossier über Kriegsverbrechen mit Hunderten Befragungsmitschitten zusammengestellt, das den Anklägern des IStGHJ als Datenbank dienen sollte.

Unterdessen hatte der Sicherheitsrat mit Resolution 827 vom 25. Mai 1993 den IStGHJ geschaffen; das Statut spiegelt im Wesentlichen die Ansichten des US-Außenministeriums wider, die dessen Rechtsberater dem UN-Generalsekretär in einem Entwurf vorgelegt hatten.[58] Die Resolution enthielt zudem einen nützlichen Passus, der uneingeschränkt eine direkte staatliche und private Unterstützung des Gerichts erlaubte.[59] Somit konnten die USA, die sich damals ihren Finanzierungskampf mit den finanziell ausgehungerten Vereinten Nationen lieferten, dem Strafgerichtshof Gelder ohne Umweg über die UN zukommen lassen. Diana Johnstone bezeichnete dies treffend als »Privatisierung der Vereinten Nationen wie auch der Justiz«.[60] Die USA nutzten diese Konstellation, um dafür zu sorgen, dass der IStGHJ so schnell wie möglich eingerichtet wurde und seine Arbeit aufnehmen konnte, indem sie in den ersten Jahren sein Budget weitgehend bereitstellten und gewährleisteten, dass er nicht unter der allgemeinen Geldknappheit litt, die wegen der Zahlungsrückstände der USA bei den Vereinten Nationen herrschte.[61] Bei der Anklagevertretung war überwiegend amerikanisches Personal beschäftigt: Nach dem Bericht des IStGHJ für 1995 kamen 21 von 35 abgestellten Beschäftigten aus den USA, weitere 12 aus anderen NATO-Ländern und 2 aus Schweden.[62]

Die amerikanischen Zuwendungen an den IStGHJ nahmen sich besonders großzügig aus, wenn man sie mit der Unterstützung der USA für dessen vernachlässigtes Schwestertribunal verglich, dem Internationalen Strafgerichtshof für Ruanda (IStGHR), der für die Rechtsprechung über die grauenhaften ethnischen Gewaltausbrüche 1994 in Ruanda zuständig war. Ohne Zweifel wird eine revisionistische Geschichtsschreibung beide Tribunale demselben Impuls »gegen Straflosigkeit« zuschreiben. In Wirklichkeit ist das Ruanda-Tribunal jedoch ein weiterer Beleg, dass die USA es mit dem internationalen Strafrecht nicht ernst meinen. Sie waren die treibende Kraft hinter dem Jugoslawien-Tribunal, aber das Ruanda-Tribunal wurde ihnen aufgenötigt. Noch bevor in Ruanda die Massaker stattfanden, hatte Bassiouni seine umfangreiche Dokumentation über jugoslawische Verbrechen bereits fertig gestellt und vorgelegt, die USA hatten Millionen Dollar für den IStGHJ aufgewendet, der rechtliche Rahmen war geschaffen und alle Richter bestellt.

Der IStGHR ging auf eine Initiative der letztlich siegreichen Tutsi-FPR und ihrer ugandischen Sponsoren zurück, die bereits im Mai 1994, noch vor Beendigung des Mordens – also im Zuge *ihrer* Kriegspropaganda –, ein Kriegsverbrechertribunal für ihre Gegner zu fordern begannen. Im November 1994 richtete der UN-Sicherheitsrat schließlich den Strafgerichtshof für Ruanda durch Resolution 955 ein. Die neue ruandische Regierung lehnte die endgültige Fassung der Resolution ab, allerdings nur, weil sie die Verhängung der Todesstrafe ausschloss und sich potenziell auch auf Verbrechen bezog, die sie und ihr früheres Regime begangen hatten.[63] Darüber hätten sie sich allerdings keine Sorgen zu machen brauchen, da der IStGHR sorgsam jede Strafverfolgung von Personen vermied, die mit dem neuen Regime in Verbindung standen. Wie Louise Arbour selbst erklärte, geschah dies, um nicht den Zorn der FPR auf sich zu ziehen. Auf die Frage, warum sie keine Ermittlungen zu den von der FPR als Vergeltungsmaßnahme begangenen Morden an rund 30000 Hutu führe, die in ihre Zuständigkeit fielen, antwortete Arbour: »Wie sollten wir gegen die FPR ermitteln und Anklage erheben, solange wir unseren Sitz in diesem Land haben? Das wäre unmöglich. Sie würden uns schließen.«[64] Wohlgemerkt: Es handelte sich hier um die gleichen Leute, die um der Gerechtigkeit willen keine Kompromisse lediglich für Frieden einzugehen bereit waren. Als Arbours Nachfolgerin Carla del Ponte 2003 andeutete, sie müsse eventuell Ermittlungen gegen die FPR einleiten, sorgte die ruandische Regierung für eine Änderung des Statuts, das nun für jedes Tribunal eigene Ankläger vorsah. Del Ponte wurde vom IStGHR abgezogen und war nur noch für den IStGHJ zuständig. Sie nahm die neue Ernennung an, protestierte aber etwas zu viel, dass diese Aufteilung die »Unabhängigkeit« der Ankläger »ernstlich untergraben« würde.[65] Das offenkundig mangelnde Interesse der Amerikaner an dem Ruanda-Tribunal – trotz der größeren Dimensionen der

Verbrechen gegen die Menschlichkeit

Verbrechen – zeigte sich auch an ihrer relativ armseligen Unterstützung für die »arme Verwandte« des IStGJ, wie der Strafgerichtshof für Ruanda bald genannt werden sollte.[66]

Der IStGHR war also nicht einmal bloß ein nachträglicher Einfall, sondern überhaupt unbequem. Der Gedanke, Kriegsverbrechen strafrechtlich zu verfolgen, hatte wenig damit zu tun, dass die Amerikaner sich allgemein außer Stande gesehen hätten, angesichts von Gräueltaten »tatenlos zuzusehen«, aber viel mit ihren Machtspielen auf dem Balkan gegen die Serben. Die Serben wussten dies natürlich die ganze Zeit und brachten unzählige Einwände gegen die Einrichtung des Gerichtshofs vor. Sie beschwerten sich, ein solches Organ dürfe nicht durch den Sicherheitsrat geschaffen werden, in dem die Amerikaner eine derart dominante Rolle spielten, sondern nur durch Vertrag oder die UN-Generalversammlung.[67] Die Amerikaner wandten ein, ein solches Abkommen hätte die Unterzeichnung durch Jugoslawien erfordert und die Schaffung eines Gerichtshofes durch die Generalversammlung hätte zu viel Zeit gekostet.[68] Diese Dringlichkeit wäre kaum nachzuvollziehen, wenn es den Amerikanern bei diesem Strafgerichtshof tatsächlich um Gerechtigkeit gegangen wäre und nicht um Krieg. Und warum sollte man ihn auf Jugoslawien beschränken? In einer offiziellen Protestnote listete die Regierung der Bundesrepublik Jugoslawien »viele bewaffnete Konflikte in der Welt« auf, in deren Verlauf Gräueltaten begangen und »deren Täter von der internationalen Gemeinschaft nicht angeklagt und bestraft wurden (Korea, Vietnam, Algerien, Kambodscha, Libanon, Afghanistan, Belgisch-Kongo, Irak, Panama etc.)«.[69]

Die Kontrolle durch den UN-Sicherheitsrat war durchaus keine reine Formsache. Sie bedeutete, dass die Amerikaner nicht nur bei den Machtbefugnissen dieses Strafgerichtshofs gegen jedes Detail ein Veto einlegen konnten, sondern auch bei der Ernennung eines jeden Richters und Anklägers. Bei der Wahl der Richter des IStGHJ besaß der Sicherheitsrat eine indirekte Kontrolle, da er ein Mitspracherecht bei der Kandidatenliste hatte, aus der die Generalversammlung ihre Wahl traf. Dass es sich hier keineswegs um eine geringfügige Einflussmöglichkeit handelte, lässt sich aus der Tatsache ersehen, dass der Sicherheitsrat die Zahl der nominierten Kandidaten (jedes Land konnte zwei

Kandidaten benennen) von ursprünglich 41 auf 23 zusammenstrich.[70] Bei der Ernennung des Anklägers hatte der Sicherheitsrat dagegen eine direkte Kontrolle: Da er oder sie vom UN-Generalsekretär nominiert und vom Sicherheitsrat gewählt wurde, hatte jedes ständige Mitglied des Sicherheitsrats ein Vetorecht. Wie sich mit der Zeit herausstellen sollte, hatte der Ankläger eine viel entscheidendere Rolle als die Richter, da er festlegte, welche der zahlreichen von allen Parteien begangenen Verbrechen verfolgt wurden (beispielsweise die der Serben) und welche nicht (beispielsweise die der NATO).

Der erste Ankläger war Richard Goldstone, dessen Wahl im Ausschlussverfahren zustande kam. Die Briten hatten Bassiouni als »Fanatiker« und »Bedrohung für den Friedensprozess« abgelehnt. Die Russen verweigerten Kandidaten aus einem NATO-Land ihre Zustimmung, weil sie befürchteten, sie könnten voreingenommen gegen die Serben sein. Den Amerikanern war es, wie Außenminister Warren Christopher sagte, ebenfalls lieber, wenn der Strafgerichtshof nicht als »amerikanische Show« gesehen würde, obwohl sie fest entschlossen waren, ihn dazu zu machen.[71] Goldstone war ein liberaler weißer Richter aus Südafrika – ein Westler aus einem nichtwestlichen Land – und moderat genug, im Übergangsprozess nach der Apartheid das Vertrauen beider Seiten zu genießen.

Es dauerte nicht lange, bis Goldstone vollständig in die Fänge der Amerikaner geriet. Nach seiner Ankunft in New York gab es für den Ankläger nur einen kurzen Empfang beim Generalsekretär und anschließend im Sicherheitsrat, dann übergab Madeleine Albright ihn seinem Betreuer. Goldstone schreibt dazu:

> Ich wurde erneut herzlich von Madeleine Albright begrüßt, die bei der Schaffung des Tribunals die führende Rolle gespielt hatte ... Sie übertrug einem ihrer leitenden Berater, David Scheffer, die besondere Aufgabe, die Arbeit des Gerichts voranzutreiben. David wurde mir Freund und Berater, vor allem in Hinblick auf meine Kontakte zu den verschiedenen Bereichen der US-Administration. Sein Engagement für die Arbeit beider Gerichte war leidenschaftlich und hilfreich.[72]

Als Goldstone in Den Haag eintraf, musste er feststellten, dass man das Personal der Anklagebehörde bereits für ihn zusammengestellt hatte und die Mehrzahl seiner Mitarbeiter zufälligerweise aus den

Verbrechen gegen die Menschlichkeit

USA kamen: »Ich hatte den ausgeprägten Eindruck, dass [der stell-vertretende Ankläger Graham] Blewitt besorgt war, ich könnte die Anklagebehörde umorganisieren wollen. Nichts lag mir ferner.«[73] Goldstone wusste die amerikanischen Bemühungen zu würdigen: »Die Amerikaner leisteten wichtige Dienste, die es ermöglicht hatten, die Anfangsermittlungen noch vor meiner Ankunft aufzunehmen.«[74] Er entwickelte eine »herzliche Freundschaft« mit Conrad Harper, dem Rechtsberater des US-Außenministeriums, der ihm half, Beweis-material von CNN und eine private Spende von George Soros zu beschaffen, die bei einem Empfang für Goldstone und drei Richter des IStGHJ in Soros' Wohnung in Manhattan besiegelt wurde.[75] Es wurden Klagen laut: »Goldstone, so glaubte man, stünde auf der Seite der US-Administration. Angehörige des Außenministeriums gehörten zu seinen Mitarbeitern.«[76] Schließlich erteilte der UN-Generalsekretär ihm eine Rüge. »Boutros-Ghali teilte mir auch mit, dass manche der ständigen Vertreter bei den Vereinten Nationen sich beschwert hätten, weil ich so viel mit den Amerikanern zusammen sei, und er teilte diese Ansicht ... Meine Haltung machte dem Generalsekretär recht deut-lich, dass ich nicht die Absicht hatte, meine Politik zu ändern.«[77]

Es war durchaus kein Zufall, dass die Anfangsjahre des IStGHJ von einer antiserbischen Einstellung geprägt waren, die die amerikani-sche Politik recht gut widerspiegelte – jedenfalls sogar so gut, dass manche seiner Befürworter um seine Glaubwürdigkeit zu fürchten be-gannen. Ihnen war zumindest klar, dass es »eine abgekartete Sache« war.[78] Von den ersten 75 Anklagen richteten sich 55 gegen Serben, 17 gegen Kroaten und 3 gegen Muslime.[79] Bis März 2002 waren es nach meiner Zählung 79 Anklagen gegen Serben, 22 gegen Kroaten und 8 gegen Muslime. Mittlerweile hatte die NATO Jugoslawien bom-bardiert, und es stank zum Himmel, dass Anklagen gegen Regierungs-chefs und Generäle der NATO-Länder fehlten.

Goldstone verließ Den Haag nach nur zwei Jahren im Amt, um wieder nach Südafrika zu gehen. Seine Nachfolge trat Louise Arbour an, eine kanadische Richterin (und ehemalige Universitätskollegin von mir), die Goldstone Madeleine Albright empfahl, nachdem er fest-gestellt hatte, dass Arbour und er »gewissermaßen auf einer Wellen-länge lagen«.[80] Allen war klar, dass die Ernennung von Madeleine

Albright abhing: »Wenn die Ernennung durchkam, so lag es fast ausschließlich an Madeleine Albright.«[81] Bei ihrer ersten Begegnung bestand Albright darauf, mit Arbour unter vier Augen zu sprechen, und sie »beschnüffelten sich« eine Viertelstunde lang. Über dieses Gespräch ist lediglich bekannt, dass Arbour anschließend über Albright sagte: »Sie gefiel mir sehr«[82] – und vielleicht genügt das ja auch schon. Ein Kommentator schrieb über diese Begegnung und die späteren Ereignisse: »Arbour macht den Eindruck, als sei sie nicht viel mehr als Albrights Marionette.«[83]

Arbour war eine energische, junge (nun ja, in meinem Alter) frankokanadische Richterin, eine Gemäßigte ohne ausgeprägte Ideologie. Als Anwältin hatte sie in einem Aufsehen erregenden Vergewaltigungsfall den Vergewaltiger verteidigt, als Richterin war sie in einem wichtigen Kriegsverbrecherfall über den Nazi hergefallen. Sie hatte aber auch Ermittlungen über Brutalität gegen weibliche Häftlinge geführt und sich auf die Seite der Frauen gestellt. »Gerade die Tatsache, dass Arbour in der Vergangenheit keine Aktivistin war, machte sie für Albright attraktiv.«[84] Nachdem Albright zufrieden gestellt war, fiel es nicht mehr schwer, die anderen Mitglieder des Sicherheitsrates zu überzeugen: Die Russen waren froh, dass sie keine US-Amerikanerin war, die Franzosen, dass sie zweisprachig war, und die Briten, dass sie nicht Bassiouni war.

Arbour trat das Amt der Anklägerin im Oktober 1996 an. Am 1. Januar 1997 übernahm der NATO-Freund Kofi Annan (ebenfalls ausgewählt von Clinton und Albright) das Amt des UN-Generalsekretärs. Am 1. Mai 1997 wurde Tony Blair zum Premierminister gewählt. Alles dies läutete eine neue Arbeitsbeziehung zwischen der NATO und der Anklagebehörde des IStGHJ ein, die am 10. Juli 1997 mit Blut besiegelt wurde, als britische Truppen unter NATO-Führung in einem beispiellosen Kommandounternehmen in den serbischen Teil Bosniens einfielen, einen bosnisch-serbischen Angeklagten festnahmen und einen weiteren auf der Flucht töteten. Am nächsten Tag (Zufall?) übernahm General Wesley Clark, seit Beginn der Präsidentschaft Clintons der politische und strategische Chefplaner des US-Militärs, offiziell die Führung der NATO als »Alliierter Oberbefehlshaber« für Europa.[85]

Verbrechen gegen die Menschlichkeit

Arbour will nicht sagen, welchen Einfluss sie auf die britische Handlungsentscheidung hatte oder welche Rolle Wesley Clark bei diesen Entwicklungen spielte. Aber es hätte nicht besser nach ihrem Herzen laufen können, wenn sie den Überfall selbst geplant und ausgeführt hätte. Sie war obenauf.[86]

## Der IStGHJ im Krieg

Erst im Kosovokrieg spielte der IStGHJ die Rolle, für die er eingerichtet worden war: Er diente keineswegs dazu, Kriegsverbrechern den Prozess zu machen, sondern allein dazu, der Sache der NATO die notwendige Glaubwürdigkeit zu verleihen. Ab Herbst 1998 entwickelte sich der IStGHJ praktisch zur NATO-Pressestelle und gab offizielle Verlautbarungen heraus, die die Bundesrepublik Jugoslawien als einen Schurkenstaat hinstellten, dessen Führer als notorische Kriegsverbrecher im Kosovo ihre alten Tricks planten. Verstöße gegen das Völkerrecht kritisierte man ausschließlich bei den Serben und ignorierte ähnliche Verstöße durch die UÇK, durch bosnische Muslime, Kroaten und letztlich die NATO völlig.

Im Juni 1998 begann die NATO mit der Planung ihrer Intervention und ordnete militärische Übungen an, um die Serben »unter Druck zu setzen«. Madeleine Albright bezeichnete die serbische Reaktion auf die UÇK-Offensive bereits als »ethnische Säuberung« und »Mord«; Tony Blair erklärte, Milošević werde nur aufgrund »glaubwürdiger Androhung militärischer Gewalt« einlenken.[87] Es schadete der NATO-Strategie also keineswegs, als Chefanklägerin Louise Arbour der Presse im Juli erklärte, sie ermittele im Kosovo wegen »Verbrechen gegen die Menschlichkeit«.[88] Mitte August 1998 verkündete die NATO, sie »überprüfe« ihre »Militärplanung auf Optionen, die Gewalt zu beenden und Voraussetzungen für Verhandlungen zu schaffen«.[89] Ab Anfang September ereiferten sich Arbour und die IStGHJ-Präsidentin Gabrielle Kirk McDonald öffentlich über die verständliche Weigerung der Bundesrepublik Jugoslawien, mit dem Strafgerichtshof zu kooperieren und Personen auszuliefern, die in Verbindung mit Kriegsverbrechen in Kroatien verdächtigt wurden. Der IStGHJ veröffentlichte einen Brief Arbours, in dem sie einen direkten Vergleich zu Amerikas Lieblingsschurkenstaat und dem bis dahin berüchtigtsten Terroranschlag zog, dem Bombenattentat auf eine Pan-Am-Maschine, die 1988 über Lockerbie explodiert war und 270 überwiegend amerikanische Todesopfer gefordert hatte. Bezugnehmend auf die kurz zuvor verabschiedete Resolution des UN-Sicherheitsrates, die Libyen weitere Sanktionen androhte, falls das Land die Lockerbie-Verdächtigen nicht ausliefere, schrieb Arbour: »Diese Resolution steht in krassem Gegensatz zu dem mangelnden Vorgehen des Sicherheitsrates hinsichtlich eines Falles, der viel Ähnlichkeit mit dem Lockerbie-Fall aufweist.«

In ihrem Schreiben verlieh Arbour zudem den Behauptungen der NATO Glaubwürdigkeit, die Serben begingen im Kosovo »Kriegsverbrechen und Verbrechen gegen die Menschlichkeit«, indem sie erklärte, sie habe im Namen »der internationalen Gemeinschaft Ermittlungen eingeleitet« (wichtige Worte, wie die Ereignisse zeigen sollten).[90]

Der Brief war an die Gerichtspräsidentin Gabrielle Kirk McDonald gerichtet, die ihre Berufung nach Den Haag der intensiven Lobbyarbeit des amerikanischen Außenministeriums verdankte.[91] Sie leitete das Schreiben umgehend an den Sicherheitsrat weiter, wiederholte in erheblich verschärftem Ton die Vorwürfe und fügte hinzu, Jugoslawien habe »seine Missachtung und mangelnden Respekt gegenüber seinen völkerrechtlichen Verpflichtungen« und seine »Verachtung für die Autorität des Sicherheitsrates« bewiesen. Das »verwerfliche Verhalten der Regierung der Bundesrepublik Jugoslawien, das gegen die UN-Charta, Resolutionen des Sicherheitsrates und das Dayton-Abkommen verstößt, sollte nicht länger geduldet werden.«[92]

Der Sicherheitsrat blieb neutral und verabschiedete einen moderaten Aufruf an alle Parteien, mit dem IStGHJ zusammenzuarbeiten.[93] Aber die NATO drohte ausdrücklich mit Krieg, und McDonald nutzte die Gelegenheit, um am 2. Oktober 1998 mit einem flammenden Appell an den Sicherheitsrat den Einsatz noch weiter zu erhöhen:

> Keinem Staat sollte es erlaubt sein, sich »über das Gesetz« hinwegzusetzen … Daher ist es zwingend notwendig, die Bundesrepublik Jugoslawien wieder in die Gemeinschaft der Völker zu holen, die ihre Hoffnungen auf den Weltfrieden setzen und die Autorität des Sicherheitsrates anerkennen … Irgendwann kann man eine solche Missachtung nicht mehr hinnehmen. Dieser Zeitpunkt ist nun gekommen.[94]

Dann verlangte Arbour Zugang zum Kosovo, um dort wegen Kriegs-verbrechen zu ermitteln. Dabei schlug sie den gleichen Ton an wie die NATO und behandelte Präsident Milošević wie einen verstockten Aufsässigen, der sich über seine Lage nicht im Klaren sei: »Die Zustän-digkeit dieses Gerichts hängt weder von Präsident Miloševićs Zustim-mung ab noch von dem Ergebnis etwaiger Verhandlungen zwischen ihm und einer anderen Seite.«[95] Die Bundesrepublik Jugoslawien er-widerte darauf, Arbour könne kommen, mit offiziellen Vertretern sprechen und an einer Konferenz teilnehmen, aber ansonsten keine Ermittlungen im Kosovo durchführen. Arbour lehnte unter Protest ab, und Kirk McDonald nannte die Bundesrepublik Jugoslawien unver-hohlen einen »Schurkenstaat«. Sie hielt diese Bezeichnung für so wich-tig, dass sie damit ihre Presseerklärung einleitete: »Dieses Verhalten ist ein weiteres Beispiel für die äußerste Missachtung der Bundesrepu-blik Jugoslawien gegenüber den Normen der internationalen Gemein-schaft. Im Grunde ist sie zu einem Schurkenstaat geworden, der die internationale Geltung des Rechts missachtet.«[96]

Im November erwirkten der IStGHJ und die Amerikaner, dass der UN-Sicherheitsrat die Nichtbefolgung seiner Beschlüsse zu den Vor-fällen in Kroatien verurteilte, es wurden jedoch keine Sanktionen angedroht, und der Passus über Kroatien fiel relativ mild aus.[97] Zwei Tage später versuchte Kirk McDonald bei einer Rede vor der UN-Generalversammlung, den Ton weiter zu verschärfen, konnte aber nur noch auf den Holocaust zurückgreifen:

Nach den Verheerungen des Zweiten Weltkrieges wurde das Nürnberger Tribunal geschaffen, um der Welt zu zeigen, dass die internationale Ge-meinschaft solche Gräuel nicht mehr ungestraft lassen würde. Daher der Satz: »Nie wieder.« Doch »wieder« und »wieder« kehrt solche Barbarei zurück, um uns heimzusuchen … Die abscheulichen Verbrechen des Nazi-regimes konnten geschehen, weil viele fortgeschaut haben. Sie wussten, was geschah, aber sie schützten Unwissenheit vor … Daher frage ich Sie: Werden Sie tatenlos zusehen und zulassen, dass ein Staat die ausdrück-lichen Beschlüsse der Vereinten Nationen missachtet? Wird Untätigkeit Sie nicht zu Mittätern machen?«[98]

Innerhalb von zwei Monaten hatte sich der IStGHJ offiziell die Hal-tung der NATO zu Eigen gemacht, die Bundesrepublik Jugoslawien als Schurkenstaat zu brandmarken und die Situation dem Holocaust gleichzusetzen. Der große Augenblick des IStGHJ kam jedoch mit Račak. Die Vorfälle ereigneten sich am Nachmittag des 15. Januar 1999. Am 16. Januar bezeichnete William Walker sie mit einer für ihn ungewöhnlichen moralischen Entrüstung und Offenheit als »Massaker« und »Verbrechen gegen die Menschlichkeit«. Noch am selben Tag sprach Arbour in einer Presseerklärung von einem »Massaker an Zivilisten«:

> Ich habe Ermittlungen zu dem jüngsten Massaker im Kosovo eingeleitet. … Ich habe mit Botschafter Walker gesprochen und ihn um Unterstützung gebeten … Nach den öffentlich zugänglichen Informationen fällt das jüngste Massaker an Zivilisten eindeutig unter das Mandat des IStGHJ, und die Bundesrepublik Jugoslawien ist verpflichtet, Ermittlern meiner Behörde Zugang zu gewähren … Den Familien der Opfer des Massakers von Račak und anderer in den vergangenen Monaten begangener Gräuel drücke ich mein tiefes Bedauern aus, dass wir zurzeit nicht in der Lage sind, ihnen den Trost der Wahrheit und die Hoffnung auf Gerechtigkeit zu geben.[99]

Was auch immer in Račak tatsächlich geschah, der eigentliche Grund für die öffentliche Brandmarkung der Ereignisse ist ohne Zweifel darin zu suchen, dass man die Gelegenheit nutzen wollte, um die Serben als Nazis zu dämonisieren und eine militärische Intervention durch die NATO zu rechtfertigen. Und bei dieser PR-Masche wirkte Arbour tatkräftig mit (nicht an dem Verbrechen, sondern an dessen Nutzung). Anders ist ein derartiger Verstoß gegen die Ethik der Anklagevertretung nicht zu erklären. Arbour hatte mit niemandem gesprochen, außer mit dem Albright-Untergebenen Walker; sie selbst hatte nichts gesehen, erklärte aber der Presse gleichwohl, es handele sich um ein Massaker an Zivilisten, für das sie Gerechtigkeit fordere. Carol Off sprach mit Arbour und ihrem Stab über Račak, aber weder Entsetzen, dass ein solches Verbrechen geschehen konnte, noch moralische Entrüstung oder Gerechtigkeitsstreben kennzeichneten das Gespräch, sondern die schiere Jagd nach Publicity:

> Es ging ihr nicht darum, den Ort des Massakers in Račak unbedingt sehen zu wollen. Es ging ihr vielmehr darum, dass die Medien der Welt sie bei dem *Versuch*, dorthin zu kommen, sehen sollten – um die Bot-

schaft zu vermitteln, dass dies tatsächlich der Ort eines Verbrechens *war* und dass da noch eine Anklägerin auf dem Gebiet des internationalen Strafrechts *war*, die ihn höchst persönlich zu inspizieren verlangte. Und wenn man ihr, Arbour, das nicht erlaubte, würde die Welt wissen, dass Milošević etwas zu verbergen hatte. »Račak lenkt die Aufmerksamkeit der Öffentlichkeit auf unsere Arbeit, auf unsere Bedeutung«, sagt Arbour über die Ereignisse. »Mit zwei Sätzen können Sie der Welt diese Botschaft klar machen.« Prompt erschien Arbours Foto auf der Titelseite der *New York Times.* »Ganz oben!«, riefen ihre Mitarbeiter aufgeregt.[100]

Alle waren von der Idee begeistert, dass Arbour wegen dieser Sache die Konfrontation mit Milošević suchen sollte. Deshalb fuhr sie an die Grenze zum Kosovo und verlangte die Einreisegenehmigung, von der sie wusste, dass man sie ihr verweigern würde; deshalb schickte Walker ihr die Medien entgegen; deshalb klopfte ihr guter Freund und »Oberbefehlshaber« der NATO für Europa, General Wesley K. Clark, gleich am nächsten Tag bei Milošević an und forderte, er solle Arbour in den Kosovo einreisen lassen oder er müsse mit Bombardierungen rechnen. Milošević lehnte ab und erklärte, der Zwischenfall in Račak sei inszeniert worden.[101] Von nun an war die »Glaubwürdigkeit« der NATO untrennbar mit dem IStGHJ verknüpft, wie der folgende Auszug aus einer amerikanischen Fernsehsendung vom 18. Januar 1999 zeigt:

Das trifft die Glaubwürdigkeit der NATO, die Stellung des Kriegsverbrechertribunals, das zwischen Holbrooke und Milošević im Oktober ausgehandelte Waffenstillstandsabkommen und die Führung der Vereinigten Staaten in ihrem Kern.[102]

Und von nun an benutzte die NATO den Strafgerichtshof bei jedem Schritt auf ihrem Weg in den Krieg. Am 30. Januar 1999 »zitierte« Javier Solana Milošević nach Rambouillet und nannte mit Račak und dem IStGHJ die Bedingungen: »Die NATO erinnert daran, dass die Verantwortlichen für das Massaker in Račak vor Gericht gestellt werden müssen und dass die Behörden der Bundesrepublik Jugoslawien umfassend mit dem Internationalen Strafgerichtshof für das ehemalige Jugoslawien zusammenarbeiten müssen.«[103] Während der Verhandlungen in Rambouillet hielt der IStGHJ sich zurück, doch als die Gespräche scheiterten – d. h. von der NATO abgebrochen wurden –, nahm er seine Attacken gegen Milošević ebenso wieder auf wie die NATO. Am selben Tag, als die Albaner das Abkommen unterzeichneten und die Bombardierungen sichergestellt waren, reichte der IStGHJ beim Sicherheitsrat eine offizielle Beschwerde der Anklägerin wegen Nichtbefolgung der Beschlüsse zu Račak ein, eine Beschwerde, die das Gericht seit dem 2. Februar zurückgehalten hatte.[104]

Nun befand sich der IStGHJ im Krieg. Die NATO nutzte dies unverzüglich zu weiterer Dämonisierung. Zwei Tage nach Beginn der Bombardierungen verglich der britische Verteidigungsminister, George Robertson, Milošević mit Hitler und erklärte: »Wir ... sammeln sorgfältig Beweise zu dem, was im Kosovo vorgeht ... Diese Informationen werden an den Internationalen Strafgerichtshof weitergeleitet, und wenn die Zeit gekommen ist, werden diese Leute in Den Haag vor Gericht stehen.«[105]

Was den Strafgerichtshof anging, so betrieb er zunächst Schadensbegrenzung. Am Tag des Kriegsbeginns gab er eine Presseerklärung zu kroatischen Verbrechen an Serben im Krieg 1991 heraus, die allerdings nichts mit Ausgewogenheit zu tun hatte. Vielmehr handelte es sich ganz im Gegenteil um das recht verzweifelte Dementi zu einem Artikel in der *New York Times*, der aus durchgesickerten Dokumenten schloss, dass der IStGHJ wegen dieser Verbrechen Anklage gegen Kroaten erheben werde – und das wäre natürlich für die NATO peinlich gewesen, konnten doch »Nazis« nicht Opfer von Kriegsverbrechen sein: »Die Anklägerin gibt keinen Kommentar zu Existenz oder Fortschritt von Ermittlungen, dies entspricht der Politik dieser Behörde seit ihrer Einrichtung«, erklärte sie, fügte aber hinzu, die durchgesickerten Dokumente »enthalten nicht die offizielle Position der Anklagebehörde«.[106] *Die Anklägerin gibt keinen Kommentar zu Existenz oder Fortschritt von Ermittlungen, dies entspricht der Politik dieser Behörde seit ihrer Einrichtung?* Wieso hatte sie sich dann seit annähernd einem Jahr den Mund über angebliche serbische Verbrechen im Kosovo fusselig geredet?[107]

Und was sollten wir davon halten, dass Arbour zwei Tage später, wie sie es ausdrückte, »den ungewöhnlichen Schritt« tat, sich »direkt an Präsident Milošević und andere Führungskräfte zu wenden und sie an ihre völkerrechtlichen Verpflichtungen zu erinnern«, weil sie in

Verbrechen gegen die Menschlichkeit

»ernster Sorge« sei, dass »im Kosovo weiterhin schwerwiegende Verletzungen des humanitären Völkerrechts begangen werden«?[108]

Fünf Tage später setzte die Chefanklägerin ihre Politik fort, »keinen Kommentar zu Existenz oder Fortschritt von Ermittlungen« zu geben, und übergab den Medien den Wortlaut eines Briefes, der keinen Zweifel daran ließ, dass gegen die Empfänger »ermittelt« wurde; der Einfachheit halber fügte sie das IStGHJ-Statut gleich hinzu. (»Damit über die entsprechenden Rechtsgrundlagen keine Zweifel aufkommen, sind zu Ihrer Information die einschlägigen Textpassagen aus dem Statut des Internationalen Gerichtshofes angehängt.«) Die 13 namentlich genannten und durchnummerierten Empfänger machten die gesamte politische und militärische Führung der Bundesrepublik Jugoslawien aus, mit Milošević an der Spitze.[109] Wie zu erwarten, konnte Richterin Kirk McDonald der Versuchung nicht widerstehen, über ihr Richteramt hinauszuwachsen und eine eigene Presseerklärung abzugeben, in der sie zugegebenermaßen unbestätigte »Behauptungen« von Flüchtlingen kolportierte, erneut den Holocaust bemühte und Milošević darauf aufmerksam machte, dass es dem Gericht ein Leichtes ist, Regierungschefs wegen Völkermordes anzuklagen: »Ich möchte Präsident Milošević auch daran erinnern…, dass der Internationale Gerichtshof für Ruanda erst vor acht Monaten den ehemaligen Premierminister von Ruanda wegen Völkermordes verurteilt hat.«[110]

Arbours Pressemitteilung vom 31. März 1999 war überaus aufschlussreich und enthielt zwei weitere Punkte, die noch bezeichnender waren als die recht unverhohlenen Vorwürfe gegen Milošević. Der erste Punkt hatte mit den von der NATO verursachten »Kollateralschäden« zu tun, die die Menschen schon in diesem frühen Stadium des Krieges zu spüren bekamen. Bereits am zweiten Tag des Krieges kam es zu dem ersten bestätigten zivilen Todesopfer, als eine Streubombe in Montenegro den 16-jährigen Senad Dacić tötete und zwei seiner Freunde verwundete. Die Bombardierung Belgrads hatte begonnen. Arbour wurde von verschiedenen Seiten gedrängt, auch gegen die NATO-Führung wegen ihrer Verbrechen Anklage zu erheben. Das hätte, wie sie selbst einräumte, durchaus in ihrer Machtbefugnis gelegen; allerdings zeigte ihre umständliche Ausdrucksweise, dass sie sich nicht überwinden konnte, »NATO« und »Kriegsverbrechen« in einem Atemzug zu nennen, ohne zugleich die Serben mit einem Seitenhieb zu bedenken:

> Ich habe Anträge von Personen und Gruppen erhalten, die mich drängen, verschiedene NATO-Vertreter und andere Führungskräfte wegen Kriegsverbrechen im Zusammenhang mit den in Serbien durchgeführten Luftangriffen anzuklagen … Ich habe keine Zweifel, dass die Zuständigkeit des Tribunals für den Kosovo allen wohlbekannt ist und tatsächlich von niemandem je bestritten wurde, außer der Bundesrepublik Jugoslawien … Ich werde sämtliche mir zugeleiteten Informationen prüfen, die auf die Verübung von Verbrechen im Rahmen der Zuständigkeit des IStGHJ hindeuten. Lediglich unbewiesene Behauptungen und politisches Ränkespiel werde ich unberücksichtigt lassen.

Die große Überraschung der Presseerklärung kam jedoch, als Arbour bekannt gab, dass gegen den Führer paramilitärischer serbischer Einheiten, Zeljko Raznjatović, (besser bekannt als »Arkan«), wegen nicht genannter Verbrechen, angeblich Jahre zuvor in Bosnien begangen, Anklage erhoben und Haftbefehl erlassen wurde. Die Anklage hatte man bereits am 30. September 1997 erhoben, sie aber geheim gehalten, um die Chancen einer Verhaftung Arkans zu erhöhen, wie Arbour erklärte. Warum also machte sie sie nun publik und verringerte damit wider besseres Wissen diese Chancen? Ihre Erklärung war ausgesprochen lahm: Sie habe »Berichte über seine mutmaßlichen Aktivitäten im Kosovo« erhalten und wolle »jene, die vorhatten, seine Dienste in Anspruch zu nehmen oder seine Befehle auszuführen, in Kenntnis setzen, dass sie durch die Verbindung zu einem angeklagten Kriegsverbrecher ebenfalls belastet werden«.[111] Da Arkan sicher wusste, dass der IStGHJ hinter ihm her war, dürfte die Verlautbarung für ihn keine abschreckende Wirkung besessen haben. Ohnehin hatte er andere Sorgen als Den Haag (noch im Laufe des Jahres wurde er von Killern in einem Belgrader Hotel erschossen). Was die anderen angeht, so dürfte es nur wenige Entscheidungsträger gegeben haben, die nicht wussten, wer Arkan war. Und außerdem ist man ja auch in juristischer Hinsicht nicht automatisch in Kriegsverbrechen verwickelt, wenn man mit Kriegsverbrechern zusammentrifft. Dahinter konnte also nur die Absicht stecken, das gesamte Milošević-Regime »durch diese Verbindung zu belasten«, wie Arbour selbst sagte, und die Presseerklärung konnte nur den Zweck haben, die Führung der Bundesrepublik Jugoslawien als einen Haufen von Kriegsverbrechern abzustempeln und damit die NATO-Bombardierungen zu rechtfertigen.

Sowohl Arbour als auch ihr Vorgänger Goldstone hatten schon immer eng mit der NATO und dem US-Außenministerium zusammengearbeitet. Zur Zeit der Vorfälle in Račak heckten Clark (NATO), Walker (US-Außenministerium) und Arbour (IStGHJ) gemeinsam PR-Kampagnen aus, um die Serben in die Defensive zu drängen. Angesichts der Tatsache, dass die NATO auf dem Balkan zu den gewaltsamen Protagonisten gehörte, war diese Zusammenarbeit, gegen die an sich nichts einzuwenden war, äußerst fragwürdig: Bis zum Beginn der Bombardierungen am 24. März 1999 hatte die NATO mit dem UN-Sicherheitsrat zusammengearbeitet, und der IStGHJ war ein Organ des Sicherheitsrates. Arbour war seit Ende 1998 vom Sicherheitsrat ermächtigt, im Kosovo zu ermitteln – was die Regierung der Bundesrepublik Jugoslawien mit allen Mitteln zu hintertreiben suchte.

Als die NATO jedoch Jugoslawien zu bombardieren begann, erhielt die enge Beziehung Arbours zur NATO und zum US-Außenministerium einen ganz anderen Stellenwert: Der Angriff auf Jugoslawien war ein eklatanter Verstoß gegen die UN-Charta und er wurde nahezu von allen Völkerrechtsexperten weltweit und auch vom ersten IStGHJ-Präsidenten, Richter Antonio Cassese, als solcher gewertet. Für Louise Arbour, die sich selbst in der Nachfolge der Nürnberger Prozesse sah, gab es also gute Gründe, die NATO gemäß Nürnberger Tribunal des »größten internationalen Verbrechens« für schuldig zu halten. Zudem kam es schon mit Beginn der Bombardierungen zu »unvermeidlichen Kollateralschäden«. Als die NATO die serbische »Infrastruktur« zum Ziel ihrer Angriffe machte, häuften sich die Leichen. Am 2. April 1999 wurden mindestens vier Zivilisten getötet, am 4. April fünf. Am 5. April trafen NATO-Bomben ein Wohngebiet in dem serbischen Ort Aleksinac und töteten zehn Zivilisten, die Jüngste war die 26-jährige Marina Paović, der Älteste der 93-jährige Gvozden Milivojević. Es war der erste »Kriegsunfall«, den die NATO zugab. Bereits am 3. April reichte die gesamte juristische Fakultät der Universität Belgrad bei Arbour eine offizielle Beschwerde ein und forderte sie auf, sofort Anklage gegen Solana, Clark und die übrigen Verantwort-

lichen zu erheben, die »brutal sämtliche Völkerrechtsnormen verletzen« und alle Verbrechen begingen, die in Arbours Zuständigkeitsbereich fielen.[112]

Arbour, Kirk McDonald und der gesamte IStGHJ hatten also von
Anbeginn der Bombardierungen Kenntnis davon, dass der NATO der
begründete Vorwurf von Kriegsverbrechen, die unter ihre Zuständigkeit fielen, gemacht wurde. Eigentlich hätte der Gerichtshof nun mehr
auf Distanz zur NATO gehen müssen. Aber nichts dergleichen geschah. Tatsächlich rückte der IStGHJ noch näher an die NATO heran.
Mitte April besuchte Arbour auf einer Rundreise führende europäische NATO-Vertreter.[113] Und in der Zwischenzeit hatte sie jegliche
Zurückhaltung aufgegeben und sprach öffentlich über die Anklage,
die sie mit Hilfe der NATO gegen die Führungsspitze der Bundesrepublik Jugoslawien vorbereitete. Alle sollten erfahren, dass sie der Verbrechen schuldig waren, die die NATO ihnen vorwarf:

> Die Ermittler des Gerichtshofes stellen zurzeit Zeugenaussagen zusam-
> men … Berichte von Flüchtlingen sind von entscheidender Bedeutung,
> genügen aber allein nicht. Die Opfer kannten weder die Kommando-
> strukturen noch die Leute, die auf höchster Ebene die Befehle gaben.
> Daher brauchen wir die hochkarätige Unterstützung, die nur Staaten
> geben können. Ich finde die Gespräche, die ich in Bonn und London
> geführt habe, überaus ermutigend. Wir haben unsere Zusammenarbeit
> mit einer Reihe von Ländern stetig ausgebaut, und ihre Entscheidungen,
> uns mehr Zugang zu sensiblen Informationen zu geben, bringt uns einen
> entscheidenden Schritt voran. Das sollte Führern und Kommandeuren
> vor Ort, die sich an Kriegsverbrechen beteiligen, als Signal dienen, dass
> sie vor Gericht gestellt werden.[114]

Während Arbour enger mit der NATO zusammenrückte, verschärfte
die NATO ihre Bombenangriffe, und die Zivilbevölkerung bezahlte
das mit einem immer höheren Preis. Am 10. April 1999 wurden in
Serbien fünf Zivilisten von amerikanischen Streubomben getötet,
unter ihnen das erste Baby, die einjährige Bojana Tosovic. Kurz darauf
kam es zu zwei Zwischenfällen, die als Tragödien Berühmtheit erlangten. Am 12. April trafen NATO-Bomben zweimal einen Personenzug
auf der Grdelica-Brücke und töteten 17 Passagiere im Alter von 6 bis
65 Jahren, und am 14. April kam es zum größten einzelnen »Kolla-

Verbrechen gegen die Menschlichkeit

teralschaden« des Krieges, als die NATO einen Flüchtlingskonvoi im Kosovo auf der Straße von Djakovica nach Decane angriff und 73 Zivilisten tötete – überwiegend Albaner, unter ihnen Kleinkinder und alte Menschen; viele waren bis zur Unkenntlichkeit verstümmelt. Anfangs stritt die NATO die Verantwortung dafür ab, musste sie aber schließlich doch übernehmen.[115]

Trotz alledem tauchte Arbour immer wieder mit dem einen oder anderen führenden NATO-Vertreter im Fernsehen auf. Ein Fernsehauftritt, bei dem der britische Außenminister Robin Cook ihr theatralisch ein »Dossier« über serbische Verbrechen überreichte, löste unter kanadischen Kollegen der Anklägerin Stirnrunzeln aus. »Wird die Anklägerin des Kriegsverbrechertribunals, Louise Arbour, zur Schachfigur der NATO?«, fragte die Torontoer Zeitung *Globe and Mail*.[116] Die USA unterstützten den IStGHJ weiterhin großzügig mit Geld und Personal, damit das Gericht »seine Botschaft unparteiischer Justiz verbreiten« konnte.[117] Am 28. April 1999 gab Arbour bekannt, dass das US-Außenministerium ihr einen neuen Sprecher zur Verfügung gestellt hatte, Paul Risley, der die vergangenen fünf Jahre in verschiedenen Pressestellen für die US-Regierung gearbeitet hatte und bis zum Sturz Milošević's im Oktober 2000 beim IStGHJ tätig bleiben sollte.[118] Anschließend erklärte Arbour, sie fahre nach Washington, um »brauchbares Gerichtsmaterial« zu suchen. Bei einer Pressekonferenz des US-Außenministeriums am 10. Mai platzte Madeleine Albright förmlich vor Stolz, als sie das gerichtsverwertbare Material und weitere Gelder übergab (sowie noch mehr Propaganda machte: »Zehntausende Männer werden vermisst ... buchstäblich Tausende Berichte über summarische Hinrichtungen von Vätern, Brüdern, Ehemännern und Söhnen«):

> Wir sind die führenden Geldgeber des Gerichtshofes und haben den Kongress gebeten, uns zu helfen, dass wir die von uns bereitgestellten Ressourcen erweitern können. Wenn die Bedingungen es zulassen, hat das Federal Bureau of Investigation eingewilligt, ein forensisches Team für Ermittlungen im Kosovo abzustellen. Wir stellen dem Gericht so viele Informationen zur Verfügung, wie wir können, und unterstützen es voll und ganz in seiner Entschlossenheit, die Indizien zu verfolgen, so weit hinauf sie auch führen mögen.[119]

Zu diesem Zeitpunkt bombardierte die NATO bereit seit einem ganzen Monat zivile Ziele in der Bundesrepublik Jugoslawien. Selbst nach konservativen Schätzungen gingen die zivilen Todesopfer durch die NATO-Bombardierungen in die Hunderte. Am 23. April 1999 hatte die NATO – mit Absicht, wie sie einräumte – einen Fernsehsender in Belgrad beschossen und 16 Menschen getötet; am 27. April kamen bei einem Angriff auf ein Wohngebiet in Surdulica 11 Zivilisten ums Leben; am 1. Mai wurden 39 Zivilisten getötet, als ein Omnibus auf einer Brücke bei Luzane getroffen wurde. Am 7. Mai bombardierten NATO-Flugzeuge einen Marktplatz in Niš und töteten dort 14 Zivilisten mit Streubomben, am selben Tag trafen sie die chinesische Botschaft in Belgrad, in der 3 Chinesen starben. In China war man entsetzt und empört, Demonstranten belagerten die amerikanische Botschaft in Beijing; es war der einzige Angriff des Krieges, für den sich die USA entschuldigten.

Ab dem 7. Mai 1999 trafen bei Arbour zahlreiche Anzeigen von verschiedenen Seiten aus der ganzen Welt ein (darunter auch von mir und meinen Kollegen), die verlangten, sie solle gegen führende NATO-Vertreter Anklage wegen Kriegsverbrechen erheben. In einer Rede, die Arbour am 13. Mai zum Auftakt der Ratifizierungskampagne für das Statut des Internationalen Gerichtshofs hielt, sprach sie diese Forderungen kurz an. Allerdings ging es ihr im Wesentlichen darum, allen zu versichern, dass es sich hier um reine Theorie handelte:

> Mit diesen Äußerungen gebe ich eindeutig keinen Kommentar zu etwaigen Behauptungen über Verstöße gegen humanitäres Völkerrecht ab, die angeblich von Angehörigen der NATO-Staaten begangen wurden. *Ich akzeptiere die Zusicherungen führender NATO-Vertreter, dass sie beabsichtigen, ihre Operationen in der Bundesrepublik Jugoslawien in voller Übereinstimmung mit dem humanitären Völkerrecht durchzuführen.*[120]

Sie erwähnte die NATO nie wieder. Es blieb ihrer Amtsnachfolgerin überlassen, die NATO später aus ähnlichen Gründen freizusprechen – indem sie unüberprüfte »Zusicherungen akzeptierte«, die allen Beweisen Hohn sprachen.[121]

Arbour war mit anderen Dingen beschäftigt. Seit Beginn des Krieges war sie allen Fragen nach der Anklageerhebung gegen Slobodan

*Verbrechen gegen die Menschlichkeit*

Milošević ausgewichen. Am dritten Tag der Bombardierungen hatte sie gedroht, ihn anzuklagen, und alle hatten gewusst, dass es nur eine Frage der Zeit war. Am 7. April bestritt ihr Stellvertreter jeglichen »Druck«, Anklage gegen ihn zu erheben, räumte aber ein, dass es »laufende Gespräche über die Möglichkeiten mit an der NATO-Übung beteiligten Ländern« gab.[122] Tatsächlich wurde am 12. April 1999 im US-Kongress ein Gesetz eingebracht, in dem es hieß, es »soll Politik der Vereinigten Staaten sein, die Anklageerhebung gegen Präsident Slobodan Milošević als Kriegsverbrecher umfassend und vollständig zu unterstützen«, und das die CIA anwies, dem IStGHJ »zur Unterstützung einer Anklage und eines Gerichtsverfahrens gegen Präsident Slobodan Milošević wegen Kriegsverbrechen, Verbrechen gegen die Menschlichkeit und Völkermord alle Informationen [bereitzustellen], die die Nachrichtendienste sammeln oder gesammelt haben«.[123]

Am 28. April 1999 bestritt Arbour, dass jemand sie »gebeten habe, auf eine Anklage gegen Milošević zu *verzichten*«.[124] Am 22. Mai bewies sie es, indem sie Anklage erhob und sie am 27. Mai öffentlich machte.[125] Milošević und vier weitere hochrangige Führungskräfte wurden jeweils wegen drei Verbrechen gegen die Menschlichkeit angeklagt: wegen Mordes, Verfolgung und Deportation. In der Presseerklärung war die Zahl der Morde mit »über 340« angegeben und die der Deportationen mit 740 000, »etwa ein Drittel der gesamten kosovo-albanischen Bevölkerung«. Die Verbrechen wurden angeblich »zwischen dem 1. Januar und Ende Mai 1999« begangen, tatsächlich geschahen aber *alle* in der Anklage aufgeführten Verbrechen, abgesehen von Račak, den Angaben zufolge *nach* Beginn der Bombardierungen.[126]

Die Anklage folgte also der Linie des US-Außenministeriums, wie Noam Chomsky darlegte, »indem sie versucht, das NATO-Bombardement als Reaktion auf Verbrechen zu interpretieren, die drei Monate zuvor begannen, während sie lediglich Beweismaterial für Verbrechen vorlegt, die nach Beginn der Bombardierungen begangen wurden«.[127] Die Anklagen waren an sich schon ein starkes Propagandastück, da sie nicht nur serbische Verbrechen von den mit ihnen zusammenhängenden Verbrechen der UÇK loslöste, sondern auch die Verurteilung der serbischen Verbrechen durch den Sicherheitsrat von seiner Verurteilung des UÇK-Terrors in denselben Resolutionen trennte. Das war allerdings noch gar nichts im Vergleich zu der wirklich ungewöhnlichen Wahl des Zeitpunkts für die Anklageerhebung: Sie kam nämlich zu einer Zeit, als absolut keine Möglichkeit bestand, ihre Stichhaltigkeit zu prüfen. Die Anklagen wurden am 22. Mai 1999 wegen Ereignissen erhoben, die den Angaben nach sechs bis acht Wochen zuvor vorgefallen sein sollten, und zwar in einem Gebiet, das zur Tatzeit und auch noch bei Anklageerhebung intensiven Bombardierungen ausgesetzt war. Ebenso wie in Račak hatte Arbour auch hier keine eigenen Ermittlungen durchgeführt und lediglich die Darstellung einer Partei – der NATO – gehört, und selbst diese Darstellung muss recht unvollständig gewesen sein. Dabei ging es hier nicht bloß darum, »Ermittlungen aufzunehmen«, sondern tatsächlich Anklage zu erheben. Zudem hatte die Anklägerin, anders als bei den Vorkommnissen in Račak, zahlreiche begründete Anzeigen erhalten, dass die NATO selbst Kriegsverbrechen beging, und es stand außer Zweifel, dass sie viele Menschen in einem Krieg tötete, dessen Rechtswidrigkeit der erste IStGHJ-Präsident, Richter Cassese, in einem Fachartikel bestätigt hatte. Wir werden sehen, wie der IStGHJ diese Anzeigen geschickt umging. Hatte Arbour noch nichts davon gehört, dass die Wahrheit das »erste Opfer« eines Krieges ist? Eine seriöse Anklageerhebung hätte diese Anschuldigungen vielleicht als Grund genommen, nach Ende der Bombardierungen Ermittlungen aufzunehmen. Aber mitten im Krieg Anklage zu erheben?

Laut Arbours Presseerklärung waren die Anklagen »das Ergebnis eingehender Bemühungen einer Vielzahl von Mitarbeitern meines Büros«.[128] Weshalb diese Eile? Es bestand keine Möglichkeit, vor Ende des Krieges jemanden zu verhaften. Jeder wusste, dass weitere Ermittlungen notwendig waren. Das gab die Anklägerin selbst zu. (»Es stellt nicht die Gesamtheit der Vorwürfe dar, die sich aus unseren fortgesetzten Ermittlungen gegen diese Beschuldigten ergeben können … Wir arbeiten weiter an der Zusammenstellung des Beweismaterials … Wir ermitteln weiter zu anderen Vorfällen im Kosovo …«[129]) Arbours Nachfolgerin, Carla del Ponte, erklärte nach ihrem Amtsantritt im September 1999 ebenfalls, ihr »Hauptfokus« werde sein, »weiteres Beweismaterial zu sammeln«, um die Anklage gegen Milošević zu

Verbrechen gegen die Menschlichkeit

erhärten.[130] Als der Prozess gegen Milošević im Juli 2001 schließlich begann, wurde eine Anklageschrift verlesen, die Hunderte Mordopfer mehr und damit insgesamt doppelt so viele Opfer enthielt wie die ursprüngliche Fassung.

Arbour gab für diese Eile keine Begründung, abgesehen von ihrer albernen Prahlerei über »Echtzeitstrafverfolgung«:

> Ich habe nun seit mehreren Monaten unser Engagement betont, als Echtzeitstrafverfolgungsorgan zu arbeiten. Ich halte es nach jedem Strafverfolgungsmaßstab für eine außergewöhnliche Leistung, dass wir gegen die fünf Beschuldigten erfolgreich Anklage wegen Verbrechen dieser Größenordnung, die seit Anfang dieses Jahres begangen wurden, erhoben haben.[131]

Weshalb »Echtzeitstrafverfolgung« ausgerechnet die Sorge eines Justizorgans und nicht die einer Polizeitruppe sein sollte, wurde nie erklärt. Noch weniger klar war, wieso Anklageerhebungen, die vor Kriegsende nicht umgesetzt werden konnten, als »Echtzeitstrafverfolgung« gelten konnten. Zudem war eine solche »Echtzeitstrafverfolgung« für das IStGHJ offensichtlich nach Kriegsende nicht mehr wichtig, denn Carla del Pontes »Hauptfokus«, Beweismaterial gegen Milošević zu sammeln, stand eindeutig in Konflikt mit einer Strafverfolgung der »umgekehrten ethnischen Säuberungen«, die unter den aufmerksamen Augen der NATO im Kosovo stattfanden. Es gab einfach keinen legitimen Grund, diese Anklagen zu erheben, während die Bomben fielen. Worum ging es also wirklich?

Arbour machte in ihrer Presseerklärung eine Andeutung, als sie Kritik abzuwehren versuchte, dass die Anklagen eine Verhandlungslösung stören könnten:

> Schließlich bin ich mir des Einflusses bewusst, den diese Anklageerhebung auf den Friedensprozess in der Bundesrepublik Jugoslawien haben könnte … Kein glaubwürdiger, dauerhafter Frieden lässt sich auf Straflosigkeit und Ungerechtigkeit aufbauen. Die Weigerung, Kriegsverbrecher zur Rechenschaft zu ziehen, wäre ein Affront für jene, die das Gesetz befolgen, und ein Verrat an jenen, deren Leben und Sicherheit davon abhängen. Obwohl die Beschuldigten bis zu ihrer Verurteilung Anspruch auf die Unschuldsvermutung haben, werfen die Beweise, aufgrund derer diese Anklage bestätigt wurde, schwerwiegende Zweifel auf, ob sie die

geeigneten Garanten eines Abkommens, geschweige denn eines Friedensabkommens sind. Die Anklage hat nicht ihre Eignung verringert, sondern nur ihre mangelnde Eignung offenbart.[132]

Es war die alte Saga von der Gerechtigkeit, die geübt werden müsse, auch wenn der Himmel einstürze – selbst wenn er auf serbische und albanische Zivilisten stürzen sollte, allerdings mit einer neuen Wendung: Arbour disqualifizierte die serbische Führung genau in dem Augenblick als ungeeignete Partner eines Friedensabkommens, als eine Regelung unter den Auspizien der Russen und Deutschen kurz vor dem Abschluss stand. Sofort begriff man diesen Schritt als »eine Anklage, deren Zeitpunkt diplomatisch verheerend war«.[133] Manche argumentierten, dies belege die *Unabhängigkeit* des Gerichts, da sie unterstellten die Amerikaner seien aufrichtig an einer Verhandlungslösung interessiert und dies erschwere Milošević die Zustimmung. Diese Linie griff Michael Scharf nach dem Krieg auf, als er ein Loblied auf das Tribunal sang: »Während die Vereinigten Staaten und Großbritannien anfangs dachten, eine Anklage gegen Milošević könnte die Friedensaussicht behindern, wurde sie später zum nützlichen Werkzeug ihrer Bemühungen, den Serbenführer zu dämonisieren und die öffentliche Unterstützung für die NATO-Bombardierungen gegen Serbien aufrechtzuerhalten, die noch im Gang waren, als die Anklage erhoben wurde.«[134] Was für eine absurde Darstellung, da doch sämtliche Beweise gegen Milošević von den Amerikanern und Briten geliefert wurden. Chomsky bezeichnete es beißend als Anklage, »von der Washington hoffte, sie würde nicht erhoben werden, als es Informationen und nachrichtendienstliches Material freigab, das zuvor zurückgehalten worden war«.[135] Albrights »allgemeiner Gesandter für Kriegsverbrechen«, David Scheffer, der »offenkundig für eine rasche Anklage« war, gab zu, Arbour sensible nachrichtendienstliche Informationen zur Verfügung gestellt zu haben; *drei Tage* vor der Anklageerhebung suchte er sie zudem in Den Haag auf.[136] Und der Schlag, den die Anklageerhebung dem Friedensabkommen versetzte, traf zeitlich mit einer Intensivierung der Bombardierungen zusammen, was offenbar in dieselbe Richtung zielte.[137]

Zwar wurde rundum abgestritten, dass »Druck ausgeübt« worden sei, aber mit den Fakten, die offensichtlich eine *Kollaboration* erken-

Verbrechen gegen die Menschlichkeit

nen lassen, ist das durchaus nicht unvereinbar. Die einzige Darstellung, die einen Sinn ergibt, ist jene, die Carol Off anscheinend von Arbour selbst erhalten hat, dass nämlich Arbour *die ganze Angelegenheit mit der NATO abgesprochen hatte.* Von Beginn der Bombardierungen an erbat Arbour »gerichtsverwertbares Material« von Leuten, die genau wussten, wozu sie es haben wollte: »Arbour sagte ihnen zwar nicht direkt, dass sie plante, Milošević und einige seiner Kollegen anzuklagen, aber sie konnten sich bestimmt denken, dass sie auf einen Showdown zusteuerte.«[138] Die fünf Tage, die zwischen der Unterzeichnung der Anklage und ihrer Veröffentlichung lagen, sollten Clinton und Blair (anscheinend aber nicht den Regierungschefs anderer NATO-Länder) Zeit geben, sie zu billigen:

> Arbour erfuhr von ihren vertraulichen Quellen, dass Präsident Bill Clinton und Premierminister Tony Blair ein zehnminütiges Telefongespräch geführt und entschieden hatten, dass es … in Ordnung sei. Vielleicht wäre es sogar gut. Bundeskanzler Gerhard Schröder war allerdings wütend: »Manchmal gibt es Ziele – wie den Frieden in Europa –, die Vorrang vor anderen Überlegungen haben.«[139]

Die Russen wurden nicht vorab informiert. Als die Anklage bekannt gegeben wurde, war Tschernomyrdin gerade auf dem Weg nach Belgrad; er ließ sein Flugzeug umkehren und erklärte: »Heute haben wir die Ziellinie des Verhandlungsprozesses erreicht, aber jemand musste einem Friedensdialog Hindernisse in den Weg legen.«[140]

Sofort nutzte Madeleine Albright die Anklage als Rechtfertigung für die amerikanische Weigerung, eine Verhandlungslösung auf der Grundlage des russisch-deutschen Modells zu tolerieren. Am nächsten Tag erklärte sie bereits in aller Frühe im Fernsehen: »Wir verhandeln nicht mit Milošević … Ich denke, die Anklagen klären die Situation, da sie wirklich zeigen, dass wir das Richtige tun, wenn es darum geht, auf die Art von Verbrechen gegen die Menschlichkeit zu reagieren, die Milošević begangen hat.« Auf die Frage, was sie tun würde, wenn Milošević »verspräche, sämtliche Forderungen der NATO im Gegenzug für ein Treffen mit Präsident Clinton zu erfüllen«, antwortete Albright: »Ich glaube, Sie sprechen eine völlig hypothetische Situation an. Er muss die Bedingungen akzeptieren, dann werden die Bombardierungen eingestellt. Milošević ist ein angeklagter Kriegsverbrecher.«[141] Danach verstärkte die NATO ihre Bombardierungen Serbiens und zielte vor allem auf die Moral der Bevölkerung. Am 30. Mai 1999 wurden mehr Treffer verzeichnet als an jedem anderen Tag des Krieges. Zu den offiziellen Zielen gehörten Belgrads Stromversorgung und mehrere Rundfunk- und Fernsehsender. Ein Angriff auf ein »Munitionsdepot« in Surdulica traf ein Krankenhaus und tötete 21 Zivilisten, und in Varvarin starben 9 Zivilisten, als eine belebte Brücke bei Tageslicht bombardiert wurde.[142]

Arbours Vorgänger, Richard Goldstone, hatte 1995 das gleiche Spielchen um Anklagen und Milošević getrieben, allerdings umgekehrt. Die Amerikaner bevorzugten damals eine militärische Lösung, die die bosnisch-serbische Führung (Karadžić und Mladić) ausschloss, und machten Milošević zum serbischen Unterhändler. Goldstone trug dazu bei, indem er selektive Anklagen erhob. Er berichtete: »Als bekannt wurde, dass die Dayton-Gespräche stattfinden sollten, beschlossen wir, die Anklageerhebung zu beschleunigen.«[143] Es ging um Karadžić und Mladić, seltsamerweise fehlte der Mann, dem das Gericht später vorwerfen sollte, er sei der Kopf des bosnischen »Völkermordes« gewesen. Goldstone behauptet, seine Entscheidung, keine Anklage gegen Milošević zu erheben, sei nicht politisch beeinflusst gewesen; aber dem widerspricht Scharf: »Es ist schwer zu glauben, dass Goldstone eine Anklage gegen Milošević nicht absichtlich hinausgezögert hat. Eine solche Anklage hätte jede Friedensaussicht in Dayton eindeutig zunichte gemacht.«[144] Auch Goldstone war vollständig auf Informationen des US-Außenministeriums angewiesen; die CIA »managte« sogar die Telefone der Anklagebehörde.[145]

Der IStGHJ leistete den Amerikanern also wertvolle Dienste, indem er die Behauptung stützte, bei den völkerrechtswidrigen Bombardierungen handele es sich keineswegs um das größte internationale Verbrechen, sondern um einen Einsatz zur Strafverfolgung von Kriegsverbrechern, die eben zu dieser Zeit Unsägliches begingen und eigentlich Nazis seien – ein Punkt, den der IStGHJ selbst bei jeder Gelegenheit hervorhob. Als die NATO ihre Angriffe auf Jugoslawien begann, nahm ein Besucher des Anne-Frank-Hauses in Amsterdam Anstoß an einem Foto von Louise Arbour, das augenfällig in der Nähe des Ausgangs hing und durch seinen Begleittext den Anschein erweckte, sie

Verbrechen gegen die Menschlichkeit

betreibe die Strafverfolgung gegen Anne Franks Mörder. (»Nach Nürnberg hoffte man, dass ein solches Tribunal nie wieder notwendig wäre« etc.)

Auch die britische Regierung unter Blair missbrauchte das Andenken an Anne Frank in ihrem »Blair Holocaust Project«, wie Kritiker es nach dem damals populären Spielfilm *The Blair Witch Project* nannten. Es handelte sich um eine englische Version des im Januar 2000 in Stockholm proklamierten internationalen Holocaust-Gedenktages.[146] Die ganze Sache entsprang anscheinend einer amerikanischen und britischen Idee, die Mitte 1998 entstand, während sie ihren Angriff auf Jugoslawien planten; die Einladungen für die Stockholmer Konferenz wurden unmittelbar nach dem Ende des Kosovokrieges verschickt. Letzten Endes stand im Mittelpunkt des internationalen Gedenktages zwar der tatsächliche Holocaust, aber die Regierung Blair beschloss, die britische Version »relevanter« zu gestalten, gab ihr den Untertitel *Remembering Genocides: Lessons for the Future* (Gedenken an Völkermorde: Lehren für die Zukunft) und brachte sie explizit mit den Massenmorden in Verbindung, an welche die NATO erinnern wollte, während sie jene ausklammerte, die sie lieber in Vergessenheit geraten ließ wie Hiroshima, Nagasaki, Vietnam und Irak:

> Das in Nazideutschland demonstrierte Verhalten war kein Phänomen, das auf Deutschland oder die Mitte des 20. Jahrhunderts beschränkt geblieben wäre. Ereignisse in Kambodscha, Bosnien-Herzegowina, Ruanda und Kosovo, um nur einige zu nennen, beweisen hinlänglich die Fähigkeit von Menschen zu Massenmorden...[147]

Sollte jemandem die jüngste humanitäre Intervention der Briten entgangen sein, enthielt das offizielle Programm für diesen Tag einen Film über *Zlata's Diary,* ein Buch, das die jugendliche Zlata Filipovic während der Belagerung Sarajevos im bosnischen Bürgerkrieg geschrieben hatte.[148] Die Sendung beschrieb sie als »eine zeitgenössische Anne Frank«, obwohl die echte Anne Frank nicht überlebte, um von ihren Tantiemen zu profitieren und nach Oxford zu gehen, wie ein Kritiker angewidert anmerkte.

# 5. Der Prozess gegen Milošević

Zwei Punkte auf der Kosovo-Agenda des IStGHJ standen noch aus: Zum einen die (im nächsten Kapitel behandelte) heikle Frage, wie der Gerichtshof mit den von der NATO während der Bombardierungen begangenen Kriegsverbrechen umgehen sollte; zum anderen die dramatische Aufgabe, Slobodan Milošević in Handschellen nach Den Haag zu bringen: Die Holocaust-Metapher verlangte unbedingt einen Gefangenen auf der Anklagebank, vorzugsweise hinter kugelsicherem Glas und mit Kopfhörern. Milošević war aber nach wie vor der rechtmäßig gewählte Präsident der Bundesrepublik Jugoslawien; er musste also gestürzt werden. Die NATO-Länder verfügten über eine unschlagbare Wahlkampfplattform: Ohne den Sturz und die Auslieferung Miloševićs würde das Land niemals aus den Ruinen auferstehen, die die Bombardierungen und Sanktionen der NATO hinterlassen haben. Den Kindern Jugoslawiens drohte das gleiche Schicksal wie den Kindern im Irak.

Noch vor dem Ende des Kosovokrieges verabschiedete der US-Kongress ein Gesetz, das eine völlige Wirtschaftsblockade über die Bundesrepublik Jugoslawien verhängte, bis der amerikanische Präsident bestimmte Bedingungen für erfüllt erklärte, unter anderem »Kooperation mit dem Internationalen Strafgerichtshof für das ehemalige Jugoslawien, einschließlich der Überführung aller angeklagten Kriegsverbrecher in Jugoslawien nach Den Haag«.[1] Die USA wollten Jugoslawien nicht nur boykottieren, sondern auch ihre beträchtliche wirtschaftliche Macht in den verschiedenen internationalen Finanzinstitutionen wie dem Internationalen Währungsfonds (IWF) einsetzen, um andere zu den gleichen Maßnahmen zu zwingen. Das Gesetz bewilligte dem US-Präsidenten zudem 100 Millionen US-Dollar, um oppositionelle Kräfte in Jugoslawien zu unterstützen, und ermöglichte es den USA, Gruppen, die zur Opposition gegen Milošević bereit waren, offen oder verdeckt mit großzügiger finanzieller oder logistischer Hilfe zu überschütten. Dies trug im September 2000 entscheidend zum Wahlsieg des Rechtswissenschaftlers Vojislav Koštunica über Milošević bei.[2] Koštunicas Sieg beruhte jedoch auf seiner Opposition sowohl gegen Milošević wie auch gegen die NATO als den beiden Betreibern des jugoslawischen Ruins. Da die Serben im IStGHJ ein Organ der NATO sahen, war an eine Auslieferung Miloševics nicht zu denken, ohne dass erheblich stärkerer Druck ausgeübt wurde. Die USA belohnten die Ablösung Miloševics mit 45 Millionen US-Dollar an Nahrungsmittelhilfe, um Serbien über den Winter zu bringen; allerdings machten sie unmissverständlich klar, welchen Preis Jugoslawien für sein Überleben zu zahlen hatte – und setzten einen offiziellen Termin fest: den 31. März 2001. Wenn der US-Präsident bis dahin nicht bestätigte, dass die Bundesrepublik Jugoslawien »kooperierte«, sollten die amerikanischen Hilfsgelder in Höhe von 100 Millionen Dollar gestrichen und die amerikanischen Führungskräfte der »internationalen Finanzinstitutionen« angewiesen werden, »Kredite und Beihilfen« für die Bundesrepublik Jugoslawien nicht zu befürworten.[3]

Die Aufgabe, den der NATO zustehenden Tribut einzufordern, fiel Louise Arbours Nachfolgerin im Amt der Chefanklägerin zu, der ehemaligen Schweizer Generalstaatsanwältin Carla del Ponte. Die Amerikaner kannten sie gut seit ihrer erfolgreichen Zusammenarbeit mit dem FBI im Fall der »Pizza Connection« Ende der 80er Jahre – einem internationalen Drogenhändler- und Geldwäscherring, an dem die sizilianische Mafia, amerikanische Pizzerien und Schweizer Banken beteiligt waren.[4] Angeblich soll es im Juli 1999 ein geheimes Treffen zwischen del Ponte und Madeleine Albright am Flughafen Heathrow gegeben haben, um del Pontes damals noch geheime Ermittlungen zu einem Korruptionsskandal zu besprechen, an dem der russische Präsident Boris Jelzin beteiligt war.[5] Einen Tag vor del Pontes Berufung an den IStGHJ, als der Skandal noch unter der Decke gehalten wurde, übergab Jelzin die Macht effektiv an Wladimir Putin. Das Treffen zwischen del Ponte und Albright fand allerdings zu einem Zeitpunkt statt, als man einen Ersatz für Arbour suchte, und es mag durchaus einem

»Beschnüffeln« gedient haben, wie Albright es einige Jahre zuvor mit Arbour gemacht hatte – möglicherweise interessierte Albright, was del Ponte von den Vorwürfen hielt, die gegen Albright vor dem Tribunal wegen Mord und Verbrechen gegen die Menschlichkeit erhoben wurden.

Im Januar 2001 suchte del Ponte Koštunica mit neuen Haftbefehlen auf. Sie stieß auf öffentliche Proteste und musste sich von Koštunica einen Vortrag über die »selektive Justiz« des Gerichts anhören, das er als »eher politische denn gerichtliche Institution« bezeichnete.[6] Koštunica protestierte dagegen, dass die NATO wegen ihrer schweren und weniger schweren Verbrechen in Jugoslawien nicht angeklagt wurde, und fragte, warum man Milošević nicht in seiner Heimat den Prozess machen könne. Nach den Statuten des Gerichtshofes, die seine Zuständigkeit gleichberechtigt neben die nationaler Gerichte stellte, wäre das durchaus zulässig gewesen; der neu geschaffene Internationale Strafgerichtshof räumte den nationalen Gerichten sogar *Priorität* ein. Aber del Ponte wollte nichts davon wissen. Sie machte die wirtschaftliche Erpressung Serbiens durch die USA zu ihrer eigenen Sache. Sollte Jugoslawien Milošević nicht ausliefern, würden die Kinder im Land nichts zu essen bekommen. »Ich bin zum gegenwärtigen Zeitpunkt überzeugt, dass die internationale Gemeinschaft Sanktionen in Erwägung ziehen muss und finanzielle Hilfsprogramme für Belgrad an Bedingungen knüpfen muss. Ohne Kooperation mit dem Gerichtshof keine Hilfe.«[7]

Als der 31. März 2001 näher rückte, war allen klar, was passieren würde.[8] In der Republik Serbien, dem Hauptbestandteil der Bundesrepublik Jugoslawien, die nur noch aus Serbien und Montenegro bestand, war eine neue Regierung im Amt. Ministerpräsident Zoran Djindjić, der später ermordet wurde, war ausgesprochen »prowestlich«.[9] Jugoslawische Funktionäre machten Andeutungen über eine unmittelbar bevorstehende Verhaftung Miloševićs; es fehlte nur noch eine Kleinigkeit: stichhaltige Beweise.[10] Als es am 31. März auf Mitternacht zuging, umstellte die serbische Polizei Miloševićs Belgrader Villa und führte ihn nach mehrstündigen dramatischen Verhandlungen – Milošević soll angeblich gesagt haben: »Sie werden mich niemals lebendig bekommen«, und natürlich soll del Ponte erklärt haben:

Verbrechen gegen die Menschlichkeit

»Ich will ihn lebend« – am 1. April gegen 5 Uhr morgens ab in ein Belgrader Gefängnis, nachdem die Verhandlungen ohne Blutvergießen
verlaufen waren und nur die verzweifelte Tochter einige Pistolenschüsse abgegeben hatte. Allerdings legte man Milošević keine Kriegsverbrechen zur Last, sondern Korruption, da er mutmaßlich Gelder
in Höhe von 200 Millionen US-Dollar für sich und seine Partei ab-
gezweigt hatte.[11] Das war wohl kaum ein Vorwurf, der es gerechtfertigt hätte, ihn genau zu diesem Zeitpunkt verhaften zu müssen, selbst
wenn es stichhaltige Beweise dafür gegeben hätte – aber im Laufe
der folgenden drei Monate wurden keine Beweise vorgelegt, die den
Verdacht erhärtet hätten. Jeder wusste, dass Miloševićs Verhaftung
»stark von der amerikanischen Position beeinflusst war, die explizit
besagte: Wenn ihr Milošević nicht bis zum 31. März festgenommen
habt, streichen wir die Hilfsmittel«, wie der damalige italienische Ministerpräsident Amato sagte.[12] Dennoch gab es einen gut inszenierten
internationalen Chor, der – ausgerechnet – den Sieg der »Rechtsstaatlichkeit« feierte.[13] Die Amerikaner tätscheln den Jugoslawen den
Kopf, erinnerten sie aber gleichzeitig, dass es noch wesentlich mehr für
den Sieg der Rechtsstaatlichkeit zu tun gebe, wenn sie nicht verhun-
gern wollten. Robin Cook erklärte schweren Herzens: »Wir möchten
der Regierung Serbiens helfen, ihre Wirtschaft wieder aufzubauen und
die Verwüstungen der Milošević-Jahre hinter sich zu lassen. Aber das
können wir nur, wenn sie mit dem Internationalen Strafgerichtshof in
Den Haag kooperieren.«[14]

Colin Powell und George Bush bescheinigten, wie von den Bestimmungen gefordert, den Jugoslawen Wohlverhalten, was den Weg zu
50 Millionen US-Dollar und den internationalen Finanzinstitutionen
frei machte. Allerdings setzten sie einen neuen Termin, dieses Mal den
29. Juni, für den eine internationale Geberkonferenz anberaumt war.
Es ging um eine Milliarde US-Dollar; obwohl die Amerikaner davon
nur 200 Millionen beisteuern wollten, drohten sie, die gesamte Konferenz abzusagen, wenn Milošević bis dahin nicht in Den Haag sei.[15]

Dem Sieg der Rechtsstaatlichkeit stand jedoch ein gewaltiges recht-
liches Problem im Weg: Die jugoslawische Verfassung verbot die Auslieferung jugoslawischer Staatsbürger. Nach Artikel 17 darf einem
jugoslawischen Staatsbürger die Staatsbürgerschaft nicht aberkannt,

er nicht des Landes verwiesen und nicht an andere Staaten ausgeliefert werden.[16] Dies gilt für die meisten Rechtssysteme der Welt, die sich im Fall eines Antrags auf Auslieferung eines ihrer eigenen Bürger für die Strafverfolgung im eigenen Land entscheiden, gemäß dem alten Grundsatz: *aut dedere aut judicare*, »ausliefern oder anklagen«. Die Auslieferung eines jugoslawischen Staatsbürgers rechtlich zu ermöglichen hätte eine Verfassungsänderung erfordert. Und dafür hätte Koštunica auf Bundesebene die Stimmen seiner Koalitionspartner aus Montenegro gebraucht, die aber in der überwiegenden Mehrheit der Partei Miloševićs angehörten. Als der Termin näher rückte, zeichnete sich ab, dass nicht genügend Stimmen für eine Verfassungsänderung zusammenkommen würden. Eine Woche vor Ablauf der Frist zog Koštunica den Gesetzentwurf zurück und beschloss, es über einen Regierungserlass zu versuchen – ein verfassungsmäßig äußerst fragwürdiges Verfahren. Die am 23. Juni 2001 erlassene Verordnung sah ein standardmäßiges, wenn auch schwindelerregend zügiges Auslieferungsverfahren vor: Es sollte eine Anhörung stattfinden, wonach der unterliegenden Seite allerdings nur drei Tage Zeit blieben, Einspruch beim Obersten Gerichtshof einzulegen.[17] Da sich die Verfassung nicht durch einen einfachen Erlass außer Kraft setzen ließ, wandten sich Anwälte der Opposition direkt an das Bundesverfassungsgericht, das die Geltung des Erlasses aussetzte, bis die Zweifel an seiner Verfassungsmäßigkeit geklärt wären (später erklärte es ihn für verfassungswidrig).[18] Das war am 28. Juni 2001, also einen Tag vor der internationalen Geberkonferenz. Koštunica erklärte, man müsse die Entscheidung des Gerichts respektieren, und verschwand von der Bildfläche. Aber die serbische Regierung wollte nicht zulassen, dass man die Amerikaner bloß wegen der Verfassung eines Balkanstaates vor den Kopf stieß. Djindjić warf dem Gericht seine Bindungen an Milošević und seltsamerweise (für eine richterliche Entscheidung) »einen Ausverkauf der Zukunft Serbiens« vor und traf noch am selben Tag seine eigene »Entscheidung«, Milošević ohne weitere Formalitäten auszuliefern.[19] Als es auf Mitternacht zuging, holte man Milošević unsanft aus seiner Gefängniszelle und flog ihn mit einem Hubschrauber auf einen »UN-Stützpunkt« (sprich: NATO-Stützpunkt) in Bosnien, von wo man ihn mit einer britischen Militärmaschine in die Niederlande brachte.

Am 29. Juni 2001 um 1.15 Uhr saß er im IStGHJ-Gefängnis. Keine schlechte Arbeit.

Es folgte erneut ein gut einstudierter Chor der NATO-Länder, der »die internationale Gerichtsbarkeit und Rechtsstaatlichkeit« feierte.[20] Die Sonntagsausgabe der *New York Times* schrieb, neben dem »Wohlstand« unterscheide uns eben die Rechtsstaatlichkeit von den Nazis, den Kommunisten und Leuten wie Milošević:

> Der Kommunismus versprach Gleichheit. Hitler versprach das Tausendjährige Reich. Milošević versprach Ruhm. Alles, was der Westen verspricht, ist, neben dem Wohlstand der breiten Masse, die Rechtsstaatlichkeit. Mehr braucht es nicht.[21]

Ein Leitartikel der Torontoer Tageszeitung *Globe and Mail* vermittelt einen Eindruck von den Absurditäten, die damals verbreitet wurden:

> Vor allem aber bedeutet die Auslieferung Miloševics eine Bestätigung der gesamten Völkerrechtsidee. Der ehemalige Diktator Augusto Pinochet steht vor einem möglichen Prozess in Chile wegen Menschenrechtsverletzungen, und gerade in diesem Monat verurteilte ein belgischer Richter vier Ruander zu langjährigen Haftstrafen wegen ihrer Rolle bei dem Völkermord 1994. »Der lange Arm des internationalen Rechts wird stärker«, erklärte gestern der südafrikanische Richter und erste UN-Ankläger für Kriegsverbrechen, Richard Goldstone. Das ist Grund zu jubeln.[22]

Pinochet war innerhalb eines Jahres wieder frei. Im Gegensatz zu Milošević bekam er ein ordentliches Verfahren: Nach 16 Monaten juristischer Auseinandersetzungen mit *drei* Anhörungen im Oberhaus beschloss das gegen Straflosigkeit zu Felde ziehende Vereinigte Königreich, den Auslieferungsanträgen von vier europäischen Ländern, mit denen es entsprechende Abkommen hatte, nicht stattzugeben. Miloševics Anwälte erklärten kurz und bündig: »Ein Auslieferungsverfahren ohne Anwälte kommt einer Entführung gleich.«[23] Zudem hatten die USA sich im Kosovo 15 000 Fuß hoch über das internationale Recht hinweggesetzt und sollten dies vor Ablauf eines halben Jahres in Afghanistan und in weniger als zwei Jahren im Irak erneut tun. In Ruanda hatte man zwar die Hutu wegen ihrer Verbrechen vor Gericht gestellt, aber die mit den Amerikanern befreundeten Tutsi hatten die furchtlosen Ankläger in Den Haag offensichtlich so erschreckt, dass sie sich nicht zu ermitteln trauten, was die Tutsi den Hutu angetan hatten. Was für ein starker langer Arm des internationalen Rechts! Und wo gerade von Recht die Rede ist: Was ist mit der jugoslawischen Verfassung? Was ist mit der Entscheidung des Verfassungsgerichts? Auch auf diese Frage hatte die »internationale Gemeinschaft« die passende Antwort parat: Das Verfassungsgericht bestand natürlich aus Richtern, die unter dem Milošević-Regime ernannt wurden.[24] Ja, sie waren seine »Spezis«.[25] Das ließe sich doch wohl von allen Verfassungsrichtern sämtlicher NATO-Staaten behaupten, vom IStGHJ ganz zu schweigen. Louise Arbour hatte man soeben für ihre Arbeit im Dienste der NATO mit einer Berufung an den Obersten Gerichtshof von Kanada belohnt – dank der Fürsprache eines unserer potenziellen Angeklagten, des kanadischen Premierministers Jean Chrétien. Erst im vorangegangenen Dezember hatte der Oberste Gerichtshof der USA Florida angewiesen, die Stimmenzählung einzustellen, damit der Republikaner George W. Bush Präsident werden konnte, obwohl er weniger Stimmen hatte als sein demokratischer Gegenkandidat Al Gore. Von den Richtern dieses Gerichts waren sieben von den Republikanern ernannt und nur zwei von den Demokraten. Zwei der Republikaner waren von George W. Bushs Vater ernannt worden. Und hatte nicht Präsident Koštunica – der bekanntermaßen *nicht* »unter dem Milošević-Regime« ernannt wurde – die Auslieferung als »illegal und verfassungswidrig« bezeichnet?[26] Doch selbst eine defekte Uhr zeigt zweimal am Tag die richtige Uhrzeit – so hatte einer der von Bush sen. ernannten Richter am Obersten Gerichtshof für Gore gestimmt; und als das jugoslawische Verfassungsgericht seine Entscheidung begründete, das Djindjić-Dekret für verfassungswidrig zu erklären, war seine Argumentation juristisch einwandfrei, zumal im Vergleich mit den rechtlichen Absurditäten, die der IStGHJ selbst von sich gab (siehe unten).[27]

Abgesehen vom Auslieferungsverbot für Staatsbürger untersagte die Verfassung *jeden* Eingriff in die persönliche Freiheit, außer in den durch Bundesgesetz geregelten Fällen.[28] Erlasse wie das Djindjić-Dekret haben aber in Jugoslawien (wie in vielen anderen Ländern) keine Gesetzeskraft, sondern sind lediglich Verwaltungsvorschriften, und dieses Dekret überstieg eindeutig die Kompetenzen, die der serbischen

Verbrechen gegen die Menschlichkeit

Landesregierung nach der Bundesverfassung zustehen. Gemäß diesem Prinzip durften nicht einmal Nichtstaatsbürger ohne entsprechendes Gesetz außer Landes gebracht werden. Bezüglich des ausdrücklichen Verbots einer Auslieferung von Staatsbürgern argumentierte die serbische Regierung, der Haftbefehl des IStGHJ sei aufgrund des Verfassungsartikels 16, der internationale Verträge zum Bestandteil des Bundesrechts mache, bindend.[29] Die UN-Charta war selbstverständlich ein solcher Vertrag und sie machte Entscheidungen des Sicherheitsrates für die Mitglieder verbindlich. Dies war das stärkste Argument der serbischen Regierung für die »Auslieferung« Miloševićs, aber das Verfassungsgericht hatte ein besseres Argument. Es verwies auf Resolution 827 des UN-Sicherheitsrates, die den Beschluss zur Schaffung des IStGHJ enthielt, allerdings nicht einfach festlegte, dass den Anordnungen des Strafgerichtshofes nachzukommen sei; vielmehr wurde beschlossen:

> … dass somit alle Staaten sämtliche nach ihrem innerstaatlichen Recht erforderlichen Maßnahmen ergreifen werden, um die Bestimmungen dieser Resolution und des Statuts umzusetzen, einschließlich der Verpflichtung der Staaten, Hilfeersuchen oder Verfügungen einer Strafkammer nach Artikel 29 des Statuts nachzukommen.

Die Bestimmungen der Resolution waren also, schon ihrem Wortlaut nach, keineswegs automatisch Bestandteil des jugoslawischen Rechts, sondern verlangten eine Umsetzung in das jugoslawische Rechtssystem. Das jugoslawische Verfassungsgericht verwies weiter auf die Gesetzgebung vieler anderer Staaten, die diese Anforderung erfüllte. Ohne entsprechende Gesetze fehlte jedes ordentliche Verfahren (wie im Fall Milošević), was an sich schon einen Verstoß gegen zahlreiche Normen des internationalen Menschenrechts darstellte. Es ist durchaus möglich, dass Jugoslawien gegen einige seiner internationalen Verpflichtungen verstoßen hätte, wenn es Milošević nicht ausgeliefert hätte, andere dagegen einhielt, aber das ist eine völlig andere Frage als die, ob eine Verpflichtung automatisch Bestandteil des jugoslawischen Rechts ist und daher über dem verfassungsmäßigen Schutz steht. Die Trennung von internationalem und nationalem Recht ist in den Rechtssystemen der ganzen Welt etabliert.[30]

Miloševićs Auslieferung war also alles andere als ein Triumph der »Rechtsstaatlichkeit«, es war eher ihre Niederlage angesichts unverhohlener Macht. Doch nun befand Milošević sich in Den Haag, und die Geberkonferenz nahm in Brüssel ihren geplanten Verlauf. Die Teilnehmer sagten Gelder in Höhe von 1,28 Milliarden US-Dollar zu (davon 181,6 Millionen US-Dollar von den USA), allerdings floss der größte Teil in den Schuldendienst gegenüber ebendiesen Gebern (die 150 Millionen US-Dollar der Weltbank wurden vollständig für ihre eigenen ausstehenden Kredite verwendet). Für Jugoslawien, das nun »nahezu den Status eines Bettlers« hatte, ließ sich diese Übung somit als »bloßer Tropfen auf den heißen Stein« bezeichnen.[31]

## Milošević in Den Haag

Warum war es für die USA und ihre NATO-Partner so wichtig, dass Jugoslawien Milošević für den Prozess nach Den Haag auslieferte? Politisch war Milošević am Ende; Jugoslawien war bestraft und mittlerweile vollständig auf die »Almosen Fremder« angewiesen; und Bosnien und der Kosovo unterstanden der NATO-Kontrolle. Die Amerikaner scherten sich offensichtlich keinen Deut um das internationale Strafrecht oder die Autorität von Tribunalen – nicht einmal um die des IStGHJ. Aus den anderen Balkankriegen liefen noch eine Menge Angeklagter frei herum; ihretwegen drohten die USA niemandem Hunger an. Welchen Sinn konnte die Forderung haben, Milošević auszuliefern, wenn nicht einen symbolischen? Doch was sollte sie symbolisieren? Es gab nur eine mögliche Erklärung: »Sie wollen ihn nach Den Haag bringen, um die Aggression der NATO gegen Jugoslawien im Frühjahr 1999 zu rechtfertigen«, äußerte ein führender russischer Parlamentarier, als Milošević im April verhaftet wurde.[32] Diana Johnstone formulierte es treffend: »Es genügte nicht, Serbien zu bombardieren und einen Teil seines Gebiets abzutrennen. Das serbische Volk musste dazu gebracht werden zu glauben – oder es vorzugeben –, dass es das verdient hatte. In der neuen Weltordnung musste das Verbrechen der Strafe angepasst werden.«[33]

Auf diesen Punkt wies auch Milošević während seines Prozesses immer wieder hin: »Ziel des Prozesses ist, eine falsche Rechtfertigung

Verbrechen gegen die Menschlichkeit

für die Kriegsverbrechen zu liefern, die die NATO in Jugoslawien begangen hat.«[34] Ein großes Problem stellte sich allerdings bei der Rechtfertigung der massiven Bombardierungen Jugoslawiens: Es gab keinen Völkermord im Kosovo. Nicht einmal einen versuchten Völkermord. »Genozid«, der juristische Begriff für Holocaust, war das zentrale Argument der NATO zur Rechtfertigung des Krieges; doch als der Nebel sich gelichtet hatte, reichten die Zahlen der Todesopfer nicht annähernd an einen Völkermord heran. »Selbst wenn es 20 000 waren, würde es der Übertreibung keine Realität verleihen, die manche westliche Regierungen während des Krieges verbreitet haben«, schrieb Guido Rampoldi von der römischen Tageszeitung *La Repubblica*. »Die Anspielungen auf Milošević–Hitler, das unbedachte Herumlavieren mit dem Wort ›Völkermord‹…«[35] Obwohl die »völkermörderischen« Serben 78 Tage lang mit »grausiger Effizienz« vorgegangen waren, konnte die Anklage sich im Milošević-Prozess nur auf die unverbindliche Angabe festlegen, »mindestens viereinhalbtausend Menschen starben«[36] – *starben*, nicht: »wurden ermordet«, und selbst diese Zahl war doppelt so hoch wie die der Leichen, die tatsächlich gefunden wurden. Trotz Tausender Zeugenvernehmungen, trotz hektisch von Ermittlern der NATO durchgeführter Exhumierungen und trotz des »Hauptfokus«, zu dem del Ponte die Angelegenheit gemacht hatte, konnte die endgültige, revidierte Anklage Milošević nur den Mord an »Hunderten« kosovo-albanischen Zivilisten, wie es bewusst vage hieß, zur Last legen.[37] Zählt man die in der Anklage angeführten Zahlen zusammen, so ergibt sich eine Summe von 758, wovon 607 (73 Frauen) namentlich im Anhang genannt sind.[38] Nach eigenen Angaben der NATO töteten deren Bomben mindestens 500 Zivilisten, die meisten Schätzungen geben allerdings weit über 758 Todesopfer an.

Doch vor allem enthielt die Anklage nicht den Vorwurf des Völkermordes oder versuchten Völkermordes. Es musste eindeutig etwas geschehen. Man brauchte dringend einen Völkermordvorwurf, und im April begann del Ponte anzudeuten, dass es einen solchen geben werde, dass er aber aus Bosnien kommen müsse. Allerdings ließ sich ein Völkermord in Bosnien nicht behaupten, ohne den Begriff erheblich zu verwässern. Selbst ein so glühender Kriegsbefürworter wie Elie Wiesel musste sich gegen die Verwendung dieses Begriffs aussprechen:

Meiner Ansicht nach ist Völkermord die Absicht und das Bestreben, ein Volk auszulöschen … Der Holocaust war dazu gedacht, auch den letzten Juden auf der Erde zu vernichten. Glaubt jemand, dass Milošević und seine Komplizen ernstlich vorhatten, alle Bosnier, alle Albaner, alle Muslime der Welt auszurotten?[39]

Aber die Richter des Tribunals betrieben bereits ihre Alchimie und sollten bald »entscheiden«, dass in Bosnien tatsächlich ein Völkermord stattgefunden hatte.

Die hilfreiche Entscheidung fiel einen Monat nach Miloševićs Ankunft in Den Haag im Fall des Generals Radislav Krstić. Es ging um die berüchtigten Vorkommnisse, die sich im Juli 1995 in der bosnischen Kleinstadt Srebrenica ereignet hatten.[40] Srebrenica liegt an der Grenze zu Serbien. Mit einer serbischen Bevölkerungsminderheit von 25 Prozent war die Stadt während des gesamten Bosnienkrieges heftig umkämpft, und es kam 1992 und 1993 zu Gräueltaten und »ethnischen Säuberungen« von beiden Seiten. Im April 1993 wurde die Enklave Srebrenica als »Schutzzone« für Muslime unter den Schutz der Vereinten Nationen gestellt. Es kam zwar zu sporadischen Feuergefechten, aber es herrschte relative Ruhe bis Mitte 1995, als der Krieg um die Gebietsansprüche beider Seiten eskalierte. Im Juni brachen Kämpfe aus; serbische Streitkräfte griffen UN-Friedenstruppen und einen muslimischen Ort an, Muslime überfielen ein nahe gelegenes serbisches Dorf. Im Juli überrannten die weit überlegenen serbischen Truppen die Enklave bei geringfügigem Widerstand. Innerhalb weniger Tage deportierten die Serben die Frauen, Kinder und alten Menschen aus der Enklave, nahmen 10 000 bis 15 000 Männer im wehrfähigen Alter fest und töteten, nach den meisten Berichten, Tausende von ihnen, wobei allerdings ernstzunehmende Fragen nach der Beweisgrundlage dieser Berichte aufgeworfen wurden.[41]

Vier Jahre später, kurz nach dem Kosovokrieg, warf Kofi Annan den Vereinten Nationen in einem Untersuchungsbericht vor, in Srebrenica nicht energisch genug zum Schutz der Opfer eingegriffen, insbesondere den Einsatz von NATO-Luftangriffen nicht genehmigt zu haben.[42] Annan lehnte die Vorliebe seines Vorgängers für eine friedliche Lösung ab, die er mit einem Hinweis auf den Holocaust als »Appeasementpolitik« angesichts eines »serbischen Massenmordes«

im Dienste eines »Großserbien« bezeichnete.[43] Allerdings wäre »Klein-jugoslawien« treffender gewesen.[44] Annans Bericht verurteilte mit keinem Wort weder den Westen, der erhebliche Verantwortung für den Ausbruch des Krieges trug, noch die USA, die jede Friedenschance vereitelt hatten. Wieder einmal war die irreführende und letztlich be-deutungslose Beschreibung zu hören, Srebrenica sei »ein Schrecken, der in der Geschichte *Europas* seit dem Zweiten Weltkrieg ohneglei-chen ist«.[45] Von einem Afrikaner war diese Äußerung angesichts der Massaker in Ruanda 1994 geradezu eine Schande.

Die Wahl des richtigen Zeitpunkts ist in der Politik ebenso wichtig wie in der Komik. So war das Timing des Berichts perfekt, um den Gewalteinsatz im Kosovo zu legitimieren, dessen Situation ohne jede Grundlage mit der in Bosnien gleichgesetzt und als weitere Mani-festation desselben »skrupellosen, mörderischen Regimes« gewertet wurde, das den Einsatz »aller erforderlichen Mittel« rechtfertige:

Die Hauptlehre aus Srebrenica ist, dass einem bewussten, systematischen Versuch, ein ganzes Volk zu terrorisieren, zu vertreiben oder zu ermor-den, entschieden mit allen erforderlichen Mitteln und mit dem poli-tischen Willen zu begegnen ist, die Politik bis zu ihrem logischen Schluss zu verfolgen. Auf dem Balkan musste diese Lektion in diesem Jahrzehnt nicht nur ein Mal, sondern zwei Mal gelernt werden. In beiden Fällen, in Bosnien und im Kosovo, versuchte die internationale Gemeinschaft eine Verhandlungsregelung mit einem skrupellosen, mörderischen Regime zu erzielen. In beiden Fällen bedurfte es des Einsatzes von Gewalt, um der geplanten systematischen Ermordung und Vertreibung von Zivilisten Einhalt zu gebieten.[46]

Aus diesen Äußerungen spricht nicht nur eine empörend revisionisti-sche Sicht der Verhandlungen von Rambouillet, sondern auch die Übernahme der NATO-Propaganda, sie repräsentiere die »internatio-nale Gemeinschaft«, obwohl zwei ständige Mitglieder des Sicherheits-rates sich gegen deren Krieg ausgesprochen hatten, ganz zu schweigen von den meisten Mitgliedstaaten der Vereinten Nationen. Man hätte erwarten sollen, dass der UN-Generalsekretär dem Gewicht beigemes-sen hätte, stattdessen klang er wie der NATO-Sprecher Jamie Shea.

Doch selbst der Generalsekretär bezeichnete Srebrenica lediglich als »versuchten Völkermord«.[47] Für die Richter im Fall Radislav Krstić's handelte es sich dagegen um Völkermord. Er wurde wegen Völkermordes, Verfolgung und Mordes zu einer Haftstrafe von 46 Jahren verurteilt. Nach Auffassung des Gerichts war zu dem Zeitpunkt, als die bosnisch-serbischen Truppen Srebrenica einnahmen, nicht klar, dass sie ein Massaker planten, aber irgendwann beschlossen sie, alle wehrfähigen Männer der Enklave zu töten. Sie trennten sie von den Frauen, Kindern und alten Menschen, die sie in das muslimisch besetzte Gebiet transportierten. Anschließend, so das Gericht, exekutierten sie die Männer.[48] Zur Frage der tatsächlichen Anzahl der Opfer gibt es in dem Urteil allerdings gravierende Unstimmigkeiten. In der Zusammenfassung der Fakten ist ihre Zahl mit »wahrscheinlich in der Größenordnung von 7000 bis 8000 Männern« angegeben.[49] Auf dem Weg dahin sieht es jedoch etwas anders aus. Die Zahl der exhumierten Leichen betrug lediglich 2028, und das Gericht räumte ein, dass einige von ihnen im Verlauf der Kämpfe getötet wurden.[50] Es konnte lediglich feststellen, die Indizien »deuteten darauf hin«, dass »die Mehrzahl« der Getöteten exekutiert worden sei: »Die Ergebnisse der forensischen Untersuchungen *deuten darauf hin,* dass die *Mehrzahl* der exhumierten Leichen nicht im Kampf getötet wurde; sie wurden bei Massenhinrichtungen getötet.«[51] Nach den höchsten Schätzungen von Experten belief sich die Zahl der nach der Einnahme Srebrenicas *Vermissten,* deren Verbleib noch ungeklärt war – wohlgemerkt: es handelte sich um Männer im wehrfähigen Alter und der Krieg sollte noch weitere vier Monate dauern –, auf 7475. Nach Auffassung des Gerichts ließen die Beweise insgesamt »*stark vermuten,* dass weit über 7000 Menschen nach der Einnahme Srebrenicas vermisst wurden«. Es stellte lediglich fest, die Beweislage »stützt die Behauptung, dass *die Mehrzahl* der Vermissten tatsächlich exekutiert und in den Massengräbern begraben wurde«.[52] Eine *Mehrzahl* von *maximal* 7000 bis 8000 Vermissten ließe wohl eher vermuten, dass die *maximale* Zahl der Hingerichteten näher an 4000 liegt.

Das spielt allerdings keine sonderliche Rolle. Der Massenmord an 4000 Menschen ist ein abscheuliches Verbrechen, ob es nun von Serben in Bosnien oder von Amerikanern in Afghanistan oder im Irak begangen wurde. Solche Dinge passieren im Krieg, und genau deshalb ist das Verbrechen gegen den Frieden das »größte internationale Ver-

Verbrechen gegen die Menschlichkeit

brechen«. Für den Mord an 4000 Menschen hätte das Gericht Krstić (von Clinton wollen wir gar nicht erst reden) zu mehrmals lebenslänglich verurteilen können. Wieso also die übertrieben hohen Zahlen? Weil das Gericht an den Mordvorwürfen eigentlich gar nicht interessiert war. Es ging ihm vielmehr um den *Völkermord,* der unter den gegebenen Umständen wesentlich schwieriger nachzuweisen war. Daher galt die Maxime: Je höher die Zahl der Todesopfer, umso besser. Mein Computer zeigt mir, dass das Bemühen des Gerichts, den Vorwurf des Völkermordes zu untermauern, in seinem Urteil 33-mal so viel Raum einnimmt wie der Versuch, den Mordvorwurf zu erhärten, obwohl das Ergebnis für Krstić das gleiche gewesen sein dürfte.

Doch wie ließ sich der Vorwurf des Völkermordes begründen? Man sollte meinen, Völkermord bedeute, *ein Volk zu töten.* Tatsächlich ist aber der Begriff des Völkermordes in den Statuten des Gerichts wesentlich weiter definiert, als der Wortsinn vermuten lässt. Danach bedeutet Völkermord:

> ... eine der folgenden Handlungen, die in der Absicht begangen wird, eine nationale, ethnische, rassische oder religiöse Gruppe als solche ganz oder teilweise zu zerstören: (a) Tötung von Mitgliedern der Gruppe; (b) Verursachung von schwerem körperlichem oder seelischem Schaden an Mitgliedern der Gruppe; (c) vorsätzliche Auferlegung von Lebensbedingungen für die Gruppe, die geeignet sind, ihre körperliche Zerstörung ganz oder teilweise herbeizuführen; (d) Verhängung von Maßnahmen, die auf die Geburtenverhinderung innerhalb der Gruppe gerichtet sind; (e) gewaltsame Überführung von Kindern der Gruppe in eine andere Gruppe.

Eine buchstäbliche Auslegung dieser Rechtsgrundlagen (die lediglich der UN-Völkermordkonvention von 1948 folgen) könnte jeden einzelnen Mord oder auch zwei zu einem »Völkermord« machen – zumindest wenn er als Selbstzweck begangen wird, um die Gruppe »als solche« teilweise zu zerstören. Diese Auslegung läge allerdings Lichtjahre von der Resolution der UN-Generalversammlung aus dem Jahr 1946 entfernt, die Völkermord erstmals als internationales Verbrechen anerkannte und als »Streitigmachung des Existenzrechts ganzer Menschengruppen« definierte.[53] Und noch weiter wäre sie vom Holocaust an den Juden entfernt, der den ihm entkommenen polnischen

Juden Raphael Lemkin veranlasste, diesen Begriff zu prägen und für seine rechtliche Anerkennung zu kämpfen:

> Mit »Genozid« meinen wir die Vernichtung einer Nation oder einer ethnischen Gruppe. Dieses neue Wort, das der Autor als Bezeichnung für eine uralte Praxis in ihrer modernen Ausprägung schuf, ist aus dem altgriechischen Wort *genos* (Rasse, Stamm) und dem lateinischen *cide* (töten) abgeleitet und entspricht somit in seiner Bildung Worten wie Tyrannizid, Homozid, Infantizid und so fort … Es soll einen koordinierten Plan unterschiedlicher Handlungen bezeichnen, die darauf gerichtet sind, wesentliche Lebensgrundlagen nationaler Gruppen mit dem Ziel zu zerstören, diese Gruppen selbst zu vernichten.[54]

Im Fall Krstić schlug das Gericht einen Mittelweg zwischen dieser buchstäblichen, gemeinhin gebräuchlichen Bedeutung des Begriffs »Völkermord« und den extrem minimalen Auslegungsmöglichkeiten der im Statut niedergelegten Definition ein und entschied, dass »Völkermord« die Absicht einschließen müsse, mindestens »einen erheblichen Teil« der Gruppe zu vernichten. Doch wie die Verteidigung darlegte und das Gericht akzeptierte, gab es keinen Beweis, dass die Massaker in Srebrenica Bestandteil eines Plans waren, auch nur einen erheblichen Teil der Muslime Bosniens, geschweige denn alle zu töten. Die Verteidigung argumentierte, selbst das Töten von 7500 Männern in Srebrenica könne nicht die Absicht beweisen, einen erheblichen Teil, geschweige denn die Gesamtheit der bosnisch-muslimischen Bevölkerung zu vernichten, die 1,4 Millionen Menschen umfasste. Dies gelte insbesondere, da die Eroberer Frauen, Kinder und alte Menschen in sicheres muslimischbesetztes Gebiet transportiert hätten, »im Gegensatz zu allen anderen Völkermorden der modernen Geschichte, die sich ohne Unterschied gegen Männer, Frauen und Kinder richteten«. Die Verteidigung erklärte:

> Hätte die Armee der Republik Srpska (VRS) tatsächlich vorgehabt, die bosnisch-mulimische Bevölkerung von Srebrenica zu vernichten, dann hätte sie alle Frauen und Kinder getötet, die wehrlos und in ihrer Gewalt waren, und sich den Aufwand gespart, die Männer der Kolonne auszusortieren und zu eliminieren.

Nach Auffassung der Verteidigung bewiesen die Tatsachen, u. a. auch die Schonung der Verwundeten, »vielmehr, dass die VRS-Truppen lediglich die Absicht hatten, alle potenziellen Kämpfer zu töten, um jede zukünftige militärische Bedrohung auszuschalten«, und »als Strafe dafür, dass die Einheiten der Armee Bosnien-Herzegowinas im Gebiet Srebrenica sich geweigert hatten, General Mladićs Forderung zu befolgen und sich der VRS-Armee zu ergeben«.[55] Die Richter wollten davon jedoch nichts wissen; stattdessen weichten sie den Begriff »Völkermord« auf – bis zur »ethnischen Säuberung«, wie die westlichen Propagandisten es während des Bosnienkrieges getan hatten. (»Folglich gibt es offenkundige Parallelen zwischen einer Völkermordpolitik und der Politik, die gemeinhin als ›ethnische Säuberung‹ bezeichnet wird.«[56]) Als sei das noch nicht genug, verwässerte das Gericht auch noch den Begriff der »ethnischen Säuberung«.

Nach Auffassung des Gerichts war eine Absicht zum Völkermord bereits gegeben, wenn angestrebt wurde, alle Angehörigen einer bestimmten Gruppe *innerhalb eines Gebiets* zu töten, selbst wenn es nicht Bestandteil eines Plans war, auch andernorts alle zu töten. Dabei stützten sich die Richter hauptsächlich auf ihre früheren fragwürdigen Urteile sowie auf eine Resolution der UN-Generalversammlung von 1982 – was Ariel Sharon nicht gefallen dürfte –, wonach der Mord an mindestens 800 Palästinensern in den Flüchtlingslagern Sabra und Shatila im selben Jahr ein »Akt von Völkermord« war.[57] Nach Ansicht des Gerichts würde

> … das Töten aller Mitglieder jenes Teils einer Gruppe, der sich in einem kleinen geografischen Bereich befindet … als Völkermord gelten, wenn es in der Absicht geschähe, den Teil der Gruppe, der sich in diesem kleinen geografischen Gebiet befindet, als solchen zu vernichten. Die physische Vernichtung mag sich nur gegen einen Teil des geografisch begrenzten Teils der größeren Gruppe richten, weil die Täter des Völkermordes die beabsichtigte Vernichtung für ausreichend halten, um die Gruppe als eigene Einheit in dem fraglichen geografischen Gebiet auszulöschen.[58]

In einem letzten Schritt verzichtete das Gericht vollständig auf das Element der »Vernichtung« und sah die Absicht zum Völkermord bereits gegeben, wenn Tötungen dem Zweck dienten, die dauerhafte Vertreibung einer Gruppe *aus einem Gebiet in ein anderes* zu erreichen. Wie sollte die Tötung nur der Männer im wehrfähigen Alter dies leisten? Hier griff das Gericht auf das uralte Schibboleth des Patriarchats zurück: In einer patriarchalischen Gesellschaft sind Männer wichtiger als Frauen. Aber warum wurden dann nicht alle Männer getötet, alte wie junge? Wieso beschränkte man sich auf Männer im wehrfähigen Alter? Die Antwort des Gerichts auf diese Frage war insofern entlarvend, als sie genau dem Argument der Verteidigung entsprach: Männer im wehrfähigen Alter waren eine *militärische Bedrohung,* da sie das Gebiet hätten zurückerobern können:

> Zugegeben, nur die Männer im wehrfähigen Alter wurden systematisch massakriert, aber es ist signifikant, dass diese Massaker zu einer Zeit stattfanden, als der zwangsweise Abtransport der restlichen bosnisch-muslimischen Bevölkerung bereits in Gang war. Als die bosnisch-serbischen Streitkräfte beschlossen, alle Männer zu töten, mussten sie wissen, dass diese selektive Vernichtung der Gruppe dauerhafte Auswirkungen für die gesamte Gruppe haben würde. *Ihr Tod schloss von vornherein jeden effektiven Versuch durch die bosnischen Muslime aus, das Territorium zurückzuerobern.* Zudem mussten sich die bosnisch-serbischen Truppen über die katastrophale Wirkung im Klaren sein, die das Verschwinden von zwei oder drei Männergenerationen auf die Überlebenden einer traditionellen patriarchalischen Gesellschaft haben würde, eine Wirkung, die das Gericht bereits eingehend beschrieben hat. Die bosnisch-serbischen Truppen wussten zu dem Zeitpunkt, als sie beschlossen, die Männer im wehrfähigen Alter zu töten, dass diese Tötungen in Verbindung mit dem zwangsweisen Abtransport der Frauen, Kinder und alten Menschen unweigerlich zum physischen Verschwinden der bosnisch-muslimischen Bevölkerung aus Srebrenica führen würde.[59]

In diesem Urteil wurden also nicht nur ethnische Säuberungen, sondern es wurde auch das Töten potenzieller Kämpfer, um sich in einem Krieg militärische Vorteile zu verschaffen, zum Völkermord. Wie weit war das von Donald Rumsfelds Beschreibung der amerikanischen Ziele in Afghanistan entfernt?

> Frage: *Herr Minister, Sie haben mit einer gewissen klinischen Distanz über erfolgreiche Maßnahmen dort gesprochen. Ist nicht eine dieser Maßnahmen, so viele Al-Qaida- und Taliban-Kräfte wie möglich zu töten? General Myers sprach von den 5000 toten Amerikanern. Ich meine, geht es zum Teil darum, diese Burschen einfach nur zu töten?* Rumsfeld: *Darauf können Sie wetten. Sie versuchen es tagtäglich, und*

*sie tun es tagtäglich. Und Sie haben – diese Lastwagen, die Sie gesehen haben, und diese Gebäude, bei denen Sie die Treffer sehen, sind nicht leer.*[60]

Im Krstić-Prozess verlor der Begriff »Völkermord«, außer als bloße Propaganda, jeglichen Bezug zu dem Holocaust – einem Programm zur Vernichtung eines ganzen Volkes, im Grunde vollkommen unschuldige Unbeteiligte, das Frauen und Kinder aussonderte, nicht um sie nach Israel, sondern in die Gaskammern zu transportieren und die Kräftigen sich zu Tode arbeiten zu lassen, mit dem Ergebnis, dass zwei Drittel der europäischen Juden – jeder dritte Jude der Welt – *als Selbstzweck* ermordet wurden. Dieser schändliche Taschenspielertrick der Richter des Jugoslawien-Tribunals ermöglichte die Anklage wegen Völkermordes gegen Milošević, um zu kaschieren, dass es im Kosovo nicht einmal den *Versuch* eines Völkermordes in der vom Tribunal verwässerten Form gegeben hatte, geschweige denn einen tatsächlichen Völkermord. Dem Milošević-Prozess gingen Manöver in Verfahrensfragen voraus, die im Grunde demselben Ziel dienten. Nachdem die Anklagen zu Kroatien und Bosnien (einschließlich Völkermord) vorgebracht waren, beantragte del Ponte, sie zu einem gemeinsamen Verfahren zusammenzulegen, was die Regeln des IStGHJ nur zuließen, wenn sie Teil eines gemeinsamen Schemas, einer gemeinsamen Strategie oder eines gemeinsamen Plans waren (Regel 49). Del Ponte argumentierte, trotz aller Unterschiede seien die Verbrechen in Kroatien, Bosnien und – im Abstand von drei Jahren – Kosovo alle »Bestandteil eines Plans für ein ›Großserbien‹«. Die Kammer befand den Zusammenhang für »zu nebulös« und entschied auf separate Verfahren (sicher hatten sie als Richter ein persönliches Interesse, ein Mammutverfahren zu vermeiden); das Berufungsgericht revidierte allerdings die Entscheidung ohne Begründung.[61]

So wurde Slobodan Milošević der Prozess wegen Völkermordes gemacht, wobei die Kosovo-Holocaust-Analogie mehr oder weniger bestehen blieb, und sämtliche Medien konnten herausposaunen, hier werde zum ersten Mal ein Staatschef wegen dieses Verbrechens vor Gericht gestellt. Und niemand scherte sich darum, wie viele wirkliche Völkermorde von Staatschefs unbestraft geblieben waren, ganz zu schweigen von den Verbrechen, die die amerikanischen Förderer des

IStGHJ – von Hiroshima und Nagasaki über Vietnam bis hin zu den Golfkriegen und Afghanistan – begangen hatten und die viel abscheulicher waren als das, was nach der verwässerten Definition des IStGHJ als Völkermord galt.

Noch bevor der Prozess beginnen konnte, nahm der 11. September 2001 dem Tribunal den Wind aus den Segeln, und der Kriegszustand, der auf diese Ereignisse folgte, ließ den Milošević-Prozess praktisch fast völlig in Vergessenheit geraten. Das war für die Verfechter des Kosovo-Feldzugs und des gesamten Unterfangens eines internationalen Strafrechts keineswegs von Nachteil, da ihre Sache gut auf alles verzichten konnte, was einer aufmerksamen öffentlichen Beobachtung des Verfahrens nahe kam.

## Siegerjustiz

Kritiker bezeichneten die Kriegsverbrechertribunale von Nürnberg und Tokio als »Siegerjustiz«. Sie wurden von den siegreichen Alliierten geschaffen und personell besetzt, um über die Verbrechen ihrer geschlagenen Feinde zu urteilen. Das neue internationale Strafrecht sollte anders sein. Michael Scharf verteidigte Miloševićs Richter mit dem Argument, sie repräsentierten nicht nur seine siegreichen Gegner, sondern die gesamte internationale Gemeinschaft, weil sie von der UN-Generalversammlung und »nicht vom NATO-dominierten Sicherheitsrat« gewählt worden seien.[62] Er vergaß allerdings zu erwähnen, dass der »NATO-dominierte Sicherheitsrat« die Liste der nominierten Kandidaten nach den von ihm entwickelten Rechtsgrundlagen billigen musste. Es war also keineswegs bloßer Zufall, dass Richter Richard G. May aus Großbritannien Vorsitzender des Gerichts war, vor das Milošević sich in Den Haag gestellt sah. Da Großbritannien sich als zweitaktivster NATO-Partner an den Bombardierungen im Kosovo beteiligt hatte, hätte der Eindruck von Siegerjustiz kaum stärker sein können. Bevor May Richter wurde, hatte er sich aktiv in der Labour Party engagiert und 1979 für den Wahlkreis kandidiert, den Margaret Thatcher gewonnen hatte.[63] Der Gerichtshof war ohnehin schon überproportional stark mit Richtern aus NATO-Ländern besetzt. Im Jahr 1997 kamen von 11 Richtern 5 aus NATO-Staaten; nach den Wahlen von 2001 stammten an dem erweiterten Gerichtshof, der Milošević den Prozess machen sollte, 7 der 16 ständigen Richter und 2 der 6 nichtständigen Richter aus Ländern der Allianz, die den Kosovo bombardiert hatte.[64] Nicht schlecht für eine Allianz, die nur 19 von 191 Mitgliedstaaten der Vereinten Nationen umfasste, die alle Richter für den Gerichtshof hätten stellen können. Nicht nur das: Der NATO war es immer gelungen, dafür zu sorgen, dass der Gerichtshofspräsident aus einem NATO-Land kam (zwei aus den USA und jeweils einer aus Italien und Frankreich) ebenso wie 2 der 3 Kammervorsitzenden, die wie May das Verfahren leiten. Auch die beiden anderen Richter in Miloševićs Kammer, O-Gon Kwon und Patrick Robinson, waren keine Fremden, sondern stammten aus Südkorea, das von den USA abhängig war, und aus Jamaika, das von Großbritannien abhängig war. Beide wurden eigens in Hinblick auf den Kosovo und Milošević ausgewählt.[65]

Milošević stellte die Unvoreingenommenheit des Gerichts offen in Frage, aber sein Einwand wurde natürlich abgewiesen. Er tat dies bei seinem ersten Erscheinen vor Gericht, drei Tage nach seiner »Auslieferung«. Er bezeichnete es als »falsches Tribunal«, »illegales Organ«, »so genanntes Tribunal« und »illegitimes Gericht«.[66] Als er im selben Sommer erneut vor Gericht erschien, sagte er den Richtern rundheraus, bevor man sein Mikrofon abschaltete: »Sie sind keine gerichtliche Institution; sie sind ein politisches Instrument.«[67] Diesen informellen Vorwürfen folgten formale Einwände, die nicht Milošević, sondern seine vom Gericht bestellten Anwälte erhoben. Sie sahen von Angriffen gegen das Gericht ab und kaprizierten sich auf so sichere, aber abwegige Argumente wie: die Haftbefehle des IStGHJ seien der Bundesrepublik Jugoslawien zugestellt, aber vom Bundesland Serbien ausgeführt worden.

Milošević lehnte diese Argumentation und die Anwälte als Teil des gegen ihn voreingenommenen Gerichts ab.

*Ihre Erklärung, als Sie die amicus curiae ernannten, war, meines Wissens, dass damit ein Beitrag zu einem fairen Prozess geleistet würde, sofern man in einem derart illegalen Verfahren überhaupt von einem fairen Prozess sprechen kann. Ich denke, damit haben Sie einem Satz neuer Konzepte ein weiteres neues Konzept hinzugefügt, denn nun sind wir in einer Situation, in der zwei Teams für die Sache derselben Partei arbeiten. Das könnte man also als das »Haager Fairplay« bezeichnen.*[68]

Anschließend sagte er dem Gericht, was er von dessen und del Pontes »Unparteilichkeit« hielt: Nur Verbündete der NATO könnten die Verbrechen ignorieren, die die NATO begangen habe, und stattdessen ihn verurteilen:

> MILOŠEVIĆ: *Ich beantrage, die Anklägerin aus offensichtlichen Gründen, von denen ich hier nur zwei anführen möchte, auszuschließen. Der erste, den wir gestern laut und deutlich gehört haben, als die Kosovo-Anklage verlesen wurde, ist, dass all diese Ereignisse zwischen dem 24. März und Anfang Juni stattfanden. Und der zweite Grund ist, dass die ganze Welt weiß, dass genau am 24. März ein krimineller Angriff der NATO auf Jugoslawien begonnen hat und bis Anfang Juni fortgesetzt wurde ... Was wir gehört haben, ist schlimmer als das, was wir vom Feind hätten hören können, das heißt vom NATO-Sprecher. Das ist also völlige Parteilichkeit. Und wenn das Gericht die Augen vor der Tatsache verschließen kann, dass vom 24. März bis in die erste Juniwoche dieser Angriff stattfand, dass es eine hohe Zahl von Opfern gab, dass 22 000 Tonnen Bomben abgeworfen wurden und dass all dies statt der NATO Jugoslawien zugeschrieben wird, das ein Verbrechen gegen sich selbst begangen haben soll, dann glaube ich, dass selbst dieses Gericht, das illegal ist, diese Fakten berücksichtigen muss. Und wenn es sich weigert, sie zu berücksichtigen, dann wird klar, dass es kein Gericht ist, sondern nur Teil der Maschinerie, um ein Verbrechen gegen mein Land und mein Volk zu begehen ... und wenn Sie wirklich Teil dieser Maschinerie sind, dann verlesen Sie bitte die Urteile, die zu sprechen man Sie angewiesen hat, und behelligen Sie mich nicht damit, dass ich mir stundenlang die Verlesung von Texten anhören muss, die auf dem intellektuellen Stand eines siebenjährigen Kindes geschrieben sind – vielmehr, ich korrigiere mich, eines retardierten Siebenjährigen.*[69]

Bevor auch nur die ersten Beweise vorgelegt wurden, bezeichnete Milošević das Gericht also bereits als Scheintribunal, das geschaffen wurde, um ihm die Verbrechen der NATO anzulasten. Und im Verlauf des langwierigen Verfahrens (das zum Entstehungszeitpunkt dieses Buches bereits zwei Jahre dauerte und noch mindestens zwei weitere dauern wird) gab das Gericht sich anscheinend keine große Mühe, einen anderen Eindruck zu vermitteln. Das ist ungewöhnlich, da ein Gericht unter normalen Umständen alles daransetzt, seine Unvoreingenommenheit zu demonstrieren. Aber die Umstände waren nicht normal. Miloševićs Vorgehen, die Autorität des »so genannten Tribunals« in Frage zu stellen, war weit von der üblichen Verteidigungsstrategie entfernt, die ein Gericht milde zu stimmen sucht. Unter derart ungewöhnlichen Umständen besteht die erste Publicrelations-Aufgabe eines Gerichts darin, seine Autorität geltend zu machen und zu zeigen, wer Herr des Verfahrens ist. Andererseits belegten die zahlreichen Verfahrensfehler und sogar Verletzungen der Anstandsregeln durch das Gericht Miloševićs Vorwürfe, dass es den Richtern um eine Verteidigung der NATO ginge.

Es dauerte nicht lange, bis Beobachter aller politischen Couleurs sich erstaunt über die plumpe Vorgehensweise des Gerichts und der Anklagevertretung äußerten. Kanadas bekanntester Strafverteidiger, der politisch konservative Edward Greenspan, bezeichnete den Milošević-Prozess schon nach einem Monat in der konservativen *National Post* als »Lynchjustiz«, »Schauprozess« und »Kängurugericht«.[70]

> Normalerweise vollzieht sich Lynchjustiz im Freien. Hier ist sie nach drinnen verlegt worden. Statt eines Baums und eines Stricks gibt es May und del Ponte ... Ein Kängurugericht ist eines, in dem Verfahrensregeln weitgehend eine Schau sind und das Verfahren ohne ordentliche Verhandlung von der Anschuldigung zum Urteil »springt«. Ganz gleich, wie lange ein Prozess dauert, wenn das Ergebnis unausweichlich ist, handelt es sich um einen Schauprozess.[71]

Greenspans Reaktion galt in erster Linie dem schlechten Benehmen des Kammervorsitzenden Richard May. Greenspan war eindeutig kein Freund Miloševićs (»selbst ein Verbrecher hat Anspruch auf einen fairen Prozess«), aber er erinnerte seine Leser daran, dass die Tradition von May verlange, einem nicht anwaltlich vertretenen Beschuldigten in jeder erdenklichen Weise zu *helfen:*

> In einer demokratischen Rechtsordnung, in der es einen Beschuldigten ohne Verteidiger gibt, ist das Gericht verpflichtet, helfend einzugreifen und einen Beschuldigten in einer Weise anzuleiten, dass jede Verteidigung voll [*sic*] zum Tragen und zur Wirkung kommt ... Kein Richter sollte zum Kapitän des Schiffs der Anklage werden, zumal dort, wo Milošević ohne Rechtsberater ist. May scheint unbeabsichtigt Miloševićs Vorwurf zu bestätigen, dass der Prozess eine Farce ist.

Besonders schockiert war Greenspan über die Art, wie May Miloševićs Kreuzverhör von Zeugen störte, ihm zeitliche Beschränkungen auferlegte und ihn ständig bei seinen Fragen unterbrach:

> Es ist ein wohlbekanntes Prinzip, dass kein Richter willkürlich ein Kreuzverhör zeitlich begrenzen oder stören darf … Hier ein Beispiel: Während Miloševićs erstem Kreuzverhör fragt May nach anderthalb Stunden ungehalten: »Wie lange, glauben Sie, werden Sie sich noch mit diesem Zeugen aufhalten?« (Warum fragt er das, wenn er nicht zu einem Squash-Spiel muss?) … Wieso diese Eile? Anscheinend hat May vergessen, dass Milošević Anspruch auf ein ordentliches Verfahren hat … May wirkt gelangweilt. Der erste Zeuge in einem langwierigen Prozess, und schon erlegt er Milošević zeitliche Beschränkungen auf. May gibt nicht einmal vor, unvoreingenommen oder auch nur interessiert zu sein.

Greenspan nahm auch Anstoß an Mays Ermahnung, Milošević solle das Kreuzverhör nicht ausnutzen, um »Zeugen zu schikanieren oder einzuschüchtern«. Greenspan war Richter gewohnt, die ihm bei Kreuzverhören freie Hand ließen, »brutal« mit Zeugen umzugehen.

> Ich weiß nicht, wieso May glaubt, ein Kreuzverhör solle frei von jeder Art Brutalität sein. Brutalität zielt darauf, zu entnerven, zu verwirren, aber letztlich zu enthüllen. Ein Kreuzverhör ist ein Duell zwischen Anwalt und Zeuge. Die einzige Waffe, die der Verteidigung bleibt, ist das Recht, Fragen zu stellen.

Niemand braucht sich aber auf Greenspans Wort zu verlassen. Jeder kann selbst im Internet nachsehen, wo Videoarchive aller Verhandlungen zu finden sind.[72] Wer sie sich ansieht, wird feststellen, dass es Milošević, trotz seines offensichtlichen Mangels an Erfahrung mit Kreuzverhören und der für Anwälte typischen Plumpheit mancher seiner Versuche, Zeugen zu verwirren und in Misskredit zu bringen, und vor allem, trotz der ständigen Schikanen der Richter, tatsächlich gelang, sein Kreuzverhör recht gut zu nutzen. Eine kanadische Journalistin, die ebenfalls nicht viel für Milošević übrig hatte, schrieb:

> [Die Zeugin] schildert, wie alle Häuser ihres Dorfes niedergebrannt wurden, wie serbische Soldaten in die Häuser drangen und unschuldige Zivilisten ermordeten … Sie berichtet von ihrem Konvoi mit 30 Traktoren, wie die Kolonne von serbischer Artillerie und der jugoslawischen Luftwaffe angegriffen wurde. Milošević ist plötzlich ganz aufmerksam:

»Woher wussten Sie, dass es jugoslawische Flugzeuge waren? Konnten Sie die Kennungen sehen? Sagen Sie mir, erinnern Sie sich, wie oft die Flugzeuge diese Kolonne bombardierten? Wieso sagten Sie, Sie hätten jugoslawische Kennungen auf den Flugzeugen gesehen? Wer hat Ihnen gesagt, dass Sie das sagen sollen?« Selmani entgegnet tapfer: »Ich sah die Kennungen auf den Flugzeugen, weil sie sehr niedrig flogen. Wir konnten die NATO-Flugzeuge im Grunde daran erkennen, dass sie sehr hoch flogen.« Milošević schnaubt. Aber er hat einen fatalen Fehler in dieser Zeugenaussage entdeckt und schlägt zu: »Wissen Sie, dass die NATO für ebendiese Bombardierung die Verantwortung übernommen hat? Und dass sie ihr Bedauern geäußert hat, dass es passiert ist?« Die Zeugin ist verdutzt. Sie weiß nur, was sie weiß. Ihre Aussage hatte völlig glaubwürdig geklungen, aber nun ist sie kompromittiert. Dennoch wehrt sie sich. »Ich habe sie doch gesehen, die jugoslawische Flagge. Rot, weiß und blau. Und genau das war Ihr ganzer Plan. So etwas zu machen und der NATO die Schuld zu geben.« Milošević verzieht das Gesicht und rückt seine Brille zurecht. »Oh, gut.« Als wolle er sagen: »Wir wissen, was wir hier vor uns haben. Wieder eine lügende Albanerin.«[73]

Als Milošević seinen Vorteil gegenüber der Zeugin nutzen wollte, schnitt May ihm einfach das Wort ab. Er gestand Milošević eine letzte Frage zu, ließ sie aber dann von der Zeugin nicht beantworten:

RICHTER MAY: *Das muss Ihre letzte Frage sein, Herr Milošević.*
MILOŠEVIĆ: *Ich hätte gern eine Antwort von Ihnen. Da Sie keine jugoslawischen Flugzeuge gesehen haben können und da wohlbekannt ist, allgemein bekannt ist, wer das getan hat, wer hat Ihnen gesagt, Sie sollen aussagen, Sie hätten jugoslawische Flugzeuge gesehen? Wer hat Ihnen gesagt, das zu sagen?*
RICHTER MAY: *Diese Frage hat sie schon beantwortet. Sie sagte, niemand hat es ihr gesagt und sie hat es gesehen, das ist ihre Aussage. Es hat keinen Sinn, darüber zu diskutieren.*[74]

Manche so genannten »geschützten Zeugen« hatten die Erlaubnis auszusagen, ohne ihre Identität preiszugeben. Diese Zeugin gehörte zwar nicht dazu, aber Mays ständige Unterbrechungen, während Milošević sie ins Kreuzverhör nahm, veranlassten ihn zu der bissigen Bemerkung: »Herr May, ich habe den Eindruck, dass für Sie jeder Zeuge ein geschützter Zeuge ist, das heißt verschiedene Formen von Schutz bekommt.«[75] Diese Zeugin gehörte zudem zu den »92b-Zeugen«, so benannt nach dem entsprechenden Paragrafen der Verfahrensordnung, der es ermöglichte, Aussagen zuzulassen, die nicht vor Gericht, sondern vor der Ermittlungsbehörde gemacht wurden. Wenn sie vor Gericht erscheinen, fasst die Anklage ihre Aussage zusammen und befragt sie zu den wichtigsten Punkten. Anschließend erhält Milošević Gelegenheit, sie für eine begrenzte Zeit (beispielsweise 45 Minuten) ins Kreuzverhör zu nehmen, aber die Aussagen können recht umfangreich sein, und den Zeugen wurde es bereits erspart, mündlich zu schildern, was sie gesehen oder gehört hatten. Diese 92b-Aussagen waren offensichtlich unter Anleitung entstanden und sogar von anderen formuliert. So legte diese Zeugin der Flugzeugkennungen in ihrer schriftlichen Aussage ein völlig unplausibles Fachwissen um die technischen Bezeichnungen verschiedener automatischer Waffen an den Tag.

Angesichts der Schwere der Beschuldigungen hätte man Milošević in einem fairen Prozess die Möglichkeit zu wesentlich ausführlicheren Kreuzverhören als üblich eingeräumt. May hielt es aber anscheinend für seine Pflicht, den Zeugen peinliche Fragen zu Unstimmigkeiten zwischen ihrer mündlichen und ihrer schriftlichen Aussage zu ersparen. So geriet der UÇK-Kommandeur Shukri Buya in Bedrängnis, als er in seiner mündlichen Aussage zu den Kämpfen, die dem Račak-Zwischenfall vorausgingen, angab, die serbischen Sicherheitskräfte hätten zuerst das Feuer eröffnet, was offenbar in Widerspruch zu seiner 92b-Aussage stand, seine eigenen Truppen hätten Warnschüsse in die Luft abgegeben, um ihre Kameraden vor den anrückenden serbischen Truppen zu warnen.[76] Milošević versuchte, diese offenkundigen Unstimmigkeiten in seinem Kreuzverhör zu nutzen: Wieso war es nötig, Warnschüsse abzugeben, wenn die Serben das Feuer bereits eröffnet hatten?

> MILOŠEVIĆ: Frage: *Sie sagten, Sie gaben eine Salve mit diesem schweren Maschinengewehr ab als Reaktion auf Provokationen, weil die Serben geschossen hatten. Und zwei Zeilen vorher sagen Sie, dass diese Kugeln abgefeuert wurden als Signal, als Warnung. Sie sagen, dass das automatisch eine Warnung, ein Alarm für die Soldaten in Račak war. Das ist wieder auf Seite 12, dass das automatisch ein Alarm für die Soldaten der UÇK in Račak war. Haben Sie als Alarm oder als Reaktion auf Gewehrfeuer geschossen? Vorher sagten Sie, die Serben seien leise gekommen, lautlos.*

RICHTER MAY: *Sie können nicht so lange Fragen stellen. Es ist völlig unmöglich zu folgen. Also stellen Sie entweder kurze Fragen, oder wir müssen das beenden. Er hat sich damit schon befasst. Er hat erklärt, was nach seinen Angaben passiert ist, wie die Serben zuerst schossen und sie dann als Alarm schossen.*[77]

»*Er hat sich damit schon befasst.*« Entscheidend ist aber nicht, ob der Zeuge »sich damit befasst« hat, sondern ob er *lügt*, und eben das versucht ein Kreuzverhör zu zeigen, indem es ihn zwingt, sich mit Widersprüchen in seiner Aussage auseinander zu setzen. Wenn der Richter allerdings sein Urteil im Kopf bereits gefällt hat, interessiert ihn natürlich nicht, ob der Zeuge lügt oder nicht.

Ein weiteres Beispiel ist die Aussage des Zeugen Agim Jemini, der behauptete, als Bürgermeister des Ortes Celine den Mord an seiner Mutter, seinem Vater und weiteren Familienangehörigen durch serbische Soldaten miterlebt zu haben. Im Kreuzverhör brachte Milošević aus Jemini heraus, dass er der politischen Partei des UÇK-Führers Hashim Thaci angehörte. Als Jemini behauptete, ihr erst nach dem Krieg beigetreten zu sein, machte Milošević ihn darauf aufmerksam, dass er noch recht jung sei, um ohne aktives Engagement in der UÇK Bürgermeister seiner Stadt zu werden, und schlachtete die wenig plausible Behauptung des Zeugen weidlich aus, er könne sich nicht erinnern, wann genau er der Partei beigetreten sei. Schließlich brachte Milošević den Zeugen so weit, dass er sich völlig in seine eigenen Widersprüche verstrickte. Jemini behauptete, er habe aus seinem Versteck auf einem Dachboden beobachten können, was vor sich ging, da er Dachziegeln herausgenommen habe. Unmittelbar zuvor hatte Jemini ausgesagt, er habe das Gespräch der Serben belauschen können, weil sie nur etwa 15 Meter entfernt gewesen seien. Ob er nicht befürchtet habe, sich selbst zu gefährden, wenn sie so nahebei waren, dass er ihr Gespräch habe mit anhören können? Der Zeuge versuchte sich mit Prahlerei herauszureden, indem er erklärte, er habe keine Angst gehabt und habe die Serben töten können, wenn er es gewollt hätte, obwohl er behauptete, keine Waffen gehabt zu haben.[78]

MILOŠEVIĆ: *Das heißt also, 15 Meter von Ihnen entfernt war ein Militärkommando, ein Hof voller Leute, Soldaten, und im zweiten Stock des Hauses ebenfalls, und trotzdem nehmen Sie die Dachziegeln heraus, um zuzusehen. Sie hatten also keine Angst, dass man Sie entdecken könnte?*

ZEUGE: *Doch. Aber wir dachten, dass wir es schaffen könnten, und wir fühlten uns der serbischen Armee überlegen, die sämtliche Regeln gebrochen und Soldaten geschickt hatte, um den zweiten Stock meines Hauses zu besetzen.*

MILOŠEVIĆ: *Gut. Ich spreche jetzt von Ihrer Angst. Sie versteckten sich aus Angst, nicht weil Sie oben sein wollten, ein Stockwerk drüber. Hatten Sie keine Angst, die Dachziegeln in einem Haus herauszunehmen, das voller Soldaten war und dessen Hof ebenfalls voller Soldaten war? Hatten Sie keine Angst, entdeckt zu werden?*

ZEUGE: *Doch. In dem Augenblick war die Angst anscheinend weg, weil wir jeden Moment damit rechneten, umgebracht zu werden, nachdem wir gesehen hatten, was im Dorf passierte ... Zwei von ihnen waren nur ein paar Meter entfernt. Wir waren oben drüber. Wir hätten alles machen können; wir hätten sie töten können. Wir hätten das Kommando und alle anderen töten können. Das haben wir aber nicht gemacht, weil wir nichts von solchen Methoden halten in dieser Zivilisation.*

MILOŠEVIĆ: *Waren Sie bewaffnet?*

ZEUGE: *Nein.*

MILOŠEVIĆ: *Wie hätten Sie sie denn töten können, wenn Sie nicht bewaffnet waren, den Kommandeur, die Soldaten und so weiter?*

ZEUGE: *Es gab viele Möglichkeiten, sie zu töten. Es gab andere Methoden. Man kann Leute nicht nur mit Waffen umbringen.*

MILOŠEVIĆ: *Und welche anderen Methoden standen Ihnen zur Verfügung? Könnten Sie uns das bitte sagen?*

Mittlerweile steckte der Zeuge erheblich in Schwierigkeiten, aber Richter May schaltete sich ein, um ihn zu retten.

RICHTER MAY: *Das ist alles hypothetisch. Herr Milošević, Sie haben noch zwei Minuten. Möchten Sie den Zeugen noch etwas fragen?*

MILOŠEVIĆ: *Ich habe noch viele Fragen. Und ich sehe nicht ein, warum ich für das Kreuzverhör eines solchen Zeugen weniger als 40 Minuten Zeit habe, Herr May. Er kommt hier mit allen möglichen Dingen heraus.*

RICHTER MAY: *Wir haben entschieden – wir halten 45 Minuten für ausreichend. So, wenn Sie ihn noch etwas fragen möchten, sollten Sie es jetzt tun.*

MILOŠEVIĆ: *Ich habe noch mindestens 30 weitere Fragen. Aber lassen Sie mich versuchen, das fertig zu machen.*

Verbrechen gegen die Menschlichkeit

Milošević versuchte nun, den Zeugen mit dem Widerspruch zu konfrontieren, dass die Mutter des Zeugen trotz des serbischen Polizeitrupps keine Angst hatte, sich draußen aufzuhalten, während er sich versteckte, obwohl er angeblich kein UÇK-Mitglied war.

> MILOŠEVIĆ: ... *Und dann sagen Sie, Sie sahen Ihre Mutter auf dem Hof und sagten: »Was macht du hier, Alte?« Und Sie versteckten sich zu dieser Zeit mit Ihrem Vetter auf dem Dachboden. Meine Frage lautet: Warum versteckten Sie sich unter dem Dach, während Ihre Mutter, eine Frau, auf dem Hof war, Brot backte und ihrer üblichen Arbeit nachging?*
> ZEUGE: *Es ist nicht wahr, dass das Leben normal weiterging. Sie war gekommen, um uns etwas zu essen zu bringen. Da ich aber von der geplanten serbischen Offensive wusste, sagte ich ihr, sie solle wieder zum Rest der Bevölkerung zurückgehen, zu den anderen, meiner Frau, den Kindern. Dasselbe wollte ich von meinen Eltern. Mir war klar, dass an dem Tag die Offensive bevorstand ... Meine Mutter ging mit dem Brot in den Händen zurück, und als sie kam, wurde serbische Polizei in einem Laster gebracht, der an unserem Hof vorbeifuhr. Sie sahen meine Mutter und sprachen sie in unflätigem Serbisch an und sie schreckte zurück.*
> RICHTER MAY: *Was – kommen wir zum Schluss dieser Vernehmung. Sie haben Ihre Zeit schon überschritten.*

Richter May verwehrte Milošević zwar weitere Fragen, beschloss aber, etwas von der kostbaren Zeit des Gerichts zu opfern, um selbst einige Fragen zu stellen – damit der Zeuge die Schilderung aus seiner schriftlichen Aussage, was mit seiner Mutter geschehen war, wiederholen konnte.

> RICHTER MAY (weiter): *Aber schildern Sie uns noch, Herr Jemini: Was geschah mit Ihrer Mutter?*
> ZEUGE: *Meine Mutter und mein Vater und die Cousins waren im Keller. Also, als meine Mutter dahin ging ... Kurz darauf wurden sie alle zusammen zum Haus gegenüber gebracht, etwa fünf oder sechs Meter entfernt, das, das fünf oder sechs Meter weg ist, und dann mussten sie sich mit dem Gesicht zur Wand stellen, und mit einer Pistole, einer Schusswaffe, wurde zuerst in die Luft geschossen und dann wurde mit einem Maschinengewehr auf sie geschossen und sie fielen um. In dem Augenblick brach das Unglück herein.*

Als Jemini mit seiner Schilderung fertig war, versuchte Milošević auf einen weiteren Widerspruch zwischen dieser und seiner ersten Aussage hinzuweisen, doch nun fiel Richter May wieder ein, dass sie keine Zeit hätten:

> MILOŠEVIĆ: *Bitte. Ich würde Ihnen gern den Teil Ihrer Aussage in Erinnerung rufen, Seite 4, Ziffer 8 …*
> RICHTER MAY: *Wir sind schon über die Sitzungszeit hinaus, und ich habe das Kreuzverhör abgeschlossen. Herr Milošević, Sie müssen sich darauf konzentrieren, relevante Fragen zu stellen, und Sie müssen aufhören, mit den Zeugen zu diskutieren. Auf diese Weise werden Sie sehr viel mehr erreichen. Die Sitzung ist geschlossen. Ich fürchte, es ist keine Zeit mehr für eine erneute Vernehmung oder sonst etwas.*

Wenn es eine einzelne Episode gibt, die den Prozess als Farce entlarvt, so ist es die Aussage von William Walker am 11. und 12. Juni 2002. Er war der Troubleshooter des US-Außenministeriums, der die OSZE-Beobachtermission im Kosovo leitete und mit Louise Arbours Hilfe den Račak-Zwischenfall zu einem Kriegsvorwand hochspielte, indem er ihn »spontan« als Verbrechen gegen die Menschlichkeit anprangerte.[79] Von seiner Glaubwürdigkeit hing viel ab. Walkers Aussage dauerte etwa eindreiviertel Stunde. Als einer der »92 b-Zeugen« durfte er sich auf eine ausführliche, vorbereitete Aussage mit umfangreichen Beweismaterialien im Anhang stützen. Walkers weitschweifige Aussage befasste sich mit Miloševićs »allgemeiner Haltung«, seiner mutmaßlichen Kontrolle über die Ereignisse im Kosovo, seinem Hang zum Lügen (wofür Walker zwei Beispiele gab: Milošević hatte die Größe der albanischen Bevölkerung im Kosovo zu niedrig angegeben und die Existenz eines Schreibens geleugnet, das Walker nach eigenen Angaben erhalten hatte).[80] Die entscheidende Passage war natürlich Walkers Augenzeugenbericht, was er am Tag nach den Tötungen in Račak gesehen hatte, einschließlich seiner »laienhaften Feststellungen«, ob es sich um ein Massaker handelte oder nicht.[81] Wenn man bedenkt, dass die Tötungen von Račak eine Anklage gegen Milošević wegen 45-fachen *Mordes* begründeten und jede einzelne mit einer lebenslangen Haftstrafe geahndet werden konnte, wird klar, dass ein ordentliches Verfahren, rein strafrechtlich gesehen, ihm größtmöglichen Spielraum beim Kreuzverhör hätte einräumen müssen. Walker war auch kein traumatisiertes Opfer von Gräueltaten; er war ein aalglatter Diplomat, der mittlerweile eine ruhige Stellung als »Vizepräsident eines internationalen Energiekonzerns« innehatte. Es gab also keinerlei Grund, diesen Zeugen zu »schützen«.

Richter May unterbrach Walker oder seine Anwälte während seiner annähernd zweistündigen Aussage kein einziges Mal. Doch sobald Milošević sein Kreuzverhör begann, fiel May über ihn her. Milošević fragte: »Auf welche Zeit beschränken Sie mein Kreuzverhör?« May antwortete herrisch:

> RICHTER MAY: *Drei Stunden, mehr nicht.*[82] *Wenn Sie darauf verzichten, mit dem Zeugen zu diskutieren, wenn Sie darauf verzichten, die Fragen zu wiederholen, wenn Sie knappe Fragen stellen, werden Sie wesentlich mehr erledigen können. Halten Sie sich daran.*[83]

Als Milošević darauf etwas erwidern wollte, spielte May den wütenden Vater und erklärte ihm, das gehe von seiner Zeit ab:

> MILOŠEVIĆ: *Also, ich wüsste nicht, dass ich mit Zeugen diskutiert hätte. Aber bevor ich anfange, lassen Sie mich noch sagen, dass ich damit gerechnet habe, dass Sie die Zeit für mein Kreuzverhör verkürzen würden, angesichts der gestrigen Ausführungen zu Regel 92b, weil Drewienkiewicz zwei Tage ausgesagt hat und Maisonneuve ebenfalls zwei Tage gebraucht hat, und ihr Chef, nach Ihren Angaben, nur drei Stunden ins Kreuzverhör genommen werden soll, und ich finde, dass das …*
> RICHTER MAY: *… weitere Zeit, die von Ihrer Zeit für das Kreuzverhör abgeht. So, jetzt fangen Sie an.*
> MILOŠEVIĆ: *Gut. Sehr gut, Herr May. Ich habe das lediglich gesagt, damit es ins Protokoll kommt, und nicht, um Zeit zu vergeuden.*[84]

May unterbrach Milošević während seines Kreuzverhörs von Walker *über 60-mal.* Dabei ist der Austausch reiner Höflichkeiten nicht mitgerechnet, sondern lediglich echte Einmischungen wie die folgenden – allesamt Unterbrechungen von Fragen, die Milošević dem Zeugen stellte:

> RICHTER MAY: *Das hat der Zeuge bereits behandelt. Genau das meine ich damit, dass Sie mit Zeugen diskutieren. Noch einmal, das ist ein Punkt, den Sie uns gegenüber ausführen können, aber es ist sinnlos, einem Zeugen ständig dieselbe Frage zu stellen. Also, stellen Sie andere Fragen. Gehen Sie weiter zu etwas anderem.*[85]
> …
> RICHTER MAY: *Der Zeuge hat gesagt, was er gesehen hat. Er kann nicht weiter behilflich sein. Wenn Sie solche Behauptungen aufstellen,*

*müssen Sie sie auch belegen. So, haben Sie noch andere Fragen, die Sie stellen möchten?*[86]

...

RICHTER MAY: *Das haben wir abgehandelt. Das sind bloße Behauptungen, und wenn Sie solche Behauptungen aufstellen, müssen Sie sie durch Beweise untermauern.*[87]

...

RICHTER MAY: *So, wie lautet die Frage an den Zeugen? Er kann nur wiederholen, was man ihm gesagt hat, und dazu hat er bereits seine Aussage gemacht. Zitate aus Aussagen anderer Zeugen werden nicht helfen. Also, können wir weitergehen?*[88]

...

RICHTER MAY: *Keine Unterstellungen. Wir befassen uns mit der Aussage des Zeugen, und er hat ausgesagt, was er wusste und wann. So, statt diese Diskussion fortzusetzen, wäre es vernünftiger, wenn Sie fortfahren würden. Ihre Zeit ist begrenzt. Wie lautet Ihre Frage an den Zeugen?*[89]

...

RICHTER MAY: *Herr Milošević, das ist Zeitverschwendung. Der Zeuge hat seine Darstellung geschildert, was er gesehen und gehört hat. Wenn Sie diese Beweise vorgebracht haben möchten, können Sie die Zeugen aufrufen, aber es ist Zeitverschwendung, weiter solche Dinge zu machen. Das sind die Meinungen von Leuten, die im Fernsehen erscheinen ... Kommen Sie zur nächsten Frage.*[90]

...

RICHTER MAY: *Sie verschwenden nur Zeit. Sie diskutieren mit dem Zeugen, was Sie nicht sollen, wie Ihnen schon gesagt wurde. Das ist nur Zeitverschwendung. So, fahren Sie mit etwas anderem fort.*[91]

Alle diese Schikanen gegen Milošević verhinderten nicht nur, dass Walker bei etwaigen Lügen ertappt wurde, sondern vermittelten ihm auch den beruhigenden Eindruck, dass das Gericht auf seiner Seite sei und nicht erwarte, Milošević könne mit seinen Ausführungen ein nachteiliges Licht auf Walkers Glaubwürdigkeit werfen. Nun wäre es durchaus vertretbar gewesen, wenn May (zumindest vorläufig) zu dieser Meinung gelangt wäre, aber es war völlig inakzeptabel, dass er sie Walker gegenüber zu erkennen gab und sogar sein Selbstvertrauen mit kameradschaftlichen Einwürfen stärkte wie: »Ich glaube, Sie haben diesen Punkt beantwortet«[92] oder: »Können Sie dem noch etwas Sachdienliches hinzufügen, Herr Botschafter?«[93]

Verbrechen gegen die Menschlichkeit

»*Botschafter*«, selbstverständlich. Die Anklage hatte in einer ihrer relevanteren Vernehmungspassagen »festgestellt«, dass Walker auf Lebenszeit »Anspruch« auf die Bezeichnung »Botschafter« hatte, weil er früher einmal im diplomatischen Dienst tätig war.[94] May hatte ihn anfangs (ebenso wie Milošević, den ehemaligen Staatspräsidenten) mit »Mr.« angeredet, war aber schon bald zu »Herr Botschafter« übergegangen und dabei geblieben. Zu Mays Unterstützung gehörte auch die vorsorgliche Diskreditierung von Beweisen, die Walkers Aussage tendenziell hätten untergraben können. So erklärte May, als Milošević Presseberichte von *Le Figaro* und Associated Press vorlegen wollte, er müsse die Journalisten als Zeugen benennen, und half dann Walker bei der Beantwortung der Frage:

> RICHTER MAY: ... *Sie können sie in den Zeugenstand rufen. Ich kann mir nicht vorstellen, dass es viel Sinn hat, sie diesem Zeugen vorzulegen. Er hat seine Aussage darüber gemacht, was passiert ist. Können Sie überhaupt einen hilfreichen Kommentar zu dem geben, was vorgelesen wurde, was denken Sie, Herr Botschafter?*
> ZEUGE: *Nein. Ich habe bereits ausgesagt, was ich wusste und wann ich es wusste.*
> RICHTER MAY: *Ist es nur die Meinung eines Journalisten?*[95]

Als Milošević versuchte, Walker im Kreuzverhör zu einem serbischen Bericht zu befragen, der Walkers eigener Schilderung der Vorfälle in Račak widersprach, reichte ein schlichtes »Ich erinnere mich nicht«, um ihn aus der Klemme zu befreien.

> RICHTER MAY: *Ja. Haben Sie den – Herr Botschafter, haben Sie den Bericht des Polizeiministeriums über Račak irgendwann gesehen?*
> ZEUGE: *Ich erinnere mich nicht, ob ich ihn gesehen habe, Sir.*
> RICHTER MAY: *Nein. Es hat keinen Sinn, den Zeugen danach zu fragen.*[96]

Eine der empörendsten Episoden in dem durchweg empörenden Vorgehen des Gerichts ereignete sich, als Milošević Walker an seine Zeit als amerikanischer Botschafter in El Salvador erinnerte; dort hatte er 1989 den offiziellen Kommentar zu dem Massaker an sechs Jesuitenpatern abgeben sollen, das uniformierte Soldaten der von den USA unterstützten salvadorianischen Regierung begangen hatten. Damals hatte Walker keineswegs voreilige Schlüsse gezogen, wie er es später in Račak tun sollte. Vielmehr hatte Walker erklärt: dass die Mörder Uniform getragen hätten, beweise noch nicht, dass sie Soldaten der Regierungstruppen gewesen seien; schließlich hätten sie auch verkleidet sein können. Milošević wollte Walker zwingen, sich der offenkundigen Unstimmigkeit zu stellen: In Račak behauptete er, so viel Abscheu empfunden zu haben, dass er sich einfach zu Wort melden und die Tötungen öffentlich als Verbrechen gegen die Menschlichkeit an unschuldigen Zivilisten habe anprangern müssen. Sein innerhalb von Minuten gefällter »spontaner Entschluss«, dies zu tun, habe teilweise auf der Tatsache beruht, dass die Opfer Zivilkleidung trugen und daher keine UÇK-Kämpfer sein konnten. Milošević verfolgte mit diesen Fragen eine klar erkennbare Linie: Er versuchte, Walker als berufsmäßigen Lügner hinzustellen, der alles sagen würde, was seine Regierung von ihm hören wollte. Viele Journalisten hatten in Bezug auf Walker und Račak die gleichen Fragen gestellt, und Milošević hielt ihm während des Kreuzverhörs mehrere Zeitungsartikel vor und verlangte auf seine unerfahrene Weise eine Antwort von Walker. Nachdem May Miloševićs Kreuzverhör allein während der Befragung zu diesem Thema *sieben Mal* unterbrochen hatte, bemühte er sich gar nicht mehr zu verhehlen, dass er sich zu diesem Punkt bereits eine Meinung gebildet hatte, und gab (mutmaßlich aus Erbarmen) vor, die offensichtliche Relevanz dieser Befragung nicht zu begreifen.

> RICHTER MAY: *Herr Milošević, wir haben uns jetzt den größten Teil der letzten 15 bis 20 Minuten mit Ereignissen befasst, die sich vor einem Jahrzehnt auf einem anderen Kontinent zugetragen haben. Falls das ein Versuch gewesen sein sollte, die Glaubwürdigkeit des Zeugen in irgendeiner Weise in Zweifel zu ziehen, dann hatten Sie die Gelegenheit, Ihre Sache vorzubringen, und der Zeuge hat sich dazu geäußert. So, wenden Sie sich nun einem anderen Thema zu, das in engerem Zusammenhang zu der Anklage steht.*
> MILOŠEVIĆ: *Herr May, da Sie meine Zeit begrenzt haben, erlauben Sie mir bitte, sie zu nutzen, wie ich es für das Beste halte. Dies ist ein Zeuge, der offenkundig dafür verantwortlich war – wie soll ich es ausdrücken? –, eine Art verdeckter Operationen durchzuführen.*
> RICHTER MAY: *Ja, wenn wir dazu kommen, können Sie das alles vorbringen. Aber Sie werden nicht die Zeit des Gerichts mit Ereignissen*

Verbrechen gegen die Menschlichkeit

*verschwenden, die so lange her und von so geringer Relevanz sind. So,*
*machen wir weiter.*

MILOŠEVIĆ: *Am 11. Dezember 1989 schrieb die St. Louis Post-Dis-*
*patch in einem langen Artikel – ich zitiere nur eine kurzen Auszug: ...*
*»Jesuitenschulen in den Vereinigten Staaten warfen dem US-Botschafter*
*in El Salvador vor, er versuche den Zeugen in Misskredit zu bringen.*
*In –«*

RICHTER MAY: *Nein. Die Kammer hat Ihren Versuch, diesen Zeugen*
*mit so lange zurückliegenden Ereignissen in Misskredit zu bringen, als*
*irrelevant abgelehnt. So, gehen Sie jetzt von El Salvador ab. Sie haben*
*klare Anweisungen bekommen. Wenn Sie das Kreuzverhör fortsetzen*
*wollen, müssen Sie sich daran halten, weil die Zeit des Gerichts be-*
*schränkt ist und es sich nicht mit so irrelevanten Angelegenheiten auf-*
*halten kann. So, gehen Sie jetzt zu Ereignissen über, die mehr mit der*
*Anklage zu tun haben.*[97]

Als Milošević später noch einmal auf die Frage der Uniformen zu-
rückkommen wollte, fiel May ihm ins Wort.

MILOŠEVIĆ: *... Jetzt sagen Sie mir bitte Folgendes: Sie sind ein erfah-*
*rener Mann und an verschiedenen Orten tätig, in El Salvador erklärten*
*Sie, die Tatsache, dass sie Uniform trugen, hieße nicht, dass sie der*
*Armee angehört hätten, obwohl eine Uniform die Armee kennzeichnet.*
*So, hier in Račak war Zivilkleidung das Kriterium, anhand dessen Sie*
*sagten, sie seien Zivilisten gewesen, obwohl allgemein bekannt ist, dass*
*Terroristen Zivilkleidung tragen und dass sie keine Uniformen tragen*
*müssen. Wie ist es nun möglich, dass ein und derselbe Mann unter-*
*schiedliche Kriterien anlegt?*
RICHTER MAY: *Das ist eine absurde Frage, völlig absurd. Also, damit*
*verschwenden Sie jedermanns Zeit. Haben Sie noch andere Fragen?*[98]

Offensichtlich war May sehr daran gelegen, dass Milošević Walker
mit einer direkten Frage zu konfrontieren versuchte, ob es sich bei
dem Zwischenfall in Račak um ein vorgetäuschtes Massaker gehandelt habe. Wenn May die Täuschungstheorie vom Tisch haben wollte,
wäre eine direkte Frage, die mit einem klaren Nein beantwortet
würde, sehr hilfreich gewesen.

RICHTER MAY: *Herr Milošević, darf ich Sie daran erinnern, dass Sie*
*anderen Zeugen gegenüber mehrfach behauptet haben, dieser Zwischen-*
*fall sollte als Vorwand für das genutzt werden, was danach passierte,*
*und dass Botschafter Walker daran beteiligt war. Wenn Sie also vor-*

*haben, ihn damit zu konfrontieren, dann sorgen Sie dafür, dass Sie es tun, bevor Ihre Zeit abgelaufen ist, damit er eine Chance hat zu antworten.*[99]

Milošević erwies sich als unkooperativ und zog es vor, Walkers Glaubwürdigkeit in Zweifel zu ziehen, indem er ihm zunächst einige offensichtliche Lügen nachwies, zum Beispiel sein Leugnen, die öffentliche Verurteilung des Račak-Zwischenfalls mit seinen Vorgesetzten abgesprochen zu haben (siehe Kapitel 3).[100] Anfangs behauptete Walker, er habe Wesley Clark und Richard Holbrooke vor der Pressekonferenz von Račak aus nicht angerufen. Milošević ließ Videobänder vorspielen, auf denen Walker dies abstritt und Clark und Holbrooke das Gegenteil behaupteten. Als Walker hinzufügte, er wisse nicht, mit wem sein Stab telefoniert habe, versuchte Milošević einen Zusammenhang zu Walkers Behauptungen, Milošević habe über die Vorgänge im Kosovo Bescheid gewusst, herzustellen.

> MILOŠEVIĆ: *Gut, Herr Walker. Sie wissen es nicht. Sie wussten nichts von dem Bericht Ihrer Mission vom 16. und von vielen anderen Dingen, von denen Sie sagen, Sie können sich nicht …*
> RICHTER MAY: *Das sind alles Auslegungen, Herr Milošević. Wie lautet Ihre Frage?*
> MILOŠEVIĆ: *Frage. Meine Frage lautet: Woher wissen Sie und wieso behaupten Sie, dass ich über jede Einzelheit, die im Kosovo passierte, informiert gewesen sein muss? Wie können Sie das sagen? Wie können Sie das behaupten? Woher wissen Sie, was ich getan habe, wenn Sie nicht einmal wissen, was Sie selbst getan haben?*[101]

Anschließend versuchte Milošević, Walker mit den zahlreichen UÇK-Verbrechen gegen Serben und Albaner und den mangelnden Gegenmaßnahmen seitens Walkers Mission zu konfrontieren, offensichtlich in dem Bemühen, seine Parteilichkeit zu zeigen und damit Walkers Glaubwürdigkeit als Zeuge in Zweifel zu ziehen. Doch May geriet offenbar allmählich in Sorge, nicht die Fragen und Antworten zu bekommen, die für das Urteil notwendig waren. Als Milošević auf die Verbindung zwischen Al Qaida und UÇK zu sprechen kam, schaltete May sich ein.

> MILOŠEVIĆ: *Gut. Und wissen Sie, dass zum Beispiel Al Qaida in der UÇK, dass diese Tatsache in dem Bericht des amerikanischen –*
> RICHTER MAY: *Er sagt, er weiß es nicht – der Zeuge hat seine Antwort*

Verbrechen gegen die Menschlichkeit

*in dieser Sache nach bestem Wissen gegeben. Nach seinem besten Wissen. So, Herr Milošević, es gibt noch eine wichtigere Frage: Anderen Zeugen haben Sie vorgehalten, dieser Zwischenfall in Račak sei als Vorwand für die NATO-Intervention genutzt worden. So, wenn das Ihre Vermutung ist, wenn Sie diese Behauptung aufstellen wollen, dann müssen Sie diesen Zeugen damit konfrontieren, damit er sich dazu äußern kann, denn er war derjenige, der Račak als Zwischenfall öffentlich gemacht hat. Also, vertreten Sie die Behauptung, dass er als Vorwand für die NATO-Intervention benutzt wurde, oder nicht? Wenn ja, dann müssen Sie diesen Zeugen damit konfrontieren, damit er sich dazu äußern kann.*

MILOŠEVIĆ: *Selbstverständlich behaupte ich das, und ich nehme an, dass sich aus allen meinen Fragen entnehmen lässt, dass Račak benutzt wurde und dass es manipuliert wurde und dass es als Auslöser benutzt wurde, um den NATO-Angriff gegen Jugoslawien zu starten.*

MILOŠEVIĆ: *Stimmt das, Herr Walker?*

ANTWORT: *Das ist nicht meine Interpretation dessen, was geschehen ist, nein.*[102]

Richter May brauchte jedoch klarere Antworten und beschloss, die Befragung selbst in die Hand zu nehmen.

RICHTER MAY: *Waren Sie an einer solchen Verschwörung oder Planung beteiligt?*

ZEUGE: *Nein, Sir, war ich nicht.*[103]

Während des restlichen Kreuzverhörs formulierte May die von Milošević gestellten Fragen so um, dass er die Antworten bekam, die er brauchte. Zum Beispiel:

RICHTER MAY: *Was hier behauptet wird, geht wesentlich weiter, dass nämlich dieser ganze Zwischenfall, diese Exekution von gut 40 Zivilisten, in irgendeiner Weise manipuliert und fingiert wurde, das ist die Interpretation, die wir von Herrn Milošević haben, als Vorwand für die NATO, einzugreifen, was bedeutet, wenn es wahr wäre, dass Sie einer der Organisatoren eines solchen Plans sein müssten. Ist etwas Wahres daran, dass dieser Zwischenfall in irgendeiner Weise fingiert oder manipuliert wurde?*

ZEUGE: *Nein, Euer Ehren.*[104]

Nachdem diese Antworten sicher protokolliert waren, beendete May das Kreuzverhör einige Minuten später mit einem knappen »Ihre Zeit ist jetzt abgelaufen«.[105]

Im Juli 2002 schenkte die Mainstream-Presse dem juristischen Duell in Den Haag kaum noch Beachtung. Vielleicht hing es damit zusammen, dass die amerikanische Regierung gerade zu dieser Zeit die Strafverfolgung von Kriegsverbrechen herunterzuspielen versuchte, weil sie sich aus dem Projekt des Internationalen Strafgerichtshofs zurückzog und in Guantánamo Bay flagrante Verstöße gegen dessen Statut und die Genfer Konvention zur Behandlung Gefangener beging. Gelegentlich flackerte das Interesse wieder auf, wenn ein hochkarätiger Zeuge wie General a. D. Wesley Clark aussagte, der im Dezember 2003 in den Zeugenstand trat, als er gerade eine Nominierung zum Präsidentschaftskandidaten der Demokratischen Partei anstrebte. Bei Clarks Zeugenaussage gab Richter May jegliche Vorspiegelung eines ordentlichen Verfahrens auf und verbot »präventiv« ein Kreuzverhör zu allen Punkten, die der NATO-Darstellung des Krieges hätten schaden können. So durfte der NATO-Oberbefehlshaber zwar behaupten, er habe den Krieg geführt, um eine »Endlösung« im Kosovo, wie er es nannte – auf Nachfragen führte er aus, das bedeute für ihn »eine groß angelegte ethnische Säuberungsaktion«[106] –, zu verhindern, aber Milošević durfte ihn im Kreuzverhör nicht zu den wahrscheinlicheren Kriegsgründen der USA, zur Rechtmäßigkeit des Krieges oder zu Clarks eigenem Status als Kriegsverbrecher befragen, so *relevant* solche Fragen auch sein mochten:

> RICHTER MAY: *Herr Milošević, bevor Sie mit dem Kreuzverhör beginnen, sollten Sie wissen, dass es in diesem Fall Parameter gibt, über die Sie nicht hinausgehen dürfen. Wir haben bereits eine Regelung getroffen, die die Reichweite des Kreuzverhörs beschränkt ... Es beschränkt sich auf die Aussage, die der Zeuge gemacht hat, das heißt, dass Sie in einer Weise eingeschränkt sind, wie Sie es bei anderen Zeugen nicht sind, weil Sie dort Fragen zu allen relevanten Angelegenheiten stellen können.*[107]
> ...
> MILOŠEVIĆ: *Ich darf ihn also gar nichts zu dem Krieg fragen, den die NATO gegen Jugoslawien geführt hat. Wollten Sie das sagen?*
> RICHTER MAY: *Ja.*
> MILOŠEVIĆ: *Also, Herr May, das ist wirklich ein Beispiel, das zeigt, dass das hier wahrhaftig nichts weiter als eine Farce ist.*[108]

Diese Farce musste allerdings schon bald ohne Richter May auskommen. Anfang 2004, als die Anklage ihre Beweisführung abgeschlossen hatte, musste er das Verfahren offenbar wegen ernsthafter gesundheitlicher Probleme abgeben, nachdem er zuvor eine Regeländerung durchgedrückt hatte, die es dem (amerikanischen) Gerichtspräsidenten ermöglichte, das Verfahren einem Ersatzrichter zu übertragen. Doch obwohl May sein Bestes getan hatte, seinem Kollegen eine gesicherte Aktenlage zu hinterlassen, vermittelte das Verfahren den Gesamteindruck eines Trümmerhaufens. Hinsichtlich der Anklage wegen Völkermordes in Bosnien musste Carla del Ponte einräumen: »Ich habe den rauchenden Colt nicht«, was der Untertreibung des Jahres gleichkam.[109] Was den Kosovo anging, standen Mays Nachfolger noch einige äußerst kniffige Fragen bevor. Wie sollte er beispielsweise um die Aussage des ehemaligen Leiters der Staatssicherheit, Radomir Marković, herumkommen. Dieser *Zeuge der Anklage* widerrief die Aussage, die er angeblich während seiner 17-monatigen Haft in einem serbischen Gefängnis gegenüber Ermittlern gemacht hatte. Marković erklärte kategorisch, Milošević habe nichts mit Verbrechen gegen Albaner im Kosovo oder ihrer Vertuschung zu tun gehabt, er habe sogar versucht, sie zu verhindern und die Täter zu bestrafen.[110] Marković gab an, die ihm zugeschriebene Aussage sei in Wirklichkeit »eine freie Interpretation des Mitarbeiters, des Beamten, der diesen Bericht anfertigte. Er betonte gewisse Dinge, über die ich nicht gesprochen habe«.[111] Marković sagte zudem aus, während seiner langen Haft habe man ihn unter Druck gesetzt, Milošević Verbrechen anzulasten:

> ZEUGE: *Sie sprachen mit mir über die schwierige Lage, in der ich mich befand. Sie warnten mich vor den möglichen Konsequenzen und boten mir eine Möglichkeit in der Form an, Milošević als denjenigen zu beschuldigen, der Befehle für diese Straftaten gegeben hätte, was mich von der Verantwortung vor einem Strafgericht entlasten würde.*
> MILOŠEVIĆ: *Entspricht es der Wahrheit, dass sie Ihnen eine neue Identität, Geld und Lebensunterhalt für Sie und Ihre Familie anboten, nur damit Sie mich fälschlicherweise beschuldigten?*
> ZEUGE: *Ja, das stimmt.*[112]

Es handelt sich hier um die Chronik eines Urteils, das von vornherein feststand – nicht nur, wie Greenspan meinte, seit Eröffnung des Verfahrens, sondern schon lange vorher, seit Lawrence Eagleburgers »spontaner« Verurteilung Milošević' und seit Walkers und Arbours

»spontanem« Handeln, ungeachtet aller Rechtsgrundlagen, die sie missachten mussten, um dorthin zu gelangen. Selbst im unwahrscheinlichen Fall, dass es nun, nachdem Richter May fort ist, zu einem Freispruch käme, wäre der Schaden für den Balkan längst angerichtet. Und zu dem grundlegendsten Rechtsprinzip, das missachtet werden musste, kommen wir erst noch: zu dem Grundsatz, der durch die berühmte Augenbinde der Justitia symbolisiert wird. Dies brachte auch Milošević als Haupteinwand vor: Wessen man ihn zu Recht oder zu Unrecht für schuldig befinden mochte, die Amerikaner und die NATO hatten sich ebenfalls schuldig gemacht. Und das servile Verhalten des IStGHJ angesichts der kriminellen Handlungen derer, die den Gerichtshof geschaffen hatten, war der beste Beweis für Miloševićs Behauptung, dass es sich hier um ein »heuchlerisches Tribunal« handelte:

> Zwei Tage lang zeigte Milošević Dias von unschuldigen Opfern der NATO-Bombardierungen: »Er ist nicht verrückt«, sagte Richard Dicker, ein Anwalt von Human Rights Watch, der den Prozess verfolgt hat. »Was wir in den letzten beiden Tagen gehört haben, ist eine sehr gerissene, geschickte politische Offensive. Er versucht alles auf den Kopf zu stellen, sich als Opfer, die NATO als Verbrecher und das Gericht als Komplizen des Verbrechens darzustellen.« Selbstverständlich wird ihm seine politische Breitseite in seinem Prozess wohl kaum helfen ... Nicht die NATO, sondern Milošević steht vor Gericht.[113]

Verbrechen gegen die Menschlichkeit

# 6. Die USA kommen mit Mord durch

Unter den vielen Menschen weltweit, die gegen den Kosovokrieg waren, befanden sich höchstwahrscheinlich auch einige Juristen; zumindest ihnen konnten zwei Dinge nicht entgangen sein: Zum einen die Tatsache, dass Louise Arbour und der IStGHJ eine zentrale Propagandarolle übernahmen, indem sie sich als zweites Nürnberger Tribunal verstanden und damit die haarsträubende Holocaust-Analogie der NATO übernahmen; zum anderen die Tatsache, dass die NATO-Bombardierungen gemäß Nürnberger Urteil das »größte Verbrechen gegen den Frieden« waren und viele weitere Verbrechen nach sich zogen, Kriegsverbrechen und Verbrechen gegen die Menschlichkeit, die ausdrücklich im Statut des IStGHJ genannt sind und in die Zuständigkeit des Gerichts fallen, da Jugoslawien zu einem von zwei Gebieten auf der Welt gehört, wo das internationale Strafrecht wirklich greift – selbst für Amerikaner.

Für die Juristen, die sich gegen den Kosovokrieg aussprachen, war der IStGHJ Teil des ganzen Problems und sie fragten sich daher, warum man den Gerichtshof nicht auch in dessen Lösung einbeziehen sollte. Wieso sollte man nicht darauf bestehen, dass Arbour Anklage gegen die NATO wegen dieser schwersten und minder schweren Verbrechen erhob? Angesichts ihres bisherigen Verhaltens bestand zwar nicht die geringste Aussicht, dass die Anklägerin es je tun würde, aber die meisten von uns, die gegen die NATO-Führung Anzeige erstatteten, wollten ja weniger Clinton und die Übrigen hinter Gittern sehen, als vielmehr am Beispiel des Gerichtshofs klar machen, wie unzulänglich in moralischer und juristischer Hinsicht die Rechtfertigung der NATO-Bombardierungen als Mittel der Strafverfolgung von Kriegsverbrechern war. Wir wollten auf diese Weise zeigen, dass die NATO, rechtlich gesehen, nicht besser war als ihre Gegner, eher schlimmer – gilt doch ein Angriffskrieg nicht umsonst als »größtes internationales Verbrechen«. Es ging uns darum, den verlogenen strafrechtlichen Ansatz, der eindeutig auf die *Rechtfertigung* des Krieges abzielte, auszuhebeln, damit das Friedenslager eine bessere Chance hätte, ihn zu beenden. Da wir uns im Klaren darüber waren, dass der Gerichtshof unsere Anzeige abweisen würde, so offensichtlich die Kriegsschuld der NATO auch sein mochte, zögerten einige von uns, weil sie fürchteten, unsere Strategie könne am Ende dem Kriegskurs der NATO nützen. Die meisten von uns fanden die Rechtslage jedoch so eindeutig, dass ein Verzicht auf Strafverfolgung durch die Anklagebehörde die Glaubwürdigkeit des Gerichtshofs erschüttern musste und folglich auch die Kriegsbegründung der NATO und den Präzedenzfall, den sie zu schaffen suchte. Mit anderen Worten, unsere Anzeige richtete sich gleichermaßen gegen den Gerichtshof wie gegen die NATO und sollte das Gericht, das sich als »Rechtsinstitution« betrachtete, als »politisches Instrument« entlarven.

### Die Anzeige gegen die NATO

Beim IStGHJ gingen viele Anzeigen von Organisationen und Einzelpersonen aus der ganzen Welt ein, die eine Anklage gegen führende NATO-Vertreter forderten. Die erste förmliche Anzeige kam am 3. April 1999 von der gesamten juristischen Fakultät der Universität Belgrad.[1] Eine weitere Anzeige kam von der Organisation Movement for the Advancement of International Criminal Law unter der Leitung von Glen Rangwala von der britischen Universität Cambridge. Der griechische Komponist Mikis Theodorakis (bekannt durch *Alexis Sorbas*) reichte eine Anzeige ein, die 6000 Griechen unterzeichnet hatten. Eine Anzeige gegen den norwegischen Außenminister war von 1000 Norwegern unterschrieben. Unsere Anzeige war das Ergebnis eines Ad-hoc-Zusammenschlusses von Juraprofessoren meiner Fakultät an der Osgoode Hall Law School mit Rechtsanwälten aus Toronto und Montreal sowie mit der Association of American Jurists, einer panamerikanischen Gruppe, die Mitglieder in Nord- und Südamerika hat. Alle diese Anzeigen hatten mehr oder weniger den gleichen

Verbrechen gegen die Menschlichkeit

Gegenstand. Unsere richtete sich gegen 68 führende NATO-Vertreter wegen Verbrechen, die in die Zuständigkeit des Tribunals fielen. Zu den Beschuldigten gehörten die Regierungschefs, Außenminister und Verteidigungsminister der 19 NATO-Staaten, angefangen bei Bill Clinton – im förmlichen Betreff *William J. Clinton et al.* –, Madeleine Albright und William S. Cohen. Wir bezogen auch den NATO-Generalsekretär Javier Solana und acht Generäle ein, darunter den »Obersten Alliierten Befehlshaber Europa«, Wesley K. Clark, und schlossen die Liste mit Jamie Shea, dem grinsenden Gesicht der NATO bei Pressekonferenzen im Fernsehen.

Die Anzeige bezog sich auf zwei Arten von Verbrechen, die in der Zuständigkeit des Tribunals liegen: »Verbrechen gegen die Menschlichkeit« und »Verstöße gegen die Gesetze oder Gebräuche des Krieges«. Wenn es nach uns gegangen wäre, hätten wir auch Anzeige wegen Führens eines »Angriffskrieges« erstattet – das »größte internationale Verbrechen«, aus dem all die Todesopfer und Verwüstungen auf beiden Seiten im Kosovokrieg erwuchsen –, aber dieser Straftatbestand war wohl nicht zufällig aus den Statuten des Gerichtshofs ausgeklammert worden. Michael Scharf, der an dem Entwurf des Statuts maßgeblich beteiligt war, sagte:

> Es gab einen klaren Konsens, dass die USA die Aufnahme von »Verbrechen gegen den Frieden« in das Statut des IStGHJ nicht mittragen würden, ungeachtet des Nürnberger Präzedenzfalles ... Nach abschließender Analyse wollte die US-Regierung, der Menschenrechtsgruppen und verschiedene Regierungen im Hinblick auf Militärinterventionen der jüngsten Vergangenheit wie die Invasion Panamas 1989 »Verbrechen gegen den Frieden« vorgeworfen hatten, dem IStGHJ nicht die Zuständigkeit für dieses Verbrechen übertragen, da dies Präzedenzfälle geschaffen hätte, die ähnliche Militäraktionen der USA in Zukunft behindert hätten.[2]

Da die USA fortgesetzt Verbrechen gegen den Frieden begehen – nicht nur 1999 im Kosovo, sondern auch 2001 in Afghanistan und 2003 im Irak –, ist durchaus verständlich, dass sie bestrebt sind, dieses Verbrechen aus den Gesetzbüchern fern zu halten, wie sie es auch beim Internationalen Strafgerichtshof erfolgreich betrieben haben. Hätte Milošević das IStGHJ-Statut verfasst, hätte es sicher nicht weniger merkwürdig ausgesehen.

Doch auch abgesehen vom Vorwurf des Angriffskrieges gab es genug gegen die NATO vorzubringen.

## Verbrechen gegen die Menschlichkeit

Nach Artikel 5 seines Statuts fallen »Verbrechen gegen die Menschlichkeit« unter die Gerichtsbarkeit des IStGHJ, »wenn diese in einem ... bewaffneten Konflikt begangen werden und gegen die Zivilbevölkerung gerichtet sind«; zu den angeführten Verbrechen gehören u. a. Mord und »andere unmenschliche Handlungen«. Wir konzentrieren uns auf Mord, vor allem im Licht der Anklage gegen Milošević, die Arbour mitten im Krieg wegen Mordes an »über 340« Opfern erhob. Die NATO-Bombardierungen forderten mindestens 500 zivile Todesopfer im Alter von einem bis 93 Jahren, und wahrscheinlich lag ihre Zahl sogar näher an den von Jugoslawien angegebenen 1800 Toten unter der Zivilbevölkerung.

Um sich des Mordes schuldig zu machen, muss man nicht unbedingt jemanden *eigenhändig* umgebracht haben. Dies wurde auch Milošević nicht vorgeworfen. Wie im nationalen Strafrecht ist auch im Statut des IStGHJ die strafrechtliche Verantwortlichkeit wesentlich weiter gefasst. Nach Artikel 7 ist jeder »persönlich verantwortlich«, der eines der genannten Verbrechen »geplant, angeordnet, begangen oder dazu angestiftet hat oder auf andere Weise zur Planung, Vorbereitung oder Ausführung des Verbrechens Beihilfe geleistet hat«. Und wie Milošević selbst erfahren musste, sind davon auch Amtsträger der Regierung nicht ausgenommen, so hoch ihre Stellung auch sein mag.

Für eine Verurteilung wegen Mordes genügt es nicht, dass ein Mensch getötet wurde, auch wenn der Beschuldigte für diesen Tod verantwortlich ist. Für alle Verbrechen müssen drei wesentliche Tatbestände erfüllt sein: (1) die Strafbarkeit der Handlung, (2) die verbrecherische Absicht und (3) das Fehlen von Rechtfertigungs- oder Unrechtsausschließungsgründen. Bei Mord und Totschlag besteht die strafbare Handlung im Töten. Die verbrecherische Absicht umfasst (wie die Erörterung in Kapitel 2 zeigt) nicht nur die Tötungsabsicht, sondern auch andere, als ebenso verwerflich eingestufte Voraussetzungen wie das *Wissen*, dass eine strafbare Handlung den Tod eines Menschen zur Folge hat, und sogar das *bloß versehentliche* Töten eines Menschen bei dem strafbaren Versuch, einen anderen zu töten. Dies bekräftigt der Artikel 7 des IStGHJ-Statuts und er geht sogar noch darüber hinaus, indem er einen Vorgesetzten auch in Fällen strafrechtlich verantwortlich macht, in denen er zwar nicht wusste, aber »hätte wissen müssen, dass der Untergebene im Begriff war, eine solche Handlung zu begehen oder eine solche begangen hatte und der Vorgesetzte nicht die erforderlichen und angemessenen Maßnahmen ergriffen hat, um die Handlung zu verhindern oder die Täter zu bestrafen«.

Die entscheidende Frage war also: Was ging in den Köpfen dieser führenden NATO-Vertreter vor, als ihre Truppen Menschen töteten und verstümmelten? Selbstverständlich hatten sie die Absicht, Soldaten zu töten, das stritten sie nicht ab. In Ermangelung einer rechtmäßigen Grundlage oder Rechtfertigung ihres Angriffs war auch das Mord – oder hätte zumindest als solcher gelten müssen, wenn das IStGHJ-Statut die Verbrechen gegen die Menschlichkeit nicht auf Verbrechen an Zivilisten eingeschränkt hätte. Die NATO-Führung bestritt jedoch entschieden die Absicht, Zivilisten zu töten, und tat dies jedes Mal vehementer, wenn Zivilisten getötet wurden. Sie behauptete, sie lasse nichts unversucht, um den Tod von Zivilisten zu vermeiden. Zahlreiche Indizien legen jedoch nahe, dass diese Beteuerungen falsch waren (mehr dazu später). Doch selbst wenn die Behauptungen der Wahrheit entsprochen hätten, hätten sie die NATO-Führung nicht ihrer Verantwortung entheben dürfen. Allein das, was die NATO-Führung *zugab* – dass sie nämlich *die ganze Zeit wusste, dass durch ihre Luftangriffe Zivilisten sterben würden* –, hätte eine verbrecherische Absicht belegt und damit für eine Verurteilung gereicht. Wenn es zivile Todesopfer gab, sagten die NATO-Generäle nicht etwa: »Mein Gott, wir haben Zivilisten getötet! Das wird nicht wieder vorkommen.« Vielmehr erklärten sie jedes Mal, das sei im Krieg unvermeidlich, sie wüssten, dass dies passieren kann, und würden dennoch die Bombardierungen fortsetzen. Diese Erklärung brachten sie vor, wenn ihre verabscheuungswürdigen Waffen Männer und Frauen, Kinder und alte Menschen auf schrecklichste Weise zerrissen. Als am 12. April 1999 bei einem Angriff auf die Eisenbahnbrücke bei Grdelica 17 Zugpassagiere getötet wurden, gaben die führenden NATO-Vertreter ihre einstudierten Kommentare ab. »Wir bemühen uns so weit als irgend möglich, Opfer unter der Zivilbevölkerung zu vermeiden, aber bei solchen Einsätzen wird es immer zivile Opfer geben«, erklärte Tony Blair im britischen Unterhaus;[3] und Bill Clinton gab sich wie immer – selbst angesichts von getöteten Kindern – als knallharter Realist:

> Wenn Flugzeuge so schnell fliegen, wenn man so wirkungsvolle Waffen abwirft, wenn man es mit einem derart allgegenwärtigen Gegner zu tun hat, der bereit ist, Menschen als Schutzschilde zu missbrauchen, dann geht das nicht, ohne dass solche tragischen Dinge passieren … So ein Konflikt geht nicht ab, ohne dass solche Fehler vorkommen. Das ist kein perfektes Unternehmen.[4]

Im Mai 1999 äußerten Madeleine Albright und Robin Cook in der Presse ihr »tiefes Bedauern« über die »unschuldigen Opfer«, die sich »unmöglich vermeiden« ließen.[5] Ohne Zweifel waren ähnliche Kommentare in den Zeitungen aller NATO-Staaten zu finden, da von keiner Regierung der NATO-Partner auch nur ein Mucks an Kritik laut wurde und Javier Solana wiederholt versicherte, dass in der Allianz in der Frage der Kollateralschäden »Solidarität« herrsche.[6]

Jamie Sheas Pressekonferenzen sind ein schlagendes Beispiel für die »Einstellung« der NATO zu den Kollateralschäden. Bei einer solchen am 1. Juni antwortete er auf die Frage, ob eine Intensivierung der Bombardierungen die »Risiken von Kollateralschäden erhöhen« werde, die »NATO-Planer treffen alle erdenklichen Vorsichtsmaßnahmen«, und er erinnerte den Fragesteller an den »grundlegenden Unterschied zwischen unbeabsichtigten zivilen Opfern« und der Tatsache, dass »Milošević's Truppen vorsätzlich Tausende Zivilisten getötet haben«. Dennoch räumte er ein:

> Sie werden mich jetzt fragen: Werden in einem solchen Konflikt unschuldige Menschen sterben? Die Antwort lautet unzweifelhaft ja … Und wenn sich jemand heute in Jugoslawien in Gefahr befindet, so liegt das daran, dass Milošević sich entschieden hat, über eine Million Menschen seines eigenen Volkes, Kosovo-Albaner, in Gefahr zu bringen. Darauf läuft es hinaus. Es wird also in Zukunft Zwischenfälle geben, leider ja, bei denen Belgrad behaupten wird, wir hätten unschuldige Zivilisten

Verbrechen gegen die Menschlichkeit

getötet. Manche dieser Meldungen werden falsch sein, manche werden übertrieben sein, aber manche werden der Wahrheit entsprechen, doch das ändert nichts an der Tatsache, dass dies ein Konflikt ist und wir das Recht auf unserer Seite haben.[7]

Die NATO-Führung tötete oder verstümmelte also wissentlich Zivilisten (oder leistete Beihilfe dazu) und verfolgte ihre Strategie angesichts der Unvermeidlichkeit dieser Opfer wacker weiter. Das Einzige, was sie als Entschuldigung vorbringen konnte, war, dass sie die Kollateralschäden möglichst klein zu halten suchte (eine Behauptung, auf die hier noch einzugehen sein wird) und dass ihre Bombardierungen gerechtfertigt seien. Beide Behauptungen waren gleichermaßen wichtig. Aber ein Bankräuber, der in einer Bank herumschießt, macht sich um nichts weniger des Mordes schuldig, wenn er nur die kleinstmögliche Anzahl von Menschen erschießt, um an das Geld zu kommen. Das Bemühen, Kollateralschäden gering zu halten, kann in einem völkerrechtswidrigen Krieg als Entschuldigung nicht gelten. Noch einmal sei wiederholt, was Richter Jackson, der Hauptanklagevertreter bei den Nürnberger Prozessen, ausführte: »Aber es geht nicht an, wenn ein Krieg selbst ungesetzlich ist, Handlungen, die ihrem Wesen nach verbrecherisch sind, mit dem Hinweis zu verteidigen, wer sie begangen habe, sei eben in einen Krieg verwickelt gewesen.«[8] Im Kosovo war das Töten der NATO rechtswidrig, weil der Krieg rechtswidrig war. Er war vor allem rechtswidrig, weil er unmoralisch war, und dieser Krieg war unmoralisch, weil er nachweislich *unnötig* war, um die humanitären Ziele zu erreichen, die er anzustreben behauptete, oder überhaupt ein Ziel außer den geopolitischen Bestrebungen der NATO und der USA.[9] Dafür starben diese Menschen. Sie starben vergebens, sie wurden ermordet, und zwar in größerer Zahl als die, die man Milošević bei der Anklageerhebung mitten im Krieg vorwarf. Würde man also das übliche Strafrecht in Hinblick auf Mord und andere Gewaltverbrechen anwenden, wären die führenden NATO-Vertreter ohne weiteres zu verurteilen gewesen. Das Belastungsmaterial gegen sie war so erdrückend, wie ihre Rechtfertigung des Krieges aus der Luft gegriffen war. Als einziger Ausweg blieb die wenig überzeugende Behauptung des IStGHJ, die von der NATO begangenen Tötungsdelikte fielen nicht in seine Zuständigkeit (dazu später mehr).

## Verstöße gegen die Gesetze oder Gebräuche des Krieges

Neben den Verbrechen gegen die Menschlichkeit umfasst das Statut des IStGHJ auch »schwere Verletzungen der Genfer Abkommen von 1949« (Artikel 2) und »Verstöße gegen die Gesetze oder Gebräuche des Krieges« (Artikel 3). Zu den schweren Verletzungen der Genfer Konventionen gehören unter anderem »vorsätzliche Tötung«, »vorsätzliche Verursachung großer Leiden oder schwere Beeinträchtigung der körperlichen Unversehrtheit oder Gesundheit« und »Zerstörung und Aneignung von Eigentum, die durch militärische Erfordernisse nicht gerechtfertigt sind und in großem Ausmaß rechtswidrig und willkürlich vorgenommen werden«. Zu den Verstößen gegen Gesetze oder Gebräuche des Krieges gehören (»ohne Anspruch auf Vollständigkeit«): »der Einsatz von Giftwaffen oder anderen Waffen, die so ausgelegt sind, dass sie unnötige Leiden verursachen; die willkürliche Zerstörung von Städten und Dörfern oder durch militärische Erfordernisse nicht gerechtfertigte Verwüstung; der Angriff auf unverteidigte Städte, Dörfer, Wohnstätten oder Gebäude oder deren Beschießung/Bombardierung, mit welchen Mitteln auch immer; die Inbesitznahme, Zerstörung oder vorsätzliche Beschädigung von Einrichtungen, die der Religion, der Wohltätigkeit und der Erziehung, den Künsten und den Wissenschaften gewidmet sind, von geschichtlichen Denkmälern und von Werken der Kunst und der Wissenschaft«.

Die Genfer Konventionen von 1949 sind, was ihren Schutz der Zivilisten betrifft, nicht ganz so weitreichend wie ihre Zusatzprotokolle von 1977, die von den USA nie ratifiziert wurden. Als Zivilpersonen, die gemäß der Abkommen zu schützen sind, gelten nach den Konventionen von 1949 alle, »die sich im Falle eines Konflikts oder einer Besetzung zu irgendeinem Zeitpunkt und gleichgültig auf welche Weise in der Gewalt einer am Konflikt beteiligten Partei oder einer Besetzungsmacht befinden, deren Staatsangehörige sie nicht sind«.[10] Für eine Strafverfolgung der NATO-Führung stellte dies allerdings kein echtes Hindernis dar, weil der offizielle Kommentar und der IStGHJ selbst in seinen ersten Urteilen die Formulierung »in der Gewalt« sehr weit ausgelegt hatten.[11] Bereits in einem sehr frühen Kriegsstadium konnte die NATO sich brüsten, dass sich das gesamte Territorium Jugoslawiens in ihrer »Gewalt« befand, und zwar in dem äußerst realen Sinne, dass es ihrer Luftwaffe auf Gedeih und Verderb ausgeliefert war.[12] Bei über 38 000 geflogenen Einsätzen verlor die NATO kein einziges Flugzeug im Kampf. Die Zivilbevölkerung Jugoslawiens befand sich also durchaus »in der Gewalt« der NATO.

Artikel 2 des IStGHJ-Statuts legt die Messlatte für eine »verbrecherische Absicht« niedriger an als bei Verbrechen gegen die Menschlichkeit, kenntlich gemacht durch den Begriff »vorsätzlich«. Strafrechtlich bedeutet »Vorsatz« *immer* das »Wissen« oder »Wollen« eines Taterfolgs oder wenn der Täter diesen für möglich gehalten und billigend in Kauf genommen hat. Im internationalen Strafrecht beinhaltet »Vorsatz« oft auch »willful blindness« (vorsätzliche Blindheit) – die Oliver North, berühmt-berüchtigt in Zusammenhang mit der Iran-Contra-Affäre, als »plausible deniability« (plausible Dementierbarkeit) bezeichnete, bei der einem Vorgesetzten strafbare Details vorenthalten werden, damit dieser später behaupten kann, davon nichts gewusst zu haben.[13] Die NATO brüstete sich gern damit, dass sie bei der Auswahl ihrer Bombardierungsziele *Juristen* zu Rate zog.[14] Das sollte der Welt zeigen, wie sehr sie sich um die Zivilbevölkerung sorgte, weiß doch jeder, wie gründlich moralische Rechtsanwälte sind (vor allem solche, die man engagiert, damit sie einem erklären, wie man Schuld als Unschuld hinstellen kann). Die Hinzuziehung von Juristen zeigte aber eigentlich nur, dass man sich in der NATO sehr wohl der Umstände bewusst war, die die Bombardierungen zu verbrecherischen Handlungen machten. Sollten ihre Rechtsberater tatsächlich gesagt haben, ihr Vorgehen sei rechtmäßig – und nicht: »So könnt ihr *behaupten,* dass es rechtmäßig ist« – und sollte die NATO ihnen geglaubt haben, dann hätten ihre Anwälte ihr auch sagen sollen, dass Unwissenheit nicht vor Strafe schützt.

Die tatsächlichen oder möglichen Einschränkungen von Artikel 2 gelten nicht für Artikel 3 des IStGHJ-Statuts, das Verbot von »Verstößen gegen die Gesetze oder Gebräuche des Krieges«. Nahezu universell zählen zu den Gesetzen und Gebräuchen des Krieges auch die Zusatzprotokolle von 1977 zu den Genfer Konventionen.[15] Das liegt unter anderem daran, dass sie weithin offiziell angenommen wurden – Zusatzprotokoll I wurde von 161 der 191 UN-Mitgliedstaaten ratifiziert.[16] Von den am Kosovokrieg beteiligten NATO-Staaten hatten nur die USA und die Türkei das Zusatzprotokoll I nicht ratifiziert, aber selbst die USA akzeptieren ihre relevanten Teile offiziell als geltendes Gewohnheitsrecht.[17] Vor allem aber gingen diese Protokolle in die Gesetze und Gebräuche des Krieges ein, weil sie lediglich grundlegende und allgemein anerkannte Prinzipien enthalten. Zu diesen Prinzipien gehört in erster Linie die *Unterscheidung* zwischen Kombattanten und Nichtkombattanten (Zivilisten) und zwischen militärischen und nichtmilitärischen Zielen, wobei Letztere nicht angegriffen werden dürfen. Weitere Prinzipien sind *Notwendigkeit* und *Verhältnismäßigkeit:* eine Militäraktion muss hinreichend notwendig sein, um einen klaren militärischen Vorteil zu erzielen, und sie darf im Verhältnis zu dem angestrebten militärischen Vorteil nicht überzogen sein.[18] Hier handelt es sich schlicht um auf Kriegführung angewandte Moral.

Was eine Klage gegen die NATO angeht, so finden sich die einschlägigen Bestimmungen der Zusatzprotokolle von 1977 in Protokoll I, Teil IV (»Zivilbevölkerung«). Artikel 48 enthält die »Grundregel«, wie es dort heißt:

> Um Schonung und Schutz der Zivilbevölkerung zu gewährleisten, unterscheiden die am Konflikt beteiligten Parteien jederzeit zwischen der Zivilbevölkerung und Kombattanten sowie zwischen zivilen Objekten und militärischen Zielen; sie dürfen daher ihre Kriegshandlungen nur gegen militärische Ziele richten.

Nach Artikel 51 ist die »Anwendung oder Androhung von Gewalt mit dem hauptsächlichen Ziel, Schrecken unter der Zivilbevölkerung zu verbreiten« verboten. Dasselbe gilt für »unterschiedslose Angriffe«, einschließlich solcher, »bei denen Kampfmethoden oder -mittel angewendet werden, deren Wirkungen nicht entsprechend den Vorschriften dieses Protokolls begrenzt werden können«, und für einen »Angriff, bei dem damit zu rechnen ist, dass er auch Verluste an Menschenleben unter der Zivilbevölkerung, die Verwundung von Zivilpersonen, die Beschädigung ziviler Objekte oder mehrere derartige Folgen zusammen verursacht, die in keinem Verhältnis zum erwarteten konkreten und unmittelbaren militärischen Vorteil stehen«. Verboten sind also nicht nur Angriffe auf Zivilisten, sondern auch auf

Verbrechen gegen die Menschlichkeit

»zivile Objekte«. Artikel 52 legt fest: »Angriffe sind streng auf militärische Ziele zu beschränken«, definiert als »solche Objekte, die auf Grund ihrer Beschaffenheit, ihres Standorts, ihrer Zweckbestimmung oder ihrer Verwendung wirksam zu militärischen Handlungen beitragen und deren gänzliche oder teilweise Zerstörung, deren Inbesitznahme oder Neutralisierung unter in dem betreffenden Zeitpunkt gegebenen Umständen einen eindeutigen militärischen Vorteil darstellt«. Artikel 55 verlangt, »darauf zu achten, dass die natürliche Umwelt vor ausgedehnten, lang anhaltenden und schweren Schäden geschützt wird«, und verbietet die »Anwendung von Methoden und Mitteln der Kriegführung…, die dazu bestimmt sind oder von denen erwartet werden kann, dass sie derartige Schäden der natürlichen Umwelt verursachen und dadurch Gesundheit oder Überleben der Bevölkerung gefährden«. Artikel 57 verpflichtet, bei Kriegshandlungen »stets darauf zu achten, dass die Zivilbevölkerung, Zivilpersonen und zivile Objekte verschont bleiben«. Wer einen Angriff plant, »hat alles praktisch Mögliche zu tun, um sicherzugehen«, dass ausschließlich militärische Ziele angegriffen werden, hat »alle praktisch möglichen Vorsichtsmaßnahmen zu treffen, um Verluste unter der Zivilbevölkerung, die Verwundung von Zivilpersonen und die Beschädigung ziviler Objekte … auf ein Mindestmaß zu beschränken« und »hat von jedem Angriff Abstand zu nehmen, bei dem damit zu rechnen ist, dass er auch Verluste unter der Zivilbevölkerung, die Verwundung von Zivilpersonen, die Beschädigung ziviler Objekte oder mehrere dieser Folgen zusammen verursacht, die in keinem Verhältnis zum erwarteten konkreten und unmittelbaren militärischen Vorteil stehen«; zudem ist der Angriff sofort einzustellen, »wenn sich erweist«, dass dies der Fall ist. Wo eine Auswahl von Zielen zur Verfügung steht, »ist dasjenige Ziel zu wählen, dessen Bekämpfung Zivilpersonen und zivile Objekte voraussichtlich am wenigsten gefährden wird«.

Trotz juristischer Beratung legte die NATO bei ihren Angriffen eine grundlegende Missachtung für die Gesetze des Krieges an den Tag (in Kapitel 3 habe ich die umfangreichen Verwüstungen, die der NATO-Angriff auf Jugoslawien bei Zivilpersonen und zivilen »Objekten« anrichtete, geschildert). Die Bombardierungen, die ausschließlich aus großer Höhe erfolgten, führten zu der Bezeichnung »Krieg der Feiglinge«, weil sämtliche Risiken auf die Zivilbevölkerung abgewälzt wurden, um die Sicherheit des NATO-Militärpersonals zu gewährleisten.[19] Die NATO gab zu, dass sie Streubomben einsetzte, die ihrer Beschaffenheit nach unterschiedslos wirken.[20] Was »zivile Objekte« anging, so wurden die Generäle das »Panzer-Zielschießen« sehr bald leid und gingen schon zwei Wochen nach Beginn der Bombardierungen dazu über, systematisch »Infrastrukturziele« in den serbischen Städten und auf dem Land anzugreifen.[21] Mit 25 000 Bomben zerstörte die NATO Brücken, Krankenhäuser, Schulen, Fabriken, Vieh, Felder, Stromversorgungsnetze, Medienzentren, Sakralbauten einschließlich frühchristlicher und mittelalterlicher Kirchen, archäologische Stätten und Museen und verseuchte Luft, Wasser und Land durch wiederholte Bombardierungen von Ölraffinerien, Chemiewerken und Düngemittelfabriken.

Mitte Mai beklagte die UN-Menschenrechtskommissarin Mary Robinson, die Zielauswahl scheine »unfokussiert« zu sein:

> Die Zielgebiete scheinen sehr großflächig zu sein. Und ganz eindeutig haben Wohnhäuser, Krankenhäuser und Schulen die Auswirkungen der Bombardierungen zu spüren bekommen. Es gibt auch zu viele Fehler. Es ist nicht hinzunehmen, dass Zivilisten derart in die Frontlinie geraten.[22]

Es dauerte nicht lange, bis manche zu dem Schluss kamen, dass der Krieg sich in erster Linie gegen die Moral der Zivilbevölkerung richtete, um »Schrecken unter der Zivilbevölkerung zu verbreiten«, was nach Artikel 51.2 des Zusatzprotokolls I ausdrücklich verboten ist. »Wir jagen der Zivilbevölkerung des Landes Angst und Schrecken ein«, schrieb ein amerikanischer Journalist, »wir tun bewusst Dinge, die unschuldigen Menschen garantiert Leid und Tod bringen … Wir opfern serbische Neugeborene, um Opfer unter freiwilligen amerikanischen Soldaten zu vermeiden.«[23]

Durch Äußerungen ihrer eigenen Leute verurteilte sich die NATO selbst. So bestätigte Generalleutnant der Air Force Michael C. Short, der Kommandierende General des NATO-Luftkrieges, gegen Ende des Krieges in einem Interview, sein Ziel sei, die Moral der Zivilbevölkerung zu brechen. Er beschwerte sich lediglich, dass die Politiker ihm das nicht schon früher erlaubt hätten:

Verbrechen gegen die Menschlichkeit

Als Mann der Luftwaffe hätte ich es anders gemacht. Es hätte keinen allmählich ausgeweiteten Luftkrieg oder eine langsame Verschärfung gegeben, vielmehr hätten wir von der ersten Nacht an die Innenstädte angeflogen … Wenn du morgens aufwachst und keinen Strom im Haus hast und kein Gas im Herd und die Brücke, über die du zur Arbeit fährst, ist kaputt und wird für die nächsten 20 Jahre in der Donau liegen, dann, glaube ich, fragst du dich allmählich: »He, Slobo, was soll das alles? Was sollen wir denn noch aushalten?« Und irgendwann kommt der Punkt, wo du nicht mehr dem serbischen Machismo gegen die Welt Beifall spendest, sondern daran denkst, wie dein Land wohl aussieht, wenn das so weitergeht.[24]

In demselben Interview bestätigte Short, dass die Strategie der Bombardierungen aus großer Höhe das erklärte Ziel hatte, die Piloten möglichst geringer Gefahr auszusetzen. »Ich wollte die vorgegebenen Ziele zerstören und diesen Kerl [Milošević] an den Verhandlungstisch bringen, ohne unsere Jungs zu verlieren … Ich habe ihnen klipp und klar gesagt, dass wir nicht unter 15 000 Fuß reingehen.« – »Unsere Jungs« meinte Short wörtlich, denn sein Sohn Christopher war einer der Bomberpiloten.

Zudem gab es noch die täglichen Pressekonferenzen des NATO-Sprechers Jamie Shea im Fernsehen, eine wahre Goldgrube an Beweisen für die vorsätzlichen Verstöße der NATO gegen die Gesetze und Gebräuche des Krieges. Selbstverständlich stritt er immer wieder ab, dass die Angriffe die Moral der Zivilbevölkerung zermürben sollten, beispielsweise als ein Reuters-Korrespondent ihn nach einem Angriff auf Kraftwerke in Niš fragte und er darauf antwortete:

Natürlich bringt das in gewisser Hinsicht auch Unbequemlichkeiten für die Zivilbevölkerung mit sich, das gebe ich zu, aber es ist nicht unsere Absicht, das möchte ich klarstellen, den Serben das Leben in irgendeiner Weise noch schwerer zu machen, als es schon ist. Unsere Absicht ist schlicht, auf den militärischen Machtapparat zu zielen, der nicht nur für die Repressionen im Kosovo, sondern auch für die harte Lage des serbischen Volkes verantwortlich ist.[25]

In dem Maße, wie die wahre Strategie der NATO deutlicher und die Fragen drängender wurden, räumten Shea und seine Kollegen jedoch nach und nach ein, dass die Luftangriffe zumindest einen »doppelten Zweck« erfüllten, wie man es nennen könnte. So fragte ein Reporter bei der Pressekonferenz am 3. Mai: »Ist es für die NATO nicht viel schwieriger, die Fiktion aufrechtzuerhalten, dass sie sich mit dem serbischen Volk nicht im Krieg befindet, sondern nur militärische und strategische Ziele angreift?« Und Generalmajor Jertz gab freimüig zu:

> Also nach einem Plan, systematisch nach diesem Plan vorgehend, ja, haben wir tatsächlich angefangen, diese Elektrizitätswerke anzugreifen, andererseits werden wir einfach weiter systematisch vorgehen müssen, wenn Milošević nicht bereit ist, wirklich zu tun, was er tun soll, nämlich zum Telefon zu greifen und uns zu sagen, dass er die Einstellung der Bombardierungen will, um seinetwillen und um seines Volkes willen.[26]

Auf die Frage, ob die NATO es bedauern würde, wenn »die Unterbrechung der Stromversorgung für 70 Prozent des Landes als Nebenwirkung mit sich brächte, das Vertrauen des Volkes in das Regime Slobodan Miloševićs zu untergraben«, antwortete Jamie Shea: »Wo denken Sie hin, ich hoffe doch, dass er in den nächsten Wochen ein gewisses Echo von unten bekommt ...«[27] Und als Reporter fragten, welchen militärischen Vorteil vorübergehende Stromausfälle brächten, da das Militär doch über Notstromaggregate verfüge, erwiderte er, Milošević müsse entscheiden, ob er seinen Treibstoff für militärische oder zivile Zwecke nutzen wolle.

> Wenn Präsident Milošević wirklich will, dass seine gesamte Bevölkerung Wasser und Strom hat, braucht er nur die fünf Bedingungen der NATO zu erfüllen, und wir beenden diese Kampagne. Aber solange er das nicht tut, werden wir weiter diejenigen Ziele angreifen, die Strom für seine Streitkräfte liefern. Wenn das zivile Folgen hat, ist das seine Sache ...[28]

Aber selbst einem Jamie Shea fiel es schwer, die abscheuliche Bombardierung einer belebten Brücke an einem Markttag wegzuerklären, bei der neun Zivilisten getötet wurden. Er konnte lediglich darauf verweisen, dass Milošević für den Krieg verantwortlich sei und wesentlich Schlimmeres getan habe:

> Fred Coleman (USA Today): Zwei Fragen zur Bombardierung der Brücke in Varvarin: Erstens, können Sie bestätigen, dass der Angriff um 13.00 Uhr stattfand oder zumindest um die Mittagszeit; und zweitens, wenn er mittags stattfand, wie passt das zu Ihren wiederholten Beteuerungen, die NATO tue alles, um zivile Opfer zu vermeiden, da Sie mitten am Tag

Verbrechen gegen die Menschlichkeit

eindeutig mehr zivile Opfer in Kauf nehmen, als es mitten in der Nacht der Fall wäre?

Oberst Freytag: Ich bestätige Ihnen die Zeit noch einmal; es war 11.01 Uhr Greenwich-Zeit, also 13 Uhr.

Jamie Shea: Fred, heute Nachmittag habe ich für Sie einige Zahlen zu zivilen Opfern eruiert. 550 000 Inlandsflüchtlinge im Kosovo; 883 500 Flüchtlinge in benachbarte Länder, 75 Prozent davon sind Frauen und Kinder; 193 845 Kosovo-Flüchtlinge in anderen Ländern der Welt von Österreich bis Australien, über den ganzen Globus verteilt. Gegenwärtig 1 582 345 Vertriebene und Flüchtlinge infolge der serbischen Aktionen im Kosovo, 93 Prozent der ursprünglichen Bevölkerung des Kosovo; 225 000 vermisste Männer, mindestens 6000 bei Massenhinrichtungen getötet, 10 Massengräber. Ich denke, das ist die entscheidende Opferstatistik, soweit es die NATO betrifft, und das ist das Werk von Miloševićs Kugeln, nicht der NATO-Bomben.

Dimitri Khavine (Russian Line): Die Zahlen, die Sie genannt haben, sind zwar sehr beeindruckend und schrecklich, aber können wir trotzdem hoffen, morgen oder übermorgen eine Erklärung für das Timing dieses Angriffs zu bekommen, weil es sehr wichtig ist, die Zielauswahl zu verstehen? Warum wurde sie gerade zu einer Zeit angegriffen, zu der zivile Opfer am wahrscheinlichsten sind. Können wir auf diese Erklärung hoffen?

Jamie Shea: Dimitri, ich hoffe, Sie fragen Belgrad nach dem Timing einiger dieser anderen zivilen Opfer, die ich genannt habe.[29]

Am nächsten Tag kamen die Journalisten mit ihren Fragen auf dasselbe Thema zurück und erhielten die gleichen Antworten:

Jake Lynch (Sky News): ... Und zweitens, Jamie, haben wir noch keinen Grund gehört, warum die Brücke in Varvarin mittags bombardiert wurde und nicht mitten in der Nacht, und wenn es dafür keinen militärischen Grund gibt, dann kann es doch wohl unmöglich sein, nicht wahr, dass die NATO alle Vorkehrungen trifft, um zivile Opfer zu vermeiden?

Jamie Shea: Jake, wir treffen mittags die gleichen Vorkehrungen wie um Mitternacht.[30]

Diese Äußerungen kamen geradezu einem Eingeständnis verbrecherischer Handlungen gleich. Gezielte Angriffe auf zivile Objekte im Rahmen einer Erpressungsstrategie gegen die Zivilbevölkerung gelten als schweres Verbrechen, und zwar nicht nur der Erpressung wegen, sondern weil die Wahrscheinlichkeit, Zivilpersonen zu töten oder zu verwunden, wesentlich höher ist als bei Angriffen auf rein militärische

Ziele. Verbrechen und Kollateralschäden sind zwei Seiten derselben Medaille.

Die Indizien belegten also eine Fülle eingestandener krimineller Handlungen, die den Tatbestand der meisten der in den Statuten des IStGHJ aufgeführten Verbrechen erfüllten und am helllichten Tag vor Millionen Zeugen begangen wurden. Wir waren der Ansicht, dass unsere Sache recht fundiert war. Anfang Mai 1999 erstatteten wir unsere Anzeige, doch erst am Tag vor Beendigung der Bombardierungen trafen wir mit Louise Arbour zusammen. In der Zwischenzeit hatte sie ihre Anklage gegen Milošević erhoben, was einen derart schwerwiegenden Verstoß gegen ihre Pflichten als Anklägerin darstellte, dass manche meiner Kollegen meinten, wir sollten uns vollständig aus dem Verfahren heraushalten. Wir fanden es jedoch wichtig, unsere Sache vorzubringen; außerdem hatte die Anklage gegen Milošević die Messlatte für die Strafverfolgung so niedrig angesetzt, dass es für die Anklagebehörde nur noch schwieriger würde, nichts gegen die NATO zu unternehmen.

Solange es ging, verhielten wir uns weiterhin so, als hätten wir es mit einem ernstzunehmenden Gericht zu tun. Wir reichten unsere Beweise und Begründungen ein, und als Carla del Ponte ernannt wurde, diskutierten wir längere Zeit mit ihr und ihrem besten Rechtsberater in Den Haag. Im Dezember 1999 ließ del Ponte in einem Interview durchblicken, dass sie unsere Anzeige prüfe.[31] Das löste bei amerikanischen Politikern selbstgerechte Empörung aus; sie äußerten sich zuversichtlich, dass nichts daraus werde. Richard Black, Spitzenjurist des Pentagon, erklärte: »Ich nehme an, die UN werden es sich gut überlegen, sich in dieser Sache mit den USA anzulegen. Ich glaube nicht, dass sie derzeit stark genug dazu sind.«[32] Bereits zu Beginn des Krieges hatte ein amerikanischer Parlamentarier gewütet: »Eher wird das UN-Gebäude Stein für Stein abgetragen, als dass US-Piloten vor einem UN-Tribunal stehen.«[33] Diese Vorhersagen erwiesen sich als zutreffend, als del Ponte sofort einen Rückzieher machte und sich kniefällig entschuldigte, auch nur *andeutungsweise* an Ermittlungen gegen die NATO gedacht zu haben.[34]

Folglich kam es für niemanden überraschend, als del Ponte im Juni 2000 dem Sicherheitsrat mitteilte, dass sie die Anzeige gegen die

Verbrechen gegen die Menschlichkeit

NATO abweise. Russland und China, die beiden ständigen Mitglieder des Sicherheitsrates, die nicht der NATO angehören und die sich gegen den Krieg ausgesprochen hatten, reagierten auf die Entscheidung mit einer diplomatisch formulierten Verurteilung des Gerichtshofs. »Ernsthafte Vorbehalte gegen die Politisierung seiner Arbeit und seine Voreingenommenheit gegen die Bundesrepublik Jugoslawien«, äußerte der russische UN-Botschafter und stellte fest, dass »der Gerichtshof nichts gegen die North Atlantic Treaty Organization (NATO) unternommen hat, selbst angesichts des Todes unbeteiligter Zivilisten und der Zerstörung nichtmilitärischer Ziele durch die Bombardierungen dieser Organisation«.[35] Del Ponte wies den Vorwurf der Politisierung »entschieden« zurück. In der *Washington Post* erklärte sie, sie sei »verblüfft« über die Vorwürfe Russlands.[36] Das war merkwürdig, da diese Vorwürfe seit Einrichtung des Gerichts wiederholt vorgebracht wurden. Im März hatte ich, auch im Namen einiger anderer Gruppen, die Anzeige erstattet hatten, einen wesentlich schärfer formulierten offenen Brief an del Ponte geschrieben und das Gericht als »Farce«, »Schande« und »Verletzung unserer juristischen und moralischen Pflichten« bezeichnet. Del Ponte hatte sogar darauf geantwortet, sie sei vom Ton meines Briefes »enttäuscht«.

Es gab jedoch noch viel Merkwürdigeres: allein schon del Pontes Erklärung, in der sie die NATO freisprach, *ohne auch nur eine Ermittlung einzuleiten.*

> Es gibt keine Grundlage, eine Ermittlung zu einer der Anschuldigungen oder zu anderen Vorkommnissen in Zusammenhang mit den NATO-Lufteinsätzen einzuleiten.[37] … Ich habe mich davon überzeugt, dass es während der Bombardierungen kein absichtliches Zielen auf Zivilisten oder unrechtmäßige militärische Ziele seitens der NATO gab … Die Anklagebehörde beurteilte diese als echte Versehen seitens der NATO.[38]

Es blieb einer mutmaßlich äußerst leichtgläubigen Welt überlassen, sich zusammenzureimen, wie die Anklägerin sich »davon überzeugt« und »diese als echte Versehen beurteilt« haben könnte, *ohne auch nur Ermittlungen einzuleiten.*

Auch das Timing dieser Erklärung war merkwürdig. Del Ponte teilte ihre Entscheidung dem Sicherheitsrat am 2. Juni 2000 mit, aber der Bericht ihres Komitees wurde erst am 13. Juni vorgelegt. Warum nahm sie die Ergebnisse vorweg? Dafür kann es nur eine Erklärung geben: Sie wusste, dass Amnesty International am 7. Juni 2000 einen eigenen Bericht vorlegen würde, der zu dem gegenteiligen Schluss kam, dass nämlich die NATO sich zahlreicher Kriegsverbrechen schuldig gemacht habe, und die Anklägerin wollte dem zuvorkommen und für die Weltöffentlichkeit Fakten schaffen.[39] So hatte NATO-Generalsekretär Lord Robertson gleich an dem Tag, als der Bericht erschien, eine Antwort für Amnesty parat: Die Anklägerin des IStGHJ habe »dem UN-Sicherheitsrat vergangene Woche mitgeteilt«, sie habe sich »davon überzeugt, dass es während der Bombardierungen kein absichtliches Zielen auf Zivilisten oder unrechtmäßige militärische Ziele seitens der NATO gab«, und es gebe »keine Grundlage, Ermittlungen zu einer der Anschuldigungen oder zu anderen Vorkommnissen in Zusammenhang mit den NATO-Lufteinsätzen einzuleiten«.[40] Als del Ponte um einen Kommentar zu den unterschiedlichen Schlussfolgerungen gebeten wurde, zu denen ihre Behörde und Amnesty International gekommen waren, erklärte sie:

> Ich kann nur annehmen, dass unsere Experten mehr Sachverstand besitzen als die Experten von Amnesty International. Und vor allem besitzen meine Leute wesentlich mehr Erfahrung bei [Ermittlungen] … zu Verbrechen gegen die Menschlichkeit.[41]

Das ist schlichtweg lächerlich. Amnesty befasst sich seit 1961 mit Ermittlungen zu Menschenrechtsverletzungen. Die Organisation erhielt 1977 den Friedensnobelpreis. Sie hat über eine Million Mitglieder in 150 Ländern. Sie musste sich ihre Glaubwürdigkeit in 40 Jahren mühsamen Kampfes erarbeiten und ist im Gegensatz zum IStGHJ rechtlich und finanziell unabhängig von allen Regierungen und internationalen Institutionen (und hatte auf ihrer Internetseite, anders als der IStGHJ, nie einen nützlichen Hyperlink zur NATO).[42] Zudem hatte Amnesty International während des gesamten Konflikts scharfe Kritik an *allen* Parteien geübt.[43] Amnesty hatte sogar die Anklageerhebung gegen Milošević begrüßt, den Gerichtshof allerdings ermahnt, er solle die UÇK und die NATO nicht vergessen.[44] Was allein den Ruf der Unparteilichkeit und Glaubwürdigkeit anging, würde man jederzeit Amnesty International mehr vertrauen als dem IStGHJ. Aber die Berichte sprechen für sich.

Der Amnesty-Bericht vermutete, dass »die Zahl der Todesopfer unter den Zivilisten wesentlich niedriger gewesen wäre, wenn die NATO-Streitkräfte sich streng an die Kriegsgesetze gehalten hätten«, und forderte, der IStGHJ »sollte alle glaubwürdigen Vorwürfe schwerer Verletzungen internationaler humanitärer Gesetze während der Operation Allied Force untersuchen, mit der Aussicht, jeden vor Gericht zu bringen, gegen den ausreichende und zulässige Beweise vorliegen«.[45] Amnesty unterschied drei Grundtypen von Kriegsverbrechen der NATO. Erstens: Angriffe auf zivile Ziele wie das Gebäude des Belgrader Rundfunk- und Fernsehsenders RTS. Zweitens: das Versäumnis, Angriffe einzustellen, selbst nachdem klar wurde, dass sie, gemessen am zu erwartenden konkreten militärischen Vorteil, unverhältnismäßig hohe Verluste unter der Zivilbevölkerung fordern würden wie die zivilen Todesopfer auf Brücken (Grdelica, Luzane und Varvarin). Drittens: unzureichende Vorkehrungen, die Zahl der zivilen Opfer möglichst gering zu halten, wie bei den Bombardierungen, die vertriebene Zivilisten töteten (Djakovica und Korisa). Was den »Krieg der Feiglinge«, das heißt die Bombardierungen aus 15 000 Fuß Höhe anging, kam Amnesty zu dem Schluss: »Auch machten es Aspekte der Regeln im Konfliktfall, insbesondere die Forderung, NATO-Flugzeuge müssten höher als 15 000 Fuß fliegen, praktisch unmöglich, internationale humanitäre Gesetze ungeschmälert einzuhalten«.[46] Amnesty sah zudem im Einsatz von Streubomben einen gegen die Genfer Konvention verstoßenden Mangel an Unterscheidung zwischen zivilen und militärischen Zielen gegeben: »Der Einsatz gewisser Waffen, besonders der Clusterbomben, mag zu ungesetzlichen Tötungen beigetragen haben.«[47] Der Amnesty-Bericht endete mit neun Fallstudien, darunter auch fünf vom IStGHJ untersuchte Zwischenfälle, die erstaunliche Vergleiche zulassen.

Neben dem Amnesty-Bericht wirkt der IStGHJ-Bericht geradezu schockierend – nicht wegen seiner Schlussfolgerungen, die ja zu erwarten waren, sondern wegen der dreisten Art und Weise, in der er die NATO zu entschuldigen sucht. Er liest sich, als sei er nicht von einem Richter, sondern von einem Anwalt der NATO verfasst worden – und das war er tatsächlich, wenn auch nur von einem Ex-NATO-Anwalt, nämlich dem Fregattenkapitän der kanadischen Streitkräfte (i. R.) William J. Fenrick. Er hatte seine Stellung als Director of Law for Operations and Training im kanadischen Verteidigungsministerium 1992 aufgegeben, um den Amerikanern zu helfen, den Strafgerichtshof als Instrument zur Dämonisierung der serbischen Führung auszubauen. Fenrick war also von Anfang an dabei und wurde 1995, als der Gerichtshof offiziell seine Arbeit aufnahm, leitender Mitarbeiter der Anklagebehörde. Der IStGHJ-Bericht ist zwar unsigniert und wird einem anonymen »Komitee« zugeschrieben, aber Amateurdetektive werden feststellen, dass er in großen Teilen auf einem 1997 von Fenrick verfassten Artikel beruht, den er wortwörtlich und ohne Anführungszeichen zitiert.[48]

Andererseits übertrifft der Bericht sogar noch den Schriftsatz eines Anwalts in seinem schamlosen Bemühen, sich praktisch zum NATO-Pressesprecher zu machen, wozu der IStGHJ immer schon tendierte. Gegen Ende des Berichts erklären del Pontes »sachverständigere« Ermittler in Sachen Kriegsverbrechen, dass ihre sachkundigeren Ermittlungsmethoden darin bestanden, die NATO-Pressemitteilungen zu lesen und ungeprüft zu übernehmen:

> Das Komitee führte seine Überprüfung im Wesentlichen aufgrund öffentlicher Dokumente durch, einschließlich Erklärungen, die NATO und NATO-Staaten auf Pressekonferenzen abgaben, und öffentlichen Dokumenten der Bundesrepublik Jugoslawien. Es tendierte zu der Annahme, dass die Presseerklärungen der NATO und der NATO-Staaten im Allgemeinen zuverlässig sind und diese Erklärungen wahrheitsgemäß abgegeben wurden.[49]

Man muss sich nur einmal vorstellen, wie die Strafverfolgung eines Landes aussähe, wenn die Polizei den Erklärungen ihrer Verdächtigen ungeprüft Glauben schenken würde. Man muss sich vorstellen, wie viele Anklagen gegen die serbische Führung erhoben worden wären, wenn der IStGHJ bei den Presseerklärungen der Bundesrepublik Jugoslawien stehen geblieben wäre! Dabei hatte die NATO – oder ihre Führung – bis dahin keineswegs immer ihre Wahrheitsliebe unter Beweis gestellt; man erinnere sich nur daran, dass ganz oben auf unserer Liste der Beschuldigten jener Mann stand, der Stein und Bein geschworen hatte, er habe keine »sexuellen Beziehungen zu dieser Frau« gehabt. Der Amnesty-Bericht stützt seine Schlussfolgerungen zwar ausschließlich auf Fakten, die von der NATO zugegeben wurden, dokumentiert aber auch zahlreiche Lügen der NATO. So machte die NATO drei Mal falsche Angaben zu dem tödlichen Angriff auf den Flüchtlingskonvoi in Djakovica: Zuerst behauptete sie, die Serben hätten den Konvoi selbst bombardiert; dann erklärte sie, es habe nur einen Bombenangriff gegeben, obwohl es in Wahrheit mehrere Angriffe auf denselben Konvoi und am selben Tag noch weitere auf einen anderen Konvoi gab; und drittens präsentierte sie einen entlastenden Audio-Mitschnitt von einem anderen Zwischenfall in der Weise, als handele es sich um die Bombardierung in Djakovica.[50] Amnesty bezeichnete die NATO-Erklärungen zu den Bemühungen, zivile Verluste zu vermeiden, als »Rhetorik gegen Realität«.

Andererseits bemüht sich der IStGHJ-Bericht, die Lügen der NATO zu kaschieren. Zu dem Konvoi-Zwischenfall zitiert er ausführlich einen Bericht von Human Rights Watch, allerdings nur so weit, wie er die von der NATO vorgebrachte Verteidigung wiedergibt. Die drei vorhergehenden Absätze spart er aus, in denen Human Rights Watch die NATO-Erklärungen als »gewunden« und »endlose Schadensbegrenzung« bezeichnet und der NATO vorwirft, ihre Behauptungen entbehrten »jeder Grundlage«.[51]

Der IStGHJ-Bericht zitiert auch nicht die folgende Passage des Berichts von Human Rights Watch:

> Nahezu die Hälfte der (43) Zwischenfälle resultierte aus Angriffen bei Tageslicht, als man mit Zivilisten auf Straßen und Brücken oder in öffentlichen Gebäuden, auf die man zielen könnte, rechnen musste … Bombardierungen rund um die Uhr in diesen und anderen Fällen scheinen eher Teil einer psychologischen Kriegführungsstrategie der Zermürbung ohne Rücksicht auf größere Gefährdung der Zivilbevölkerung gewesen zu sein … In diesem Fall [des Belgrader Fernsehsenders] scheint der Angriff wiederum mehr die psychologische Zermürbung der Zivilbevölkerung als eine unmittelbare militärische Wirkung bezweckt zu haben. Die Risiken für die Zivilbevölkerung, die mit diesem Angriff auf ein Großstadtziel verbunden waren, überwiegen jeden angenommenen militärischen Nutzen bei weitem.[52]

Die NATO stellte ihre Vertrauenswürdigkeit nicht einmal unter Beweis, indem sie gegenüber dem IStGHJ reinen Tisch gemacht hätte.

Hier haben wir den einleuchtendsten Grund, weshalb keine Ermittlungen eingeleitet wurden: Die NATO hätte sie nicht zugelassen. »Das Komitee muss allerdings anmerken, dass die Antwort der NATO auf das Ersuchen des IStGHJ, spezifische Fragen zu spezifischen Vorkommnissen zu beantworten, allgemein gehalten war und nicht auf spezifische Vorfälle einging«.[53] Soweit bekannt ist, schickte der IStGHJ der NATO am 8. Februar 2000 einen Brief, den die NATO am 10. Mai (»allgemein«) beantwortete.[54] Das genügte dem IStGHJ, um der NATO am 2. Juni die Absolution zu erteilen.

Der Bericht ist in seiner Argumentation so verworren, so völlig unbeirrt von Unstimmigkeiten und dem Messen mit zweierlei Maß, dass man sich fragen muss, ob er in einem jener berühmten Haager »Coffee-Shops« aufgesetzt wurde. Als die Verfasser beispielsweise schrieben, 500 Tote seien zu wenig, um als Verbrechen gegen die Menschlichkeit angesehen zu werden, hatten sie da vergessen, dass Milošević wegen Mordes an nur 340 Menschen angeklagt wurde? »Wenn man die Zahlen in dieser Zusammenstellung akzeptiert, dass es bei dokumentierten Zwischenfällen etwa 495 getötete und 820 verwundete Zivilpersonen gab, besteht einfach kein Indiz für die Tatbestandsgrundlage, die für Anklagen wegen Völkermordes oder Verbrechen gegen die Menschlichkeit notwendig ist.«[55] Und was ist mit Ziffer 56 des Berichts, in dem es um die Bombardierung aus großer Höhe geht? »Es hat jedoch den Anschein, dass mit dem Einsatz moderner Technologie die Verpflichtung zur Unterscheidung während der Bombardierungen in der überwiegenden Mehrzahl der Fälle effektiv eingehalten wurde.«[56] Sie hielten sich in der *überwiegenden Mehrzahl* der Fälle an das Gesetz? Was heißt das bei einer Bombardierungskampagne mit 38 000 Einsätzen? Ginge man von 75 Prozent aus, so blieben 9500 Einsätze, bei denen die NATO sich nicht an die gesetzlichen Verpflichtungen hielt. 90 Prozent? Das wären 3800 Einsätze. 99 Prozent? Dann blieben immer noch 380 Einsätze – mehr als genug, um das Leben von 500 bis 1800 Zivilpersonen auszulöschen, wenn man die schlagkräftigsten konventionellen Waffen der Welt einsetzt.

Trotz alledem hatte der IStGHJ erhebliche Probleme mit der Rechtfertigung seiner Entscheidung, keine Ermittlungen einzuleiten, weil

Verbrechen gegen die Menschlichkeit

die im Statut festgelegten strengen Rechtsvorschriften, die sich bei der Strafverfolgung der Serben als so nützlich erwiesen hatten, sich als äußerst unbequem herausstellten, als es um die Absolution für die NATO ging. So ließ das Statut des Gerichtshofs der Anklagebehörde offenbar keinerlei »Ermessensspielraum«, ob sie Anklage erheben wollte, wenn hinreichende Verdachtsgründe für ein schuldhaftes Verhalten vorlagen. Das Statut hatte nämlich das europäische Prinzip der amtlichen Anklagepflicht übernommen. In Ländern mit einer Rechtsprechung nach dem Gewohnheitsrecht (wie die USA, Großbritannien und Kanada), wo der Ankläger nicht als von der Regierung unabhängiger Justizbeamter gilt, besitzt er einen »Ermessensspielraum«, ob er aufgrund von Anscheinsbeweisen ein Verfahren eröffnet. Das Statut beruht jedoch auf dem in Europa vorherrschenden römischen Recht, wonach der Ankläger als unabhängiger Justizbeamter gilt. Die ersten beiden Ankläger des IStGHJ stammten zwar aus Ländern mit Gewohnheitsrecht, waren aber eigentlich Richter, während die dritte Anklägerin aus einem Land mit römischem Recht kommt. Die absolute Verpflichtung zur Strafverfolgung wird in Ländern mit römischem Recht als Garantie für die Unabhängigkeit der Staatsanwaltschaft und die Gleichheit vor dem Gesetz gewertet.[57] Das Statut hätte eindeutiger nicht sein können: »Wird festgestellt, dass hinreichende Verdachtsgründe vorliegen, so *erstellt* der Ankläger eine Anklageschrift [bei einem Ermessensspielraum müsste es *kann erstellen* heißen], die eine kurze Darstellung des Sachverhalts und des Verbrechens oder der Verbrechen enthält, die dem Angeschuldigten nach dem Statut zur Last gelegt werden.«[58]

Die »hinreichenden Verdachtsgründe« waren im Fall Miloševićs nach herkömmlichen Maßstäben definiert worden. Als Richter David Hunt die Anklage gegen Milošević bestätigte, führte er zu dieser Frage Folgendes aus:

Ich muss mich davon überzeugen, dass die in der Anklageschrift vorgebrachten einschlägigen Fakten einen hinreichenden Verdacht begründen und dass Beweise vorliegen, die diese einschlägigen Fakten belegen. Ein hinreichender Verdacht auf eine bestimmte Anschuldigung besteht in dieser Situation, wenn die in der Anklageschrift vorgebrachten einschlägigen Fakten einen glaubwürdigen Verdacht rechtfertigen, der (wenn der

Beschuldigte ihm nicht widerspricht) eine hinreichende Grundlage bieten würde, ihn wegen dieser Beschuldigung zu verurteilen.[59]

Die Einschränkung »wenn der Beschuldigte ihm nicht widerspricht« ist überaus wichtig, denn Milošević hatte natürlich den ihm zur Last gelegten Vorwürfen widersprochen – sie sogar rundweg bestritten – und plausible alternative Darstellungen vorgebracht. Nach der Verfahrensordnung war es Aufgabe der Richter, in einer öffentlichen Verhandlung über die strittigen Darstellungen zu entscheiden – und nicht Sache des Anklägers unter Ausschluss der Öffentlichkeit. Auf diese Weise ließ der IStGHJ mitten im Krieg die Anklage gegen Milošević zu. Die rechtliche Schwelle war also recht niedrig angesetzt.

Diese Schwelle galt allerdings für eine tatsächliche *Anklageerhebung,* nicht nur für die Einleitung eines Ermittlungsverfahrens. Dass die Schwelle für *Ermittlungen* noch niedriger war, demonstrierte Arbours Herangehensweise an den Zwischenfall in Račak. Am 16. Januar 1999, einen Tag nach dem Geschehen, gab Arbour ein Kommuniqué heraus, in dem sie erklärte, sie habe »eine Ermittlung zu dem jüngsten Massaker im Kosovo eingeleitet«, und verlange Zugang zum Tatort.[60] Arbour hatte den Tatort noch nicht gesehen – man hatte ihr noch nicht einmal den Zugang dazu verwehrt[61] –, und ihr einziger Informant war William Walker. Aber sie hatte nicht den Eindruck, sie müsse ein Komitee einrichten. Sie brauchte kein ganzes Jahr, um zu einem Entschluss zu kommen. Sie hatte die bloße Behauptung eines offensichtlich parteiischen Beobachters und leitete nicht nur »eine Ermittlung« ein, sondern bezeichnete den Vorfall bereits als »Massaker an Zivilisten«. Innerhalb von zwei Wochen forderten sie und der Präsident des Strafgerichtshofs vom UN-Sicherheitsrat Sanktionen gegen Jugoslawien wegen mangelnder Kooperation (die Weigerung der NATO, mit dem IStGHJ zu kooperieren, stieß auf wesentlich mehr Verständnis). Als Arbour vom Sicherheitsrat Sanktionen forderte, senkte sie die Schwelle sogar noch weiter. Nun genügten »glaubwürdige Indizien, die *tendenziell* zeigen, dass im Kosovo *möglicherweise* Verbrechen, für die das Gericht zuständig ist, begangen wurden«.[62] Die Fülle von öffentlich zugänglichen Belegen, die so viele unabhängige Beobachter, darunter auch Amnesty International, überzeugt hatte, dass gegen die NATO ermittelt werden musste und dass sie tat-

Verbrechen gegen die Menschlichkeit

sächlich schuldig war, hätte also ausreichen müssen, um die Anklagebehörde zu einer *Anklageerhebung zu verpflichten*, ganz zu schweigen
davon, »Ermittlungen einzuleiten«.

Dies zu umgehen erforderte eine erhebliche Umdeutung der Verfahrensordnung. Als Erstes musste die Ermittlungs- und Anklagepflicht
zu einem »Ermessensspielraum« umformuliert werden:

> So formuliert, stellt der Test einen negativen Abschlusspunkt für Ermitt-
> lungen dar. Die Anklägerin kann nach ihrem Ermessen verlangen, dass
> eine höhere Schwelle erreicht wird, bevor eine positive Entscheidung
> getroffen wird, dass hinreichende Verdachtsgründe für die Fortführung
> des Verfahrens nach Artikel 18(1) gegeben sind.[63]

Und nach welchen Kriterien sollte die Anklägerin nach Ansicht des
IStGHJ-Berichts ihren neu gewonnenen Ermessensspielraum nutzen?
Die bei Milošević angelegte Messlatte – die NATO *wird* angeklagt,
wenn sie *möglicherweise* Verbrechen begangen hat – wurde nun umgekehrt: In Hinblick auf Umweltschäden sollte nicht gegen die NATO
ermittelt werden, denn »das Zielen der NATO auf serbische petroche-
mische Industrieanlagen *mag durchaus* einem eindeutigen und wichtigen militärischen Zweck gedient haben«.[64] Das entspricht selbstverständlich dem bekannten Prinzip des begründeten Zweifels, das
auf die eine oder andere Weise auf der ganzen Welt in Strafprozessen
angewendet wird. Niemand sollte verurteilt werden, wenn ein begründeter Zweifel an seiner Schuld besteht und er »durchaus« unschuldig
sein könnte – mit anderen Worten, wenn aufgrund der Beweise eine
nicht unerhebliche Möglichkeit besteht, dass er nicht schuldig ist.
Allerdings gilt dieses Prinzip nicht für Polizei und Staatsanwaltschaft.
Dort gilt das Gegenteil: Wenn ein Beschuldigter ein Verbrechen *durchaus begangen haben kann,* werden Ermittlungen aufgenommen. Man
kann sich leicht vorstellen, wie wenige Ermittlungsverfahren eingeleitet würden, wenn es ausschließlich aufgrund von Äußerungen der Ver-
dächtigten den Anschein hätte, als könnten sie es durchaus nicht getan
haben. Hier geht es nicht um eine unerklärliche juristische Faustregel,
sondern um eine reale logische Schwelle.

So wurde aus einer Pflicht ein Ermessensspielraum, und dieser
Ermessensspielraum war nur zu nutzen, wenn es für die Schuld der
Beschuldigten zweifelsfreie Beweise gab. Auf dieser Grundlage hätte

niemals eine Ermittlung gegen Milošević stattfinden dürfen, von einer Anklage ganz zu schweigen.

Wenn es ein Beispiel gibt, das am besten illustriert, wie diese Tricks eingesetzt wurden und das Komitee sich angesichts von Verbrechen bei der NATO einschmeichelte, so ist es der Zwischenfall an der Grdelica-Brücke. Am 12. April 1999 griff ein NATO-Kampfflugzeug die Brücke mit einem Lenkflugkörper an und traf einen Personenzug, der sich gerade auf der Brücke befand; 17 Zivilpersonen wurden getötet. Viele der Leichen waren bis zur Unkenntlichkeit verbrannt (dieses und viele weitere Beispiele dafür, wie eine humanitäre Bombardierung in Wirklichkeit aussieht, sind zu finden in *NATO Crimes in Yugoslavia*).[65] Die identifizierten Opfer waren zwischen 6 und 65 Jahre alt. Die NATO gab zur Erklärung an, der Pilot habe die Brücke, nicht den Zug angegriffen und den Zug erst gesehen, als es bereits zu spät gewesen sei, da der Zug zu schnell fuhr.[66] Der IStGHJ-Bericht schreibt: »Es liegt kein Anhaltspunkt dafür vor, dass der Zug mit Absicht angegriffen wurde.«[67] Wieso? Wieder ist das Prinzip des Anscheinsbeweises am Werk: General Wesley Clark, der oberste NATO-Befehlshaber für Europa, hat es gesagt. Der IStGHJ-Bericht nahm seine Erklärung vollständig auf:

> Das war ein Fall, in dem der Pilot den Auftrag hatte, eine Eisenbahnbrücke zu bombardieren, die Teil des umfassenden Kommunikations- und Versorgungsnetzes in Serbien ist ... Als der Pilot konzentriert den gewünschten Zielpunkt auf der Brücke fixierte und ihn einstellte, einstellte und einstellte, da sah er plötzlich im allerletzten Moment, als nur noch weniger als eine Sekunde Zeit war, eine Bewegung auf dem Bildschirm aufscheinen, es war der heranfahrende Zug. Leider konnte er die Bombe zu diesem Zeitpunkt nicht einfach abwerfen, sie war aufgeschaltet und ging ins Ziel, es war ein unglücklicher Zwischenfall, den er und die Crew und wir alle sehr bedauern. Wir wollen gewiss keinen Kollateralschaden anrichten.[68]

Es gab allerdings noch einen zweiten Flugkörper, den General Clark erklären musste:

> Der Auftrag war, die Brücke zu zerstören. Als es passiert war, merkte er, dass er nicht die Brücke getroffen hatte, was er getroffen hatte, war der Zug. Er hatte auf der Brücke noch einen weiteren Zielpunkt. Es war eine relativ lange Brücke, und er glaubte, er müsse seinen Auftrag noch aus-

Verbrechen gegen die Menschlichkeit

führen, der Pilot flog zurück. Er stellte seinen Zielpunkt am anderen Ende der Brücke ein, der Seite entgegengesetzt, von der der Zug gekommen war; als die Bombe sich der Brücke näherte, war diese voller Rauch und Wolken, und wieder im letzten Moment war der Zug in einem unheimlichen Zufall von der ursprünglichen Einschlagstelle weitergerutscht und Teile des Zuges waren über die Brücke gerollt, so dass er den Zug weiter beschädigte, als er das andere Ende der Brücke bombardierte.[69]

Anschließend zeigte Clark das Cockpit-Video aus dem Flugzeug, das die Brücke bombardiert hatte:

Schauen Sie ganz genau auf den Zielpunkt, konzentrieren Sie sich genau darauf, und wenn Sie sich ganz auf Ihre Arbeit als Pilot konzentrieren, können Sie sehen, wie schnell der Zug auftauchte. Es war wirklich unglücklich. Hier kam er zurück, um einen anderen Punkt auf der Brücke anzugreifen, weil er versuchte, seinen Auftrag auszuführen und die Brücke zu zerstören. Schauen Sie auf den Zielpunkt – da können Sie den Rauch und andere Verdunkelungen sehen – er konnte nicht sagen, was das genau war. Konzentrieren Sie sich völlig auf die Mitte des Kreuzes. Er bringt diese beiden Kreuze zusammen, und plötzlich merkt er im allerletzten Moment, dass der Zug, der hier getroffen wurde, weiter über die Brücke gerollt ist, und so wurde anscheinend die Zugmaschine von der zweiten Bombe getroffen.[70]

Wenn der IStGHJ diesen Zwischenfall als Unfall abtun wollte, der keiner Ermittlung wert war, so hatte er sicher einiges zu tun. Und es wurde nicht gerade leichter durch die Tatsache, dass der deutsche Computerfachmann Ekkehard Wenz das Video und die technischen Angaben der NATO auf eigene Faust analysiert und festgestellt hatte, dass das von Clark gezeigte Video *mit fünffacher Geschwindigkeit* abgespielt worden war. Zudem fand Wenz heraus, dass das Flugzeug zu einem Typ gehörte, der mit einem Piloten und einem Bordschützen bemannt war, nicht nur mit dem einsamen, überaus beschäftigten Piloten, den Clark beschrieben hatte. Wenz kam zu dem Schluss, dass der Angriff dem Zug galt.[71]

Nachdem eine deutsche Tageszeitung darüber einen Artikel veröffentlicht hatte, gab die NATO schließlich Monate später zu, dass das Video tatsächlich schneller abgespielt worden war.[72] Der IStGHJ-Bericht bestritt Wenz' Argumente nicht – selbstverständlich erschütterten sie aber auch seinen Glauben an die Vertrauenswürdigkeit der

NATO-Pressemitteilungen nicht –, stellte aber die Behauptung auf, sie seien kein Beleg für Wenz' Vorwürfe:

> Wenn das Komitee Wenz' Schätzungen zur verfügbaren Reaktionszeit akzeptiert, blieb der Person, die die Bomben abfeuerte, immer noch sehr wenig Zeit, aller Wahrscheinlichkeit nach weniger als sieben oder acht Sekunden, um zu reagieren. Obwohl Wenz der Ansicht ist, dass der WSO [Waffensystemoffizier] mit Absicht auf den Zug zielte, zeigt die Prüfung des in dem Bericht verwendeten Bildmaterials durch das Komitee, dass es eine andere Interpretation gleichermaßen zulässt. Die Fadenkreuze bleiben durchgängig auf die Brücke fixiert, und aus dieser Aufnahme geht deutlich hervor, dass erst zu sehen ist, wie der Zug auf die Brücke zufährt, als die Bombe sich bereits im Flug befindet: Erst während des Fluges der Bombe wird der Zug sichtbar. Zu einem Zeitpunkt, als die Bombe sich nur Sekunden vor dem Aufprall befindet, lässt sich eine ganz leichte Veränderung am Zielpunkt der Bombe beobachten, insofern als er um einige Fuß fällt. Diese Bildsequenz von der Zielvorrichtung der Bombe deutet darauf hin, dass es unwahrscheinlich ist, dass der WSO auf den Zug zielte, sondern lässt vielmehr vermuten, dass das Ziel ein Punkt auf dem Brückenbogen war, bevor der Zug auftauchte.[73]

Man beachte den seltsamen Maßstab, den der Bericht anlegt: Wenn das Material »eine andere Interpretation *gleichermaßen zulässt*« wie die Schlussfolgerung von Wenz, wonach »der WSO *mit Absicht auf den Zug zielte*«, dann gab es nach Ansicht des Komitees also eine Wahrscheinlichkeit von fünfzig Prozent, dass 17 Zivilisten von der NATO kaltblütig ermordet wurden; dennoch behauptete es, der Vorfall sei keiner Ermittlung wert. Und nun stelle man sich einmal vor, in welchem anderen Licht die »gleichermaßen zulässige Interpretation« die gesamten Bombardierungen hätte erscheinen lassen.

Wenz behauptet dagegen, dass alles auf einen Versuch hindeutet, »einen Unfall vorzutäuschen«. Bei den Bomben handelte es sich um Lenkflugkörper, die nicht mit Laser, sondern über eingebaute Kameras gesteuert werden (was eine bessere Kontrolle ermöglicht). Zudem gab es eine dritte Bombe, die diese Brücke verfehlte, was die Vermutung bestärkt, dass sie gar nicht das Ziel war. Später wurde die Brücke von Jugoslawien einfach wieder instand gesetzt, sie musste nicht komplett wiederaufgebaut werden. Es stellt sich also die Frage: Nimmt die NATO Bomben, die einen Haufen Geld kosten, um eine Brücke zwei-

Verbrechen gegen die Menschlichkeit

mal zu treffen, ohne sie zu zerstören? »Es ist nicht sonderlich wahrscheinlich, dass Eisenfachwerkbrücken mit 800 000-Dollar-Lenkflugkörpern Träger für Träger abgerissen werden sollten.«[74] Vor allem aber hätten sieben oder acht Sekunden ab dem Auftauchen des Zuges dem Waffensystemoffizier, der nur diese Aufgabe hatte, vollauf genügen müssen, um die Zielrichtung zu ändern (während der gesamten Videoaufzeichnung wurde das Ziel sechsmal innerhalb von 23 Sekunden geändert). In einer E-Mail an mich schrieb Wenz: »Lehnen Sie sich zurück, schließen Sie die Augen und zählen Sie langsam von 21 bis 28. Genug Zeit?« Wenz ist überzeugt, dass dem Waffensystemoffizier, nachdem er den Zug gesehen hatte, ausreichend Zeit blieb, die Bombe zu lenken, wohin er wollte.

Die Analyse des IStGHJ zu der ersten Bombe ist also nicht überzeugend. Eine Analyse zu der zweiten Bombe ist praktisch nicht vorhanden:

> Der Zug befand sich auf der Brücke, als die Brücke ein zweites Mal anvisiert wurde, und die Länge der Brücke wurde auf 50 Meter geschätzt. Das Komitee ist der Ansicht, dass die Information in Bezug auf den Angriff mit der ersten Bombe keine ausreichende Grundlage bietet, um eine Ermittlung einzuleiten. Hinsichtlich des Angriffs mit der zweiten Bombe ist das Komitee geteilter Meinung über die Frage, ob das Verhalten des Piloten oder des WSO fahrlässig war. Dennoch ist das Komitee sich einig, dass aufgrund der Kriterien für die Einleitung von Ermittlungen zu diesem Zwischenfall nicht ermittelt werden sollte. In Bezug auf die Frage, ob Informationen vorliegen, die es rechtfertigen, die Verantwortung des Kommandos in Erwägung zu ziehen, ist das Komitee der Auffassung, dass es keine Informationen gibt, aus denen sich schließen lässt, dass eine Ermittlung über die strafrechtliche Verantwortung von höherrangigen Personen in der Befehlskette notwendig ist. Aufgrund der ihm zugänglichen Informationen ist das Komitee der Ansicht, dass die Anklagebehörde zum Angriff auf den Zug an der Grdelica-Schlucht nicht ermitteln sollte.[75]

Das ist leeres Gewäsch von Weißmalern, denen die Farbe ausgegangen ist. Es geht hier darum, *Ermittlungen einzuleiten* in einem Fall, in dem das Komitee *geteilter Meinung* war und für den die Erklärung, dass es sich dabei um ein tragisches Versehen handele, schlechterdings nicht plausibel zu machen ist. Milošević hatte für die Vorfälle in Račak eine ganze Reihe von Erklärungen, die wirklich nicht unplausibel waren. Aber Louise Arbour nahm sich nicht einmal die Zeit, sich diese Erklärungen anzuhören, und leitete am folgenden Tag ihre »Ermittlungen« ein. Schauen wir uns an, was Amnesty International zu demselben Vorfall berichtet:

> NATOs Erklärung der Bombardierung – insbesondere General Clarks Bericht über die Beurteilung durch den Piloten, den Angriff fortzusetzen, nachdem er den Zug getroffen hatte – lässt vermuten, der Pilot habe den Auftrag so verstanden, dass er die Brücke ohne Rücksicht auf zivile Opfer zerstören solle. Das würde die Regeln der Unterscheidung und Verhältnismäßigkeit verletzen … Doch wenn der Pilot, aus welchem Grund auch immer, nicht in der Lage war, sich zu vergewissern, dass kein Zug auf die Brücke zufuhr, war er sich doch voll bewusst, dass der Zug auf der Brücke war, als er die zweite Bombe warf, ob Rauch den exakten Platz des Zuges verdunkelte oder nicht. Die Entscheidung, mit einem zweiten Angriff fortzufahren, hat offenbar Artikel 57 des Protokolls I verletzt, der verlangt, »einen Angriff abzubrechen, wenn es offensichtlich wird, dass das Objekt kein militärisches ist … oder dass der Angriff erwarten lässt, dass man zufällig Zivilisten tötet … was unverhältnismäßig im Verhältnis zu dem erwarteten konkreten und direkten militärischen Vorteil ist«. Solange die NATO nicht berechtigt ist zu glauben, die Zerstörung der Brücke zu diesem besonderen Augenblick sei von so großer militärischer Bedeutung gewesen, dass die Zahl der zivilen Opfer gerechtfertigt gewesen war – ein Argument, das die NATO nicht gebraucht hat –, hätte der Angriff gestoppt werden sollen.[76]

Der Zwischenfall an der Grdelica-Schlucht ist nur einer von vielen, die die Täuschungsversuche des IStGHJ-Berichts belegen. Ein weiterer ist der gezielte NATO-Angriff auf das Gebäude des serbischen Rundfunk- und Fernsehsenders RTS in Belgrad am 23. April 1999, bei dem 16 Menschen getötet wurden. Bei diesem Fall räumte der IStGHJ ein, dass es ein Verbrechen gewesen wäre, den Sender ausschließlich aus »Propagandagründen« zu bombardieren, die manche NATO-Vertreter wie Tony Blair zur Rechtfertigung des Angriffs anführten (»Angriffe gegen Fernsehsender und Rundfunkeinrichtungen sind Teil unserer Kampagne, die Propagandamaschinerie der Bundesrepublik Jugoslawien zu zerschlagen«); allerdings kamen sie aufgrund von Äußerungen *anderer* NATO-Vertreter zu dem Schluss, dies könne durchaus nicht der Fall gewesen sein, und beschlossen daher, keine Ermittlungen

Verbrechen gegen die Menschlichkeit

einzuleiten.[77] Diese anderen Äußerungen stammten selbstverständlich aus NATO-*Pressemitteilungen:*

> Der Angriff auf das RTS-Gebäude muss daher als Teil eines Gesamt-angriffs auf zahlreiche Objekte gesehen werden, zu denen unter anderem Funktürme und Kontrollgebäude des jugoslawischen Funknetzes ge-hören, die »wesentlich für Miloševics Fähigkeit [waren], das repressive Vorgehen seiner Armee und speziellen Polizeitruppen im Kosovo zu leiten und zu kontrollieren« *(NATO-Pressemitteilung, 1. Mai 1999)* und die »ein Schlüsselelement in der jugoslawischen Luftverteidigung« waren *(ebd. 1. Mai 1999).* Angriffe richteten sich auch gegen Stromversorgungs-netze, die die Kommando- und Kontrollstrukturen der jugoslawischen Armee versorgten *(ebd., 3. Mai 1999).*[78]

Der IStGHJ-Bericht versuchte auch, der Bundesrepublik Jugoslawien die Schuld an dem Zwischenfall zu geben, weil sie angeblich zugelas-sen habe, dass Zivilpersonen in dem Gebäude blieben, nachdem man sie gewarnt habe.[79] Der Intendant des Senders wurde später unter der neuen serbischen Regierung wegen Gefährdung der Beschäftigten zu einer Gefängnisstrafe verurteilt, obwohl lediglich festgestellt wurde, dass er gewusst hatte, dass der Sender Ziel von Bombenangriffen werden *könnte.*[80] Alles dies trifft jedoch nicht den Kern: Wenn ein Ein-brecher in ein Haus eindringt und die Bewohner auffordert, es zu ver-lassen, diese aber aus Sturheit oder Dummheit bleiben und er sie tötet, dann wird man wohl schwerlich einen Richter finden, der den Ein-brecher nicht wegen Mordes schuldig spricht (es sei denn, er wäre von dem Mörder bestochen worden).

Amnesty International kam zu dem Schluss: »Demnach verletzt der Angriff auf die RTS-Zentrale das Verbot nach Artikel 52.1, ein zivi-les Objekt anzugreifen. Der Angriff ist somit ein Kriegsverbrechen.« Amnesty war der Ansicht, selbst wenn man den Sender als militä-risches Ziel betrachtet (wobei dies »über die akzeptablen Grenzen der Interpretation hinausgehe«), hätte der Angriff das Gebot der Verhält-nismäßigkeit verletzt:

> [Die] NATO griff mit Absicht ein ziviles Objekt an und tötete 16 Zivi-listen mit dem Ziel, das serbische Fernsehen mitten in der Nacht für etwa drei Stunden zu unterbrechen. Es ist schwer einzusehen, wie das mit den Regeln der Verhältnismäßigkeit vereinbar sein soll.[81]

Eine mögliche Erklärung für die unterschiedlichen Schlussfolgerungen, zu denen Amnesty International und der IStGHJ gelangten, ist die Tatsache, dass sie verschiedene Maßstäbe anlegten: Amnesty hielt sich an geltendes Recht, der IStGHJ dagegen an hausgemachte Regeln. Man nehme nur del Pontes Beharren bei der Veröffentlichung des Berichts, die NATO habe nicht »absichtlich« auf Zivilisten gezielt. Diese Haltung reproduzierte nicht nur die künstliche Unterscheidung zwischen *vorsätzlicher* und *wissentlicher* Tötung, die wir weiter oben bereits ausgeführt haben; sie bedeutete auch eine Ohrfeige für den Wortlaut der Genfer Konvention und des IStGHJ-Statuts. Das war durchaus kein Versehen del Pontes, sondern grundlegend für die Argumentation des Berichts, wie sich anhand eines Beispiels zeigen lässt:

> 54. Während der Bombardierungen flogen NATO-Flugzeuge 38 400 Einsätze, davon 10 484 Kampfeinsätze. Während dieser Einsätze wurden 23 614 Kampfmittel freigesetzt (Zahlen der NATO). Wie unter der vorangegangenen Ziffer gezeigt, wurden allem Anschein nach 500 Zivilisten während der Kampagne getötet. Diese Zahlen deuten nicht darauf hin, dass die NATO eine Kampagne geführt haben könnte, die *darauf abzielte*, erhebliche zivile Verluste unmittelbar oder versehentlich *herbeizuführen*. (Hervorhebung hinzugefügt)

Versuchen wir, die fragwürdige Logik zu ignorieren: Wer einen Bombenkrieg mit dem Ziel führt, die Bevölkerung zu terrorisieren, *aber den gegenteiligen Anschein erwecken will,* wird das Töten auf solche Fälle zu konzentrieren versuchen, die sich hinterher als Unfälle darstellen lassen. »Sieh zu, dass es aussieht wie ein Unfall«, das ist wohl das älteste Gangsterklischee in Spielfilmen. Um es in der Sprache der NATO zu sagen: »Unnötiges Leid in der serbischen Bevölkerung zu vermeiden war auch von entscheidender Bedeutung, um die öffentliche und internationale Unterstützung für NATO-Einsätze zu erhalten.«[82] Der jugoslawische Intellektuelle (und Milošević-Gegner) Aleksa Djilas drückte es klarer aus: »Hauptzweck war es, die Bevölkerung einzuschüchtern … doch sie mussten so vorgehen, dass die öffentliche Meinung im Westen ihr Vorgehen akzeptierte.«[83] Der IStGHJ war entweder hoffnungslos naiv oder hielt uns für naiv, wenn er allein schon den Gedanken, dass hinter den schrecklichen Waffen der NATO auch kriminelle Absichten stehen könnten, weit von sich wies.

Der eigentliche Knackpunkt an diesem Beispiel ist jedoch die Vorstellung, ein Angriff gelte nur dann als Kriegsverbrechen, wenn er zum *Ziel* hat, Zivilisten zu töten. Das ist barer Unsinn, wie sich zeigt, wenn man die Genfer Konventionen und das IStGHJ-Statut liest. Beide gehen wesentlich darüber hinaus und sprechen von *Unterlassung* und *Fahrlässigkeit*; sie gehen also davon aus, was man als vernünftiger Mensch »hätte wissen müssen«. Die Zusatzprotokolle von 1977 zu den Genfer Konventionen verwenden die für Fahrlässigkeit übliche Terminologie: *es ist stets darauf zu achten – hat alles praktisch Mögliche zu tun – hat alle praktisch möglichen Vorsichtsmaßnahmen zu treffen – voraussichtlich am wenigsten gefährden – hat alle angemessenen Vorsichtsmaßnahmen zu treffen.*[84] Das IStGHJ-Statut macht einen Vorgesetzten nicht nur für Handlungen verantwortlich, von denen er wusste, sondern ausdrücklich auch für solche, von denen er »hätte wissen müssen«. In diesem Sinne erklärte General Michael Short in einem Interview im Mai 1999, wenn ein Pilot ihn frage, »Boss, ich sehe ein Dorf und ich sehe Panzer neben den Häusern. Was soll ich tun? Und ich sage dann: Sag ihnen, sie sollen auf die Panzer schießen. Wenn sie versehentlich ein Haus treffen, ist das meine Verantwortung«.[85] Aber der IStGHJ würde ihn nicht zur Verantwortung ziehen, weil er aus Gründen, die nirgendwo erklärt wurden, Unterlassung nicht als strafbar wertete: »Mens rea des Verbrechens [eines unrechtmäßigen Angriffs nach Artikel 3] ist Vorsatz oder Fahrlässigkeit, nicht bloße Unterlassung.«[86] Das war eine äußerst hilfreiche Änderung des Statuts, wenn der IStGHJ die NATO ungestraft davonkommen lassen wollte, ohne auch nur eine Erklärung zu verlangen. Da der IStGHJ bereit war, jede Unschuldsbehauptung der NATO ungeprüft zu akzeptieren, blieb Unterlassung als einziger Strafverfolgungsgrund übrig. Denn im Fall von Unterlassung zählt nicht, was jemand wusste, sondern was er *hätte wissen müssen*. Mit diesem Schlachtruf forderten Vergewaltigungsopfer, in vielen Fällen erfolgreich, in das Strafrecht aufzunehmen, dass Männer, die sich auf eine »irrtümliche Annahme des Einverständnisses« beriefen, ihren Irrtum als »begründet« nachweisen müssten.[87] Nach Zusatzprotokoll I von 1977 gelten Handlungen, die gegen das Abkommen verstoßen, als schwere Verletzungen, wenn sie vom Täter »vorsätzlich« begangen werden; dagegen sind Vorgesetzte bereits für Unterlassungen (»hätte wissen müssen«) strafrechtlich verantwortlich.[88] Der »Vorsatz« muss sich allerdings nicht darauf beziehen, tatsächlich Zivilisten zu töten, sondern nur auf die Art des Angriffs, wie beispielsweise Artikel 85 zeigt:

> 3. Als schwere Verletzungen dieses Protokolls gelten … folgende Handlungen, wenn sie vorsätzlich unter Verletzung der einschlägigen Bestimmungen des Protokolls begangen werden und den Tod oder eine schwere Beeinträchtigung der körperlichen Unversehrtheit oder der Gesundheit zur Folge haben:
> (a) gegen die Zivilbevölkerung oder einzelne Zivilpersonen gerichtete Angriffe …

Dieser Artikel schließt selbstverständlich auch den Fall ein, dass ein Angriff auf die Moral der Zivilbevölkerung zielt und es zu »unvermeidlichen Kollateralschäden« kommt, von denen man »hätte wissen müssen«. Denn wo ist hier die Rede davon, dass »Vorsatz« oder »Fahrlässigkeit« sich auf die eigentlichen Konsequenzen der Handlung beziehen muss?

Doch selbst die Tatsache, dass der IStGHJ-Bericht Unterlassung als subjektives Tatbestandsmerkmal ausklammerte, konnte nicht rechtfertigen, dass die Anklagebehörde der NATO Straffreiheit für rechtswidrige Angriffe gewährte, bei denen die Verantwortlichen *wussten* oder vermuten mussten, dass Zivilisten getötet oder verwundet würden, selbst wenn sich nicht beweisen ließ, dass sie darauf abzielten, Zivilisten zu töten. Der Begriff der »Fahrlässigkeit«, die ja der IStGHJ als hinreichendes subjektives Tatbestandsmerkmal einräumte, meint eben nicht nur das konkrete Wissen um die Folgen einer Handlung, sondern immer auch schon die bloße Voraussicht, dass bestimmte Folgen wahrscheinlich oder möglich sind.[89] Wie die hier schon zitierten Äußerungen führender NATO-Vertreter zeigen, wussten sie genau, dass ihre Strategien Schaden an Leib und Leben von Zivilpersonen zur Folge haben würden. Und so schrecklich dies auch sei, sagten sie, jeder *wisse,* dass der Preis, den ihr Vorgehen fordere, das absolute Minimum sei. Sie waren sehr darauf bedacht, für sich in Anspruch zu nehmen, dass sie wussten, was sie taten, weil sie nicht den Eindruck erwecken wollten, sie hätten alles vermasselt.

Verbrechen gegen die Menschlichkeit

Das Wissen um die Folgen spielte eine große Rolle bei der strafrechtlichen Analyse des Streubombeneinsatzes. Hier gab es nämlich einen peinlichen Präzedenzfall: Streubomben hatten 1995 entscheidend zur Anklage von Milan Martić durch Ankläger Goldstone beigetragen. Zu Recht wies der IStGHJ-Bericht darauf hin, dass die Anklage in diesem Fall vorgebracht hatte, der Einsatz von Streubomben könne nur als vorsätzlicher, nicht bloß fahrlässiger Angriff auf Zivilisten verstanden werden.[90] Hätte der IStGHJ das Prinzip des »begründeten Zweifels« nicht umgekehrt, hätte er vielleicht in Erwägung gezogen, »Ermittlungen einzuleiten«, um zu klären, welchen anderen Grund als die vorsätzliche Tötung von Zivilisten die NATO haben könnte, bei Angriffen gegen Städte Streubomben in einem Krieg einzusetzen, in dem es, wie führende NATO-Vertreter mehr als einmal erklärten, darum ging, den Willen der Jugoslawen zu brechen. Wenn man zweifelsfreie Beweise verlangt, dass die NATO vorsätzlich Menschen tötete, bevor man auch nur Ermittlungen einleitet, so ist das natürlich sehr angenehm für diejenigen, die es sich leisten können, Zivilisten aus einer sicheren Höhe von 15 000 Fuß zu töten. Aber die Rechtsgrundlagen verlangen gar nicht den Vorsatz, Zivilisten zu töten, sondern lediglich das Wissen, dass es zu solchen Verlusten kommen wird, oder Fahrlässigkeit oder, genau genommen, die Unterlassung der gebotenen Sorgfalt der Zivilbevölkerung gegenüber. Wenn Streubomben in der Nähe dicht besiedelter Gebiete eingesetzt werden, weiß jeder, wozu das führen wird.

## Angriffsziele

Bei der Beurteilung von NATO-Angriffen auf zivile Ziele arbeitete der IStGHJ mit plump aus dem Zusammenhang gerissenen Zitaten und ausgesprochenen Fehlinterpretationen. Seine Strategie bestand darin, so zu tun, als gäbe es Unklarheiten in den klaren Regelungen, mit dem Ergebnis, dass die Beschränkungen zulässiger Ziele aufgeweicht wurden. Um beispielsweise die strenge Regelung in Artikel 52 des Zusatzprotokolls I von 1977 zu umgehen: »Angriffe sind streng auf militärische Ziele zu beschränken ...« (weiter oben vollständig zitiert), griff der IStGHJ-Bericht auf inoffizielle Kommentare zurück, die er verkürzend zitiert und falsch auslegt. Ein Lieblingskommentar, den der IStGHJ-Bericht verwendet, war das Buch des britischen Offiziers und Militäranwalts A. P. V. Rogers, *Law on the Battlefield*.[91] Aus diesem Buch zitiert der Bericht eine lange Liste potenzieller militärischer Ziele, unter anderem – was für den Jugoslawienkrieg der NATO von Bedeutung war – »Brücken … Kommunikationseinrichtungen einschließlich Rundfunk- und Fernsehsender und Fernmeldeeinrichtungen, die zur militärischen Kommunikation genutzt werden«. Ebenso wie Rogers weist der Bericht darauf hin: »Die Liste erhebt keinen Anspruch auf Vollständigkeit.«[92] Rogers' unmittelbar folgende Einschränkung, die dem Zweck, zu dem man Rogers' Autorität heranziehen wollte, recht klar widerspricht, zitiert der Bericht allerdings nicht: »Die bloße Tatsache, dass ein Objekt wie eine Eisenbahnlinie oder Hauptstraße auf der Liste steht, *heißt nicht, dass sie zwangsläufig ein militärisches Ziel darstellt.*«[93] In ähnlicher Weise führt der IStGHJ-Bericht eine 1956 vom Internationalen Komitee des Roten Kreuzes erstellte Liste von Zielen, die in einer Version durch einen Interpunktionsfehler (Semikolon statt Komma) den Eindruck erweckt, als seien »Rundfunk- und Fernsehsendeeinrichtungen« legitime Ziele, auch wenn sie keine »grundlegende militärische Bedeutung« besäßen. Es blieb den »weniger sachkundigen« Experten von Amnesty International überlassen, darauf hinzuweisen, dass zum einen in der französischen Version die Interpunktion korrekt war und zum anderen der Entwurf dieser Liste nie offiziell angenommen wurde; vielmehr gab man die ganze Idee, »Listen militärischer Ziele zusammenzustellen, zugunsten der Herangehensweise auf, die das Zusatzprotokoll I des Abkommens von 1977 in Artikel 52 letztlich übernahm«.[94]

Amnesty griff ein recht bezeichnendes Zitat von Rogers auf, das in dem IStGHJ-Bericht nicht auftaucht:

> Wenn das Ziel ausreichend wichtig ist, mögen höherrangige Befehlshaber bereit sein, ein größeres Risiko für die Flugzeugbesatzung einzugehen, um sicherzugehen, dass das Ziel korrekt angesprochen und präzise angegriffen wird. Von einer Kriegführung ohne jedes Risiko hat noch niemand gehört … Wenn man jedoch geurteilt hat, dass das Ziel dieses Risiko nicht wert ist, und man eine minimale Operationshöhe zu ihrer Sicherheit festgesetzt hat, muss die Flugzeugbesatzung, die in die Opera-

tion eingebunden ist, selbst beurteilen, welche Risiken bei der Verifizierung und dem Angriff des ausgesuchten Zieles möglich sind. Wenn ihr Urteil lautet, dass (a) das Risiko für sie zu groß ist, wenn sie dicht genug an das Ziel herangehen, um es korrekt zu identifizieren, (b) eine wirkliche Gefahr besteht, zufällig Tod, Verwundung oder Schaden an Zivilisten oder zivilen Objekten zu verursachen, und (c) sie selbst oder freundliche Streitkräfte nicht in unmittelbarer Gefahr sind, wenn der Angriff nicht ausgeführt wird, besteht keine Notwendigkeit, sich einem Risiko auszusetzen, das Ziel zu verifizieren. Oder ganz einfach: Der Angriff sollte nicht ausgeführt werden.[95]

Dieser besonders relevante und aktuellste Artikel ihrer favorisierten Autorität ist den Experten des IStGHJ offenbar entgangen, als sie sich mit der Frage des »Krieges der Feiglinge« und den NATO-Bombardierungen aus großer Höhe beschäftigten – obwohl sie angaben, den Amnesty-Bericht gesehen zu haben, bevor sie ihren eigenen veröffentlichten. Aber wie konnte William Fenrick folgende Passage aus seinem eigenen Artikel entfallen, auf den sich der IStGHJ-Bericht ansonsten stützt?

Militärische Verluste, die die angreifende Seite erleidet, fließen nicht in die Berechnung [der Verhältnismäßigkeit] ein. Eine Bereitschaft, gewisse eigene Verluste hinzunehmen, um zivile Verluste in Grenzen zu halten, mag auf ein stärkeres Bestreben hindeuten, die Einhaltung des Prinzips der Verhältnismäßigkeit zu gewährleisten.[96]

Ganz zu schweigen von folgendem Abschnitt:

Wenn Waffensysteme mit großem CEP (*circular error probable*; Streukreisradius) gegen militärische Ziele in dicht bevölkerten Gebieten gerichtet werden, könnte man schlussfolgern, dass die Zivilbevölkerung, nicht das militärische Objekt das eigentliche Angriffsziel ist.[97]

Diesen Schluss könnte man tatsächlich ziehen.

## Die Rechtswidrigkeit des Krieges

Eine Frage, mit der sich Amnesty International gar nicht befasste und zu der der IStGHJ einen festen Standpunkt vertrat, betraf die Weiterungen aus der Rechtswidrigkeit des Krieges. Wir hatten beiden Anklägerinnen gegenüber betont, wie wichtig dieser Punkt sei, und hatten argumentiert: Da der Krieg rechtswidrig sei und ihm jede tatsächliche (im Gegensatz zu einer behaupteten) humanitäre Rechtfertigung fehle, sei das Töten von Zivilisten als *Mord* und somit als »Verbrechen gegen die Menschlichkeit« zu werten. Eigentlich hätte auch das Töten von Soldaten als Verbrechen eingestuft werden müssen, aber das Statut schränkte Verbrechen gegen die Menschlichkeit auf Verbrechen an Zivilisten ein. Der IStGHJ lehnte diese Argumentation allerdings entschieden ab:

> Es wurden Behauptungen aufgestellt, da der Gewalteinsatz der NATO weder durch den Sicherheitsrat genehmigt noch durch Selbstverteidigung gerechtfertigt gewesen sei, sei der Gewalteinsatz rechtswidrig und folglich alle von der NATO ergriffenen Gewaltmaßnahmen rechtswidrig … Nachdem dies klargestellt ist, stellen, wie bereits in Ziffer 4 angemerkt, Verbrechen in Zusammenhang mit einer rechtswidrigen Entscheidung zum Gewalteinsatz ein Verbrechen gegen den Frieden oder einen Angriff dar … Der IStGHJ besitzt keine Gerichtsbarkeit über Verbrechen gegen den Frieden … der IStGHJ ist zuständig für schwere Verstöße gegen humanitäres Völkerrecht gemäß Artikel 2–5 des Statuts. Hier handelt es sich um *jus-in-bello*-Verstöße.[98]

Es stimmt: Das nach Ansicht des Nürnberger Militärtribunals »größte internationale Verbrechen« war nicht in das Statut des IStGHJ aufgenommen worden, weil es seinen Förderern nicht passte (siehe oben); das verpflichtete den Gerichtshof aber keineswegs, das Statut so auszulegen, als verleihe es Immunität für Mord und andere Verbrechen gegen die Menschlichkeit, die im Statut enthalten waren und während eines rechtswidrigen (ohne rechtmäßige Legitimation oder Entschuldigung geführten) Krieges begangen wurden, ganz so, als sei der Krieg rechtmäßig geführt worden. Die Anklagebehörde ließ durchblicken, das Nürnberger Tribunal habe Einwände gegen eine solche Immunität abgelehnt:

> Es gab vor dem Internationalen Militärtribunal in Nürnberg und bei anderen Kriegsverbrecherprozessen nach dem Zweiten Weltkrieg Behauptungen der Anklage, alle von deutschen Truppen verursachten Tötungen und Zerstörungen seien Kriegsverbrechen, weil die Deutschen einen Angriffskrieg geführt hätten. Diesen Argumenten waren die Gerichte nicht zugänglich.[99]

Hier handelte es sich um mehr als nur um bloße »Behauptungen« der Anklagebehörde in Nürnberg; es war die Grundlage ihrer gesamten

Argumentation, das Führen eines »Angriffskrieges« als Verbrechen zu werten. Der Hauptanklagevertreter der USA, Robert Jackson, führte in seiner Anklagerede am 21. November 1945 aus:

> Es gab eine Zeit, und zwar die Zeit des Ersten Weltkrieges, in der man nicht hätte sagen können, dass zu einem Kriege zu treiben oder einen Krieg zu führen, wie verwerflich es auch im Moralischen sein mochte, vor dem Gesetz ein Verbrechen gewesen wäre. Nach dem Gesetz aller zivilisierten Völker war es natürlich ein Verbrechen, wenn jemand mit seinen bloßen Fäusten einen anderen angriff. Wie kam es, dass sich dieses Verbrechen, mit einer Million multipliziert, und dadurch, dass Feuerwaffen zu den bloßen Fäusten hinzukamen, in eine vor dem Gesetz schuldfreie Handlung verwandelte? Die allgemeine Auffassung war, dass man für die üblichen Gewalttaten, wie sie im Laufe rechtmäßiger Kriegführung begangen wurden, nicht als Verbrecher angesehen werden könne. Im Zeitalter imperialistischer Ausdehnung im 18. und 19. Jahrhundert entstand im Gegensatz zu den Anschauungen alter christlicher Lehrer und Völkerrechtsgelehrter, wie zum Beispiel Grotius, die nichtswürdige Doktrin, alle Kriege seien als rechtmäßige Kriege zu betrachten. Das Ergebnis dieser beiden Lehrsätze war die Möglichkeit, einen Krieg führen zu können in voller Straflosigkeit vor dem Gesetz. Das war unerträglich für ein Zeitalter, das sich zivilisiert nannte ... Nach dem Ersten Weltkrieg forderte der gesunde Menschenverstand jedoch, dass die Verurteilung des Krieges durch das Gesetz tiefer reichen müsse. Das Gesetz solle nicht nur verurteilen, einen Krieg auf unzivilisierte Art zu führen, sondern überhaupt einen unzivilisierten Krieg, einen Angriffskrieg, zu führen.[100]

Mit seiner Argumentation verteidigte Jackson den Anklagepunkt »Führen eines Angriffskrieges« gegen den Vorwurf, es handele sich hier um eine Rechtsprechung *ex post facto* und somit um eine Verletzung wesentlicher Rechtsprinzipien. Er wollte zeigen, dass es schon lange als Verbrechen galt, einen rechtswidrigen Krieg zu führen, und argumentierte in dieser Passage, dass es sich lediglich um eine logische Anwendung des üblichen Strafrechts gegen Gewalttaten handele, wenn ein Krieg nicht als gerechtfertigt zu entschuldigen sei. Ein anderer amerikanischer Anklagevertreter in Nürnberg formulierte es folgendermaßen:

> Einem Krieg, ob er nun ritterlich geführt wird oder nicht, sind eine Reihe von Taten eigen, die seit Jahrtausenden in jeder zivilisierten Rechtsord-

nung als Verbrechen gebrandmarkt werden: vorsätzliche Massentötungen, Überfälle, Brandstiftung – Taten, die auch ohne den ungeheuerlichen Sadismus, um den die Nazis sie ergänzten, verbrecherisch sind. … So galt das vorsätzliche Töten von Franzosen selbst im Verlauf eines Krieges nach französischem Recht als Mord, wenn die Franzosen Opfer eines Angriffs wurden. Unter diesem Aspekt sind der Briand-Kellogg-Pakt und ähnliche Abkommen wichtig, nicht weil sie den Angriffskrieg unmittelbar zu einem Verbrechen gemacht hätten, sondern weil sie es unmöglich machten, ihn als Rechtfertigungsgrund anzuführen, und damit das Entfesseln eines Angriffskrieges den universellen Gesetzen gegen Mord unterwarfen. Diese uralten Gesetze bilden die Grundlage für die Bestrafung des Angriffskrieges, die das [Nürnberger] Statut vorsieht.[101]

Die Prinzipien des Briand-Kellogg-Paktes flossen gestärkt in die UN-Charta ein, was dem Nürnberger Urteil enorme zeitgenössische Bedeutung verlieh.

Nun stimmt es zwar, dass die Ankläger in Nürnberg mit diesem Argument nicht »Verbrechen gegen die Menschlichkeit« zu definieren versuchten; und als das Tribunal die Angeklagten nicht nur wegen des Verbrechens verurteilte, einen Angriffskrieg entfesselt zu haben, sondern auch wegen Verbrechen gegen die Menschlichkeit, so stützte es sich dabei auf den »ungeheuerlichen Sadismus, um den die Nazis sie ergänzten«. Das hatte allerdings nichts mit der Art der Verbrechen gegen die Menschlichkeit zu tun, sondern mit den Besonderheiten des Statuts für das Nürnberger Militärtribunal, das ausdrücklich den Anklagepunkt »Entfesseln eines Angriffskrieges« enthielt und die Zuständigkeit des Gerichts sogar auf Verbrechen gegen die Menschlichkeit beschränkte, die in Verbindung mit einem Angriffskrieg verübt wurden.[102] Angesichts dieser praktischen juristischen Arbeitsteilung erübrigte es sich, zu wiederholen, dass die zwangsläufig mit dem Führen eines Angriffskrieges verbundenen Vorfälle Verbrechen gegen die Menschlichkeit darstellten. Auf dieselbe eng abgegrenzte Begründung stützte auch das Kriegsverbrechertribunal von Tokio seine Entscheidung, nicht über die ausdrückliche Argumentation der Anklage zu verhandeln, dass alle Tötungen während des japanischen Angriffskrieges Morde waren:

Anklagepunkte 39 bis 52 einschließlich … enthalten den Vorwurf des Mordes. In allen diesen Punkten lautet die Anklage letztlich, dass Tötungen aus dem rechtswidrigen Führen eines Krieges an den genannten Orten und zu den angeführten Zeitpunkten resultierten ... In allen wird behauptet, dass die Tötungen aus dem rechtswidrigen Führen des Krieges erwuchsen ... Nach unserer Auffassung ist es nicht zweckdienlich, diese Teile der Straftaten als Mordanklagen zu behandeln, wenn die gesamte Straftat, diese Kriege rechtswidrig zu führen, unter den Anklagepunkten des Führens solcher Kriege verhandelt wird ... Ausschließlich aus diesen Gründen und ohne es für notwendig zu erachten, zur Stichhaltigkeit der Mordvorwürfe unter solchen Umständen eine Ansicht zu äußern, haben wir beschlossen, dass es unnötig ist, über die Anklagepunkte 39 bis 43 [etc.] zu verhandeln ...[103]

Dass sowohl die Militärtribunale in Nürnberg wie auch in Tokio darauf verzichteten, den alltäglichen Mord in völkerrechtswidrigen Kriegen als »Verbrechen gegen die Menschlichkeit« zu ahnden, lag also an der Tatsache, dass die Anklage ausdrücklich den Vorwurf der rechtswidrigen Kriegführung enthielt. Es war also eine Verfahrensfrage, keine Sachentscheidung und schon gar keine Frage des Prinzips oder der Moral. Als im IStGHJ-Statut Verbrechen gegen die Menschlichkeit definiert wurden, deutete nichts auf eine Absicht hin, sie in irgendeiner Weise einzuschränken. Laut Angaben der »Insider« Morris und Scharf sollten lediglich *rechtmäßige Handlungen* ausgenommen werden, die

mit den einschlägigen Regelungen des nationalen und internationalen Rechts in Einklang standen ... In dieser Hinsicht machten die Vereinigten Staaten ausdrücklich ihre Auffassung klar, dass die in Artikel 5 enthaltene Definition von Verbrechen gegen die Menschlichkeit nur für darin genannte Handlungen gelte, »wenn sie rechtswidrig begangen würden«.[104]

In ihrem ersten Fall äußerte auch die Berufungskammer des IStGHJ die Auffassung, dass die im Statut angeführten Verbrechen gegen die Menschlichkeit so weit wie logisch vertretbar auszulegen seien, und lehnte es ab, sie auf Fälle von »diskriminierender Absicht« einzuschränken. Ein Passus des Urteils ließe sich erstaunlich treffend auf die NATO-Bombardierungen anwenden: »*So würde die Bedingung einer diskriminierenden Absicht verhindern, willkürliche und unterschiedslose Gewalt mit dem Ziel, Angst und Schrecken unter einer*

*Zivilbevölkerung zu verbreiten, als Verbrechen gegen die Menschlichkeit unter Strafe zu stellen.«*[105]

Lässt dies als einzig mögliche Interpretation zu, dass die klar vorherzusehenden zivilen Todesopfer aufgrund der Rechtswidrigkeit des Krieges ein Verbrechen gegen die Menschlichkeit darstellten? So funktioniert Rechtsprechung nicht. Ein wirklich unvoreingenommenes Tribunal – eine echte »Institution der Rechtsprechung«, die nicht »bloß ein politisches Instrument« wäre – hätte in dieser Frage durchaus zu dem gleichen Schluss gelangen können wie der IStGHJ, dass nämlich das Statut ohne einen spezifischen Artikel zu »Verbrechen gegen den Frieden« nur »zusätzlichen Sadismus« ahnden wollte; ein unparteiisches Tribunal hätte also durchaus zu dem Schluss gelangen können, dass es die Rechtswidrigkeit des Krieges außer Acht lassen und der NATO-Führung für alle von ihr begangenen Verbrechen Straffreiheit hätte zugestehen müssen, solange sie eine zwangsläufige Begleiterscheinung ihrer rechtswidrigen Kriegsstrategie waren. Ein unparteiisches Tribunal hätte zu dem Schluss gelangen können, dass der Mord an Zivilpersonen als Begleiterscheinung rechtswidriger Bombardierungen, denen es an Unrechtsausschließungsgründen oder Rechtfertigungen im Sinne des üblichen Strafrechts mangelte, außerhalb seiner Zuständigkeit läge. Allerdings sollte man doch erwarten, dass ein unparteiisches Tribunal, das sich nicht um den »optischen Eindruck« einer allzu langen Beschäftigung mit diesem unangenehmen Detail kümmerte, eingehender um diese Frage gerungen hätte. Ein unparteiischer *Ankläger* hätte es ohne Zweifel dem Gericht überlassen, diese heikle Frage zu entscheiden. Der IStGHJ hatte jedoch schon lange bewiesen, dass er alles andere als unparteiisch war.

Ob diese Interpretation des Statuts »richtig« war, ist letztlich sekundär, denn realistischerweise ging es nie darum, die NATO-Führung hinter Gittern zu sehen, sondern zu zeigen, was für eine Farce es war, nur die Serben vor Gericht zu stellen, obwohl Amerika ebenso viel und sogar noch mehr Schuld trug. Und wenn sich diese Farce nur rechtfertigen lässt, indem man, ohne mit der Wimper zu zucken, Zugeständnisse an die offenkundige Entschlossenheit der Amerikaner macht, »das größte internationale Verbrechen« aus der Liste der vom IStGHJ zu ahndenden Vergehen auszuklammern – und damit eine nach Jacksons Auffassung »faule Doktrin« in seine Rechtsgrundlagen aufzunehmen –, dann lässt das den IStGHJ nicht gerade duften wie eine Rose.[106] Dass die Nürnberger Prozesse das Führen eines Angriffskrieges zu einer eigenständigen Straftat machten, war keineswegs eine Merkwürdigkeit dieses Tribunals, sondern lag an der *inhärenten Kriminalität* des Angriffskrieges (»eine Folge von Taten, die seit Jahrtausenden in jeder zivilisierten Rechtsordnung als Verbrechen geahndet werden«). Diese inhärente Kriminalität auszuklammern ist nicht weniger eine »höhnische Übung in vornehmer Sinnlosigkeit«, als den Angriffskrieg selbst auszuklammern.

Der IStGHJ bot eine der seltenen Gelegenheiten, Amerika tatsächlich vor ein internationales Gericht zu stellen, und sei es auch nur, damit das Tribunal formal versuchen musste, Amerikas Straflosigkeit zu rechtfertigen. Aus Gründen, die im folgenden Kapitel eingehend dargelegt werden, besteht kaum eine Wahrscheinlichkeit, dass sich eine solche Chance noch einmal bietet. Trotz allem, was wir gerade erlebt haben, zogen manche aus unserer Erfahrung mit dem IStGHJ den unerklärlichen Schluss, selbst eine Supermacht könne dem internationalen Strafrecht unterworfen werden, wenn ein Fall nur klar genug bewiesen werden könne.[107] Wenn man dieses Unterfangen fortführen und weiter selbstgerecht die akzeptablen Zielgruppen eines internationalen Strafrechts anklagen will, muss man anscheinend nur den Schein wahren, dass es potenziell ausgewogen angewendet wird. Aber ist das möglich?

# 7. Die üblichen Verdächtigen werden verhaftet, während Amerika mit Mord davonkommt.[1]

## Der Internationale Strafgerichtshof

Der heilige Gral der internationalen Strafrechtsbewegung war ein ständiger Weltgerichtshof, zuständig für die Strafverfolgung von Kriegsverbrechen, wo immer sie auch begangen würden. Am 1. Juli 2002 trat schließlich das Römische Statut des Internationalen Strafgerichtshofes (IStGH) in Kraft. Jeder Schritt auf dem Weg dorthin wurde als internationales Medienereignis gefeiert, von der großen Diplomatischen Bevollmächtigtenkonferenz im Sommer 1998 in Rom bis zur Hinterlegung der erforderlichen sechzigsten Ratifizierungsurkunde im April 2002. Im März 2003 wurden die Richter mit dem gehörigen Pomp vereidigt, und im April übertrugen die Vereinten Nationen die Wahl des Anklägers live im Internet. Bis dahin hatten 89 Staaten – also etwas weniger als die Hälfte der UN-Mitgliedstaaten – den Vertrag ratifiziert.

Mit großen Worten bekräftigte das Statut des IStGH in der Präambel unter anderem, »dass die schwersten Verbrechen, welche die internationale Gemeinschaft als Ganzes berühren, nicht unbestraft bleiben dürfen«, und bekundete die Entschlossenheit, »der Straflosigkeit der Täter ein Ende zu setzen und so zur Verhütung solcher Verbrechen beizutragen«.[2] Zum Abschluss der römischen Konferenz 1998 erklärte Kofi Annan in klingenden Worten: »Nun werden wir endlich … einen ständigen Gerichtshof haben, um über die schwersten Verbrechen zu urteilen, welche die internationale Gemeinschaft als Ganze betreffen.«[3] Doch welches Verbrechen fehlte? Genau: das nach Ansicht des Nürnberger Tribunals »größte internationale Verbrechen«,

Verbrechen gegen die Menschlichkeit

der Angriffskrieg als Verbrechen gegen den Frieden, das Amerika damals im Begriff stand, im Kosovo zu begehen, und in Afghanistan und im Irak erneut begehen sollte, noch bevor der Internationale Strafgerichtshof auch nur seinen ersten Ankläger gewählt hatte.

Das Römische Statut enthielt die drei Arten von Verbrechen, die bereits in den Statuten der Internationalen Strafgerichtshöfe für das ehemalige Jugoslawien und für Ruanda zu finden waren: Völkermord, Verbrechen gegen die Menschlichkeit und Kriegsverbrechen mit zahlreichen detaillierten und komplizierten Definitionen. Doch ebenso wie die Statuten des IStGHJ und des IStGHR klammerte es im Gegensatz zum Nürnberger Statut das »Verbrechen der Aggression« aus; es ist zwar aufgeführt, allerdings bloß als Tagesordnungspunkt, der bis auf weiteres der Zuständigkeit des Gerichts entzogen wird. Nach den Regelungen des Statuts kann der Gerichtshof die Gerichtsbarkeit über das Verbrechen erst nach einer entsprechenden Änderung des Statuts ausüben. Vor Ablauf einer Frist von *sieben Jahren* kann eine Änderung nicht einmal vorgeschlagen werden, und anschließend müsste sie von sieben Achteln der Vertragsstaaten ratifiziert werden, um in Kraft zu treten. Und selbst dann – und das ist der eigentliche Hammer – *würde sie nur für Vertragsstaaten gelten, die sie angenommen hätten:* »Hinsichtlich eines Vertragsstaats, der die Änderung nicht angenommen hat, übt der Gerichtshof seine Gerichtsbarkeit über ein von der Änderung erfasstes Verbrechen nicht aus, wenn das Verbrechen von Staatsangehörigen des betreffenden Vertragsstaats oder in dessen Hoheitsgebiet begangen wurde.«[4] Es gibt also keine Gerichtsbarkeit über das schwerste Verbrechen, bis nahezu alle zustimmen, und selbst dann kann jeder Vertragsstaat, der es wünscht, sich davon ausnehmen. Es ist kein Geheimnis, dass diese riesige Lücke im Statut als Anreiz für die USA gedacht war, es zu ratifizieren. Der Präsident der Konferenz, der italienische Richter Giovanni Conso, erklärte: »Die Vereinigten Staaten wollten nicht, dass dieses Verbrechen in das Statut aufgenommen wurde«, und »um die Vereinigten Staaten zu überzeugen«, entwickelte man die Formel einer »Zwei-Phasen-Lösung, in der das Verbrechen der Aggression als Überschrift aufgenommen wurde, aber die Definition und die Verbrechenselemente erst in einem späteren Stadium ausgeführt werden sollten«.[5]

Die USA waren jedoch nicht genügend überzeugt, um dem Statut beizutreten, und gehörten letztlich zusammen mit China, Libyen, Irak, Israel, Katar und Jemen zu den einzigen sieben Ländern, die sogar dagegenstimmten. Für das Statut stimmten 120 Länder, 21 enthielten sich. Die USA wollten eine Gerichtsbarkeit für das Verbrechen der Aggression nur akzeptieren, wenn die Strafverfolgung von einem entsprechenden Mandat des Sicherheitsrats abhängig gemacht würde, der laut Clintons »Allgemeinem Botschafter für Kriegsverbrechen«, David J. Scheffer, die »entscheidende Verknüpfung« darstellte.[6] Diese Position vertraten die USA übrigens allgemein zu der Gerichtsbarkeit des Gerichtshofs; sie wollten ihn als eine Art »ständiges Tribunal« einrichten, wie Scheffer es nannte, das der Sicherheitsrat von Fall zu Fall »sofort aktivieren könnte«.[7] Dem Kongressausschuss erklärte er in seinem Bericht über die Konferenz in Rom: »Die Vereinigten Staaten sind seit langem für das Recht des Sicherheitsrates eingetreten, Situationen mit Mandatswirkung an das Gericht weiterzuleiten, was bedeutet, dass kein Schurkenstaat die Gerichtsbarkeit des Gerichts unter irgendwelchen Umständen ablehnen könnte.«[8] Selbstverständlich wären damit »Schurkenstaaten« ausgeklammert, die zufällig einen ständigen Sitz im Sicherheitsrat haben. Als letzten Ausweg schlugen die USA sogar eine Änderung vor, die *alle* Schurkenstaaten vor einer Strafverfolgung geschützt hätte, indem sie »die Zustimmung des Staates« verlangte, »dessen Staatsangehörigkeit der Täter hat, bevor das Gericht seine Gerichtsbarkeit ausüben könnte«.[9] Diese Änderung wurde jedoch mit großer Mehrheit abgelehnt, und das Statut gab dem Gerichtshof die Gerichtsbarkeit über Kriegsverbrechen, wenn *entweder* der Täter *oder* das Opfer Vertragspartei des Statuts ist und sogar wenn das Opfer die Gerichtsbarkeit des Gerichtes *nachträglich* anerkennt. Wenn Jugoslawien, Afghanistan oder Irak Vertragsparteien des Statuts wären oder die Gerichtsbarkeit des Gerichtshofs anerkennen würden, wäre ein Verfahren gegen die USA möglich, obwohl sie dem Vertrag nicht beigetreten sind.[10] In einem solchen Fall wäre die Zustimmung des Sicherheitsrates nicht erforderlich. Dem Wunsch der USA, einen ständigen Ad-hoc-Gerichtshof einzurichten, entsprach man in Form einer separaten, *zusätzlichen* Befugnis des Sicherheitsrates, dem Ankläger einen Fall unabhängig davon zu unterbreiten, ob

Verbrechen gegen die Menschlichkeit

ein Vertragsstaat des Statuts Täter oder Opfer ist. Diese Regelung bot den USA keinerlei Schutz vor Strafverfolgung nach den anderen Bestimmungen des Statuts.[11]

Dass die Amerikaner auf der Zustimmung des Sicherheitsrates beharrten, hatte selbstverständlich nichts mit Liebe zur Autorität dieses Organs zu tun, sondern mit ihrem Vetorecht, das zur Folge hat, dass der Sicherheitsrat ohne ausdrückliche Zustimmung der USA nichts rechtmäßig unternehmen kann. Die Amerikaner stellten es so dar, als verträten alle ständigen Mitglieder die Position, eine Strafverfolgung wegen des Verbrechens der Aggression solle der Kontrolle des Sicherheitsrates unterliegen, aber außer den USA stimmte nur China gegen das Statut. Von den übrigen ständigen Mitgliedern des Sicherheitsrates hatten sowohl Frankreich als auch Großbritannien das Statut unterzeichnet und ratifiziert, als es in Kraft trat, und Russland hatte seine Unterschrift nicht zurückgezogen. Kommentatoren sind überzeugt, wenn das Verbrechen der Aggression dem Statut je hinzugefügt werden sollte, wird es »nahezu mit Sicherheit« in der von Amerika gewünschten Form geschehen, »dass nämlich eine Klage wegen Aggression nicht erhoben wird, sofern der Sicherheitsrat nicht vorher festgestellt hat, dass der betreffende Staat den Akt der Aggression, der Gegenstand der Klage ist, begangen hat«.[12] Damit bleibt also das größte Völkerrechtsverbrechen für seine weltweit führenden Täter straflos.

Die Amerikaner setzten in Rom noch andere überaus wichtige Konzessionen durch, obwohl sie dem Statut nicht beitraten. Dazu gehört unter anderem der berüchtigte Artikel 98 Absatz 2; er erlaubt den USA (und anderen), unabhängig von einem Beitritt zu dem Statut Abkommen mit anderen Staaten auszuhandeln, die es dem Gerichtshof unmöglich machen, die Überstellung von mutmaßlichen Straftätern zu verlangen – ein Luxus, der Milošević nicht vergönnt war. Diese Klausel wurde ebenfalls »auf Drängen der Vereinigten Staaten« in das Statut aufgenommen.[13] Sobald das Statut in Kraft war, strebten die Amerikaner aktiv solche Immunitätsabkommen an. Bis April 2003 hatten sie mehr als zwei Dutzend solcher Verträge geschlossen, nahezu ausnahmslos mit völlig von ihnen abhängigen Staaten, die auch den größten Teil der »Koalition der Willigen« im Irakkrieg stellten.[14] Ein Gesetz, das im Juni 2000 im US-Kongress verabschiedet wurde und im August 2002 mit Präsident Bushs Unterschrift in Kraft trat, enthält ein »Verbot von Militärhilfe der USA für Vertragsparteien des Internationalen Strafgerichtshofs«, sofern sie keine Abkommen bezüglich Artikel 98 des Statuts unterzeichnen.[15] Im Juli 2003 machten die USA diese Drohung wahr und strichen 35 Staaten, die bis dahin Militärhilfe erhalten hatten, weitere Zuwendungen.[16] Dieses Gesetz verbietet zudem allen Regierungsebenen die Zusammenarbeit mit dem IStGH und ermächtigt den Präsidenten, »alle erforderlichen und geeigneten Mittel einzusetzen, um die Freilassung« eines jeden Amerikaners zu erwirken, »der gegen seinen Willen durch oder im Namen des Internationalen Strafgerichtshofs inhaftiert ist« (und benutzte hier die Formulierung, die nach amerikanischer Sicht später nicht erforderlich war, um den Einsatz von Militärgewalt im Irak zu bewilligen).[17] Aus diesem Grund bezeichnet der amerikanische Landesverband der Coalition for the International Criminal Court das Gesetz als »Hague Invasion Act«.[18] Da das Gesetz Bestechung und Anreize ausschließt, um die Freilassung zu erwirken, bleibt nur Gewalt. Amnesty International, Human Rights Watch und die Coalition for the International Criminal Court verurteilten diese Abkommen bezüglich Artikel 98 des IStGH-Statuts als »US-Straflosigkeits-Abkommen« und bezeichneten sie als rechtswidrig, weil sie mit den Idealen des Römischen Statuts unvereinbar seien. Aber die Aufnahme von Artikel 98(2) war kein Versehen, und keiner der Kritiker vermochte einen Passus des Statuts zu finden, der das Vorgehen der Amerikaner verboten hätte.[19]

Ein weiterer wichtiger Sieg der Amerikaner in Rom war Artikel 16 des Statuts, wonach der Sicherheitsrat Ermittlungen für jeweils zwölf Monate blockieren und diese Blockade beliebig oft verlängern kann. Da Artikel 16 eine Resolution des Sicherheitsrates verlangt, brauchen die USA die Zustimmung der übrigen ständigen Mitglieder, um Ermittlungen zu blockieren. Aber die USA »haben Mittel und Wege«. Abgesehen von ihrem Quidproquo, das meist große Überzeugungskraft besitzt, können sie ihr Veto einsetzen, um ihre Zustimmung zu *jeder* anstehenden Resolution des Sicherheitsrates von ihrer Immunität vor Strafverfolgung abhängig zu machen. Auch diese Strategie ist vom American Servicemembers' Protection Act gedeckt.[20] Zum ersten Mal setzten die USA dieses Druckmittel im Juli 2002 erfolgreich ein. Damals lief das UN-Mandat für die 1500 Mann starke Friedensmission in Bosnien ab und sollte verlängert werden. Die USA, die sich mit spärlichen 704 Personen an den 45000 Mann starken UN-Friedenstruppen auf der ganzen Welt beteiligten, drohten, die gesamten Friedenseinsätze zu beenden – sie wollten also nicht nur ihr eigenes Personal abziehen und ihre finanzielle Unterstützung einstellen, sondern *jeden* an der Beteiligung an solchen Missionen hindern, wenn es kein umfassendes Verbot der Strafverfolgung durch den IStGH gäbe. Offensichtlich ging es nicht nur darum, die US-Streitkräfte vor einer Strafverfolgung zu schützen. Ein »hochrangiger UN-Diplomat« erklärte: »Es geht darum, klar zu machen, wer das Sagen hat.«[21] Letzten Endes erlangten die USA ihre Immunität mit Resolution 1422 vom 12. Juli 2002, die als kostenlose Zugabe die Absichtserklärung enthielt, sie zu jedem 1. Juli (das Gründungsdatum des IStGH) zu verlängern, »solange dies notwendig ist«.[22]

Die USA konnten in Rom noch weitere Erfolge verbuchen. Vor dem US-Senat brüstete sich Scheffer, zu der langen Liste von »Zielen, die wir im Statut des Gerichtshofes erreichten«, gehörten »tragfähige Definitionen von Kriegsverbrechen und Verbrechen gegen die Menschlichkeit« und »akzeptable Regelungen auf der Basis von Verantwortlichkeit von Befehlshabern und Anordnungen von Vorgesetzten«.[23] Bezüglich der »tragfähigen Definitionen« konnten die USA die Ächtung von Atomwaffen und sogar von Streubomben und Landminen (auf die gleiche ferne Zukunft wie die Definition des Verbrechens der Aggression) vertagen, während sie dafür sorgten, dass der Einsatz chemischer und biologischer Waffen mit sofortiger Wirkung als Kriegsverbrechen galt. Damit schrieben sie eines ihrer beliebtesten Propagandainstrumente fest: die Vorstellung, dass nur die »Atomwaffen der Armen«, nicht aber die erheblich verheerenderen Waffen ihrer eigenen Arsenale als »Massenvernichtungswaffen« gelten.[24]

Die von Scheffer erwähnten Regelungen zu »Verantwortlichkeit von Befehlshabern« und »Anordnungen von Vorgesetzten« fielen in den Bereich der subjektiven Tatbestandsmerkmale, die für die strafrechtliche Verantwortung politischer Vorgesetzter erforderlich sind (siehe Kapitel 6). Sahen die Genfer Konventionen und die Statuten des IStGHJ und IStGHR noch eine umfassende Verantwortung für »Fahrlässigkeit« und sogar »Unterlassung« vor, so wurde die Schwelle nun erheblich heraufgesetzt und die strafrechtliche Verantwortlichkeit auf Fälle eingeschränkt, in denen »der Vorgesetzte entweder wusste, dass die Untergebenen solche Verbrechen begingen oder zu begehen im Begriff waren, oder eindeutig darauf hinweisende Informationen bewusst außer Acht ließ«.[25] Das Statut enthielt zudem eine neue negative Definition »bewaffneter Konflikte«, die geflissentlich jene Art systematischer Gewalt ausklammerte, wie mächtige Staaten sie gegen ihre eigene Bevölkerung anwenden. Artikel 8.2(e) (»andere Verstöße gegen die innerhalb des feststehenden Rahmens des Völkerrechts anwendbaren Gesetze und Gebräuche im bewaffneten Konflikt, der keinen internationalen Charakter hat«) findet keine Anwendung »auf Fälle innerer Unruhen und Spannungen wie Tumulte, vereinzelt auftretende Gewalttaten oder andere ähnliche Handlungen. Er findet Anwendung auf bewaffnete Konflikte, die im Hoheitsgebiet eines Staates stattfinden, wenn zwischen den staatlichen Behörden und organisierten bewaffneten Gruppen oder zwischen solchen Gruppen ein lang anhaltender bewaffneter Konflikt besteht«.[26] Das erinnert an den Grund, den der Richter des Militärtribunals von Tokio, B. V. A. Röling, für das Beharren der USA sah, in den Statuten der Tribunale von Nürnberg und Tokio »Verbrechen gegen die Menschlichkeit« mit »Verbrechen gegen den Frieden« zu verknüpfen: »Die Verbindung war erwünscht, weil manche wie der amerikanische Kriegsminister Stimson fürchteten, das neue Verbrechen sei ohne dieses Element auf die Misshandlung Schwarzer in den Vereinigten Staaten anwendbar!«[27]

Trotz all dieser Erfolge haben sich die Amerikaner standhaft geweigert, das Statut zu ratifizieren. Das liegt keineswegs an einer Kursänderung der Bush-Administration: Alle diese Schlupflöcher wurden während Präsident Clintons Amtszeit ausgehandelt, Clintons Delegierte stimmten in Rom nahezu isoliert gegen das Statut und in seinen letzten Worten zu diesem Thema erklärte Clinton: »Ich will und werde meinem Nachfolger nicht empfehlen, dem Senat den Vertrag zur Beratung und Zustimmung vorzulegen, bevor unsere grundlegenden Interessen befriedigt sind.«[28] Allerdings *unterzeichnete* (nicht ratifizierte) Clinton das Abkommen am letztmöglichen Termin (31. Dezember 2000), »um erneut zu bekräftigen, dass wir internationale Ver-

antwortlichkeit und die Strafverfolgung von Völkermord, Kriegsverbrechen und Verbrechen gegen die Menschlichkeit energisch unterstützen« (wohlgemerkt: von dem schwersten Völkerrechtsverbrechen
ist keine Rede), und so Amerikas »traditionelle moralische Führungsrolle zu bewahren«.[29] Die Unterzeichnung des Statuts war eine bloße
Publicrelations-Übung, da sie die USA in keiner Weise an das Abkommen band. Die Wiener Konvention über Vertragsrecht erlegt den
Signatarstaaten gewisse Minimalverpflichtungen auf, auch wenn ein
Vertrag nicht ratifiziert ist, nämlich auf Handlungen zu verzichten,
die dem Sinn und Zweck des gemeinten Abkommens zuwiderlaufen,
bis sie deutlich ihre Absicht bekundet haben, diesem Vertrag nicht
beizutreten.[30] Doch Clintons Unterschrift übertrug lediglich der Bush-
Administration die Aufgabe, sich symbolisch von dem Statut *loszusa-*
*gen.* Im Mai 2002, wenige Wochen vor Gründung des Internationalen
Strafgerichtshofs, machte die Bush-Administration »ihre Absicht klar,
nicht Vertragspartei zu werden«, und zog damit die Unterschrift unter
das Römische Statut effektiv zurück.[31]

Welche Probleme hatten die USA mit dem Internationalen Strafgerichtshof, nachdem sie alle diese Zugeständnisse und Schlupflöcher
durchgesetzt hatten? Louise Arbour erklärte 1999: »Ich hätte gedacht,
die 19 NATO-Staaten müssten einen Vertrag ratifizieren können, wonach sie *Ermittlungen, ganz zu schweigen von Strafverfolgung, erheb-*
*lich weniger ausgesetzt wären, als es vor dem IStGHJ der Fall ist.*«[32]
Die Amerikaner hatten vor allem zwei Einwände: Zum einen führten
sie wenig überzeugende rechtliche Gründe an wie die Tatsache, dass
der Vertrag sich auch auf Nicht-Vertragsparteien beziehe – ein selt-
samer Grund, einem Vertrag nicht beizutreten, sollte man meinen.
David Scheffer erklärte dem Senatsausschuss, dies verstoße »gegen die
grundlegendsten Prinzipien des Vertragsrechts«,[33] dem widersprach
jedoch die eigene Rechtslage und Praxis Amerikas von den Nürnberger Prozessen bis hin zum IStGHJ. Die USA gehören zahlreichen
Abkommen an, die eine Strafverfolgung von Nicht-Vertragsparteien
vorsehen, und sie haben diese Gerichtsbarkeit selbst ausgeübt.[34]

Die Amerikaner wetterten auch dagegen, dass bestimmte Regeln
für ein ordentliches Verfahren nicht zugelassen waren wie das Recht
auf ein Geschworenengericht.[35] Ebendiese Rechte versagten sie den

Angeklagten vor den Ad-hoc-Tribunalen für Jugoslawien und Ruanda und sogar den wegen »Terrorismus« angeklagten Ausländern vor den weithin verurteilten Militärtribunalen in den USA nur zu gerne – Tribunale, die im Gegensatz zum Internationalen Strafgerichtshof auch die Todesstrafe verhängen können.[36] Wie wenig ernst zu nehmen die amerikanischen Einwände gegen den IStGH waren, lässt sich rückblickend ermessen, nachdem die USA sich im März 2003 über den Sicherheitsrat hinweggesetzt und gegen den Irak Krieg geführt haben. Dieses Vorgehen warf ein eher komisches Schlaglicht auf die zentrale Behauptung der Bush-Administration, als sie 2002 die Unterschrift unter das Römische Statut zurückzog: »Wir sind überzeugt, der Internationale Strafgerichtshof unterminiert die Rolle des UN-Sicherheitsrates für die Erhaltung des Weltfriedens und der internationalen Sicherheit … das Abkommen verwässert die Autorität des UN-Sicherheitsrates und stellt ein Abgehen von dem System dar, das den Verfassern der UN-Charta vorschwebte.«[37]

Von pseudorechtlichen Argumenten abgesehen liefen die Einwände der USA gegen den IStGH darauf hinaus, dass der Gerichtshof ohne die Disziplin des Sicherheitsrates (mit amerikanischem Vetorecht) *tatsächlich Amerikaner anklagen könnte.* Dieser Einwand war völlig unabhängig von der Frage, ob die angeklagten Amerikaner schuldig sein könnten. Es ging also nicht um »Fehlurteile« im Sinne einer Verurteilung Unschuldiger. Die Bush-Administration stützte ihre Argumentation ausschließlich auf den Aspekt der Souveränität:

> Während souveräne Staaten das Recht haben, Nichtstaatsbürger vor Gericht zu stellen, die Verbrechen gegen ihre Bürger oder in ihrem Hoheitsgebiet begangen haben, haben die Vereinigten Staaten das Recht einer internationalen Organisation nie anerkannt, dies ohne Zustimmung oder ein Mandat des UN-Sicherheitsrates zu tun.[38]

»Ohne Zustimmung der Vereinigten Staaten« hätten sie auch schlicht sagen können, denn darauf läuft das amerikanische Vetorecht im Sicherheitsrat hinaus. Das Argument der Souveränität hätte selbstverständlich auch jeder Serbe vorbringen können, der in Den Haag angeklagt wurde, ganz zu schweigen von den Regierungen der Länder, die die USA angeblich zum Wohl der betroffenen Bevölkerung erobert haben.

Verbrechen gegen die Menschlichkeit

Auch Henry Kissinger interessierte sich plötzlich für die Weltgerichtsbarkeit, als die Antistraflosigkeits-Brigade sich für *ihn* zu interessieren begann. Sein größter Einwand gegen den IStGH war, dass es ein »unterschiedsloses Gericht« sei – ganz so, als spräche er über eine Streubombe und nicht über Justitia, die Dame mit den verbundenen Augen. Er fand es »verblüffend«, dass der IStGHJ tatsächlich gegen das Land eingesetzt werden könnte, das dieses Gericht geschaffen hatte:

> Kann beispielsweise ein Regierungschef der Vereinigten Staaten oder eines anderen Landes vor ein internationales Tribunal gezerrt werden, das für andere Zwecke geschaffen wurde? Genau das unterstellte Amnesty International, als die Organisation im Sommer 1999 eine »Anzeige« von einer Gruppe europäischer und kanadischer Juraprofessoren [hm!] bei Louise Arbour, der damaligen Anklägerin des Internationalen Strafgerichtshofs für das ehemalige Jugoslawien (IStGHJ), unterstützte. Die Anzeige behauptete, während der NATO-Luftangriffe im Kosovo seien Verbrechen gegen die Menschlichkeit begangen worden. Arbour ordnete eine interne Überprüfung an, womit sie unterstellte, sie habe die Zuständigkeit, falls sich solche Verstöße tatsächlich nachweisen ließen… Die meisten Amerikaner wären verblüfft, wenn sie erführen, dass der IStGHJ, der 1993 auf Betreiben der USA geschaffen wurde, um sich mit Balkan-Kriegsverbrechern zu befassen, sich das Recht herausgenommen hat, gegen führende amerikanische Politiker und Militärs wegen angeblich kriminellen Verhaltens zu ermitteln.[39]

Die Clinton-Administration kam hinsichtlich des IStGH zu dem gleichen Schluss, wenn auch mit einer anderen Begründung – schließlich handelte es sich um die Regierung, die gern behauptete, Souveränität sei aus der Mode gekommen. Sie rechtfertigte die amerikanische Immunität gegen Strafverfolgung mit *altruistischen* Gründen: Die Welt brauche die Interventionspolitik der USA, und wie sollten Amerikaner ihre humanitäre Mission erfüllen, wenn sie von Strafverfolgung bedroht wären? David Scheffer formulierte es so:

> Die unlogische Konsequenz … wird sein, die rechtmäßigen, aber höchst strittigen und insgesamt riskanten Interventionen ernstlich einzuschränken, um die die Verfechter von Menschenrechten und Weltfrieden die Vereinigten Staaten und andere Militärmächte so händeringend ersuchen. Solche Interventionen, die bisher weitgehend vor politisch motivierten

Anklagen geschützt waren, werden mit erheblichen neuen rechtlichen und politischen Risiken behaftet sein.[40]

»Andere Beteiligte an Friedensmissionen werden ebenso betroffen sein«, merkte Scheffer an.[41] Doch keiner von ihnen hatte Angst, das Abkommen zu ratifizieren. Und die Staaten, die das Statut ratifizierten, waren offenbar durchaus bereit, im Interesse einer stärkeren Einhaltung des Völkerrechts etwas weniger eifrige Einsätze der USA hinzunehmen. Die gleichen Argumente brachte die amerikanische Polizei in den Debatten der 60er Jahre über ordentliche Gerichtsverfahren vor; damals dachte außer der Polizei niemand daran, die Entscheidung ausschließlich ihr zu überlassen.

Scheffer warnte jedoch nicht nur vor drohenden *Anklagen*, sondern vor »*politisch motivierten* Anklagen«. Diese Gefahr wiederholten die Gegner des Internationalen Strafgerichtshofes wie ein Mantra. Als Clinton das Abkommen unterzeichnete, erklärte er: »Wir haben wirkungsvoll an der Entwicklung von Verfahren gearbeitet, die die Wahrscheinlichkeit politisierter Strafverfolgungen einschränken.«[42] Als die Unterschrift zurückgezogen wurde, sagte Bushs Pressesprecher, Marc Grossman: »Wir sind zudem überzeugt, dass der IStGH auf einem mangelhaften Fundament aufgebaut ist, und diese Mängel eröffnen der Möglichkeit Tür und Tor, ihn auszunutzen und politisch motivierte Strafverfolgungen anzustrengen.«[43] Was meinen sie mit »politisch motivierten Strafverfolgungen«? Die Juraprofessorin und Rechtsberaterin des Pentagon, Ruth Wedgewood, führte aus: »Die Sorge der Vereinigten Staaten ist, dass in einem unpopulären Konflikt eine echte Chance besteht, dass ein Gegner oder Kritiker den IStGH missbraucht, um seinen Standpunkt klarzumachen.«[44]

Hier haben die USA tatsächlich einen wichtigen Punkt getroffen. Der am weitesten anerkannte Zweck jeden Strafrechts, ob national oder international, ist »erzieherisch«. In jedem Lehrbuch zum Strafrecht wird sich eine Passage finden, die der folgenden der Canadian Law Reform Commission ähnlich ist:

Wir müssen nach wie vor etwas gegen strafbare Handlungen tun: um unsere gesellschaftliche Missbilligung zum Ausdruck zu bringen, um sie öffentlich zu verurteilen und um die von ihnen verletzten Werte zu be-

Verbrechen gegen die Menschlichkeit

kräftigen … Solche Verstöße erfordern öffentliche Verurteilung, und das ist die vorrangige Aufgabe des Strafrechts. Das … ist die moralische, erzieherische Aufgabe des Strafrechts.[45]

Das offizielle Hauptziel des Strafrechts besteht also genau darin, einen »Standpunkt« klar zu machen. Gewöhnlich geht es dabei um »Verantwortlichkeit«, um die Frage, wer (oder was) die Schuld an einem tragischen Ereignis trägt. Das Strafrecht zielt darauf ab, die Schuld dem einzelnen Straftäter zu geben und alle einflussreichen gesellschaftlichen Faktoren mitsamt ihren mächtigen gesellschaftlichen Akteuren aus der Verantwortung zu entlassen und einen in Wahrheit ungleichen Interessenkonflikt als fairen Streit von Richtig und Falsch darzustellen. Genau das versuchten die USA, als sie den IStGHJ einrichteten; nach Scharfs Darstellung war er »kaum mehr als ein Publicrelations-Instrument«, um den Gewalteinsatz gegen Jugoslawien zu rechtfertigen.[46] Und genau den entgegengesetzten Standpunkt, nämlich dem Einsatz von Gewalt *die Legitimation abzusprechen*, wollten wir verdeutlichen, als wir Anzeige gegen die NATO erstatteten. Es liegt im Interesse der USA, die Möglichkeiten, antiamerikanische Standpunkte zu vertreten, nicht ausufern zu lassen, wie der ehemalige Außenminister Lawrence Eagleburger in seiner Aussage vor dem Kongress erklärte. Der moralisch getriebene Eagleburger, der nicht umhinkonnte, Milošević zu verurteilen, auch wenn der Friedensprozess dabei zum Teufel ging, lehnte den Internationalen Strafgerichtshof als »gleichermaßen illegitim wie unlogisch« ab, weil eine unparteiische internationale Justiz gegen beide Seiten vorgehen könnte:

Ich denke, wir müssen den Rest der Welt daran erinnern, dass wir auch weiterhin unsere Entscheidungen aufgrund unserer besten Interessen fällen, und wenn wir beispielsweise beschließen, dass wir in einem bestimmten Gebiet handeln wollen, sollten unsere GIs nicht der Gerichtsbarkeit dieses Gerichts unterstellt sein, falls jemand seinen Standpunkt gegen die Vereinigten Staaten und ihr Vorgehen durchsetzen will. Und … wenn wir diesen Weg weiter verfolgen, werden wir uns wegen Kriegsverbrechen von jenen angeklagt sehen, die nichts mit Anklagen wegen Kriegsverbrechen zu schaffen haben, weil sie selbst durchaus Kriegsverbrecher sein könnten oder Neutrale sind, die etwas gegen die Macht und den Einfluss der Vereinigten Staaten haben und bereit sind, gegen uns vorzugehen, wenn sie können.[47]

Wieso sollte sich also ein so mächtiges Land wie die USA dem demokratischen Urteil eines unparteiischen Gerichts unterwerfen? Hält man sie eigentlich für verrückt? Was kümmert es sie, was der Rest der Welt denkt, wenn das einzige Publikum, das zählt, das unfreiwillige Publikum im US Network Newsland ist?[48] Für Eagleburger ist es durchaus stimmig, damals den IStGHJ zu unterstützen und sich heute gegen den Internationalen Strafgerichtshof auszusprechen: beide Positionen dienen den amerikanischen »Interessen«. Gemäß diesem Prinzip haben die flexiblen Politiker im Weißen Haus nun beschlossen, dass einzelne Staaten und nicht internationale Institutionen das angemessene Vehikel einer internationalen Justiz sind:

> Wir glauben an Gerechtigkeit und Rechtsstaatlichkeit. Wir glauben, dass jene, die die schwersten Verbrechen gegen die Menschlichkeit begehen, die schwersten Verbrechen, die die internationale Gemeinschaft betreffen, bestraft werden sollten. Wir glauben, dass in erster Linie Staaten, nicht internationale Institutionen, dafür verantwortlich sind, Gerechtigkeit im internationalen System zu gewährleisten.[49]

## Die Amerikaner haben Mittel und Wege

Freunde der USA wie auch des Internationalen Strafgerichtshofs versuchten die USA zu überreden, dem IStGH-Statut beizutreten, indem sie sagten, dies läge im »Interesse« Amerikas, weil es den amerikanischen Einfluss auf das Gericht stärken würde. Michael Scharf berief sich bezeichnenderweise auf die Erfahrungen mit dem IStGHJ:

> … der beste Weg, die Vereinigten Staaten vor dem Gespenst einer Anklage gegen US-Personal durch ein potenziell politisiertes Tribunal zu schützen, besteht nicht darin, die Rolle des feindlichen Außenseiters anzunehmen, sondern das Römische Statut zu unterzeichnen, um eine einflussreiche Rolle bei der Wahl der Richter und des Anklägers des Gerichts zu spielen und US-Personal für die Arbeit in der Anklagebehörde zu stellen, wie die Vereinigten Staaten es beim jugoslawischen Kriegsverbrechertribunal so erfolgreich praktiziert haben.[50]

Und diese Äußerung kommt von einem *Befürworter* des IStGHJ, von einem »Insider«, der das Statut entworfen hat. Es gibt jedoch einen entscheidenden Unterschied zwischen dem IStGHJ und dem IStGH,

Verbrechen gegen die Menschlichkeit

der einen Beitritt für die USA erheblich unattraktiver macht. Beim IStGHJ besitzen sie über den Sicherheitsrat, der eine entscheidende Rolle bei der Auswahl des Personals spielt, ein Vetorecht bei der Wahl der einzelnen Richter und Ankläger.[51] Daher konnte Madeleine Albright die Kandidatinnen Arbour und del Ponte erst einmal »beschnuppern«. Der Internationale Strafgerichtshof ist dagegen wesentlich demokratischer aufgebaut. Richter und Ankläger werden von den Vertragsstaaten gewählt, die jeweils eine Stimme, aber kein Vetorecht besitzen.[52] Als Vertragspartei hätten die USA nur eine Stimme von insgesamt 89 Stimmen. Ihr Einfluss ist also wesentlich größer, wenn sie dem Statut nicht beitreten, zumindest bis man ihnen die Bedingungen zugesteht, die sie fordern.

Die Amerikaner wissen, dass der Gerichtshof letzten Endes auf ihre Vorstellungen einschwenken wird:

> Als größte Volkswirtschaft, traditionell starker Unterstützer von Ad-hoc-Tribunalen und als einziges Mitglied des Sicherheitsrates, das in der Lage ist, transkontinentale Militäroperationen mit den erforderlichen Lufttransporten, technischen Aufklärungsmitteln und logistischen Voraussetzungen durchzuführen und zu unterhalten, sind die USA für die zukünftige Effektivität des IStGH von größter Bedeutung.[53]

Oder, um Stalin zu paraphrasieren: Wie viele Divisionen hat der IStGH? Großbritannien ist ein Vertragsstaat, aber die Tapferkeit, die die Briten an den Tag legten, als sie in Bosnien unter NATO-Kontrolle mit blutigen Razzien Verhaftungen durch Kommandotrupps vornehmen ließen und Jugoslawien, Afghanistan und Irak bombardierten, dürfte sich umgehend in nichts auflösen, wenn sie nicht mehr die Rückendeckung durch die reale Militärmacht Amerikas genießen. Selbst jene, die den USA raten, dem Statut in ihrem eigenen Interesse beizutreten, müssen zugeben, dass die Gegner nicht ganz Unrecht haben, wie Michael Scharf in einer Fußnote anmerkte:

> Doch selbst wenn die Vereinigten Staaten das Römische Statut nicht ratifizieren, wird die Versammlung der Vertragsstaaten, die den Ankläger und die Richter wählt, wahrscheinlich nicht von Staaten dominiert, die Animositäten gegen die Vereinigten Staaten hegen, sondern von Amerikas engsten Verbündeten, den »ähnlich gesinnten Staaten« Westeuropas, die sich als eifrigste Verfechter des IStGH hervorgetan haben.[54]

Scharf wusste, wovon er sprach. Als die Richter des IStGH im März 2003 gewählt wurden, schrieb die *New York Times:*

> Befürworter argumentieren, die Tatsache, dass die 18 Richter großenteils aus westlichen Demokratien stammen, die amerikanische Verbündete sind, könne Kritiker ebenfalls beruhigen. »Mit diesen Richtern wird es nun schwerer fallen, das Gericht als antiamerikanisches Komplott darzustellen, und das wird die bewussten Verzerrungen, die Washington über diesen Gerichtshof verbreitet hat, Lügen strafen«, erklärte Richard Dicker, ein führender Vertreter von Human Rights Watch in New York.[55]

Von den 18 Richtern (die alle von ihren Regierungen nominiert wurden) kamen fünf aus NATO-Ländern (Großbritannien, Frankreich, Deutschland, Italien und Kanada) und drei weitere aus Bushs »Koalition der Willigen« (Costa Rica, Lettland und Südkorea).[56] Nahezu die Hälfte der Richter wurde also von Staaten nominiert, die in einer förmlichen Militärallianz mit den USA standen. Von den übrigen Richtern kam einer aus Südafrika, das bereits ein Immunitätsabkommen nach Artikel 98 des Statuts mit den USA geschlossen hatte, drei aus Ländern, deren Haupthandelspartner die USA sind (Brasilien, Bolivien und Trinidad und Tobago), und zwei aus extrem armen Ländern (Mali und Ghana). Solche Staaten sind nicht darauf erpicht, sich mit den USA anzulegen, nur um einen »Standpunkt« klar zu machen. Ein amerikanischer Leutnant, der während Clintons Amtszeit in Bosnien eingesetzt war, kritisierte die Bush-Administration kurz und bündig, weil sie im Sicherheitsrat die unnötige Ausnahmeregelung für Angehörige von Friedensmissionen durchdrückte: »Vor allem könnte die Administration klar machen, dass es für jedes Land Konsequenzen hat, wenn es versucht, das Gericht zu benutzen, um gegen die amerikanische Außenpolitik vorzugehen.«[57]

Einen Hinweis auf die Orientierung des Gerichtshofs bietet die Wahl des ersten Gerichtspräsidenten, Philippe Kirsch aus Kanada, durch die Richter. Kirsch war von Anfang an an dem Projekt beteiligt, und seine Wahl kam nicht überraschend. Er spielte bei der Konferenz von Rom eine führende Rolle als Vorsitzender des Gesamtausschusses. Aber Kirsch war in Rom als Botschafter des kanadischen Außenministeriums, wo er im Laufe von 25 Jahren als loyaler Mitarbeiter bis in die höchsten Ebenen aufgestiegen war.[58] Von dort ging er nach Den

Verbrechen gegen die Menschlichkeit

Haag, um Kanada am Internationalen Gerichtshof zu vertreten. Als Jugoslawien im Mai 1999 wegen der rechtswidrigen Bombenangriffe gegen die NATO klagte, vertrat er Kanada als *Anwalt*.[59] Kirsch verteidigte und beriet also genau die Leute, die – wie wir und Amnesty International glauben – wegen Kriegsverbrechen in Zusammenhang mit den Bombardierungen, die Gegenstand unserer Anzeige waren, hätten angeklagt werden müssen. *Er half ihnen, das größte internationale Verbrechen und andere schwere Verbrechen zu begehen* – selbstverständlich nur in dem Maße, wie ein Anwalt jedem hilft. Kirsch ist ein NATO-Anwalt wie William Fenrick, der Verfasser des IStGHJ-Berichts, der die NATO von Kriegsverbrechen freisprach. Wie groß ist also die Wahrscheinlichkeit, dass er die Dinge anders sieht als die NATO-Staaten und sie wegen eines Vorgehens als Verbrecher verurteilt, das sie schon betrieben, als er noch zu ihrem Team gehörte?

Und da wir gerade von der NATO sprechen, sollte erwähnt werden, dass der Internationale Strafgerichtshof nicht nur seinen Sitz in Den Haag hat – der traditionelle Sitz internationaler Gerichtshöfe –, sondern auf absehbare Zukunft auch vollständig vom Wohlwollen der Niederlande abhängig ist, die nicht nur der NATO, sondern auch Amerikas »Koalition der Willigen« angehören. Der niederländische Staat hat zugesagt, für den IStGH ein neues Gebäude zu bauen; bis zu seiner Fertigstellung etwa 2007 ist das Gericht vorübergehend in Räumen des niederländischen Außenministeriums untergebracht – was für interessante Diskussionen innerhalb der NATO sorgen dürfte, falls der amerikanische Präsident je in Erwägung ziehen sollte, von den »erforderlichen Mitteln« Gebrauch zu machen, zu denen der Kongress ihn im »Haager Invasions-Gesetz« ermächtigt hat.[60] Dürfen wir ernsthaft erwarten, dass der IStGH als Gast der Niederlande Anklage gegen seinen Gastgeber oder dessen Partner in der NATO und der Koalition der Willigen erhebt?

Die Erfahrung mit dem IStGHJ zeigt, dass der wichtigste Posten an solchen Gerichtshöfen der des Anklägers ist, da es in seiner Zuständigkeit liegt zu entscheiden, welche der *zahlreichen* schuldigen Parteien eines Krieges wegen Kriegsverbrechen angeklagt werden. Beim Internationalen Strafgerichtshof liegt es (anders als beim IStGHJ) im »Ermessen« des Anklägers, auf die Einleitung eines Ermittlungsverfahrens oder der Strafverfolgung zu verzichten, wenn es »nicht im Interesse der Gerechtigkeit läge«, auch wenn »die ihm vorliegenden Informationen hinreichende Verdachtsgründe dafür bieten, dass ein der Gerichtsbarkeit des Gerichtshofs unterliegendes Verbrechen begangen wurde oder wird«.[61] Zudem gibt es noch einige »vertrauensbildende« Barrieren für eine Strafverfolgung. Bevor der Ankläger auch nur ein *Ermittlungsverfahren einleiten* kann, muss es von mindestens zwei der drei Richter einer Vorverfahrenskammer genehmigt werden, die den gleichen Ermessensspielraum haben wie der Ankläger; und bevor Anklage erhoben werden kann, müssen mindestens zwei von drei Richtern ihre »Zulässigkeit« bestätigen, was unter anderem eine Einschätzung beinhaltet, ob in der Sache von den zuständigen Behörden eines Staates »ernsthaft« ermittelt wird (»Komplementarität«) und ob die Sache »schwerwiegend genug ist, um weitere Maßnahmen des Gerichtshofs zu rechtfertigen«.[62]

In Anbetracht des Drucks, den die USA wegen möglicher »politisch motivierter Strafverfolgungen« gemacht hatten, waren die Vertragsstaaten jedoch so darauf bedacht, jeden Anschein einer Kontroverse zu vermeiden, dass sie die Nominierung eines Anklägers hinauszögerten, bis sie sich einstimmig auf einen Kandidaten geeinigt hatten. Als es zur Wahl des Anklägers kam, gab es nur einen Kandidaten, und er wurde mit 78 Jastimmen ohne Gegenstimmen und Enthaltungen gewählt. Welche Anforderungen stellten sie an den Kandidaten? Hier einige Kommentare aus der Zeit, als die Richter ihr Amt antraten:

> Ein Angehöriger des Gerichtshofes erklärte unter vier Augen: »Er oder sie muss solide Fachkenntnisse besitzen, geschickt mit den Medien umgehen können und politisch gewieft sein. Es muss jemand sein, der Vertrauen erwecken kann, vor allem bei Staaten, die noch nicht Mitglieder sind, nicht zuletzt bei den Vereinigten Staaten« … Manche Diplomaten und Rechtsexperten hier haben spekuliert, eigentlich wäre ein Amerikaner ein idealer Ankläger …[63]

Die Wahl fiel nicht auf einen Amerikaner, aber außerhalb der USA hätte es für die USA kaum einen zuverlässigeren Kandidaten geben können als den Argentinier Luis Moreno Ocampo, der damals gerade als Gastprofessor an der Harvard Law School tätig war. Er hatte zwar im Laufe seiner Karriere schon als Ankläger gearbeitet, aber das lag

Verbrechen gegen die Menschlichkeit

weit zurück – Mitte der 80er Jahre gegen die argentinischen Junta-generäle. Als Ocampo den Posten beim Internationalen Strafgerichts-hof erhielt, war er Präsident des argentinischen Verbandes von »Transparency International«, einer Organisation, die im Auftrag einiger der größten Konzerne und Institutionen der Welt in vielen Ländern gegen Korruption tätig ist.[64] Zu ihren Geldgebern gehörten die amerikanische Agency for International Development, die am Sturz Miloševics beteiligt war, die Weltbank, die MacArthur Foundation (US), George Soros' Open Society Institute (beide wichtige private Geldgeber des IStGHJ), die Ford Foundation (US) und eine Reihe von Privatunternehmen, darunter einige der größten Konzerne Amerikas wie General Electric und Ford, die größten Rüstungshersteller Boeing und Lockheed Martin, die Ölgiganten Exxon Mobil und Texaco sowie das neue Aushängeschild der Korruption, Enron Inc., was für eine Anti-Korruptions-Organisation recht peinlich ist.[65] Ocampos erstes Interview, das er einen Tag nach seiner Ernennung zum Ankläger des IStGH gab, enthielt die ominöse Äußerung: »Wir müssen zeigen, wie ernsthaft wir arbeiten, und ganz allmählich werden Leute, die heute noch zögern, anfangen, uns zu vertrauen«.[66] Damit dürfte er die USA gemeint haben. Ratschläge, wie er dies machen sollte, bekam Ocampo zur Genüge:

> Die NATO und anderes Militärpersonal einzuladen, durch zeitweilige Abkommandierungen, Beratergremien und Gutachter (selbst aus Ländern, die noch keine Vertragsstaaten sind) direkt an der Arbeit des IStGH mitzuwirken, würde zudem Vertrauen [der Amerikaner] in den IStGH schaffen helfen.[67]

Übrigens sollte man sie oder andere, die an ihren militärischen Abenteuern beteiligt sind, auch nicht wegen Kriegsverbrechen anklagen.

Der Internationale Strafgerichtshof ringt also verzweifelt um seine Glaubwürdigkeit, allerdings nicht gegenüber der Welt, sondern gegenüber den größten internationalen Verbrechern der Welt. Die Amerikaner haben gut daran getan, dem Statut des IStGH nicht beizutreten, denn nun wird der Strafgerichtshof sie zeit seines Bestehens zu überzeugen versuchen, dass sie nichts von ihm zu befürchten haben. Von einem solchen Gericht kann man unmöglich etwas anderes erwarten, als dass es die üblichen Verdächtigen verhaftet.

# Die Nürnberger Prozesse

Heuchelei, die »Hommage des Lasters an die Tugend«, ist zugleich eine Beschönigung für Lügen. Man behauptet, etwas aus prinzipiellen Gründen zu tun, hat aber in Wahrheit etwas weniger Ehrenhaftes im Sinn. Die Haltung der USA gegenüber dem Internationalen Strafgerichtshof erhellt daher rückblickend die politischen Motive für die Ad-hoc-Tribunale, falls wir noch mehr Erhellung brauchen: Es lässt sich nicht mehr ernsthaft behaupten, die USA hätten diese Tribunale im Rahmen einer neuen weltweiten Gesinnung gegen Straflosigkeit gefördert, statt als Deckmäntelchen für ihren alten eigennützigen Imperialismus. Das mag durchaus ein Geburtsfehler des internationalen Strafrechts sein, da selbst die ehrwürdigen Nürnberger Prozesse das Produkt eines ähnlich begrenzten politischen Kalküls waren. Die Prozesse waren der Sieg einer *weichen Linie* gegen den Nationalsozialismus, die im Wiederaufbau eines starken kapitalistischen Deutschlands unter der Führung derselben Gesellschaftsschicht, die auch die Nazis gestützt hatte, ein wesentliches Element für die geopolitische Nachkriegsstrategie der USA und vor allem für ihren bevorstehenden Kampf gegen die Sowjets sah. Sie waren eine Niederlage für die *harte Linie,* die Deutschland dauerhaft unschädlich und wirtschaftlich abhängig machen wollte.

Anfangs hatten die Hardliner die Oberhand. Darauf hatten die Sowjets seit Stalingrad gedrängt, wo sie unter entsetzlichen Verlusten die Deutschen besiegt und damit die Wende des Krieges herbeigeführt hatten. Roosevelt teilte ihre Ansicht, obwohl Churchill dagegen war, wie sich beim ersten Gipfeltreffen der »Großen Drei« Ende November 1943 in Teheran zeigte. Die Differenzen in der Frage der Kriegsverbrechen traten deutlich während eines Abendessens zutage, bei dem Stalin als Gastgeber zahlreiche Toasts zu Wodka ausbrachte. Roosevelts Sohn Elliott, der zufällig an diesem Abendessen teilnahm, zitierte Stalins »soundsovielten Trinkspruch« folgendermaßen:

> Ich trinke auf die möglichst rasche Justiz für alle deutschen Kriegsverbrecher – auf die Justiz einer Erschießungsabteilung. Ich trinke auf unsere Entschlossenheit, sie sofort nach der Gefangennahme zu erledigen, und zwar alle, und es müssen mindestens fünfzigtausend sein.

Verbrechen gegen die Menschlichkeit

Nach Elliott Roosevelts Schilderung protestierte Churchill vehement:

»Ein solches Vorgehen«, rief er aus, »steht in schroffem Gegensatz zu der britischen Auffassung von Recht. Das britische Volk wird nie und nimmer einen solchen Massenmord billigen. Ich benütze die Gelegenheit, um zu erklären, dass nach meiner Auffassung niemand, ob Nazi oder nicht, in einem summarischen Verfahren von einer Erschießungsabteilung erledigt werden soll, also ohne Durchführung eines gesetzlichen Verfahrens und ohne Berücksichtigung der vorliegenden Tatsachen und Beweise!«

An diesem Punkt schaltete sich Roosevelt ein und schlug einen »Kompromiss« vor: »Wir könnten vielleicht sagen, dass wir uns nicht auf 50 000, sondern auf eine kleinere Zahl, sagen wir, rund 49 500, von Kriegsverbrechern einigen, die summarisch hingerichtet werden sollen.«[68] Churchill, der diese Darstellung mehr oder weniger bestätigte, sprang vom Tisch auf und kehrte erst wieder zurück, nachdem Stalin und Molotow ihm persönlich nachgegangen waren und erklärt hatten, es sei alles nur ein Scherz gewesen.[69]

Doch wie Churchill schon vermutet hatte, meinte Stalin diesen Vorschlag durchaus nicht als Scherz, und Roosevelt stand in dieser Frage Stalin wesentlich näher als Churchill. In seiner eigenen Regierungsmannschaft schlug Henry Morgenthau jr., sein Finanzminister, einen ganz ähnlichen Plan vor, der »die vollständige Entmilitarisierung und Entindustrialisierung Deutschlands und die schwere Bestrafung aller Deutschen, die an Kriegsverbrechen beteiligt waren«, vorsah.[70] Morgenthau trat dafür ein, eine Liste mit Nazis zusammenzustellen, die nach ihrer Ergreifung und Identifizierung »unverzüglich durch Erschießungskommandos von Soldaten der Vereinten Nationen hingerichtet werden« sollten.[71] Zudem befürwortete er es, Personen, die Zivilisten als Geiseln oder wegen ihrer Nationalität, Rasse, Hautfarbe, Religion oder politischen Überzeugung getötet hatten, vor Militärtribunalen den Prozess zu machen. Die normale Strafe sollte die Todesstrafe sein, wenn es nicht außergewöhnliche Milderungsgründe gäbe. Zu diesem Zweck forderte Morgenthau die Inhaftierung aller SS-Mitglieder, aller hohen Polizeibeamten, SA-Offiziere und anderen Sicherheitskräfte sowie leitender Regierungsmitglieder und Nazifunktionäre und aller führenden Persönlichkeiten des öffentlichen Lebens, die enge

Verbindungen zum Nationalsozialismus hatten.[72] Zu den Vertretern einer weichen Linie gegenüber Deutschland gehörte Kriegsminister Henry Stimson, der Morgenthaus Plan, Deutschland auf ein »Subsistenzniveau« und ein »Dasein der Knechtschaft« zu reduzieren, auf dessen »semitischen Groll« zurückführte.[73] Stimson trat für ordentliche Prozesse nach einem »würdigen« Verfahren ein, das den Deutschen nicht »die Hoffnung auf eine respektierte deutsche Gemeinschaft in der Zukunft« nähme.[74]

Die Verfechter der weichen Linie waren »glühende Antikommunisten«, die »aufgrund ihres Misstrauens gegen die Sowjetunion eine mildere Politik gegenüber Deutschland befürworteten«. Sie fürchteten, eine »Zerschlagung der deutschen Wirtschaft würde das Land von Russland abhängig machen. Eine solche Regelung könnte zu einer sowjetischen Dominanz über ganz Europa führen«.[75]

Anfangs stellte Roosevelt sich auf die Seite der Hardliner.[76] Auf Morgenthaus Drängen schrieb er im August 1944 in harschem Ton an Stimson:

> Zu viele Leute hier und in England vertreten die Ansicht, dass das deutsche Volk als Ganzes für das, was geschehen ist, nicht verantwortlich ist – dass nur einige wenige Naziführer verantwortlich sind. Das beruht leider nicht auf Fakten. Dem deutschen Volk als Ganzem muss beigebracht werden, dass die ganze Nation an einer rechtswidrigen Verschwörung gegen Moral und Anstand der modernen Zivilisation beteiligt war.[77]

Nach ungünstigen Pressereaktionen bekam Roosevelt jedoch kalte Füße, und kurz vor seinem Tod schwenkte er auf Stimsons Plan ein, »das Prestige der Alliierten und letztlich auch der Amerikaner durch Kriegsverbrecherprozesse zu stärken«.[78] Die Truman-Administration, die ihren neuen sowjetischen Gegner ins Visier genommen hatte, fand begrenzte Prozesse und den Stimson-Plan mehr nach ihrem Geschmack: »Amerikanische Besatzungsbehörden verfolgten viele Ziele. Neben der Umsetzung offizieller politischer Direktiven zur Entnazifizierung, Konzernentflechtung, Entmilitarisierung und Demokratisierung strebten US-Beamte auch viele nicht ausdrücklich erklärte, aber zuweilen ebenso wichtige Ziele an, die von der Wiederbelebung der deutschen und europäischen Wirtschaft über die Senkung der Besatzungskosten für den amerikanischen Steuerzahler bis hin zur Eindämmung des Kommunismus reichten.«[79] Ankläger Telford Taylor vertrat in einer Aktennotiz von Juni 1945 die Meinung, hinter den Prozessen stehe in erster Linie der Gedanke, einen – oder mehrere – Punkte klar zu machen: »Dem Krieg gegen Deutschland Sinn zu verleihen. Den Opfern, die wir erlitten haben, und der Zerstörung und den Opfern, die wir verursacht haben, einen Wert zu verleihen.« Diese »übergeordneten Ziele« verlangten Verfahren, »die dazu beitragen, den Krieg« in erster Linie »für die Völker der alliierten Länder sinnvoll und wertvoll zu machen«.[80] Stalin fand den propagandistischen Wert der Prozesse ebenfalls reizvoll und beschloss, sich in das ohnehin inzwischen Unvermeidliche zu schicken.[81]

Selbst die Hinrichtung von 50 000 führenden Nazis und Regimeanhängern hätte die deutsche Schuld an jahrelanger Folter und Morden an Millionen wehrloser Opfer nicht gesühnt, aber der Sieg der weichen Linie war ein dauerhafter Frevel an ihrem Andenken. Nur 22 politische und militärische Führungskräfte wurden von dem Internationalen Militärtribunal verurteilt, und nur 11 von ihnen wurden hingerichtet. Die amerikanischen, britischen und französischen Alliierten richteten verschiedene Tribunale ein, vollstreckten etwa 500 Todesurteile und verhängten etwa 1000 lebenslange oder kürzere Haftstrafen. In dem Maße, wie sich die Fronten im Kalten Krieg verhärteten, wurden die Urteile milder, und ab 1949 ließ man Gnade walten, um den neuen deutschen Staat in das westliche Verteidigungsbündnis zu integrieren. Bis Anfang der 50er Jahre waren nahezu alle, die nicht zum Tode verurteilt wurden, wieder auf freiem Fuß, und am Ende des Jahrzehnts befand sich so gut wie keiner der Verurteilten mehr in Haft.

Arieh Kochavi kommt in seiner gründlichen Studie der Prozesse zu dem Schluss, dass »geopolitische Interessen den Umgang der Alliierten mit Kriegsverbrechern dominierten« und dass die Strafen »in keinem Verhältnis zu den entsetzlichen Verbrechen standen, die stattgefunden hatten«.[82] Trotz aller Romantik und Kritik (»Siegerjustiz«) waren die Nürnberger Prozesse also nur eine einprozentige Lösung und liefen effektiv darauf hinaus, *Nazis ungestraft davonkommen zu lassen,* statt sie zu bestrafen.

## Die Prozesse von Tokio

Der Antikommunismus der Truman-Administration konnte sich unter anderem auf die Atombombe stützen. Die moderne Wissenschaft tendiert zu der Ansicht, dass es beim Abwurf der Atombombe auf Hiroshima und Nagasaki nicht darum ging, den Krieg zu beenden, sondern die Sowjets einzuschüchtern.[83] Ein Vertreter dieser Position ist der niederländische Jurist B. V. A. Röling, der dem Internationalen Militärtribunal für den Fernen Osten angehörte, das 28 führende japanische Politiker und Militärs in Tokio als Kriegsverbrecher verurteilte und sieben hinrichtete. In einem Gespräch mit dem späteren Präsidenten des IStGHJ, Antonio Cassese, erklärte Röling 1977: »Die Geschichte der japanischen Kapitulation zeigt offenbar, dass der Tod von Millionen Amerikanern und Japanern ohne die Atombomben hätte vermieden werden können, indem man nur die japanische Bedingung akzeptiert hätte: die Erhaltung des Kaiserreiches.«[84] Nach Rölings Ansicht setzten die Amerikaner die Atombombe ein, weil sie so viel in sie investiert hatten und »um die Sowjets mit ihrer neuen Macht zu beeindrucken«.[85] Ziel der Kriegsverbrecherprozesse in Japan war, laut Röling, den Japanern die Schuld an Pearl Harbor zuzuschieben, die viele damals in amerikanischer Nachlässigkeit und sogar stillschweigendem Einverständnis sahen, und damit »zu bekräftigen, dass sie [die Japaner] so schändlich und skandalös gehandelt hatten, dass ehrbare Amerikaner unmöglich mit diesem Angriff hätten rechnen können«.[86] Damals verstand man es durchaus als Heuchelei, dass die Amerikaner Japanern den Prozess machten, nachdem sie selbst 200 000 Zivilisten verbrannt hatten, nur um den Sowjets etwas zu beweisen. Röling schilderte, dass er »manchmal Kontakte zu japanischen Studenten hatte«:

> Das Erste, was sie mich immer fragten, war: »Haben Sie das moralische Recht, über die Führung Japans zu richten, obwohl die Alliierten alle Städte des Landes in Schutt und Asche gelegt und manchmal, wie in Tokio, 100 000 Menschen in einer einzigen Nacht getötet haben, [gipfelnd in] der Zerstörung von Hiroshima und Nagasaki?« ... Ich bin fest überzeugt davon, dass diese Bombardierungen Kriegsverbrechen waren. ... Es war ein Terrorkrieg ...[87]

Verbrechen gegen die Menschlichkeit

Anders als bei den Nürnberger Prozessen stammten die Richter des Tribunals von Tokio aus elf Ländern, und zwei von ihnen vertraten zu den Urteilen abweichende Auffassungen, deren Veröffentlichung damals allerdings verhindert wurde. Röling war nur mit Teilen des Urteils nicht einverstanden, aber der indische Richter Radhabinod B. Pal kam zu einer völlig anderen Auffassung, die er auf 1235 Seiten begründete.[88] Darin ging es überwiegend um einen fundierten Versuch nachzuweisen, dass entgegen der These, die sowohl das Tribunal von Nürnberg als auch das von Tokio in ihren Urteilen zugrunde legten, ein »Angriffskrieg« zur Zeit des Zweiten Weltkrieges *noch kein* Verbrechen war und die Prozesse daher den Rechtsgrundsatz verletzten, der eine *Ex-post-facto*-Rechtsprechung verbietet. Was Richter Pal jedoch eindeutig aufregte und wofür seine abweichende Auffassung letztlich stehen sollte, war seine Opposition gegen eine »Siegerjustiz«:

> »Es ist mit der Idee einer internationalen Justiz nicht ganz vereinbar, dass nur die besiegten Staaten verpflichtet sind, ihre eigenen Staatsangehörigen zur Bestrafung von Kriegsverbrechen der Rechtsprechung eines internationalen Tribunals zu unterwerfen.« ... Es wurde gesagt, dass ein Sieger dem Besiegten alles von Gnade bis Rache zuteil werden lassen kann; aber eines, was der Sieger dem Besiegten nicht geben kann, ist Gerechtigkeit.[89]

Richter Pal sah »keinen großen Unterschied« zwischen der Rechtfertigung der kriminell »abscheulichen Methoden« des Ersten Weltkrieges und dem, »was nach dem Zweiten Weltkrieg zur Rechtfertigung dieser inhumanen Bombendetonationen in Hiroshima und Nagasaki vorgebracht wird«.[90] Er kam zu dem Schluss: »Zieht man das Verhalten der Nationen in Betracht, stellt sich vielleicht als Recht heraus, *dass nur ein verlorener Krieg ein Verbrechen ist.*[91]

### Der Fall Pinochet

Die Bewegung für ein internationales Strafrecht war immer bemüht, das Stigma der Siegerjustiz zu überwinden, ohne allerdings real etwas daran zu ändern. Ein Beispiel ist der Fall des ehemaligen chilenischen Diktators Augusto Pinochet, dessen Verhaftung aufgrund eines internationalen Haftbefehls im Oktober 1998 in London ein verblüffender

Erfolg der Bewegung zu sein schien, nachdem sie im vorangegangenen Sommer gerade das Römische Statut zustande gebracht hatte. Hier gab es nun endlich einen Verhafteten, der *nicht* zu den üblichen Verdächtigen gehörte: ein von den USA eingesetzter Diktator, der sich nach 25-jähriger Amtszeit als Liebling der internationalen Rechten gerade zur Ruhe gesetzt hatte. Die Verhaftung wurde weithin als »Sieg der Rechtsstaatlichkeit« bejubelt.[92]

Die Immunität des 82-jährigen chilenischen Exdiktators gegen eine Strafverfolgung war durch diverse Artikel der von ihm selbst geschriebenen Verfassung und vor allem durch die Tatsache garantiert, dass er sämtliche leitenden Justizbeamten ernannt hatte.[93] Im September 1998 reiste er zu einer Rückenoperation nach Großbritannien, wie er es im Laufe der vorangegangenen vier Jahre bereits zwei Mal unbehelligt getan hatte. Ausgerechnet während seines Aufenthalts in Großbritannien ermittelten zwei spanische Richter gegen ihn in Zusammenhang mit der Folterung und dem Verschwinden spanischer Staatsbürger und Nichtstaatsbürger – nur einige wenige der 3000 Ermordeten und Zehntausenden unter dem Pinochet-Regime Gefolterten. Die spanischen Richter erfuhren, dass Pinochet sich in Großbritannien aufhielt, und erließen einen internationalen Haftbefehl gegen ihn wegen Mord- und Folterverdachts, den die britische Polizei aufgrund des Auslieferungsvertrags mit Spanien auch ausführte.[94]

Pinochet besaß jedoch einflussreiche Freunde in England, darunter die ehemalige Premierministerin Margaret Thatcher, die ein Verteidigerteam zusammenstellten und seiner Auslieferung alle erdenklichen Hindernisse in den Weg legten. Obwohl Pinochet kein Staatsoberhaupt mehr war (bei den ersten Wahlen, die er nach 16 Jahren Militärherrschaft zuließ, hatte man ihn abgewählt) und er sich zu einem rein privaten Besuch in Großbritannien aufhielt, stritt man sich schon bald bis hinauf zum Oberhaus um seine »diplomatische Immunität«. Im November 1998 entschieden die Lordrichter in einer knappen Entscheidung, die live in der ganzen Welt übertragen wurde, mit drei zu zwei Stimmen, dass Pinochets Auslieferung zulässig sei.[95] Doch zum ersten Mal in der Geschichte des Obersten Gerichts wurde die Entscheidung für nichtig erklärt, weil einer der Richter als ehrenamtlicher Leiter einer Wohltätigkeitsorganisation tätig war, die Amnesty Inter-

Verbrechen gegen die Menschlichkeit

national angegliedert war, und Amnesty als Nebenkläger in diesem Fall auftrat.[96] Man sollte meinen, das wäre durch die Tatsache mehr als aufgewogen worden, dass *sämtliche* Richter von der Tory-Regierung unter John Major ernannt wurden, die mit Pinochet auf so freundschaftlichem Fuße stand, dass man ihn bei seinen beiden vorhergehenden Besuchen nicht hatte verhaften können.[97] Am 24. März 1999 entschied ein neues Gremium aus sieben Lordrichtern mit sechs zu eins Stimmen, dass Pinochet tatsächlich an Spanien auszuliefern sei.[98] An ebendiesem Tag begann die NATO unter erheblicher Beteiligung Großbritanniens, Jugoslawien zu bombardieren. Die Lordrichter entschieden allerdings auch, dass Pinochet gegen eine Strafverfolgung für Verbrechen immun sei, die vor 1988 begangen wurden (über 15 Jahre seiner Diktatur hinweg, in die auch deren gewaltsamste Periode fiel). Aber immerhin musste er nach Spanien, und auch nach der geänderten Anklage, die die spanischen Behörden nach dieser Entscheidung erhoben, hätten die Folter- und Entführungsvorwürfe ohne weiteres gereicht, um ihn für den Rest seines Lebens hinter Gitter zu bringen. Außerdem liefen weitere Verfahren gegen ihn in Belgien, Frankreich und der Schweiz. Nach weiteren juristischen Auseinandersetzungen und medizinischen Gutachten fand schließlich am 8. Oktober 1999 die mündliche Verhandlung in seinem Auslieferungsverfahren statt, in der seine Auslieferung aufgrund von 35 Anklagepunkten beschlossen wurde.

Innerhalb einer Woche legte die gegen Straflosigkeit zu Felde ziehende britische Regierung der Justiz ein neues Hindernis in den Weg, Pinochet zur Verantwortung zu ziehen: eine angebliche »kürzlich eingetretene erhebliche Verschlechterung des Gesundheitszustandes bei Senator Pinochet«.[99] Innenminister Jack Straw ordnete eine medizinische Untersuchung an, die nach seinen Angaben »zeigte, dass Senator Pinochet nicht verhandlungsfähig und keine signifikante Besserung zu erwarten ist«.[100] Auf gerichtliche Anordnung gab Straw den medizinischen Untersuchungsbericht streng vertraulich an Spanien, Belgien, Frankreich und die Schweiz weiter, räumte ihnen eine Woche Zeit für eine Antwort ein und erklärte, nachdem er »all dieses Material« geprüft hatte, er habe sich »überzeugt, dass die Schlussfolgerung des ursprünglichen Berichts korrekt war«.[101] Am 3. März 2000 wurde

Pinochet aus der Haft entlassen und in ein Flugzeug nach Chile gesetzt.

Als das medizinische Gutachten durchsickerte, zerpflückten Geriatrie-Experten es sofort als »mager und wenig überzeugend«.[102] Pinochet selbst demonstrierte der ganzen Welt unmittelbar nach seiner Landung auf chilenischem Boden, wo man ihn wie einen Helden mit Militärkapelle begrüßte, dass seine Entlassung aus gesundheitlichen Gründen auf einem Schwindel beruhte, als dieser »geschwächte kleine Mann«, den »London aus menschlichem Mitleid Pardon gab«, sich plötzlich aus seinem Rollstuhl »zu voller Körpergröße aufrichtete, das dümmliche Grinsen einem wachen Ausdruck wich und … er, wieder auf den Füßen, die erste Reihe der dreihundert großen Tiere, die auf der Landebahn warteten, … mit einer Klarheit grüßte, die die medizinisch-politische Heuchelei, ihn wegen Gedächtnisschwächen aus der Haft zu entlassen, Lügen strafte.«[103]

In Chile kam der Untersuchungsrichter Juan Guzman schon bald zu dem Schluss, dass Pinochet durchaus verhandlungsfähig sei, aber seine Versuche, Pinochet den Prozess zu machen oder ihn auch nur unter Hausarrest zu stellen, wurden von höheren Gerichten blockiert. Im März 2001 sprach ein Berufungsgericht ihn ohne jede Verhandlung praktisch in allen Punkten der Mordanklage im Fall der »Todeskarawane« – dem Mord an 75 Linken nach dem Putsch, der Pinochet 1973 an die Macht gebracht hatte – frei, obwohl »ehemalige Generäle wiederholt ausgesagt haben, dass Morde in ihrem Zuständigkeitsbereich auf direkten Befehl General Pinochets begangen wurden«.[104] Im Juli 2002 endete die Farce, als der Oberste Gerichtshof Chiles das Verfahren mit vier zu eins Stimmen einstellte, da Pinochet nicht verhandlungsfähig sei.[105]

Der britische Innenminister hatte also durchaus Recht, als er in seiner offiziellen Erklärung, dass man Pinochet nach Chile zurückfahren lasse, sagte: »Ich bin mir nur zu bewusst, dass die Weigerung, Senator Pinochet an Spanien auszuliefern, praktisch zur Folge haben wird, dass ihm wahrscheinlich nirgendwo der Prozess gemacht wird.« Dass er gleichzeitig sein Vertrauen in die spanische Justiz zum Ausdruck brachte – »ihre Prinzipien zur Feststellung der Verhandlungsfähigkeit eines Angeklagten [sind] den unseren ähnlich« –, kam einem plumpen

　　　　　Verbrechen gegen die Menschlichkeit

Eingeständnis gleich, dass er in Chile mit einem Versagen der Justiz rechnete; wieso hätte es sonst etwas am Ausgang des Verfahrens ändern sollen, ob Pinochet nach Spanien oder nach Chile geschickt wurde? Ohne Zweifel sagte Straw auch die Wahrheit, als er einräumte, dass er gegen die öffentliche Meinung handele, und 70 000 Briefe und E-Mails aus der ganzen Welt anführte: »Nahezu alle drängten mich, dem Auslieferungsverfahren seinen Lauf zu lassen, damit die gegen Senator Pinochet erhobenen Vorwürfe vor Gericht verhandelt werden könnten.« Andererseits glaubten ihm nur wenige die Behauptung, »alle Entscheidungen, die ich getroffen habe, waren einzig und allein meine Entscheidungen, nicht die der Regierung Ihrer Majestät«, und noch weniger glaubte man ihm die angegebenen Gründe für sein Handeln, nämlich Mitgefühl mit der plötzlichen Verschlechterung des Gesundheitszustandes. Ganz im Gegenteil: Sofort prangerten britische Tageszeitungen sie als Absprache an, die die Regierungen Großbritanniens, Spaniens und Chiles unter Blair, Aznar beziehungsweise Frei bereits Monate zuvor getroffen hatten, wie sich herausstellte.[106] Im entscheidenden Moment war die spanische Justiz von der Regierung Aznar verraten worden, die sich als eifriger Teilnehmer der amerikanischen Kriege vom Kosovo bis zum Irak erwies. Angeblich soll auch die amerikanische Regierung unter Bill Clinton »erheblichen Druck« auf die Briten ausgeübt haben, damit sie Pinochet freiließen.[107] Es blieb auch nicht unbeachtet, dass diese Absprache die gleiche gegen Straflosigkeit zu Felde ziehende Clique getroffen hatte, die gerade ihren Kosovo-Kreuzzug beendet hatte und immer noch auf die Verhaftung Miloševićs drängte. Maurizio Matteuzzi von der römischen Zeitung *Il Manifesto* schrieb, besäßen die betreffenden Regierungen auch nur

> ein Minimum an Anstand, würden sie sich schämen. Und mit ihnen auch andere Meister des Blablas über Menschenrechte … wie Clinton (unnachgiebig gegen Castro, Saddam und Milošević, aber ach so nachsichtig mit »unserem eigenen Hurensohn« aus Chile) und seine Mrs. Albright.

Matteuzzi bezeichnete die Entscheidung als »Triumph der schlimmsten Mischung aus Realpolitik und Geschäft«.[108] Madrid hatte einen Großteil des Wirtschaftswachstums in kommerzielle Unternehmungen in Lateinamerika, vor allem in Chile, investiert und war nicht sonderlich auf eine Initiative erpicht, die einen Beigeschmack von Neo-kolonialismus hatte.[109]

Wir haben es hier also mit einer ausschließlich Eigeninteressen dienenden Entscheidung von Heuchlern ersten Ranges zu tun. Das hinderte ebendiese Heuchler und die professionellen Menschenrechtler allerdings nicht, auch weiterhin bis zum Erbrechen von »Meilenstein«, »maßgeblichem Urteil«, »Vermächtnis« und »Präzedenzfall« zu sprechen. Selbst als Jack Straw verkündete, dass er Pinochet Straffreiheit gewährte, bezeichnete er die Entscheidung des britischen Oberhauses noch als »ein für die Rechtsprechung zu den Menschenrechten maßgebliches Urteil, dessen Wirkung weit über unsere Landesgrenzen hinaus spürbar war. Es wird ein dauerhaftes Vermächtnis des Falles Pinochet bleiben.«[110]

»Regardless Of Outcome, Pinochet Case Sets Precedent« (Wie er auch endet, Pinochet-Verfahren setzt Präzedenzfall) überschrieb die *Washington Post* einen Artikel, der den immer zitierbaren Richard Dicker von Human Rights Watch zitierte:

> Der rechtliche Standpunkt ist geklärt: Es gibt keine Immunität für Verbrechen gegen die Menschlichkeit und Folter, die von einem ehemaligen Staatsoberhaupt begangen wurden … Was nun geschieht, ist für die rechtliche oder auch für die praktische und symbolische Bedeutung des Falles nicht von Belang.[111]

In diesem Artikel zitierte die *Washington Post* einen weiteren »Menschenrechtsaktivisten«, der die Geistlosigkeit besaß, Pinochet und Milošević in einen Topf zu werfen:

> Pisar sprach von den Fällen Milošević und Pinochet und den unter amerikanischer Führung erfolgten Luftangriffen auf Jugoslawien aus humanitären Gründen im vergangenen Frühjahr und erklärte, die Doktrin sei unaufhaltsam fortgeschritten »bis zu einem Punkt, an dem die eigentlichen Grundlagen des souveränen Staates den Menschenrechten gewichen sind. Dieser Fortschritt war stetig und wird weitergehen, ganz gleich, was mit Pinochet geschieht«.

Doch was zeigt ein Vergleich dieser beiden Fälle wirklich? Milošević, der Feind der USA und Großbritanniens, landet in Den Haag, von der Regierung seines Landes ausgeliefert entgegen den Bestimmungen der jugoslawischen Verfassung und des Strafrechts und trotz einer gegen-

Verbrechen gegen die Menschlichkeit

teiligen Entscheidung des höchsten jugoslawischen Gerichts. Pinochet, der Freund der USA und Großbritanniens, kommt frei, weil die britische Regierung seine Auslieferung verhinderte, obwohl das Oberste Gericht sie beschlossen hatte. Dieselbe britische Regierung schreckte nicht davor zurück, bosnische Serben zu töten, um sie zu verhaften, oder Jugoslawien mit Sanktionen auszuhungern, bis das Land Milošević auslieferte. In diesem Fall hörte man von niemandem: »Es spielt keine Rolle, was mit Milošević passiert, solange der Präzedenzfall geschaffen wird.« Der eigentliche Präzedenzfall, den das Pinochet-Verfahren schuf, lautete: Begehst du deine Kriegsverbrechen auf der richtigen Seite, dann ist deine Straflosigkeit, ungeachtet der Rechtslage, garantiert; begehst du sie auf der falschen Seite, dann bist du, ungeachtet der Rechtslage, dran.

Selbst nachdem die chilenischen Gerichte das Verfahren gegen den alten Mann eingestellt hatten, feierten die Menschenrechtsgruppen aus unerfindlichen Gründen immer noch den »Präzedenzfall«. Human Rights Watch beklagte zwar die Ungerechtigkeit gegen Pinochets Opfer, behauptete aber dennoch, sein Fall sei »ein dauerhafter Schritt nach vorn für die Sache der Menschenrechte«, weil er dazu beigetragen habe, »das Prinzip zu etablieren, dass schwere Menschenrechtsverbrechen einer ›Weltgerichtsbarkeit‹ unterworfen sind und überall auf der Welt verfolgt werden können« und selbst ehemalige Staatsoberhäupter keine Immunität genießen.[112] Liest man jedoch die Entscheidung des Oberhauses, dann zeigt sich, dass sie eher einen Präzedenzfall für die Straflosigkeit als dagegen darstellt, und zwar entgegen dem Präzedenzfall des Nürnberger Urteils. Zum einen befanden die Lordrichter, dass ehemalige Staatsoberhäupter für ihre Verbrechen Immunität genießen, sofern ihre Staaten nicht per Vertrag darauf verzichtet haben. Aus diesem Grund konnte Pinochet nur wegen Folterungen ausgeliefert werden, die ab Ende 1988 begangen wurden, da Spanien, Chile und Großbritannien zu diesem Zeitpunkt die *Konvention gegen Folter* ratifiziert hatten. Für Verbrechen, die vor dieser Zeit begangen wurden, genoss Pinochet ebenso vollständige Immunität wie für alle Verbrechen, die nicht unter dieses Abkommen fielen. In einer willkürlichen Auslegung des Nürnberger Präzedenzfalles argumentierten die Lordrichter, die gegenteilige Entscheidung des Nürnberger Militärtribunals habe sich nicht auf internationales Gewohnheitsrecht gestützt, sondern auf die explizite Aufhebung der Immunität nach Artikel 7 des Nürnberger Statuts.[113] Die Richter des Militärtribunals hatten das Nürnberger Statut lediglich als Ausdruck des geltenden Völkerrechts bezeichnet – eines Rechts also, das unabhängig von seiner schriftlichen Niederlegung in einem Statut oder Abkommen Geltung besitzt. Damit sollte der Vorwurf einer Rechtsprechung *ex post facto* vermieden werden:

> Das Statut ist keine willkürliche Ausübung der Macht seitens der siegreichen Nationen, sondern ist nach Ansicht des Gerichts, wie noch gezeigt werden wird, der Ausdruck des zur Zeit der Schaffung des Statuts bestehenden Völkerrechts.[114]

Sie erklärten:

> Jener Grundsatz des Völkerrechts, der unter gewissen Umständen dem Repräsentanten eines Staates Schutz gewährt, kann nicht auf Taten Anwendung finden, die durch das Völkerrecht als verbrecherisch gebrandmarkt werden.[115]

Daraus ging das dritte der von der International Law Commission aufgestellten »Nürnberger Prinzipien« hervor.[116]

Die Lordrichter konnten sich in ihrem Abweichen von den Nürnberger Grundsätzen auf keinerlei Präzedenzfälle stützen. Nahezu alle der von ihnen angeführten Fälle waren keine Strafverfahren, sondern *Zivilprozesse,* bei denen es um die völlig andere Frage ging, ob nicht nur der Staatsvertreter, der eine Tat begangen hat, für Schäden haftbar ist, sondern auch der Staat.[117] Das einzige einschlägige Strafverfahren, das sich finden ließ, war der Fall des ehemaligen philippinischen Präsidenten Ferdinand Marcos und seiner Frau Imelda (mit den 3000 Paar Schuhen), die in den USA wegen Diebstahl öffentlichen Eigentums im Amt angeklagt wurden. Angesichts eines Amtshilfeersuchens an Schweizer Behörden musste das Schweizer Bundesgericht entscheiden, ob die Marcos' völkerrechtliche Immunität genossen. Das Gericht sprach ihnen die Immunität ab, weil die Philippinen sie aufgehoben hatte. Theoretisch hielt es allerdings aufgrund einer wenig überzeugenden Analogie zur *diplomatischen* Immunität daran fest, die einen völlig anderen Sachverhalt darstellt. Der Diplomat ist aus praktischen Gründen gezwungen, sich im Hoheitsgebiet eines anderen Staates aufzuhalten. Wieso sollte das ein ehemaliges Staatsoberhaupt oder einen anderen Staatsdiener von der Gerichtsbarkeit eines Landes ausnehmen, in dem er sich nicht aus offiziellen Gründen aufhält, oder vor Strafverfolgung wegen Verbrechen schützen, die begangen wurden, als er nicht in amtlicher Funktion im Ausland tätig war?[118] Außerdem ging es im Fall Marcos um Eigentumsdelikte – also um etwas völlig anderes als die schweren Völkerrechtsverbrechen, für die es nach dem Urteil von Nürnberg keine Immunität gibt.[119]

An mehreren Punkten verwiesen die Lordrichter in ihrem Pinochet-Urteil auf den Internationalen Strafgerichtshof als Beispiel für einen ausdrücklichen Ausschluss staatlicher Immunität und untergruben mit dieser Entscheidung effektiv die nationale Gerichtsbarkeit zugunsten der des IStGH.[120] In der Tat standen Mainstream-Juristen dem Anspruch auf nationale Gerichtsbarkeit über Völkerrechtsverbrechen äußerst skeptisch gegenüber; sie hielten ihn für »überzogen« und dem IStGH eindeutig unterlegen, was den Schutz der wegen Völkerrechtsverbrechen Angeklagten anging, »die hauptsächlich unter der Härte dieser neuen exotischen Gerichtsbarkeit leiden werden«.[121] Sicher. Dies ist ein weiteres Argument der amerikanischen Befürworter des IStGH:

> Die Umsetzung internationalen Strafrechts durch verschiedene Staaten ist ad hoc und bestenfalls ungleich, da sie durch ein System nationaler Gerichte geprägt ist, deren Motiven wir nicht immer vertrauen können und deren Verfahren wir nicht kontrollieren ... Dagegen bietet das Römische Statut den Vereinigten Staaten eine Möglichkeit, ein faires und konsistentes internationales Gerichtswesen zu prägen, das amerikanische Belange würdigt.[122]

Dennoch wurde von vielen Seiten die ignorante Behauptung aufgestellt, Pinochet hätte der Justiz schwerer entkommen können, wenn es den Internationalen Gerichtshof bereits gegeben hätte. So behauptete der Präsident der Römischen Konferenz, Giovanni Conso: Hätte der IStGH »während des Pinochet-Regimes bereits bestanden ... hätte das Leid Chiles vielleicht nie derart tragische Ausmaße angenommen«.[123] Da Pinochets Verbrechen jedoch alle auf chilenischem Boden begangen wurden, wäre der IStGH nur zuständig gewesen, wenn Chile das Abkommen ratifiziert hätte, und auch dann nur für Verbrechen, die *nach*

*der Ratifizierung* begangen wurden.[124] Wir müssten uns also vorstellen, dass ein Regime wie das von Pinochet das Abkommen ratifiziert
– oder einhält, falls es bereits ratifiziert wäre –, obwohl das Statut
keinerlei Sanktionen für mangelnde Kooperation vorsieht.[125] Nach
dem Stand von September 2004 hatte Chile das Abkommen immer
noch nicht ratifiziert. Zudem hätte das Prinzip der »Komplementarität« jedem gute Argumente geliefert, der die ganze Sache Chile überlassen wollte. Artikel 98 des Römischen Statuts hätte den Briten einen
noch besseren Vorwand geliefert, Pinochet statt nach Den Haag nach
Hause zu schicken, weil er nicht nur »Immunitätsabkommen« zulässt,
sondern ausdrücklich auch die vom britischen Oberhaus zugestandene
Immunität enthält.[126] Das Pinochet-Urteil legitimierte also die Unterordnung unberechenbarer nationaler Gerichtsbarkeit unter die Disziplin des Internationalen Strafgerichtshofs und verbesserte damit entschieden die Chancen auf Straflosigkeit. Manche Interventionsgegner
hießen es gut, dass Pinochet nach Hause geschickt wurde, um ihm
dort vor einem chilenischen Gericht den Prozess zu machen.[127] Doch
auch sie waren über den Präzedenzfall im Irrtum, zum einen, weil
dem von den USA eingesetzten Diktator vermutlich nie der Prozess
gemacht werden sollte – teils, weil er mit Hilfe einiger Schwerstverbre-
cher Chile nach seinen Vorstellungen hatte ummodeln können –; zum
anderen, weil es bei Pinochets Haft, solange sie dauerte, in erster Linie
darum ging, die zukünftige »humanitäre Intervention« im Kosovo zu
legitimieren.

Als Pinochet verhaftet wurde, plante die NATO bereits seit einigen
Monaten einen Angriff, den sie im Wesentlichen damit rechtfertigen
wollte, dass Milošević ein internationaler Verbrecher sei. Während
des gesamten Kosovokrieges blieb Pinochet als Beispiel für die Unparteilichkeit der Bewegung inhaftiert, an deren Spitze sich die NATO
gestellt hatte; knapp ein Jahr nach Kriegsende wurde er freigelassen.
In Wahrheit ist das Pinochet-Verfahren ein Präzedenzfall, dass das
internationale Strafrecht trotz aller dramatischen Erklärungen und
Präzedenzfälle immer zwischen nützlichen und störenden Strafverfahren, zwischen Freund und Feind, zwischen »unseren« und deren
Kriegsverbrechen zu unterscheiden weiß.

Verbrechen gegen die Menschlichkeit

# Belgien

Ein weiteres Beispiel dafür wie der Internationale Strafgerichtshof dazu beigetragen hat, das Ausufern einer »überzogenen« Gerichtsbarkeit zu verhindern, ist die traurige Geschichte des belgischen Gesetzes zur universellen Gerichtsbarkeit. Nach der Schaffung des IStGHJ 1993 verabschiedete Belgien ein eigenes Kriegsverbrechergesetz, das schwere Verstöße gegen die Genfer Konventionen von 1949 und die Zusatzprotokolle I und II von 1977 ahndet. Diese Verbrechen konnten nun unabhängig davon, wo sie verübt wurden, einer Strafverfolgung in Belgien unterworfen werden.[128] Im Februar 1999, als die NATO sich auf ihren Kosovokrieg vorbereitete, dehnte Belgien – nicht nur Mitglied der NATO, sondern auch Sitz des NATO-Hauptquartiers – die Reichweite des Gesetzes auf Völkermord und Verbrechen gegen die Menschlichkeit aus und hob ausdrücklich jede Immunität von Amtsträgern auf: »Die mit der amtlichen Eigenschaft einer Person verbundene Immunität verhindert nicht die Anwendung dieses Gesetzes«.[129] Dies war Belgiens besonderer Beitrag zur Propagandakampagne gegen Milošević, veröffentlicht einen Tag vor Beginn der NATO-Bombardierungen in Jugoslawien. Das Gesetz wurde allerdings nie gegen Milošević angewandt, sondern für besondere Ermittlungen zu den kriminellen Aktivitäten äußerst unüblicher Verdächtiger genutzt wie Ariel Sharon, George Bush sen., Colin Powell und General Tommy Franks (dem amerikanischen Kommandeur im Irakkrieg 2003). Selbstverständlich wurde keiner dieser Männer jemals aufgrund dieses Gesetzes angeklagt, geschweige denn verurteilt.

Die Ehre, als Einzige nach diesem Gesetz angeklagt und verurteilt zu werden, fiel einigen durchaus *üblichen* Verdächtigen zu: Vier ruandische Hutu (zwei katholische Nonnen, ein Universitätsprofessor und ein Geschäftsmann) wurden der Mittäterschaft an den Massakern 1994 in Ruanda für schuldig befunden, derentwegen der IStGHR seit 1995 den Hutu den Prozess machte. Im Juni 2001 wurden die Angeklagten, die 1994 nach Belgien geflüchtet waren, zu Haftstrafen zwischen 12 und 20 Jahren verurteilt. Die Zeitungen waren voll von Berichten über die »Blutschwestern«. Michael Ignatieff, der keine Gelegenheit auslässt, auf einen üblichen Verdächtigen einzudreschen, übertraf sich selbst, als er in der *New York Times* ein Prozessfoto der Nonnen als »Studie zu den unvorstellbaren Verkleidungen des Bösen« kommentierte:

> Welche Mischung von Angst und Hass brachte diese Nonnen dazu, ihr Glaubensgelübde zu verraten? Die Massaker in Ruanda hinterließen Hunderte verstörender Fragen wie folgende: Wieso bricht plötzlich Massengewalt aus? Sind wir alle imstande, unsere Nachbarn zu ermorden? Woher kommt das Böse?[130]

Andere waren nicht so verwundert. Sie stellten diese Ereignisse und die Prozesse europäischer Gerichte gegen Afrikaner in den Kontext der hundertjährigen Kolonialherrschaft, davon 80 Jahre unter eben den Belgiern, die sich nun anmaßten, ihre kolonialen Untertanen wegen Verbrechen zu verurteilen, die sie durch vieles gefördert, aber durch nichts verhindert hatten. Im Gericht waren sich Hutu und Tutsi offenbar über den Charakter der Verfahren einig: »Ganz offen, das ist ein rein politischer Prozess«, erklärte ein Hutu-Beobachter. »Was ist mit den Franzosen und den Belgiern?«, fragte ein Tutsi. »Sie sind doch diejenigen, die das Stammessystem zwischen Hutu und Tutsi eingeführt haben. Sie brachten den Kolonialismus. Sie müssen sich selbst vor Gericht stellen.«[131]

In Belgien herrschte der Eindruck, dass der Prozess rein belgischen Interessen diente: ein Versuch, die Schuld Belgiens wieder gutzumachen, das während des Massakers seine Blauhelmtruppen abgezogen hatte, und zugleich den Ruf der skandalgeschüttelten belgischen Justiz zu verbessern. »Die Regierung möchte das Image des Landes aufbessern und das Vertrauen in seine Institutionen wiederherstellen, das steht außer Zweifel«, erklärte ein Anwalt, der Angehörige der Opfer bei dem Prozess vertrat.[132] So ist auch die rasche Kehrtwende zu erklären, sobald versucht wurde, Prozesse gegen unübliche Verdächtige anzustrengen. Die öffentliche Aufmerksamkeit, die die Hutu-Prozesse erregten, brachte einige in Belgien lebende Palästinenser auf die Idee, den israelischen Premierminister Ariel Sharon wegen seiner Rolle bei den Massakern anzuzeigen, die 1982 in den Flüchtlingslagern Sabra und Shatila im Libanon stattgefunden hatten. Überlebende der Massaker erstatteten Anzeige. Im Juli 2001 musste Sharon eine Belgienreise absagen, weil ein belgisches Gericht ein Ermittlungsverfahren gegen

Verbrechen gegen die Menschlichkeit

ihn eingeleitet hatte. Im Gegenzug zeigten Israelis Jasir Arafat in Belgien an. Weitere Anzeigen gingen von der Rechten gegen Fidel Castro und Saddam Hussein ein. Israel drohte Belgien mit diplomatischen Schritten. Der belgische Generalstaatsanwalt brachte den Fall zur Prüfung vor das Berufungsgericht. Doch bevor dort eine Entscheidung fallen konnte, machte der Internationale Gerichtshof in Den Haag – nicht der IStGHJ, nicht der IStGH, sondern der seit langem bestehende IGH – Ariel Sharon ein Geschenk zum Valentinstag, indem er der »überzogenen Gerichtsbarkeit« einen weiteren Schlag versetzte. Es ging um das belgische Gesetz, betraf allerdings einen der üblichen Verdächtigen, dem das übliche Verbrechen zur Last gelegt wurde, Hass gegen die Tutsi geschürt zu haben. Der Beschuldigte war der kongolesische Außenminister Abdulaye Yerodia Ndombasi.[133] Der Kongo erklärte, die Klage verletze die Immunität ihrer Amtsträger, und der IGH stimmte dem zu, da der Haftbefehl erlassen wurde, als der Beschuldigte noch Außenminister war. Die Richter des IGH folgten dem Muster der Pinochet-Entscheidung, indem sie die diplomatische Immunität in einem Analogieschluss auf einen nicht analogen Kontext ausweiteten und vor allem den Nürnberger Präzedenzfall auf Fälle einschränkten, in denen die Immunität durch ein Abkommen oder ein anderes bindendes Rechtsinstrument ausdrücklich aufgehoben wurde – eine Auffassung, die, wie wir gesehen haben, im Gegensatz zu der des Nürnberger Tribunals und der UN-Generalversammlung steht.[134] Nach weitschweifenden Ausführungen über Immunität (bestraft werden könnten nur »Taten, die während dieser Amtszeit *in privater Eigenschaft* begangen wurden«) erinnerten die Richter des IGH alle daran, dass amtierende und ehemalige Minister strafrechtlich vor »bestimmten internationalen Strafgerichten« wie dem IStGHJ, dem IStGHR und dem IStGH belangt werden könnten.[135]

Dieses Urteil stellte also eine weitere Entscheidung gegen eine »überzogene« Gerichtsbarkeit und zugunsten des domestizierten und berechenbaren Internationalen Strafgerichtshofs dar. Das bedeutete für das belgische Gesetz den Anfang vom Ende. Im Februar 2003 entschied der Oberste Gerichtshof Belgiens, dass kein Verfahren gegen Sharon stattfinden könne, solange er im Amt sei. Die Israelis waren immer noch wütend, stärker fiel jedoch der amerikanische Zorn ins

Gewicht, als belgische Iraker im März 2003, während wieder Bomben auf Bagdad fielen, gegen Bush sen., Powell und Cheney Anzeige erstatteten wegen 403 Todesopfern, die zu den Kollateralschäden des ersten Golfkrieges gehörten.[136] Die Amerikaner hatten ohnehin schon genug von den Belgiern, weil sie sich nicht am Irakkrieg beteiligten und sogar gegen eine NATO-Beteiligung waren. Nun erklärten sie, wenn Belgien weiterhin ein internationales Zentrum bleiben, geschweige denn den Sitz der NATO-Zentrale behalten wolle, müsse es sein Gesetz ändern.[137] Das war für das belgische Parlament das Signal, mitten im Irakkrieg eine Änderung des Kriegsverbrechergesetzes zu verabschieden, die es nicht nur den (neuen) Vorgaben des Internationalen Gerichtshofs zur Immunität anpasste, sondern vor allem die Entscheidung über Ermittlungen zu ausländischen Kriegsverbrechen der relativ unabhängigen belgischen Justiz aus der Hand nahm und der Regierung übertrug.[138] Verfahren konnten nun nur noch auf Antrag der Bundesstaatsanwaltschaft eingeleitet werden, die Anweisung hatte, den Fall an ein internationales Gericht oder an den Staat, in dem das Verbrechen stattgefunden hatte oder in dem der Beschuldigte sich befand, weiterzuleiten, wenn es »im Interesse der ordnungsgemäßen Rechtsprechung und der Einhaltung internationaler Verpflichtungen Belgiens« lag. Als während des Irakkrieges 2003 einige Iraker bekannt gaben, dass sie in Belgien eine Anklage gegen General Tommy Franks wegen Kriegsverbrechen während der »Operation Iraqi Freedom« anstrebten, kam es rasch zu einer Reaktion: Innerhalb einer Woche beschloss die belgische Regierung, den Fall, in Übereinstimmung mit der Gesetzeslage, an die amerikanischen Anklagebehörden weiterzuleiten.[139] Durch diese Domestizierung wurde das belgische Gesetz auf eine Linie mit dem weniger gefeierten kanadischen Gesetz gebracht, das im Jahr 2000, unmittelbar nach der Ratifizierung des Römischen Statuts, verabschiedet wurde. Das kanadische Gesetz sieht zwar vor, dass jedes der im Römischen Statut aufgeführten Verbrechen auch in Kanada strafbar ist, Verfahren können aber nicht ohne »schriftliche persönliche Genehmigung des Justizministers oder des stellvertretenden Justizministers von Kanada« eingeleitet werden – also nur mit Zustimmung der Regierung.[140] Kein Wunder, dass bislang niemand etwas von diesem Gesetz gehört hat.

Verbrechen gegen die Menschlichkeit

Die Änderungen des belgischen Gesetzes genügten den Amerikanern nicht, weil sie nicht verhindern konnten, dass solche peinlichen Anzeigen überhaupt erstattet wurden. Das Schicksal des Gesetzes war besiegelt, als weitere Anzeigen gegen Bush jr. und Rumsfeld wegen Kriegsverbrechen während der »Operation Iraqi Freedom« eingingen. Amerika wurde energisch und drohte, 352 Millionen US-Dollar zu sperren, die für die Renovierung des NATO-Hauptquartiers in Brüssel vorgesehen waren, und Belgien diplomatisch zu boykottieren.[141] Sie würden sich nur mit einer Aufhebung des Gesetzes zufrieden geben, und die belgische Regierung gab dem Druck in aller Eile mit einer Sondersitzung des belgischen Repräsentantenhauses am 22. Juli 2003 nach.[142]

## Gerechtigkeit

Die Geschichte des internationalen Strafrechts scheint Richter Pals Skepsis bezüglich der »Siegerjustiz« zu rechtfertigen. Nach den bisherigen Erfahrungen wäre es *unwissenschaftlich*, für die Zukunft Besseres von dieser Bewegung zu erwarten. Vernünftigerweise lässt sich nur annehmen, dass das internationale Strafrecht strikt den Machtverhältnissen untergeordnet bleibt, dass wirtschaftliche und militärische Hegemonie das Vorrecht der Straflosigkeit gewährleistet und dass die üblichen Verdächtigen auch weiterhin verhaftet werden, während Amerika mit Mord davonkommt.

In *Casablanca* waren die üblichen Verdächtigen ebenso unschuldig wie Alfred Dreyfus im wahren Leben (siehe unten). Das ist beim modernen internationalen Strafrecht nicht unbedingt der Fall. Die Tatsache, dass die Amerikaner und ihre Verbündeten in Jugoslawien, Afghanistan und Irak die schwersten Verbrechen begangen haben, heißt nicht, dass ihre Gegner unschuldig sind. Die Tatsache, dass die Amerikaner und die Europäer direkt und indirekt Komplizen der Gräueltaten in Ruanda waren und auch ihre Tutsi-Vasallen der FPR solche Gräueltaten begingen, heißt noch nicht, dass die Hutu-Regierung und ihre Milizen keine Gräuel begingen. Andererseits bedeutet ein Schuldspruch dieser von den Siegern eingerichteten Känguru-Gerichte über die üblichen Verdächtigen noch nicht, dass sie tatsäch-

lich schuldig sind; die Farce des Milošević-Prozesses dürfte ausreichen, Zweifel daran aufkommen zu lassen. Und nicht nur die Prozesse
gegen die großen Tiere leiden unter diesen juristischen Mängeln.
Offenbar sind sie durchgängig vorhanden, wie selbst ein Enthusiast
wie Michael Scharf in seiner Studie des ersten IStGHJ-Prozesses aufzeigte.[143] Ein kanadischer Rechtsanwalt, der angeklagte Hutu vor dem
Ruanda-Tribunal verteidigt, schilderte seine Erfahrungen mit diesen
Prozessen und bezeichnete sie als *systematisches* Versagen der Justiz,
das er der unmöglichen Doppelfunktion des internationalen Strafrechts zuschreibt: »Geschichte und Gerechtigkeit lassen sich nicht
gleichzeitig mit einem Federstrich schreiben, ohne beide zu entstellen.«[144]

Ist ein systematisches Versagen der Justiz gegenüber Angeklagten
das Schicksal des internationalen Strafrechts? Vielleicht nicht. Der
Internationale Strafgerichtshof wurde im Gegensatz zum Internationalen Strafgerichtshof für das ehemalige Jugoslawien nicht eigens für die
Aufgabe geschaffen, einen Angriffskrieg zu legitimieren. Sein Public-
relations-Radar wird zwar immer auf Washington ausgerichtet sein,
aber da er eine weitaus größere Weltgemeinschaft zufrieden zu stellen
hat, kann es durchaus sein, dass er dazu wirklich faire Prozesse gegen
Angeklagte braucht. Die Zeit wird es weisen. Gegenüber den *Opfern*
ist der Internationale Strafgerichtshof von seiner Anlage her allerdings
ein systematischer Fehlschlag der Justiz, weil er eine Fülle von Völkerrechtsverbrechen außer Acht lässt, nämlich die schwersten Verbrechen
und die Verbrechen der mächtigsten Staaten.

Das sollte eigentlich ein großes Problem für eine Bewegung sein,
die für »Weltgerichtsbarkeit« und »gegen Straflosigkeit« kämpft. Der
offizielle Überblick über die Entstehung des Römischen Statuts zitiert
eine Äußerung Kofi Annans über die Bedeutung eines Internationalen
Strafgerichtshofs:

> In der Aussicht auf einen internationalen Strafgerichtshof liegt die Ver-
> heißung auf universelle Gerechtigkeit. Das ist die schlichte und erhabene
> Hoffnung dieser Vision … Wir bitten Sie, … das Ihre zu unserem Kampf
> beizutragen, damit kein Herrscher, keine Junta und keine Armee Men-
> schenrechte ungestraft verletzen kann. Erst dann werden die Unschul-
> digen ferner Kriege und Konflikte wissen, dass auch sie im Schutz der

Verbrechen gegen die Menschlichkeit

Justiz schlafen können; dass auch sie Rechte haben und dass jene, die diese Rechte verletzen, bestraft werden.[145]

»*Universelle* Gerechtigkeit«, »*kein* Staat«, »*keine* Armee«. Aber was ist, wenn es für die Opfer schwerster Verbrechen, begangen von Schwerstverbrechern, eine riesige Ausnahme gibt? Was ist, wenn es eine *selektive* Straflosigkeit gibt? Ein Argument für die Einrichtung des Internationalen Strafgerichtshofes war, dass die Ad-hoc-Tribunale eine »selektive Justiz« darstellten. Louise Arbour brachte diesen Punkt während des Kosovokrieges vor:

> Irrational selektive Strafverfolgungen untergraben die Wahrnehmung der Justiz als fair und unparteiisch und sind der Grund für Spott und Geringschätzung. Der Ad-hoc-Charakter der bestehenden Tribunale ist tatsächlich ein Mangel in den Bestrebungen nach einem universell anwendbaren System strafrechtlicher Verantwortlichkeit. Es gibt keine Entgegnung auf die Beschwerde jener, die für ihre Taten zur Verantwortung gezogen wurden, dass andere, sogar weitaus Schuldigere, nie einer genauen Überprüfung unterzogen wurden. Wieso Jugoslawien? Wieso Ruanda? Wieso die 90er Jahre? Wieso nur 1994?«[146]

Selbstverständlich sprach Arbour nur von »irrational« selektiven Strafverfolgungen und fügte rasch hinzu, dass dies nichts am Wert einer Bestrafung der üblichen Verdächtigen ändere: »Die Straflosigkeit mancher macht andere zwar nicht weniger schuldig, aber sie macht es weniger gerecht, nur diese herauszugreifen«, sagte Arbour. Straflosigkeit verleiht der Behauptung der Bestraften, sie würden schikaniert, Glaubwürdigkeit, »und auch wenn es die Legitimität ihrer Bestrafung nicht in Zweifel zieht, stellt es einen Makel des Verfahrens dar, das die Augen vor der Schuld anderer verschließt«.[147]

Für Amtsträger dieses Systems wie Arbour ist das Problem der selektiven Justiz im Grunde nur eine Frage der Publicrelations: sie laufe Gefahr, den (falschen) Behauptungen von Schikanen *Glaubwürdigkeit zu verleihen.* Es ist nicht wirklich *ungerecht,* es ist nur *weniger gerecht*, also immer noch gerecht. Arbour verkörperte selbst die selektive Justiz. Als sie diese Presseerklärung abgab, war die Anklage gegen Milošević nahezu fertig und ihre Förderer in der NATO begingen gerade das schwerste Verbrechen sowie einige minder schwere, die in ihrer Zuständigkeit lagen. Sie räumte ein, dass sie in Ruanda die Verbrechen der FPR ignorieren musste, weil die FPR-Regierung ihr sonst die Arbeit unmöglich gemacht hätte. Befürworter des internationalen Strafrechts möchten angesichts solcher Fakten argumentieren, dass »ein halbes Brot besser ist als gar keines«. Viel besser wäre es – und es würde vor allem besser *aussehen* –, wenn alle Schuldigen gefasst würden; da das aber nicht passieren wird, kann es ja wohl nicht schaden, zumindest einige von ihnen zu erwischen.

Befasst man sich eingehender mit der Rechtstheorie, so ist darin keine Toleranz für selektive Justiz zu finden. Aus diesem Grund beruht die Justiz auf Gleichheit, und es ist ein schwerer Verstoß gegen das Gleichheitsgebot, manche Straftäter willentlich ungestraft zu lassen. Es ist ungerecht gegenüber den Opfern und ein schwerer Schlag für die Idee der Gerechtigkeit. Morris und Scharf, die Insider des IStGHJ, fanden offenbar Gefallen an dem Satz aus *Der Archipel Gulag* von Alexander Solschenizyn (einem Gegner des Kosovokrieges), wenn man Übeltäter weder bestrafe noch tadele, schütze man nicht nur das nichtige Zeitalter der Henker, sondern beraube damit die neuen Generationen jeder Grundlage der Gerechtigkeit.[148] Anatole France verurteilte die »majestätische Gleichheit« des Rechts, »das Reichen wie Armen verbietet, unter Brücken zu schlafen, auf Straßen zu betteln und Brot zu stehlen«.[149] Den gleichen Vorwurf hätte er sicher auch einem Recht gemacht, das es in seiner majestätischen Gleichheit Amerikanern wie Irakis untersagt, vorgetäuschte Kapitulationen als Kriegstaktik einzusetzen, aber nichts über den Einsatz überwältigender Feuerkraft sagt, um ein Land rechtswidrig und durch herkömmliche Verteidigungsmittel ungestraft zu erobern. Anatole France hielt sich an den berühmten offenen Brief von Émile Zola, *J'accuse!*, mit dem dieser Ende des 19. Jahrhunderts auf die Dreyfus-Affäre reagierte. Hauptmann Alfred Dreyfus, ein jüdischer Offizier der französischen Armee, wurde aufgrund falscher Beweise wegen Landesverrats verurteilt, nachdem eine antisemitische Militärhierarchie seine Unschuld vertuscht hatte. Ebenso nachhaltig wie das Andenken an Dreyfus hielt sich auch die Erinnerung an den berühmten offenen Brief Zolas an den Präsidenten der Französischen Republik, der 1898 unter der Überschrift *J'accuse!* erschien. Heute wird diese Überschrift häufig gewählt, um ein offizielles Komplott anzuprangern, in welchem die

Anklagenden die wahren Schuldigen sind: So benutzte eine kanadisch-serbische Aktivistin *J'accuse!* als Briefkopf für ihre gegen die NATO gerichteten E-Mails im Kosovokrieg, in denen sie behauptete, die NATO, der eigentliche Verbrecher, erhebe falsche Anschuldigungen gegen Serbien. Zolas Empörung richtete sich jedoch nicht gegen Dreyfus' Verurteilung, sondern gegen den korrupten Freispruch des wahren Schuldigen durch ein Kriegsgericht:

> Ein Kriegsgericht hat den Mut, auf Befehl einen Esterhazy freizusprechen, jeder Wahrheit, jeder Gerechtigkeit einen Schlag ins Gesicht zu geben …
>
> Folgendes, Herr Präsident, ist nun der Tatbestand der Affäre Esterhazy: es handelte sich darum, einen Schuldigen freizusprechen … Wir haben ja gesehen, wie der General de Pellieux, dann der Major Ravary eine Untersuchung in so niederträchtiger Weise geführt haben, dass die Schurken reingewaschen, und die ehrlichen Leute beschmutzt daraus hervorgingen …
>
> Das erste Kriegsgericht kann unverständig gewesen sein, das zweite ist unbedingt verbrecherisch …
>
> Ich beschuldige endlich das erste Kriegsgericht, das Recht verletzt zu haben, indem es einen Angeklagten auf ein geheim gehaltenes Aktenstück hin verurteilte, und ich beschuldige das zweite Kriegsgericht, diese Ungesetzlichkeit auf Befehl gedeckt zu haben, indem es seinerseits das juridische Verbrechen beging, einen Schuldigen wissentlich freizusprechen.[150]

Immanuel Kant, der klassische Theoretiker der Rechtslehre, hielt es für ebenso ungerecht, Straftäter ungestraft zu lassen, wie Unschuldige zu bestrafen. Für ihn war Bestrafung ein unbedingtes Muss:

> Das Strafgesetz ist ein kategorischer Imperativ und wehe dem! welcher die Schlangenwindungen der Glückseligkeitslehre durchkriecht, um etwas aufzufinden, was durch den Vorteil, den es verspricht, ihn von der Strafe, oder auch nur einem Grade derselben, entbinde …
>
> Selbst wenn sich die bürgerliche Gesellschaft mit aller Glieder Einstimmung auflösete …, müßte der letzte im Gefängnis befindliche Mörder vorher hingerichtet werden, damit jedermann das widerfahre, was seine Taten wert sind …[151]

Die Vorstellung, das internationale Strafrecht diene der Gerechtigkeit, indem es einige der kleineren Verbrecher bestraft, auch wenn es den Schwerverbrechern für ihre schwersten Verbrechen Straffreiheit gewährt, ist demnach fragwürdig. Der Kant'sche Ansatz ist allerdings für den Geschmack der meisten zu streng. Der gesunde Menschenverstand zieht den Schutz vor Kriegsverbrechen einer Strafverfolgung begangener Kriegsverbrechen vor. Kofi Annans Verheißung von Gerechtigkeit, die der Internationale Strafgerichtshof bietet, erweist sich bei genauerem Hinsehen als recht spärlich: »Erst dann werden die Unschuldigen ferner Kriege und Konflikte wissen, dass auch sie im Schutz der Justiz schlafen können; dass auch sie Rechte haben und dass jene, die diese Rechte verletzen, bestraft werden.«[152] Man schläft allerdings wesentlich ruhiger, wenn man weiß, dass man auch wieder aufwacht, als wenn man nur weiß, dass jemand bestraft wird, wenn man nicht mehr aufwacht. Im Zweiten Weltkrieg forderten die polnischen Juden kein Kriegsverbrechertribunal, das den Ermordeten Gerechtigkeit widerfahren ließ; sie wollten, dass die Alliierten die Konzentrationslager *und* deutsche Städte bombardierten, um dem Treiben der Deutschen sofort ein Ende zu setzen.[153]

## Abschreckung

Was hat das internationale Strafrecht zu der wirklich wichtigen Frage der *Verhinderung* von schwersten und minder schweren Kriegsverbrechen zu sagen? Die klassische Methode des herkömmlichen Strafrechts, Verbrechen zu verhindern, beruht auf Abschreckung. Der amerikanische Richter und Theoretiker O.W. Holmes erklärte dazu:

> Das Gesetz droht gewisse Strafen an, wenn man bestimmte Dinge tut, und beabsichtigt damit, einen neuen Anreiz zu bieten, sie nicht zu tun. Wenn man sie dennoch tut, muss es die Strafen verhängen, damit seine Strafandrohungen auch weiterhin ernst genommen werden können.[154]

Es gibt eine ganze Reihe Verfechter der Ansicht, das internationale Strafrecht könne von Kriegsverbrechen abschrecken: »Effektive Abschreckung ist das primäre Ziel derer, die sich für die Schaffung des internationalen Strafgerichtshofes einsetzen«, heißt es im offiziellen Überblick über die Entstehung des Römischen Statuts. In der Auseinandersetzung um die Überstellung Miloševićs nach Den Haag erklärten zwei amerikanische Professoren: »Wenn Milošević sich bald im

Verbrechen gegen die Menschlichkeit

Gewahrsam des Tribunals befindet, werden andere Autokraten, die ethnische Massaker in Erwägung ziehen, es sich zwei Mal überlegen, bevor sie sie verüben.«[155] Der erste Ankläger des IStGHJ, Richard Goldstone, vertraute ebenfalls auf die Abschreckungswirkung seines Tribunals, wie er in einem Interview mit Michael Scharf im Juli 1996 äußerte:

> Richard Goldstone ist sogar überzeugt, dass die Existenz des Tribunals bereits Menschenrechtsverletzungen im ehemaligen Jugoslawien während der kroatischen Offensive gegen serbische Rebellen im August 1995 durch Abschreckung verhindert haben könnte. »Angst vor Strafverfolgung in Den Haag veranlasste kroatische Vorgesetzte, ihren Soldaten den Schutz serbischer Bürgerrechte zu befehlen, als Kroatien die Krajina und Gebiete in Westslawonien unter seine Kontrolle brachte«, erklärte er.[156]

Das zeigt jedoch nur, wie schlecht Goldstone von seinen amerikanischen Beratern über die Krajina-Operation der Kroaten informiert war. Im Juli 2001 (nach Präsident Tudjmans Tod) erhob der IStGHJ schließlich in einem verspäteten Versuch, eine gewisse Unparteilichkeit vorzutäuschen, Anklage gegen den kroatischen Kommandeur Ante Gotovina (»allein und/oder gemeinsam mit anderen handelnd, unter anderem mit Präsident Tudjman«) wegen Kriegsverbrechen und Verbrechen gegen die Menschlichkeit während der »ethnischen Säuberungen« an 200000 Serben von August bis November 1995. Zu den Anklagepunkten gehörten Verfolgung, Mord, Plünderung, mutwillige Zerstörung von Städten und Dörfern, Deportation, Vertreibung und andere unmenschliche Akte.[157] Ein Bericht in der *New York Times* verwies auf die berüchtigte amerikanische Militärbeteiligung an diesen Aktionen; da sie aber zu den größten Verbrechern gehören, wurde gegen sie keine Anklage erhoben.[158]

Eine abschreckende Wirkung gab es dort also nicht. Würde dieses Interview heute geführt, dürfte es dem Ankläger schwer fallen, die vermutete Abschreckungswirkung des Tribunals mit der Behauptung ebendieses Tribunals in Einklang zu bringen, dass Milošević seine Verbrechen auch nach der Anklage gegen seine Kollegen und sogar noch, nachdem das Gericht gegen ihn Anklage erhoben hatte, bis zur Eroberung des Kosovo durch die NATO im Juni 1999 weiter beging. Auch die Verhaftung Miloševićs diente offenbar nicht als Abschreckung gegen alle Kriegsverbrechen und Verbrechen gegen die Menschlichkeit, die seit Juli 2001 unter anderem in New York, Afghanistan und Irak begangen wurden. Bereits mit dem Zweiten Weltkrieg hätte man die Vorstellung aufgeben müssen, dass eine drohende Strafverfolgung – genauer: die zusätzliche Drohung mit der entfernten Möglichkeit einer *internationalen strafrechtlichen* Verfolgung – als Abschreckung für Kriegsverbrecher wirken würde. Wenn Mussolini sich nicht davon abschrecken ließ, was die Partisanen mit ihm machen würden, wenn er seine Macht einbüßen sollte, warum sollte er dann ein Kriegs-verbrechertribunal fürchten? Hitler wusste genau, was ihm drohte, wenn er den Krieg verlieren sollte; es hielt ihn nicht davon ab, Millionen Menschen umzubringen. Verlangsamte er etwa das Töten in den Todeslagern nach der Moskauer Deklaration zu Kriegsverbrechen von November 1943? Über 400 000 ungarische Juden wurden nach März 1944 ermordet.[159] Anne Frank und ihre Familie wurden noch im August 1944 verraten und in den Tod geschickt. Hätte es in der zwei-ten Hälfte des 20. Jahrhunderts überhaupt noch mehr Kriegsverbre-chen geben können, wenn die Prozesse von Nürnberg und Tokio nicht stattgefunden hätten?[160]

Richter Pal sah dies in seiner abweichenden Auffassung zum Urteil in Tokio völlig richtig:

> Wenn die Angst vor Strafe für ein bestimmtes Verhalten nicht von der Rechtslage abhängt, sondern nur von der Tatsache einer Kriegsnieder-lage, dann glaube ich nicht, dass das Recht etwas zum Risiko der Nie-derlage beiträgt, das in jeder Kriegsvorbereitung bereits gegeben ist. Es besteht bereits eine größere Furcht – nämlich die vor der Macht, dem Vermögen des Siegers.[161]

Anders ausgedrückt: Wenn man die Amerikaner nicht dafür bestraft, dass sie ein Land in Schutt und Asche bomben – entweder weil sie im Recht sind, oder weil sie selektive Straflosigkeit genießen –, welche denkbare Abschreckungswirkung kann es dann haben, die Führer des bombardierten Landes zu bestrafen, wenn alles vorbei ist? Machte Saddam Hussein sich wohl mehr Sorgen über die Strafverfolgung wegen Kriegsverbrechen, die Amerika ihm jahrelang angedroht hatte, oder über die Präzisionswaffen, die amerikanische Bomber im März und April 2003 auf ihn richteten?

Verbrechen gegen die Menschlichkeit

Und das ist die Seite der Verlierer. Wie sieht es mit den Gewinnern aus? Hans Corell, Untergeneralsekretär im Büro für Rechtsfragen der Vereinten Nationen und Befürworter des Internationalen Strafgerichtshofs, traf den Nagel auf den Kopf, als er erklärte: »Von nun an müssen alle potenziellen Warlords wissen, dass je nach Entwicklung eines Konflikts ein internationales Tribunal eingerichtet werden kann, vor das diejenigen gebracht werden, die die Gesetze des Krieges und das humanitäre Recht verletzten ...« Genau: *Je nach Entwicklung eines Konflikts* – oder besser: je nach *Ausgang* eines Konflikts, vor allem aber, je nachdem, zu welcher Seite der Kriegsverbrecher gehört. Im Kommentar der Vereinten Nationen heißt es, dass mit Sicherheit alles anders wird, »sobald klar ist, dass die internationale Gemeinschaft solche abscheulichen Akte nicht länger duldet, ohne die Verantwortlichen zur Rechenschaft zu ziehen und angemessene Strafen zu verhängen ...«[162] Nichts könnte indes klarer sein, als dass die »internationale Gemeinschaft« sie dulden wird – wird dulden *müssen* –, wenn eine Supermacht oder einer ihrer Verbündeten oder Vasallen sie begeht. Und die logische Konsequenz daraus ist nicht, solche Verbrechen nicht mehr zu begehen, sondern sie auf der richtigen Seite zu begehen. Die »Lehre« lautet: »Wer den US-Interessen dient, kann mit seinen ethnischen Minderheiten machen, was er will.«[163] Oder wie George W. Bush es sagen würde: Entweder ihr seid auf unserer Seite, oder ihr seid Kriegsverbrecher.

Man nehme nur den Fall Israel. Das Land besetzt nun seit Juni 1967 ununterbrochen rechtswidrig palästinensische Gebiete, in denen etwa zwei Millionen Palästinenser beheimatet sind. Israel hat diese Gebiete seit 1968 gewaltsam mit eigenen Staatsbürgern besiedelt. Diese Siedlungen sind ein »schwerwiegender Bruch« der Zusatzprotokolle von 1977 zu den Genfer Konventionen, sie sind Kriegsverbrechen nach dem Römischen Statut, dem belgischen und dem kanadischen Recht – und Gleiches gilt für zahlreiche Maßnahmen, mit denen Israel diese Siedlungen gegen den Willen der Bevölkerung in den besetzten Gebieten erhält.[164] Aber Israel hat vom internationalen Strafrecht nichts zu befürchten, weil es unter dem Schutz der USA steht, was das Land militärisch unschlagbar macht und ihm Straflosigkeit für Kriegsverbrechen garantiert.

## Wahrheitsfindung

Eine weitere völlig inakzeptable Behauptung ist, diese Tribunale dienten der historischen Wahrheitsfindung. Ihre Befürworter sehen sich als Bollwerke gegen die Holocaust-Leugner der Zukunft. Diesen Anspruch erhebt Michael Scharf in seiner Studie zum ersten Prozess des IStGHJ:

> Die Prozessprotokolle bieten einen maßgeblichen, unparteiischen Bericht, dem zukünftige Historiker die Wahrheit und zukünftige Führer eine Warnung entnehmen können. Es gibt zwar verschiedene Methoden, nach einem Krieg zu einer historischen Erfassung der Missbräuche zu gelangen, aber eine maßgebliche Darstellung ist nur durch die Feuerprobe eines Gerichtsprozesses möglich, der ein umfassendes ordentliches Verfahren gewährleistet … Indem der Tadić-Prozess diese Fakten sorgfältig Zeuge für Zeuge unter dem wachsamen Kreuzverhör einer ausgezeichneten Verteidigung feststellte, schuf er eine definitive Darstellung, die der Prüfung durch die Zeit und den Kräften des Revisionismus standhalten kann.[165]

Zuweilen kann man sich des Eindrucks nicht erwehren, dass man Bücher aufmerksamer liest als ihre Autoren, denn nur sieben Seiten vorher schrieb Scharf:

> Die Verteidigung versuchte auch zu keiner Zeit ernsthaft, die zweite Frage zu bestreiten [»Gab es weit verbreitete und systematische Übergriffe gegen Nicht-Serben?«]. Sie verfolgte die Strategie einzuräumen, dass es in ganz Bosnien zu Gräueltaten kam, aber zu bestreiten, dass Tadić daran beteiligt war. Daher stellte die Verteidigung selten die Aussage der 14 von der Anklage aufgerufenen Polizeizeugen in Frage, die die weit verbreiteten und systematischen Übergriffe von Serben auf bosnische Muslime und Kroaten im Sommer 1992 schilderten … Stattdessen versuchte die Verteidigung, diese belastenden Momente in entlastende zu verkehren, indem sie die Aussagen von Zeugen der Anklage als unzuverlässig darstellte, weil es in vielen Fällen Aussagen befangener muslimischer Opfer waren, die alle Serben als ihre Unterdrücker ansahen.[166]

Die Verteidigungsstrategie bestand also keineswegs darin, die historischen Behauptungen »unter dem wachsamen Kreuzverhör einer ausgezeichneten Verteidigung« in Frage zu stellen, sondern die Geschichtsversion der Anklage zu akzeptieren und die individuelle Schuld des Angeklagten in Zweifel zu ziehen. David Paciocco schildert das gleiche Phänomen beim IStGHR (»taktisch lässt sich nichts gewinnen, wenn man argumentiert, es habe keinen Völkermord gegeben«).[167] Die konventionelle Sicht der Geschichte wird nie wirklich in Frage gestellt, weil es nicht im Interesse der Angeklagten liegt. Selbst wenn man keine andere Erfahrung mit Strafprozessen hätte als die Fernsehübertragung der Verhandlung gegen O.J. Simpson, wüsste man, wie schlecht Strafprozesse zu rekonstruieren vermögen, was tatsächlich geschah. Das ist nicht ihre Aufgabe. Ihre Aufgabe ist zu entscheiden, ob eine bestimmte Person bestraft wird, und diese Aufgabe obliegt Parteien, die ein großes Interesse am Ausgang des Verfahrens haben. Um eine Bestrafung zu rechtfertigen, verläuft das Verfahren nach künstlich aufgestellten Regeln wie der Unschuldsvermutung, einer strengen Beweislast (jenseits begründeter Zweifel) und dem Recht auf Aussageverweigerung – Dinge, an die niemand auch nur im Traum denken würde, der an der Feststellung historischer Tatsachen interessiert wäre. »Im Gegenteil, ihre reduktionistische, bipolare Logik und inhärenten Barrieren gegen die Wahrheit verdecken und entstellen die Geschichte.«[168] Wenn es denn eine »Wahrheit« gibt, die Strafprozesse feststellen sollen, so ist sie strikt in Anführungszeichen zu setzen, da sie sich von der faktischen, historischen Wahrheit stark unterscheidet – es ist eine *ideologische* Wahrheit. Strafrecht will uns immer etwas lehren, einen »Standpunkt vertreten«. Ein Teil dieser Lehre ist die Abschreckung: Derartiges Verhalten kann einen in Schwierigkeiten bringen. Diese Lehre erteilen herkömmliche Strafgerichte, weil sie im Kontext funktionierender Justizsysteme existieren, die enorme Ressourcen darauf verwenden, sicherzustellen, dass ein erheblicher Anteil der begangenen Verbrechen aufgedeckt und verfolgt wird, vor allem der als schwerwiegend erachteten Verbrechen. In Anbetracht ihres geringen Arbeitsaufkommens können internationale Strafgerichtshöfe unmöglich darauf abzielen, diese »Wahrheitsfunktion« zu erfüllen. Aus diesem Grund setzt der Internationale Strafgerichtshof auf »Komplementarität«. In den acht Jahren seit der ersten Anklage im Februar 1995 schloss der IStGHJ insgesamt etwa 70 Verfahren ab, also etwa neun pro Jahr.[169] In Kanada, einem Land, das etwa 50 Prozent mehr Einwohner hat als das ehemalige Jugoslawien, aber in den 90er Jahren keinen Bürgerkrieg erlebte und eine moderate (westeuropäische) Kriminalitäts- und Strafrate aufweist, fällten die Strafgerichte für Erwachsene allein im Jahr 2001 Entscheidungen in 450 000 Verfahren, darunter 120 000 Fälle von Gewaltverbrechen und 540 Tötungsdelikte.[170] Der IStGHR schloss in den ersten acht Jahren seiner Tätigkeit 13 Verfahren zu den Gewalttaten von 1994 in Ruanda ab.[171] In den vier Jahren von 1996 bis 2000 verurteilten die nationalen ruandischen »Völkermordgerichte« jedoch 2406 Angeklagte, von denen 22 (vor großem Publikum in Fußballstadien) hingerichtet wurden.[172] Weitere 112 000 Menschen waren in Ruanda unter grauenvollen Bedingungen inhaftiert, bis etwa 25 000 von ihnen im Jahr 2003 vorläufig freigelassen wurden. Nach Berichten von Amnesty International starben 11 000 in Polizeigewahrsam.[173]

Das Strafrecht besitzt jedoch noch eine weitere »Wahrheitsfunktion«, wie der britische Richter Sir James Fitzjames Stephen schon vor langer Zeit schrieb:

> Wenn in allen Fällen das Strafrecht lediglich als direkter Appell an die Ängste von Menschen gesehen würde, die mit einer gewissen Wahrscheinlichkeit Verbrechen begehen, so würde es eines Großteils seiner Wirkung beraubt, denn es wirkt nicht nur auf die Ängste der Straftäter, sondern auch auf die üblichen Gefühle derer, die keine Kriminellen sind. … Kurz, die Verhängung von Strafe durch das Gesetz verleiht dem Hass, der durch die Begehung der Straftat erregt wird, klaren Ausdruck und eine feierliche Ratifizierung und Rechtfertigung … Somit verfährt das Strafrecht nach dem Prinzip, dass es moralisch richtig ist, Kriminelle zu hassen, und es bestätigt und rechtfertigt dieses Gefühl, indem es Straftätern Strafen auferlegt, die es zum Ausdruck bringen …[174]

Bei der »Wahrheit«, die das Strafrecht zu lehren sucht, geht es darum, wem die Schuld für das, was geschehen ist, anzulasten ist; und das ist die Person, die schuldig gesprochen wird. Ihr ist nicht nur die Schuld zu geben, sie ist auch zu *hassen*. Man muss also das Verbrechen von seinem sozialen und politischen Kontext lösen und ausschließlich im Inneren des Beschuldigten als unerklärliches Übel ansiedeln, so dass die Bestrafung die natürliche und sogar einzig mögliche Lösung ist. Daher konnte Michael Ignatieff es dem Prozess gegen die Hutu-Nonnen nachsehen, dass er keine Antwort auf »verstörende Fragen« gab wie: »Woher kommt das Böse?« »Keine von ihnen wurde von dem belgischen Gericht geklärt. Die Justiz ist dazu da, die Fakten des Bösen festzustellen. Es kann sie nicht erklären.«[175] Ignatieff dachte jedoch über die Weiterungen nicht so eingehend nach, wie es Richter Pal am Ende der ausführlichen Darlegungen seiner abweichenden Auffassung zum Urteil des Tribunals von Tokio tat:

> In Zeiten der Prüfungen und des Drucks, wie die internationale Welt sie derzeit durchmacht, ist es recht einfach, die Menschen irrezuleiten, indem man auf falsche Ursachen als Quelle allen Übels verweist und sie so dazu bringt, alle Übel solchen Ursachen zuzuschreiben … kein anderer Moment eignet sich besser dazu, dem Ohr der Öffentlichkeit die Rache als Mittel einzuflüstern und sie als einzige Lösung erscheinen zu lassen, nach der das Wesen des Bösen verlangt.[176]

Pal meinte, die Kriegsverbrecherprozesse verschwendeten kostbare Aufmerksamkeit, die man besser für das Streben nach Frieden auf dem einzig möglichen Weg verwendet hätte:

> Wir müssen anfangen, systematisch alle *Hauptursachen* für Krieg zu reduzieren und zu beseitigen … Es sollte nicht zugelassen werden, dass die Prozesse die kostbare geringe Aufmerksamkeit aufzehren, die eine friedensbestrebte Öffentlichkeit dafür aufzubringen geneigt sein mag, den Weg zu finden, »die Zweifel und die Ängste, die Ignoranz und die Gier zu überwinden, die diese Schrecken ermöglicht haben«.[177]

## Friede

Und hier liegt ein Schlüssel zum komplizierten Verhältnis zwischen Frieden und internationalem Strafrecht. Man nehme nur folgende Äußerung von Benjamin Ferencz, dem ehemaligen Ankläger des Nürnberger Tribunals und Befürworter des IStGH: »Es kann keinen Frieden ohne Gerechtigkeit geben, keine Gerechtigkeit ohne Recht und kein sinnvolles Recht ohne ein Gericht, das entscheidet, was unter den jeweiligen Bedingungen richtig und rechtmäßig ist.« Der offizielle Überblick über die Entstehung des Römischen Statuts fügt hinzu, dass eine Bestrafung von Kriegsverbrechen nicht nur eine Abschreckung gegen Konflikte ist, sondern auch

> die Möglichkeit zur Beendigung eines Konflikts erhöht. Zwei ad hoc gebildete internationale Strafgerichtshöfe, einer für das ehemalige Jugo-

slawien und einer für Ruanda, wurden in diesem Jahrzehnt in der Hoffnung geschaffen, die Beendigung der Gewalt zu beschleunigen und ihr Wiederaufflammen zu verhindern.[178]

Hätte man zwei schlechtere Beispiele wählen können? Als der Strafgerichtshof für Ruanda geschaffen wurde, hatte der Sieg der vordringenden Tutsi-FPR dem Töten bereits ein Ende gesetzt. Das neue ruandische Regime, nun ein Vasall Washingtons, verstrickte sich 1998, als der IStGHR und seine eigenen Völkermordgerichte längst ihre Arbeit aufgenommen hatten, in einen Krieg mit dem Kongo, der im Laufe der folgenden viereinhalb Jahre Millionen Menschenleben fordern sollte. Was Jugoslawien angeht, so erklärte der damalige Präsident des IStGHR, Cassese, 1995:

> Gerechtigkeit ist ein unverzichtbarer Teil des nationalen Versöhnungsprozesses. Sie ist von entscheidender Bedeutung für die Wiederherstellung friedlicher und normaler Beziehungen, besonders für Menschen, die unter einer Schreckensherrschaft leben mussten. Sie durchbricht den Kreislauf von Gewalt, Hass und außergerichtlicher Vergeltung. Somit gehen Frieden und Gerechtigkeit Hand in Hand.[179]

Doch ebenso wie nach ihm del Ponte war auch Cassese bereit, den Schwanz mit dem Hund wedeln zu lassen und »friedliche und normale Beziehungen« als Druckmittel für die Gerechtigkeit einzusetzen; er forderte strenge Wirtschaftssanktionen als Strafe für die serbische Zivilbevölkerung, bis die Haftbefehle des IStGHJ vollstreckt würden.[180] Für diesen Publicrelations-Zweck hatten die Amerikaner das Tribunal hauptsächlich geschaffen, wie Scharf, der Insider, uns 1999 erinnerte: »Anklagen würden zudem dazu dienen, widerspenstige politische Führer diplomatisch zu isolieren, ihre Rivalen im eigenen Land zu stärken und den internationalen politischen Willen zum Einsatz von Wirtschaftssanktionen oder Gewalt zu festigen.«[181] Praktisch alle Maßnahmen des IStGHJ lassen sich am besten begreifen, wenn man sie unter dem Aspekt dieses einen Organisationsprinzips sieht: *Gewalt zu legitimieren*. Die spontane Rede, die Eagleburger Ende 1992 hielt, um die Einrichtung des Tribunals voranzutreiben, indem er serbische Kriegsverbrecher benannte, zielte direkt darauf ab, den Vance-Owen-Friedensplan zugunsten eines NATO-Gewalteinsatzes aufzugeben und die »aggressiveren Maßnahmen« zu rechtfertigen, die

Verbrechen gegen die Menschlichkeit

er im selben Atemzug ankündigte.[182] Die Anklageerhebung gegen Karadžić und Mladić am 25. Juli 1995 bildete ein Vorspiel zu den NATO-Bombardierungen von Ende August und September des Jahres. Darauf folgte zwar das Abkommen von Dayton, das allerdings nur möglich wurde, weil Frieden als Trumpf gegen die »Gerechtigkeit« ausgespielt und bewusst auf eine Anklage gegen Milošević, den mutmaßlichen »Kopf« der Vorgänge in Bosnien, verzichtet wurde. Arbour, Kirk McDonald und Co. lieferten 1998 nicht nur den nötigen Holocaust-Vergleich für den Kosovokrieg, sie opponierten auch erfolgreich gegen die Bildung einer »Kommission für Wahrheit und Versöhnung« in Bosnien mit der Begründung, dies könne ihre Arbeit untergraben und dem IStGHJ Geldmittel entziehen.[183] In Südafrika hatte man im Rahmen des friedlichen Übergangs von der Apartheid zum Mehrheitssystem eine solche Kommission eingesetzt, die großzügig – allzu großzügig, wie manche Opfer behaupteten – von ihren weitgehenden Amnestiebefugnissen Gebrauch gemacht hatte. Man stelle sich vor, wie absurd es gewesen wäre, wenn ein NATO-Gericht auf Strafverfolgung bestanden und den Südafrikanern gesagt hätte, ohne Gerechtigkeit könnten sie keinen Frieden bekommen. Während des gesamten Jahres 1999 war der IStGHJ nahezu ausschließlich mit dem Krieg beschäftigt, angefangen bei Račak, das er zu einem Kriegsvorwand zu machen trachtete, bis hin zur Anklage gegen Milošević (einem »nützlichen Werkzeug ihrer Bemühungen, den Serbenführer zu dämonisieren und die öffentliche Unterstützung für die NATO-Bombardierungen gegen Serbien aufrechtzuerhalten«)[184], so dass europäische Friedensbemühungen vereitelt und die Bombardierungen noch über einige Wochen fortgesetzt werden konnten, bevor sie unter für die NATO günstigen Bedingungen eingestellt wurden.

Der IStGHJ war ein Instrument par excellence für die Legitimierung von Krieg und die Verhinderung von Frieden. Aber der IStGHJ ist nur ein Beispiel. Ihm ging der erste Golfkrieg voraus, in dem Bush sen. sich auf die Nürnberger Prozesse berief, um die Iraker zu Unrecht als naziähnliche Ungeheuer darzustellen, die Babys aus Inkubatoren rissen. Als die Amerikaner beschlossen, Saddam Hussein nicht zu stürzen, waren Kriegsverbrecherprozesse kein moralischer Imperativ mehr. Sie griffen den Gedanken nur in regelmäßigen Abständen wieder auf, um ihre eigene Bevölkerung daran zu erinnern, warum die USA den Irak auch weiterhin bombardierten und mit Sanktionen belegten.[185] Am 16. März 2003, drei Tage vor Beginn des Irakkrieges, veröffentlichten die USA eine Liste irakischer Führungskräfte, die wegen Kriegsverbrechen angeklagt werden sollten. Angeblich wollten sie damit den Krieg *vermeiden*, indem sie irakischen Führungskräften einen Anreiz zum Verlassen des Irak gaben, um sich einer Anklage zu entziehen, aber leider sei dieser Plan fehlgeschlagen – als ob die irakische Führung keine anderen Sorgen gehabt hätte und Amerika nicht ohnehin schon unwiderruflich zum Krieg entschlossen gewesen wäre. In Wirklichkeit bot diese Liste nur eine weitere Gelegenheit, den Krieg mit der teuflischen Bosheit der irakischen Führung zu rechtfertigen:

> In seiner Rundfunkansprache erinnerte Bush seine Zuhörer, dass Husseins Giftgasangriff auf das irakisch-kurdische Dorf Halabja seinen 15. »bitteren Jahrestag« hatte. Bush erklärte, der Angriff »bot einen Einblick in die Verbrechen, die Saddam Hussein zu begehen bereit ist, und in die Bedrohung, die er heute für die ganze Welt darstellt«. In einer seiner bislang bildreichsten Ansprachen schilderte Bush den Irak unter Hussein: »Wir wissen von Menschenrechtsgruppen, dass Dissidenten im Irak gefoltert und inhaftiert werden und manchmal einfach verschwinden. Man schneidet ihnen Hände, Füße und Zunge ab, sticht ihnen die Augen aus und vergewaltigt weibliche Verwandte in ihrer Gegenwart.« Bush schien die Nation auf den Krieg vorzubereiten ...[186]

Nach dem Krieg diskutierten die siegreichen Amerikaner allen Ernstes, wie sie den Kriegsverbrecheransatz am besten nutzen könnten, um ihr Vorgehen zu rechtfertigen. Alles in der Art eines internationalen Tribunals, das der anderen Seite die Möglichkeit zu »punkten« geboten hätte, wurde schon bald ausgeschlossen: »Auf keinen Fall werden sie diesen Männern eine Plattform in einem Gerichtssaal aus dem Weltraumzeitalter bieten, um sich vor der Welt zu rechtfertigen, wie Milošević es seit Jahren tut.«[187] Ein amerikanisches Militärgericht würde ebenfalls die falsche Botschaft vermitteln – außerdem stellte sich von Anfang an das Problem: Was hatten sie den Amerikanern getan? Schon bald fand der Ansatz die größte Zustimmung, der am besten zu dem von den Amerikanern erwünschten Eindruck passte, dass sie den Irak nicht wegen des Erdöls, ihrer eigenen Glaubwürdigkeit oder seines strategischen Werts erobert hätten, sondern um der Iraker willen. Sie mussten Amerikas Imperialismus rechtfertigen, indem sie ihn leugneten. Ergo kamen sie auf die Idee, die ganze Sache (sorgfältig von den USA ausgewählten und ausgebildeten) irakischen Gerichten zu übergeben: »Es ermöglicht einer Gruppe von Arabern, arabischen Kriegsverbrechern den Prozess zu machen. Das würde der gefährlichen Wahrnehmung begegnen, dass es sich um US-Imperialismus handelt.«[188] Der von den Amerikanern handverlesene irakische »Interimsrat« verkündete als eine seiner ersten Amtshandlungen nach dem wichtigen Schritt (in einem Land ohne Wasser und Strom), einen Nationalfeiertag zur Feier des amerikanischen Sieges einzuführen, dass er genau so vorgehen werde.[189] Das entsprechende Gesetz war zu Saddams Ergreifung im Dezember 2003 fertig, ein Ereignis, das nach weit verbreiteter Ansicht der amerikanischen Medien das ganze blutige Irakfiasko rechtfertigte und damit George W. Bushs Chancen auf eine Wiederwahl erheblich steigerte.

*Fiat justitia, ruat coelum* – übet Gerechtigkeit, auch wenn der Himmel einstürzt. Das ist die klassische philosophische Einstellung eines jeden, der für eine Lösung eintritt, die den meisten mehr schadet als nützt. Man frage sich jedoch, ob Gerechtigkeit, ganz zu schweigen von der selektiven Justiz, die die internationale Strafrechtsbewegung verspricht, es wert ist, auch nur ein Quäntchen Frieden zu opfern. Man frage sich, ob Hitlers jämmerlicher Kopf auf einem Silbertablett das Leben auch nur eines jüdischen Kindes wert gewesen wäre. Der Versuch, die Institution der Todesstrafe gegen den Vorwurf zu verteidigen, sie verhindere kein Verbrechen, trieb Kant zu seiner abstrakten Theorie der Rechtslehre. Die Todesstrafe als Ausdruck von »Gerechtigkeit« soll Gewalt künstlich von ihren mächtigen sozialen Ursachen loslösen und ausschließlich im Täter ansiedeln. Die internationale Strafrechtsbewegung versucht verzweifelt das Gleiche. Im Oktober 2002 veröffentlichte Human Rights Watch einen Bericht, der palästinensische Selbstmordattentate als »Verbrechen gegen die Menschlichkeit« verurteilte, ganz gleich, ob sie in Israel oder in den besetzten Gebieten stattfanden. »Was ist mit der Besatzung?«, protestierten Palästinenser, die den Bericht kritisierten, weil er »die militärische Überlegenheit Israels nicht berücksichtigt« und Israels Vorgehen in diesen

Gebieten nicht ebenfalls verurteilte. Human Rights Watch erwiderte, das eine habe mit dem anderen nichts zu tun. Das Verbot, Zivilpersonen zu schaden, gelte »absolut und uneingeschränkt«. Selbstverständlich machten auch sie den üblichen Unterschied zwischen Mord und Kollateralschäden und behaupteten, es bestehe ein Unterschied zwischen dem, was Israel mache, und »Selbstmordattentaten ..., die mit dem Ziel begangen werden, Zivilisten zu verletzen«.[190] Die Tatsache, dass Israel nahezu dreimal so viele Palästinenser und annähernd viermal so viele Kinder getötet hatte wie umgekehrt, war irrelevant.[191]

Mit der Behauptung, Gerechtigkeit sei eine Vorbedingung des Friedens, versucht die internationale Strafrechtsbewegung, die völlig anders geartete Idee des bekannten aktivistischen Slogans »Kein Frieden ohne Gerechtigkeit« oder wie die Gewerkschaften von Ontario sagen, »No justice no peace« zu übernehmen. Diese Slogans haben jedoch nichts mit strafrechtlicher Gerechtigkeit zu tun, sondern mit sozialer Gerechtigkeit. Wenn Palästinenser sagen:»Kein Frieden ohne Gerechtigkeit«, meinen sie damit nicht, dass es keinen Frieden geben kann, solange Ariel Sharon nicht hinter Gittern sitzt.[192] Sie meinen vielmehr die Ungerechtigkeiten, die ihnen keine andere Wahl lassen, als dagegen zu kämpfen: die gewaltsame, rechtswidrige Besatzung ihres Landes und alles, was daraus erwächst. In diesem Sinne meinte auch der Papst seine Neujahrsbotschaft für 2002: »Der wahre Friede ist daher Frucht der Gerechtigkeit, sittliche Tugend und rechtliche Garantie, die über die volle Achtung der Rechte und Pflichten und über die gerechte Aufteilung von Nutzen und Lasten wacht.«[193] Das ist das Gegenteil der Versuche des internationalen Strafrechts, die Folgen von den Ursachen loszulösen – Bestrebungen, die nach demselben Strickmuster angelegt sind wie die Bemühungen der Bush-Administration, den »Terrorismus« von seinen Ursachen abzukoppeln.

Eine andere Variante der Verknüpfung von Frieden und Gerechtigkeit ist die Vorstellung, das internationale Strafrecht biete eine Alternative zum Krieg. Bei einer Fachtagung von Anwälten, die auf diesem Gebiet tätig sind, erklärte die Leiterin des International Defense Bar im Mai 2003:

> Die Politik der amerikanischen Regierung besteht darin, die Zielsetzungen des IStGH abzulehnen und Krieg als einziges Instrument zu befürworten,

Verbrechen gegen die Menschlichkeit

mit dem den Verbrechen gegen die Menschlichkeit zu begegnen sei. Mit großer Kraftanstrengung sucht sie andere Staaten zu bewegen, sich ihr in diesem zweifelhaften und gefährlichen Unterfangen anzuschließen. Das beste Mittel, wie der IStGH diesen Anfechtungen begegnen kann, ist, sofort die Arbeit aufzunehmen.[194]

In dieser Äußerung kommt die vor allem unter Juristen weit verbreitete Einstellung zum Ausdruck, diese internationalen Strafverfahren böten eine realistische Alternative zum Krieg. Ein häufig angeführtes Beispiel ist der Strafprozess gegen die beiden Libyer, die als mutmaßliche Täter des Bombenanschlags auf den Pan-Am-Flug 103 über Lockerbie, Schottland, angeklagt wurden, bei dem 270 Menschen starben. Die USA und Großbritannien akzeptierten den Prozess in den Niederlanden als Gegenleistung für die Einwilligung, die vom Sicherheitsrat auf ihr Drängen verhängten Sanktionen aufzuheben. Nichts deutet jedoch darauf hin, dass die Amerikaner den Prozess als Alternative zu einem Krieg gegen Libyen sahen, wohl eher war er eine Alternative zu Sanktionen, deren Unterstützung in der internationalen Gemeinschaft bereits bröckelte.[195] Der Krieg gegen Afghanistan zeigte deutlich genug, dass auch noch so viele Vorhaltungen die Amerikaner nicht bewegen können, ein Gerichtsverfahren zu akzeptieren, wenn sie zum Krieg entschlossen sind. Die Taliban waren bestrebt, über eine Auslieferung Bin Ladens zu verhandeln, und das gesamte Friedenslager – der Papst inbegriffen – forderte lautstark: »Bekämpft den Terror durch das Recht, nicht durch Krieg.«[196] Die USA lehnten das rundweg ab und griffen Afghanistan an, sobald sie einsatzbereit waren. Der Ansatz, den Terror durch das Recht, nicht durch Krieg zu bekämpfen, ist insofern problematisch, als er unterstellt, die *Rechtfertigungen* des Krieges (»Terrorbekämpfung« oder »Verfolgung von Verbrechen gegen die Menschlichkeit«) seien zugleich auch die *Kriegsgründe*.

Viele, die diese Forderungen stellten, wollten damit nicht an die Friedensliebe der amerikanischen Führung appellieren, sondern sie in Verlegenheit bringen, gegen sie »punkten« und Opposition betreiben. Sie versuchten das internationale Strafrecht zu nutzen, um die amerikanische Argumentation für den Krieg zu schwächen: »Wenn ihr wirklich nur Gerechtigkeit wolltet, wie ihr sagt, würdet ihr vor Gericht gehen und nicht in den Krieg ziehen.« Viele sehen den Wert des Internationalen Strafgerichtshofs darin, dass er eine Institution und Maßstäbe schafft, auf die man verweisen kann, um Kriegen entgegenzutreten. William Schabas, ein herausragender Befürworter des IStGH, hielt kürzlich einem Kollegen vor: »Wenn wir für die Amerikaner so harmlos sind, warum bekämpfen sie uns dann so energisch?«[197] Aber gerade der Kampf, den die Amerikaner gegen den IStGH führen, hat den Gerichtshof in die unschädliche Ecke gedrängt, in der er sich befindet. Wenn es darum geht, Standpunkte klar zu machen, mag das internationale Strafrecht durchaus ein zweischneidiges Schwert sein, aber die nach innen gewandte Seite ist die wesentlich stumpfere. Vor allem aber schreibt es fest, dass das Verbrechen, das ausschließlich die Imperialisten begehen, das größte internationale Verbrechen des Angriffskrieges, gar kein Verbrechen ist. Der kritische Wert des internationalen Strafrechts reduziert sich also darauf festzustellen, welche Seite im Kampf die Kriegsregeln besser einhält. Es stellt den Angreifer und den Angegriffenen auf die gleiche Stufe und lässt die Frage völlig außer Acht, wer und was den Krieg überhaupt ausgelöst hat.

Während des Irakkrieges 2003 gaben Vorkämpfer der Anti-Straflosigkeits-Kampagne wie Human Rights Watch und Amnesty International regelmäßig Erklärungen ab, in denen sie Verstöße gegen die Genfer Konventionen auf beiden Seiten verurteilten, beiden Seiten vorwarfen, Gefangene im Fernsehen vorzuführen, den Amerikanern vorhielten, nicht genug Sorgfalt auf die Vermeidung ziviler Opfer zu verwenden, und den Irakern den »perfiden« Einsatz von vorgetäuschten Kapitulationen und Selbstmordattentätern vorwarfen. Dies alles prangerten sie als Kriegsverbrechen an, aber niemand verlor *auch nur ein Wort* über das größte Verbrechen, den Angriffskrieg; ganz zu schweigen von der Tatsache, dass jeder Gewaltakt des Angreifers in einem rechtswidrigen Krieg kriminell ist, sogar die Gewalt gegen Soldaten. Selbst Juristengruppen, die erklärte Kriegsgegner waren, sahen offenbar keine Möglichkeit, dieses Argument vorzubringen. Als die Public Interest Lawyers of the United Kingdom und das American Center for Constitutional Rights im Januar 2003 ihre Regierungen vor dem Krieg warnten, konnten sie ihnen lediglich eine mögliche Anzeige beim IStGH für die Art der Kriegführung androhen.[198] Die Befürwor-

*Verbrechen gegen die Menschlichkeit*

ter des Internationalen Strafgerichtshofes betonen zu Recht seinen Symbolwert, denn solche Gerichte können nur einen symbolischen Wert besitzen (abgesehen von der realen Gewalt, die sie sporadisch gegen die üblichen Verdächtigen üben). Aber die Befürworter im Friedenslager unterschätzen das Ausmaß, in dem das internationale Strafrecht genau das, was es praktiziert, auch als Lehre verbreitet. Ein Bild ist heutzutage erheblich mehr wert als tausend Worte. Milošević in einer Glaskabine bedeutet, dass ihm die Schuld an den Balkankriegen zu geben ist; Nonnen in einer Glaskabine bedeuten, dass sie die Schuld an den Morden in Ruanda tragen.

Michel Foucault hatte Wichtiges über das Strafrecht zu sagen, unter anderem, dass »die Strafmittel nicht dazu bestimmt sind, Straftaten zu unterdrücken, sondern sie zu differenzieren, sie zu ordnen, sie nutzbar zu machen«:

> Die Strafjustiz wäre dann so etwas wie die »Verwaltung« der Gesetzwidrigkeiten: sie zieht die Toleranzgrenzen, gibt den einen Verstößen freien Raum, unterdrückt die anderen … Und wenn man von einer Klassenjustiz sprechen kann, so nicht nur deswegen, weil das Gesetz oder seine Anwendung den Interessen einer Klasse dient, sondern weil die von der Justiz durchgesetzte Klassierung der Gesetzwidrigkeiten Herrschaftsmechanismen unterstützt.[199]

Strafrecht scheidet die »echten Verbrechen« von den bloßen »Regelverstößen«, die *Verbrecher* von den bloßen Regelverletzern. Die Verbrecher sind diejenigen, die letztlich bestraft werden. Sie sind die Schuldigen. Die strafrechtlich nicht verfolgte Komplizenschaft anderer und die »Ursachen« sind nicht nur irrelevant, sie sind »unwägbar«: »Die Justiz ist dazu da, die Fakten des Bösen festzustellen. Es kann sie nicht erklären.«[200]

## Vision

In der Praxis ist es dem internationalen Strafrecht sehr gut gelungen, Krieg zu legitimieren, und sehr schlecht gelungen, den Frieden zu fördern; zumindest manche scheinen zu glauben, es enthalte dennoch eine Vision, die es zu erhalten und anzustreben gelte, die »Vision einer hoffnungsvolleren Zukunft, in der die Rechtsstaatlichkeit über die

Gewaltherrschaft siegt«.[201] In Wirklichkeit ist diese Vision jedoch die trübe Aussicht auf permanente Kriege und ständige Kriegsverbrechen, bei denen wir bestenfalls – mehr können wir nicht einmal im Traum erhoffen – einer stetigen Abfolge von Kriegsverbrechern den Prozess machen können. So sieht sich Amnesty International – eine Gruppe, die ursprünglich vor zwei Generationen gegründet wurde, um gegen Strafen zu opponieren, die als Reaktion auf politische Konflikte verhängt wurden (daher der Name) – mittlerweile regelmäßig in die Rolle gedrängt, in ihrer neu entdeckten Besessenheit von »Anti-Straflosigkeit« *gegen Amnestien* zu opponieren:

> Amnesty International ist der Ansicht, dass die Regierung von Sierra Leone die Amnestie von 1999 zurücknehmen sollte, damit die nationalen Gerichte Sierra Leones der Straflosigkeit in jenen Fällen ein Ende bereiten, die nicht vor dem Sondergerichtshof zur Verhandlung kommen.[202]

Im Februar 2001 feierte Amnesty International in einer Pressemitteilung eine Entscheidung des IStGHJ als »Meilenstein«, die Vergewaltigung und sexuelle Versklavung als Verbrechen gegen die Menschlichkeit »anerkannte«: »Dieses Urteil ist ein erheblicher Schritt für die Menschenrechte der Frauen«.[203] Bedurfte das wirklich der »Anerkennung«? Wäre es nicht eher »ein erheblicher Schritt für die Menschenrechte der Frauen«, wenn man tatsächlich etwas unternähme, um Vergewaltigungen im Krieg ein Ende zu setzen? Dazu müsste man allerdings wirklich etwas unternehmen, um dem Krieg ein Ende zu setzen, denn Amnestys naiver Behauptung zum Trotz, dass die Entscheidung des IStGHJ »die weit verbreitete Akzeptanz der Folterung von Frauen als Bestandteil des Krieges in Frage stellt«, gibt es Vergewaltigung, wo immer es Kriege gibt, ob man es akzeptiert oder nicht. Und praktisch *fördert* die internationale Strafrechtsbewegung Kriege, indem sie rechtswidrige Angriffe legitimiert und – ungeachtet aller Logik, Moral, Gesetze und Präzedenzfälle – erklärt, die schwersten Verbrecher, die Kriegstreiber, seien gar keine Verbrecher. So ist gewährleistet, dass es immer eine Fülle von Vergewaltigungen in Kriegen geben wird, die als Verbrechen »anzuerkennen« sind.

Nach der neuen Menschenrechtsvision können die zivilisierten Völker des Nordens – die Komplizen der Menschenrechtsverletzungen sind – gegen diese Verletzungen nichts anderes tun, als ihre Anwälte

*Verbrechen gegen die Menschlichkeit*

und Richter auszuschicken, um den Einheimischen zu zeigen, wie man die passenden Schuldigen ausmacht, »eine internationale Luxusbürokratie, ausgestattet mit Satellitentelefonen, modernsten Computern und Landcruisern der neuesten Modellreihe«.[204] Es handelt sich also, kurz gesagt, um eine neue »Bürde des weißen Mannes« mitsamt den »wüsten Kriegen des Friedens«, dem »Tadel derer, die ihr bessert« und dem »Hass derer, die ihr hütet«.[205] Es ist keineswegs nur eine »unausgewogene, einseitige Institution, durch die der Norden dem Süden Lektionen erteilt, wie er das Richtige zu tun hat«;[206] darüber hinaus ist es eine Einrichtung, mit der der Norden den Süden erobert *und ihm den Prozess macht.* Die auf Bestrafung abzielende Vision internationaler Menschenrechte scheint nicht mehr zu sein als eine globalisierte amerikanische Law-and-Order-Politik, vergleichbar mit Musikvideos und Jeans, das, was man früher als »Coca-Cola-Kolonialisierung« bezeichnete: eine ausgesprochen amerikanische Vision, die keinen »Mittelweg zwischen moralischer Trägheit und moralischer Hysterie, Gleichgültigkeit und Bestrafung« kennt und »die Gemeinplätze moderner Kriminologie [völlig missachtet] wie die Notwendigkeit, sich auf die Besonderheiten der Gesellschaft zu konzentrieren, die Straftaten hervorbringt, statt sich auf einige wenige mutmaßliche Straftäter zu fixieren ... Das Ausmaß des früher als Merkmal konservativen Denkens geltenden Desinteresses an Kausaltheorie, das IStGH-Befürworter an den Tag legen, ist verblüffend«.[207] Die auf Strafe abzielende Menschenrechtsvision, die in der internationalen Strafrechtsbewegung vorherrscht, scheint direkt aus Texas, der Heimat der Familie Bush, zu stammen, wo es trotz der »Freiheit«, für die alle Welt Amerika hasst, den weltweit höchsten Anteil von Gefängnisinsassen an der Bevölkerung gibt und etwa jede zweite Woche ein Angehöriger des »eigenen Volkes« mit einer tödlichen Injektion hingerichtet wird. Es ist durchaus kein Zufall, dass in Texas enorme Ungleichheit herrscht: Einerseits gibt es märchenhaften Erdölreichtum, andererseits die höchste Armutsrate, was erwartungsgemäß zahlreiche Gewaltverbrechen nach sich zieht.[208] Die texanische Vision ist, zuerst soziale Bedingungen zu schaffen, die einer winzigen Elite nutzen, aber für andere so unerträglich sind, dass viele Menschen sich gegenseitig umbringen, und dann die Mörder selbstgerecht zu töten, als ob man nichts damit zu tun hätte – oder besser gesagt: um zu demonstrieren, dass man nichts damit zu tun hat.

Ein kanadischer Kollege bezeichnete dieses Phänomen als »Verkriminalisierung der Politik, die auf soziale, wirtschaftliche, kulturelle und politische Probleme in erster Linie mit strafrechtlichen Sanktionen reagiert«.[209] Mit anderen Worten: Bestrafung als Menschenrecht. Speziell in Bezug auf Kanada schrieb Kent Roach:

> Frauengruppen hätten vielleicht staatliche Kindertagesstätten, gleiche Bezahlung, berufliche Chancengleichheit, bessere Sozialleistungen und qualitätsgestützte Bildungsmöglichkeiten vorgezogen, aber in den 80er und 90er Jahren bekamen sie neue Gesetze und eine Politik gegen sexuellen Missbrauch und eheliche Gewalt, Prostitution und Pornografie. Strafgesetze gegen sexuellen Kindesmissbrauch, Hass und Kriegsverbrechen an Minderheiten ließen sich einfacher erreichen als die teureren und radikaleren Eingriffe, die notwendig wären, um die Ursachen dieser hässlichen Probleme in den Griff zu bekommen.[210]

In einer »verkriminalisierten Politik« werden alle Fragen nach den gesellschaftlichen Ursachen von Gewalt, die meist in der sozialen Ungleichheit liegen, marginalisiert und als irrelevant hingestellt zugunsten einer zielstrebigen Bestrafungsstrategie, die sämtliche Erklärungen, abgesehen von der frei schwebenden Schuld des Täters, als Versuch abtut, sich der Verantwortung zu entziehen. Dass man die Strafstrategie verfolge, weil sie weniger »teuer« sei, ist lediglich ein Scheinargument, mit dem sich die Eliten jeglichen Veränderungen eines Systems widersetzen, das sehr zu ihren Gunsten arbeitet, auch wenn es allen anderen enorme Kosten an Ungleichheit, Unsicherheit, Gewalt und Repression aufbürdet. Das internationale Strafrecht lässt sich als die Globalisierung dieses Phänomens sehen: Die reichen Länder schaffen aus reiner Gier unerträgliche Bedingungen in der ganzen Welt und nutzen die Kämpfe, die diese Bedingungen hervorbringen, als Vorwand, um ihre eigenen Interessen unter Einsatz von Gewalt durchzusetzen. Die reichen Länder finden es »weniger teuer«, Bedingungen zu schaffen, in denen Menschenrechte mit hoher Wahrscheinlich verletzt werden, und anschließend über die Täter herzufallen und sie zu bestrafen, als von vornherein Bedingungen zu schaffen, in denen die Menschenrechte gewahrt werden können.

Verbrechen gegen die Menschlichkeit

Der Begriff der »verkriminalisierten Politik« leitet sich von dem Begriff der »*verrechtlichten* Politik« ab, der die moderne Tendenz zu erfassen sucht, politische Fragen in juristischen Gremien von Anwälten und Richtern klären zu lassen. Häufig wird verrechtlichte Politik als demokratische Entwicklung angesehen, weil sie Regierungen zur Verantwortung ziehen kann, und es gibt sicher zahlreiche Beispiele für die Förderung von Menschenrechten und Demokratie durch richterliche Entscheidungen. Die Geschichte dieses Phänomens ist jedoch auch voller antidemokratischer, repressiver Tendenzen, und häufig wurde es gefördert, um die demokratischen Gefahren einer Legislative in Schach zu halten, die radikalere Kräfte repräsentierte, als im Richteramt je zu finden sind. Es ist nicht notwendig, hier darauf weiter einzugehen, aber es könnte durchaus lohnend sein, sich das Beispiel der USA anzusehen, wo die ursprüngliche Verfassung sowohl die Sklaverei als auch bestimmte Regelungen zum Staatshaushalt festschrieb und der Oberste Gerichtshof bis Mitte des 20. Jahrhunderts Nachhutgefechte für Rassismus und gegen Sozialpolitik führte. Die kurze progressive Periode, die folgte, endete innerhalb einer Generation; seit Mitte der 70er Jahre erweist sich der United States Supreme Court als politisch reaktionäre Kraft.[211] Möglicherweise haben wir ihm sogar die Regierung Bush zu verdanken, für die er im Dezember 2000 das entscheidende Urteil fällte. Ein weiteres Beispiel ist Chile, wo das oberste Gericht half, Salvador Allendes Reformregierung die Legitimation abzusprechen, und Pinochets von Amerika unterstützten Staatsstreich billigte, so dass Henry Kissinger den Putsch mit der Behauptung rechtfertigen konnte, der oberste Gerichtshof habe die Allende-Regierung für verfassungswidrig erklärt.[212] Später sorgte das unter Pinochets Diktatur ernannte oberste Gericht Chiles für dessen persönliche Straffreiheit.

Wie passt das internationale Strafrecht in dieses Bild? Nach dem Ende des Kalten Krieges blieb Amerika als einzige unanfechtbare Militärmacht der Welt übrig, sah sich aber durch das in der UN-Charta festgelegte Völkerrecht in seinen Ambitionen ernstlich behindert.[213] Diese Rechtsordnung basierte auf der souveränen Gleichheit der Staaten und einem Gewaltverbot, das nur unter streng definierten Bedingungen Ausnahmen zuließ, und hatte als Garanten den weitgehend repräsentativen Sicherheitsrat und als höchste Autorität in Rechtsfragen den noch repräsentativeren Internationalen Gerichtshof. Diese Rechtsordnung galt es zu stürzen, und genau das geschah. Wie revolutionäre Bewegungen es häufig tun, so appellierten auch hier die Revolutionäre an das »höhere Rechtsgut« der »Menschenrechte« (der Opfer repressiver Regime, die Amerika zu stürzen suchte) und der »naturgegebenen Rechte« (Amerikas naturgegebenes Selbstverteidigungsrecht), was manche nachdenkliche Kommentatoren veranlasste, von einer »Tyrannei der Menschenrechte« zu sprechen[214] und die »internationale Menschenrechtsbewegung« als »Teil des Problems« zu bezeichnen.[215] Das Problem sind allerdings nicht die Menschenrechte, sondern die konkreten Aktionen, die durch sie gerechtfertigt werden sollten – in diesem Fall blutige Kriege unter Missachtung der Prinzipien und Institutionen der UN-Charta. Die Charta suchte die Menschenrechte zu verteidigen, indem sie Grenzen unverletzlich machte, weil die offenkundigen Lehren des Zweiten Weltkrieges – Lehren, die Kosovo, Afghanistan und Irak vielfach bestätigt haben – zeigten, dass friedliche, kollektive Lösungen für Menschenrechtsprobleme immer erfolgreicher sind als gewaltsame, unilaterale Lösungsversuche. Dieses System wurde konkret in Frage gestellt, als Befürworter des internationalen Strafrechts argumentierten: »Veraltete Traditionen staatlicher Souveränität dürfen den Fortschritt nicht aufhalten … Die stummen Rufe ›Wir, die Völker‹ – die die wahren Souveräne von heute sind – fordern durchsetzbares Recht zum Schutz des universellen menschlichen Interesses.«[216] In der Praxis gewährleistet die Abschaffung der souveränen Gleichheit der Staaten und des Gewaltverbots aber nur, dass die Konzeption von Menschenrechten akzeptiert wird, die den mächtigsten Staaten die genehmste ist. Es kann keine Rede davon sein, dass der neue Interventionismus wie auch das neue Selbstverteidigungsrecht gegen die USA angewendet würden, sosehr sie auch die Menschenrechte ihrer eigenen Bevölkerung verletzen mögen. Genau wie bei allen anderen Elementen der »Globalisierung« gilt auch für die Globalisierung (»Universalisierung«) der Menschenrechte, dass sie lediglich ein Euphemismus für das Recht des Stärkeren ist.

Es genügte jedoch nicht, die neue Weltordnung theoretisch und praktisch zu etablieren, sie musste auch rechtlich abgesichert werden.

Verbrechen gegen die Menschlichkeit

Und hier kommt die internationale Strafrechtsbewegung in Gestalt des IStGHJ ins Spiel, der selbst in der Anklagebehörde vor Richtern nur so starrt, der als Oberster Gerichtshof der Welt auftritt, dem kein bloßes Landesrecht sich in den Weg zu stellen vermag; ein Straf- und Verfassungsgerichtshof in einem, mächtiger als jedes andere Gericht, einschließlich Internationaler Gerichtshof, weil er auf niemandes Zustimmung angewiesen ist und tatsächlich Menschen mit Waffengewalt der NATO verhaften kann. Wenn einmal die Geschichte des Sturzes der Vereinten Nation geschrieben wird, muss dem IStGHJ für seine Rolle im Kosovo ein erheblicher Anteil daran zugerechnet werden, weil der Kosovokrieg dem Unilateralismus einen gewaltigen Schub verlieh. Er ermöglichte es den USA, sich mit Hilfe der NATO über die Grenzen des Völkerrechts hinwegzusetzen und eine höhere Legalität zu postulieren. Wie Diana Johnstone ganz richtig feststellte, markierte der Kosovokrieg »einen Wendepunkt in der Ausweitung der militärischen Hegemonie der USA«, indem er den Krieg »wieder als akzeptables Instrument der Politik rehabilitierte« und die in der UN-Charta festgelegte psychologische und rechtliche Barriere durchbrach.[217] Die historische Mission der internationalen Strafrechtsbewegung bestand darin, Angriffskriege und den gesamten Repressionsapparat der neuen Weltordnung zu legalisieren – einer Ordnung, die die Amerikaner gern als »Freiheit« bezeichnen, die aber in der Praxis nur Freiheit für die mächtigsten Staaten bedeutet; Freiheit von den demokratischen Hindernissen, die die Freiheit der übrigen Staaten schützen. So undemokratisch die Staaten der Welt auch sein mögen – natürlich einschließlich der USA, die eine Demokratie nach dem Muster »eine Stimme pro Dollar« perfektioniert haben –, die Ablösung des Pluralismus der Vereinten Nationen durch die Herrschaft Amerikas kann man nur als epochalen demokratischen Rückschritt sehen. Auch die energische Unterwerfung Jugoslawiens, Afghanistans und Iraks nach dem Krieg unter die militärische und wirtschaftliche Herrschaft des »Dollar-Wall-Street-Regimes«, wie Peter Gowan es nennt, lässt sich nicht länger als »Autonomie« oder »Selbstbestimmung« romantisieren.[218]

Wie sieht die Zukunft des internationalen Strafrechts aus? Sein Nutzen für die einzige verbliebene Supermacht mag sich bereits überlebt haben, und jede Andeutung einer für sie nachteiligen Rolle wird seinen Untergang bedeuten. Wenn die USA eine Institution wie die Vereinten Nationen marginalisieren und ihrer Legitimation berauben können, lässt sich leicht vorstellen, wie wenig Mühe ihnen das bei einem Emporkömmling wie dem IStGH bereiten würde. Da die Ergebnisse aber so vorhersehbar sind, ist es äußerst unwahrscheinlich, dass es dazu kommt. Wenn der IStGH überleben soll – und das möchte er unbedingt –, muss er auch weiterhin die Verbrechen der USA ignorieren, die üblichen Verdächtigen verhaften und den Gewalteinsatz in internationalen Angelegenheiten regulieren (wie das Strafrecht, nach Catherine McKinnons Ansicht, »Vergewaltigung reguliert«), aber nicht verbieten – sondern sogar legitimieren. Was bringt uns angesichts der bekannten Tendenzen des alltäglichen Strafrechts, »hart gegen die Schwachen und milde gegen die Starken« wie Kriminelle aus Wirtschaft und Polizei zu sein, auf den Gedanken, es könnte sich auf globaler Ebene anders verhalten? Die Friedensbewegung sollte diesen Gerichtshöfen äußerst skeptisch gegenüberstehen. Abgesehen von einigen viel beachteten Ausnahmen sind Richter und Anwälte nicht gerade dafür bekannt, das Boot ins Wanken zu bringen. Man sollte sie an ihrer Praxis messen, nicht an ihrer Rhetorik, wie der Richter des Tokioter Tribunals, B. V. A. Röling, es uns in Bezug auf die Nürnberger Prinzipien empfahl:

> Es stimmt, dass beide Prozesse finstere Ursprünge hatten; dass sie für politische Zwecke missbraucht wurden und dass sie etwas unfair waren. Aber sie leisteten auch einen sehr konstruktiven Beitrag zur Ächtung des Krieges, und die Welt braucht dringend einen grundlegenden Wandel in der politischen und rechtlichen Stellung des Krieges in internationalen Beziehungen … Ja, ungeachtet aller gerechtfertigten Kritik bin ich zu einer positiven Meinung über die Prozesse gelangt. Die Einschätzung ist natürlich vorläufig. Man kann nie wissen, welche Rolle die Urteile für spätere Ereignisse spielen werden.[219]

Bislang haben diese Prinzipien ihre Wirkung völlig verfehlt, aber ich denke, wir müssen dafür offen bleiben.

# Anmerkungen

## Vorwort zur deutschen Ausgabe

1. Les Roberts, Riyadh Lafta, Richard Garfield, Jamal Khudhairi, Gilbert Burnham, *Mortality before and after the 2003 invasion of Iraq*, 29. Oktober 2004, S. 5, ›www.uni-kassel.de/fb5/frieden/regionen/Irak/lancet.pdf‹.
2. Michael Howard und Ewen MacAskill, »One month's toll in Iraq: 67 suicide bombers. US losing battle to stem flow of foreign fighters prepared to die for cause«, in *The Guardian*, 12. Mai 2005.
3. »President, Mrs. Bush Mark Progress in Global Women's Human Rights«, Pressebüro des Weißen Hauses, 12. März 2004, ›www.whitehouse.gov/news/releases/2004/03/20040312-5.html‹; »President Bush Welcomes Canadian Prime Minister Martin to White House«, Pressebüro des Weißen Hauses, 30. April 2004, ›www.whitehouse.gov/news/releases/2004/04/20040430-2.html‹.
4. Michelle Shephard, »Treated worse than animal by U.S., ex-prisoner says«, in *Toronto Star*, 5. Mai 2004, S. A16.
5. Human Rights Watch, The Road to Abu Ghraib, Juni 2004, ›www.hrw.org/reports/2004/usa0604/usa0604.pdf‹ (zuletzt geöffnet 25.5.2005).
6. Eröffnungsrede des Präsidenten Hamid Karsai beim Treffen des Nordatlantikrates mit Vertretern der ISAF-Kontingente am 11. Mai 2005, ›www.nato.int/docu/speech/2005/s050511b.htm‹; »Riots over US Koran ›desecration‹«, in *BBC News World Edition*, ›news.bbc.co.uk/2/4535491.stm‹.
7. David Peterson, »Beyond Demonstation Elections I«, in *Znet Blogs*, Oktober 2004, ›blog.zmag.org/index.php/weblog/entry/afghanistan‹.
8. Siehe Foto in der *New York Times* vom 6. Februar 2005, S. WK1.
9. Amnesty International, »Afghanistan: Stoning to Death – human rights scandal«, 26. April 2005 (AI INDEX: ASA 11/005/2005).
10. Reuters, »Afghan women raped, strangled. Warning note left with bodies«, *CNN.com*, 2. Mai 2005, ›edition.cnn.com/2005/WORLD/asiapcf/05/02/afghan.murders.reut‹ (zuletzt geöffnet 20.5.2005).
11. »No evidence over Kosovo drownings« ›news.bbc.co.uk/2/hi/europe/3667839.stm‹; »Lack of evidence stalls probe into drowning of 3 Kosovo children, UN mission says«, ›www.unmikonline.org/news.htm‹ (beide zuletzt geöffnet 25.5.2005).
12. Vereinte Nationen, *A More Secure World: Our Shared Responsibility. Report of the Secretary General's Hgh Level Panel on Threats, Challenges and Change*, Generalversammlung A/59/565, 2. Dezember 2004 (Zusammenfassung).

13. Richard A. Clarke, *Against all Enemies. Der Insiderbericht über Amerikas Krieg gegen den Terror*, Hamburg 2004, S. 46.
14. Ebd., S. 58.
15. »Court imposes lawyer on Milosevic«, in *The Guardian*, 2. Sept. 2004.
16. »Milosevic war crimes trial suspended«, in *The Guardian*, 15. September 2004; *Slobodan Milosevic v. Prosecutor* (Entscheidung zum Einspruch gegen die Entscheidung des Gerichts zur Benennung eines Rechtsbeistands), 1. November 2004, Aktenzeichen IT-02-54-AR73.7.
17. *Prosecutor v. Slobodan Milosevic* (Anordnung gemäß § 15 *bis* [D]) (Strafkammer), 29. März 2004, Aktenzeichen IT-02-54-T; Associated Press, »Scots Judge Appointed to Milosevic War Crimes Trial«, in *The Scotsman*, 14.4.2004.
18. Statut des IStGHJ, § 13 *bis* (Wahl der ständigen Richter); Verfahrensordnung und Beweisregel des IStGHJ, § 15 *bis* (Fehlen eines Richters) (Zusatz vom 12. Dezember 2002).
19. Der Generalbundesanwalt beim Bundesgerichtshof, Pressestelle, »Keine deutschen Ermittlungen wegen der angezeigten Vorfälle von Abu Ghraib/Irak«, 6/2005, ›www.generalbundesanwalt.de/news/index.php?Artikel=163‹.
20. »Center for Constitutional Rights Blasts Ruling of German Prosecutor Refusing to Hear War Crimes Case Against Rumsfeld«, ›www.ccr-ny.org/v2/reports/report.asp?ObjID=b2SxCfTLl0&Content=518‹ (zuletzt geöffnet 25.5.2005).
21. Andrew Eatwell, »High Court condemns ›death-flight‹ Captain Scilingo to 30 life sentences«, in *El Pais,* 21. April 2005; Joe Goldman, »Married to the Man Who Talked«, in *First Page*, 16. März 1997.
22. *Decision on the Amparo Application of Augusto Pinochet Uguarte*, Strafgericht des Obersten Gerichtshofes der Republik Chile, 4. Januar 2005, ›www.emol.com/noticias/documentos/pdfs/amparo_pinochet_2.pdf‹ (zuletzt geöffnet 25.5.2005).
23. »Two brothers on genocide charges«, *BBC World Edition*, 9. Mai 2005.
24. Gemeinsame Pressekonferenz von Bundeskanzler Schröder und US-Präsident Bush am 23. Februar 2005 in Mainz; ›www.bundesregierung.de/Pressekonferenzen-, 11931.792484/mitschrift/Gemeinsame-Pressekonferenz-von.htm‹.
25. Douglas J. Guth, »The Case Against Saddam«, in *Cleveland Jewish News,* 9. Dezember 2004.
26. »The Office of the Prosecutor of the International Criminal Court opens its first investigation«, IStGH, 23. Juni 2004, ›www.icc-cpi.int/pressrelease_details&id=26&l=en.html‹ (zuletzt geöffnet 25.5.2005).
27. Reuters, »War Crimes Court Eyes ›Blood Diamond‹ Buyers«, 23. September 2003, ›www.globalpolicy.org/intljustice/icc/2003/0923helpers.htm‹.
28. »UN's Darfour death estimate soars«, *BBC NEWS,* 14. März 2005, ›news.bbc.co.uk/go/pr/fr/-/1/hi/world/africa/4349063.stm‹ (zuletzt geöffnet 25.5.2005).
29. Rainer Chr. Hennig, »UN Darfur vote turns scramble for Sudan's oil«, *afrol News,* 10. September 2004, ›www.afrol.com/articles/13921‹.
30. »UN's Darfur estimate soars« (siehe Anm. 28).
31. Human Rights Watch, »U.S. Fiddles Over ICC While Darfur Burns«, 31. Januar 2005, ›hrw.org/english/docs/2005/01/31/usint10091.htm‹ (zuletzt geöffnet 27.5.

Anmerkungen

2005); *Report of the International Commission of Inquiry on Darfur to the United Nations Secretary-General Pursuant to Security Council Resolution 1564 of 18 September 2004*, Genf, 25. Januar 2005.

32. »Law unto themselves«, Leitartikel des *Guardian*, 25. Juni 2004.

33. Resolution 1593 des UN-Sicherheitsrates, 32. März 2005.

34. *Legal Consequences of a Wall in the Occupied Palestinensian Territory (Advisory Opinion)*, Internationaler Gerichtshof, 9. Juli 2004, ›www.icj-cij.org/icjwww/ipresscom/ipress2004/ipresscom2004-23_mwp_20040625.htm‹ (zuletzt geöffnet 27.5.2005); *Beit Sourik Village Council v. The Government of Israel*, Oberstes Gericht Israels, 30. Juni 2004, HCJ 2056/04.

35. John Laughland, »The mask of altruism disguising a colonial war«, in *The Guardian*, 2. August 2004.

# 1. Irak 2003

1. »No matter what the whip count is, we're calling for the vote … It's time for people to show their cards«, Associated Press; »›We're Calling for the Vote‹ at U.N., Bush says«, *Washington Post*, 7.3.2003, S. A18.

2. *Toronto Star*, 24.6.2003, S. D18.

3. Iraq Body Count, *Adding indifference to injury*, 7.8.2003, ›www.iraqbodycount.net/editorial_aug0703.htm‹ (zuletzt geöffnet 20.4.2005).

4. Laura King, »Baghdad's Death Toll Assessed«, *Los Angeles Times*, 18.5.2003, abrufbar unter ›www.latimes.com/‹, Archiv.

5. Reuters, »Casualties so far«, *Guardian*, 23.4.2003, ›www.guardian.co.uk/Iraq/Story/0,2763,928043,00.html‹.

6. John M. Broder, »A Nation at War: The Casualties; Number of Iraqis Killed May Never Be Determined«, *New York Times*, 10.4.2003, S. B1; nach Schätzungen des Project on Defense Alternatives belief sich die Zahl der irakischen Todesopfer bereits am 20. April 2003 auf 11000 bis 15000, davon 3200 bis 4300 »nicht kämpfende Zivilisten«: Carl Conetta, *The Wages of War. Iraqi Combatant and Noncombatant Fatalities in the 2003 Conflict*, Project an Defense Alternatives, 20.10.2003, ›www.comw.org/pda/0310rm8.html‹.

7. Alissa J. Rubin und Patrick J. McDonnell, »U.S. Gunships Target Insurgents in Iraq Amid Copter Crash Inquiry«, *Los Angeles Times*, 19.11.2003, abrufbar unter ›www.latimes.com/‹, Archiv.

8. Associated Press, »At Least 4 Killed in Bombing in Northern Iraq«, 20.11.2003, ›www.nytimes.com/2003/11/20/international/middleeast/20WIRE-IRAQ.html‹.

9. Borzou Daragahi, »Major assault targets Saddam loyalists«, *Toronto Star*, 13.6.2003, S. A12.

10. »America's Image Further Erodes, Europeans Want Weaker Ties«, *Pew Center for the People and the Press*, 18.3.2003, ›www.people-press.org/reports/display.php3?ReportID=175‹ (zuletzt geöffnet am 20.4.2005).

11. Mo Mowlam, »The real goal is the seizure of Saudi oil«, *Guardian*, 4.9.2002,

›www.guardian.co.uk/print/0,3858,4494686-103677,00.html‹ (zuletzt geöffnet 20.4.2005).

12. Jay Bookman, »The President's real goal in Iraq«, *The Atlanta Journal-Constitution*, 29.9.2002, S. F1.

13. Diese Äußerung schreibt Jonah Goldberg, Redakteur der *National Review*, seinem Freund und Kollegen Michael Ledeen zu, der am American Enterprise Institute den Freedom Chair innehat, »Baghdad Delenda Est, Part Two«, *National Review Online*, 23.4.2002, ›www.nationalreview.com/goldberg/goldberg042302.asp‹ (zuletzt geöffnet am 20.4.2005).

14. *Nuremberg Tribunal Judgement*, 1946; dt.: *Das Urteil von Nürnberg, 1946*, München, 1996, S. 21, 39.

15. Robert H. Jackson, *The Nuremberg Case as Presented by Robert H. Jackson, Chief of Counsel for the United States, Together With Other Documents*, New York, 1971; dt.: *Der Nürnberger Prozeß*, Weinheim, 1995, S. 52 f. (Hervorh. hinzugef.).

16. ›www.un.org/law/ilc/texts/nurnberg.htm‹; auch dt.: ›www.justiz.bayern.de/olgn/imt/grds/imt_prinzipien.htm‹ (zuletzt geöffnet am 20.4.2005).

17. Bernard D. Meltzer, »Comment: A Note on some aspects of the Nuremberg Debate«, *University of Chicago Law Review*, Jg. 14, 1946–47, S. 460 f. (Hervorh. hinzugef.).

18. Human Rights Watch, »Iraq: Warring Parties Must Uphold Laws Of War«, New York, 19.3.2003, ›www.hrw.org/press/2003/03/us031903ltr.htm‹; Amnesty International Press Release, »Iraq: military action could trigger civilian and human rights catastrophe«, AI INDEX: MDE 14/029/2003, 20.3.2003, ›web.amnesty.org/library/Index/engMDE140292003?Open?Open‹; dt.: »Krieg im Irak kann schwere Verstöße gegen humanitäres Völkerrecht zur Folge haben«, ›www.amnesty.de.‹ Pressemitteilung, 14.2.2003.

19. Amnesty International Press Release, »United States of America, International standards for all«, AI INDEX: AMR 51/045/2003, 25.3.2003.

20. United States Department of Defense, News Transcript, »Briefing on Geneva Convention, EPW's and War Crimes«, 7.4.2003, ›www.defenselink.mil/news/Apr2003/t04072003_t407genv.html‹ (zuletzt geöffnet 11.5.2005).

21. Human Rights Watch, »Iraq: Feigning Civilian Status Violates the Laws of War«, 31.3.2003, New York, ›www.hrw.org/press/2003/03/iraq033103.htm‹ (zuletzt geöffnet 20.4.2005).

22. Brian Knowlton, »Army Defends Soldiers Who Killed Civilians at Checkpoint«, *International Herald Tribune*, 1.4.2003, ›www.nytimes.com/2003/04/01/international/middleeast/01CND-CIVIL.html?.ex=1054353600&ren=50150403e2b31cba&ei=5070‹; William Branigin, »A Gruesome Scene on Highway 9«, *Washington Post*, 1.4.2003, S. A01.

23. In der Presse wird die Selbstverteidigung nicht erwähnt; das Zitat stammt aus meinen Notizen über die Fernsehübertragung der Pressekonferenz.

24. BBC News World Edition, »Iraqis killed in Falluja protest«, 29.4.2003, abzurufen unter ›www.bbc.co.uk‹, bbc news.

25. »Auch wenn die Einzelheiten des Grundsatzes von Bundesstaat zu Bundesstaat

variieren mögen, schließt praktisch jede Rechtsprechung den Anspruch auf Selbstverteidigung für Angreifer aus.« *Woods versus Solem*, Aktenzeichen 891 F.2d 196 1989, United States Court of Appeals; siehe auch John S. Baker, Jr., »Criminal Law – Defenses – The Aggressor Doctrine«, *Louisiana Law Review*, 1984, Jg. 45, S. 251, sowie Christine Gray, *International Law and the Use of Force*, Oxford University Press, 2000, S. 101 f.

26. Robert Fisk, »Were these deaths mishap, or murder?, Attacks don't reflect well on the U.S.«, *Toronto Star*, 9.4.2003, S. A10.

27. John Pilger, »Iraq. Crime Against Humanity«, Znet, 10.4.2003, ›www.zmag.org/content/showarticle.cfm?SectionID=15&ItemID=3426‹ (zuletzt geöffnet 20.4. 2005).

28. Human Rights Watch, »Letter to US Regarding the Creation of a Criminal Tribunal for Iraq«, Pressemitteilung, 15.4.2003, ›www.hrw.org/press/2003/04/iraqtribunal041503ltr.htm‹; auch dt.: »US-Pläne für Irak-Tribunale ›ein Fehler‹«, ›www.hrw.org/german/press/2003/iraqtribunalde.htm‹ (zuletzt geöffnet 20.4. 2005); Timothy Garton Ash, »What's to be done now?«, *Guardian Weekly*, 17.–23.4.2003, S. 13.

29. Elisabeth Bumiller, »U.S. Names Iraqis Who Would Face War Crimes Trial«, *New York Times*, 16.3.2003, ›www.nytimes.com‹; UN-Sicherheitsrat, Resolution 1483 vom 22.5.2003, Präambel und Punkt 3.

30. Agence France-Presse, »Greek Lawyers to sue Britain for Iraq crimes against Humanity«, 23.5.2003, ›www.ptd.net/webnews/wed/cy/Qiraq-greece-britain-icj. RPfR_DyN.html‹ (am 1.10.2004 nicht mehr verfügbar).

31. »International Appeal against Pre-emptive Use of Force Signed by 350 Jurists and Lawyers from 40 countries«, ›www.peacelawyers.ca/Documents/IALANA_appeal_Fb_2003.pdf‹ (zuletzt geöffnet 20.4.2005); International Commission of Jurists: »This Illegal War Must be Conducted Lawfully: The ICJ condemns the illegal invasion of Iraq in the clear absence of Security Council authority – this constitutes a great leap backward in the international rule of law«, ›www. icj.org/news.php3?id_article=2774&lang=en‹ (zuetzt geöffnet 20.4.2005); Canadian professors of international law, »Military action in Iraq without Security Council authorization would be illegal«, ›www.peacelawyers.ca/Documents/Iraq_Canadian_law_profs_English.pdf‹ (zuletzt geöffnet 11.5.2005); British and French Lawyers Statement, »War would be illegal«, *Guardian*, 7.3.2003, ›www.guardian.co.uk/Iraq/Story/0,2763,909314,00.html‹ (zuletzt geöffnet 20.4. 2005); Europäische Vereinigung von Juristinnen und Juristen für Demokratie und Menschenrechte in der Welt e.V., »Irak – den Krieg verhindern. Appell an die Regierungen und den UN-Sicherheitsrat«, ›www.ejdm.de/irak-krieg.htm‹ (zuletzt geöffnet 20.4.2005); Richard Norton-Taylor, »A large majority of international lawyers reject the government's claim that UN Resolution 1441 gives legal authority for an attack on Iraq«, *Guardian*, 14.3.2003, ›www.guardian.co.uk/analysis/story/0,3604,914021,00.html‹ (zuletzt geöffnet 20.4.2005); Contra: BBC News World Edition, »Attorney General's Iraq response«, 17.3.2003, abrufbar unter ›www.bbc.uk/1/hi/uk_politics/2857347.stm‹ (zuletzt geöffnet 11.5.2005).

32. Charta der Vereinten Nationen, Präambel; dt.: siehe ›www.runic-europe.org/ german/charta/charta.htm‹ (zuletzt geöffnet 20.4.2005).

33. Charta der Vereinten Nationen, Artikel 2.2.

34. »Bush: Leave Iraq within 48 hours«, 17.3.2003, ›www.cnn.com/2003/WORLD/ meast/03/17/sprj.irq.bush.transcript‹ (zuletzt geöffnet 20.4.2005).

35. Die angeführten Resolutionen des Sicherheitsrates sind in der deutschen Fassung zu finden unter ›www.un.org/Depts/german/‹ (Hervorh. hinzugefügt).

36. UN-Sicherheitsrat, Resolution 687 (1991) vom 3. April 1991 (Hervorh. hinzugefügt).

37. United Nations Security Council, »Identical Letters Dated 6 April 1991 from the Permanent Representative of Iraq to the United Nations, Addressed Respectively to the Secretary-General and the President of the Security Council«, S/22456, 6.4.1991.

38. »The UN Resolution on Iraq«, *Guardian*, 3.10.2002, ›www.guardian.co.uk/ Iraq/Story/0,2763,803467,00.html‹ (zuletzt geöffnet 20.4.2005) (Hervorh. hinzugefügt).

39. Julian Borger und Rory McCarthy, »Shift on inspections in bid to win over France, *Guardian*, 18.10.2002, ›www.guardian.co.uk/Iraq/Story/0,2763,814 509,00.html‹ (zuletzt geöffnet 20.4.2005).

40. Campaign Against Sanctions on Iraq, »UN Security Council Resolutions relating to Iraq: 1441«, 8. November 2002, ›www.casi.org.uk/info/scriraq.html‹ (zuletzt geöffnet 20.4.2005); US/UK-Entwurf vom 25. Oktober 2002, ›www.casi.org.uk/ info/usdraftscr021025.pdf‹ (zuletzt geöffnet 20.4.2005).

41. Vienna Convention on the Law of Treaties, Artikel 60 und 62(a), ›www.un.org/ law/ilc/texts/treaties.htm‹; Glen Rangwala, »Does a ›material breach‹ of SCR687 justify an invasion?«, Campaign Against Sanctions on Iraq, 22.8.2002, ›www. casi.org.uk/discuss/2002/msg01239.html‹ (zuletzt geöffnet 20.4.2005).

42. Associated Press, »›We're Calling for the Vote‹ at U.N., Bush Says«, a.a.O. (Anm. 1).

43. »Text of the U.S.-British-Spanish draft Resolution on Iraq«, 24.2.2003, ›www. caci.com/homeland_security/un_res_2-24-03.shtml‹ (zuletzt geöffnet 20.4.2005).

44. Global Policy Forum, »Changing Patterns in the Use of the Veto in the Security Council«, ›www.globalpolicy.org/security/data/vetotab.htm‹, Securiy Council, Tables and Charts, Use of Veto: 1945–2003 (zuletzt geöffnet 20.4.2005).

45. Siehe Kapitel 3.

46. »Diplomacy fails to break deadlock on Iraq«, *Guardian*, 11.3.2003, ›www. guardian.co.uk/Iraq/Story/0,2763,912050,00.html‹; Giles Tremlett, »Taking diplomacy to the wire«, *Guardian*, 17.3.2003, ›www.guardian.co.uk/Iraq/Story/ 0,2763,916137,00.html‹ (beide zuletzt geöffnet 20.4.2005.

47. Christine Gray, »From Unity to Polarization: International Law and the Use of Force against Iraq«, *European Journal of International Law,* 1/2002, Jg. 13, S. 9.

48. Christine Gray, »After the Ceasefire: Iraq, the Security Council and the Use of Force«, *British Yearbook of International Law* 135, 1994, S. 65; *International Herald Tribune*, 20.2.2001, S. 1.

372

49. Bradley Graham, »Air Defense Units in Southern Iraq Hit Hard. U.S. ›No-Fly‹ Patrols Have Struck All Fixed Sites, Commander Says«, *Washington Post*, 9.3. 2003, S. A21; Peter Baker, »Casualties of an ›Undeclared War‹: Civilians Killed and Injured as U.S. Airstrikes Escalate in Southern Iraq«, *Washington Post*, 22.12.2002, S. A01; Michael R. Gordon, »U.S. Attacked Iraqi Defenses Starting in '02«, *New York Times*, 20.7.2003, S.1.

50. Sicherheitsrat der Vereinten Nationen, Resolution 1154 vom 2. März 1998; Phyllis Bennis, »Déjà Vu All Over Again ...«, 15.10.2002, s. unter ›www.zmag.org/ZNET.htm‹, Search (zuletzt geöffnet 11.5.2005).

51. United States Congress, Authorization for Use of Military Force Against Iraq Resolution of 2002, Joint Resolution H.J. Res. 114, 10.10.2002, Section 3(a)(2), ›www.usembassy.it/file2002_10/alia/a2101002.htm‹ (zuletzt geöffnet 20.4. 2005).

52. *Doonsbury*, 8.10.2002: »Hey Mr. President, How'd That Great Line Of Yours Go? The One That Cracked Up The Joint Chiefs Today?« »No, Karl, No ...« »Tell! Tell!« »Okay, Okay. I Told Them We Had To Invade Iraq Because I Was Worried Sick About The U.N.'s Credibility.« »Ha!! Ha! Ha! Ha! Ha! Ha!« »He Killed The Chiefs With That One! Killed!« »Well, Everyone Was Being Soo Serious.« (He, Mr. Präsident, wie war noch der tolle Satz von Ihnen? Der, über den sich die Joint Chiefs of Staff heute schlapp gelacht haben?« »Nein, Karl, nein ...« »Erzählen Sie! Erzählen Sie!« »Okay, okay. Ich habe ihnen gesagt, wir müssten in den Irak einmarschieren, weil ich krank bin vor Sorge um die Glaubwürdigkeit der UN« »Ha!! Ha! Ha! Ha! Ha! Ha!« »Damit hat er die Generalstabschefs umgehauen! Umgehauen!« »Also, alle waren ja sooo ernst.«)

53. Associated Press, »›We're Calling for the Vote« at U.N., Bush Says«, a.a.O. (Anm. 1).

54. »Das ist kein Präemptivkrieg; es besteht ein entscheidender Unterschied. Präemptivkrieg hat eine Bedeutung, er bedeutet, dass die Vereinigten Staaten, wenn beispielsweise Flugzeuge den Atlantik überqueren, um die Vereinigten Staaten zu bombardieren, sie abschießen dürfen, noch bevor sie ihre Bomben abwerfen, und dass sie vielleicht die Luftwaffenstützpunkte angreifen dürfen, von denen sie gekommen sind.« Noam Chomsky und V.K. Ramachandran, »Iraq is a trial run«, *Frontline India*, 2.4.2003, ›www.zmag.org/content/showarticle.cfm?SectionID=15&ItemID=3369‹ (zuletzt geöffnet 11.5.2005).

55. »Text of Bush's Speech at West Point«, the *New York Times* on Web, 1.6.2002, s. unter ›www.nytimes.com/‹.

56. *The National Security Strategy of the United States of America*, September 2002, ›www.whitehouse.gov/nsc/nss.pdf‹ (zuletzt geöffnet 20.4.2005).

57. »Bush: Leave Iraq within 48 hours«, a.a.O. (Anm. 34).

58. Associated Press, »›We're Calling for the Vote‹ at U.N., Bush Says«, a.a.O. (Anm. 1).

59. »Bush: Leave Iraq within 48 hours«, a.a.O. (Anm 34).

60. Thomas L. Friedman, »The Meaning of a Skull«, *New York Times*, 27.4.2003, Teil 4, S. 13.

61. »Blair's Address to a Joint Session of Congress«, 17.7.2003, s. unter ›www.nytimes.com‹.

62. Alan Freeman, »Rumsfeld takes victory tour«, *Globe and Mail*, 1.5.2003, S. A1, A14.

63. Fernando R. Tesón, *Humanitarian Intervention: An Inquiry into Law and Morality*, New York, 1997, S. 121f.

64. Robert Fisk, »Americans defend two untouchable ministries from the hordes of looters«, *Independent*, 14.4.2003, ›www.robert-fisk.com/articles229.htm‹ (zuletzt geöffnet 20.4.2005).

65. Susan Sachs und Edmund L. Andrews, »Iraq's Slide into Lawlessness Squanders Good Will for U.S.«, *New York Times*, 18.5.2003, Teil 1, S. 1.

66. Tesón, *Humanitarian Intervention*, a.a.O. (Anm. 63), S. 121f.

67. UNICEF, »Iraq survey finds child health sliding«, 13.5.2003, ›www.unicef.org/newsline/2003/03pr34iraq.htm‹ (zuletzt geöffnet 20.4.2005).

68. Mark MacKinnon, »Children's Health in Crisis, Iraqi doctors say«, *Globe and Mail*, 28.6.2003, S. A13.

69. Patrick E. Tyler, »Barrels Looted at Nucelar Site Raise Fears for Iraqi Villagers«, *New York Times*, 8.6.2003, S. 1.

70. Agence France-Presse, »Power restoration to take two years«, *Dawn* (Pakistan), 14.9.2003, ›www.dawn.com/2003/09/14/int1.htm‹ (am 20.4.2005 nicht mehr verfügbar).

71. Neela Banerjee, »No Power, No Rebirth in Iraqi Business«, *New York Times*, 25.5.2003, S. BU1.

72. Rajiv Chandrasekaran, »Troubles Temper Triumphs in Iraq«, *Washington Post*, 18.8.2003, S. A01.

73. Walter Pincus, »Skepticism About U.S. Deep, Iraq Poll Shows Motive for Invasion Is Focus of Doubts«, *Washington Post*, 12.11.2003, S. A18.

74. Tesón, *Humanitarian Intervention*, a.a.O. (Anm. 63), S. 122.

75. Chandrasekaran, »Troubles Temper Triumphs in Iraq«, *Washington Post*, 18.8.2003, S. A01; Patrick E. Tyler, »Iraqis Will Join Governing Council U.S. Is Setting Up«, *New York Times*, 8.7.2003, s. unter ›www.nytimes.com/‹.

76. William Booth und Rajiv Chandrasekaran, »Occupation Forces Halt Elections Throughout Iraq«, *Washington Post*, 28.6.2003, S. A20.

77. L. Paul Bremer III, »The Road Ahead in Iraq – and How to Navigate It«, *New York Times*, 13.7.2003, S. WK13 (Hervorh. hinzugef.).

78. Rajiv Chandrasekaran, »Top Cleric Faults U.S. Blueprint For Iraq«, *Washington Post*, 27.11.2003, S. A01; »Alternatives to Iraqi Council Eyed«, *Washington Post*, 9.11.2003, S. A01; Joel Brinkley, »Iraqis in Accord on Fast Schedule to Regain Power«, *New York Times*, 16.11.2003, S. 1.

79. Zur Komplizenschaft bei Kriegsverbrechen siehe Peter Stoett, »Unpunished Complicities of Genocide«, *Conference: The Canadian Highway to the International Criminal Court*, Canadian Institute for the Administration of Justice, Montreal, 1.5.2003.

80. Matthew White, »Death Tolls for the Man-made Megadeaths of the Twentieth

Century«, ›users.erols.com/mwhite28/warstat2.htm#Iran-Iraq‹ (zuletzt geöffnet 20.4.2005).

81. Kenneth Roth, »Indict Saddam«, *Wall Street Journal*, 22.3.2002, ›www.hrw.org/editorials/2002/iraq_032202.htm‹ (zuletzt geöffnet 20.4.2005); Glen Rangwala, »Who armed Saddam?«, *Labour Left Briefing*, Oktober 2002, s. unter ›www.middleeastreference.org.uk/‹, various writings.

82. Research Unit for Political Economy, »Behind the War on Iraq«, *Monthly Review*, Jg. 55, Nr. 1, Mai 2003, S. 20–31; David Morgan, »Ex-U.S. official says CIA aided Baathists«, *Toronto Star*, 20.4.2003, S. F3; Michael Dobbs, »U.S. Had Key Role in Iraq Buildup«, *Washington Post*, 30.12.2002, S. A01.

83. Rahul Mahajan, *The New Crusade: America's War on Terrorism*, New York, 2002, S. 106; Peter Gowan, *The Global Gamble: Washington's Faustian Bid for World Dominance*, London, 1999, S. 156 f.

84. Matthew White, »Death Tolls for the Man-made Megadeaths of the Twentieth Century«, a.a.O. (Anm. 80).

85. William M. Arkin, »America Cluster Bombs Iraq«, *Washington Post online*, 26.2.2001; Michael Smith, »100 jets join attack on Iraq«, *Daily Telegraph*, 6.9. 2002, ›www.telegraph.co.uk/news/main.jhtml?xml=/news/2002/09/06/wirq06. xml&sSheet=portal/2002/09/06/ixport.html‹ (zuletzt geöffnet 20.4.2005).

86. Michael Byers, »The Shifting Foundations of International Law: A Decade of Forceful Measures against Iraq«, *European Journal of International Law*, Jg. 13, 2002, S. 21; UN-Sicherheitsrat, Resolution 986 (1995), Ziffer 3.

87. United Nations Press Release, »Secretary-General's Address at the University of Bordeaux«, SG/SM 4560, 24.4.1991, S. 5.

88. *New York Times*, 29.10.1996, S. A8.

89. Mohamed M. Ali und Iqbal H. Shah, »Sanctions and Childhood Mortality in Iraq«, *Lancet*, Bd. 355, Nr. 9218, 27.5.2000, S. 1851.

90. *La Repubblica*, 22.2.2001, S. 18.

91. Tariq Ali, »Our Herods«, *New Left Review*, 2. Serie, Nr. 5, S. 13, Sept.–Okt. 2000.

92. »Editorial: Iraq's Children«, *Lancet*, Bd. 355, Nr. 9218, 27.5.200, S. 1837.

93. John Pilger, »The great charade«, *Observer*, 14.7.2002, ›www.guardian.co.uk/Archive/Article/0,4273,4461028,00.html‹ (zuletzt geöffnet 20.4.2005).

94. Chandrasekaran, »Troubles Temper Triumphs in Iraq«, a.a.O. (Anm. 75).

95. Anthony Shadid, »A Villager Attacks U.S. Troops, but Why?«, *Washington Post*, 11.8.2003, S. A01.

96. Rossana Rossanda, »Ritirateli« (»Zieht sie zurück«), *Il Manifesto*, 13.11.2003, S. 1.

97. Kenneth Roth, *War in Iraq: Not a Humanitarian Intervention*, New York, Human Rights Watch, Januar 2004; dt.: »Der Irak-Krieg war keine humanitäre Intervention«, *Die Zeit*, 22.1.2004, ›www.hrw.org/german/editorials/iraq 012204 de.htm‹ (zuletzt geöffnet 20.4.2005); siehe auch Antonio Cassese, »A Follow-Up: Forcible Humanitarian Countermeasures and Opinio Necessitatis«, *European Journal of International Law*, 10, 1999, S. 791.

98. Michael J. Glennon, »How War Left the Law Behind«, *New York Times*, 21.11. 2002, S. A37.

99. Anthony Westell, »Another League of Nations«, *Globe and Mail*, 21.9.2002, S. A19.

100. Richard Perle, »Thank God for the death of the UN«, *Guardian*, 21.3.2003, ›www.guardian.co.uk/comment/story/0,3604,918764,00.html‹ (zuletzt geöffnet 20.4.2005).

## 2. Afghanistan 2001

1. John F. Burns, »Villagers Say U.S. Should have Looked not Leapt«, *New York Times*, 17.2.2002, S. 12.

2. Nahlah Ayed, »Forces set 50 Afghans free, decide to keep five«, *Globe and Mail*, 31.5.2002, S. A18; »We were better off under the Russians«, *Time Magazine*, Nr. 23, 17.6.2002, »www.time.com/time/europe/magazine/article/0,13005,90 1020624-262916,00.html‹ (zuletzt geöffnet 20.4.2005).

3. Rory McCarthy, »US planes rain death on the innocent«, *Guardian*, 1.12.2001, ›www.guardian.co.uk/afghanistan/story/0,1284,610052,00.html‹; Marc W. Herold, »A Dossier on Civilian Victims of United States' Aerial Bombing of Afghanistan: A Comprehensive Accounting«, ›www.cursor.org/stories/civilian_ deaths.htm‹ (beide zuletzt geöffnet 20.4.2005).

4. Dexter Filkins, »Flaws in U.S. Air War left Hundreds of Civilians Dead«, *New York Times*, 21.7.2002, S. 1.

5. Michael E. O'Hanlon, »A Flawed Masterpiece«, *Foreign Affairs*, Jg. 81, Nr. 3, März/April 2002, S. 47–59; Rahul Mahajan, *The New Crusade: America's War on Terrorism*, New York, 2002, S. 46f.

6. Herold, »A Dossier on Civilian Victims of United States' Aerial Bombing of Afghanistan: A Comprehensive Accounting«, a.a.O. (Anm. 3); Marc W. Herold, »Counting the dead«, *Guardian*, 8.8.2002, s. unter ›www.guardian.co.uk/‹, Archive search.

7. Carl Conetta, *Operation Enduring Freedom: Why a Higher Rate of Civilian Bombing Casualties?*, Project on Defense Alternatives, Briefing Report #11, 18.1.2002, ›www.comw.org/pda/0201oef.html‹ (zuletzt geöffnet 20.4.2005). Eine Begründung, weshalb Herolds Zahlen wahrscheinlich genauer sind, siehe: Mahajan, *The New Crusade*, New York, 2002, S. 50.

8. Michael Finkel, »To Wait Or To Flee«, *New York Times Magazine*, 17.2.2002, S. 34–37 und 68. Siehe auch *Globe and Mail*, 11.12.2001, S. A10.

9. Jonathan Steele, »Forgotten victims«, *Guardian*, 20.5.2002, ›www.guardian. co.uk/afghanistan/comment/story/0,11447,718647,00.html‹ (zuletzt geöffnet 20.4.2005); siehe auch Paul Koring, »Voices of war dissent grow louder as starvation stalks Afghanistan«, *Globe and Mail*, 3.11.2001, S. A4.

10. Eric Schmitt, »Afghans Link Civilian Deaths to U.S. Bomb«, *New York Times*, 2.7.2002, Teil A, S. 1; Carlotta Gall, »Hunt for Taliban Leaves Village with

Horror«, *New York Times*, 8.7.2002, Teil A, S. 1; und »U.S. Plans Investigation Into Afghan Strike«, *New York Times*, 14.7.2002, S. 10.

11. April Witt, »U.S. Bomb Kills 11 Civilians in Afghanistan«, *Washington Post*, 10.4.2003, S. A25.

12. »U.S. bombing kills two Taliban, 10 civilians in southern Afghanistan«, *Hindustan Times*, 20.9.2003; »6 children die in raid on Afghan compound«, *Toronto Star*, 11.12.2003, S. A3.

13. Project on Defense Alternatives gibt die Zahl der getöteten Taliban-Kämpfer mit 3000 bis 4000 an; s. Conetta, *Operation Enduring Freedom*, a.a.O. (Anm. 7). Eine wesentlich höhere Zahl (8000–12000) findet sich bei O'Hanlon, »A Flawed Masterpiece«, a.a.O. (Anm. 5), S. 55. Allem Anschein nach wurden allein in Mazar Al Sharif etwa 3000 gefangene Taliban massakriert: »Film indicts US over massacre of 3000«, *Herald* (Glasgow), 19.12.2002, S. 11.

14. Dexter Filkins und Barry Bearak, »A Tribe Is Prey to Vengeance After Taliban's Fall in North«, *New York Times*, 7.3.2002, ›www.nytimes.com‹. David Filipov, »Warlord's men commit rape in revenge against Taliban«, *Boston Globe*, 24.2. 2002, ›www.boston.com/globe/search‹.

15. O'Hanlon, »A Flawed Masterpiece«, a.a.O. (Anm. 5), S. 48, 57.

16. State of the Union Address to Congress, 29.1.2002, ›www.whitehouse.gov/news/ releases/2002/01/20020129-11.html‹ (zuletzt geöffnet 20.4.2005).

17. Siehe Verteidigungsminister Donald Rumsfeld, 4.12.2001, »Department of Defense News Briefing«, ›www.defenselink.mil/news/Dec2001/t12042001_t1204 sd.html‹ (zuletzt geöffnet 20.4.2005).

18. Ein RAWA-Video, das die öffentliche Hinrichtung einer Afghanin durch die Taliban am 16. November 1999 im Sportstadion Kabul zeigte, wurde von CNN ausgestrahlt und half, Abscheu über die Taliban zu schüren.

19. Die folgenden Äußerungen sind auf der RAWA-Website zu finden ›www.rawa. org‹.

20. Zu den Ländern, deren befragte Bevölkerung für den Krieg war, gehörten die USA (88 Prozent dafür, 7 Prozent dagegen), Kanada (66 zu 23 Prozent), Großbritannien (65 zu 19 Prozent), Frankreich (60 zu 25 Prozent), Deutschland (60 zu 32 Prozent), Italien (58 zu 30 Prozent) und Japan (49 zu 44 Prozent); mehrheitlich gegen den Krieg waren die Befragten in Südkorea (50 zu 43 Prozent), Spanien (52 zu 31 Prozent), China (52 zu 28 Prozent), Türkei (70 zu 18 Prozent) und Argentinien (77 zu 13 Prozent). »G-7 countries Find Their Public Supportive of U.S. Military Action in Afghanistan, But Serious Opposition Appears in Other Countries, New Global Poll Finds«, ›www.ipsos-na.com/news/pressrelease.cfm? id=1385‹ (zuletzt geöffnet am 20.4.2005). Eine internationale Umfrage, die die Schweizer Firma Isopublic eine Woche nach dem 11. September durchführte, ergab, dass lediglich Amerikaner und Israelis für ein militärisches Vorgehen gegen Staaten waren, die »Terrorismus schützen«, während die Nationen in weiten Teilen der Welt für gerichtliche Lösungen waren: »Around 80 percent of Europeans and around 90 percent of South Americans favour extradition and a court verdict«, Reuters, »Israel, U.S. only countries where majority backs military strike«,

*Haaretz English Edition*, 22.9.2001, ›lists.econ.utah.edu/pipermail/rad-green/ 2001-September/000536.html‹; David Miller, »Blair should read the polls«, *Guardian*, 3.10.2001, ›www.guardian.co.uk/comment/story/0,3604,562 145, 00.html‹ (beide zuletzt geöffnet 20.4.2005).

21. Christine Gray, »From Unity to Polarization: International Law and the Use of Force against Iraq«, *European Journal of International Law*, 1/2002, Jg. 13, S. 1–9.

22. Sicherheitsrat der Vereinten Nationen, Resolution 661 vom 6. August 1990, ›www.un.org/Depts/german/sr/sr_90/sr661-90.pdf‹.

23. Mahajan, *The New Crusade*, a.a.O. (Anm. 5), S. 26.

24. John Bassett Moore, *A Digest of International Law*, Bd. II, 1906, S. 412.

25. *Nuremberg Tribunal Judgement*, 1946; dt.: *Das Urteil von Nürnberg 1946*, München, 1966, S. 67–70.

26. *Nicaragua versus United States of America*, 1986, Ziffer 237.

27. Ebd., Ziffer 195 (Hervorh. hinzugefügt).

28. Christine Gray, *International Law and the Use of Force*, Oxford, 2000, S. 118. Zu früheren Vergeltungsschlägen Israels und der USA gegen Terroranschläge erklärt sie: »Die Maßnahmen sehen eher nach Vergeltung aus, denn angesichts der Tatsache, dass die Angriffe auf die eigenen Staatsangehörigen bereits stattgefunden hatten, besaßen sie stärkeren Straf- als Abwehrcharakter .... Die USA und Israel zielten auf Vergeltung und Abschreckung und erklärten, ihr Vorgehen sei präemptiv. Das Problem der USA und Israels ist, dass alle Staaten einmütig gewaltsame Vergeltung als prinzipiell unrechtmäßig ablehnen.« Zur Auswirkung von Artikel 51 siehe auch ebd., S. 92–96; Albrecht Randelzhofer, »Article 51« in: Bruno Simma (Hrsg.), *The Charter of the United Nations; A Commentary*, Oxford, 1994, S. 661–678, dt.: *Charta der Vereinten Nationen. Kommentar*, München, 1991; und Thomas Franck, »Symposium on the Gulf War«, in: *American Journal of International Law*, Jg. 85, 1991, S. 63.

29. Siehe z.B. Oscar Schachter, »United Nations Law in the Gulf Conflict«, *American Journal of International Law*, 1991, Jg. 85, S. 452, und Eugene Rostow, Staatssekretär im US-Außenministerium während des Vietnamkriegs, »Until What? Enforcement action or Self-Defense?«, ebd., S. 506.

30. »Taleban leader protests Bin Laden's innocence«, BBC News, 19.9.2001, ›www.bbc.co.uk/‹ Search.

31. »Osama Bin Laden should choose another place«, *Guardian*, 21.9.2001, ›www.guardian,co.uk/‹, Archive search.

32. Rede vor beiden Kammern des US-Kongresses, 20.9.2001, (Hervorh. hinzugefügt), CNN Newsroom, 21.9.2001, ›www.cnn.com/TRANSCRIPTS/0109/21/ nr.00.html‹ (zuletzt geöffnet 20.4.2005).

33. Mahajan, *The New Crusade*, a.a.O. (Anm. 5), S. 29.

34. Ebd., S. 30 f.

35. John Pilger, »An unconscionable threat to humanity«, in P. Scraton (Hrsg.), *Beyond September 11: An Anthology of Dissent*, London, 2002, S. 19–24.

36. Siehe Sicherheitsrat der Vereinten Nationen, Resolution 138 vom 23. Juni 1960.

37. Carl Conetta, *Strange Victory: A Critical Appraisal of Operation Enduring Freedom and the Afghanistan War*, Project on Defense Alternatives, 30.1.2002, ›www.comw.org/pda/0201strangevic.html‹ (zuletzt geöffnet 20.4.2005).

38. Siehe Isabel Hilton, »Now we pay the warlords to tyrannise the Afghan people«, *Guardian*, 31.7.2003, ›www.guardian.co.uk/comment/story/0,3604,1009416,00.html‹; Human Rights Watch, »*Killing You is a Very Easy Thing For Us*«: *Human Rights Abuses in Southeast Afghanistan*, Juli 2003, Jg. 15, Nr. 05, ›www.hrw.org/reports/2003/afghanistan0703‹ (beide zuletzt geöffnet 20.4.2005); Noreen S. Ahmed-Ullah, »Afghan laws still repress women. Refusing suitor, leaving husband bring jail time«, *Chicago Tribune*, 28.4.2002, ›www.rawa.fancymarketing.net/jail.htm‹; Geoffrey York, »Holy war engulfs Afghan feminist«, *Globe and Mail*, 7.8.2002; RAWA-Erklärung zum Internationalen Frauentag, 8.3.2002, »Let Us Struggle Against War and Fundamentalism and for Peace and Democracy!«, ›www.rawasongs.fancymarketing.net/mar8-02en.htm‹ (beide nicht mehr verfügbar); United Nations Development Programme, *Afghanistan Recovery. Needs Assessment Report*, ›www.undp.org.af/‹.

39. Ein Ladenbesitzer in der afghanischen Stadt Spin Boldak, zit. in Mark McKinnon, »Afghan peace now crumbling«, *Globe and Mail*, 2.2.2002, S. A13.

40. F. Chipaux, »Hamid Karzai, un Pachtoune nommé président. Le nouvel homme fort de l'Afghanistan connaît bien le monde occidental«, *Le Monde*, 13.12.2001; »Afghan pipeline given go-ahead«, BBC News, 30.5.2002, ›www.bbc.co.uk/‹, BBC News.

41. Marcus Gee, »Why they bomb Afghanistan«, *Globe and Mail*, 3.11.2001, S. A15.

42. Mark MacKinnon, »Afghanistan in need of promised donations«, *Globe and Mail*, 18.6.2002, S. A14.

43. »Two Norwegian peacekeepers injured in attack on ISAF patrol«, Agence France-Presse, 13.5.2003; ›www.reliefweb.int/rw/rwb.nsf/AllDocsByUNID/bd34ab85 6a20422fc1256d25003e4722‹ (zuletzt geöffnet 20.4.2005); Zvi Bar'el, »Tribal and strife«, *Haaretz*, 22.4.2003; »US bombing kills two Taliban, 10 civilians in southern Afghanistan«; James Astill, »Plea for security rethink as French aid worker is buried UN says relief work in Afghanistan cannot continue on existing terms«, *Guardian*, 21.11.2003, ›www.guardian.co.uk/international/story/0,36 04,1089805,00.html‹ (zuletzt geöffnet 20.4.2005); Zahid Hussain, »Afghan president seeks help as Taleban attacks Continue«, *The Times*, 1.10.2003, s. unter ›www.timesonline.co.uk/‹.

44. Chris Wattie und Sheldon Alberts, »Canadian troops to be deployed to Afghanistan; 2,000 Soldiers to join NATO force in Kabul«, *National Post*, 6.5.2003.

45. David Johnston, Don Van Natta jr. und Judith Mill, »Qaeda's New Links Increase Threats From Global Sites«, *New York Times*, 16.6.2002, S. 1, 10.

46. Siehe Gray, *International Law and the Use of Force*, a.a.O. (Anm. 28), S. 111ff.

47. RAWA, »Let Us Struggle Against War and Fundamentalism and for Peace and Democracy!«, a.a.O. (Anm. 38).

48. Ahmed Rashid, *Taliban: Militant Islam, Oil and Fundamentalism in Central Asia*, New Haven, 2000, S. 146; Pilger, »An unconscionabel threat to humanity«,

a. a. O. (Anm. 35), S. 28; Aussage von John J. Maresca, Vizepräsident für internationale Beziehungen der Unocal Corporation, vor dem House Committee On International Relations Subcommittee On Asia And The Pacific, 12.2.1998; »Caspian Diplomacy«, *International Herald Tribune*, 17.4.2001, S. 8.

49. Lewis H. Lapham, »Notebook: Mythography«, *Harper's Magazine*, Februar 2002, S. 6–9.

50. Naomi Klein, »Game Over«, *The Nation*, 17.9.2001, ›http://www.thenation.com/doc.mhtml%3Fi=20011001&s=klein‹ (zuletzt geöffnet 20.4.2005).

51. John Powers, »On Media Fundamentalism«, *LA Weekly*, 21.–27.9.2001, ›www.laweekly.com/ink/01/44/on-powers.php‹ (zuletzt geöffnet 20.4.2005).

52. Siehe United Nations Development Programme, *Human Development Report 1999*, S. 38, ›http://hdr.undp.org/‹; dt.: *Bericht über die menschliche Entwicklung 1999*, Bonn, 1999, S. 44; *Human Development Report 2003*, ›http://hdr.undp.org/‹, S. 237, 339; auch dt.: *UN-Bericht über die menschliche Entwicklung 2003*, Bonn, 2003.

53. International Energy Association, *Key World Energy Statistics*, ›www.iea.org/‹.

54. *Bericht über die menschliche Entwicklung 1999*, a.a.O. (Anm. 52), S. 168ff.

55. Doug Sanders, »The Pope, Picasso, Mandela and Q«, *Globe and Mail*, 20.10.2001, S. R8.

56. »Our best point the way«, *Globe and Mail*, 7.12.2001, S. A21.

57. »Department of Defense News Briefing«, 4.12.2001, ›www.defenselink.mil/news/Dec2001/t12042001_t1204sd.html‹ (zuletzt geöffnet 20.4.2005).

58. Tom Tomorrow, »Are you a Real American? Take this quiz and find out«, *New York Times*, 30.6.2002, S. WK3.

59. »A Day Of Terror: Bush's Remarks to the Nation on the Terrorist Attacks«, *New York Times*, 12.9.2001, Teil A, S. 4.

60. Siehe Kap. 3, Anm. 240.

61. United Nations General Assembly, *Report of the Ad Hoc Committee on International Terrorism*, UN GAOR, 28. Tagung, Supp. Nr. 28 (A/9028), 1973.

62. United Nations General Assembly, *Resolution on Measures to Prevent International Terrorism*, 18. Dezember 1972/RES/3034 (XXVII).

63. Sicherheitsrat der Vereinten Nationen, Resolution 1160, 31.3.1998.

64. United Nation General Assembly, *Report of the Ad Hoc Committee on International Terrorism*, UN GAOR, 28. Tagung, Supp. Nr. 28 (A/9028), 1973.

65. Noam Chomsky und Edward S. Herman, *The Political Economy of Human Rights: The Washington Connection and Third World Fascism*, Montreal, 1979.

66. Tom Harris, »How Apache Helicopters Work«, ›http://science.howstuffworks.com/apache-helicopter.htm‹ (zuletzt geöffnet 20.4.2005).

67. David Barsamian, »The United States is a Leading Terrorist State: An Interview with Noam Chomsky«, *Monthly Review*, Jg. 53, Nr. 6, November 2001, S. 10.

68. Michael Walzer, »Can There Be a Decent Left?«, *Dissent*, Frühjahr 2002, S. 19.

69. Siehe die Gründe, die Donald Rumsfeld öffentlich angab: »Secretary of Defense Donald Rumsfeld updates the world on the war against terrorism«, *NewsHour*

Anmerkungen

*with Jim Lehrer Transcript*, 7.11.2001, ›www.pbs.org/newshour/bb/military/ july-dec01/rumsfeld1_11-7.html‹ (zuletzt geöffnet 20.4.2005).

70. Department of Defense Dictionary of Military Terms, Stand 19.12.2001, ›www. dtic.mil/doctrine/jel/doddict‹ (zuletzt geöffnet 20.4.2005).

71. T.C. Schelling, »Dispersal, Deterrence, and Damage«, *Operations Research*, Jg. 9, Nr. 3, 1961, S. 363.

72. NATO-Pressekonferenz, 26.3.1999.

73. NATO-Pressekonferenz, 10.5.1999.

74. NATO-Pressekonferenz, 13.4.1999.

75. NATO-Pressekonferenz, 1.6.1999.

76. NATO, »The Conduct of the Air Campaign«, 30.10.2000, s. unter ›www.nato. int/kosovo/repo2000/conduct.htm‹ (zuletzt geöffnet 20.4.2005).

77. Julian Borger, »McVeigh brushes aside deaths«, *Guardian*, 30.3.2001, ›www. guardian.co.uk/Archive/Article/0,4273,4162150,00.html‹; Carolyn Thompson, »Book: Remorseless McVeigh calls kids ›collateral damage‹«, *SouthCoast Today*, 29.3.2001, ›www.s-t.com/daily/03-01/03-29-01/a02wn014.htm‹ (beide zuletzt geöffnet 20.4.2005).

78. Air Force General Richard B. Myers, Chairman of the U.S. Joint Chiefs of Staff, 15.10.2001. Office of International Information Programs, U.S. Department of State, ›usinfo.state.gov/‹.

79. Robert Fisk, »It was an outrage, an obscenity«, *Independent*, 27.3.2003, ›www.commondreams.org/views03/0327-06.htm‹ (zuletzt geöffnet 20.4.2005).

80. Dexter Filkins und Michael Wilson, »Marines, Battling in Streets, Seek Control of City in South«, *New York Times*, 25.3.2003, S. A1.

81. Associated Press, »›We're Calling for the Vote‹ at U.N., Bush Says«, *Washington Post*, 7.3.2003, S. A18.

82. Kenneth Anderson, »Who Owns the Rules of War?«, *New York Times Magazine*, 13.4.2003, S. 38–42.

83. Legality of the Threat or Use of Nuclear Weapons (Advisory Opinion of 8 July 1996), 1996, ICJ Reports 226, S. 491.

84. William Safire, »On Language: ›Regime Changes‹«, *New York Times Magazine*, 10.3.2002, S. 20.

85. Richard L. Berke und Janet Elder, »Poll Finds Support for U.S. Use of Military Force«, *New York Times*, 16.9.2001, S. 6.

86. United States Department of Defense, 15.10.2001 (Office of International Information Programs, US Department of State, ›usinfo.state.gov‹).

87. »Department of Defense News Briefing«, 4.12.2001.

88. Denise Duclaux und Charles Aldinger, »Afghan Government Protests Attack; Inquiry Launched«, *Miami Herald*, 2.7.2002, s. unter ›www.miami.com/‹.

89. Khalid Amyreh, »Killing Deliberately ›By Mistake‹«, *Palestine Chronicle*, 4.9. 2002, ›palestinechronicle.com/‹.

90. O'Hanlon, »A Flawed Masterpiece«, a.a.O. (s. Anm. 5), S. 48, 57.

91. Exodus 21,28-29 (Hervorh. hinzugefügt).

92. »Couple guilty in killer dogs case«, BBC News, 22.3.2002 (Hervorh. hinzugefügt),

›news.bbc.co.uk/hi/english/world/americas/newsid_18860000/1886638.stm‹ (zuletzt geöffnet 20.4.2005).

93. Evelyn Nieves, »Woman`s Murder Conviction in Mauling Case Is Overturned«, *New York Times*, 18.6.2002, Teil A, S. 12 (Hervorh. hinzugefügt).

94. Associated Press, »Dog Owner in Mauling due Retrial«, 17.6.2002, ›www.inter countynews.com/site/news.cfm?newsid=4473278&BRD=1994&PAG=461&d ept_id=226369&rfi=6‹ (zuletzt geöffnet 20.4.2005).

95. Douglas N. Husak, »Transferred Intent«, *Notre Dame Journal of Law, Ethics and Public Policy*, 1996, Jg. 10, S. 65.

96. 2 Plowden, S. 473 f.

97. 29 P. 3d 209, S. 220 Fn. 9, Supreme Court of California. Ein weiteres Beispiel ist der Fall *Commonwealth v. Fisher,* 742 N.E. 2d 61, Massachusetts 2001.

98. Artikel 125.25 und 125.27.

99. Section 229(b).

100. Siehe z.B. Husak, »Transferred Intent«, a.a.O (Anm. 95), S. 87.

101. *Hyam v. DPP* [1974] 2 All ER 41, S. 56. Andrew Ashworth, *Principles of Criminal Law*, Oxford, 1999, S. 179.

102. Glanville Williams, »Oblique Intention«, *Cambridge Law Journal* 417, 1987, S. 419, 421

103. Wayne R. LaFave, *Criminal Law*, 3. Aufl., St. Paul, 2000, S. 229, 231.

104. Ebd., S. 661.

105. Penal Code of Texas, revised 31 May 2002, Section 19.02 (b), *Texas Legislature Online*, ›www.capitol.state.tx.us/statutes/petoc.html‹ (zuletzt geöffnet 20.4. 2005, Hervorh. hinzugefügt).

106. Artikel 19.03.

107. The American Law Institute, *Model penal code and commentaries*, Philadelphia, PA, 1980, S. 14 und 226. Siehe auch *Canadian Criminal Code*, Sektion 229 (a) und (c).

108. Illinois Compiled Statutes, Criminal Code of 1961 (720 ILCS 5/9-1), Criminal Offenses, section 9.1 (Hervorh. hinzugefügt).

109. *New York Penal Code*, Artikel 125.25 und 125.27.

110. Borger, »McVeigh brushes aside deaths«, a.a.O. (Anm. 77); Thompson, »Book: Remorseless McVeigh calls kids ›collateral damage‹«, a.a.O. (Anm. 77).

111. William Walker, »Lawyer says transcript vindicates F-16 pilot blamed in deaths«, *Toronto Star*, 19.7.2002, S. A1.


## 3. Kosovo 1999

1. Richard Perle, »Thank God for the death of the UN«, *Guardian*, 21.3.2003, ›www.guardian.co.uk/comment/story/0,3604,918764,00.html‹ (zuletzt geöffnet 20.4.2005).

2. »Oh what a lovely war!«, *Economist*, 24.4.1999, S. 50 (Hervorh. hinzugefügt); BBC News, 23.4.1999, ›news.bbc.co.uk/2/hi/europe/326481.stm#map‹ (zuletzt

geöffnet 20.4.2005). In Taiwan überwog die Ablehnung in einem Verhältnis von zwei zu eins, allerdings gab ein Drittel an, keine Meinung zu haben.

3. Noam Chomsky, *The New Military Humanism: Lessons from Kosovo*, Vancouver, 1999; dt.: *Der neue militärische Humanismus: Lektionen aus dem Kosovo*, Zürich, 2001, S. 206; United Nations, Security Council Press Release, »Security Council rejects demand for cessation of use of force against Federal Republic of Yugoslavia«, SC/6659, 26.3.1999.

4. »Majority in Greece wants Clinton tried for war crimes«, *Irish Times*, 27.5.1999.

5. Michael Ignatieff, *Virtual War: Kosovo and Beyond*, Toronto, 2000; dt.: *Virtueller Krieg: Kosovo und die Folgen*, Hamburg, 2001, S. 184f.

6. *Declaration of the Group of 77*, South Summit, Havanna, Kuba, 10–14.4.2000, Ziffer 54, ›www.g77.org/Docs/Declaration_G77Summit.htm‹ (zuletzt geöffnet 20.4.2005).

7. Human Rights Watch, »Civilian Deaths in the NATO Air Campaign«, Jg. 12, Nr. 1 (D), Februar 2000, ›www.hrw.org/reports/2000/nato‹ (zuletzt geöffnet 20.4.2005).

8. Bundesrepublik Jugoslawien, Außenministerium, *Economic Survey*, Belgrad, 10.11.1999, Nr. 2, S. 1, wo es heißt: »über 1800 Tote«.

9. Der Investigativjournalist Michael Dobbs von der *Washington Post* schätzte »aufgrund unabhängiger Quellen« die Zahl der bei den Bombardierungen getöteten Zivilisten auf 1600: Michael Dobbs, »A War-Torn Reporter Reflects«, *Washington Post Magazine*, 11.7.1999, S. B1. Die Zahl 1200 findet sich bei Marc Herold, *Blown Away: The Myth and Reality of Precision Bombing in Afghanistan*, Monroe, Maine, 2004, S. 30.

10. Michael O'Hanlon, »A Flawed Masterpiece«, *Foreign Affairs*, Jg. 81, Nr. 3, März/April 2002, S. 47–55.; Bundesrepublik Jugoslawien, *Economic Survey*, a.a.O. (Anm. 8): »5000 Verwundete ... etwa 2000 Verwundete werden lebenslang behindert bleiben.«

11. Dobbs schätzt die Zahl der getöteten Militärs auf 1000: Dobbs, »A War-Torn Reporter Reflects«, a.a.O. (Anm. 9).

12. »Danube study questions warfare that bombs polluting targets«, *Guardian*, 27.10.1999, S. 15.

13. Joan McQueeney Mitric, »L'eredità ambientale di una guerra sporca«, in Francesco Strazzari et. al., *La pace intrattabile. Kosovo 1999/2000: radiografia del dopo-bombe*, Triest, 2000, S. 186.

14. »The EIU Estimates War Damage in Yugoslavia at $60bn«, *Economist Intelligence Unit*, 23.8.1999.

15. Ebd.

16. Gabriela Arcadu, »I refugiati«, in Strazzari, *La pace intrattabile*, a.a.O. (Anm. 13), S. 63; Organization for Security and Cooperation in Europe, *Kosovo/Kosova As Seen, As Told*, 1999, Kap. 14, ›www.osce.org/documents/mik/1999/11/1620_en.pdf‹ (zuletzt geöffnet 20.4.2005).

17. »Many have fled terror but some of those Ward spoke to said they were fleeing

the NATO bombs«. Audrey Gillan, »What's the story?«, *London Review of Books*, Jg. 21, Nr. 11, 27.5.1999, S. 15 f.

18. »Report of the Secretary-General prepared pursuant to Resolutions 1160 (1998), 1199 (1998) und 1203 (1998) of the Security Council«, (S/1998/1221/, 24.12. 1998).

19. Gillan, »What's the story?«, a.a.O. (Anm. 17), S. 16.

20. »Erasing History: Ethnic cleansing in Kosovo«, U.S. Department of State, Washington D.C., Mai 1999, ›www.state.gov/www/regions/eur/rpt_9905_ethnic_ksvo_2.html‹ (zuletzt geöffnet 20.4.2005).

21. Michael Ignatieff, *Virtual War: Kosovo and Beyond*, Toronto, 2000; dt.: *Virtueller Krieg: Kosovo und die Folgen*, Hamburg, 2001, S. 193 (Hervorh. hinzugefügt).

22. Noam Chomsky, *The New Military Humanism: Lessons from Kosovo*, Vancouver, 1999; dt.: *Der neue militärische Humanismus: Lektionen aus dem Kosovo*, Zürich, 2001, S. 135.

23. Ebd., dt.: S. 35; Ignatieff, dt.: S. 81.

24. Mick Hume, »Nazifying the Serbs, from Bosnia to Kosovo«, in Philip Hammond und Edward S. Herman (Hrsg.), *Degraded Capability: The Media and the Kosovo Crisis*, London, 2000, S. 71.

25. CBS *Face the Nation*, 16.5.1999 (Burrelle's Information Services, 1999).

26. Gillan, »What's the story?«, a.a.O. (Anm. 17).

27. Pablo Ordaz, »Policías y forenses españoles no hallan pruebas de genocidio al norte de Kosovo«, *El Pais*, 23.9.1999, s. unter ›www.elpais.es/archivo/busca dor.hmtl‹.

28. *Globe and Mail*, 12.10.1999, S. A2.

29. »The Truth About Rajmonda«, *CBC Television*, 8.9.1999.

30. »U.S. government support was essential to the project [but] convergence with the views of U.S. government is purely coincidental«, *Political Killings in Kosova/Kosovo March-June 1999*, American Bar Association Central and East European Law Institute, 2000, S. 11, ›http://shr.aaas.org/kosovo/pk/‹ (zuletzt geöffnet 20.4.2005).

31. Geoffrey Nice in der Eröffnungserklärung der Anklage beim Milošević-Prozess, *Milošević Trial Transcript*, 12.2.2002, S. 14 (Hervorh. hinzugefügt).

32. Siehe oben, Anm. 16.

33. Siehe Maria Koinova und Luis Rodriguez-Pinero Royo, »La condizione dei diritti umani e delle minoranze«, in Strazzari, *La pace intrattabile*, a.a.O. (Anm. 13).

34. Ebd., S. 135; Richard Murphy, »Kosovo Serbs Urge West to Defend Their Rights«, Wien (Reuters), 31.5.2001, s. unter ›news.suc.org/‹.

35. Koinova und Rodriguez-Pinero Royo, a.a.O. (Anm. 33), S. 135 f.

36. Aleksandar Mitic, »The destiny of the Serbs of Kosovo«, in Strazzari, *La pace intrattabile*, a.a.O. (Anm. 13), S. 149.

37. Koinova und Rodriguez-Pinero Royo, a.a.O. (Anm. 33), S. 142.

38. Vanessa Gera, »Ethnic-related violence surges again in Kosovo«, (Associated Press), *Seattle Times*, 2.9.2003, s. unter ›seattletimes.nwsource.com‹.

39. Steven Erlanger, »No Solution in Sight To Balkan Tensions«, *International Herald Tribune*, 17.4.2001, S. 9.
40. Koinova und Rodriguez-Pinero Royo, a.a.O. (Anm. 33), S. 142.
41. Marco Montanari, »Strutture economiche kosovare«, in Strazzari, *La pace intrattabile*, a.a.O. (Anm. 13), S. 99.
42. Susanna Minezzi, »Traffico di donne. Un mercato in espansione«, in Strazzari, a.a.O. (Anm. 13), S. 181.
43. Lord Robertson of Port Ellen, »Kosovo One Year On: Achievement and Challenge«, 21.3.2000, ›www.nato.int/kosovo/repo2000/index.htm‹ (zuletzt geöffnet 20.4.2005).
44. Ignatieff, *Virtueller Krieg*, a.a.O. (Anm. 5), S. 200f.
45. Die mit Abstand überzeugendste Schilderung amerikanischer Heuchelei in Hinblick auf »militärischen Humanismus« bietet Chomsky, *The New Military Humanism: Lessons from Kosovo*, Vancouver, 1999; dt.: *Der neue militärische Humanismus: Lektionen aus dem Kosovo*, Zürich, 2001.
46. Ignatieff, *Virtueller* Krieg, a.a.O. (Anm. 5), S. 143.
47. Robertson, »Kosovo One Year On«, a.a.O. (Anm. 43).
48. Siehe Diana Johnstone, *Fools' Crusade: Yugoslavia, NATO and Western Delusions*, New York, 2002; David Owen, *Balkan Odyssey*, London, 1995, dt.: *Balkan-Odyssee*, München, 1996; Susan L. Woodward, *Balkan Tragedy: Chaos and Dissolution after the Cold War*, Washington, D.C., 1995; Peter Gowan, *The Global Gamble: Washington's Faustian Bid for World Dominance*, London, 1999; Bob Allen, *Why Kosovo? The Anatomy of a Needless War*, Ottawa, 1999; Steve Terrett, *The Dissolution of Yugoslavia and the Badinter Arbitration Commission: A Contextual Study of Peace-Making Efforts in the Post-Cold War World*, Ashgate, 2000; Andrea Kathryn Talentino, »Bosnia«, in Michael E. Brown und Richard N. Rosecrance (Hrsg.), *The Costs of Conflict: Prevention and Cure in the Global Arena*, Lanham u. a., 1999; John Williams, *Legitimacy in International Relations and the Rise and Fall of Yugoslavia*, New York, 1998; David Chandler, »Western Intervention and the Disintegration of Yugoslavia, 1989–1999«, in Hammond und Herman, *Degraded Capability. The Media and the Kosovo Crisis*, London, 2000; Michel Chossudovsky, *The Globalisation of Poverty: Impacts of IMF and World Bank reforms*, London, 1999; dt.: *Global brutal. Der entfesselte Welthandel, die Armut, der Krieg*, Frankfurt a.M., 2002.
49. Deuteronomium 15,6.
50. Jeffrey Sachs, »Beyond Bretton Woods: A New Blueprint«, *Economist*, 1.10.1994, S. 23 f.
51. Die Schätzungen über die Zahl der Opfer im bosnischen Bürgerkrieg gehen weit auseinander und reichen von 25 000 bis 250 000 Toten: Owen, *Balkan-Odyssee*, a.a.O. (Anm. 48), S. 111; Chandler, »Western Intervention and the Disintegration of Yugoslavia, 1989–1999«, a.a.O. (Anm. 48), S. 26; zu den zweifelhaften Grundlagen der hohen Opferzahlen siehe Johnstone, *Fools Crusade*, a.a.O. (Anm. 48), S. 54 f.
52. Owen, *Balkan-Odyssee*, a.a.O. (Anm. 48).

53. Zit. n. Paul Phillips, »Why Were We Bombing Yugoslavia?«, *Studies in Political Economy*, Jg. 60, 1999, S. 85–94.

54. Warren Zimmermann, »The Last Ambassador: A Memoir of the Collapse of Yugoslavia«, *Foreign Affairs*, März/April 1995, S. 13.

55. David Binder, »U.S. Policymakers on Bosnia Admit Errors in Opposing Partition in 1992«, *New York Times*, 29.8.1993, S. 10.

56. *New York Times*, 3.2.1993, S. 1; Owen, *Balkan-Odyssee*, a.a.O. (Anm. 48), S. 151.

57. Sicherheitsrat der Vereinten Nationen, Resolution 816 vom 31.3.1993 und Resolution 836 vom 4.6.1993.

58. Owen, *Balkan-Odyssee*, a.a.O. (Anm. 48), S. 451.

59. Chandler, »Western Intervention and the Disintegration of Yugoslavia, 1989–1999«, a.a.O. (Anm. 48), S. 29; siehe auch David Owen, »Lessons from Bosnia and Kosovo«, Auszug aus einer Vorlesung an der Universität Genf, 7.11.2000 (im Besitz des Autors), S. 5. (»Bosnien … ist nun im Grunde ein NATO/EU-Protektorat«).

60. Boutros Boutros-Ghali, *Unvanquished: A U.S.-U.N. Saga*, New York, 1999; dt.: *Hinter den Kulissen der Weltpolitik: die UNO – wird eine Hoffnung verspielt? Bilanz meiner Amtszeit bei den Vereinten Nationen*, Hamburg, 2000, S. 297.

61. David Binder, »In Yugoslavia, Rising Ethnic Strife Brings Fears of Worse Civil Conflict«, *New York Times*, 1.11.1987, S. 14.

62. Zimmermann, »The Last Ambassador«, a.a.O. (Anm. 54), S. 3.

63. Marco Montanari, »Strutture economiche kosovare«, a.a.O. (Anm. 13), S. 99.

64. Robertson, »Kosovo One Year On«, a.a.O. (Anm. 43).

65. Woodward, *Balkan Tragedy*, a.a.O. (Anm. 48), S. 382; David A. Dyke, *Yugoslavia: Socialism, Development and Debet*, London, 1990, S. 158 f.

66. Ragazzi, »Introduzione«, in Strazzari, *La pace intrattabile*, a.a.O. (Anm. 13), S. 25.

67. Ignatieff, *Virtueller* Krieg, a.a.O. (Anm. 5), S. 24.

68. Nach dem Bericht von Amnesty International gab es 1998 jeweils Tausende Tote in anhaltenden ethnischen und politischen Konflikten in Kongo, Ruanda, Algerien und natürlich Afghanistan sowie jeweils über tausend Tote in Indonesien und Kolumbien (wo 1999 etwa 3500 Menschen starben). *Amnesty International, Annual Report 1999; Annual Report 2000*, ›www.web.amnesty.org‹; dt.: *Jahresbericht 1999; Jahresbericht 2000*, ›www.amnesty.de‹.

69. Sicherheitsrat der Vereinten Nationen, Resolution 1160 vom 31.3.1998.

70. Robertson, »Kosovo One Year On«, a.a.O. (Anm. 43).

71. Ebd.

72. Ignatieff, *Virtueller Krieg*, a.a.O. (Anm. 5), S. 32.

73. Siehe auch Resolution 1199 des UN-Sicherheitsrats vom 23. September 1998.

74. Report of the Secretary General Prepared Pursuant to Resolutions 1160 (1998), 1199 (1998) and 1203 (1998) of the Security Council (United Nations Security Council S/1998/1221, 24. December 1998), Paragraph 11–14.

75. *News Hour with Jim Lehrer*, »Return to Violence«, Online News Hour, 18.1. 1999, ›www.pbs.org/newshour/bb/europe/jan-june99/kosovo_1-18.html‹ (zuletzt geöffnet 20.4.2005).

76. »Clinton Voices Anger and Compassion at Serbian Intransigence on Kosovo«, *New York Times*, 20.3.1999, S. A7.

77. Bestätigt durch die Aussage des für Račak zuständigen OSZE-Offiziers vor dem IStGHJ, *Milosevic Trial Transcript*, 30.5.2002, S. 5874.

78. Siehe Johnstone, *Fools' Crusade*, a.a.O. (Anm. 48), S. 238–244 und die dort angegebenen Zitate.

79. Professor Dusan Dunjic, »The (Ab)use of Forensic Medicine«, Serbian Unity Congress Website, ›http://www.suc.org/politics/kosovo/documents/Dunjic0499.html‹ (zuletzt geöffnet 20.4.2005).

80. »Serbs set new conditions for Kosovo peace accord«, CNN.com, 16.3.1999, ›http://edition.cnn.com/WORLD/europe/9903/16/kosovo.02/index.html‹ (zuletzt geöffnet 20.4.2005).

81. Schriftliche Mitteilung von Dr. Ranta an den Autor vom 6.7.2001.

82. Helena Ranta, *Report of the EU Forensic Expert Team on the Racak Incident*, Pressekonferenz, Priština, 17.3.1999, S. 1.

83. Ebd., S. 2 (Hervorh. hinzugefügt).

84. Ebd., S. 1.

85. »Clinton Voices Anger and Compassion«, a.a.O. (Anm. 76).

86. Ranta, *Report of the EU Forensic Expert Team*, a.a.O. (Anm. 82), S. 3.

87. Ebd.

88. »Serbs' Killing of 40 Albanians Ruled a Crime Against Humanity«, *The New York Times*, 18.3.1999, S. A13; Anthony Loyd, »Kosovo killings ›a crime against humanity‹«, *The Times*, 18.3.1999, S. 18.

89. Ranta, *Report of the EU Forensic Expert Team*, a.a.O. (Anm. 82), S. 3.

90. Schriftliche Mitteilung von Dr. Ranta an den Autor vom 12.7.2001.

91. *Milosevic Trial Transcript*, 12.3.2003, S. 17723 ff., 17770, 17806 ff.

92. J. Rainio, K. Lalua und A. Penttila, »Independent forensic autopsies in an armed conflict: investigation of the victims from Racak, Kosovo«, *Forensic Science International*, Jg. 116, 2001, S. 171.

93. Ebd., S. 184.

94. Ebd.

95. Ignatieff, *Virtueller Krieg*, a.a.O. (Anm. 5), S. 64.

96. »Die UÇK, die jämmerlich schlecht auf einen Krieg vorbereitet war, verfolgte statt dessen anscheinend die bewusste Strategie, ein internationales Eingreifen zu provozieren.« Independent International Commission on Kosovo, *The Kosovo Report: conflict, international response, lessons lerned*, New York, 2000, S. 52.

97. William E. Ratliff, »›Madeleine's War‹ and the Costs of Intervention. The Kosovo Precedent«, *Harvard International Review*, Jg. 22, Nr. 4 (Winter 2001), S. 71; siehe auch Christopher Layne und Benjamin Schwarz, »Was it a Mistake? We Were Suckers For the KLA«, *Washington Post*, 26.3.2000, S. B1.

98. Siehe Lawrence E. Walsh, *Final report of the Independent Counsel for Iran/ Contra Matters*, Washington, D.C., U.S. Court of Appeals for the District of Columbia Circuit, 1993, Bd. 1, Kap. 25: *In Re: Oliver L. North (Walker Fee Application)*, United States Court of Appeals for the District of Columbia Circuit Division No. 86-6 (1996), ›www.ll.georgetown.edu/federal/judicial/dc/opinions/9_opinions/86-00061.html‹ (zuletzt geöffnet 20.4.2005).

99. Elizabeth Shogren, »William Walker, once criticized for his inaction in El Salvador, is treated like a hero by ethnic Albanian refugees«, *Los Angeles Times*, 14.4. 1999, S. 15.

100. *Milosevic Trial Transcript*, 12.6.2002, S. 6851.

101. Ambassador William Walker, U.S. Department of State, On-the-record briefing on the Kosovo Verification Mission, 8.1.1999, hg. vom Office of the Spokesman, Washington, D.C., 8.1.1999, ›www.state.gov/www/policy_remarks/1999/990108_walker_kosovo.html‹ (zuletzt geöffnet 20.4.2005).

102. Reuters, »U.N. plan to disarm Iraq ›doomed to fail‹«, *Toronto Star*, 27.6.2000, S. A16.

103. Walker erklärte dem damaligen Vorsitzenden des NATO-Militärausschusses, General Klaus Naumann, dass zu dieser Zeit die meisten Verstöße von der UÇK, nicht von den Serben begangen wurden. *Milosevic Trial Transcript*, 12.6.2002, S. 6853.

104. Ignatieff, *Virtueller* Krieg, a.a.O. (Anm. 5), S. 66.

105. Allan Little, »How NATO was sucked into Kosovo conflict«, *Sunday Telegraph*, 27.2.2000, S. 29.

106. United States Republican Policy Committee, »Bosnia II: The Clinton Administration Sets Course for NATO Intervention in Kosovo«, 12.8.1998. ›www.senate.gov/~rpc/releases/1998/kosovo.htm‹ (zuletzt geöffnet 20.4.2005).

107. *Milosevic Trial Transcript*, 12.6.2002, S. 6895f.

108. Ebd., S. 6803.

109. Ebd., S. 6804.

110. Letter dated 30 January 1999 from the Secretary General of the North Atlantic Treaty Organization, addressed to the President of the Federal Republic of Yugoslavia, Appendix, United Nations Security Council S/1999/107, 2.2.1999.

111. Owen, »Lessons from Bosnia and Kosovo«, a.a.O. (Anm. 59), S. 6.

112. Little, »How NATO was Sucked into Kosovo Conflict«, a.a.O. (Anm. 105); siehe auch Ignatieff, *Virtueller* Krieg, a.a.O. (Anm. 5), S. 62.

113. Aussage von Paul Heinbecker, Assistant Deputy Minister, Department of Foreign Affairs and International Trade, vor dem Standing Committee on National Defence and Veterans Affairs of the Canadian House of Commons, *Hansard*, 9.2.1999, S. 1536.

114. *Interim Agreement for Peace and Self-Government in Kosovo*, 23.2.1999, Artikel 8.I.3, »Kosovo & Yugoslavia: Law in Crisis«, *Jurist*, ›http://jurist.law.pitt.edu/ramb.htm‹ (zuletzt geöffnet 20.4.2005); dt. siehe: »Vorläufiges Abkommen für Frieden und Selbstverwaltung im Kosovo« (Auszüge), *Blätter für deut-*

*sche und internationale Politik*, 5/1999, S. 611, ›www.blaetter-online.de/artikel. php?pr=394‹ (zuletzt geöffnet 20.4.2005)

115. Seth Ackerman, »What Reporters Knew about Kosovo Talks – But Didn't Tell«, 2.6.1999, Fairness & Accuracy In Reporting, New York, NY, ›www.fair.org/ press-releases/kosovo-talks.html‹ (zuletzt geöffnet 20.4.2005).

116. Robertson, »Kosovo One Year On«, a.a.O. (Anm. 43).

117. *Interim Agreement for Peace and Self-Government in Kosovo*, a.a.O. (Anm. 114), Kap. 4a, Artikel I.1.

118. Steven Erlanger, »Serb View: A Victory«, *New York Times*, 24.2.1999, S. A10.

119. *Rambouillet Accords: Co-Chairmen's Conclusions*, 23.2.1999, Office of the High Representative, ›www.ohr.int/other-doc/contact-g/default.asp?content_ id=3560‹ (zuletzt geöffnet 20.4.2005).

120. Siehe »Attacks on Iraq come under fire at Security Council«, CNN.com, 3.3.1999, ›www.cnn.com/WORLD/meast/9903/03/iraq‹; William M. Arkin, »America Cluster Bombs Iraq«, washingtonpost.com, 26.2.2001; »Iraq says Western planes kill 3 civilians«, 13.2.1999, ›www.cnn.com/WORLD/meast/ 9902/13/iraq.01/index.html‹ (beide zuletzt geöffnet 21.4.2005).

121. »Kosovo Albanians sign accord; Serbs brace for NATO attack«, CNN.com, 18.3.1999, ›www.cnn.com/WORLD/europe/9903/18/kosovo.05‹ (zuletzt geöffnet 21.4.2005).

122. Rollie Keith, »The Diplomatic Failure of Kosovo«, *The Democrat*, Jg. 39, Nr. 3, Mai 1999, S. 10 (auch unter ›www.bc.ndp.ca‹); Eric Canepa, »The Aftermath of the Publication of the German Government Documents«, Znet, ›www.zmag. org/crisescurevts/germandocsmore.htm‹ (zuletzt geöffnet 21.4.2005).

123. *Rambouillet Accords: Co-Chairmen's Conclusions*, Ziffer 5; »Bloody ambush marks anniversary of Kosovo war's start«, CNN.com, 28.2.1999, ›http:// europe.cnn.com/WORLD/europe/9902/28/kosovo.02/index.html‹; »Tension in Kosovo high after killing of Serbs«, CNN.com, 4.3.1999, ›http://europe.cnn. com/WORLD/europe/9903/04/kosovo.02/index.html‹ (beide zuletzt geöffnet 21.4.2005).

124. Sicherheitsrat der Vereinten Nationen, Resolution 1244, 10.6.1999, Anhang 2, Ziffer 3 und 4.

125. Chomsky, *Der neue militärische Humanismus*, a.a.O. (Anm. 3), S. 165 ff., S. 171.

126. Robertson, »Kosovo One Year On«, a.a.O. (Anm. 43).

127. Independent International Commission on Kosovo, *The Kosovo Report*, a.a.O. (Anm. 96), S. 157.

128. Robertson, »Kosovo One Year On«, a.a.O. (Anm. 43).

129. Craig R. Whitney, »Allies Expecting ›Many More Weeks‹ of Air Campaign«, *New York Times*, 11.4.1999, S. 10.

130. John Goetz und Tom Walker, »Serbian ethnic cleansing scare was a fake, says general«, *Sunday Times*, 2.4.2000, S. 21; siehe auch Heinz Loquai, *Der Kosovo-Konflikt: Wege in einen vermeidbaren Krieg*, Baden-Baden, Nomos Verlag.

131. Chomsky, *Der neue militärische Humanismus*, a.a.O. (Anm. 3), S. 56.

132. Ebd., S. 43.
133. Peter Gowan, »Making Sense of NATO's War on Yugoslavia«, in L. Panitch und C. Leys (Hrsg.), *Socialist Register 2000: Necessary And Unnecessary Utopias*, London, 1999, S. 261.
134. Ebd., S. 262.
135. Peter Gowan, »From Rambouillet to the Chinese Embassy Bombing. Whose Stupid War Was This?«, *Against the Current* 81, Jg. 14, Nr. 2, Juli/August 1999.
136. George Monbiot, »A discreet deal in the pipeline«, *Guardian*, 15.2.2001, ›www.guardian.co.uk/Archive/Article/0,4273,4136440,00.html‹ (zuletzt geöffnet 21.4.2005).
137. Johnstone, *Fools' Crusade*, a.a.O. (Anm. 48), S. 162.
138. »Clinton Voices Anger and Compassion«, a.a.O. (Anm. 76); siehe auch Chomsky, *Der neue militärische Humanismus*, a.a.O. (Anm. 3), S. 194 f.; Robertson, »Kosovo One Year On«, a.a.O. (Anm. 43); und Independent International Commission on Kosovo, *The Kosovo Report*, a.a.O. (Anm. 96), S. 157 f.
139. Johnstone, *Fools' Crusade*, a.a.O. (Anm. 48), S. 236.
140. Chomsky, *Der neue militärische Humanismus*, a.a.O. (Anm. 3), S. 198.
141. Thomas L. Friedman, »A Manifesto for the Fast World«, *New York Times Magazine*, 28.3.1999, S. 49.
142. Chomsky, *Der neue militärische Humanismus*, a.a.O. (Anm. 3), S. 199 f.; Nicola Butler, »NATO at 50: Papering Over the Cracks«, *Ploughshares Monitor*, Dezember 1999, ›www.ploughshares.ca/content/MONITOR/mond99d.html‹ (zuletzt geöffnet 21.4.2005).
143. David E. Sanger, »Bush, in Kosovo, Tells U.S. Troops Role Is Essential«, *New York Times*, 25.7.2001, S. A1.
144. Johnstone, *Fools' Crusade*, a.a.O. (Anm. 48), S. 250.
145. Robertson, »Kosovo One Year On«, a.a.O. (Anm. 43); »Kosovo as a war game«, Editorial, *Globe and Mail*, 19.6.1999, S. A6.
146. »Clinton Voices Anger and Compassion«, a.a.O. (Anm. 76).
147. »The Road to War: A Special Report: How a President, Distracted by Scandal, Entered Balkan War«, *New York Times*, 18.4.1999.
148. Gregory Shank, »Commentary: Not a Just War, Just a War – NATO's Humanitarian Bombing Mission«, *Social Justice*, Jg. 26, Nr. 1, 1999, S. 4–37.
149. Siehe UNAIDS Fact Sheet, *Sub-Saharan Africa*, Dezember 2003, und *Access to HIV Treatment and Care*, Dezember 2003, ›www.unaids.org/en/media/fact+sheets.asp‹ (zuletzt geöffnet 21.4.2005).
150. Gowan, »Making Sense of NATO's War on Yugoslavia«, a.a.O. (Anm. 133), S. 272.
151. Ebd., S. 276 f.
152. Ebd., S. 276 ff.
153. John Seaman, »The international system of humanitarian relief«, in John Harriss, Hrsg., *Politics of Humanitarian Intervention*, London, 1995, S. 28.
154. Nach dem Krieg fand diese These offenbar sogar bei Verfechtern der Bombardierungen Unterstützung: »Die NATO ... war anscheinend bereit, die Vereinten

390                                                    Anmerkungen

Nationen zu umgehen..., vermutlich wegen eines nebengeordneten Interesses daran, in Europa für die Zeit nach dem Kalten Krieg eine neue Sicherheitsarchitektur auf der Basis einer umgebauten NATO zu schaffen.« Independent International Commission on Kosovo, *The Kosovo Report*, a.a.O. (Anm. 96), S. 175.

155. Ignatieff, *Virtueller Krieg*, a.a.O. (Anm. 5), S. 35.

156. Ebd., S. 19.

157. Antonio Cassese, »Ex iniuria ius oritur: Are We Moving towards International Legitimation of Forcible Humanitarian Countermeasures in the World Community?«, *European Journal of International Law*, Jg. 10, 1999, Nr. 1, S. 24.

158. Robertson, »Kosovo One Year On«, a.a.O. (Anm. 43).

159. Siehe z. B. Julie Mertus, »Human Rights Should Know No Boundaries«, *Washington Post*, 11.4.1999, S. B1–B5.

160. Christine Gray, »From Unity to Polarization: International Law and the Use of Force against Iraq«, *European Journal of International Law*, Jg. 13, Nr. 1/2002, S. 1–9.

161. Independent International Commission on Kosovo, *The Kosovo Report*, a.a.O. (Anm. 96), S. 173.

162. Williams und Scharf, »NATO Intervention on Trial: The Legal Case That Was Never Made«, *Human Rights Review*, Januar–März 2000, S. 106.

163. Rede Adolf Hitlers vor dem Deutschen Reichstag, 1.9.1939, Auswärtiges Amt, *Dokumente zur Vorgeschichte des Krieges*, Nr. 2, Berlin, 1939, S. 311 f.

164. Schreiben Hitlers an Chamberlain vom 23. September 1938, *Akten zur deutschen Auswärtigen Politik 1918–1945*, Serie D, Bd. II, Baden-Baden, o. J., S. 710.

165. Rede vor dem kanadischen Parlament am 29.4.1999, ›www.parl.gc.ca/36/ 1/parlbus/chambus/house/debates/218_1999-04-29/han218_1110-e.htm‹ (zuletzt geöffnet 21.4.2005), S. 1035–1110.

166. *Nuremberg Tribunal Judgement*, 1946; dt.: *Das Urteil von Nürnberg, 1946*, München, 1996, S. 87.

167. Definition von Aggression, vorgeschlagen von der amerikanischen Delegation als Diskussionsgrundlage, 19.7.1945, in *Report of Robert H. Jackson United States Representative to the International Conference on Military Trials, London 1945*, Washington, Department of Defense, 1949, S. 294, 375.

168. Ebd., S. 295–302, 375–397.

169. Lucy S. Dawidowicz, *The War against the Jews, 1933–45*, London, 1987; dt.: *Der Krieg gegen die Juden: 1933–1945*, München, 1979, S. 399, 366.

170. UN-Generalversammlung, Resolution 3314 (XXIX), »Definition der Aggression«, 14. Dezember 1974, Artikel 1 und 5.

171. Zu diesem Aspekt des Falles siehe Kapitel 2.

172. *Nicaragua versus United States of America*, 1986, S. 14

173. Die Gegenstimmen kamen von den amerikanischen, britischen und japanischen Richtern, die recht eindeutig die trilaterale Achse der 80er Jahre widerspiegelten.

174. *Nicaragua versus United States of America*, 1986, S. 146 f.

175. *Nicaragua versus United States of America*, (Jurisdiction and Admissibility), 1984, ICJ Reports, S. 392.

176. Eine Liste der Verbrechen gegen den Frieden, die die USA vor und nach dem Fall Nicaragua begangen haben, findet sich bei Max Hilaire, *International Law and the United States Military Intervention in the Western Hemisphere*, Den Haag, 1997.

177. *Nicaragua versus United States of America*, 1986, S. 134 f.

178. Fernando R. Tesón, *Humanitarian Intervention: An Inquiry into Law and Morality*, New York, 1997.

179. Ebd. S, 166.

180. Dieses und die folgenden Zitate stammen aus ebd., S. 121 f.

181. Williams und Scharf, »NATO Intervention on Trial«, a.a.O. (Anm. 162), S. 105.

182. Maria Koinova und Luis Rodriguez-Pinero Royo, »La condizione dei diritti umani e delle minoranze«, a.a.O. (Anm. 33), S. 140.

183. Siehe z. B. Mertus, »Human Rights Should Know No Boundaries«, a.a.O. (Anm. 159), S. B5.

184. Williams und Scharf, »NATO Intervention on Trial«, a.a.O. (Anm. 162), S. 105.

185. Fernando R. Tesón, *Humanitarian Intervention*, a.a.O. (Anm. 178), S. 121.

186. David E. Sanger, »Bush, in Kosovo, Tells U.S. Troops Role Is Essential«, *New York Times*, 25.7.2001, S. A1, A6.

187. *Konvention über die Verhütung und Bestrafung des Völkermordes*, Generalversammlung der Vereinten Nationen, Resolution 260 A(III) vom 9.12.1948, Artikel I.

188. Ebd., Artikel VIII (Hervorh. hinzugefügt).

189. *Nicaragua versus United States of America*, 1986, S. 134 f.

190. Case Concerning Legality of Use of Force, *Yugoslavia versus Belgium; Canada; France; Germany; Italy; Netherlands; Portugal; United Kingdom; United States of America*. Request for The Indication of Provisional Measures, Order (International Court of Justice, 2 June 1999, General List No. 105-14), ›www.icj-cij.org/icjwww/idecisions.htm‹ (zuletzt geöffnet 21.4.2005).

191. Jugoslawien schien bereit, die Anklage fallen zu lassen, als Milošević seines Amtes enthoben wurde, im August 2003 war die Sache allerdings noch nicht entschieden. Zum aktuellen Stand siehe ›www.icj-cij.org/icjwww/idecisions.htm‹ (zuletzt geöffnet 21.4.2005).

192. United Nations Press Release, »Secretary-General's Address at the University of Bordeaux«, SG/SM 4560, 24. April 1991, S. 3, 6.

193. Charta der Vereinten Nationen, Kapitel I, Artikel 1.1 und Präambel (Hervorh. hinzugefügt).

194. Siehe Sicherheitsrat der Vereinten Nationen, Resolutionen 794 vom 3.12.1992, 816 vom 31.3.1993, 918 vom 17.5.1994, 929 vom 22.6.1994 und 940 vom 31.7. 1994.

195. Williams und Scharf, »NATO Intervention on Trial«, a.a.O. (Anm. 162), S. 105.

196. Cassese, »Ex iniuria ius oritur«, a.a.O. (Anm. 157).

197. Ebd., S. 27.

198. Sydney D. Bailey und Sam Daws, *The Procedure of the UN Security Council*, 3. Aufl., Oxford, 1998, S. 239.

199. S/18250 vom 31.7.1986 und S/18428 vom 28.10.1986. Zuvor hatten sie bereits ihr Veto gegen zwei Resolutionen eingelegt, die die Seeangriffe gegen Nicaragua verurteilten (S/14941 vom 2.4.1982 und S/16463 vom 4.4.1982). Die USA verhinderten mit ihrem Veto auch Resolutionen, die ihre Invasion in Grenada 1983 (S/16077/Rev. 1, 27.10.1983) und in Panama 1989 (S/21048, 23.12.1989) verurteilten; siehe Anjali V. Patil, *The UN Veto in World Affairs 1946–1990: A Complete Record and Case Histories of the Security Council's Veto*, Sarasota, 1992.

200. Siehe z.B. Security Council Press Release, »Draft Resolution on Middle East Situation Rejected by Security Council«, 27.3.2001, ›www.un.org/News/Press/docs/2001/sc7040.doc.htm‹; s. auch dt.: »Resolutionsentwurf: Einsetzung einer VN-Beobachtertruppe für die besetzten Gebiete«, S/2001/270, unter ›www.un.org/Depts/german/‹ (beide zuletzt geöffnet 21.4.2005).

201. Ignatieff, *Virtual War*, a.a.O. (Anm. 5), S. 78f., (in der dt. Ausgabe nicht enthalten. Anm. d. Übers.).

202. Ignatieff, *Virtueller Krieg*, a.a.O. (Anm. 5), S. 67.

203. *Rwanda: The Preventable Genocide. Special Report by the International Panel of Eminent Personalities*, Organization of African Unity, 2000, S. 100. Siehe auch Harriss, *Politics of Humanitarian Intervention*, a.a.O. (Anm. 153), »Introduction: a time of troubles«, S. 12.

204. *Rwanda: The Preventable Genocide*, a.a.O. (s.o.), S. 31f.; Andrea Kathryn Talentino, »Rwanda«, in Brown und Rosecrance, *The Costs of Conflict*, a.a.O. (Anm. 48), S. 56f.

205. Siehe allgemein Robin Philpot, *Ça ne s'est pas passé comme ça à Kigali*, Montreal, 2003; Peter Uvin, *Aiding Violence: The Development Enterprise in Rwanda*, West Hartford, 1998; L.R. Melvern, *A People Betrayed: The Role of the West in Rwanda's Genocide*, London, 2000, dt.: *Ruanda: der Völkermord und die Beteiligung der westlichen Welt*, Kreuzlingen, 2004.

206. Presidential Decision Directive 25, »Administration Policy on Reforming Multilateral Peace Operations«, *International Legal Materials*, Jg. 33, Mai 1994, S. 795.

207. Boutros-Ghali, *Hinter den Kulissen der Weltpolitik*, a.a.O. (Anm. 60), S. 165ff., 169.

208. Sicherheitsrat der Vereinten Nationen, Resolution 914 vom 27.4.1994.

209. Aussage von Wayne Madsen vor dem Subcommittee on International Operations and Human Rights, Committee on International Relations, US House of Representatives, 17.5.2001, ›http://wwwc.house.gov/international_relations/107/iohr107.htm‹; siehe auch Lynne Duke, »U.S. Military Role in Rwanda Greater Than Disclosed«, *Washington Post*, 16.8.1997, S. A01.

210. »Whose Genocide was it?«, *Globe and Mail*, Editorial, 10.7.2000, S. A12.

211. Bailey und Daws, *Procedure of the UN Security Council*, a.a.O. (Anm. 198), S. 270ff.

212. Anthony McDermott, *The New Politics of Financing the UN*, New York, 2000, S. 104ff., S. 96.

213. Boutros-Ghali, *Hinter den Kulissen der Weltpolitik*, a.a.O. (Anm. 60), S. 396.
214. Ebd., S. 112 ff.
215. Ebd., S. 90.
216. Ebd., S. 153.
217. Ebd., S. 355.
218. Johnstone, *Fools' Crusade*, a.a.O. (Anm. 48), S. 307, Fn. 1; »Kofi Annan«, *NewsHour*, 18.10.1999, MacNeil-Lehrer Productions, PBS Online), ›www.pbs. org/newshour/bb/international/july-dec99/annan_bio_10-18.html‹. Siehe auch »NATO heads for Bosnia's front lines«, CNN, 21.12.1995, ›www.cnn.com/ WORLD/Bosnia/updates/dec95/12-20/handover/index.html‹ (beide zuletzt geöffnet 21.4.2005).
219. Secretary General of the United Nations, »Secretary General Reflects On ›Intervention‹ in Thirty-Fifth Annual Ditchley Foundation Lecture«, Presseerklärung, 26.6.1998 (SG/SM/6613).
220. Bruno Simma, »NATO, the UN and the Use of Force: Legal Aspects«, *European Journal of International Law,* Jg. 10, 1999, S. 8.
221. Douglas Hamilton, »Annan Backs NATO Military Threat Over Kosovo«, Reuters, 28.1.1999, ›http://alb-net.com/kcc/29janar.htm#annan‹ (zuletzt geöffnet 21.4.2005).
222. Simma, »NATO, the UN and the Use of Force«, a.a.O. (Anm. 220), S. 8.
223. ›The Blair Doctrine«, 22.4.1999, *NewsHour with Jim Lehrer*, Transkript, PBS online, ›www.pbs.org/newshour/bb/international/jan-june99/blair_doctrine4-23.html‹ (zuletzt geöffnet 21.4.2005).
224. Ignatieff, *Virtual War*, a.a.O. (Anm. 5), S. 72 (nicht in dt. Ausgabe enthalten. Anm. d. Übers.)
225. »Will fight for ›just‹ cause, Eggleton says«, *Globe and Mail*, 2.10.1999, S. A22.
226. Kofi Annan, »The Legitimacy to intervene«, *Financial Times*, 10.1.2000, S. 19.
227. Resolution 1160 vom 31.3.1998, Resolution 1199 vom 23.9.1998, Resolution 1203 vom 24.10.1998 und Resolution 1239 vom 14.5.1999.
228. Siehe Jules Lobel und Michael Ratner, »Bypassing the Security Council: Ambiguous Authorizations to Use Force, Ceasefires and the Iraqi Inspection Regime«, *American Journal of International Law,* Jg. 93, 1999, S. 124–135, 153.
229. Lewis Mackenzie, »There's no risk-free way to keep peace«, *Globe and Mail*, 14.9.2000, S. A17 (Hervorh. hinzugefügt).
230. Generalversammlung der Vereinten Nationen, Resolution 377A, 3.11.1950 (»Vereint für den Frieden«), angenommen bei der 302. Plenartagung, 5. Session, S. 10.
231. Independent International Commission on Kosovo, *The Kosovo Report*, S. 174. John F. Murphy, »Force and Arms«, in Christopher C. Joyner, Hrsg., *The United Nations and International Law*, Cambridge, Mass., 1997, S. 109.
232. Christiane Amanpour und James Rubin heirateten am 9.8.1998, BBC online network, ›http://news.bbc.co.uk/hi/english/world/americas/newsid_147000/ 147813.stm‹ (zuletzt geöffnet 21.4.2005).
233. Hammond und Herman, *Degraded Capability*, a.a.O. (Anm. 24); Owen, *Bal-*

*kan-Odyssee*, a.a.O. (Anm. 48), S. 137 f.; John Simpson, *Strange Places, Questionable People*, London, 1998, S. 444 ff.; Johnstone, *Fools' Crusade*, a.a.O. (Anm. 48), S. 68 ff.

234. Annan, »The Legitimacy to intervene«, a.a.O. (Anm. 226). S. 19.

235. Václav Havel, Rede vor dem kanadischen Parlament am 29.4.1999, ›www.parl. gc.ca/36/1/parlbus/chambus/house/debates/218_1999-04-29/han218_1035-e.htm‹, S. 1110 (zuletzt geöffnet 21.4.2005).

236. Stephen Shalom, »Reflections on NATO and Kosovo«, *New Politics*, Jg. 7, Nr. 3, Sommer 1999, S. 12.

237. Diana Johnstone, »NATO and the New World Order: Ideals and Self-Interest«, in Hammond und Herman, *Degraded Capability*, a.a.O. (Anm. 24), S. 12.

238. Die USA rangierten ganz unten auf dem »Menschlichen Armutsindex« von 17 aufgeführten Ländern mit »hoher menschlicher Entwicklung« und wiesen den höchsten Bevölkerungsanteil auf, der von weniger als 50 Prozent des mittleren Einkomens lebt: United Nations Development Programme, *Human Development Report 1999*, New York, 1999; dt.: *Bericht über die menschliche Entwicklung 1999*, Berlin, 1999, S. 183, 197.

239. The Death Penalty Information Center, »The Death Penalty: An International Perspective«, ›http://penalreform.org/english/nlececa9_1.htm‹ (zuletzt geöffnet 21.4.2005).

240. Noch in jüngster Zeit wetteiferten die USA mit Russland, aber seit einer kürzlich erlassenen russischen Amnestie halten die Vereinigten Staaten die unbestrittene Spitzenposition: *Newsletter of the Penal Reform Project in Eastern Europe and Central Asia*, Heft 9, Frühjahr–Sommer 2000, ›penalreform.org/english/nlececa9_1.htm‹; Marc Mauer, »Americans behind Bars – A Comparison of International Rates of Incarceration«, in Ward Churchill und J.J. Vander Wall, *Cages of Steel: The Politics of Imprisonment in the United States*, Washington, D.C., 1992. Offiziell betrug die Zahl der Gefängnisinsassen Mitte 1999 in den USA 1 860 520 (U.S. Bureau of Justice Statistics, »Nation's Prison And Jail Population Reaches 1 860 520«, ›www.ojp.usdoj.gov/bjs/pub/press/pjim99.pr‹); Mitte 2002 hatte sie die Zwei-Millionen-Marke überschritten (U.S. Bureau of Justice Statistics, »Nation's Prison And Jail Population Exceeds 2 Million Innates For First Time«, »www.ojp.usdoj.gov/bjs/pub/press/pjim02pr.htm‹; alle zuletzt geöffnet 21.4.2005)).

241. Sourcebook of criminal justice statistics online, Table 3, S. 120, siehe unter ›www.albany.edu/sourcebook/‹ (zuletzt geöffnet 21.4.2005).

242. Téson, *Humanitarian Intervention*, a.a.O. (Anm. 178), S. 123–126.

243. Shalom, »Reflections on NATO and Kosovo«, a.a.O. (Anm. 236), S. 14.

244. The Corfu Channel Case, [1949], ICJ Reports 4, S. 35.

245. Antonio Cassese, »A Follow-Up: Forcible Humanitarian Countermeasures and Opinio Necessitatis«, *European Journal of International Law*, Jg. 10, Nr. 10, 1999, S. 791 f., 796.

246. *Declaration of the Group of 77*, a.a.O. (Anm. 6).

247. Christine Gray, *International Law and the Use of Force*, Oxford, 2000, S. 24–

42; Peter Hilpold, »Humanitarian Intervention: Is There a Need for a Legal Reappraisal?«, *European Journal of International Law*, Jg. 12, 2001, S. 437. Nico Krisch, Review Essay: »Legality, Morality and the Dilemma of Humanitarian Intervention after Kosovo«, *European Journal of International Law*, Jg. 13, 2002, S. 323.

248. *The Responsibility to Protect. Report of the International Commission on Intervention and State Sovereignty*, Kanada, Außenministerium, 2001, S. 54 f.; Independent International Commission on Kosovo, *The Kosovo Report*, New York, 2000, S. 170 ff.

249. Thomas L. Friedman, »The End of the NATO?«, *New York Times*, 3.2.2002, S. WK15.

250. Timothy Garton Ash, »Russia's Eventual Place in NATO«, *New York Times*, 22.7.2001, S. 13.

251. Perle, »Thank God for the death of the UN«, a.a.O. (Anm. 1) (Hervorh. hinzugefügt).

252. »Progressive Governance Summit, 13–14 July 2003 Communiqué«, ›www.number-10.gov.uk/output/page4146.asp‹ (zuletzt geöffnet 21.4.2005).

## 4. Das Kriegsverbrechertribunal

1. »Milosevic: ›That's your Problem‹«, ›www.guardian.co.uk/audioarchive/letter/template/0,7138,345012,00.html‹ (zuletzt geöffnet 21.4.2005); *Milosevic Trial Transcript*, 3.7.2001, S. 2.

2. *Milosevic Trial Transcript*, 3.7.2001, S. 5.

3. Michael P. Scharf, *Balkan Justice: The Story Behind the First International War Crimes Trial Since Nuremberg*, Durham, North Carolina, 1997, S. XIV.

4. Michael Scharf, »Indicted For War Crimes, Then What?«, *Washington Post*, 3.10.1999, S. B1.

5. »Serbs must be stopped now«, CNN.com, 23.3.1999, ›www.cnn.com/US/9903/23/u.s.kosovo.04/index.html#1‹ (zuletzt geöffnet 21.4.2005).

6. »Serb atrocities in Kosovo reported as Nato resumes air strikes«, Guardian Unlimited, 27.3.1999, ›www.guardian.co.uk/Archive/Article/0,4273,3845533,00.html‹ (zuletzt geöffnet 21.4.2005).

7. Mick Hume, »Nazifying the Serbs, from Bosnia to Kosovo«, in Philip Hammond und Edward S. Herman (Hrsg.), *Degraded Capability: The Media and the Kosovo Crisis*, London, 2000, S. 72.

8. Ebd.

9. Apt Organizations of Israel, USA, Canada and Brazil, *Apt: A Town Which Does Not Exist Any More*, Tel Aviv, 1966, S. 11, 20.

10. Julie Burchill, »Forty Reasons Why the Serbs Are Not the New Nazis and the Kosovars Are Not the New Jews«, *Guardian*, 10.4.1999, ›www.guardian.co.uk/weekend/story/0,3605,307097,00.html‹ (zuletzt geöffnet 21.4. 2005).

　　　　　　　　　　　　　　　　　　　　Anmerkungen

11. Václav Havel, Rede vor dem kanadischen Parlament am 29.4.1999, ›www.parl. gc.ca/36/1/parlbus/chambus/house/debates/218_1999-04-29/han218_1035-e.htm‹, S. 1035 und 1110 (zuletzt geöffnet 21.4.2005).

12. David S. Wyman, *The Abandonment of the Jews: America and the Holocaust 1941–1945*, New York, 1984, Kapitel 15; dt.: *Das unerwünschte Volk. Amerika und die Vernichtung der europäischen Juden*, Ismaning b. München, 1986, S. 400–430.

13. Diana Johnstone, *Fools' Crusade: Yugoslavia, NATO and Western Delusions*, New York, 2002, S. 69.

14. Letter from Bosnia and Herzegovina Permanent Representative to the President of the Security Council, 29.7.1992 (S/24365).

15. *New York Times*, 2.8.1992, S. L14.

16. Roy Gutman, »Witness' Tale of Death and torture in six-week spree, at least 3,000 killed«, *Newsday*, 2.8.1992, S. 5.

17. *The Prosecutor versus Jelisic*, ICTY, Decision of 14 December 1992, s. unter ›www.un.org/ICTY/‹, ›Judgements‹.

18. Anthony Lewis, »Yesterday's Man«, *New York Times*, 3.8.1992, S. A19.

19. *New York Times*, 5.8.1992, S. A12.

20. Anthony Lewis, »Will Bush Take Real Action?«, *New York Times*, 7.8.1992, S. A27.

21. *New York Times*, 5.8.1992, S. A14.

22. *New York Times*, 4.8.1992, S. A18.

23. Margaret Thatcher, »Stop the Excuses. Help Bosnia Now«, *New York Times*, 6.8.1992, S. A23.

24. Walter Goodman, »TV Images of Bosnia Ignite Passions and Politics«, *New York Times*, 6.8.1992, S. C20.

25. *The Times*, 7.8.1992, S. 1.

26. Matt Wells, »LM closes after losing libel action«, *Guardian*, 31.3.2000, ›www.guardian.co.uk/itn/article/0,2763,181259,00.html‹ (zuletzt geöffnet 21.4.2005). Siehe auch John Simpson, *Strange Places, Questionable People*, London, 1998, S. 444 ff.

27. *Prosecutor versus Tadic*, (Tadic IT-94-1 »Prijedor«), ICTY Trial Chamber (7.5. 1997, 14.7.1997, 11.11.1999); Appeals Chamber (27.1.2000), s. unter ›www.un. org/ICTY/‹, ›Judgements‹.

28. *Prosecutor versus Delalic et al.*, IT-96-21 »Celebici Camp«, s. unter ›www.un. org/ICTY/‹, ›Judgements‹.

29. *Time*, 24.8.1992, S. 46.

30. *New York Times*, 2.8.1992, S. 14; siehe auch »The Push for National ›Purity‹«, *Newsweek*, 3.8.1992, S. 37; Chuck Sudetic, »Red Cross Cites Violations«, *New York Times*, 4.8.1992, S. A6.

31. Johnstone, *Fools' Crusade*, a.a.O. (s. Anm. 13), S. 29.

32. Scharf, *Balkan Justice*, a.a.O. (Anm. 3), S. 23.

33. Ebd., S. 37.

34. Sicherheitsrat der Vereinten Nationen, Resolution 764, 13.7.1992, Ziffer 10.

35. Scharf, *Balkan Justice*, a.a.O. (Anm. 3), S. 38.

36. »United Kongdom Material on International Law«, *British Yearbook of International Law*, Jg. 61, 1990, S. 602.

37. »Gulf War Stories the Media Loved – Except They Aren't True«, ›www.fair.org/extra/best-of-extra/gulf-war-not-true.html‹ (zuletzt geöffnet 21.4.2005); Chris Hedges, »Freed Kuwaitis Tell of Iraqi Abuse Including Some Cases of Torture«, *New York Times*, 28.2.1991, S. A1.

38. Präsident Bush in einer Rede in Dallas am 15.10.1990, *US Department of State Dispatch*, 22.10.1990, S. 205.

39. *The Times*, 26.9.1990, S. 8.

40. Generalversammlung der Vereinten Nationen, 88. Plenarsitzung, 29.12.1989 (A/RES/44/240); Noam Chomsky, *Deterring Democracy*, New York, 1991, S. 164f.; Max Hillaire, *International Law and the United States Military Intervention in the Western Hemisphere*, London, 1997, S. 109ff.

41. Marc Weller, »When Saddam is brought to court …«, *The Times*, 3.9.1990, S. 10.

42. *The Path to The Hague: Selected documents on the origins of the ICTY*, Den Haag, United Nations, International Criminal Tribunal for the former Yugoslavia, 2001, Document 8, 26. August 1992, ›www.un.org/icty/publication/path. htm‹; dt.: ebd., Part four, Document 8 (zuletzt geöffnet 21.4.2005).

43. Ebd., Document 9.

44. *New York Times*, 8.8.1992, S. 9.

45. Elie Wiesel, *Et la mer n'est pas remplie…*; Paris, 1998 dt.: *… und das Meer wird nicht voll. Autobiographie 1969–1996*, Hamburg, 1997, S. 578f.

46. *The Path to The Hague*, a.a.O. (Anm. 42), Document 18, »Letter of Mr. Elie Wiesel to Mr. Antonio Cassese, 28 June 1996«.

47. *New York Times*, 5.8.1992, S. A1, und 26.8.1992, S. A1.

48. David Owen, *Balkan Odyssey*, London, 1995, (CD-Rom-Anhang), »Specific Decisions by the London Conference«, 27.8.1992, Document 10) dt.: *Balkan-Odyssee*, München, 1996.

49. *The Path to The Hague*, a.a.O. (Anm. 42), Document 12 (»Statement at the international conference on the former Yugoslavia, Geneva Switzerland, 16 December 1992«); Elaine Sciolino, »U.S. Names Figures to be Prosecuted Over War Crimes«, *New York Times International*, 17.12.1992, S. A1.

50. Carol Off, *The Lion, the Fox and the Eagle: A Story of Generals and Justice in Rwanda and Yugoslavia*, Toronto, 2000, S. 263f.; Carla Anne Robbins, »World Again Confronts Moral Issues Involved in War Crimes Trials«, *Wall Street Journal*, 13.7.1993, S. A1; Scharf, *Balkan Justice*, a.a.O. (Anm. 3), S. 44.

51. Peter S. Canellos, »Amnesty Plan Worries UN War-Crimes Prosecutor«, *Boston Globe*, 1.10.1994, S. 8.

52. Scharf, *Balkan Justice*, a.a.O. (Anm. 3), S. 87.

53. Off, *The Lion, the Fox and the Eagle*, a.a.O. (Anm. 50), S. 274f.

54. Ebd., S. 264.

55. Scharf, *Balkan Justice*, a.a.O. (Anm. 3), S. 44.

56. Christopher Hitchens, *The Trial of Henry Kissinger*, London, 2001; dt.: *Die Akte Kissinger*, Stuttgart, 2001, S. 163 ff., 194; *New York Times*, 6.8.1992, S. A9.

57. Scharf, *Balkan Justice*, a.a.O. (Anm. 3), S. 44 f.

58. Virginia Morris und Michael P. Scharf, *An Insider's Guide to the International Criminal Tribunal for the Former Yugoslavia: a documentary history and analysis*, Irvington-on-Hudson, N.Y., 1995, Bd. II, S. 451 ff.; Scharf, *Balkan Justice*, a.a.O. (Anm. 3), S. 55 ff.

59. Sicherheitsrat der Vereinten Nationen, Resolution 827 (1993), Ziffer 5.

60. Johnstone, *Fools' Crusade*, a.a.O. (s. Anm. 13), S. 103.

61. Morris und Scharf, *An Insider's Guide to the International Criminal Tribunal for the Former Yugoslavia*, a.a.O. (Anm. 58), Bd. I, S. 337; *ICTY Key Figures*, ›www.un.org/icty/glance/keyfig-e.htm‹ (zuletzt geöffnet 21.4.2005); Scharf, *Balkan Justice*, a.a.O. (Anm. 3), S. 82 f.; Richard J. Goldstone, *For Humanity: Reflections of a War Crimes Investigator*, New Haven, 2000, S. 83, 87 f.

62. *Report of the International Tribunal for the Prosecution of Persons Responsible for Serious Violations of International Humanitarian Law Committed in the Territory of the Former Yugoslavia since 1991*, 23.8.1995, ›www.un.org/icty/rappannu-e/1995‹ (zuletzt geöffnet 21.4.2005).

63. Arthur Jay Klinghoffer, *The International Dimension of Genocide in Rwanda*, New York, 1998, S. 117 ff.

64. Off, *The Lion, the Fox and the Eagle*, a.a.O. (Anm. 50), S. 331; siehe auch ein Interview, das der kanadische Sender CBC am 9.11.1999 sendete: *A Passion For Justice: The Life & Times Of Louise Arbour*.

65. Felicity Barringer, »United Nations: Annan Asks For New Rwanda Prosecutor«, *New York Times*, 30.7.2003, S. A4; Colum Lynch, »U.N. Prosecutor Fights To Keep Her Job Intact«, *Washington Post*, 9.8.2003, S. A12; Sicherheitsrat der Vereinten Nationen, Resolution 1503 vom 28.8.2003, Ziffer 8 und 9.

66. Off, *The Lion, the Fox and the Eagle*, a.a.O. (Anm. 50), S. 315, 330; siehe auch Klinghoffer, *The International Dimension of Genocide in Rwanda*, a.a.O. (Anm. 63), S. 121.

67. Die rechtlichen Argumente gegen den Strafgerichtshof waren im Gegensatz zu den anderen Legitimitätsargumenten recht schwach. Siehe Scharf, *Balkan Justice*, a.a.O. (Anm. 3), S. 47.

68. Ebd., S. 55.

69. Morris und Scharf, *An Insider's Guide to the International Criminal Tribunal for the Former Yugoslavia*, a.a.O. (Anm. 58), Bd. II, S. 479 f.

70. Scharf, *Balkan Justice*, a.a.O. (Anm. 3), S. 63.

71. Ebd., S. 76 ff.

72. Goldstone, *For Humanity*, a.a.O. (Anm. 61), S. 78.

73. Ebd., S. 80.

74. Ebd., S. 82.

75. Ebd., S. 84 f.

76. Off, *The Lion, the Fox and the Eagle*, a.a.O. (Anm. 50), S. 290.

77. Goldstone, *For Humanity*, a.a.O. (Anm. 61), S. 100.

78. Cedric Thornberry, »Saving the War Crimes Tribunal«, *Foreign Policy*, 104, 1996, S. 79.
79. Scharf, *Balkan Justice*, a. a. O. (Anm. 3), S. 85.
80. Off, *The Lion, the Fox and the Eagle*, a. a. O. (Anm. 50), S. 276.
81. Ebd., S. 289.
82. Ebd., S. 287.
83. Scott Taylor, »Review: The lion, the glitch and the warlords«, *Globe and Mail*, 18. 11. 2000, S. D13.
84. Off, *The Lion, the Fox and the Eagle*, a. a. O. (Anm. 50), S. 289.
85. *Who is Who at NATO?*, ›www.nato.int/cv/saceur/clark.htm‹ (zuletzt geöffnet 21. 5. 2005).
86. Off, *The Lion, the Fox and the Eagle*, a. a. O. (Anm. 50), S. 305.
87. »Kosovo in Crisis«, *The NewsHour with Jim Lehrer*, Transkript, 12. 6. 1998, ›www.pbs.org/newshour/bb/europe/jan-june98/kosovo_6-12.html‹ (zuletzt geöffnet 21. 4. 2005).
88. Pressemitteilung des IStGHJ vom 7. 7. 1998.
89. NATO-Pressemitteilung vom 12. 8. 1998, ›Statement by the Secretary General of NATO«, ›www.nato.int/docu/pr/1998/p98-094e.htm‹ (zuletzt geöffnet 21. 4. 2005).
90. Pressemitteilung des IStGHJ vom 9. 9. 1998.
91. Scharf, *Balkan Justice*, a. a. O. (Anm. 3), S. 63f.
92. Pressemitteilung des IStGHJ vom 9. 9. 1998.
93. Sicherheitsrat der Vereinten Nationen, Resolution 1199 vom 23. 9. 1998.
94. Pressemitteilung des IStGHJ vom 2. 10. 1998.
95. Pressemitteilung des IStGHJ vom 15. 10. 1998.
96. Pressemitteilung des IStGHJ vom 5. 11. 1998.
97. Sicherheitsrat der Vereinten Nationen, Resolution 1207 vom 17. 11. 1998.
98. Pressemitteilung des IStGHJ vom 19. 11. 1998.
99. Pressemitteilung des IStGHJ vom 16. 1. 1999.
100. Off, *The Lion, the Fox and the Eagle*, a. a. O. (Anm. 50), S. 345.
101. Pressemitteilung des IStGHJ vom 20. 1. 1999; Elaine Sciolino und Ethan Bronner, »How a President, Distracted by Scandal, Entered Balkan War«, *New York Times,* 18. 4. 1999, S. 1.
102. James Hooper vom Balkan Action Council, »Return to Violence«, *The NewsHour with Jim Lehrer*, 18. 1. 1999, ›www.pbs.org/newshour/bb/europe/jan-june99/kosovo_1-18.html‹ (zuletzt geöffnet 21. 4. 2005).
103. Letter dated 30 January 1999 from the Secretary General of the North Atlantic Treaty Organization addressed to the President of the Federal Republic of Yugoslavia, Anhang, United Nations Security Council S/1999/107, 2. 2. 1999.
104. Pressemitteilung des IStGHJ vom 18. 3. 1999.
105. »Serb atrocities in Kosovo reported as NATO resumes air strikes«, *Guardian*, 27. 3. 1999, ›www.guardian.co.uk/Archive/Article/0,4273,3845533,00.html‹ (zuletzt geöffnet 21. 4. 2005).
106. Pressemitteilung des IStGHJ vom 24. 3. 1999.

107. Die öffentlichen Äußerungen über die Ermittlungen zum Kosovo wurden später als »einzige Ausnahme« der Kein-Kommentar-Regel bezeichnet: Wöchentliche Pressekonferenz des IStGHJ vom 5.5.1999.

108. Pressemitteilung des IStGHJ vom 26.3.1999.

109. Pressemitteilung des IStGHJ vom 31.3.1999 (CC/PIU/391-E).

110. Pressemitteilung des IStGHJ vom 31.3.1999 (CC/PIU/392-E).

111. Pressemitteilung des IStGHJ vom 31.3.1999 (CC/PIU/391-E).

112. *Complaint of Belgrade Law Faculty*, 3.4.1999 (im Besitz des Autors).

113. Pressemitteilung des IStGHJ vom 14.4.1999.

114. Pressemitteilung des IStGHJ vom 21.4.1999.

115. Eine detaillierte Analyse dieses Vorfalls findet sich in Kapitel 6.

116. Marcus Gee, »Doubts raised over impartiality of prosecutor«, *Globe and Mail*, 21.4.1999, S. A14.

117. Pressemitteilung des IStGHJ vom 19.4.1999.

118. *New York Times*, 28.12.1999, s. unter ›www.newstimes.com/‹; Pressemitteilungen des IStGHJ vom 28.4.1999 und 11.10.2000.

119. US Department of State Office of the Spokesman, Secretary of State Madeleine K. Albright, Press Remarks on the »Ethnic Cleansing in Kosovo Report«, Washington, D.C., 10.5.1999, ›http://secretary.state.gov/www/statements/1999/990510.html‹ (zuletzt geöffnet 21.4.2005).

120. Pressemitteilung des IStGHJ vom 13.5.1999 (Hervorh. hinzugefügt).

121. Siehe Kapitel 6.

122. Pressemitteilung des IStGHJ vom 7.4.1999.

123. »Serbia Democratization Act of 1999«, 106th Congress, 1st Session, H.R. 1373, Section 401 (b) and (c).

124. Pressemitteilung des IStGHJ vom 28. April 1999 (Hervorh. hinzugefügt).

125. Pressemitteilung des IStGHJ vom 27.5.1999 (JL/PIU/403-E und JL/PIU/404-E).

126. *Prosecutor versus Milosevic, Milutinovic, Sainovic, Ojdanic and Stojilijkovic*, ICTY, Indictment, 22 May 1999, ›www.un.org/icty/indictment/english/mil-ii 990524e.htm‹ (zuletzt geöffnet 21.40.2005).

127. Chomsky, *Der neue militärische Humanismus*, a.a.O. (Anm. 3), S. 128.

128. Pressemitteilung des IStGHJ vom 27.5.1999 (JL/PIU/404-E).

129. Ebd.

130. Pressemitteilung des IStGHJ vom 29.9.1999.

131. Pressemitteilung des IStGHJ vom 27.5.1999 (JL/PIU/404-E).

132. Ebd.

133. Roger Cohen, »Warrants Served For Serbs' Leader And 4 Assistants«, *New York Times*, 28.5.1999, S. A1.

134. Michael Scharf, »Indicted For War Crimes, Then What?«, a.a.O. (Anm. 4), S. B1.

135. Chomsky, *Der neue militärische Humanismus*, a.a.O. (Anm. 3), S. 127.

136. Pressemitteilung des IStGHJ vom 19.5.1999.

137. Chomsky, *Der neue militärische Humanismus*, a.a.O. (Anm. 3), S. 152.

138. Off, *The Lion, the Fox and the Eagle*, a.a.O. (Anm. 50), S. 348.

139. Ebd., S. 351.
140. Ebd., S. 352. Cohen, »Warrants Served For Serbs' Leader«, a.a.O. (Anm. 133), bestätigt, dass die Amerikaner vor Veröffentlichung der Anklage zumindest informiert wurden.
141. US Department of State, Office of the Spokesman, *Interview of Secretary of State Madeleine K. Albright on CBS' This Morning*, 28.5.1999, ›http://usem bassy-australia.state.gov/hyper/wf990528/epf504.htm‹ (zuletzt geöffnet 21.4. 2005).
142. NATO, Operation Allied Force Update, 31.5.1999, ›www.nato.int/kosovo/ press/u990531a.htm‹ (zuletzt geöffnet 21.4.2005); Human Rights Watch, *Civilian Deaths in the NATO Air Campaign*, Appendix A: Federal Republic of Yugoslavia, *NATO Crimes in Yugoslavia*, Bd. II, S. 262, 400.
143. Goldstone, *For Humanity*, a.a.O. (Anm. 61), S. 108.
144. Scharf, *Balkan Justice*, a.a.O. (Anm. 3), S. 89.
145. Goldstone, *For Humanity*, a.a.O. (Anm. 61), S. 92.
146. *Declaration of the Stockholm International Forum on the Holocaust*, 28.1. 2000, ›www.holocaustforum.gov.se/conference/official_documents/declaration/ index.htm‹ (zuletzt geöffnet 21.4.2005).
147. »Remebering Genocide: Lessons for the Future«, s. unter ›www.holocaustme morialday.gov.uk/‹.
148. »Commemorative Programme«, ›www.holocaustmemorialday.gov.uk/assets/ docs/2001.pdf‹ (zuletzt geöffnet 21.4.2005).

## 5. Der Prozess gegen Milošević

1. »Serbia Democratization Act of 1999«, 106th Congress, 1st Session, H.R. 1373 (12.4.1999), Sections 301(b)(5), 301 (c) und 302.
2. »Constitution Watch: Yugoslavia«, *East European Constitutional Review*, Jg. 9, Nr. 4 (Herbst 2000), ›www.law.nyu.edu/eecr/vol9num4/constitutionwatch/ yugoslavia.html‹ (zuletzt geöffnet 21.4.2005); Roger Cohen, »Who Really Brought Down Milosevic?«, *New York Times Magazine*, 26.11.2000, S. 43.
3. *Foreign Operation, Export Financing, and Related Programs Appropriations, 2001 Act*, Public Law 106-429, 6.11.2000, Sektion 594.
4. Jon Swain, »Carla the cool prosecutor looks her enemy straight in the eye«, *Sunday Times*, 8.7.2001, 4GN, S. News 27.
5. Jürgen Elsässer, »Carla del Ponte und die Albanermafia. Interview mit Felipe Turover«, *Konkret*, Dezember 2002 ›www.juergen-elsaesser.de/de/artikel/inter view/0212.html‹ (zuletzt geöffnet 21.4.2005).
6. *La Repubblica*, 6.2.2001, S. 22.
7. *La Repubblica*, 26.1.2001, S. 18.
8. Steven Erlanger, »U.S. Makes Arrest of Milosevic a Condition of Aid to Belgrade«, *New York Times*, 10.3.2001, S. A1.
9. Editorial, »Yugoslavia's Appeal«, *International Herald Tribune*, 27.3.2001, S. 10.

10. *La Repubblica*, 10.2.2001, S. 21, und 9.3.2001, S. 20.
11. *International Herald Tribune*, 4.4.2001, S. 4.
12. Marco Ansaldo, »Amato: Usa decisive«, *La Repubblica*, 1.4.2001, S. 7.
13. *International Herald Tribune*, 2.4.2001, S. 4
14. Ebd.
15. *Toronto Star*, 29.6.2001, S. A10.
16. Verfassung der Bundesrepublik Jugoslawien, Artikel 17(3).
17. »Constitution Watch: Yugoslavia«, *East European Constitutional Review*, Jg. 10, Nr. 2/3 (Frühjahr/Sommer 2001), ›www.law.nyu.edu/eecr/vol10num2_3/consti tutionwatch/index.html‹ (zuletzt geöffnet 21.4.2005). In Kanada beträgt die Einspruchsfrist selbst bei Auslieferungsanträgen des IStGHJ 30 Tage (*Extradition Act*, S.C. 1999, c.18, section 50).
18. Bundesverfassungsgericht der Bundesrepublik Jugoslawien, Urteile 150/01 und 152/01 vom 6.11.2001.
19. *Globe and Mail*, 29.6.2001, S. A9.
20. *National Post*, 29.6.2001, S. A4.
21. Roger Cohen, »From Bosnia to Berlin to The Hague, On a Road Toward a Continent's Future«, *New York Times*, 15.7.2001, S. WK7.
22. Editorial, »Milosevic to The Hague«, *Globe and Mail*, 29.6.2001, S. A12.
23. *Toronto Star*, 29.6.2001, S. A10.
24. *Globe and Mail*, 29.6.2001, S. A1.
25. *National Post*, 29.6.2001, S. A1.
26. *Globe and Mail*, 29.6.2001, S. A9.
27. Die Entscheidung des jugoslawischen Verfassungsgerichts wurde mit fünf zu eins Stimmen gefällt. Amtliches Mitteilungsblatt, Bundesrepublik Jugoslawien, Nr. 19, 12.4.2002.
28. Verfassung der Bundesrepublik Jugoslawien, Artikel 23 und 67.
29. Ebd., Artikel 16.
30. *Cheung versus The King* [1939] A.C. 160, 161 (House of Lords, England); *Eichmann* (1962) 36, *International Law Reports*, 277 (Supreme Court of Israel); *The United States versus Alvarez-Machin* 112, S.Ct. 2188 (1992) (Supreme Court of the United States).
31. Dusan Stojanovic, »Yugoslavia skirting bankruptcy«, (Associated Press) *Toronto Star*, 3.7.2001, S. A13. Die USA setzten die Hilfsgelder auch weiterhin als Druckmittel ein, um weitere Auslieferungen sowie Zugang zu jugoslawischen Regierungsarchiven für die lahmende Anklage gegen Milošević zu verlangen. Siehe *Foreign Operations, Export Financing, and Related Programs Appropriations Act, 2002*, Public Law 107-115, Teil 581 und 584; »U.S.: Yugoslavia Aid Resuming«, CBSNews.com, 21.5.2002; Steven Erlanger, »Did Serbia's Leader Do the West's Bidding Too Well?«, *New York Times*, 16.3.2003, S. WK4.
32. Dmitri Rogozin, Vorsitzender des Ausschusses für internationale Angelegenheiten in der Duma des russischen Staates, zit. in *La Repubblica*, 2.4.2001, S. 7.
33. Diana Johnstone, *Fools' Crusade: Yugoslavia, NATO and Western Delusions*, New York, 2002, S. 258.

34. *Milosevic Trial Transcript*, 3.7.2001, S. 2.

35. Guido Rampoldi, »Kosovo, le fosse dell'orrore che fanno paura all'Occidente«, *La Repubblica*, 3.11.1999, S. 1.

36. *Milosevic Trial Transcript*, 12.2.2002, S. 14.

37. Siehe *Prosecutor of the Tribunal v. Milosevic et al.*, ICTY Case No. IT-99-37-PT, second amended indictment, 16.10.2001, Paragraph 66.

38. Ebd., Ziffer 66 und Anhang.

39. Elie Wiesel, »The Question of Genocide«, *Newsweek*, 12.4.1999, S. 37.

40. *Prosecutor v. Krstic*, IT-98-33 ›Srebrenica-Drina Corps‹ Trial Chamber Judgement (2.8.2001), ›www.un.org/icty/krstic/TrialC1/judgement/index.htm‹ (zuletzt geöffnet 21.4.2005); siehe auch dt.: Julija Bogoeva und Caroline Fetscher, *Srebrenica. Ein Prozeß*, Frankfurt. a. M., 2002, S. 301f.

41. Eine sorgfältige Prüfung der Beweise findet sich bei Diana Johnstone, *Fools' Crusade: Yugoslavia, NATO and Western Delusions*, New York, 2002, S. 109–118.

42. *Report of the Secretary-General Pursuant to General Assembly Resolution 53/35: The Fall of Srebrenica*, UN Doc. A/54/549, 15.11.1999.

43. Ebd., Ziffer 109, 111, 497.

44. Johnstone, *Fools' Crusade*, a.a.O. (Anm. 33), S. 32.

45. *Report of the Secretary-General*, a.a.O. (Anm. 42), Ziffer 506.

46. Ebd., Ziffer 502.

47. Ebd., Ziffer 491.

48. *Prosecutor versus Krstic*, Ziffer 425 und 427.

49. Ebd., Ziffer 426.

50. Ebd., Ziffer 73 und 547.

51. Ebd., Ziffer 75 (Hervorh. hinzugefügt).

52. Ebd., Ziffer 81 und 82 (Hervorh. hinzugefügt).

53. Generalversammlung der Vereinten Nationen, Resolution 96(I) vom 11.12.1946.

54. Raphael Lemkin, *Axis rule in occupied Europe: laws of occupation, analysis of government, proposals for redress*, New York, 1973 (Erstaufl. 1944), S. 79.

55. *Prosecutor versus Krstic*, Ziffer 593.

56. Ebd., Ziffer 562.

57. Ebd., Ziffer 589, Fn. 1307, die verweist auf UN Doc. AG/Res.37/123D (16 December 1982).

58. Ebd., Ziffer 590.

59. Ebd., Ziffer 593, 595 (Hervorh. hinzugefügt).

60. *Department of Defense News Briefing, 25 October 2001*, United States Department of Defense News Transcript, ›www.defenselink.mil/transcripts/2001/t1025 2001_t1025rum.html‹ (zuletzt geöffnet 21.4.2005).

61. *Prosecutor versus Milosevic*, IT-99-37-AR73; IT-01-50-AR73, IR-01-51-AR73. Entscheidung über den Zusammenlegungsantrag der Anklage, 13.12.2001, s. unter ›www.un.org/icty/‹; Entscheidung zum Revisionsantrag der Anklage bezüglich der Ablehnung einer Verfahrenszusammenlegung, 1.2.2002, s. unter ›www.un.org/icty/‹.

62. Brief an den Herausgeber von *Globe and Mail*, 12.7.2001 (im Besitz des Autors).

63. »Richard May: The man judging Milosevic«, *BBC News*, 3.7.2001, ›http://news.bbc.co.uk/1/hi/world/europe/1420094.stm‹ (zuletzt geöffnet 21.4.2005).

64. Siehe den vierten und neunten Jahresbericht des IStGHJ, ›www.un.org/icty/rapp annu-e/1998/index.htm‹, Absatz 7-10; ›www.un.org/icty/rappannu-e/2002/index.htm‹, Absatz 47-54 (beide zuletzt geöffnet 21.4.2005).

65. Sicherheitsrat der Vereinten Nationen, Resolution 1191 vom 27.8.1998 und 1340 vom 8.2.2001; Kwon wurde erst im November 2001 dem Fall Milošević zugeteilt.

66. *Milosevic Trial Transcript*, 3.7.2001, S. 2–5.

67. *Milosevic Trial Transcript*, 30.8.2001, S. 25.

68. *Milosevic Trial Transcript*, 29.10.2001, S. 66.

69. *Milosevic Trial Transcript*, 30.10.2001, S. 63 f.

70. Ramsey Clark erklärte einmal mir gegenüber, das Haager Tribunal als »Känguru-gericht« zu bezeichnen sei »unfair gegenüber Kängurus«.

71. Dieses und die folgenden Zitate stammen aus Edwar L. Greenspan, »This is a lynching«, *National Post*, 13.3.2002, S. A20.

72. Milosevic Trial Video Archive, ›http://hague.bard.edu/video.html‹ (zuletzt geöffnet 21.4.2005).

73. Rosie Di Manno, »Doing time at war-crimes trial«, *Toronto Star*, 20.7.2002, S. A12. Di Manno hat die Namen zweier Zeuginnen verwechselt. Die von ihr geschilderte Aussage stammt nicht von Merifidete Selmani, sondern von Xhevahire Syla, die am 17.7.2002 aussagte; die relevanten Passagen sind auf S. 8209 des Transkripts zu finden.

74. *Milosevic Trial Transcript*, 17.7.2002, S. 8209 ff.

75. Ebd., S. 8197.

76. Mit dieser und der nächsten Episode befasst sich der online-Artikel »Extreme Prejudice: The Hague Tribunal and the Trial of Slobodan Milosevic« von Ian Johnson, ›www.lalkar.org/issues/contents/jul2002/milosevic.html‹ (zuletzt geöffnet 21.4.2005).

77. *Milosevic Trial Transcript*, 6.6.2002, S. 6380.

78. Diese und die folgenden Passagen sind entnommen aus *Milosevic Tribunal Transcript*, 7.6.2002, S. 6563–6567.

79. Siehe Kapitel 3.

80. *Milosevic Trial Transcript*, 11.6.2002, S. 6786.

81. Ebd., S. 6790. In dieser Hinsicht wurde der Anklage wesentlich mehr Spielraum eingeräumt als Milošević, dem May untersagte, General J.O.M. Maisonneuve zu fragen, ob er »persönlich« glaube, dass es sich in Račak um ein Massaker gehandelt habe. Ebd., 30.5.2002, S. 5891.

82. Das Komma ist irreführend. May spie die Worte im Stakkato heraus, um zu zeigen, dass er keine Einwände hören wollte. Später verlängerte May die zugestandene Zeit um 15 Minuten, was er als »erheblich mehr« bezeichnete. Ebd., 12.6.2002, S. 6880.

83. Ebd., S. 6817 f.

84. Ebd., S. 6818.

85. Ebd., S. 6848.
86. Ebd., S. 6864.
87. Ebd., S. 6865.
88. Ebd., S. 6870.
89. Ebd., S. 6871.
90. Ebd., S. 6889.
91. Ebd.
92. Ebd., S. 6827.
93. Ebd., S. 6851.
94. Ebd., S. 6765.
95. Ebd., S. 6881.
96. Ebd., S. 6899.
97. Ebd., S. 6823f.
98. Ebd., S. 6894f.
99. Ebd., S. 6895.
100. Ebd., S. 6895 f., zit. in Kapitel 3.
101. Ebd., S. 6896 f.
102. Ebd., S. 6911 f.
103. Ebd., S. 6912.
104. Ebd., S. 6913.
105. Ebd., S. 6914.
106. *Milosevic Trial Transcript*, 15.12.2003, S. 30407.
107. Ebd., S. 30413.
108. Ebd., S. 30417f.
109. Sandro Contenta, »U.N. rests its case against Milosevic«, *Toronto Star*, 26.2. 2004, S. A12.
110. *Milosevic Trial Transcript*, 26.7.2002, S. 8711 ff.
111. Ebd., S. 8725.
112. Ebd., S. 8765.
113. Ian Fischer, »A Coldly Pointed Finger As Milosevic's Defense«, *New York Times*, 17.2.2002, S. 10.

## 6. Die USA kommen mit Mord durch

1. *Complaint to the ICTY by the University of Belgrade Law School*, 3.4.1999 (Übersetzung im Besitz des Autors).
2. Persönliche Mitteilung von Michael Scharf v. 31.3.2003 (im Besitz des Autors).
3. House of Commons Debates for 13 April 1999, Column 32, s. unter ›www. publications.parliament.uk/‹.
4. »Clinton: NATO won't back down«, 15.4.1999, ›www.cnn.com/US/9904/15/ clinton.kosovo‹ (zuletzt geöffnet 21.4.2005).
5. Madeleine K. Albright und Robin Cook, »Our campaign is working«, *Washington Post*, 16.5.1999, S. B7.

6. NATO-Pressekonferenz, 8.5.1999.

7. NATO-Vormittagspressekonferenz, 1.6.1999.

8. Robert H. Jackson, *The Nuremberg Case as Presented by Robert H. Jackson, Chief of Counsel for the United States, Together With Other Documents*, New York, 1971; dt.: *Der Nürnberger Prozeß*, Weinheim, 1995, S. 52.

9. Im nationalen wie auch im internationalen Recht gibt es die Möglichkeit, eine ansonsten gesetzeswidrige Handlung aufgrund eines »Notstands« zu rechtfertigen, z.B. die Verteidigung einer dritten Person gegen die drohende Gefahr, Opfer eines schweren Verbrechens zu werden. Im Kosovo müsste jede Berufung auf eine Notstandssituation aus weitgehend denselben Gründen scheitern wie die Rechtfertigungsversuche einer humaniären Intervention.

10. *Genfer Konvention über den Schutz von Zivilpersonen in Kriegszeiten, Konvention IV*, Artikel 4.

11. Jean Pictet, *Commentary, Geneva Convention Relative to the Protection of Civilian Persons in Time of War, Convention IV*, Genf, 1958, S. 47; zit. In *Prosecutor versus Tadic*, ICTY Trial Chamber, Opinion and Judgement of 7 May 1997, Ziffer 579.

12. NATO-Pressekonferenz, 3.5.1999. William Drozdiak, »Commander of Air War Says Kosovo Victory Near, Belgrade Seen Giving in Within Two Months«, *Washington Post*, 24.5.1999, S. A01.

13. *Sansregret versus The Queen* [1985], 1 S.C. R. 570, Supreme Court of Canada; *R. v. Buzzanga and Durocher* (1979), 49 C.C.C. (2d) 369, Ontario Court of Appeal; Andrew Ashworth, *Principles of Criminal Law*, Oxford, U.K., 1999, S. 195 ff.; Wayne R. LaFave, *Criminal Law*, 3. Aufl., St. Paul, Minn., 2000, S. 232.

14. Michael Ignatieff, *Virtual War: Kosovo and Beyond*, Toronto, 2000; dt.: *Virtueller Krieg: Kosovo und die Folgen*, Hamburg, 2001, S. 86.

15. Jean Pictet, *Development and Principles of International Humanitarian Law*, Dordrecht, 1985, S. 72.

16. International Committee of the Red Cross, *Geneva Conventions of 12 August 1949 and Additional Protocols of 8 June 1977: ratifications, accessions and successions*, ›www.icrc.org/eng/party_gc‹ (zuletzt geöffnet 21.4.2005).

17. Adam Roberts und Richard Guelff, *Documents on the Laws of War*, Oxford, 2000, S. 7.

18. Ebd., S. 9 f.

19. John Pilger, »Moral tourism«, *Guardian*, 15.6.1999, ›www.guardian.co.uk/comment/story/0,3604,288528,00.html‹ (zuletzt geöffnet 21.4.2005).

20. NATO-Pressekonferenz, 8.5.1999.

21. Dana Priest, »Divided, They Withstood«, *Washington Post*, 4.10.1999.

22. »Bodies litter village after scores killed in disputed attack«, *Globe & Mail*, 15.5.1999, S. A22.

23. Stephen Chapman, »Under Fire: The Right Way to Kill Enemy Civilians«, *Chicago Tribune*, 27.5.1999, S. 27.

24. Drozdiak, »Commander of Air War Says Kosovo Victory Near«, a.a.O. (Anm. 12).

25. NATO-Pressekonferenz, 24.4.1999.

26. NATO-Pressekonferenz, 3.5.1999.
27. Ebd.
28. NATO-Pressekonferenz, 25.5.1999.
29. NATO-Pressekonferenz, 31.5.1999.
30. NATO-Pressekonferenz, 1.6.1999.
31. Charles Trueheart, »War crimes court looks at NATO commanders«, *Toronto Star*, 29.12.1999, S. A27.
32. Rowan Scarborough, »U.S. Denounces U.N. Probe of NATO Bombing«, *Washington Post*, 30.12.1999, S. A1.
33. Jan Cienski und Hoel-Denis Bellavance, »We will never hand NATO pilots to Arbour, U.S. official says«, *National Post*, 22.5.1999, S. A1.
34. IStGHJ-Pressekonferenz, 30.12.1999.
35. Pressemitteilung des Sicherheitsrates, 2.6.2000 (SC/6870); IStGHJ-Pressekonferenz, 20.6.2000.
36. Charles Trueheart, »U.N. Tribunal Rejects Calls for Probe of NATO«, *Washington Post*, 3.6.2000, S. A9.
37. IStGHJ-Pressekonferenz, 13.6.2000.
38. Charles Trueheart, »U.N. Tribunal Rejects Calls for Probe of NATO«, *Washington Post*, 3.6.2000, S. A9.
39. IStGHJ-Pressekonferenz, 7.6.2000 (in der Kenntnis von Inhalten des Amnesty-Berichts eingeräumt werden).
40. NATO-Pressemitteilung, 7.6.2000, ›www.nato.int/docu/pr/2000/p00-060e.htm‹ (zuletzt geöffnet 21.4.2005).
41. *Toronto Star*, 14.6.2000, S. A19.
42. Dieser Link war am 20.4.2000, also ein ganzes Jahr, nachdem die Anzeigen gegen die NATO beim IStGHJ eingegangen waren, noch vorhanden (ich besitze einen Ausdruck), wurde aber zwischen diesem Zeitpunkt und den 16.2.2001 entfernt.
43. Siehe Amnesty-Pressemitteilungen vom 23.3.1999 (News Service 056/99 AI INDEX: EUR 70/13/99); 23.4.1999 (News Service 76/99 AI INDEX: EUR 70/43/99); 10.5.1999 (News Service 088/99 AI INDEX: EUR 70/57/99).
44. Amnesty-Pressmitteilung vom 27.5.1999 (News Service 104/99 AI INDEX: EUR 70/81/99).
45. Amnesty Report, *Nato/Federal Republic of Yugoslavia. ›Collateral Damage‹ or unlawful killings? Violations of the Laws of War by NATO During Operation Allied Force*, S. 28, 32; dt: *Länderbericht. NATO/Bundesrepublik Jugoslawien. Kollateralschäden oder ungesetzliche Tötungen? Verletzungen des Kriegsrechts durch die NATO während der Operation der Alliierten Streitkräfte (Operation Allied Force)*, 7.6.2000, s. ›www.amnesty.de‹, berichte/länder/jugoslawien, Zif. 4.
46. Ebd.
47. Ebd.
48. Die Ziffern 35–42 und 48–50 sind wörtlich übernommen aus William J. Fenrick, »Attacking the Enemy Civilian as a Punishable Offense«, *Duke Journal of Comparative and International Law*, 7/1997, S. 539, 542–546, abgesehen von einer Verbeugung in Richtung politischer Korrektheit in dem Satz: »So ist es offenkun-

dig verboten, ein Flüchtlingslager zu bombardieren, wenn seine militärische Bedeutung einzig darin besteht, dass Frauen in dem Lager Socken für Soldaten stricken«, (S. 545); in dem ICTY Report werden daraus *Leute*, die Socken stricken (Ziffer 48).

49. *ICTY Report*, Ziffer 90.
50. *Amnesty-Bericht*, Ziffer 5.2
51. Vergleiche *ICTY Report*, Ziffer 68, mit Human Rights Watch, *Civilian Deaths in the NATO Air Campaign*, Februar 2000, »Case Studies of Civilian Deaths – Refugees on the Djakovica-Decane Road, Kosovo«, ›www.hrw.org/reports/2000/nato/Natbm200-01.htm#P328_90536‹ (zuletzt geöffnet 21.4.2005).
52. Ebd. (»Summary«). Human Rights Watch wandert auf einem schmalen Grat, findet »keinen Beleg für Kriegsverbrechen«, kommt aber zu dem Schluss, dass die »NATO internationales humanitäres Recht verletzte« (der ICTY Report bestreitet sogar das). Die Schlussfolgerung zu den Kriegsverbrechen wird in dem Bericht zwar nicht begründet, könnte sich aber auf die Annahme stützen, dass die Tötungen der NATO nicht »vorsätzlich« geschahen. Dem widersprechen allerdings die Untersuchungsergebnisse, zu denen Human Rights Watch selbst gelangt.
53. *ICTY Report*, Ziffer 90.
54. Ebd., Ziffer 12.
55. Ebd., Ziffer 53.
56. Ebd., Ziffer 56.
57. Siehe beispielsweise »Magistratura«, in Luciano Violante, Hrsg., *Dizionare delle istituzioni e dei diritti del cittadino*, Rom, 1996, S. 164.
58. Statut des IStGHJ, Artikel 18.4 (Hervorh. hinzugefügt).
59. *Prosecutor v. Milosevic et al.*, ICTY Case IT-99-37-I, Decision on Review of Indictment and Application for Consequential Orders, 24.5.1999, ›www.un.org/icty/Supplement/supp5-e/milosevic.htm‹ (zuletzt geöffnet 21.4.2005).
60. IStGHJ-Pressemitteilung, 16.1.1999 (ausführlicher zit. in Kap. 4).
61. IStGHJ-Pressemitteilung vom 20.1.1999.
62. *ICTY Report*, Ziffer 5 (Hervorh. hinzugefügt).
63. Ebd.
64. Ebd., Ziffer 22 (Hervorh. hinzugefügt).
65. *NATO Crimes in Yugoslavia: Documentary Evidence*, Belgrad, Bundesaußenministerium, 1999, S. 257 ff.
66. NATO-Pressekonferenz, 13.4.1999.
67. *ICTY Report*, Ziffer 59.
68. Ebd.
69. Ebd.
70. Ebd.
71. Ekkehard Wenz, *Comment on ICTY's Final Report to the Prosecutor by the Committee Established to Review the NATO Bombing Campaign Against the Federal Republic of Yugoslavia*, 12.7.2000, ›www.balkanpeace.org/lan/lan10.shtml‹ (zuletzt geöffnet 21.4.2005).
72. Arnd Festerling, »›Ja, das Video läuft wesentlich schneller‹. Die NATO-Bombar-

dierung eines Personenzugs wurde mit verfälschten Filmen und missverständlichen Worten gerechtfertigt«, *Frankfurter Rundschau*, 6.1.2000, S.7; »Pentagon says it did not intentionally manipulate Kosovo war tape«, CNN.com, 6.1.2000, ›www.cnn.com/2000/US/01/06/nato.train.video/index.html‹ (zuletzt geöffnet 21.4.2005).

73. *ICTY Report*, Ziffer 61.
74. Wenz, *Comment on ICTY's Final Report to the Prosecutor*, a.a.O. (Anm. 71), Ziffer 12.
75. *ICTY Report*, Ziffer 62.
76. Amnesty-Länderbericht, a.a.O. (Anm. 45), Ziffer 5.1.
77. *ICTY Report*, Ziffer 74-79.
78. Ebd., Ziffer 78 (Hervorh. hinzugefügt).
79. Ebd., Ziffer 77.
80. »Yugoslav TV chief jailed«, CNN.com, 21.6.2002, ›www.cnn.com/2002/WORLD/europe/06/21/yugo.tv.jail/index.html‹ (zuletzt geöffnet 21.4.2005).
81. Amnesty-Länderbericht, a.a.O. (Anm. 45), Ziffer 5.3.
82. Lord Robertson of Port Ellen, »Kosovo One Year On: Achievement and Challenge«, 21.3.2000, ›www.nato.int/kosovo/repo2000/index.htm‹ (zuletzt geöffnet 21.4.2005).
83. Ignatieff, *Virtueller Krieg*, a.a.O. (Anm. 14), S. 137f.
84. Zusatzprotokoll I zu den Genfer Abkommen vom 12. August 1949 über den Schutz der Opfer internationaler bewaffneter Konflikte, 8.6.1977, Artikel 57.
85. Ignatieff, *Virtueller Krieg*, a.a.O. (Anm. 14), S. 87.
86. *ICTY Report*, Ziffer 28.
87. Siehe z.B. Änderung des *Criminal Code of Canada* von 1992, Paragr. 273.2(b).
88. Zusatzprotokoll I, 1977, Artikel 86(2).
89. Siehe *R. v. Buzzanga and Durocher*, a.a.O. (Anm. 13).
90. *ICTY Report*, Ziffer 27.
91. A.P.V. Rogers, *Law on the Battlefield*, Manchester, 1996.
92. *ICTY Report*, Ziffer 38.
93. Rogers, *Law on the Battlefield*, a.a.O. (Anm. 91), S. 36 (Hervorh. hinzugefügt).
94. Ebd.
95. A.P.V. Rogers,»Zero-casualty warfare«, *International Review of the Red Cross*, Nr. 837, 31.3.2000, zit. n. Amnesty-Länderbericht, a.a.O. (Anm.45), Ziffer 3.4.
96. Fenrick, »Attacking the Enemy Civilian as a Punishable Offense«, a.a.O. (Anm. 48), S. 549.
97. Ebd., S. 565.
98. *ICTY Report*, Ziffer 30. Das Kriegsrecht unterscheidet zwischen Verbrechen gegen den Frieden *(jus ad bellum)* und Verstößen gegen die Gesetze und Gebräuche des Krieges *(jus in bello)*.
99. Ebd., Ziffer 32.
100. Robert H. Jackson, *The Nuremberg Case as Presented by Robert H. Jackson, Chief of Counsel for the United States, Together With Other Documents*, New York, 1971; dt.: *Der Nürnberger Prozeß*, Weinheim, 1995, S. 50f.

101. Bernard D. Meltzer, »Comment: A Note on some aspects of the Nuremberg Debate«, *University of Chicago Law Review*, Jg. 14, 1946–47, S. 460 f.

102. Daher entschied das Tribunal, dass Verbrechen gegen die Menschlichkeit, die vor dem Krieg begangen wurden, nicht unter seine Gerichtsbarkeit fielen; siehe *Nuremberg Tribunal Judgement*, 1946; dt.: *Das Urteil von Nürnberg, 1946*, München, 1996, S. 135.

103. International Military Tribunal for the Far East, *The Tokyo War Crimes Trial*, mit Anmerkungen versehen, zusammengestellt und herausgegeben von R. John Pritchard und Sonia Magbanua Zaide, New York, 1981–1988, Band 20, S. 48452 f. Das Statut des Tokioter Tribunals schränkte »Verbrechen gegen die Menschlichkeit« nicht auf Handlungen gegen Zivilisten ein, wie es beim Nürnberger Statut und bei den Statuten des IStGHJ, IStGHR und IStGH der Fall ist (ebd., Appendix A-5).

104. Virginia Morris und Michael P. Scharf, *An Insider's Guide to the International Criminal Tribunal for the Former Yugoslavia: a documentary history and analysis*, Irvington-on-Hudson, N.Y., 1995, Bd. I, S. 79.

105. *The Prosecutor versus Tadic*, ICTY Appeals Chamber, 15.7.1999, Ziffer 285.

106. Eine weitere, wenngleich geringfügige Abweichung des IStGHJ-Statuts vom Nürnberger Statut hätte sich zur Verteidigung der NATO anführen lassen, wurde aber nicht vorgebracht. Während das Statut des Nürnberger Tribunals unter Verbrechen gegen die Menschlichkeit Handlungen verstand, die »gegen die Zivilbevölkerung *begangen*« wurden, fasste das Statut des IStGHJ davon abweichend Verbrechen darunter, »die gegen die Zivilbevölkerung gerichtet sind«. Kollateralschäden fallen eher unter die erste Definition als unter die zweite, obwohl diese Unterscheidung im Fall der NATO-Bombardierungen Jugoslawiens irrelevant wäre, da sie vorwiegend auf die »psychologische Schikanierung der Zivilbevölkerung« abzielten (Human Rights Watch, s.o.).

107. Siehe z.B. Carol Off, *The Lion, the Fox and the Eagle: A Story of Generals and Justice in Rwanda and Yugoslavia*, Toronto, 2000, S. 364; Barbara Crossette, »At the Hague, It's a Leader on Trial, Not a People«, *New York Times*, 17. 2. 2002, S. WK3.

# 7. Die üblichen Verdächtigen werden verhaftet, während Amerika mit Mord davonkommt

1. Die Textzeile »Major Strasser ist erschossen worden ... verhaften Sie die üblichen Verdächtigen« stammt aus dem amerikanischen Spielfilm *Casablanca* von 1943. Captain Renault (Claude Rains), der zynische Opportunist mit dem guten Herzen, wurde Augenzeuge, wie der Gute, Rick (Humphrey Bogart), den bösen Nazi, Major Strasser, erschoss, um seiner früheren Freundin (Ingrid Bergman) die Flucht mit dem ungarischen Widerstandskämpfer zu ermöglichen. Doch statt Rick bei den eintreffenden Gendarmen zu denunzieren, deckt Renault sein Verbrechen und hetzt sie auf die »üblichen Verdächtigen«, die armen Schlucker

(»Flüchtlinge, Liberale und hübsche junge Mädchen«), die immer aus Schikane verhaftet werden, wenn es ein ungeklärtes Verbrechen gibt. Mittlerweile hat der Satz zwar einen finsteren Beiklang, aber man kann nicht umhin, ihn gut zu finden, wenn Renault ihn in *Casablanca* sagt, weil in diesem Fall der wahre amerikanische Schuldige ein *Guter* ist, der aus edlen (nicht aus geopolitischen) Motiven handelt, und sein Opfer tatsächlich ein Nazi ist, der nach gehöriger Vorwarnung mit einem bemerkenswert sauberen Schuss ohne Kollateralschäden getötet wurde.

2. Römisches Statut des Intern. Strafgerichtshofs, 17.7.1998, Präambel, ›www.un. org/Depts/german/internatrecht/roemstat1.html#P‹ (zuletzt geöffn. 21.4.2005).

3. *Statement By The United Nations Secretary-General Kofi Annan At The Ceremony Held At Campidoglio Celebrating The Adoption Of The Statute Of The International Criminal Court*, 18.7.1998, ›www.un.org/icc/index.htm‹ (zuletzt geöffnet 21.4.2005).

4. Römisches Statut des Internationalen Strafgerichtshofs, Artikel 5(2) und 121.

5. Giovanni Conso, »Epilogue: Looking to the Future«, in Roy S. Lee, Hrsg., *The International Criminal Court. The Making of the Rome Statute: Issues, Negotiations, Results*, Den Haag, 1999, S. 475.

6. David J. Scheffer, »Developments at Rome Treaty Conference«, Testimony Before the Senate Foreign Relations Committee, Washington, D.C., 23.7.1998.

7. David J. Scheffer, »The United States and the International Criminal Court«, *American Journal of International Law*, Jg. 93, 1999, S. 12 f.

8. Scheffer, »Developments at Rome Treaty Conference«, a.a.O. (Anm. 6).

9. Ebd.; Lee, »Introduction«, in Lee, *The International Criminal Court*, a.a.O. (Anm. 5), S. 25, Fn. 46.

10. Römisches Statut des Internationalen Strafgerichtshofs, Artikel 12 und 13. Da das Statut nicht rückwirkend gilt, kann es nur auf Verbrechen angewandt werden, die ab dem 2.7.2002 begangen wurden.

11. Ebd., Artikel 13(b).

12. Michael P. Scharf, »The ICC's Jurisdiction over the Nationals of Non-party States: Critique of the U.S. Position«, *Law and Contemporary Problems*, Jg. 64, Nr. 7, 2001, S. 85.

13. Sharon Williams, »The Rome Statute on the International Criminal Court: From 1947–2000 and Beyond«, *Osgoode Hall Law Journal*, 38, 2000, S. 319.

14. Human Rights Watch, *Bilateral Immunity Agreements*, März 2003, ›http://hrw. org/campaigns/icc/docs/bilateralagreements.pdf‹ (zuletzt geöffnet 21.4.2005).

15. American Servicemembers' Protection Act 2002, Title II of Public Law 107–206, Paragraph 2007(c); gewisse Ausnahmen gelten für NATO-Staaten und »größere Nicht-NATO-Verbündete«.

16. Reuters, »US cuts military aid to 35 countries«, *Toronto Star*, 2.7.2003, S. A4.

17. American Servicemembers' Protection Act 2002, a.a.O. (Anm. 15), Paragraph 2004 und 2008.

18. USA for the International Criminal Court, *The American Servicemembers' Protection Act (AKA The Hague Invasion Act)*, »www.usaforicc.org/policy/aspa. html‹ (zuletzt geöffnet 21.4.2005).

19. Amnesty International Press Release, 9.3.2002 (IOR 30/007/2002); The Coalition for the International Criminal Court, *CICC Questions and Answers on U.S. So-Called ›Article 98‹ Agreements*, »Documents on Impunity Agreements«, März 2003, ›www.iccnow.org/documents/otherissuesimpunityagreem.html‹ (zuletzt geöffnet 21.4.2005); Human Rights Watch, »A Background Briefing«, März 2003, a.a.O. (Anm. 13); Hans-Peter Kaul und Claus Kress, »Jurisdiction and Cooperation in the Statute of the International Criminal Court: Principles and Compromises«, *Yearbook of International Humanitarian Law*, 2, 1999, S. 143, 165. Siehe auch Rat der Europäischen Union, Tagung des Rates – Außenbeziehungen, 30.9.2002, Pressemitteilung 12134/02 (Press 279), wo ein Kompromiss vorgeschlagen wird, um EU-Mitgliedern solche Abkommen zu ermöglichen, ›http://ue.eu.int/ueDocs/cms_Data/docs/pressData/de/gena/72579.pdf‹ (zuletzt geöffnet 21.4.2005).
20. American Servicemembers' Protection Act 2002, a.a.O. (Anm. 15), Paragr. 2005.
21. Paul Knox, »Peacekeeping dispute hints at bigger issues«, *Globe and Mail*, 4.7. 2002, S. A15.
22. Sie wurde durch Sicherheitsrats-Resolution 1487 vom 12. Juni 2003 verlängert.
23. Scheffer, »Developments at Rome Treaty Conference«, a.a.O. (Anm. 6).
24. Römisches Statut des Internationalen Strafgerichtshofs, Artikel 8.2.b (xviii) und (xx); Philippe Kirsch und John T. Holmes, »The Rome Conference on an International Criminal Court: The Negotiating Process«, *American Journal of International Law*, Jg. 93, 1999, S. 2–7.
25. Römisches Statut des Internationalen Strafgerichtshofs, Artikel 28(b).
26. Ebd., Artikel 8.2(f).
27. B.V.A. Röling, *The Tokyo Trial and Beyond: Reflections of a Peacemonger*, hrsg. von Antonio Cassese, Cambridge, 1993, S. 55.
28. Associated Press, »Clinton's Words: ›The Right Action‹«, *New York Times*, 1.1. 2001, S. A6.
29. Ebd.
30. Wiener Konvention über Vertragsrecht, 23.5.1969, Artikel 18(a), 1155 U.N.T.S. 331.
31. *United Nations Treaties*, Part I, Chapter XVIII, 10. Rome Satute of the International Criminal Court, Declarations, note 6.
32. Pressemitteilung des IStGHJ vom 13.5.1999 (JL/PIU/401-E) (Hervorh. hinzugefügt).
33. Scheffer, »Developments at Rome Treaty Conference«, a.a.O. (Anm. 6).
34. Scharf, »The ICC's Jurisdiction over the Nationals of Non-party States«, a.a.O. (Anm. 12).
35. American Servicemembers' Protection Act, a.a.O. (Anm. 15), Paragraph 2002(7).
36. United States Department of Defense Military Commission Order No. 1, 21.3. 2002, ›http://jurist.law.pitt.edu/issues/militarytrials.htm‹ (zuletzt geöffnet 22.4. 2005).
37. Marc Grossman, Under Secretary for Political Affairs, »American Foreign Policy and the International Criminal Court«, Remarks to the Center for Strategic and

International Studies, Washington, D.C., 6.5.2002, ›www.state.gov/p/9949.htm‹ (zuletzt geöffnet 22.4.2005).

38. Ebd.

39. Henry A. Kissinger, »The Pitfalls of Universal Jurisdiction: Risking Judicial Ty-ranny«, *Foreign Affairs*, Jg. 80, Nr. 4, Juli/August 2001, S. 86, 93 f.

40. Scheffer, »The United States and the International Criminal Court«, a. a. O. (Anm. 7), S. 12, 19.

41. Scheffer, »Developments at Rome Treaty Conference«, a. a. O. (Anm. 6).

42. Associated Press, »Clinton's Words«, a. a. O. (Anm. 28).

43. Grossman, »American Foreign Policy and the International Criminal Court«, a. a. O. (Anm. 37).

44. Ruth Wedgewood, »The International Criminal Court: An American View«, *European Journal of International Law*, 10, 1999, S. 93–107.

45. Law Reform Commission of Canada, *Our Criminal Law*, Ottawa, 1976, S. 3–6.

46. Michael Scharf, »Indicted For War Crimes, Then What?«, *Washington Post*, 3.10.1999, S. B1.

47. Lawrence Eagleburger vor dem House of Representatives Committee on Interna-tional Relations, 25.7.2000, Serial No. 106–176.

48. Fairness and Accuracy in Reporting, »In Iraq Crisis, Networks Are Megaphones for Official Views«, 18.3.2003, ›www.fair.org/index.php?page=1628‹ (zuletzt ge-öffnet 22.4.2005).

49. Grossman, »American Foreign Policy and the International Criminal Court«, a. a. O. (Anm. 37).

50. Scharf, »The ICC's Jurisdiction over the Nationals of Non-party States«, a. a. O. (Anm. 12), S. 71.

51. Statut des IStGHJ, Artikel 13 und 16.

52. Römisches Statut des Internationalen Strafgerichtshofs, Artikel 36.6 und 42.4.

53. Wedgewood, »The International Criminal Court«, a. a. O. (Anm. 44), S. 106.

54. Scharf, »The ICC's Jurisdiction over the Nationals of Non-party States«, a. a. O. (Anm. 12), S. 71, Fn. 21.

55. Marlise Simons, »Court With a Growing Docket, but No Chief Prosecutor Yet«, *New York Times*, 16.3.2003, S. 4.

56. *Toronto Star*, 4.4.2003, S. A8.

57. James O'Brien, »Courting Trouble«, *Globe and Mail*, 12.7.2002, S. A19.

58. UN Pressemitteilung, United Nations Diplomatic Conference of Plenipotentiaries on the Establishment of an International Criminal Court, Biographical Note L/ROM/4, 15.6.1998, ›www.un.org/icc/pressrel/lrom4.htm‹ (zuletzt geöffnet 22.4.2005).

59. Siehe *Yugoslavia versus Canada*, International Court of Justice, Verbatim Record, 10.5.1999, s. unter ›www.icj-cji.org/‹, Docket.

60. Außenministerium der Niederlande, »The Netherlands as Host State for the ICC«, ›www.minbuza.nl/default.asp?CMS_ITEM=0D4D40EFA54C411897CA6 C14625C7914X3X62822X25‹ (zuletzt geöffnet 22.4.2005).

61. Römisches Statut des Internationalen Strafgerichtshofs, Artikel 53.

62. Ebd., Artikel 15.3, 17.1(a) und (d), 19, 39.2 und 57.2(a).

63. Simons, »Court With a Growing Docket, but No Chief Prosecutor Yet«, a.a.O. (Anm. 55).

64. Transparency International Press Release, 22.4.2003, ›www.transparency.org/pressreleases_archive/2003/2003.04.22.secret_bank_accounts.html‹ (zuletzt geöffnet 22.4.2005).

65. Siehe ›www.transparency.org/about_ti/donors.html‹ (zuletzt geöffnet 22.4.2005).

66. Associated Press, »War Crimes Prosecutor Vows to Win Trust«, *New York Times*, 23.4.2003, s. unter ›www.nytimes.com‹.

67. Wedgewood, »The International Criminal Court«, a.a.O. (Anm. 44), S. 103 f.

68. Elliott Roosevelt, *As He Saw It*, New York, 1946, S. 188 f.; dt.: *Wie er es sah*, Zürich, 1947, S. 237 ff.

69. Sir Winston S. Churchill, *The Second World War*, Bd. V, *Closing the Ring*, London, 1952; dt.: *Der Zweite Weltkrieg*, Bd. V, *Der Ring schließt sich*, Zürich, o. J., Zweites Buch, S. 62 ff.

70. Arieh J. Kochavi, *Prelude to Nuremberg: Allied War Crimes Policy and the Question of Punishment*, University of North Carolina Press, 1998, S. 83.

71. Ebd.

72. Ebd., S. 84.

73. Ebd., S. 84 f.

74. Ebd., S. 85.

75. Frank M. Buscher, *The U. S. War Crimes Trial Program in Germany, 1946–1955*, New York, 1989, S. 12.

76. Kochavi, *Prelude to Nuremberg*, a.a.O. (Anm. 70), S. 81, 87.

77. Bradley F. Smith, *The American Road to Nuremberg: The Documentary Record 1944–1945*, Stanford, California, 1982, S. 21.

78. Kochavi, *Prelude to Nuremberg*, a.a.O. (Anm. 70), S. 88 f.; Buscher, *The U. S. War Crimes Trial Program in Germany*, a.a.O. (Anm. 75), S. 20.

79. Ebd., S. 8.

80. Smith, *The American Road to Nuremberg*, a.a.O. (Anm. 77), S. 209.

81. Kochavi, *Prelude to Nuremberg*, a.a.O. (Anm. 70), S. 91.

82. Ebd., S. 247.

83. Gar Alperovitz, *The Decision to Use the Atomic Bomb*, New York, 1996; dt.: *Hiroshima: Die Entscheidung für den Abwurf der Bombe*, Hamburg, 1995.

84. Bernard V. A. Röling, *The Tokyo Trial and Beyond*, Cambridge, UK, 1993, S. 113.

85. Ebd., S. 114.

86. Ebd., S. 79.

87. Ebd., S. 84.

88. »The Dissenting Opinion of the Member for India (Radhabinod B. Pal)«, in International Military Tribunal for the Far East, *The Tokyo War Crimes Trial*, mit Anmerkungen versehen, zusammengestellt und herausgegeben von R. John Pritchard und Sonia Magbanua Zaide, New York, 1981–1988, Bd. 21.

89. Ebd., S. 12 (den im Exil lebenden österreichischen Juristen Hans Kelsen zitierend) und 1232.

90. Ebd., S. 137f.

91. Ebd., S. 128 (Hervorh. hinzugefügt).

92. Human Rights Watch, Pressemitteilung, 19.10.1998, ›www.hrw.org/press98/oct/chile1019.htm‹ (zuletzt geöffnet 22.4.2005).

93. Verfassung von Chile, 1980, geändert 1997, Artikel 75 und 81; Owen M. Fisk, »The Limits of Judicial Independence«, *Inter-American Law Review*, Jg. 25, 1/1993, S. 70ff.

94. David Sugarman, »From Unimaginable to Possible: Spain, Pinochet and the Judicialization of Power«, *Journal of Spanish Cultural Studies*, Jg. 3, 2002, S. 107ff.

95. *Reg. v. Bow Street Magistrat*, Ex. P. Pinochet (No. 1)(H.L.(E.))[2000]1 A.C. 61.

96. *Reg. v. Bow Street Magistrat*, Ex. P. Pinochet (No. 2)(H.L.(E.))[2000] 1 A.C. 119.

97. Sugarman, »From Unimaginable to Possible«, a.a.O. (Anm. 94), S. 114.

98. Die Stimmenmehrheit kam von drei von Blair ernannten Richtern und drei von Major ernannten Richtern. Die einzige Gegenstimme kam von einem Richter, den Thatcher selbst ernannt hatte.

99. »Edited text of Jack Straw's statement to MPs«, *Guardian*, 3.3.2000, ›www.guardian.co.uk/pinochet/Story/0,11993,190573,00.html‹ (zuletzt geöffnet 22.4.2005).

100. Ebd.

101. Ebd.

102. Hugh O'Shaughnessy, »Secret UK deal freed Pinochet«, *Guardian*, 7.1.2000.

103. Guido Rampoldi, »Democracy Humiliated« , *La Repubblicca*, 4.3.2000, S. 1.

104. Jonathan Franklin, »Chilean judges reduce charges against Pinochet«, *Guardian*, 9.3.2001, ›www.guardian.co.uk/international/story/0,3604,448813,00.html‹ (zuletzt geöffnet 22.4.2005).

105. Amnesty International, Pressemitteilung, 3.7.2002 (AI INDEX: AMR 22/006/2002 (Public)).

106. Hugh O'Shaughnessy, »Secret UK deal freed Pinochet«, *Guardian*, 7.1.2000.

107. Sugarman, »From Unimaginable to Possible«, a.a.O. (Anm. 94), S. 107, 118.

108. Maurizio Matteuzzi,»Uno Show Osceno«, *Il Manifesto*, 4.3.2000.

109. Siehe *El Mercurio*, 20.3.1998, zit. in Chile Information Project, ›http://ssdc.ucsd.edu/news/chip/h98/chip.19980320.html‹ (zuletzt geöffnet 22.4.2005).

110. »Edited text of Jack Straw's statement to MPs«, a.a.O. (Anm. 99).

111. Charles Trueheart, »Regardless of Outcome, Pinochet Case Sets Precedent«, *Washington Post*, 14.1.2000, S. A22.

112. Human Rights Watch, Pressemitteilungen vom 9.7.2001 und 1.7.2002, ›www.hrw.org/press/2001/07/pino0709.htm‹, ›www.hrw.org/press/2002/07/pino0701.htm‹ (beide zuletzt geöffnet 22.4.2005).

113. *Pinochet Judgement*, Lord Browne-Wilkinson für die Mehrheit, S. 204 E; zur Minderheitsmeinung siehe Lord Millet, S. 272 E.

114. *Nuremberg Tribunal Judgement*, 1946; dt.: *Das Urteil von Nürnberg, 1946*, München, 1996, S. 85.

115. Ebd., S. 91.

116. *Yearbook of the International Law Commission 1950*, Bd. II, S. 374–378.

117. *Pinochet Judgement*, S. 254H, S. 278C.

118. *Pinochet Judgement*, S. 257G.

119. Bundesstaatsanwaltschaft gegen Marcos und Marcos, Schweiz, Bundesgerichtshof, 2.11.1989, 102I.L.R., S. 198.

120. *Pinochet Judgement*, S. 204E, 244F und 289C–E.

121. Sharon Williams, *International Criminal Law*, 10. überarb. Aufl., Osgoode Hall Law School, 2001, S. 57f.

122. William Coblentz und Jeff Bleich, »We need a World Criminal Court, But U.S. Opposes Treaty Establishing Rule of World Law«, *San Francisco Chronicle*, 5.11.1998, S. A29.

123. Conso, »Epilogue: Looking to the Future«, a.a.O. (Anm. 5), S. 476.

124. Römisches Statut des Internationalen Strafgerichtshofs, Artikel 12.

125. Ebd., Artikel 87.7.

126. Kristina Miskowiak, *The International Criminal Court: Consent, Complementarity and Cooperation*, Kopenhagen, 2000, S. 63f.

127. Simon Jenkins, »The new order that splits the world«, *The Times*, 31.1.2001, S. 20.

128. *Loi du 16 juin 1993 relative à la répression des infractions graves aux conventions internationals de Genève du 12 août 1949 et aux Protocols I et II du juin 1977, additionnels à ces conventions*, Artikel 7.

129. *Loi relative à la répression des violations graves du droit international humanitaire*, 10.2.1999, Artikel 5.3, 39 Int'l Leg. Mat. 918.

130. Michael Ignatieff, »Blood Sisters«, *New York Times Magazine*, 9.9.2001, S. 74.

131. Keith B. Richburg, »Rwandan Nuns Jailed in Genocide«, *Washington Post*, 9.6.2001, S. A01.

132. Marlise Simons, »An Awful Task: Assessing 4 Roles in Death of Thousands in Rwanda«, *New York Times*, 30.4.2001, S. A3.

133. Case Concerning the Arrest Warrant of 11 April 2000 *(Democratic Republic of Congo v. Belgium)*, International Court of Justice, 14.2.2002, General List No. 121, s. unter ›www.icj-cij.org/‹, »Docket« (zuletzt geöffnet 22.4.2005).

134. Ebd., Ziffer 58; zur diplomatischen Immunität siehe auch Ziffer 53.

135. Ebd., Ziffer 61 (Hervorh. hinzugefügt).

136. »Belgium rethinks war crimes law«, *BBC World/Europe*, 26.3.2003, ›http://news.bbc.co.uk/1/hi/world/europe/2886931.stm‹ (zuletzt geöffnet 22.4.2005).

137. Jeffrey T. Kuhner, »Iraqis target Gen. Franks for war crimes trial«, *Washington Times*, 28.4.2003, s. unter ›www.washtimes.com/‹, »Archive«.

138. Sénat de Belgique, *Projet de loi modifiant la loi du 16 juin 1993* (doc.Chambre, nos 50-2256/10 et 11), 5.4.2003.

139. Agence France-Presse, »Greek Lawyers to sue Britain for Iraq crimes against Humanity«, 23.5.2003.

140. Crimes Against Humanity Act, S.C. 2000 c. 24, Paragraph 8(b) und 9(3).

141. Ian Black und Ewen MacAskill, »US threatens NATO boycott over Belgian war crimes law«, *Guardian*, 13.6.2003, ›www.guardian.co.uk/international/story/0,3604,976449,00.html‹; »Belgium: Suits Against Bush And Blair«, *New York Times*, 20.6.2003, S. A8; Ian Black, »Belgium gives in to US on war crimes law«, 24.6.2003, ›www.guardian.co.uk/international/story/0,3604,983746,00.html‹ (beide zuletzt geöffnet 22.4.2005).

142. Chambre des Représentants de Belgique, Session Extraordinaire 2003, *Projet de loi relative aux violations graves du droit international humanitaire* (DOC 51-0103/001), angenommen vom Senat am 1.8.2003, ›www.senate.be‹; diese Gesetzesänderung beschränkte die Gerichtsbarkeit auf extraterritoriale Fälle, in denen ein Belgier der Beschuldigte oder unter strengen Bedingungen das Opfer ist. Mit Artikel 27 wird das Gesetz von 1993 aufgehoben.

143. Michael P. Scharf, *Balkan Justice: The Story Behind the First International War Crimes Trial Since Nuremberg*, Durham, North Carolina, 1997, S. 212.

144. David M. Paciocco, »Defending Rwandans before the ICTR: A Venture Full of Pitfalls and Lessons for International Criminal Law«, *Conference: The Canadian Highway to the International Criminal Court*, (Candadian Institute for Administration of Justice, Montreal, 1.5.2003; unveröffentlichter Beitrag im Besitz des Autors).

145. United Nations, *The Rome Statute of the International Criminal Court*, »Overview«, ›www.un.org/law/icc/general/overview.htm‹ (zuletzt geöffn. 22.4.2005).

146. Pressemitteilung des IStGHJ vom 13.5.1999 (JL/PIU/401-E).

147. Ebd.

148. Virginia Morris und Michael P. Scharf, »*An Insider's Guide to the International Criminal Tribunal for the Former Yugoslavia: a documentary history and analysis*, Irvington-on-Hudson, N.Y., 1995, Bd. I, S. V.

149. Anatole France, *Le lys rouge*, Paris, 1894; dt.: *Die rote Lilie*, Leipzig, 1962, S. 97.

150. Emile Zola, »J'accuse…!«, *L'Aurore*, 13.1.1898; dt.: *Ich beschuldige…! Brief an den Präsidenten der* Republik, Straßburg, 1898.

151. Immanuel Kant, *Die Metaphysik der Sitten: Metaphysische Anfangsgründe der Rechtslehre*, Königsberg, 1797, S. 218 u. 221.

152. United Nations, *The Rome Statute of the International Criminal Court*, »Overview«, a.a.O. (Anm. 145).

153. Kochavi, *Prelude to Nuremberg*, a.a.O. (Anm. 70), S. 6–26; David S. Wyman, *The Abandonment of the Jews: America and the Holocaust 1941–1945*, New York, 1984, Kapitel 15; dt.: *Das unerwünschte Volk. Amerika und die Vernichtung der europäischen Juden*, Ismaning b. München, 1986, S. 400–430.

154. Oliver Wendell Holmes, *The Common Law*, [1881] Boston, 1963, S. 40.

155. Charles Kupchan und Danile Orentlicher, »Don't let Milosevic retire quietly«, *Toronto Star*, 31.10.2000, S. A24.

156. Scharf, *Balkan Justice*, a.a.O. (Anm. 143), S. 219.

157. *Prosecutor v. Ante Gotovina*, ICTY Case No: It-01-45-I), Indictment, ›www.un.org/icty/indictment/english/got-ii010608e.htm‹ (zuletzt geöffnet 22.4.2005).

158. Carlotta Gall mit Marlise Simons, »Croatia in Turmoil After Agreeing to Send Two to Tribunal«, *New York Times*, 8.7.2001, S. A3.

159. Lucy S. Dawidowicz, *The War against the Jews, 1933–45*, London, 1987; *Der Krieg gegen die Juden: 1933–1945*, München, 1979, S. 374f.

160. Carrie Gustafson, »International Criminal Courts: Some Dissident Views on the Continuation of War by Penal Means«, *Houston Journal of International Law*, Jg. 21, 1998, S. 51–62.

161. »The Dissenting Opinion of the Member for India«, a.a.O. (Anm. 88), S. 146f. (Hervorh. im Orig.).

162. United Nations, *The Rome Statute of the International Criminal Court*, »Overview«, a.a.O. (Anm. 145).

163. Stephen R. Shalom, »Reflections on NATO and Kosovo«, *New Politics*, 5, Sommer 1999, S. 12.

164. Siehe die zahlreichen Studien und Daten der gemeinsamen jüdisch/palästinensischen Gruppe *B'Tselem*, The Israeli Information Center for Human Rights in the Occupied Territories, ›www.btselem.org/‹. Die »unmittelbare oder mittelbare Überführung durch die Besatzungsmacht eines Teiles ihrer eigenen Zivilbevölkerung in das von ihr besetzte Gebiet« stellt nach Artikel 8.2.b (viii) ein Kriegsverbrechen dar. Israel hat ebenso wie die Vereinigten Staaten in Rom gegen das Statut gestimmt, es mit Clinton symbolisch unterzeichnet und mit Bush die Unterschrift zurückgezogen, nachdem es mit den USA ein gegenseitiges Immunitätsabkommen nach Artikel 98 geschlossen hatte.

165. Scharf, *Balkan Justice*, a.a.O. (Anm. 143), S. 215f.

166. Ebd., S. 208f.

167. Paciocco, »Defending Rwandans before the ICTR«, a.a.O. (Anm. 144), S. 8.

168. Gustafson, »International Criminal Courts«, a.a.O. (Anm. 160), S. 75.

169. Fact sheet on ICTY proceedings, 5.5.2003, ›www.un.org/icty/glance/index. htm‹ (zuletzt geöffnet 22.4.2005).

170. Statistics Canada, »Cases in adult criminal court 2001«, ›www.statcan.ca/english/Pgdb/legal19a.htm‹ (zuletzt geöffnet 22.4.2005).

171. ICTR, Completed Cases, siehe unter ›www.ictr.org/‹.

172. William A. Schabas, »Addressing Impunity in Developing Countries: Lessons from Rwanda and Sierra Leone«, *Conference: The Canadian Highway to the International Criminal Court* (unveröffentlichter Beitrag im besitz des Autors), S. 10.

173. Amnesty International News Release, 29.4.2003 (AI INDEX: AFR 47/005/2003).

174. Sir James Fitzjames Stephen, *A History of the Criminal Law of England*, New York, 1964 (Erstaufl. 1883), Bd. II, S. 79ff.

175. Ignatieff, »Blood Sisters«, a.a.O. (Anm. 130), S. 74.

176. »The Dissenting Opinion of the Member for India«, a.a.O. (Anm. 88), S. 1232ff.

177. Ebd. (Zitat ohne Nachweis) (Hervorh. hinzugefügt).

178. United Nations, *The Rome Statute of the International Criminal Court*, »Overview«, a.a.O. (Anm. 145).

179. Scharf, *Balkan Justice*, a.a.O. (Anm. 143), S. 221f.
180. Ebd., S. 225.
181. Michael Scharf, »Indicted For War Crimes, Then What?«, *Washington Post*, 3.10.1999, S. B1.
182. Zit. in Kapitel 4.
183. Priscilla B. Hayner, *Unspeakable Truths: Confronting State Terror and Atrocity*, New York, 2001, S. 208.
184. Scharf, »Indicted For War Crimes, Then What?«, a.a.O. (Anm. 181).
185. Associated Press, »Prosecuting Saddam: Washington Calls for War Crimes Tribunal«, 19.9.2000.
186. Elisabeth Bumiller, »U.S. Names Iraqis Who Would Face War Crimes Trial«, *New York Times*, 16.3.2003, S. 1.
187. Susan Dominus, »Their Day in Court«, *New York Times Magazine*, 30.3.2003, S. 32f.
188. Ebd., S. 33.
189. »Iraq moves towards self-rule«, *BBC News World Edition*, 13.7.2003, ›http://news.bbc.co.uk/2/hi/middle_east/3062037.stm‹ (zuletzt geöffnet 22.4.2005); Richard A. Oppel jr. und Patrick E. Tyler, »Iraqis Plan War-Crime Court, G.I.'s to Stay Until Elections«, *New York Times*, 16.7.2003, S. A9.
190. Amira Hass, »Human Rights Watch blasts Palestinians for war crimes. New report calls suicide strikes against civilians a violation of international law«, *Haaretz*, 1.11.2002, s. unter ›www.haaretzdaily.com‹.
191. *B'Tselem*, The Israeli Information Center for Human Rights in the Occupied Territories, *Fatalities in the Al-Aqsa Intifada, 29 September 2000–11 May 2003*, s. unter ›www.btselem.org‹.
192. Cambridge Palestine Solidarity Campaign, »Palestine – No Peace Without Justice«, ›www.geocities.com/campalsoc/‹ (zuletzt geöffnet 22.4.2005).
193. »Kein Friede ohne Gerechtigkeit – Keine Gerechtigkeit ohne Vergebung«, Botschaft seiner Heiligkeit Papst Johannes Paul II. zur Feier des Weltfriedenstages, 1.1.2002, s. unter ›www.vatican.va/holy_father/john_paul_ii/messages/‹ (zuletzt geöffnet 22.4.2005).
194. Elise Groulx, »Le Troisème Pilier: La profession juridique véritable partenaire du système de justice penale internationale«, *Conference: The Canadian Highway to the International Criminal Court* (unveröffentlichter Beitrag im Besitz des Autors).
195. Michael Plachta, »The Lockerbie Case: The Role of the Security Council in Enforcing the Principle Aut Dedere Aut Judiciare«, *European Journal of International Law,* Jg. 12, 2001, S. 125.
196. Peter Spiro, »Not War Crimes«, *FindLaw's Legal Commentary*, 19.9.2001, ›http://writ.news.findlaw.com/commentary/20010919_spiro.html‹; Marjorie Cohn, »Bombing of Afghanistan is illegal and must be stopped«, *Jurist*, ›http://jurist.law.pitt.edu/forum/forumnew36.htm‹ (beide zuletzt geöffnet 22.4.2005); Papst Johannes Paul II., »Kein Frieden ohne Gerechtigkeit – Keine Gerechtigkeit ohne Vergebung«, a.a.O. (Anm. 193).

197. Sinngemäß aus der Erinnerung zitiert von der *Conference: The Canadian Highway to the International Criminal Court.*

198. Die kanadische Gruppe Lawyers Against the War warnte die kanadische Regierung ebenfalls vor einer Strafverfolgung durch den IStGH, aber wir legten den Schwerpunkt auf die Rechtswidrigkeit des Krieges und drohten Kanada eine Mordanklage in Kanada nach kanadischem Recht an (vorsätzliche Tötung ohne Unrechtsausschließungsgrund). Kanada hielt sich aus dem Krieg heraus, allerdings sollte es mich wundern, wenn diese Drohungen bei der Entscheidung eine Rolle gespielt hätten.

199. Michel Foucault, *Surveiller et punir. Naissance de prison*, Paris, 1975; dt.: *Überwachen und Strafen. Die Geburt des Gefängnisses*, Frankfurt a. M., 1994, S. 351.

200. Ignatieff, »Blood Sisters«, a. a. O. (Anm. 130), S. 74.

201. Richard Falk, Professor für Völkerrecht an der Princeton University, zit. in »Global Governance: A Conversation with Richard Falk«, Foreign Policy Association, 25.7.2002, ›www.fpa.org/topics_info2414/topics_info_show.htm?doc_id=117024‹ (zuletzt geöffnet 22.4.2005); Falk löste sich etwas aus dem Friedenslager, als er Amerikas Kriege in Jugoslawien und Afghanistan unterstützte, nicht aber den Irakkrieg.

202. Amnesty International News Release, 2.4.2003 (AI INDEX: AFR 51/001/2003). Der Sondergerichtshof für Sierra Leone wurde 2000 als drittes Ad-hoc-Tribunal nach dem IStGHJ und dem IStGHR geschaffen, um die »üblichen Verdächtigen« strafrechtlich zu verfolgen, nämlich die Gegner der Regierung dieses an Diamanten reichen, aber verarmten Vasallenstaats der USA und Großbritanniens. Der Ankläger dieses Gerichtshofes ist ein ehemaliger Rechtsberater des US-Verteidigungsministeriums, David M. Crane, der nach Angaben auf der Website des Gerichts »über dreißig Jahre im Regierungsdienst der Vereinigten Staaten stand, zuletzt als leitender Generalinspekteur im US-Verteidigungsministerium«, ›www.sc-sl.org‹ (zuletzt geöffnet 22.4.2005). Zum Zeitpunkt der Entstehung dieses Buches bestand die dramatischste Aktion des Gerichts in der rein propagandistischen Anklage gegen Charles Taylor, den Präsidenten des Nachbarlandes Liberia, die das Vorspiel zu seinem von Amerika unterstützten Sturz im August 2003 bildete. Taylors Hauptverbrechen war offenbar, dass er Rebellen in Sierra Leone unterstützte.

203. Amnesty International News Release, 22.2.2001 (AI INDEX EUR 63/004/2001).

204. Schabas, »Addressing Impunity in Developing Countries: Lessons from Rwanda and Sierra Leone«, a. a. O. (Anm. 172), S. 3.

205. Rudyard Kipling, *The White Man's Burden*, zuerst veröffentl. in *McClure's Magazine*, Februar 1899; dt.: »Die Bürde des Weißen Mannes«, in: *Die Ballade von Ost und West, Selected Poems. Ausgewählte Gedichte*, Zürich, 1992.

206. Schabas, »Addressing Impunity in Developing Countries: Lessons from Rwanda and Sierra Leone«, a. a. O. (Anm. 172), S. 3.

207. Gustafson, »International Criminal Courts«, a. a. O. (Anm. 160), S. 51, 54, 70, 77.

208. Texas steht in der Liste der ärmsten US-Bundesstaaten an siebter Stelle und ist das ärmste Land der entwickelten Welt. Führend ist Texas mit der Anzahl seiner Kinder ohne Krankenversicherung (US Census Bureau, »Poverty 2001 – Number and Percent of Children under 19 Years of Age, at or below 200 Percent of Poverty, by State«, ›www.census.gov/hhes/poverty/poverty01/table4.pdf‹). Trotz dieser Ungleichheit liegt Texas bei der Rate der Gewaltverbrechen in den USA nie über dem 15. Platz, offenbar weil der Bundesstaat die Nummer eins bei der Strafverfolgung ist. Texas hat die größte Gefängnispopulation in den Vereinigten Staaten (163190 Gefängnisinsassen auf 20 Millionen Einwohner). Wäre Texas ein unabhängiger Staat, hätte das Land die höchste Pro-Kopf-Gefängnispopulation der Welt. (Justice Policy Institute, Washington, D.C.), *Texas Tough?: An Analysis of Incarceration and Crime Trends in The Lone Star State*, ›www.cjcj.org/pubs/texas/texas.html‹). Texas hält seit 1976 auch die Spitzenposition bei den Hinrichtungen in den USA: Von insgesamt 852 Hinrichtungen kamen 303 auf Texas, allein 33 von 71 im Jahr 2001 (Death Penalty Information Center Murder Rates 1995–2001: State Execution Rates, ›www.deathpenalty-info.org‹) (alle zuletzt geöffnet 22.4.2005).

209. Kent Roach, *Due Process and Victims' Rights: The New Law and Politics of Criminal Justice*, Toronto, 1999, S. 32.

210. Ebd., S. 4, 8.

211. Zu einer ausführlichen Erörterung dieses Phänomens siehe M. Mandel, »A Brief History of the New Constitutionalism or ›How we changed everything so that everything would remain the same‹«, *Israel Law Review*, 32, 1998, S. 250.

212. Henry Kissinger, *White House Years*, Boston, 1979, S. 683; dt.: *Memoiren. Bd. 2, 1973–1974*, München, 1982, S. 456.

213. »2003 werden die Vereinigten Staaten mit 400 Milliarden US-Dollar mehr für das Pentagon ausgeben als die 15 nächst größten Militärmächte zusammengenommen. Und ihre Volkswirtschaft ist doppelt so groß wie die seines nächsten Rivalen Japan.« James Dao, »One Nation Plays the Great Game Alone«, *New York Times*, 6.7.2002, S. WK1.

214. Kirsten Sellars, »The Tyranny of Human Rights«, *Spectator*, 28.8.1999, S. 11.

215. David Kennedy, »The International Human Rights Movement: Part of the Problem?«, *European Human Rights Law Review*, 2001, S. 245.

216. Ansprache von Benjamin B. Ferencz an die Konferenz von Rom.

217. Diana Johnstone, *Fools' Crusade: Yugoslavia, NATO and Western Delusions*, New York, 2002, S. 1 f.

218. Peter Gowan, *The Global Gamble: Washington's Faustian Bid for World Dominance*, London, 1999.

219. Röling, *The Tokyo Trial and Beyond*«, a.a.O. (Anm. 27), S. 89 f.

# Häufig zitierte Quellen

**Nuremberg Tribunal Judgment, 1946:** The Judgment of the International Military Tribunal for the Trial of German Major War Criminals, 30. September 1946; dt.: *Das Urteil von Nürnberg, 1946,* München, 1996. Der vollständige Text des englischen Originals findet sich im Internet unter ›www.yale.edu/lawweb/avalon/imt/proc/judcont.htm‹.

**Pinochet Judgment:** *Reg. v. Bow Street Magistrate,* Ex. p. Pinochet (No 3) (H.L.(E)) [2000] 1 A.C. 147.

**Amnesty Länderbericht:** Amnesty International, *Nato/Federal Republic of Yugoslavia.* ›*Collateral Damage‹ or Unlawful Killings? Violations of the Laws of War by NATO during Operation Allied Force,* 6. Juni 2000; dt: *Länderbericht. NATO/Bundesrepublik Jugoslawien. Kollateralschäden oder ungesetzliche Tötungen? Verletzungen des Kriegsrechts durch die NATO während der Operation der Alliierten Streitkräfte (Operation Allied Force),* s. unter ›www.amnesty.de‹, berichte/länder/jugoslawien.

**ICTY-Report:** *Final Report to the Prosecutor by the Committee Established to Review the NATO Bombing Campaign Against the Federal Republic of Yugoslavia,* U. N. Doc PR/P.I. S./510-E (2000), ›www.un.org/icty/pressreal/nato061300.htm‹ (zuletzt geöffnet 17.5.2005).

**Nicaragua versus United States of America, 1986:** Case Concerning the Military and Paramilitary Activities in and Against Nicaragua *(Nicaragua v. United States of America)* (MERITS), Judgment of 27 June 1986, [1986] I.C.J. Rep. 14, ›www.icj-cij.org/icjwww/icases/inus/inusframe.htm‹ (zuletzt geöffnet 17.5.2005).

**Milosevic Trial Transcript:** *Prosecutor v. Slobodan Milosevic,* »Kosovo, Croatia And Bosnia Herzegovina« (IT-02-54) Transcripts, s. unter ›www.un.org/icty/‹.

Pressemitteilungen des IStGHJ sind nach Datum archiviert abzurufen unter ›www.un.org/icty/latest/index‹.

NATO Morning Briefings und NATO Press Briefings zum Kosovoeinsatz sind, nach Datum archiviert, abzurufen unter ›www.nato.int/kosovo/press. htm‹.

Resolutionen des UN-Sicherheitsrates sind in englisch, archiviert nach Jahr und Nummer, abzurufen unter ›www.un.org/documents/scres.htm‹; die amtliche deutsche Übersetzung findet sich für Resolutionen ab 1995 und für einzelne Resolutionen früheren Datums unter ›www.un.org/Depts/german/‹.

*Abkürzungen der internationalen Gerichtshöfe*

IGH       Internationaler Gerichtshof (ICJ)
IStGH     Internationaler Strafgerichtshof (ICC)
IStGHJ    Internationaler Strafgerichtshof für das ehemalige Jugoslawien (ICTY)
IStGHR    Internationaler Strafgerichtshof für Ruanda (ICTR)

# Dank

Unter den vielen Menschen, die im Großen wie im Kleinen zu diesem Buch beigetragen haben, danke ich besonders Karen Golden, Ed Herman und Max Mandel für ihre großzügige Hilfe und Ermutigung während des gesamten Projekts und für die Sorgfalt, mit der sie das Manuskript gelesen und kommentiert haben. Besonderer Dank gilt auch meinen Forschungsassistenten Melanie Banka, Michelle Dagnino, Trung Nguyen, Raha Shahidsaless und Jeremy Wilton; meinen Asisstentinnen Lynne Fonseca, Angela Monardo und Roberta Parris sowie meinen hilfreichen Freunden, Familienangehörigen und Kollegen, Noam Chomsky, Michel Chossudovsky, Gail Davidson, Harry Glasbeek, Reuben Hasson, David Jacobs, Giulia Mandel, Lucy Mandel, Mika Mihailovic, Natasa Mihailovic, Chiara Giovanucci Orlandi, Marianne Rogers, Helena Ruken, Michael Scharf, Wolfgang Schulz und Snezana Vitorovich. Großen Dank schulde ich auch der Osgoode Hall Law School an der York University, Toronto, und der Facoltà di Giurisprudenza an der Universität Bologna für ihre wertvolle institutionelle Unterstützung.

# Register

Abbas, Ali Ismail (irakischer Zivilist) 24

Abschreckung 330 ff., 344 ff., 349, 351

Abu Ghraib (Gefängnis bei Bagdad) 10, 18

Abulgan (Region in Afghanistan) 60

Agency for International Development 319

Aggression 148 f., 151
→ Angriffskrieg

Ahmad, Gul (afghanischer Teppichweber) 59

Al Qaida 13, 17, 59, 64, 75 f., 78, 80, 89, 236, 254

Albanien 103, 108, 135, 183, 206, 230

Albright, Madeleine 125–128, 135, 163, 165, 198, 200 f., 211, 217, 221 f., 261, 264, 315

Aleksinac (serbische Ortschaft) 209

Algerien 197

Ali, Tariq (Autor) 55, 102

Allende, Salvador 363

Amato, Giuliano 223

American Bar Association 106

American Brookings Institution 61, 89

American Center for Constitutional Rights 358

American Jewish Congress 185

American Law Institute 93

American Pew Research Center 25

American Project on Defense Alternatives 60, 76

American Servicemembers' Protection Act 306

Amnestie 192, 360

Amnesty International 11, 29 ff., 276, 282, 288 ff., 295, 306, 311, 317, 326 f., 350, 358, 360

Anderson, Kenneth (Rechtswissenschaftler) 85, 87

Anfal-Offensive 54

Angola 34

Angriffskrieg 16 f., 19, 147–150, 260 ff., 268 f., 296 f., 301, 303 ff., 307, 325, 340, 358, 365

Annan, Kofi 14, 43, 165 ff., 171, 230, 302, 340, 344

Apt (Opatow, Ort in Polen) 182

Arafat, Jasir 337

Arbour, Louise (IStGHJ-Anklägerin) 100, 119, 129 f., 143, 180, 192, 196, 199–205, 209, 214–218, 221 f., 226, 248, 257, 259, 262, 274, 282, 288, 311, 315, 341, 353

Argentinien 75

Asmani (Ort in Afghanistan) 59

Associated Press 251

Association of American Jurists 260

Atomwaffen 47 f., 82, 88, 307

Auschwitz 182 f., 185, 189

Auslieferung 223–227, 326 f., 330 f., 344

Aznar López, José María 329

China 34, 69, 101, 141, 161, 168, 172 f., 212, 275, 304 f.

Chomsky, Noam 11, 46, 81 f., 138, 213, 216

Chrétien, Jean (kanadischer Premier-minister) 62, 226

Christopher, Warren (US-Außen-minister) 198

Churchill, Winston 85 f., 181, 320 f.

CIA 78, 218

Clark, Wesley K. (NATO-Oberbefehls-haber) 84, 100 f., 127 f., 200 f., 205, 209, 254, 256, 261, 284 f.

Clarke, Richard A. (amerikanischer Politiker) 12 f.

Clinton, Bill 14, 17 f., 55, 99, 101, 112 f., 120, 122, 127, 135, 138 ff., 161, 163, 165 f., 181, 184, 190, 200, 217, 259, 261, 264, 304, 308 f., 311 f., 329
– Presidential Decision Directive 25, 163 ff.

Clusterbomben 277

CNN 199

Coalition for the International Criminal Court 306

Cohen, William S. (US-Verteidigungs-minister) 105, 261

Coleman, Fred (Reporter von *USA Today*) 272

Conso, Giovanni (italienischer Richter) 303, 333

Contra-Rebellen 71, 126, 151 f.

Cook, Robin (britischer Außen-minister) 211, 223, 264

Corell, Hans (UN-Mitarbeiter) 347

Costa Rica 316

Dacic, Senad (Zivilist) 207

Daisy Cutter 60, 82

Danzig 146

Darfur 17 ff.

Dayton (Friedensabkommen) 113, 142, 202, 218, 353

De Paul University 195

Decane (Ort im Kosovo) 211

del Ponte, Carla (IStGHJ-Anklägerin) 99, 180, 196, 214, 221 f., 237, 240 f., 257, 274 ff., 278, 290, 315, 352

Deportation 182, 345

Deutschland 16, 26, 34, 42, 70 f., 101, 121, 126, 136, 141, 145, 147, 149, 175, 182, 189, 219, 316, 320, 322 f., 344

Dicker, Richard (Anwalt von Human Rights Watch) 258, 316, 330

*Dissent* (Zeitschrift) 83

Djakovica (Ort im Kosovo) 211, 279

Djilas, Aleksa (Gegner Miloševićs) 290

Djindjić, Zoran (jugoslawischer Minis-terpräsident) 222, 224, 226

Donau 103

Drewienkiewicz, Karol (Zeuge) 249

Dreyfus, Alfred 339, 342 f.

Dschalalabad 11

Dumas, Roland (französischer Außen-minister) 189

Dunjic, Dusan (serbischer Ermittler) 120, 124

Eagleburger, Lawrence (US-Außen-minister) 190–194, 257, 313 f., 352

*Economist* 101

Eichmann, Adolf 75

El Salvador 71, 126, 251, 253

Enron Inc. 319

Entnazifizierung 322

Erdöl 17 f., 55, 77, 79, 135, 354

Erlanger, Steven (Korrespondent) 107

Ermessensspielraum 281, 283, 317 f.

Erster Weltkrieg 147, 297

Martić, Milan (Angeklagter) 293
Massengräber 184
Massenmedien 169
Massenmord/-hinrichtungen 219, 230, 232, 273, 321
Massenvernichtungswaffen 36, 39 f., 47–50, 307
Matteuzzi, Maurizio (Journalist) 329
May, Richard G. (IStGHJ-Vorsitzender) 14, 238, 241–244, 246–257
Mayorsky, Boris (russischer Unterhändler) 134
Mazedonien 105, 135
McKiernan, David (US-General) 25
McKinnon, Catherine 366
McVeigh, Timothy (Golfkriegsveteran, Attentäter) 84, 94
Menschenrechte 18, 52, 56, 127, 153 f., 345, 360, 364
Meron, Theodore (IStGHJ-Vorsitzender) 14
Mexiko 34
Milivojević, Gvozden (Zivilist) 209
Milošević, Slobodan 13 f., 31, 84, 99, 101, 106, 109, 115, 117 ff., 125, 127 f., 130, 133, 135 f., 138, 156, 179, 183, 185, 191 f., 201, 203, 205 ff., 213–217, 220 f., 223 ff., 228, 237–258, 262, 276, 282, 287, 329, 331, 334, 344 f., 353
Mladić, Ratko (bosnisch-serbischer General) 191, 218, 235, 353
*Model Penal* 93
Mogadischu 165
Molotow, Wjatscheslaw Michailowitsch 321
Montenegro 207, 222, 224
Montreal 260
Morgenthau, Henry 321 f.
Morris, Virginia 299, 342
Moses 89

Moskauer Deklaration 346
Mosul 51
Movement for the Advancement of International Criminal Law 260
München 15, 81
Muslime 185 f., 191, 199, 201, 230, 234, 348
Mussolini, Benito 346
Myers, Richard B. (US-General) 236

Najaf 25
*National Post* 241
National Security Strategy of the United States 46 f.
NATO 11, 19, 44, 83 f., 99 f., 105, 107 f., 113 f., 118, 121, 124 f., 127, 130–136, 138, 141, 143, 154, 156 f., 165 f., 168, 174 ff., 179 ff., 198, 201, 239 f., 255, 260 f., 275 f., 279 f., 283, 285, 288, 317, 327, 343, 365
 – Bombardierungen 99, 101–106, 109, 113, 116, 124, 127, 134 ff., 140, 153, 158, 199, 206, 209–213, 217 f., 220, 228 f., 259, 262 f., 265, 269–272, 276, 284, 286, 288 f., 299, 317, 327, 335, 353
Nazis 27 f., 50, 58, 70, 78, 86, 145, 147, 149, 181, 183–186, 192, 200, 203 f., 219, 298, 320–323
Ndombasi, Abdulaye Yerodia (kongolesischer Außenminister) 337
Nehm, Kay (Generalbundesanwalt) 14 f.
*New York Penal Code* 91, 93
*New York Times* 49, 59 ff., 78, 88, 107, 112, 114, 133, 136, 138, 184 f., 205 f., 225, 316, 336, 345
Niazi Qala (Ort in Afghanistan) 59
Nicaragua 71, 126, 151 f., 157, 159, 161, 193
Nichteinmischung 167

Niš 212, 271
Nordallianz 61, 64, 77, 79
Noriega Morena, Manuel (Präsident
   Panamas) 188
North, Oliver 126, 267
Norwegen 70, 78, 126, 260
Notwendigkeit 268
Nürnberger Prinzipien 28, 332, 366
Nürnberger Prozesse 27 f., 58, 70, 78,
   98, 145, 147–150, 176, 187 f., 203,
   209, 238, 259, 265, 296–299, 301 f.,
   309, 320, 323, 325, 331 ff., 337,
   346, 351, 353

O'Hanlon, Michael E. (American
   Brookings Institution) 61, 89
Ocampo, Luis Moreno (IStGH-Anklä-
   ger) 318 f.
Öl-für-Nahrungsmittel-Programm 55
Österreich 182
Off, Carol (Journalistin) 192, 204, 217
Oklahoma (Bombenanschlag) 84, 94
Olympische Spiele 81
Omar, Mullah Mohammed (Taliban-
   Führer) 59, 74
Omarska (Gefangenenlager in Bosnien)
   185 ff., 189
Operatio Allied Force 277
Operation Iraqi Freedom 49, 338 f.
Operation Iron Hammer 25
Organisation für afrikanische Einheit
   (OAU) 162
Osgoode Hall Law School,
   York University, Toronto 260
Osttimor 194
OSZE (Organisation für Sicherheit
   und Zusammenarbeit in Europa)
   103, 118 f., 121, 125–128, 131, 134,
   248
Owen, David (britischer Außenminis-
   ter) 112, 131, 190

Paciocco, David 348
Pakistan 34
Pal, Radhabinod B. (indischer Richter)
   325, 339, 346, 351
Palästinenser 19, 117, 144, 161, 235,
   336, 347, 355 f.
Panama 188, 194, 197, 261
Paović, Marina (Zivilistin) 209
Paris 133 f.
Patriotische Front Ruandas
   →FPR
Pearl Harbor 324
Pec (Stadt im Kosovo) 119
Pentagon 13
Pérez de Cuéllar, Javier (UN-General-
   sekretär) 55, 159
Perle, Richard (Pentagon-Berater) 100,
   142, 175
Petersberg bei Königswinter 64
Philippinen 332
Pilger, John (Journalist) 31, 56, 75
Pinochet, Augusto 15 f., 98, 193, 225,
   325–331, 333 f., 363
Pinter, Harold 102
Pisar 330
»Pizza Connection« 221
Pluralismus 365
Pokharai (Ort in Afghanistan) 59
Polen 26, 50, 101, 141, 149, 182
Powell, Colin 27, 62, 223, 335, 338
Prävention 11 f.
Predator-Drohnen 59 f., 82
Prilep 119
Priština 119, 121 f.
Public Interest Lawyers of the United
   Kingdom 358
Putin, Wladimir 221

Račak 106, 119–128, 130, 134, 180,
   193, 204 f., 209, 214, 244, 248, 251,
   253 ff., 282, 287, 353

Rambouillet 121, 130, 132–136, 154, 156, 166, 205, 231

Rampoldi, Guido (Journalist) 229

Ranta, Helena (EU-Missions-Leiterin) 121–124

Ratner, Michael (CCR-Präsident) 15

RAWA (Revolutionary Association of the Women of Afghanistan) 63 f., 78

Raznjatovic, Zeljko »Arkan« (Serbenführer) 208

Reagan, Ronald 125 f.

*La Repubblica* 229

Rice, Condoleezza 27, 62

Risley, Paul (IStGHJ-Pressesprecher) 211

Roach, Kent 362

Robertson, Lord George (NATO-Generalsekretär) 84, 105, 116, 132, 143, 181, 206, 276

Robinson, Mary (UN-Menschenrechtskommissarin) 270

Robinson, Patrick (IStGHJ-Richter) 239

Röling, B. V. A. (niederländischer Jurist) 308, 324 f., 366

Rogers, A. P. V. (britischer Militäranwalt) 294

Rohstoffpreise 162

Rom 302 (Bevollmächtigtenkonferenz), 304–308, 316, 333

Roma 107, 154

Roosevelt, Elliott 320 f.

Roosevelt, Franklin D. 320 ff.

Rossanda, Rossana (Journalistin) 57

Rotes Kreuz 294

RTS (Radio Televizija Srbija, Belgrader TV-Sender) 277, 279, 288 f.

Ruanda 16, 105, 160–164, 193, 195 f., 219, 225, 231, 335 f., 339, 341, 350, 352, 359

Rubin, James 131

Ruder Finn (amerikanische PR-Firma) 184

Rugova, Ibrahim 115

Rumänien 103

Rumsfeld, Donald 12–15, 27, 51, 54, 62, 80, 86, 88, 236, 339

Rushdie, Salman 102

Russland 17, 26, 34, 43, 69, 101, 126, 140 f., 168, 173, 200, 275, 305, 322

*Rwanda: The Preventable Genocide* 162, 164

Sabotage 52

Sabra (Flüchtlingslager im Libanon) 235, 336

Sachs, Jeffrey 110

Safire, William (Kolumnist der *New York Times*) 88

Sandinisten 71

Sanktionen 55 f., 103, 202, 220, 222, 282, 331, 354, 357

Sarajevo 112 f., 165, 187, 219

Saudi-Arabien 42, 172

Schabas, William 358

Scharf, Michael P. (amerikanischer Rechtswissenschaftler) 155 ff., 160 f., 179 f., 187, 192 f., 216, 218, 238, 261, 299, 313–316, 340, 342, 345, 348, 352

Scharping, Rudolf 136, 181

Scheffer, David (Berater von Albright) 198, 216, 304, 307, 309, 311 f.

Schelling, Thomas 83

Schiiten 50, 53 f.

Schröder, Gerhard 16, 217

Schutzschilde, menschliche 85, 264

Schwarzenegger, Arnold 95 f.

Schweden 80, 195

Schweiz 221, 327, 332

Scilingo, Adolfo (argentinischer Marinekapitän) 15

# Über den Autor

MICHAEL MANDEL, Professor an der Osgoode Hall Law School, York University, Toronto, lehrte auch an Universitäten in Italien und Israel. Er ist oft als Rundfunk- und Fernsehkommentator in Kanada und im Ausland tätig. 1999 beteiligte er sich führend an Bestrebungen, eine Anklage gegen NATO-Vertreter wegen Verbrechen gegen die Menschlichkeit während des Kosovokrieges zu erreichen. Zur Zeit ist Michael Mandel im Vorstand von Lawyers Against the War, einer Organisation, die 2001 in Kanada gegründet wurde und Mitglieder in dreizehn Ländern hat.

**Bücher zu Politik und Zeitgeschehen
Nur bei Zweitausendeins**

*»John Pilger ist ein furchtloser Mann. Die Fakten immer im Blick, bringt er die schmutzige Wahrheit ans Licht und zeigt sie, wie sie ist.«* Harold Pinter

JOHN PILGER

## VERDECKTE ZIELE
## Über den modernen Imperialismus

John Pilger, einer der Großen des angelsächsischen Journalismus, zeigt in diesem Buch, wie westliche Regierungen im Namen hehrer Ziele einen kaum gezügelten Imperialismus praktizieren und dabei sind, ein riesiges globales Apartheidsregime zu errichten, das Wohlstand und Freiheit nur für wenige zulässt. Seit Jahrzehnten setzen westliche Großmächte ihre Interessen auch brutal mit Mitteln des Staatsterrorismus durch. Menschliches Leid, internationales Recht oder Menschenleben zählen dabei kaum.

Pilger weist darauf hin: In Wirklichkeit sind Muslime nur für einen Bruchteil der Terrorismusopfer in der Welt verantwortlich, und diejenigen, die am schwersten unter staatlichem Terrorismus zu leiden hatten und haben: in Palästina, im Irak, in Bosnien, Tschetschenien und Somalia. Heerscharen westlicher Denker und Wissenschaftler, Kriegsberichterstatter und Kulturschaffende sorgen dafür, dass die Verbannung dieser Wahrheit aus der öffentlichen Diskussion gerechtfertigt scheint. »Pilgers Reportagen sind empirisch begründet und sorgfältig belegt«, lobt der Londoner Independent Pilgers Arbeit.
Deutsche Erstausgabe. Deutsch von Waltraud Götting.
348 Seiten. Halbleinen. 19,90 €. Nummer 18505.

www.Zweitausendeins.de

*Die dunkle Seite von 30 Jahren US-Außenpolitik*

PETER DALE SCOTT

# DIE DROGEN, DAS ÖL UND DER KRIEG

Was steckt hinter den außenpolitischen Engagements der USA und hinter den zahlreichen militärischen Offensiven der Nachkriegszeit bis in die unmittelbare Gegenwart? Peter Dale Scott kennt als renommierter Hochschullehrer und früherer Diplomat die Kräfte, die hinter den Kulissen politische Entscheidungen beeinflussen. Er analysiert die Tiefenpolitik, die geheimen Muster, denen die US-Politik seit dem Zweiten Weltkrieg folgt und die auf einer Politik der Irreführung, der geheimen Absprachen und des Betrugs beruht. Sie habe nicht nur den internationalen Drogenhandel und den internationalen Terrorismus zu seiner heutigen Stärke geführt, sondern die Demokratie in den USA insgesamt beschädigt, die amerikanische Wirtschaft deformiert und die amerikanische Gesellschaft militarisiert.

Deutsche Erstausgabe. Deutsch von Michael Bischoff. 384 Seiten. Paperback. 14,90 €. Nummer 18510.

Bücher zu Politik und
▬ ▬ ▬ ▬ ▬ ▬ Zeitgeschehen

*Warum die US-Regierung offiziell Drogenkonsum bekämpft*
*und heimlich Drogenringe unterstützt*

ALFRED W. McCOY

# DIE CIA UND DAS HEROIN

Es gibt wohl keinen Staat, der durch Regierungsbehörden den inter-
nationalen Rauschgiftkonsum ebenso versteckt wie massiv unterstützt
und gefördert hat wie die USA. Die CIA macht/e mit Heroin Politik,
indem sie ihren Einfluss auf den internationalen Drogenhandel zur
Durchsetzung amerikanischer Interessen in aller Welt einsetzt: Je nach
Opportunität produziert sie ökonomische Abhängigkeiten und ist mit
Drogenpolitik und/oder Drogenprofiten an der Destabilisierung von
Ländern, an Bürger- wie regulären Kriegen beteiligt.

Alfred W. McCoy, Professor an der University of Wisconsin, gilt in
den USA als *der* Experte zur geheimen Drogenpolitik. Er recherchiert
– bisweilen unter Lebensgefahr – seit über 30 Jahren zu diesem Thema
und hat sein Buch für unsere deutsche Ausgabe überarbeitet und aktu-
alisiert. Die New York Times: »Das Buch schildert, wie CIA und US-
Außenministerium Drogenbosse unterstützen, Beweise unterdrücken
und sogar direkt in den Drogenhandel verwickelt sind.«

Deutsche Erstausgabe. Deutsch von Andreas Simon dos Santos.
24 Bilder. 840 Seiten. Broschur. 19,90 €. Nummer 18497.

*»Unbestechlich, brillant geschrieben … bewegend.«* 3sat Kulturzeit.
*»Eine überragende Reportage mit dem Zeug zum Klassiker.«*
The Guardian

*E V A N   W R I G H T*

## GENERATION KILL
## Das neue Gesicht
## des amerikanischen Krieges

Zwei Monate lang begleitete der amerikanische Journalist Evan Wright
– ausgerüstet mit Stift, Papier und einem Schutzanzug gegen chemi-
sche Waffen – eine Einheit des First Recon Battallion im Irakkrieg.
Vom ersten Tag des Krieges an war dieses Kommando auf sich gestellt,
bewegte sich direkt in irakische Stellungen hinein und spürte »Hinterhalte« auf.

Wright war als »eingebetteter Journalist« Teil der Truppe. Aus
unmittelbarer Nähe erzählt er die beunruhigende Geschichte junger
Menschen, die zu Killern ausgebildet und von ihrer Regierung in diesen »Krieg gegen den Terror« geschickt wurden. Wright lässt nichts
aus, beschönigt nichts – die Siege und die Niederlagen, die Euphorie
und das Grauen, die physischen, moralischen und emotionalen Spannungen, unter denen die Soldaten leben – und widersteht damit
den Erwartungen der Pentagon-Strategen, die Journalisten zum regie-
rungs-freundlichen Vermittler der Frontereignisse instrumentalisieren
wollten. Evan Wright schreibt nicht nur eine Reportage über eine
an der Invasion beteiligten Kampftruppe, sondern das Porträt einer
ganzen Generation.

Deutsche Erstausgabe. Deutsch von Andreas Simon dos Santos.
33 Fotos. 429 Seiten. Fadenheftung. Fester Einband. 22 €.
Nummer 18549.

B ü c h e r   z u   P o l i t i k   u n d
■ ■ ■ ■ ■ ■   Z e i t g e s c h e h e n

»*Dieses Buch wird die Leser noch beschäftigen, wenn der Angriff auf den Irak längst Geschichte ist.*« Publishers Weekly

JON LEE ANDERSON

# DIE VERWUNDETE STADT

Jon Lee Andersons Kolumne »Letter from Baghdad« im New Yorker gehört zum Besten, was bislang über den Irak geschrieben wurde. Nun hat er seine Erfahrungen in einem Buch zusammengefasst. »Die verwundete Stadt« schildert die jüngere Geschichte Bagdads – von den letzten und surreal anmutenden Tagen des Saddam-Regimes über die verheerenden Bombenangriffe bis zum Widerstand gegen die Besetzer. Weil Anderson nicht die üblichen Reporterwege geht, entsteht ein vielschichtiges Panorama des vom Konflikt gezeichneten Zweistromlands. Typisch, dass er am Vorabend des Kriegs ein Hauskonzert besucht. Oder dass er sich einer Rückenbehandlung unterzieht, um mit den Ärzten zu politisieren.

Anderson trifft Saddams Lieblingschirurgen, Fanatiker, Friseure, Angehörige von Bombenopfern. Frühzeitig tritt dabei zutage, was inzwischen zur Gewissheit geworden ist: dass sich der Irak nicht durch eine neokoloniale Besatzungsmacht kontrollieren lässt. Andersons Beobachtungen sind präzise, sein Stil ist bildreich, so dass der Leser glaubt, selbst dabei zu sein: die Sandstürme, die letzten Friedenstage, das folgende Chaos, und mittendrin der Tigris, der im Bombenhagel »so ruhig dahinfließt wie Olivenöl«. »Die verwundete Stadt« ist literarischer Journalismus und Kriegsreportage zugleich.

Deutsche Erstausgabe. Deutsch von Norbert Juraschitz und Antoinette Gittinger. 535 Seiten. Fadenheftung. Lesebändchen. Fester Einband. Rogner & Bernhard. 22,90 €. Nummer 17403.

w w w . Z w e i t a u s e n d e i n s . d e

*Der entfesselte Welthandel, die Armut, der Krieg*

MICHEL CHOSSUDOVSKY

## GLOBAL BRUTAL

»Dieses Buch wird bei vielen Lesern Bestürzung und Fassungslosig-
keit auslösen«, sind die Nürnberger Nachrichten überzeugt. Professor
Michel Chossudovsky gelingt es in seinem Buch, den aggressiven, anti-
demokratischen Geist der Globalisierung so deutlich ans Licht zu
zerren, wie es bislang noch kaum jemandem gelungen ist. Die Allianz
der Reichen – unter Führung der USA – forciert die Globalisierung
der Armut, der Umweltzerstörung, der sozialen Apartheid, des Rassismus und der ethnischen Zwietracht. IWF und Weltbank untergraben
systematisch alle Bereiche der städtischen und bäuerlichen Wirtschaft
in den armen Ländern, die nicht direkt den Interessen des globalen
Marktsystems der Multis dienen.

Das Buch zeigt, wie die WTO in eklatanter Weise in nationale Gesetze und die Verfassungen der Mitgliedsstaaten eingreift, während sie
globalen Banken und multinationalen Konzernen ausgedehnte Rechte
verleiht.

Deutsche Erstausgabe. Deutsch von Andreas Simon dos Santos.
477 Seiten. Broschur. 12,75 €. Nummer 18420.

w w w . Z w e i t a u s e n d e i n s . d e